U0106564

易學典籍選刊

周易正解 易領

上

〔明〕郝　敬　撰
向　輝　點校

中華書局

圖書在版編目（CIP）數據

周易正解；易領／（明）郝敬撰；向輝點校. —北京：中華書局，
2023.7
（易學典籍選刊）
ISBN 978-7-101-16244-8

Ⅰ.周… Ⅱ.①郝…②向… Ⅲ.《周易》-研究 Ⅳ.B221.5

中國國家版本館 CIP 數據核字（2023）第 104247 號

書　　名	周易正解　易領（全二冊）
撰　　者	〔明〕郝　敬
點 校 者	向　輝
叢 書 名	易學典籍選刊
責任編輯	聶麗娟
責任印製	管　斌
出版發行	中華書局
	（北京市豐臺區太平橋西里 38 號　100073）
	http://www.zhbc.com.cn
	E-mail:zhbc@zhbc.com.cn
印　　刷	三河市鑫金馬印裝有限公司
版　　次	2023 年 7 月第 1 版
	2023 年 7 月第 1 次印刷
規　　格	開本/850×1168 毫米　1/32
	印張 28⅛　插頁 4　字數 500 千字
印　　數	1-3000 冊
國際書號	ISBN 978-7-101-16244-8
定　　價	98.00 元

整理説明

　　《周易正解》是郝敬《九部經解》的第一部。本書以晚明通行本《周易》經文和篇章次序,對全書進行義理的解讀,是郝敬"求自得師"的重要著述。該書刻本卷首有《九部經解叙》和《周易正解卷目》,首卷爲《讀易》,卷一至卷十七是對乾坤至未濟六十四卦的解説,卷十八至卷十九爲對《繫辭傳》的解釋,卷二十爲對《説卦》、《序卦》和《雜卦》的解讀。郝氏的這部著作立足於經學義理和經典闡釋方法,依據古典的《周易》闡釋系統脈絡,系統闡發了聖人憂患作《易》、《易》道即人道、《易》道時中的《易》學哲學。在《周易》的解讀中,郝敬貫徹了經典的整體性與多元性、經典理解個人性與時代性結合的闡釋原理,在對經文的義疏中,與原典對話,與經典闡釋者對話,爲我們提供了晚明時代的經學大師如何進行經典闡釋的絶佳樣本,爲我們從義理的方向理解《周易》提供了範本,有其歷史的文獻價值、現實的學術價值和經典的詮釋價值。

　　郝敬(一五五八至一六三九)字仲輿,號楚望,自署康樂園主人,湖北京山人,明萬曆十七年(一五八九)進士。

他的著作主要爲《九部經解》和《山草堂集》。郝敬曾任縉雲、永嘉縣令，升禮科、户科給事中。在任言官期間，上疏言辭激烈，得罪被劾，謫至常州府任宜興縣丞，再調江陰縣令。萬曆三十二年（一六〇四），郝敬辭官回鄉。郝敬自述説，他"幼守一經，罷官林居，二十有一載。懸車下帷，取《周易》《尚書》《毛詩》《春秋》《禮記》《儀禮》《周禮》《論語》《孟子》，鑽堅研微，十寒十暑，著爲《九經解》，凡一百六十五卷。又著《山草堂集》，凡一百五十二卷。皆鍥之家塾，櫝而藏之，詒我子孫"（《小山草》卷八）。他從萬曆三十三年（一六〇五）開始經典闡釋的寫作，到萬曆四十二年（一六一四）編纂完成《九部經解》，萬曆四十七年（一六一九）全書版刻告成，前後共計耗時將近十五年。其中，《周易正解》刊定于萬曆四十三年（一六一五）。

關於《周易》的闡釋，郝敬在《問易補小序》中説："余幼授《毛詩》，疑《朱傳》淺率。與同學受《易》者聽説《易》，其淺率尤甚於《詩》。聽説《春秋》，其穿鑿又甚於《詩》《易》也。竊怪先輩稱師儒，明經道古，如斯而已乎？顧國家功令相承，可若何？已而浮湛一第，私心恥之。比釋褐，又不得與讀中秘，供文學校理之役，而鬱鬱簿領，經義荒閣，於心終不忘。癸巳調永嘉，邂逅學博鮑士龍氏。渠嘗受《易》於先輩，就而問焉，爲余説乾、説咸、説艮，總之老生常談耳。別後十餘年，風塵奔走，明師良友，不復可逢。而五十之年，忽焉將至，乃抽簪下帷，求自得師。首解《詩》，次解《春秋》，最後解《易》。《易》，吾見其難爲，怵然遲之久而後削草，浹旬而後乾事竣，再浹旬而後坤事竣。乾坤辨而他離披矣。"可見，郝氏於《周易》的闡釋是在完成了《毛詩》《春秋》之後，融匯諸家之説，按照《周易》文本逐卦予以解説，以求自得。

在京山鄉野林居的歲月中，郝敬"杜門謝客，專務著述，《五經》及《周禮》《儀禮》《論語》《孟子》咸爲之解。超然朗詣，不襲先儒成説，窮經者盡宗之。又著《山草堂》二十八種，皆談經緒論。自古儒者釋經之勤，未有若敬者"（萬斯同《明史稿》卷三百八十五《儒林傳》）。黄宗羲表彰郝敬于"《五經》之外，《儀禮》《周禮》《論》《孟》各著爲解，疏通證明，一洗訓詁之氣。明代窮經之士，先生實爲巨擘"（《明儒學案》卷五十五）。章學誠肯定他"于諸經極有苦心，實能見前人之所未及"（《[嘉慶]湖北通志檢存稿》卷二）。閻若璩論及郝敬的《尚書辨解》謂："近代郝氏敬始大暢厥旨，底蘊畢露。《讀書》三十條，朱子復起，亦不得不歎如積薪。"（《尚書古文疏證》卷八）查繼佐説郝敬"性率直，不苟合當世，歸而服古崇經術者四十年"（《罪惟録》列傳卷十八）。"服古崇經"的郝敬，留給我們的經典著作是《九部經解》和《山草堂集》兩部鴻篇鉅製。

郝氏諸經解爲明清學人所重，其《周易》詮解也不例外。如錢士升（一五七四至一六五二）《周易揆》、張次仲（一五八九至一六七六）《周易玩辭困學記》、錢澄之（一六一二至一六九三)《田間易學》、黃宗炎(一六一六至一六八六)《周易象辭》、胡渭(一六三三至一七一四)《易圖明辨》、王士禎(一六三四至一七一一)《居易録》、查慎行(一六五〇至一七二七)《周易玩辭集解》、沈起元(一六八五至一七六三)《周易孔義集説》、程廷祚(一六九一至一七六七)《易通》、秦篤輝(生卒年不詳)《易象通義》等明清《周易》學著述多稱引郝氏《周易》闡釋。清胡渭説:"仲輿解經,多所創獲,而尤不喜宋儒,愚未敢深信。獨論《易》數則,最爲精確。其曰:'聖人作《易》,立人之道而已。'此語大有裨於來學,故特表而出之,且爲之暢其指趣焉。"(《易圖明辨》卷十)此可窺前儒對郝氏《易》解之態度。

國内外諸公藏機構所存《九部經解》均爲明萬曆間郝氏家塾刊本。《周易正解》卷二十末署:"周易正解卷二十終 時萬曆乙卯季夏 京山郝氏家刻",可知《周易正解》刻板成於明萬曆四十三年(一六一五)。與《毛詩原解》一樣,《周易正解》的郝氏家塾刊本完成刻板之後,郝氏本人有多次修訂。就整理者所見的印本來説,至少有三次以上的修版,其特徵爲:

(一)作者及著作方式標注的更訂。《讀易》題"京山郝敬著 男千秋千石校刻",卷一、卷十、卷十八、卷十九、卷二十的早印本題"郝敬習",其後改爲"郝敬解"。"解"字又作"觧"和"解"兩種,作"解"者印次靠後。

(二)序文的差異。早印本《叙九部經解》四葉,與正文字體及版式一致,半葉十行,行二十字,版心上題"九部經解序",中標頁碼,下標"序",有刻工名"良"。後印本改爲《九部經解叙》八葉,版式爲半葉六行,行十三字,版心中題"九經解序",下標頁碼。序文末有郝敬鈐印三方:"郝敬之印""仲輿"和"康樂園主人"。

(三)文本的修訂。比如卷三第三葉第二行,後期印本在"師、比以前六卦不離坎"之後接有"屯繼乾坤,如四時之春。古春字作旾,故屯,春也",早印本無。又如,卷十六第二十六葉第四行"失位宜悔"四字,早印本作"失宜悔",闕"位"字,再印時一本將"位"字以標抹方式改爲小字"失位",晚期印本則將"失宜悔"三字鏟去,以稍小一號字補全爲"失位宜悔"。又如,卷十三第二十四葉第一、二行"夫士未有不能入人而能進者",早印本和其後印本"者"字後皆有"矣"字,晚期印本則在第二行末刪去"矣"字,并在其後空白處增加"如木根入土深而上長也"一句。又如,卷十八第四十葉第四行早印本"一象人居兩中",其後以標抹方式將"一"改爲"掛一"、"人"改爲"人一",後印本則改爲"掛一象人一居兩中"。《周易正解》的修版持續時間較長,有部分修訂在天啓五年(一六二五)刊定《易領》之後。

《易領》爲郝敬《山草堂集》第二種。在郝敬晚年,他的幼子郝洪範以《周易正解》前十七卷爲基礎編輯整理爲《易領》一書,收録在《山草堂集》中。《山草堂集》本《易領》卷一卷端首行題"山草堂集第二　内編",次行題"易領卷之一”，三行題“京山郝敬學　男洪範輯”，四行題“門人田必成彭大翩校”。卷二至四無卷一卷端首行所題，但保留了次行至四行所題。每半葉九行，行十八字。版心綫魚尾，上題“山草堂集”，下題“易領卷之幾”及葉數和卦名。

《易領》雖從《周易正解》卷一至十七解釋《序卦》的段落而來，但非僅僅複製，而是像《毛詩序説》源出並修正《毛詩原解》的序説部分那樣，郝氏本人對文本做了較爲細緻的修訂。如屯卦，《周易正解》謂：“蓋屯者，元氣初開，屯聚未伸，故字象中穿地出，而尚句曲，有拂鬱之象，故曰屯。屯，難也。大抵事物之初，未有不難者。爲學先難，創業艱難。嬰孩之孕育，胎卵之孚化，皆困而後成。草木由萌芽以至密葉繁柯，幾經摧折而後得生全。況君子經綸宇宙，何容易乎？故命之曰屯。”《易領》改訂爲：“屯首諸卦，繼乾坤。首諸卦，如四時之有春也。春之言屯也，古春作旾。春首四時，故象稱‘元亨利貞’。元氣初開，屯聚未伸，故字象中穿地出，有句曲拂鬱之象，故曰屯難也。大抵事物之初，未有不難者。爲學先難，創業艱難。嬰孩之孕育，胎卵之孚化，皆困而後成。草木由萌芽以至密葉繁柯，幾經摧折而後得生全。況君子經綸宇宙，何容易乎？”如訟卦：“至于九二之忠信，下所以无訟民也。”《周易正解》早印本中“九二”作“六二”，《易領》已改爲九二。如同人卦：“其卦與履、小畜，皆五陽函一陰，柔爲主。”《周易正解》早印本作：“其卦與需、訟、履、小畜，皆五陽函一陰，柔爲主。”後印本“需訟”二字爲墨釘，《易領》更定爲：“其卦與履、小畜，皆五陽函一陰，以柔爲主。”此類改訂在《易領》全書中頗夥，可徵郝氏對其著作有一不斷修訂、精益求精的過程。

清光緒八年（一八八二），沈星標等纂《續修京山縣志》，於志書最末四卷，即卷二十四至二十七收録《易領》。此書是該志收録的唯一一部完整的鄉賢著述。縣志纂修凡例謂：“藝文有關京山人心、風俗、民生、國計，及山川名勝、公宇興置者始與採入。至鴻儒著述等身，自有專籍。遊戲文章，亦不登入，以書體貴莊嚴也。”卷二十四卷端題名署“明户科給事中郝敬_{邑人}”。每半葉九行，行二十二字。版心單黑魚尾，上題“京山縣志”，中題“卷之二十四　藝文易領”，下標頁碼。首有郝敬《易領題辭》。該本所據底本有缺，如卷二十七第三十六葉第八、九行有闕字空白。

清光緒十七年（一八九一），《湖北叢書》收録《易領》，有牌記“光緒辛卯三餘艸堂藏板”。卷一卷端首行題“易領卷一　《湖北叢書》用京山郝氏家藏藁”，次行題“明京山郝敬箸”。版心雙黑魚尾，兩魚尾中間標“易領幾”和葉數。每葉左下角標本葉總字數。卷一共二十九葉，卷末有校勘者姓名：“王廷梓校字、李心地覆校、周以存覆校、丁兆松續校。”卷二共三十一葉，卷末校勘者爲：“張彭齡校字、李孚蕙覆校。”卷三共二十七葉，校勘者爲：“楊存澤校字、李心地覆校、周以存覆校、丁兆松續校、史開甲續校。”卷四共二十四葉，校勘者爲：“張華蓮校字、李心地覆校、李孚蕙覆校、丁兆松續校、史開甲續校。"

一九三六年，商務印書館出版的《叢書集成初編》以《湖北叢書》本排印《易領》一書，共計八十四頁。該書牌記題："本館據《湖北叢書》本排印，初編各叢書僅有此本。"《湖北叢書》本所據《易領》底本有缺損部分，如卷一第二十五葉即否卦部分有半葉空白，"驕惰則生凶"以下至"辟難不可榮"之前皆缺；卷四第二十四葉第五六兩行缺二十六字，當是底本缺葉。《叢書集成初編》本凡底本缺字處以"□"表示，《湖北叢書》本否卦所缺部分業已補全，可知該書尚據他本做過校勘。

此次點校的《周易正解》和《易領》是繼我們整理的《毛詩原解》和《毛詩序説》兩書之後，對郝氏著述的進一步標點整理。限於點校者的學識素養，整理本的疏漏錯誤之處一定不少，祈望讀者不吝賜教。本書的整理，文字錄入得到了北京采薇閣王强先生的支持；出版則有賴中華書局聶麗娟先生精心勘正，特致謝忱。整理者謹識。

凡　例

　　一、底本。《周易正解》以日本筑波大學附屬圖書館所
藏萬曆四十三年郝氏家塾刻本的後印本爲底本,《易領》以
日本京都大學藏明萬曆、崇禎間刻《山草堂集》爲底本。

　　二、校本。《周易正解》以日本國立公文書館藏《九部
經解》本和《四庫全書存目叢書》收録的浙江圖書館藏明萬
曆四十三年至四十七年郝千秋等刻《郝氏九經解》本爲校
本。《易領》以《四庫全書存目叢書》收録的中國科學院圖
書館藏明萬曆、崇禎間郝洪範刻《山草堂集》增修本、《湖北
叢書》本、《[光緒]續修京山縣志》本爲校本。郝氏《山草
堂集》的《内編》第一種爲《談經》,卷一是《周易正解》卷首
《讀易》,亦參校之。

　　三、經文。《周易》經文文字和斷句,參考中華書局整
理本《宋本周易注疏》和北京大學出版社整理《十三經註
疏》本《周易正義》。

　　四、點校原則。

　　(甲)原書有圈點斷句符號,經文標點按郝氏原書之意
而定,或與通行本有所不同。

（乙）文字字形儘量依從底本，如郝氏原書中使用的“强”、“无”之類，皆一仍其舊。

（丙）各本文字差異，即便是可確定爲郝氏修訂初印本之錯誤處，亦儘可能校訂出註，故卷首《讀易》部分，《周易正解》與《談經》本的文字差異，《周易正解》早期印本與後期印本的文字異同，皆以校記形式標出，此可徵郝氏本人對其著述精益求精之心態與實踐，並爲判斷不同刊本、不同印次的印本提供具體的參考。

（丁）各卷卷端題署和卷末刊刻題署，整理本皆不予保留。

（戊）原書書前有卷目，整理本重新製作全書目錄，原卷目不予保留。

（己）原書分段以“○”符號作標識，整理本不予保留。

（庚）書中卦名不加書名號；易、易學、易道、易理等一般不加書名號；間接引文不加引號。

（辛）郝敬引用《論語》《孟子》《老子》《莊子》《文選》等古典，多有截取章句者，或憑記憶，或引《五車韻瑞》，與今通行本文字並不吻合，整理本不一一標註。

（壬）《周易正解》首卷《讀易》八十一條，原無分條標號，爲便於查閱，今加數字編號。

（癸）《周易正解》卷首《九部經解叙》，《易領》卷首《山草堂集總叙》，今附錄於書末。

目　録

周易正解

易　領

上　經

下　經

易領卷之四

周易正解

讀　易〔一〕

01　易自羲聖始畫,文王演彖,周公繫爻,孔子翼贊〔二〕。先聖後聖,所言惟一〔三〕,皆本造化,明人事,辨善惡〔四〕,決從違之方〔五〕而已。其他緯候、占測,得之〔六〕無補于經,而言之〔七〕適以滋惑,非聖人所以〔八〕憂患天下、開物成務之要〔九〕。近世學易,主朱子《本義》,謂易爲卜筮作〔一〇〕。其論八卦筮〔一一〕策,準邵雍《先天圖》,牽强附合。及其乖于仲尼之旨,則曰:"此伏羲之易,非孔子之易也。"惡,是何言與?易至孔子,尚謂未盡乎?舍易簡而趨隱怪,遠託太古,浮淫于伎方之家,是庖羲之許行,尼父之

〔一〕"讀易"後,《談經》有"周易凡七十條"。
〔二〕翼贊,《談經》作"贊翼"。
〔三〕惟一,《談經》作"一理"。
〔四〕善惡,《談經》作"臧否邪正"。
〔五〕之方,《談經》無。
〔六〕得之,《談經》無。
〔七〕言之,《談經》無。
〔八〕所以,《談經》無。
〔九〕"要"字後,《談經》有"也"字。
〔一〇〕爲卜筮作,《談經》作"專爲卜筮"。
〔一一〕筮,《談經》作"蓍"。

楊、墨也。學者但[一]主《十翼》,易道自[二]中天矣。

02 羲畫始呈,玄旨苞絡,如夜半子陽初動,晨光未熹。夏、商之易,不可覩矣。使[三]其無憾,文王必不更演。易至文王、周公,始抽厥緒[四],而[五]辭旨深約,如平旦昧爽,曲房晏起,尚未知曙。至[六]吾夫子《十翼》贊揚,幽隱旁[七]達,揭日月而行康莊,大明中天矣。旋罹秦火,六籍散佚[八],而易獨存。後生捧完璧,真[九]斯文大幸。奈何更生異端,稂莠真[一〇]苗,礫裂同[一一]體,妄謂羲聖有不盡[一二]之秘,使緯稗臆作[一三],詆夫子《十翼》為一家言。離經叛道,莫此為甚。

03 漢唐以來説易,卑者疏淺乏理[一四],高者悠謬不

〔一〕但,《談經》作“專”。

〔二〕自,《談經》無。

〔三〕“使”字前,《談經》有“然”字。

〔四〕始抽厥緒,《談經》作“抽厥玄緒”。

〔五〕而,《談經》作“但其”。

〔六〕至,《談經》作“迨”。

〔七〕旁,《談經》作“畢”。

〔八〕佚,《談經》作“越”。

〔九〕真,《談經》作“誠”。

〔一〇〕“真”字前,《談經》有“其”字。

〔一一〕“同”字前,《談經》有“其”字。

〔一二〕盡,《談經》作“傳”。

〔一三〕臆作,《談經》作“蜂起”。

〔一四〕“乏理”前,《談經》有“而”字。

經〔一〕。夫易，聖人所以精義窮理，利用安身，以〔二〕崇德者也。人生何時無屈伸往來之感，何處无悔吝休咎之幾？一念之精進即乾，而一念之收斂即坤；一事之光明即陽，而一事之昏邪即陰。操心制行，隨時處中。懼則思占，疑則思斷，即是元亨利貞之道。聖人所以無大過者，舍此無餘術矣。若夫占天測地，按節數時，雖算極微塵〔三〕，虛敝精神，何所用之？蓋天下唯理可御數，數不能違理。京房、郭璞，術非不精也，而挾智〔四〕用數，竟以滅〔五〕身。故得其要，一奇一偶，而消息已具〔六〕；不得其要，雖以〔七〕焦貢之四千九十六，何益于成敗之數哉〔八〕？

04 易即占也。天地人物之理著，消息盈虛之數顯，吉凶禍福之幾決，斟酌損益之法詳，參伍錯綜之義密。學者但思六十四名義，觀三百八十四爻象，嘿識會〔九〕通，天下事〔一〇〕

〔一〕"不經"前，《談經》有"而"字。

〔二〕以，《談經》無。

〔三〕微塵，《談經》作"塵渺"。

〔四〕智，《談經》作"術"。

〔五〕滅，《談經》作"殺"。

〔六〕消息已具，《談經》作"變化行"。

〔七〕以，《談經》作"如"。

〔八〕哉，《談經》作"乎"。

〔九〕會，《談經》作"旁"。

〔一〇〕"事"字前，《談經》有"之"字。

可〔一〕坐而測矣。豈區區蓍策之謂占乎〔二〕！善學易者，逐卦逐爻，以身自占，灼見吉凶從違之理，活潑无礙，乃能〔三〕知易。不然，説雖精，空譚而已〔四〕。

　　05 卜筮者，易之小數耳〔五〕。八卦成而易道大備矣〔六〕。聖人因《圖》《書》衍〔七〕蓍策以寫卦〔八〕，徵吉凶而〔九〕定民志，勸善遏惡，神其道而設教也〔一〇〕。非謂德不加脩〔一一〕，祗憑龜策耳〔一二〕。是以舜之禪禹，蔽志不卜。臧孫辰居蔡，孔子〔一三〕譏之。其自言曰〔一四〕："五十以〔一五〕學易，可以无大過。"夫所謂"无大過"者，豈蓍策〔一六〕云乎哉？又曰："人而无恒……不占而已。"夫所謂

〔一〕可，《談經》無。
〔二〕乎，《談經》作"云乎哉"。
〔三〕能，《談經》作"爲"。
〔四〕而已，《談經》作"耳"。
〔五〕耳，《談經》作"也"。
〔六〕大備矣，《談經》作"備"。
〔七〕衍，《談經》作"作"。
〔八〕寫卦，《談經》作"演卦合易"。
〔九〕而，《談經》無。
〔一〇〕也，《談經》作"耳"。
〔一一〕非謂德不加脩，《談經》作"豈謂人事不脩"。
〔一二〕耳，《談經》作"云乎"。
〔一三〕孔子，《談經》作"夫子"。
〔一四〕其自言曰，《談經》作"自言"。
〔一五〕以，《談經》無。
〔一六〕"蓍策"前，《談經》有"徒以其"三字。

"不占"者,豈〔一〕不用蓍策云乎哉?故曰:"君子居則觀其象而玩其辭,動則觀其變而玩其占。"如是,則無往非易,無往非占。故易不可須臾離,占不可一事廢〔二〕。若龜策不用,非易之害也。或曰:若是〔三〕,則聖人奚爲作蓍策〔四〕?曰:蓍策,聖人所以寫易之情也。易〔五〕,聖人所以神其道;而蓍策〔六〕,聖人所以神其易。學易守蓍策,如登枝而捐本也。夫卦者,掛也。易難言〔七〕,聖人掛象以示人,命之曰卦。卦明而易其可知也〔八〕。今之言易者,更越卦而譚蓍策,重增一障,去易愈遠。

06　今世所傳揲蓍,其義聖之法乎?是未可知也。夫子《十翼》未詳,而各家論筮不同。有謂初揲掛一者,有謂三揲俱掛者。至歸奇之策,五與九,不合四揲之數。意其有未詳之法與?又得卦以變爲主,説者謂:易,變也。然十八變而成卦,吉凶可知矣。何必更索之別卦,而以本卦爲傳舍乎?是亦一疑也。〔九〕

〔一〕豈,《談經》作"亦豈徒以"。

〔二〕"廢"字後,《談經》有"也"字。

〔三〕或曰若是,《談經》作"然"。

〔四〕"策"字後,《談經》有"乎"字。

〔五〕"易"字後,《談經》有"者"字。

〔六〕"策"字後,《談經》有"者"字。

〔七〕難言,《談經》作"不可見"。

〔八〕其可知也,《談經》作"見矣"。

〔九〕本條《談經》作:"今世所傳揲蓍之法,《十翼》未詳。各家論筮亦異。有謂初揲掛一者,有謂三揲俱掛者。至于歸奇之策,五與九,(轉下頁注)

07 世儒謂："易爲君子謀，非爲小人謀也。"故凡"利貞"之貞，皆訓作正，言得正則吉。此以卜筮論易，故爲周旋其説如此。夫聖人之憂患天下也，君子固欲其得福，小人亦欲其免禍。諄諄普告，奚擇于小人？亦奚待于卜筮？如必待卜筮，安能禁小人使不占，而曰吾獨爲君子謀乎？君子、小人皆占，安能必占者之皆正？若云君子吉則驗，小人吉則否，是著策驗者常少，而不驗者常多，其爲用亦狹矣。聖人作易，使小人不待筮而知凶，君子不待筮而知吉也。著策云乎哉！〔一〕

08 或曰：如子之説，著策可以弗用乎？曰：否。易雖不由著策生，由著策可以觀易。非易无以見造化，非著策无以見易。聖人以造化變動摹爲易，易成而變動不可見，故作爲著策，使人揲策求爻以合卦。又爲老少之法，使人因數求爻以盡變。蓋書守簡册，静以待動；卦隨策揲，動以推静。四十九策立，而爻象變動，受命如響。故曰"著之德，

（接上頁注）不合四揲之數。或有未詳之法與？未可知也。又其得卦以變爲主，曰：易者，變也。然既十八變，本卦可知矣。何必舍本卦，更據別卦乎？是亦一疑也。"

〔一〕本條《談經》作："世儒謂：易爲君子謀，不爲小人謀也。故凡'利貞'之貞，皆訓正，言得正則吉。此以卜筮論易，爲周旋其説如此。聖人憂患天下，於君子固欲其得福，於小人亦欲其免禍。普告諄諄，何獨遺小人？而亦何待卜筮？如必待卜筮，則焉能禁小人不占，曰吾獨爲君子占乎？君子、小人皆占，又焉能必所占者之皆正乎？若云君子吉則驗，小人吉則否，則是著策驗者少，不驗者多，其爲用狹矣。大抵易道明，則小人不待筮，而自知其凶；君子不待筮，而自知其吉矣。"

圓而神”。後世之蓍，非古也。從欲以滅理，徼福以免禍，卜史矯誣附會，非天生神物、聖人作易之本意。故君子務民義，可无用筮。學易觀變，筮亦不可不知也。或曰：如《春秋傳》之言筮，何其響應乎？曰：左史多文難盡信。即如其説，抑亦筮家老變之一法耳，不足以盡易。如畢萬筮仕，遇屯之比，是初九之變也。成季將生，遇大有之乾，是六五之變也。晉嫁伯姬，遇歸妹之睽，上九之變也。晉文公納襄王，遇大有九三，變而之睽也。魯叔孫莊叔生子豹，遇明夷初九，變而之謙也。崔杼娶棠姜，遇困六三，變而之大過也。南蒯作亂，遇坤六五，變而之比也。趙鞅救鄭，遇泰六五，變而之需也。惟陳厲公生敬仲，遇觀之否，用本卦互艮爲占。然晉伯姬始嫁，何以并惠公死高梁皆知之？叔孫豹初生，何以并豎牛之名皆知之？崔杼入其宮，不見其妻，若爻辭爲崔杼發者，則是；以占他人，皆不驗矣。陳厲公之占，以艮爲四嶽，占姜姓之齊；以巽爲風行，占在他國，皆牽强不近理而近幻，不似經而似讖。豈聖人開物成務，元亨利貞不可遠之正理乎？夫蓍策從來遠矣，今用之而不驗者十九。何獨《春秋》二百四十餘年間，一一奇中邪？左史譸張好奇，文致其辭，未可盡據。善夫《曲禮》有言：卜筮者，聖王所以使民信日時，敬鬼神，畏法令，決嫌疑，定猶豫。如此而已者也。故古人不廢。〔一〕

〔一〕本條《談經》作：“或曰：如子之説，蓍策可弗用乎？曰：易不（轉下頁注）

09　易者，變也。彖、爻、象辭，无往非變。其大者莫如《序卦》。上下凡六十四轉，造化人事之理，天然妙合。文王所以不識不知，順帝之則；孔子所以五十學易，從心不踰之矩，此也。故曰："君子所居而安者，易之序也。"言易不知序，烏乎學易？

10　卦有名，非定名；爻有象，非定象。无名而名，莫非名也；无象而象，莫非象也。有文王再衍，今卦之名未嘗不可更爲他名；有周公再繫，今爻之象未嘗不可變爲他象。

（接上頁注）由蓍策生，借蓍策以占易耳。非易，无以見造化；非蓍策，无以見易。聖人以造化變動摹爲易。易成而變動不可見，故作蓍策使人揲策求卦；又爲老少之法，使人揲爻求變。易本成案。靜以待動，卦隨策揲。動以推靜，策營而爻象受命如響。故曰：蓍之德，圓而神。後世之蓍，非古也。從欲滅理，徼福免禍，卜史矯飾附會，非天生神物、聖人作易之本意。故君子務民義，則筮可勿用。學易觀變，筮亦不可不知耳。或曰：如《春秋傳》之言筮，何其響應耶？曰：左史多誣。即如其說，亦筮家老變之一法耳，何足盡易？如畢萬筮仕，遇屯之比，是初九之變也。成季將生，遇大有之乾，是六五之變也。晉嫁伯姬，遇歸妹之睽，是上九之變也。晉文公納襄王，遇大有九三，變而之睽也。魯叔孫莊叔生子豹，遇明夷初九，變而之謙也。崔杼娶棠姜，遇困六三，變而之大過也。南蒯作亂，遇坤六五，變而之比也。趙鞅救鄭，遇泰六五，變而之需也。惟陳厲公生敬仲，遇觀之否，用本卦互艮爲占。然晉伯姬始嫁，何以并惠公死高梁皆知之？叔孫豹初生，何以并豎牛之名皆知之？崔杼入其宮，不見其妻，若爻辭專爲崔杼發者，則是；以占他人，皆不驗矣。陳厲公遇觀，以艮爲四嶽，占姜姓之齊；以巽爲風行，占在他國，皆牽強附會，不近理而近術，不似經而似識。豈聖人開物成務，元亨利貞不可遠之本義？夫蓍策從來遠矣，今人用之不驗者十常八九，何獨《春秋》二百四十餘年間一一奇中乎？左史好奇，文致譸張，不可爲據。善夫《曲禮》有言：卜筮者，聖王所以使民信日時，敬鬼神，畏法令，決嫌疑，定猶豫。如此而已者也，故古人不廢。"

道無常主,舉一知十。神明默成,存乎其人。難與子莫、高
叟論也。

11　易者,聖人窮理盡性[一]之書。理無形,性無迹,命
無聲臭,故聖人不言性與天道,而言象。譚玄説空,二氏所
以多言愈離也。舍象更無容言,更無處見易。

12　説者謂易至孔子不言象。非也。上下二篇,《大
象》《小象》《説卦》《雜卦》,皆夫子作。凡天地間昆蟲草
木,无不取象。故其言曰:"易者,象也。"言象莫如夫子也。
至于象爻之象,文王、周公既繫之,夫子不復言而但贊其義
者,所以明象也。然言象何也? 卦,象也。理無形,因象
顯。非象无以通八卦之變,盡六爻之情。象設而學人執
象,則又不得不示以易簡之要,《十翼》所由以作也。漢魏
以還,學者迷習訓詁,如九家者流,附會穿鑿,迂僻無當,惟
王輔嗣[二]洒然窺《十翼》之藩,而説者謂于象太疎。然易
簡之旨,不中不遠。及程正叔廓而大之,易道庶幾焉。近
世學者浮慕反古,謂易象有隱,窮蒐无得,更拾九家殘唾以
爲至味。如蒙之《彖》曰"蒙以養正,聖功",此義甚明也。
而干寶之説曰:武王崩,年九十三歲。成王八歲,天後成王
之年,將以養公正之道,成三聖之功。此于《彖》義何涉也?
否之《大象》曰"君子以儉德辟[三]難,不可榮以禄",義甚

────────────

〔一〕"性"字後,《談經》有"致命"二字。
〔二〕嗣,早印本無。
〔三〕辟,底本作"辭",據經文改。

明也。而虞翻之説曰：乾爲榮禄，坤爲弑君，巽爲入。伏乾爲遠，艮山體遁，謂避難遠遁入山，故不可榮以禄。又何紆曲也。晉六三曰“衆允，悔亡”，蓋率下附上之象，而翻之説曰：此變成小過，有飛鳥之象。臼杵之利，見鼠出入坎穴也。至九四鼫鼠，貪象也，而九家引“鼠五伎”爲解。中女稱離，少陰之象也，而晉上九“維用伐邑”，謂維爲中女之蠶絲。坤言弑君父，戒初六履霜也，而于凡卦遇坤，皆謂爲弑君父。《繫辭》言游魂，語鬼神也，而于凡卦自内往，皆謂爲某卦游魂。七爻來復，則謂爲歸魂。此類譸張無根。聖人設象，豈其浮誕若此？本欲補輔嗣、正叔之遺，反爲羲、文、周、孔之障。古聖人設象以顯其圓融活潑之旨，今人求象以塞其明通易簡之路。象而不象，則將焉用彼象哉？學者但以《十翼》爲宗，象義兼舉矣。

　　13《十翼》不言象，而象義雙顯；後人言象而義荒，譚義而象隱。易所以難言也。程正叔《易傳》，大抵因王輔嗣之舊，廓而充之，但象數闊略，執君子、小人治亂作解，于三極之道，微覺偏枯。朱元晦作《本義》，直欲懸空説影，以俟占者自合，究竟將易作卜筮之書，而愈隘矣。邵堯夫造爲《先天》《方圓》等圖，好事家詫爲新奇。脩鍊羽流，文飾爲龍虎、鉛汞、姹女、嬰兒等名，爲《參同》《悟真》等書。乍見奇僻，叩之惟存神馭氣，以求長生耳，乃珍秘自喜，援易爲口實。夫聖人作易，易簡開物，患人不知；邪説誣世，唯恐人知。心術公私，已冰炭矣。《禮》云：假鬼神時日卜筮疑

衆者殺。學聖人之學者,尊崇其説。可怪也。〔一〕

14 易道易簡,聖人設象以神其道。道一言可盡,而象千變無窮。聖人神明默成,故象義玄合。學者必因辭會象,因象會義。凡義合而象離者,必非易之義也;抑象合而義離者,必非易之辭也。夫子《説卦》舉其例,使人觸類旁通,非爲定局耳。今略推廣之:有《説卦》所本無,而彖、爻隨宜取象者,如震不言爲侯,而屯與豫之震云"建侯",以長子承乾,象君也;不言爲斗,而豐之震云"日中見斗",以震體仰虚,象斗也。巽未言爲魚,而姤與中孚之巽皆象魚,以巽體互離爲網罟,有魚也;未言爲鴻,而漸上之巽象鴻,以鴻能序飛乘風也;未言爲牀,而巽云"牀下",以奇乘偶,象

〔一〕《談經》將上條及本條删訂爲:"説者謂孔子不言象,非也。上下二篇,《大象》《小象》《説卦》《雜卦》,皆夫子作。凡天地間昆蟲草木,莫不取象。則言象,莫如夫子矣。至於彖、爻之象,文王、周公繫之,夫子不復言,而但贊其義者,所以明象也。故其言曰:易者,象也。八卦以象告。理本无形,因象以顯。非象无以通八卦之變,盡六爻之情。惟象設而學人執象,又不得不示以易簡之要,《十翼》所由作也。漢魏以還,學者迷習訓詁,如九家者流,穿鑿迂僻,獨王輔嗣超然窺《十翼》之藩,而説者謂于象太踈。《十翼》不言象,而象義雙顯;後人言象而義荒,譚義而象隱。易所以難言也。程正叔《易傳》,大抵因王輔嗣之舊,廓而充之,於象數闊略,徒執君子小人治亂生解,其於三極之道,微覺偏枯。朱元晦《本義》,直欲懸空説影,俟占者自合,究竟將易作卜筮之書,而其説愈隘矣。邵堯夫造爲《先天》《方圜》等圖,好事者詫爲新奇。脩鍊羽流,緣飾龍虎、鉛汞、奼女、嬰兒,爲《參同》《悟真》等書。乍見奇僻,叩之,不過存神馭氣,以求長生,而珍秘自喜,援易爲口實。聖人作易,易簡開物,患人不知;而小説誣世,唯恐人知。心術已冰炭矣。《禮》云:'假鬼神時日卜筮疑衆者殺。'學者反尊崇其説。甚矣,人之好怪也。"

牀也。離未言爲鳥，而旅上之離云"鳥焚巢"，以離田有鳥也。兌未言爲虎，而履之兌云"虎尾"，革之兌云"虎變"，以兌位西，而虎西方之宿也；未言爲郊，需之兌云"郊"，小畜、小過互兌云"西郊"，以澤在郊也。坤未言爲宮人，剥之坤云"宮人寵"，以坤純陰，象女也。此類皆《説卦》所无，而象、爻自爲象者也。亦有《説卦》所有，其類別而爻辭通用者，如震爲龍，象東方蒼龍之宿，而乾爻皆云"龍"，坤上六亦云"龍"，以乾坤生諸卦，變化猶龍也。不獨震也，坤爲牛，象柔順也，而離中有坤亦象牛，如離之彖云"畜牝牛"，既濟之離云"東鄰殺牛"。不獨坤也，巽爲白，而賁體艮離无巽，亦云白，以離互巽，又爲兵戈，金色白，火明亦白，中虛亦白。不獨巽也，此類皆《説卦》所分屬，而爻辭通用者也。三畫成卦，八卦成象，然亦有内外二體合成一象者，如離外剛内柔爲龜，頤、損、益三卦无離，而全體上下皆剛似離，故頤云"靈龜"，損益云"十朋之龜"，合六爻成離象也。坎以剛居中爲棟，大過无坎，而中四爻皆剛似坎，故彖云"橈棟"，合六爻成坎象也。離爲電，震爲雷，故噬嗑取象刑獄。中孚无震離，而《大象》亦云"議獄"，與噬嗑相似，以中孚全體似離互震也。小過全體似坎，故《大象》取恭、哀、儉，與德行教事相似，用坎象，又以繼中孚後，全體似鳥，遂象飛鳥也。又頤上艮下震，全體取象頤；井上坎下巽，全體取象井；鼎上離下巽，全體取象鼎。此類皆以六畫成一象，不拘三畫之例也。亦有二畫成象者，如牛本三畫，坤離之象，艮未言爲牛，而遯之艮六二爲“黃牛”，以六二麗九三，居中似離也。豕本三畫，坎卦之象，巽未言爲豕，而姤下巽之初六云“羸豕”，以初六承九二之下似坎也。魚本離象，剝无離，而上艮之六五云“貫魚”[一]，以六五麗上九，居中似離也。果蓏本艮象，姤无艮，而姤之九五云“包瓜”，以初六在九二下，似艮也。此類皆以奇偶二畫成象者也。亦有獨用一畫成象者，如田取諸離，師无離，而六五云“田有禽”，是以上卦坤中一偶象離也。震爲足，夬无震，而大壯[二]下乾之初九“壯于趾”，是以乾之初奇象震也。坎爲隱伏，爲月，夬无坎，而夬之乾九二云“暮夜”，是以乾中一奇象坎也。坤六三爲“或從王事，无成有終”。訟无坤，而六三亦云“或從王事，无成”，是以坎上一偶象坤也。故凡陽在下者，動之象；在中者，陷之象；在上者，止之象。凡陰在下者，入之象；在中者，麗之象；在上者，悅之象。顧其時位何如，非定以一卦爲一象也。故有一爻取數象，如蒙九二既象子，又象蒙師；小過六二，既象孫，又象妣，又象臣；漸六二鴻磐，象奠鴈，又象哺鴈；既濟六四繻象帛，又象裳之類。又有一卦象一物，仍象兩物，如剝卦象牀，仍象上下兩牀；井卦象井，仍象上下兩井；鼎卦象鼎，仍象上下兩鼎之類。又有不用八卦之象，但就本爻剛柔稱名爲象，如柔

〔一〕貫魚，原爲“魚貫”。
〔二〕大壯，原爲“夬”，據經文改。

以剛爲夫,剛以柔爲妻;二以五爲君,五以二爲臣之類。又有雖用八卦之象,而不顯言其象。如虎,艮象也,賁上爲艮,故爻有虎賁出使四方之象,而不顯言虎也。牛馬,坤象,山,艮象,謙以坤居艮上,而初六《傳》云"牧",六二爻云"鳴",九三爻云"勞",此用牛馬登山爲象,而不顯言牛馬也。又有不用八卦之象,但以卦體大勢情形示象。如履體周旋,象不處也,泰體下往上來,象天地將復也。噬嗑自下合上,象頤下動也。漸體上進,象循序也。歸妹反下,象速退也。困體下來,入井之象也。井體上出,困通之象也。此類皆以卦體形勢爲象者也。有以互體爲象。如泰中互歸妹,六五爻辭遂云"帝乙歸妹"。萃六五互巽,《傳》遂云"往无咎,上巽也"。益自二以上互觀,爻辭遂象觀。謙自二以上互師,五上遂象征伐之類是也。又有不主本卦,而以爻所變卦爲象者。如田與見,本離象也,乾九二云"在田""利見",是九二變離也,變則爲同人,故"在田""見大人",即同人之"同人于野"也。動直本乾象,坤六二云"直方大",《象》曰"六二之動,直以方",言動則偶畫變爲直,爲師之九二"承寵""懷萬邦",即光大不孤之象也。比之上六云"无首",上六變則成觀,大觀在上,顯若爲首,不變不成觀,故云"无首"也。豫上六"冥豫,成有渝",是震體變離,以明化冥也。復之上六,无妄之上九,既濟之九三,未濟之九四,此類皆以變卦爲象者也。又有不待變,而以本體所伏卦爲象者,如同人上乾伏坤,故象于野;下離伏坎,

故象大川；全體伏師，故三、四、五爻象師。大過上兌伏艮
爲少男，乘巽爲長女，故九五象老婦得士夫；下巽伏震爲長
男，承兌爲少女，故九二象老夫得女妻。臨初二云“咸臨”，
以咸初二本艮體，臨下卦伏艮也。漸初六云“小子厲，有
言”，以漸下艮爲少男，伏兌爲口也。兌九五“孚于剝”，以
兌外體伏艮似剝也。此類皆以所伏卦爲象者也。又有以
卦名爲爻象，如訟九四云“復即命”，小畜初九云“復自道”，
皆以一陽在乾下似復也。履九五“夬履”，以乾下應澤，象
夬也。否九四云“疇離祉”，以泰、否二卦三、四往來之際，
象離也。臨初二“咸臨”，以下卦伏艮二陰，象咸也。同人
九四之《象》曰“困而反則”，以四變家人，反互困也。漸九
三之《傳》曰“離羣醜”，以坤體外互離也。咸九三云“執其
隨”，以三爲艮主，止不動，則不爲隨也。此類皆以卦名爲
象者也。又有依《序卦》一正一倒、往來相因爲象，如比之
“原筮”，蠱之“先後甲”，井之“改邑”，復之“七日復”，臨之
“八月凶”，需、訟、咸、恒之類，皆是也。又有依八卦方位、
六爻周流爲象，如蹇、解、井、震之類。有用天干爲象，如蠱
之“甲”，巽之“庚”，革之“己日”，泰之“帝乙”。有用數目
爲象，如三歲、十年、九陵、七日之類。有用文字爲象，如損
云“二簋”象艮，以簋字中從艮也。井六四云“井甃”，以井
互兌爲秋，甃字從秋也。賁與旅，《大象》云“獄”，以卦體艮
爲狗，獄字從犬也。澤水爲困，以中互巽木，取困字從木在
口圍內也。咸爲感，取感字无心也。兌爲説，取説字无言

也。井字四十而區分九,《序卦》四十九,值革數合大衍,取古文井中有點,象五十虛一也。又有以字音假借爲象,如豐九三"日中見沬",沬,雨珠也,借作歸妹之妹。因上卦歸妹以爲本卦,互兑澤少女之象也。頤〔一〕六二"拂經"之經,言歷也,借作"經常",以爲六二越五赴上,反常之象也。漸六二"飲食衎衎",借作"坎坎",六二互爲坎也。暌上九之"鬼",借作"暌",疑象也。中孚九二〔二〕云"好爵",借作"鳥爵",象鳥孚子也。噬嗑借作"市合",大過借作"過涉",枯楊、喪羊,皆借作"陽"。《大》《小畜》之畜,借作"束",履借作"禮",无妄借作"无望"。坤六二"直方",同人、困九五"中直",皆借奇畫之直作"正直"。賁六二之"賁其須",歸妹六三之"歸妹以須",皆借作"髭須"之須,作"須求"之須。他如象借作"斷",爻借作"效",此類皆以字音相通,假借爲象者也。凡爻辭,皆象也;凡象,皆辭也。故有即辭是象,如卦有大小,則辭有險易。吉人辭寡、躁人辭多之類。又有无辭亦象,如咸,感无心,九四當心位,而爻辭獨不言心,以象咸之无心也。升之六〔三〕五,君位非人臣所得升,故爻辭无君象,但云"升階",虛天位以待大人也。此以无辭爲象者也。夫无辭亦象,而象可勝窮哉!大抵卦六十四皆象,而象猶不盡于卦;爻三百八十四皆象,而

─────────

〔一〕頤,原爲"噬嗑",據經文改。
〔二〕二,原爲"三",據經文改。
〔三〕六,原爲"九",據經文改。

象猶不盡于爻。天、地、山、澤、風、雷、水、火、龍、馬、牛、羊、雞、狗之類，象也；雖爻辭君子、小人、吉凶、休咎之類，亦象也。乾之九三，“君子終日乾乾”，非爻象乎？“天行健，君子自强不息”，非卦象乎？故易莫非象也，離象言易與泥象求象，皆非也。故曰“引而伸之，觸類而長之”，易其可知也。故易者，變也；象者，像其變也。莫變于易，故莫變于象。惟神不測，惟神无象。聖人作易象神，設卦象易，畫奇偶以象陰陽，陳六位以象三才。乾坤六子相錯，以象造化人事。屈伸往來，故古今天地，一象也；帝王，一象也；萬事萬物，一象也。學者觀象，斯得意矣。而魏王弼氏曰：“得意在忘象。”“爻苟合順，何必坤乃爲牛？義苟應健，何必乾乃爲馬？”然此乃既有象後之言，非未有象先之言也。蓋象由畫始也，方羲聖始作易，不言而示人以畫。一畫立而參兩具，八卦成，萬象應，故曰“八卦成列，象在其中矣”。乾坤象天地，六子象雷、風、山、澤、水、火。有象而无辭，有畫而无意，所謂“八卦以象告”耳。及文王、周公受之，然後繫辭以明象，廣象以明意。是故象者，言乎其象者也。孔子曰：“書不盡言，言不盡意。”聖人之意，其不可見乎？聖人立象以盡意，此也。自庖犧氏以下，列聖開物成務，立成器以利天下，皆取諸象。故曰：見乃謂之象，形乃謂之器。器形而下，道形而上，通乎道器之間者，象也。故曰：“聖人有以見天下之賾，而擬諸其形容，象其物宜，謂之象。”故易者，象而已矣，若夫道一而已。易與《詩》《書》《禮》《春秋》，非殊也。苟求其意，求之《詩》《書》《春秋》，可也。惟易以象告，故言健則必言馬，他經健可不必馬，而易不言馬，則焉知━之象馬？言順則必言牛，他經順可不必牛，而易不言牛，則焉知━━之象牛？則是爻畫不與萬物通，而八卦爲虛文矣。豈聖人見賾擬諸形容之意乎？學者誠欲忘象，併忘易乃可。如言易而廢象，意雖是，終鹵莽而不順理。蓋意有象，猶方圓有規矩；意不準諸象，必且師心馳辯于意外。王弼懲漢魏諸家之附會，矯枉過直，毀繩墨而尚清言，習氣使然，不可以爲訓也。易依爻設象，依數明理，故《說卦》于象諄諄焉。若衹據爻位言理，而于象辭不合，是聖人之辭，譸張无根，而理无所維繫，活套轉移，如君子小人，君臣治亂，一二卦可了矣，瑣瑣六十四不已複乎？故凡爻與象，各有合也。顧辭旨精融，粗淺難窺，若視爲糟魄，一切摒棄，如告子不得于言，自詭忘象，非欺則罔。故以理數論，爻有定位，數也；象有變化，理也。理與數合，乃見數无所逃。爻，天也；象，人也。人與天合，乃信天不可違。若以爻爲理數，象爲事物，則必事物與理數合，然後吉凶善惡各盡其情。故凡象與爻，无弗合也。見爻而不見象，如王弼之說，索理而遺事物也；見象而不見爻，如干寶諸家之說，狗事物而忘理也。故拂義而强象者，失之苦；執義而廢象者，失之疎。苦者穿鑿而失真，疎者支離而不屬，皆非也。至于近時博士家說易，无君子、小人、君臣、治亂，則茫然不知易，猶說《春秋》无尊周攘夷褒貶名字，則茫然不知《春秋》。

嗟乎，經術之敝久矣！莊生所謂：千載而下，知其解者，旦暮遇之也。〔一〕

15　上下二篇之卦，六十有四。一正一倒，文王所次第也。數往知來，順逆相受，條理天然。夫子作傳，隨意指掌，如水流轂轉，圜神不拘之妙，宛在目前。學者識此，盈虛消息，思過半矣。故易非聖人不能演，非聖人不能序。而其取于一正一倒者，像神之兩在无方，道之周流不息，所謂合內外、徹上下，一而二、二而一也。學者不深加體究，惑于邵氏先天圖説，以乾一兌二爲伏羲本義，疑《序卦》爲牽强，則是二篇次第，可〔二〕任意雜越，焉用文王演爲也？

16　或謂重卦始自文王，非也。八卦相錯，羲聖備矣。筮法老少，用九用六，皆本自《河圖》，然必六畫卦成〔三〕，其法始備。羲聖既則《圖》《書》作蓍策，不應重卦又不自羲聖始也。《大傳》序庖犧、神農以來列聖開物，所取十卦皆重。儻重卦自後世始，聖人立言，必不爾。

17　《春秋傳》韓宣子適魯，觀書于太史，見易象，曰："吾乃知周公之德，與周之所以王。"然則易象繫自周公久〔四〕矣。孔穎達作《正義》，辯之甚詳。而班固云"易更

〔一〕《談經》無本條。

〔二〕"可"字前，《談經》有"皆"字。

〔三〕然必六畫卦成，《談經》作"必六畫成"。

〔四〕久，《談經》作"舊"。

三聖,世歷三古",説者以〔一〕伏羲、文王、孔子爲三聖,周公不與焉。嘗觀孟子序堯、舜以來聞知,止稱文王,亦不及周公。蓋二聖父子同世,言父則不復及子,言三古則不復列四聖〔二〕。立言應〔三〕爾,豈謂周公不與〔四〕于斯文乎?説者因《大傳》云:作易者有憂患,當文王與紂之事,其辭危。因謂危辭多在爻,爻辭亦文王作,非也。按,坤之象云"先迷後得主","東北喪朋",小畜云"密雲不雨,自我西郊",履云"履虎尾,不咥人",明夷云"利艱貞",剥云"不利攸往",歸妹云"征凶,无攸利"。凡此皆文王象辭,可謂不危乎?文王序易,逐卦繫象,周公承考,逐爻繫象,易始大備。公嘗自言"文王我師",孔子亦謂"文王无憂",父作子述,即此類也〔五〕。今檢爻辭,如隨云"王用享于西山",升云"王用享于岐山",指〔六〕文王。岐,周也。明夷云"明夷于南狩,得其大首",指武王誅紂也。"箕子之明夷",指箕子爲奴也。小畜、履、隨、蠱,皆隱〔七〕用文、武爲象。泰之六五,

---

〔一〕 "以"字前,《談經》有"遂"字。
〔二〕 "言父"至"四聖",《談經》無句中二"則"字。
〔三〕 應,《談經》作"自"。
〔四〕 豈謂周公不與,底本"不"字前後各有一墨釘,早印本作"豈謂周公遂不得與",《談經》作"非謂周公遂不得與"。
〔五〕 即此類也,《談經》作"正謂此也"。
〔六〕 "指"字前,《談經》有"皆"字。
〔七〕 隱,《談經》作"引"。

歸妹之六五，引商王帝乙，是〔一〕文王所親臣事者也，豈〔二〕以繫爻？凡此，皆足以徵爻辭之非出自文王，甚明也。蓋周公相武王，誅紂伐商，晚遭流言，憂患與文考同，故摹寫往事，真切如此。凡周公之辭，孰非文王之辭？惟象〔三〕作自文王，故夫子爲文王作《象傳》，爲乾坤二卦作《文言》，其《象傳》則〔四〕爲周公作〔五〕，又甚明也。聖人脩辭立誠，言不盡意。伏羲畫卦无辭，以俟文王；文王繫象无爻，以俟周公；周公繫象无傳，以俟孔子。三聖皆以未盡之意，遞相傳述。若使文王繫象，又繫爻，則周公作象，亦宜作翼；孔子成《春秋》，脩經亦宜脩傳。如後世自爲綱，自爲目，識者譏之。聖人立誠之辭〔六〕，有〔七〕是喋喋者與？後世過信班史，故蜀才改"箕子之明夷"爲"其子"；或援《爾雅》釋"岐山"爲"二達之山"，非岐周；或謂帝乙爲成湯，非紂父；又謂爲制王姬下嫁之禮者。皆以附合文王作爻辭之説。牽〔八〕強固僻〔九〕，皆可哂也。

18　孔子神明天縱，讀易三絶韋編，而作《十翼》；羲聖

〔一〕 "是"字前，《談經》有"夫帝乙"三字。

〔二〕 "豈"字後，《談經》有"肯"字。

〔三〕 辭惟象，《談經》作"辭乎惟象辭"。

〔四〕 其象傳則，《談經》作"則象傳"。

〔五〕 "作"字前，《談經》有"而"字。

〔六〕 立誠之辭，《談經》作"脩辭立誠"。

〔七〕 有，《談經》作"豈爲"。

〔八〕 "牽"字前，《談經》有"其"字。

〔九〕 僻，《談經》作"陋"。

卦位爻畫未明〔一〕，而作《説卦》；文王演易次第未明〔二〕，而作《序卦》；彖辭未明〔三〕，而作《彖傳》；周公爻象未明〔四〕，而作《象傳》。恐學者泥于爻，又約其旨而作《大象》；慮學者局于序，又錯其序而作《雜卦》，无所不用其極。而世儒猶謂孔子有未盡之易〔五〕，以待夫陳摶、魏伯陽、邵堯夫，《先天》《後天》《方圓》等圖出，而後義易見。吁，亦愚且悖矣。

19　夫子《十翼》，有《上象》《下象》者，即二篇各爻之象，今所謂《象傳》〔六〕。以釋周公爻辭，謂之《小象》；又各卦之象，如“天行健”之類，謂之《大象》。其辭皆明馴爾雅，與二《繫》之文，皆夫子作〔七〕。朱元晦謂〔八〕《大象》爲周公作，未〔九〕知何據。果爾，夫子既爲彖、爻作傳，何獨不作《大象傳》也〔一○〕？易自羲聖創始，文王、周公繫辭，學者

〔一〕 羲聖卦位爻畫未明，《談經》作“爲羲聖卦位爻象”。
〔二〕 文王演易次第未明，《談經》作“爲文王演易次第”。
〔三〕 彖辭未明，《談經》作“爲彖辭”。
〔四〕 周公爻象未明，《談經》作“爲周公爻象”。
〔五〕 易，《談經》作“義”。
〔六〕 “傳”字後，《談經》有“者也”二字。
〔七〕 作，《談經》作“自作”。
〔八〕 謂，《談經》作“疑”。
〔九〕 未，《談經》作“不”。
〔一○〕 也，《談經》作“耶”。

尚未通曉。至夫子〔一〕《大象》,逐卦示人以用易之方,如衣〔二〕有要領。每卦約言其義,而象、爻諸象,可迎刃解矣。如乾則曰"君子以自强不息",坤則曰"君子以厚德載物",以至六十四卦,各有指南。易道至此,長夜夢覺,昏衢日朗,功高三聖,澤流後裔。而鄙儒妄〔三〕背聖訓,別搆先天。愚謂楊墨,豈不誠然!

20《十翼》之初,自爲一書,猶傳之于經耳。漢〔四〕鄭玄始以附于經,即今乾坤二卦章句次第是也。魏王弼又自坤以後,分《象傳》附象,分《象傳》附爻,而以〔五〕"《彖》曰""《象》曰"別之,省學者兩讀,甚便。近世博士家,承邵、朱之説,謂三聖不同易,病分經合傳之非古,以〔六〕歸咎于王弼氏。此"不能三年之喪,而緦小功之察"也。夫謂經傳不可合者,以書同而道異,言同而人異。如《春秋》諸傳之于經,則誠未可合矣〔七〕。羲、文、周、孔,奚不可〔八〕合之有?由孔子視三聖爲古,而〔九〕自視爲傳。由今視四聖,則

〔一〕"子"字後,《談經》有"作"字。
〔二〕"衣"字後,《談經》有"裳"字。
〔三〕妄,《談經》無。
〔四〕漢,《談經》無。
〔五〕而以,《談經》作"加"。
〔六〕以,《談經》無。
〔七〕矣,《談經》作"也"。
〔八〕可,《談經》無。
〔九〕而,《談經》無。

皆古皆經也。孔子傳易,何至[一]不如左、公、穀傳《春秋》？
世儒不病左、公、穀合《春秋》,而病《十翼》合《周易》,左
也;不能講究先後同揆之旨,徒較勘章句之分合,以求伸四
聖不同易之説,謬也。今解[二]仍用[三]王氏舊章,四[四]
聖同易,非但爲誦讀便耳[五]。或曰:彖、爻、象辭,吉凶悔
吝有不同者[六],何也？曰:此所謂變通以利言,吉凶以情
遷者[七]耳。易[八]者,變也。離一爲萬、合萬爲一之謂變。
爻象隨宜,發揮旁通,兩端不執,不必切合。即如元亨利貞
一也,有時作四德,有時作一語,有時離析雜他語爲占。
"元亨"兩字多獨用,而"利貞"兩字多雜出。蓋"元亨"物
所同,而[九]"利貞"物所[一〇]各正,此可以[一一]舉一
隅矣。

　21 河出《圖》,洛出《書》,聖人則之。説者謂伏羲則
《圖》畫卦,今按卦與《圖》无涉也;謂禹則《書》衍疇,今按

〔一〕至,《談經》作"遂"。
〔二〕今解,《談經》作"余解經"。
〔三〕用,《談經》無。
〔四〕"四"字前,《談經》有"以明"二字。
〔五〕耳,《談經》作"而已"。
〔六〕有不同者,《談經》作"間有不同"。
〔七〕者,《談經》無。
〔八〕"易"字前,《談經》有"故曰"二字。
〔九〕而,《談經》無。
〔一〇〕所,《談經》無。
〔一一〕此可以,《談經》作"即此亦可"。

疇與《書》无涉也。《圖》《書》皆伏羲則之以衍筮策耳。《圖》《書》之數,合之適滿百。百者,盈數也。《圖》五十有五,《書》四十有五,以五十中分,《圖》多五,《書》不足五。馬,陽物也,陽大而其數盈;龜,陰物也,陰小而其數虛。伏羲大衍,損《圖》之五,加《書》之五,用其中爲五十,以爲大衍之體,衍之仍得五十少一,以象虛〔一〕,得〔二〕四十有九,爲大衍之用。損益斟酌,皆法象自然。而〔三〕其不用全數者,理无盡,數无盈,六合之外,聖人弗論也。《圖》《書》已不能相兼,而〔四〕聖人安能違之?斟酌損益,所以爲不用而用也。

22 天下之理,統于一;天下之數,生于一。一者,造化元神,萬事萬物之權輿也。自羲聖畫一,後人名之曰奇;畫--,名之曰偶。其實偶非一對,而不能不對也。如地于天,臣子于君父。一分爲兩,雖兩則一。天地之始,惟元陽一炁。畫一以象陽,陽生陰應,如室中有明斯有暗,如水有清斯有濁,故曰"一陰一陽之謂道"。陽倡陰和,奇分偶成,間不容髮,可以意會,難可言及。

23 問:易何由生? 曰:由一生。大初渾淪,一畫乍啟,

〔一〕"虛"字前,《談經》有"太"字。
〔二〕"得"字前,《談經》有"實"字。
〔三〕而,《談經》無。
〔四〕而,《談經》無。

盤固初分[一]，一生兩判，三才立而五位陳，父母六子，變化往來，包孕其中，非如後世根幹枝葉、次第之説也。一爲陽直，兩爲陰闢。陽動而有，陰静而無。一生，則動而向于有，陽實之象。兩虛無形，陰静之象。奇動偶應，即天一生水。坎體呈而五位羅列。《圖》《書》之數，皆由此出，故一爲元始。奇偶相乘，一而二，二而一，變化无窮，所謂一貫不二之道也。焉有所謂《先》《後天》《方圓》等圖[二]紛紛杜撰之説乎？

24　卦，八而已，无所謂六十四也。六十四者，八之錯耳。故經[三]第言八卦，未嘗言六十四。《周禮》大卜，八爲經，六十四爲別，即經之別耳。邵堯夫橫圖相生，是經與別，混[四]无分也。既以序生[五]，如榦有[六]枝，枝有[七]葉，則不應言八卦相錯。既序[八]矣，焉用錯？一生二，二生四，四生八，猶強引兩儀四象八卦語解，至[九]八生十六，十六生三十二，三十二生六十四，則鑿空漫説矣。其實八卦錯成六十四，安所得十六與三十二乎？乾一兑二，離三

〔一〕分，《談經》作“鑿”。
〔二〕焉有所謂先後天方圓等圖，《談經》作“安所得方圓等圖先天後天”。
〔三〕“經”字後，《談經》有“文”字。
〔四〕“混”字後，《談經》有“而”字。
〔五〕“生”字前，《談經》有“相”字。
〔六〕“有”字前，《談經》有“之”字。
〔七〕“有”字前，《談經》有“之”字。
〔八〕“序”字後，《談經》有“生”字。
〔九〕“至”字後，《談經》有“于”字。

震四,巽五坎六,艮七坤八,皆以臆作,非經有明法也。及爲圖不合,又顛倒割湊,强引"數往者順"、"知來者逆"爲解。朱元晦喜之,以爲羲聖的旨,未見其然也。説詳篇中。

25《河圖》《洛書》,天以數示聖人。八卦奇偶,聖人以數窮三才。故易者,數之林也;數者,萬事萬物之節,造化變動之候。即造化成數,非有數以爲造化也。如天有晝夜寒暑,人有生死呼吸。天地間往來聚散,千變萬化,莫非自然,而數呈焉。故无常之謂易,有常之謂數。算起于奇偶,法詳于《圖》《書》。《圖》《書》之數成于五,八卦之數成于三,故曰"參伍以變,錯綜其數"。八卦既成,奇偶各十二,共成二十四。又每偶二奇,共藏十二,成三十六。三十六乘二十四成六十六者,天地之成數也。曆法支干六十,六倍之爲三百六十。當期之日,律呂以三分損益,六九進退,皆所謂參之以三也。《圖》《書》之數,五爲中極,六、七、八、九、十,皆得五而成;百、千、萬、億,皆積五而生。故五方五氣,五常五禮,五爵五服,五刑五音,五味五色,五臟五體,手足指五,皆天也,皆所謂伍之以五也。故數莫盛于三、五。

26 易簡之謂易。夫子于《繫辭》首發之。易簡者,一也。一者,萬化之祖焉,八卦之元神也。一分則兩,兩一則參,參兩則五,一參五則九。數至九,而乾道變化極矣。故九爲爻用,而一爲卦始,故曰"一陰一陽之謂道"。參天兩地而倚數,此也。參,故卦成于三;兩,故兼三爲六。乾坤所以往來不測之謂神。非枝榦漸次之説也。

27　數起于參兩。參兩由一生,而不言一,何也？一動即兩,兩分一化,一无常主,而兩共含一,故一无名,名之曰中。中者,兩間也。道家謂之[一]"玄牝之門","天地之根","萬物之母",故卦爻不言一。而三之曰參,二之曰兩,其言參兩,又何也？分爲二三,合爲參兩;倚之則合,衍之則分。數由倚生,由衍成[二],故曰"參天兩地而倚數"。大衍之數五十[三],説詳《大傳》。

28　舊謂圜者徑一圍三,方者徑一圍四,故陽用其全而爲三,陰用其半而爲兩,是謂"參天兩地"。夫圜一圍三、方一圍四者,法象自然,非由此生法象也。奇自爲圜,偶自爲方,非由方圜生奇偶也。謂圍三爲陽,於理未違;謂圍四爲兩,則牽强甚矣。蓋偶者兩其奇,非用半之謂也。以一奇規而圜之,中徑一外環三,此函三之象也,仍以一奇矩而方之,中徑一外方四,此奇生偶,陽生陰之象也。圜象天,一乘三,其度較長。方象地,一乘四,其度較短。圜之則包羅[四]乎外,方之則納于其[五]中。此天包地,陽兼陰之象

〔一〕之,《談經》無。

〔二〕倚生由衍成,《談經》作"衍生由倚成"。

〔三〕"十"字後,《談經》有"也"字。

〔四〕羅,《談經》無。

〔五〕于其,《談經》作"於"。

也。奇長偶短，陽大陰小，圜者〔一〕不滯，方者〔二〕不移，陽
動主施，陰靜主受，皆自然之象，而皆本一奇生，一所以神
也。一者，畫之始也。圜者，乙之運也。方者，圜之變也。
一者，乙也。太初爲乙，運乙爲圜，圜削〔三〕爲方。圜无心
而方有意，圜成體而方成用，圜屬天而方屬地。圜自无方，
方小于圜。圜无窮而方有終，此天地陰陽自然之分數，太
乙所以爲元神也。天地之初，一難言矣。其在人心，未發
之中，一之藏也，即易所謂太極也。已發之和，一之形也，
即卦所謂奇也；有中有和，一之兩也，即卦所謂偶也。過此
以往，巧曆不能算，而天地萬物可推矣。

　　29　理圜而數拘，理大而數小。天下无理外之數。數由
理生，即理之森然者耳。學易當于理中觀數，不當于數中
索理。易簡自然者，理中之數；附會牽強者，數中之理。邵
堯夫作《先天圖》、朱元晦執《河圖》求卦，皆向數中求理也。
不易簡，不正大，不足爲易。〔四〕

　　30　數生于一，成于三，極于五，窮于九，而〔五〕間于十。
一者，三之中；三者，五之中；五者，九之中。《圖》《書》皆中

<hr />

〔一〕　者，《談經》作“則”。
〔二〕　者，《談經》作“則”。
〔三〕　圜削，《談經》作“削圜”。
〔四〕　本條後，《談經》多一條：“卦體六位，其器本陰。易道變化，上下往來无常，
　　　　即陽之乘陰也。道附器行，神妙萬物，乾坤所以合德也。故陽不用九，聖
　　　　人裁其盈，所以能往而來，上而下，游魂七日復初，而九兼六之半也。”
〔五〕　而，《談經》無。

五也，數至五而中極矣，十其五而中盈矣。故《圖》《書》皆五十。《圖》盈《書》虛，陰損陽益，皆不過五。大衍之數五十，損《圖》之五者，即乾龍无首之義。《圖》陽物，盈而不可亢也，加《書》之五者，即陰爻用六之義。《書》陰物，虛而受陽之施也。陰陽之數，有餘乘不足，不足除有餘，化而裁之，非聖人不能。

31　子云：易者，"三才之道"。故筮法三變成爻。卦之始畫，本一生三。蓍之求卦，由三得一。凡一必兩，凡兩必參。法象自然，故策分爲二以象兩，掛一以象三，參兩象天地，一象人。有天地然後生人，人生而後三才立。參三才而爲一者，人也。故筮有五節，象天運有五歲。而掛一爲始，一參兩中，變化乃行。乾坤設位，成性存而後道義出。子云："吾道一貫。"待其人而後行，豈卜蓍云乎？

32　爻位極于五者，五爲天地之合，《圖》《書》之中，五氣之會也。五上又六者，五生六成，獨陽不成，五不能廢六也，无六則五窮。而六无位者，陽生已全，孤陰无用也。初亦无位者，初爲微陽，上爲窮陰，如人生不知所始，死不知所終，童則蒙、老則休之象也。

33　凡數非衍不生，无倚不成。故易大衍而倚數。初爲一，二倚成三，三倚成六，四倚成十，五倚成十五，十五而《圖》《書》全，天地之體具，大衍之數成。二老分〔一〕而乾

〔一〕"分"字後，《談經》有"六九"二字。

坤位,故爻位莫盛于五。蓋下卦三爻得六爲老陰,上卦四、五兩爻得九爲老陽。過上〔一〕又六,是无用之老陰也。故五爲極而上爲亢。自初至五,内外共衍爲十五,外三爻自衍亦十五。如六爻同用,則十五不成,六與九〔二〕不分,陰陽混而天地不辨,故用九爲天則也。十五而用九,則離六而陰陽分。上雖省〔三〕六,而内自不失十五,乃所爲天則也。蓋十五者,三其五,五其三,所謂參伍者也。九者,三三也。五者,九之中。用九者,宗五也。十者,九一也。一爲虛,故十有終而无成。十五者,數之大成。十其五,五其十,聖人學易,五十而已,大衍五十而已。

34　天數成于五,故乾九五"飛龍在天",爲百九十二陽爻之父,亦爲百九十二陰爻之君,故位至五,无上也。上九六陽,是五上加一。一爲諸陽之根,《圖》《書》一皆居下。乘五,故亢也。

35　八卦既錯,六位時序。陰守其成,而陽過其曆,故用九用六,自然不易,曰天則也。世儒不察,妄謂六十四上可增爲百二十八,二百五十六,以至无〔四〕窮。若是,則龍何但有首耳,將陽愈亢而引地與天齊。乖理溢數,孟浪之言也。

〔一〕上,《談經》作"五"。
〔二〕十五不成六與九,《談經》作"二十一而十五不成六九"。
〔三〕省,《談經》作"揖"。
〔四〕"无"字前,《談經》有"於"字。

36　在道爲中，在數爲五。堯、舜授中，《圖》《書》中五。中之爲字，其數五。囗者，四象也。丨者，太極也。故道莫大于中，數莫尊于五，莫神于一，莫均[一]于三。一之化兩，由中而分。一居中，左右不離中。一成[二]三，三居中，左右不離中，五成[三]九，總之不離一耳[四]。極之而三、五各完其數。三其五，則一、五居中，左右各五，爲十五，故數莫變于三、五。故[五]曰：“參伍以變，錯綜其數。”必始一者，離一无中。奇者，一之象也，偶則中分矣。故易道貴陽而[六]賤陰，用九而[七]不用十。《中庸》經用九，道用五，德用三，所以行之者一[八]。《禮》“親親以三爲五，以五爲九，上殺、下殺、旁殺”，以身爲一[九]。古者教士，亦以一、三、五、七、九爲限。萬事莫違乎中，數莫變于一、三、五、九。

37　造化惟元陽一炁。一分則二，一乘二則三。三者，陽乘陰之全數也。二三則六。六者，陰陽之分數也。三三則九。九者，陽兼陰之極數也。四三則二六。二六者，十

〔一〕均，《談經》作“中”。
〔二〕成，《談經》作“而生”。
〔三〕成，《談經》作“而生”。
〔四〕耳，《談經》作“也”。
〔五〕故，《談經》作“傳”。
〔六〕而，《談經》無。
〔七〕而，《談經》無。
〔八〕“一”字後，《談經》有“也”字。
〔九〕“一”字後，《談經》有“也”字。

二也,陰陽之週,天地之紀也。五三則十五。十五者,五十
也,《圖》《書》之全,乾坤之策,天地萬物之總也。三,參也。
五,伍〔一〕也。三五成五十,故曰“參伍以變”。大衍極于五
十,而其用藏于一。爻用九六,而位不過三。陰陽之氣,三
月一變,六月而週復始,故卦過六而七稱“來復”。一爲始
變,而六爲將化,故一、六无名,初、上无用也。陰六陽六,
則卦終而易道備,故諸卦皆本之〔二〕乾坤。錯八相生,皆乾
坤之〔三〕變化,所謂一生五十者也。六十四,惟乾坤而已。
坤,惟〔四〕乾而已;乾,惟一而已。故道貫于一,數統于一。
是以聖人得一以貞。五十學易,體天地之撰,而盡變化之
道也。所謂“无可无不可”者,五十也;“无意必固我”者,五
十也;“從心所欲不踰矩”者,五十也。所以貫之者,一也。

38　无則无匹,有則有偶,此不測之神也。孤陽不生,孤
陰不成,“一陰一陽之謂道”。萬事萬物,莫不兩相摩而生
變化。“參天兩地而倚數”,皆生于人心。一念未起,鬼神
莫測。方未有一,于何得兩? 念起成意,意覺即知,意知所
著即物。此人心一含三之象也。如我爲一,對人則二,人
我交際則三。往來重復,三又生三則九,以至紛綸无算,還
歸于一。又如耳目視聽,耳爲一,聲爲二,成聽則三;目爲

─────────

〔一〕 伍,《談經》作“互”。
〔二〕 之,《談經》無。
〔三〕 之,《談經》無。
〔四〕 “惟”字前,《談經》有“又”字。

一,色爲二,成視則三。凡物无不以兩挾一,以首尾成中間,皆一三相乘。故有天必有地,天地對而生物;有夫必有婦,夫婦對而生人[一];有静必有動,動静對而生萬事。皆一生二,二生三,自然之象也。故聖人作易,一奇即一偶,奇一偶兩即三,三三即九。九者,聚也,故律窮于九九。十者,九一之間也,故爲地之終。一者,方生之初也,故爲天之始。一常虚而十常无爲也。五據九中,爲陽之主。數過五則亢,數生至五則完。六、七、八、九、十,皆一、二、三、四、五之資五以成者也。故陽爻用純九之德,而卦位无全九之數。爻用九而位止六,陽乘陰,天附地之象也;數以三與九爲節,而位以二與五爲中,避盈之義也。

39　陽主陰,故偶隨奇。偶者,兩其奇也。并則名兩,累則成二。一奇一偶爲三,三奇則三偶。故乾坤合爲九也。乾用九者,以陽之三兼陰之六也;坤用六者,即三偶本數而无加也。以六陰計之,正得半耳,所謂陰常不足也;陽用九,以六陽計之,則贏三矣,所謂陽常有餘也。三奇爲乾,所謂參天;三偶爲坤,所謂兩地。九者,乾三奇之生數。六者,坤三偶之成數也。

40　《圖》《書》之數五十,天地各五也。然以陽兼陰,數不及十而止于九。陰雖用半,而五之外又進用六。蓋陽大盈則損,陰太縮則增。九六者,十五之分也。三分十五,陽

[一]　人,《談經》作"男女"。

得二而損其一爲九，陰得一而受陽之餘爲六。陽雖九，而爻位止六；數雖十五，而奇偶實得十二。有餘不足，天地所以不窮，而損益變通，聖人所以作易之權也。

41《禮記》曰："天秉陽，垂日星；地秉陰，竅于山川。播五行于四時，和而後月生也。是以三五而盈，三五而闕。"故卦爻成于六，乾坤合爲十二，以象四時十二月。月一盈一闕，六爻則盈闕者各六，亦十二也。盈闕皆以三五，亦天地之數十五，大衍之數五十也。故數生于三五，而成于十五。

42 易道避盈，盈則虛之。故《圖》《書》之數百，而著止用半。大衍之數五十，而用四十九。天地之運十二，而〔一〕爻數用半。天地之數十，而陽用九。陽極于九而位止六，爻六而位極于五。初、上无用，當位者惟中四爻。二篇之卦六十四，反覆計之，上下各十八。凡聖人宰物制事，不處其盈。盈于此，虛于彼。盈而不虛，其數必窮，聖人所以退藏于密也。

43 大極者，大之極，猶大虛也。兩儀者，儀匹也。凡兩皆儀，不問何物爲儀也。兩兩成四，四即是象，不問何物爲象也。有象皆可爲卦，不必天、地、風、雷、水、火、山、澤也。是故大極者，人心之象也；兩儀者，天地之象也；四象者，四時之象也。天地四時往來爲八卦，而人者，天地之心。人

〔一〕而，《談經》無。

心神明,法象斯顯。人心死,則造化不可見,八卦不成。故中天地而立極者,人也。關朗曰:“物不能自神,神之者人也。”“易行乎天地之中者,人也〔一〕。”愚故曰:“易有大極”,人心之謂也。

44　易道窮于神。神者,變動之極。天地之間,莫非變也,莫非動也。聖人作易所〔二〕以象之,故易道莫大乎變動。卦爻者,變動之象也。八卦相錯,剛柔相蕩,奇偶相乘,莫非動也,莫非變也。一卦之中,自初至上,六虛无定,孰非動乎?六十四相生,三百八十四互爲轉移,孰非變乎?卦爻所以象其動,象其變,而无象之動,无象之變,可嘿識矣。易无定體,道有圜神,惟聖人執中无我,故通〔三〕。通則變。恒人有我執而不通,不通〔四〕則頑而不能動,不動則滯而不能變。故不知易者,其道不仁。執一事而不斷,貪一物而不舍,萌一意而不化,玩物喪志,聞義不徙,皆不動不變也,故曰“以動者尚其變”。易无卦不變,无爻不變,无占不變也。世儒所謂變,非易之變也,是筮法之變,老變而少不變也。遇老則變,不遇老則永〔五〕不變。如是,則易之

〔一〕也,《談經》作“而己”。
〔二〕所,《談經》無。
〔三〕“通”字前,《談經》有“能”字。
〔四〕不通,《談經》無。
〔五〕永,《談經》無。

變寡〔一〕矣。如朱仲晦所謂某卦自某卦來〔二〕，易道痿痹木強，而不可動，惡能變？

　　45　易上經多言天地陰陽之運，而〔三〕天地功用莫妙于水火，故卦多〔四〕兼天、地、水、火，明造化也。下經多言六子五行，卦多〔五〕兼風、雷、山、澤，明人事也。上經惟隨、蠱、頤、大過四卦不及天、地、水、火，下經惟晉、明夷、既、未濟四卦不及風、雷、山、澤。然隨、蠱即天運興廢；晉、明夷即人世升沈。頤、大過爲養生送死，與坎、離同終；既、未濟爲人生日用，與中孚、小過同終也。上經卦凡三十，下經卦三十四，天道簡，人道雜也。每二卦正反合爲一，除乾、坤、頤、大過、坎、離六卦不合，餘二十四卦合爲十二，是上經本十八卦也。下經除中孚、小過二卦不合，餘三十二卦合爲十六，是下經亦止十八也。十八者，兩其九也。上下十八，四九也。四九三十六，期之旬也。多寡雖殊，反覆正均，以表造化人事，往來屈伸，同歸一致，非聖人不能演也。

　　46　問：數往者順，知來者逆。曰：由盛趨衰者，自然之數，往而順也。反亂承治者，先事之知，來而逆也，往所以致其來也，逆所以迎其順也。今日之往，即明日之來。是

────────────

〔一〕“寡”字前，《談經》有“亦”字。
〔二〕“來”字後，《談經》有“者”字。
〔三〕而，《談經》無。
〔四〕多，《談經》無。
〔五〕多，《談經》無。

故逆也者,迎而受之之謂也。故《序卦傳》皆以往受相因。
逆來順受,此屈彼伸,彼盈此虛,故乾坤相索而生六子,皆
以一奇一偶,自下而上,陰陽互乘,往順來逆,其象宛然。
如乾一索居初,再索則陰往居二,而陽來居初矣。三索則
陰往居三,而陽來居二矣。乾往坤,則坤來乾;坤往乾,則
乾來坤。此造化自然之法象,聖人畫卦之精意也。故曰:
"往者屈,來者伸。"尺蠖之屈,以求伸也。不往則不得來,
不屈則不得伸。故一屈一伸,一順一逆,一往一來,寒暑晝
夜,生死之幾,莫不由此。若使來而无往,如乾來而坤不
往,則闕一女;坤來而乾不往,則闕一男。又使順而无逆,
往而无來,則是乾再索即成兌,三索即純乾;坤再索即成
艮,三索即純坤。然則坎、離无位,八卦不備,造化不成,安
得有寒暑、晝夜、生死之變? 如邵堯夫、朱元晦所謂順逆,
愚不知其解也。大抵造物无往不順,无來不逆。往以致
來,順以致逆,相因之數也。故禮下率則仁,上率則義。天
下慈父多,而〔一〕孝子少,履霜堅冰,弒父與君,皆由順生,
即此意也。

　　47 世人以往為過去,易所謂往,以進為往也;世人以來
為未然,易所謂來,以迎往為來也。總之,往即成來。造化
人事,无弗往也。故曰:"逝者如斯夫,不舍晝夜。"易道莫
大于往。卦以上行為進,爻以攸往為利,以不利攸往為凶。

〔一〕而,《談經》無。

聖人作易,使人利攸往而已矣。

48　乾坤三畫,往來生六子,此造化之正數也。八卦相錯成六十四,有^[一]此往而彼不來,彼來而此不往者,是氣候參差,造物之變也。每卦六爻,二卦成十二,配一歲十二月,故序卦一正一反相對。乾坤合而天地定,四時序,陰陽分。六十四卦合,而晝夜之脩短,節候之盈虛,人事物理之互換,交錯于天地之間,皆二氣之往來,而聖人以奇偶^[二]象之。易所以盡于往來,而爲逆數者也。

49　人生百年,當卦中一爻。人能通三百八十四爻之變,則因應不滯。生死如呼吸,聖人所以通晝夜之道而知也。子張問知來,子曰"百世可知",因也。因往成來,因往知來,順往逆來,所謂"原始反終"也。原其始,一息即一日,一日即一生,人一生即天地一闔闢;反其終,天地闔闢即人一生,一生即一日,一日即一息。上古此宇宙,千萬世後亦此宇宙。生死聚散,亦復如是。所謂知生死之説也。恒人形骸障礙,己私牽累,始終順逆,推勘不破,則己不克而不仁,不仁則頑冥隔塞,故曰"可以爲難"。難則易不可見。聖人以五十學易,无可无不可,无適莫,无意必固我,故能從心不踰,可以小泰山而^[三]大秋毫,可以壽殤子

〔一〕"有"字前,《談經》有"或"字。
〔二〕氣之往來而聖人以奇偶,《談經》作"儀往來之正數聖人以八卦"。
〔三〕而,《談經》無。

而〔一〕夭彭祖。百年非久，瞬息非暫。一念萬年，萬年一念。一即三百八十四，三百八十四即一。素位而行，一以貫之，故曰：一日克己，天下歸仁。天下一日，故能成變化而行鬼神，齊生死而通晝夜，是謂見易。其要在克己而已。己克而易可見，易見而生死齊矣。

50　陰陽二氣，其實一陽而已。陽消即陰，聖人尊陽抑陰，惜陽之消也。陽消則日之夜，歲之冬，生之死也，安得不惜？然天地豈爲聖人愛陽而廢消息？天道人情，各致其當然耳。

51　子云：“一陰一陽之謂道。”言兩惟一也。一非空虛，即元炁之始，所謂元陽也。謂之大極，皆不可名而强立之名。元陽靜則爲陰，動則爲陽。獨陰无成，獨陽无生。一陰一陽交錯，往來變化而生萬事萬物。故聖人以奇偶象陰陽，以陰陽盡六十四也。本惟元陽一炁，變則成偶，偶不離一，故曰“一陰一陽”。變而不失其初，兩而不離乎一，故謂之道。孟子性善之説，本〔二〕于此。凡三才之變，莫匪〔三〕陽也。未動不得不謂之陰，動則依然謂之陽。一切善惡有爲，皆屬動後。動不失初，何不善之有？然元炁謂之陽〔四〕，何也？陽主生。元者，生炁也。“天地之大德

〔一〕而，《談經》無。
〔二〕本，《談經》作“蓋本”。
〔三〕匪，《談經》作“非”。
〔四〕元炁謂之陽，《談經》作“動爲陽陽又謂之元炁”。

曰生”，“生生之謂易”。造化无一息不生，故生炁謂之陽也。〔一〕

52　一陰一陽者，不測之神。道中无二物也。論道，則由陰之陽；序卦，則由乾而之坤。蓋道惟一乾。一陰一陽，即乾道之變化。而乾元者，統乎陰陽，而爲之主宰者也。〔二〕

53　陰陽虛實，動靜往來，其幾本一，而其象成兩〔三〕。陰虛即是實處虛，陽實即是虛處實。動在〔四〕靜中動，靜在〔五〕動中靜。往之所過即來，來之所遇即往。開合〔六〕消長，亦復如是，故聖人以奇偶象之也〔七〕。

54　問：一陰一陽之謂道，先陰而後陽，何也？混元未分，黯然一陰耳，陽炁蟄伏。混元既分，陽浮爲天。天先萬有而有，先羣動而動。陰之靜而沈者，自若也。故先陰而後陽，以言乎无生之始也。然則謂之一陰一陽，何也？不二之謂也。陰陽有二名，無二體。道一而已，非先非後，非

〔一〕　“陽主生”至“謂之陽也”，《談經》作“元者，生炁也。陽主生。天地之大德曰生，生生之謂易。造化无一息不生，故生炁謂之元陽。故曰：天地之炁，陽而已矣”。

〔二〕　本條《談經》作：“一陰一陽者，不測之神。道中本无二物，道則由陰而之陽，卦由乾而之坤者。道惟一乾。而一陰一陽者，即乾道之變化。乾元者，統乎陰陽，而爲之主宰者也。”

〔三〕　幾本一而其象成兩，《談經》作“象成兩其幾本一”。

〔四〕　“在”字前，《談經》有“即”字。

〔五〕　“在”字前，《談經》有“即”字。

〔六〕　開合，《談經》作“屈伸”。

〔七〕　也，《談經》無。

彼非此。先後者，方生之序也〔一〕。彼此者，動靜之幾也。
一者，數之始也。无生則无一。陽者，陰之始動也，不動則
无陽。陽非无也，不動，陽不可見。不可見，故謂之无。陰
即陽之靜而入于无，陽即陰之動而向于有。故聖人以一象
陽，而畫爲奇。陽倡陰隨，故兩其一象陰，而畫爲偶，偶即
奇之分也。以是謂之一陰一陽，互爲其根也。

　　55　陰陽動靜交而生變化。故乾坤二卦，猶規矩也。規
矩所以爲方圜，非規矩即方圜也。乾坤交，六子生。而乾
坤常居无事也，兩間屈伸往來不停。聖人畫卦以彰往而察
來。《樂記》曰“一動一靜者，天地之間”，此之謂也。〔二〕

　　56　説者謂：易道用剛，而柔爲黃老，聖人所以貴陽也。
夫貴陽者〔三〕，非用剛之謂也。試觀乾元用九，无首則吉，
亢則有悔。乾坤以下諸卦，皆剛以遇險。而屯之震，以盤
桓利也；蒙之艮，以包養吉也；需之乾，待而進也；訟之乾，
健而險則凶矣；師以順行險則吉；比以一陽撫衆陰則順；小
畜以一陰束衆陽則止；履健而能下，所以天交于地而成泰。
皆用柔之效也。陽亢而不下，則否。同人、大有皆一陰得
位而亨。謙、豫、隨莫匪柔道〔四〕。此十六卦者〔五〕，易道全

〔一〕也，《談經》無。
〔二〕《談經》無此條。
〔三〕者，《談經》無。
〔四〕“道”字後，《談經》有“也”字。
〔五〕者，《談經》無。

體大用備矣,安在用剛之爲貴乎[一]?大抵陽爲羣動主,所以能主動者,惟其静也。陰柔者,陽剛之静機也。子云:"一陰一陽之謂道。""好剛不好學,其敝也狂。"而云"未見剛者",君子自强不息之謂,非用[二]剛之謂也。温良恭儉讓,盛德之至,非黄老之術[三]也。

57 煉神馭氣,養生延年之術,早服勤行,可以難老。然生死往來,造化之常。知道者固无傷生之事,亦無每生之心。乘運變化,與時消息耳。故孔年未旄,顔淵短命。若使煉形求長生,宜莫如聖賢。而聖賢固无用此爲也。其視彭殤爲平等,殀壽不二,所謂通晝夜之道、知生死之説也。僊靈丹術,知易者不屑,而俗儒牽易道附合之,左矣。[四]

58 諸家解易多比例。易者,變也,不可例求[五]也。謂扶陽抑陰,亦有爲陰謀者。如遯"小利貞"之類是也。謂二、五得中,三、四亦有得中者,如復之六四,益之三、四。中孚之中,以三、四得名也。謂五爲君,亦有不盡爲君者,如恒"婦人吉","夫子凶",明夷"箕子之[六]明夷"之類。泰以二爲君,以五爲后。又或以上爲君者,明夷之上六是

[一] 剛之爲貴乎,《談經》作"柔之爲凶乎"。
[二] 用,《談經》作"好"。
[三] 之術,《談經》無。
[四] 《談經》無此條。
[五] "諸家"至"例求",《談經》作"易者變也不可一例解"。
[六] 之,《談經》無。

也。蜀才改箕子爲其子，拘[一]也。二雖得中，亦有凶咎者，如同人、觀、咸、節之二是也。内外相應，亦有不主于應者，如乾、坤、泰、否、隨、既、未濟之類，皆是也。凡云"貞"者多正，而亦有不正者，如"貞疾""貞凶""貞厲"之類。損曰"可貞"，蠱曰"不可貞"，則貞亦有不可者矣。卦名善者，爻不必盡吉，如咸、恒之類。卦名不善者，爻不必盡凶，如否、蹇之類。易道多端，未可執一例餘也。

59　聖人作易，開物成務，故借人事立論，非定局也。乾雖爲君，非臣盡无乾也；坤雖爲臣，非君盡无坤也。何必乾之九五定爲聖主，坤之六五定爲賢臣乎？五爲尊位，物之既成，事之既就，時之既至，莫非五也。家有嚴君，即家之"飛龍"；有[二]慈母，即家之"黄裳"。人主柔順，亦黄裳之吉；人臣撥亂，即[三]飛龍之利。以龍爲君，以裳爲臣，後人所以象其象，非聖人設象之意也[四]。若乾但爲君，坤但爲臣，聖人何不直以君臣繫辭，而必取象于龍與裳哉[五]？觀乾坤而他卦可知。故易非可拘拘論也，象而已矣。

60　易如弈棋，輸贏千變不離局道；如彈唱譜，換辭不换腔；如算盤，十百千萬不離子。

〔一〕拘，《談經》作"非"。
〔二〕有，《談經》無。
〔三〕即，《談經》作"亦"。
〔四〕也，《談經》無。
〔五〕哉，《談經》作"也"。

61　六合之外，究竟不可知。聖人道人事之常，耳目所及者而已。故惟天地至大，惟聖人至虛。索隱以求易，窮奇以貴聖人，皆非也。是以爻不主初、上。自地以下，天以上，六合之外，聖人存而不論也。《傳》曰：“易簡而天下之理得。”好事者素隱行怪，以亂聖真。如所謂《元命苞》《乾坤鑿度》等書，儻无《十翼》，邪説横行矣。〔一〕

62　朱元晦謂：易道潔浄精微，秖可玄空説影，不得將人事搭配。及其作《本義》，三百八十四爻，搭配三百八十四〔二〕占者，是自背其説也。夫所謂易道潔浄精微者〔三〕，以其爲神化性命之書，非影子之謂也〔四〕。所謂占，即本爻之象，而測其吉凶，亦非〔五〕揲筮之人也。

63　朱元晦以易爲卜筮之書者，疑卦、爻之辭皆占，而不知其〔六〕占皆象也。聖人本人事作易，易成而作筮以闡易，教人揲策以合卦，借爻象以明善惡，以決休咎，謂之占，占〔七〕非主蓍策也。易不自占，而倚卜筮，舍民義而近鬼神，豈聖人作易之意乎〔八〕？

〔一〕《談經》無此條。

〔二〕　“四”字後，《談經》有“人”字。

〔三〕　者，《談經》無。

〔四〕　也，《談經》無。

〔五〕　“非”字後，《談經》有“謂”字。

〔六〕　其，《談經》無。

〔七〕　謂之占占，《談經》作“故謂之占”。

〔八〕　意乎，《談經》作“意”。

64　朱元晦謂：讀書，眼前説出底便好，崎嶇説出底便不好。如讀易，只眼前説出，《本義》所以疎淺皮膚不足觀也。邵堯夫《先天》《方圓》等圖，正自崎嶇，而信從不疑，又何也？

65　“憂悔吝者存乎介。”介者，界也。行禮有介，以界賓主也。居間謂之介，孟子所謂舜、跖之分，利與善之間也。聖人畫卦，于爻位彼此之間，命之曰介。蓋休咎无常，自吉趨凶，自凶返吉，將然未然存乎介。介者，悔吝之端，善惡之幾也。故曰：“知幾其神乎？”今之言易者〔一〕不識介，惡乎學易？

66　卦有互有伏，所以盡易象之〔二〕變也。《大傳》謂“二與四、三與五同功”，“雜物撰德”，“非中爻不備”，互之謂也。爻不主初、上，故互中爻以盡其〔三〕變。天地之間，時行物生，聖人中天地，而〔四〕立人極，故變化在中爻，取互體〔五〕。王、程諸子置而不講，則象〔六〕之不備者多矣。但各卦有用不用，未可一例論耳。〔七〕

〔一〕今之言易者，《談經》作“易”。
〔二〕有伏所以盡易象之，《談經》作“所以盡”。
〔三〕其，《談經》無。
〔四〕而，《談經》無。
〔五〕變化在中爻取互體，《談經》作“中爻取互體以盡變化之情”。
〔六〕“象”字後，《談經》有“占”字。
〔七〕《談經》無“但各卦有用不用未可一例論耳”十三字。《談經》此條後有一條：“八卦交錯，内爲體，外爲用。内象人，外象所遇之境。内象地，外象天。人事盡于下，天運應于上。内主感而外主應也。”

67　卦畫自下而上者，陽氣自下而升也。"生生之謂易"，物生自下而上也〔一〕。易以人達天，登高必自卑也。

68　易之所貴者時中。得中則吉，失中則凶。二多譽，五多功，中也；三多凶，四多懼，失中也。三〔二〕、五者，中之象。時行則行，時止則止，與時消息，乃〔三〕无象之中。无象之中，象不〔四〕能盡也。

69　大虛生天地，天地生四時，此八卦所由出也。原无配畫之法，邵堯夫臆作耳。

70　一陰一陽，天无心也。貴陽賤陰，聖人无心也。若謂一扶之、一抑之，則聖人與天地不相似，而易爲有意。雖君子、小人乎，聖人一視之而已。

71　象吉而爻不必皆吉，象凶而爻不必皆凶者，如年有〔五〕月，月有〔六〕日，氣化不齊，趨避存乎其人耳。是以君子不可斯須不占也。

72　易者，聖人憂患而作。常人但知憂患，學易思過半矣。八卦之畫，奇偶正均。奇畫百九十二，偶畫亦百九十二。兩兩分布，方圓縱橫。多寡長短，自然湊合。攷方諸

〔一〕也，《談經》無。
〔二〕三，《談經》作"二"。
〔三〕"乃"字後，《談經》有"爲"字。
〔四〕"不"字前，《談經》有"所"字。
〔五〕"有"字前，《談經》有"之"字。
〔六〕"有"字前，《談經》有"之"字。

圖,所以紛出,而世儒詫以爲新奇,未也。〔一〕

73 内卦爲貞,外卦爲悔,據《春秋傳》"蠱之貞,風也;其悔,山也"云爾。其實貞言吉,悔言凶也。左氏好誕,未可執以解經。《周禮》有大貞,又以貞爲問卜之稱耳。

74 《河圖》《洛書》,古聖相傳。帝出乎震,八卦方位,大衍數法,乾坤三索生六子,八卦相錯爲六十四,此皆有《十翼》可據。各爲之圖附本章,以便觀省。至于邵堯夫《八卦相生橫圖》《先天方圓圖》、朱子《變卦圖》,皆後人粧湊,雖稊稗瓦礫,莫匪至理,而義主説經,姑所不取。〔二〕

75 凡卦爻,九爲陽,六爲陰。初、三、五爲陽位,二、四、上爲陰位。二、五爲得中。以陰居陰,以陽居陽,爲正;陰居陽,陽居陰,爲不正。六居二,九居五,爲中正;九居二,六居五,爲中不正。一不言一,而言初者,數莫非一,无定位也。六不言六,而言上者,五之上,陰不可加,以尊五也。下卦爲内,上卦爲外。自外之内曰來,自内之外曰往。内爲體,外爲用。如鏡然,内明而外照也;如磨然,内静而外動也。二卦重累,故初與四、二與五、三與上,各以類應。陽應陰,陰應陽也。反是爲无應。三畫之卦,初、四爲地,二、五爲人,三、上爲天;六畫之卦,初、二爲地,三、四爲人,五、六爲天。初正地,二兼地,以二近人也。三正人,四兼

〔一〕《談經》無此條。
〔二〕《談經》無此條。

人，以四近天也。五正天，上兼天，以上无位也。凡爻初、上，兩儀之象也。中四爻，四象之象也。是以有互體也。此爻例之大略也。〔一〕

　　76　卦每一爻，一段情境，一翻作用。小則只如一呼一吸，大則直是百年一世。此爻將終，彼爻將來，其間煞有機括〔二〕，所謂介也。往來不停，動也。此吉彼凶，變也。上下无常，時也。自上而下，來也。自下而上，往也。由初數上，順也。自上來下，逆也。逆者，迎也。

　　77　含洪苞孕曰元，宣暢通泰曰亨，順遂成就曰利，保合安固曰貞，每懷不定曰悔，文過飾羞曰吝。四德，惟貞不全吉，易主〔三〕變也。貞正者吉，不正者凶，故“貞”不專訓“正”。

　　78　乾，知也。坤，行也。屯，創也。蒙，覺也。需，德也。訟，讐也。師，亂也。比，治也。小畜，勢也。履，下也。泰，運也。否，事也。同人，爭也。大有，富也。謙，卑也。豫，樂也。隨，忠臣也。蠱，孝子也。臨，親也。觀，畏也。噬嗑，刑也。賁，聘也。剝，害也。復，仁也。无妄，世也。大畜，材也。頤，養也。大過，喪也。坎，學也。離，明也。咸，无心也。恒，不已也。遯，退也。大壯，進也。晉，榮也。明夷，戮也。家人，正也。睽，疑也。蹇，難也。解，

〔一〕《談經》無此條。
〔二〕括，《談經》無。
〔三〕主，《談經》無。

平也。損，約也。益，省也。夬，和也。姤，遇也。萃，衆
也。升，仕也。困，閉〔一〕也。井，通也。革，更也。鼎，新
也。震，動也。艮，靜也。漸，序也。歸妹，速也。豐，盛
也。旅，孤也。巽，謀也。兌，悅也。渙，公也。節，時也。
中孚，虛也。小過，弱也。既濟，終也。未濟，復始也。〔二〕

79　易之爲書，窮極天地古今道德精微之奧，蔑以加矣。
朱元晦目爲卜筮，邵堯夫規爲占候，陳希夷以下諸人，局爲
養生。凡老氏之徒，鍊神馭氣，如《參同》《悟真》等書，莫不
引八卦爲火候，託先天爲玄牝，而大道始淪爲方伎矣。高
明之士，過而不問，乃至崇尚虛無，逃歸佛氏，以爲要妙。
不知佛氏之菁華，抑亦易之糟魄耳。今略數之，斷緣息想，
定慧止觀，何如艮？直下領悟，脫穎忘機，何如蒙？事理不
二，即妄成真，何如无妄？六根圓通，妙淨无染，何如咸？
自他普利，平等无諍，何如同人？忍辱行持，大慈无畏，何
如謙？諸行无常，四大本空，何如渙？蠢動含靈，自性天
真，何如中孚？智慧破无明，煩惱成菩提，何如復？法身无
量，徧虛空界，何如乾？六度萬行，隨順无礙，何如坤？因
緣合和，生滅去來，普同法界，不動周圓，何如"一陰一陽之
謂道"？不思善不思惡，以爲本來面目，何如"洗心退藏于
密"？法本无法，无法亦法，心本无心，亦无无心，言語道

〔一〕閉，《談經》作"塞"。
〔二〕《談經》卷一《周易》凡七十條，至此結束。

斷，心行處滅，何如"默而成之，不言而信"？无常迅速，生死事大，體取无生，了本无速，何如"原始反終""通乎晝夜之道而知"？《華嚴》以無盡境界爲一禪門，无盡衆生，无明形相，而爲佛事，承事无盡諸佛，徧知无盡諸法，而不壞心，何如"寂然不動，感而遂通天下之故"？《楞嚴》七處徵心，十八界，十二圓通，種種破滅，攝妄歸真，何如"艮其背，不獲其身；行其庭，不見其人"？金剛不住色聲香味觸法，无所住而生其心，何如"不耕穫，不菑畬，則利有攸往"？一切有爲，如幻夢泡影，作如是觀，何如"見乃謂之象"？諸佛世界，無量億恒河沙數，西方浄土，天堂地獄，六道輪迴，荒唐悠渺，窮奇極怪，總之不離乎象。而吾聖人之言象也，惟一畫而天地鬼神之奧畢。凡二氏所謂密義，由易觀之，皆譚士所謂牙後慧。而吾聖人雅言，溫文淡簡。佛氏蠻語秸鞠，千百言不了一義。然皆吾中國學士，竊聖人義理文字爲之緣飾。故真贋雜沓，雅俗混淆。有志性命者，何如反而求諸易？或曰：聖人言性命，佛老亦言性命，然則有以異乎？曰：性命豈有二？佛老言性命，如五霸假三王，竊聖人之道而偏用者也。佛欲空性命，出世以爲大覺；老欲脩性命，同天地長久。夫欲出世者，視生爲无常，空一切爲解脱。一空之外，盡屬鹵莽。老氏躭空鹵莽，與佛同。而其所謂同天地長久者，貪生畏死，其識愈卑。大抵老知命不知性，佛知性不知命。有性命之虛名，无參贊之實用。聖人作易，觀變于陰陽，而發揮于剛柔，和順于道德而理于義。範圍天地，經綸帝王，前民利用，萬世由之而无弊也。即使佛能見性，老能復命，何所用之？其究惟自私自利，而學者喜其簡徑，樂其任放，以性命歸之。小儒无識，遂割聖道予之。不思羲、文作易，佛老安在？盜竊主人財，主人不辨，盜遂即真。吾聖人之教明，而彼自歸吾宇下矣。或曰：請問其所以異？曰：昔者堯命司徒設教，勞來匡直，輔翼自得。又從而振德，學惡躐等，道無速化。聖如孔子，下學而上達，十五志學，七十乃從心。君子先難後獲。雖有智慧，深造以道，欲其自得之也。佛氏妄謂見性即成佛，不立文字，一念相應，雖屠兒淫女，立躋聖地。果若此也，則教學可廢，而狂愚斯須爲聖人，豈其然乎？善教莫如孔子，從遊者三千人。曾參篤志，始唯一貫；顏回竭才，乃見卓爾。其他寥然无聞。今佛法彈指頓悟，一超入聖，則是孔門終身爲賢者僅七十，而佛門立譚證聖果者，千二百五十人，何其多且易也！今佛教入中國，千有餘年矣，而未聞中國有聖人者出，是何教西夷易，而教中國難也？豈不誕罔無稽之甚哉！昔子路使子羔仕，曰：“何必讀書，然後爲學。”夫子不斥其非而惡其佞。夫不斥其非者，容有是理；而惡其佞者，終无是事也。蓋良心不學而能，不可謂无。一念偶合，不深造，終于无成。佛謂見性，卒然乍見，行乞人同有，必擴充盡材，然後美大聖神可企。今窺其一曲，即證其全體，印可授偈，謂聖人復出，而後此幾希難保。授記已定，衣鉢已傳，假託師承，惑世誣民，可勝道乎！蓋佛法唯取明宗，不求責實。聖教立誠，佛法證空；聖學主忠信，而佛惟解脫。所以荒唐悠渺，无當實用。而俗儒喜頓悟以爲省便，半語投機，一念无著，輒稱心地法門。薄師匠而廢規矩，鹵莽滅裂，无復忌憚。豈非學問之一大蠹邪？自古帝王因時立政，興利除害，惟日孜孜，故“天地之大德曰生，聖人之大寶曰位。何以守位曰仁，何以聚人曰財。理財正辭、禁民爲非曰義。”此經世之定模也。佛教見性之外，一切空諸所有，以涉世爲苦海，應務爲煩惱，无家爲脩行。然則天生君子謂何？方且自謂廣度羣迷，利諸有情。夫既无人我衆生，无階級名相，无科條度數，无禮樂刑政，徒以口授度化，不經印可，俱屬外道。如是窮年說法，所度幾人？天下溺而援之以手，无法无政，雖堯、舜不治。而乃爲之辭曰：“我无一切心，何用一切法。”夫我則无心，而民各有心，聖人擬之而後言，議之而後動，擬議以成其變化。故至賾而不可亂，至動而不可惡也。而佛氏常樂我净，以動賾爲五蘊濁世，不勝厭惡，與之天下，豈能一朝居？皋陶告舜曰：“兢兢業業，一日二日萬幾。”苟无心无法，則元首叢脞，股肱墮壞，萬事不理，大亂之道。蓋佛本夷狄，无諸夏理義文字，故能絕學无爲，以拈花微笑、彈指棒喝爲心印，无君臣、父子、夫婦、兄弟、朋友，故能髡首行乞，忘親離家，絕種類，斷恩愛，爲功行。反天之道，拂人之情。如此而可以爲學，則世何不委心事佛，而焉用面諛羲、文、周、孔以爲師？如此而可以爲治，則士大夫何不直取沙門，而焉用附和二帝三王以爲政？如此而可以出世，稱天人導師，妙湛總持，希有世尊，則庖羲、神農諸聖爲虛生。前民利用，開物成務爲多事，即釋迦、老聃可爲明王，而告子、莊生可爲察相，許行、陳相可爲師友。一念不生，爲清淨法界；六根不動，爲極樂國土。如是，則澤水儆予，何用平治？鳥獸偪人，何用驅除？洪荒不開，萬古如長夜。孟子謂："率獸食人，人將相食。"韓愈氏所以欲"人其人，火其書，廬其居"也。豈非治教之一大蠹邪？此兩端，其大者。他舛謬，更僕難數。有志者惟明經而已。經術明，而是非邪正如視諸掌矣。〔一〕

80　愚年過五十始讀易，索居寡師友，山中无從覓書。惟取王輔嗣、程正叔、朱元晦傳義，蘇子瞻、楊敬仲《易解》，時一參質，助我實多。至於象數，多所自得。因知古今賢愚心同，易道不遠。最後得唐人李鼎祚所集漢魏諸家解讀之，荆棘滿眼。鄭康成輩多聞醜記，于名物制度，且不勝牽強，而欲以說易，是圜鑿而方枘也。輔嗣、正叔，掃除不道，有以夫！

81　右讀易瑣言，偶有所窺，隨筆備忘。覼縷无復詮次，總之贅語，不足檢校。念始求通難，存此誌吾困耳。後之觀者，幸加裁削。

〔一〕本條收入《小山草》卷二，題爲《易佛銓》。

周易正解卷一

易者，圓神變動之名。不難曰易，不定亦曰易。不難者，圓而神也；不定者，動而變也。古庖羲氏始畫卦，以象三才之變，命之曰易。列聖代有發揮，至周而文王更演其序，逐卦繫以彖辭，分上下二篇。周公因之，逐爻繫以象辭。易至周始備，故曰《周易》，所謂經也。孔子取而贊之，作《傳》十，《上彖》、《下彖》、《上象》、《下象》、《上繫》、《下繫》、《文言》、《説卦》、《序卦》、《雜卦》，是謂《十翼》，以發明文王、周公之意。合經、傳，凡十有二篇。

上　　經

上經卦三十，始乾坤，終坎離。

乾 ䷀ 乾下乾上

此伏羲所作六奇之卦，名爲乾者也。“乾下乾上”者，伏羲八卦相錯之法，此則以乾錯乾也。他卦倣此。伏羲畫卦，始畫一爲奇，兩其一爲偶，奇偶相倚生三。三奇爲乾，三

偶爲坤，一奇二偶往來爲震坎艮〔一〕，一偶二奇往來爲巽離
兑〔二〕，是謂八卦，即《周禮》所謂經卦八也。八卦象天、地、
山、澤、風、雷、水、火，而其變无窮。故每八之上錯加八，以
盡三才之變。卦皆六爻，即《周禮》所謂別卦六十四者也。
而經卦三畫之義，統于別卦六畫之中，故不復列經卦。獨
列別卦者，總其成也。此乾下者，乾之經，又加乾其上，故
總謂之乾。或曰：六一爲乾，何也？曰：一者，象數之元。
元始无象，象之以一。一无可字，字之爲奇。奇，單也。六
奇純一，是名爲乾。乾无可象，象之以天。天者，乾之大
物，非謂天即是乾。乾不可見，不可見者，大極也。大極
者，可以默識而不可以象求。人能默而識之，聖人何必于
象之？惟百姓日用不知，聖人欲發其秘以示人，而无象者
不可示也，于是畫爲一，即一而大極形矣。人猶未知所謂
一也，于是再一、三一，乾道備矣。而聖人猶謂未盡其所爲
乾也，于是三一外，重加三一，乾道變化，亦无不具。而聖
人又謂未極盡乾之用、一之變也，于是破一爲兩，參兩爲
八，錯八爲六十四，以闡揚惟一之理，推廣乾元之量。蓋六
十四卦已盡于乾，乾之六爻已盡于一，神而明之，存乎其
人，是故乾者，大極也。

　　或曰：“易有大極，是生兩儀。”乾坤爲兩儀，奇偶分陰

〔一〕震坎艮，早印本作“兑離震”。
〔二〕巽離兑，早印本作“巽坎艮”。

陽。子以乾爲大極，奇爲一，何也？曰：天地之氣，陽而已矣。混元未分，是爲元陽。元陽无際，是名大極。大極非空虛間曠之物。化化生生，氣之祖也。當其未動則爲陰，其萌動發生，則爲陽，故曰"一陰一陽之謂道"。先陰後陽者，非道始于陰也。元陽由静之動也，其實一陽而已。闔戶謂之坤，闢戶謂之乾，其實一户而已。燈來生明，燈去生暗，其實一燈而已。陰非陽敵，偶隨奇生，故聖人以一象陽，以純一象乾。乾雖六位，而皆未始離一，故聖人于一之始，曰"潛龍勿用"。"勿用"者，非不用也，用而不見所用，莊生謂居无事而主宰者，一是也。六爻皆一，是終未嘗用也。《河圖》《洛書》，一皆居下，大衍虚一不用。數以一而起，偶以一而分，筮以一而神，道以一而貫，而乾道純一，故曰"剛健中正，純粹精也"。以天象之而非天，以陽象之而非陽，故曰：乾，大極也。

然則，奇偶何由起乎？曰：造化之理，神妙變動。理不可見，惟象可以察理，惟數可以觀象。奇偶者，聖人觀象畫數以見易者也。故奇者，不偶也；偶者，配奇也。无偶曰奇，奇分曰偶。太初之先，兩儀未分，是謂混沌。混沌无一，是謂无偶。一象中分，混沌斯破。中者爲一，分者成兩。奇乘偶間，偶承奇判，故奇者一其兩也，偶者兩其一也。一之乘兩，兩之承一，間不容髪。如元陽初分，升而爲天，即有陰濁之氣，沈而爲地。如水有清即有濁，如息有呼即有嘘，如陵谷有高即有下，如氣序有盈即有虚，如人事有成即有毀。莫不以一乘兩，以兩承一，故曰奇生偶應。偶者，兩一也。先聖作卦，既畫一爲奇，即破奇爲偶。既畫一奇以象大初之體，即畫一偶以象兩儀之變。後聖即奇名爲陽，即偶名爲陰。借奇偶名陰陽，非以奇偶盡陰陽也。奇偶所不能盡者，聖人亦不能畫，文字亦不能傳也。

然以奇偶象陰陽者，何也？曰：陽先陰後也，陽倡陰隨也。陽實陰虛，陽動陰静，陽明陰暗也。是故元始混淪，一畫乍落，破而爲兩，是奇倡而偶隨也。偶方未形，奇已先動；奇畫既立，偶象斯顯；奇見偶藏，奇實偶虛；奇動偶静，奇明偶暗，故奇爲陽而偶爲陰也。

曰：畫惟奇偶，卦成于三何也？曰：畫一得三，一分二，二與一即三。二者，一奇之判而兩；三者，奇與偶之累而上也。混元如規，一橫中斷，則上下成兩，合中爲三；一直中界，則左右成兩，對中爲三。一乘兩間，即陽之乘陰；兩挾一畔，即陰之抱陽。

然而三上行，何也？曰：此所謂乾也。乾健而上遂，陰柔而旁委，故乾曰直，坤曰闢。直主進，闢主分。闢則奇偶分三，而肩隨以立；直則奇偶積三，而重累以升。陽升陰隨，坤附乾立，八卦所以爲逆數而上行也。是故德莫大于乾，數莫神于一，莫變于奇偶，莫該于三。故含三爲一，圍三徑一之類是也；參一爲三，天、地、人三才之類是也；凡物三則定，鼎足之類是也；凡事三則備，冠三加、命三錫之類是也；時三則變，三年、三月之類是也；人三則衆，三黨、三軍之類是也;數三則完,兩邊中間之類是也;形三則具,首尾胸腹之類是也;禮三則終,祭三獻、樂三闋之類是也。三者,陽統陰之象。陽壯于三,陽性好生,三各生三,故陽用九。陽倡陰隨,陽三陰亦三,三偶爲六,故陰用六。聖人即三奇名爲乾,即三偶名爲坤,其實一乾而已矣,故曰:乾者,大極。

或曰:乾坤爲兩儀,今謂乾爲大極,則兩儀不成。曰:非也。"大極""兩儀"云者,非定二物也。无物无大極,无物无兩儀。以畫象論,始畫奇者,即大極之象也。生偶者,即兩儀之象也。以卦論,乾初九即大極之象也。初九生坤初六,即大極生兩儀之象也。九二生六二,九三生六三,即兩儀生四象之象也。動靜相生,至于无窮,皆以元陽之一爲祖。一生三、三生九者,陽生陽也;一生二、二生四者,陽生陰也,故曰萬物皆祖于一。八卦皆稟于乾,乾爲大極,此也。

然何以謂乾?曰:乾,健也。六爻純一,所以爲健。是故乾有統宗會元之象焉,有欣暢和動之象焉,有强直順遂之象焉,有完固堅實之象焉。文王以四字象之,曰"元亨利貞"。嗚呼,盡矣。在道爲天道,在德爲聖德,在事爲大事,在人爲大人、爲君父、爲尊貴、爲君子,在物爲龍、爲馬、爲諸陽壯物,在事爲動作、爲諸善事,在心爲神明。一念之天理即乾,一念之人欲即虧乾之體;一事之精明即乾,一事之昏惰即損乾之用。細微推測,宇宙造化,莫非乾。天下事物，莫不有乾。神而明之，六十四卦，惟乾足矣。

曰：若是，則乾其至矣，反乾成坤，則坤不善乎？曰：否。坤非无乾也，乾非无坤也，故曰“一陰一陽之謂道”。乾以九而位六，是以陽乘陰也。奇以一而御九，是以静制動也。九用而純一，是動未始離静，陽未始離陰也。故夫子曰：“乾元用九，乃見天則。”坤，效乾者也。六爻純偶无雜，與乾合德，如月之於日，其魄爲陰，其魂爲陽。故坤承乾，非反乾也，烏得以乾病坤？使坤反乾，則爲孤陰，而乾亦反陰爲强陽矣，故曰：“立天之道，曰陰與陽。立地之道，曰柔與剛〔一〕。”一也者，含兩爲一也。此易所以爲變，而神所以无方也。

乾，元亨利貞。

乾者，伏羲所畫純奇之卦名。伏羲始畫八卦，自下而上，三奇爲乾，又錯三奇于上，揔名之曰乾。乾者，不息之意，所謂健也。元亨利貞者，文王所繫之辭，以斷一卦之義，所謂彖辭者也。元，始生也；亨，通暢也；利，和美也；貞，安固也。言乾之爲德，全體真陽，純一无雜，故其占爲始生而通暢，和美而安固也。始生則无銷歇，通暢則无隔閡，和美則无菑戾，安固則无散越。蓋盛德之至，而善慶之集也。四者，卦爻之占辭。在諸卦，或偏舉不備，或備舉而兼他事，惟乾純舉此四者。蓋天德難名，而極贊其盛，以爲

〔一〕柔與剛，早印本作“剛與柔”。

諸卦之統也。故夫子據此四者，以發揮乾德，使人知秉乾之德者，斯能善乾之用，獲乾之吉也。天有元亨利貞，人亦有元亨利貞。宇宙事物，莫不各有元亨利貞。而或失爲悔吝凶咎者，何也？失其所爲元亨利貞之乾也。故聖人憂天下後世，設象繫辭，詳示以悔吝凶咎，惟欲其爲元亨利貞焉而已矣。元亨利貞，而天下无餘事，易无餘道矣。故“乾”者，六十四卦之首；“元亨利貞”者，六十四卦之通用。凡六十四之爲“元亨利貞”者，皆體乾之道者也；爲“悔吝凶咎”者，皆喪其乾者也。乾不言所以元亨利貞之故，而六十四卦之爲元亨利貞者，莫非乾也。

乾者，健而不息之名。天者，形氣之統。乾非天也，然非天无可以象乾。卦雖陽也，然陽不足以名乾。其殆天之所以爲天，諸陽之祖，五氣之元。所謂元陽者與元，生氣之始也。德莫大于生，故大生爲元，在天爲春。亨，通也，生而通暢，在天爲夏。利者，宜也，各得其分，各適其宜，在天爲秋。貞，固也，生氣含藏，完固不洩，在天爲冬。在人則爲四德。物有本末事，有終始，則莫不各有元亨利貞。是故乾者，體物不遺也。乾道難名，文王以此四字象之，即乾之占；夫子據此四字贊之，即乾之德，非有二也。朱子解元亨利貞爲大通至正，專爲筮卦之占辭；謂夫子所贊四德，非文王本意。非也。夫乾首諸卦，文王首繫四字，爲易道綱領，包含萬象，豈泛泛占卦之吉辭而已哉？他卦雖各有元亨利貞，而偏全純駁不同。然亦不可謂乾之元亨利貞，與他卦之元亨利貞異也。

乾六畫皆奇，所謂純一不已也。元亨利貞，即不已之節度。釋氏言生住異滅，襲用此意。亨，與"獻享"之享同。百嘉聚會，如備物以享，故謂之亨。

初九，潛龍勿用。

此周公所繫爻辭，以斷一爻之義者也。凡爻倣此。初者，自下而上之初。羲聖始爲卦也，體无觀虛，一畫乍落，如天初闢，地初分，人物初生，故曰初。初者，一之方生，六爻皆一，此其初也。九者，陽數之全，凡奇象陽，凡陽稱九。此初九者，乾下之一奇也。他卦倣此。潛龍者，初九之象。伏羲設畫以象易，周公設象以明畫。易道至變，不可爲質，故但爲之象。物之至變者莫如龍，極静善動，故以象乾。乾初爲元陽，陽氣始萌，如龍蟄于九淵，含變化之靈，其時未至，宜安静恬養，故曰勿用。勿者，保護之意。所謂象占也，凡體乾者，遇此時居此位，皆當推此象而得其意，則无躁動之咎矣。此爻在天爲首春，在人爲童男，在物爲胎萌，在事爲謀始，在仕爲始進，在學爲立志，在身爲下體，在心爲未發。推而廣之，不可勝窮。凡卦爻，皆可類推矣。

陽氣藏于根底，静極寧固，則飛躍神全，故潛龍也者，不可以不潛也。龍不潛，則失其所以爲龍。亢則有悔，非獨初也，故六畫皆不離一。六龍皆未忘潛，是以二之謹信閑存，三之惕，四之疑，皆潛意也。至于五而神力始完，然亢即隨之，是烏可以不潛乎？故聖人戒之曰勿用。用亦无首,六龍无首,則六龍皆潛也。故乾者,六十四卦之統,而乾之初九又乾之統,三百八十四爻之根也。

喜怒哀樂未發之謂中,君子戒慎不睹,恐懼不聞,隨時用中。潛龍也,天一生水,故乾初有潛象。

龍者,凝寒極靜之物。陽神而陰質,乾純陽而取象于陰之物,何也?元陽所以苞陰,聖人設象之精意也。陽能宰制羣動者,惟其靜。王者能總攬庶物,惟其无爲。使陽而好剛躁擾,勞役卑賤,何以爲乾?龍陰極而乘陽,則其力猛;乾用九而乘六,則其用神。陽含陰,陰載陽,乃成變化。坤象馬,馬柔而質剛,亦此意。

易取變易,故爻辭多變象。乾初九動則變爲姤,故爻辭云“勿用”,與姤“勿用”同。

《河圖》之數十,《洛書》之數九,而一皆居下,故一爲初,法象之自然也。數始一終十,而五居中。前後各四,合爲九,故陽數極于九,而十爲餘。蓋《圖》數爲體,《書》數爲用,所以大衍虛一,即初九“勿用”之象,用其餘則爲乾之“亢龍”矣。亢于上,必返于下,爲一之象。亢則必潛,十則返一。故陽用九爲天則,非聖人造設也。

九二,見龍在田,利見大人。

九二者,乾自下而上之第二爻。易,變也。凡卦自初至二,亦一變也。事物之理,无時不變,无往不來。一變二,二變三,以至于上。一往二來,二往三來,以至于上。往來謂之動,往來之間謂之介,往來之序謂之時,往以承來謂之順，來以迎往謂之逆，故曰"易者，變也"。逆數也，九二由初而來。有初必有二，初欲不之二不可得，時也。二欲善其爲二，不始于二，于其介而分矣。其爲見龍與否，辨于初與二之間。初變而欲往，二動而將來。介苟不審，其誰不爲二者？何必盡見龍？故曰"憂悔吝者存乎介"。易所以爲變，而三百八十四爻皆可推矣。"見龍"者，乾九二之象。潛不終潛，真陽漸積，久則必徵，故曰"見龍"。"田"者，利益之地。凡爻，初、二象地。二在初上，田在地上。九二以純一之德，居下卦之中。道莫妙于中，爻位二、五爲中，得中者多吉。九二居中，而以陽居陰，爲不當位。如孔子在下，講道洙泗之濱，所謂"脩身見于世"。其君用之，則安富尊榮；其子弟從之，則孝弟忠信。益莫大焉，故占象爲利見大人也。"利"者，宜也。大人即九二。"利見"云者，據此卦此爻，斷其爲宜見大人之象。後凡言"利"、言"貞""悔""吝""吉""凶"之類，各因本爻時位理數，斷其當然，皆所謂占也。聖人開物成務之意，犁然可見，豈待蓍策而後爲占耶？

　　九二變則下卦成離。離爲目，有見象；爲漁佃網罟，有田象。龍在田，施雨之象，《詩》云"雨我公田"。田爲野，隱象。《禮》曰："脩禮以耕之，陳義以種之，講學以耨之。"君子教學兼成，時雨化之，如龍施雨于田，人受收穫之益也。二在下位，亦稱大人者，明明德于天下。大人之學，自天子達于庶人也。

　　卦爻變易，皆以洩造化之秘，彰往察來，而爲逆數也，故曰"其初難知"，言知幾也。幾者，介也。豫之九二曰：介如石，不終日。夫子獨以與顏子，曰知微知彰，萬夫之望。言能知幾則豫，而悔可潛消矣。凡卦爻位六易，六十四卦往來交錯，吉凶以情遷。相遷之間，皆介也。此往彼來，此吉彼凶，于介早圖，凶其可免，故曰"有不善未嘗不知"。知之未嘗復行，舜與蹠之分。利與善之間，至誠之道可以前知，介之謂也。爻辭不言介，而逐卦之象，各自有介。占雖不言幾，而全易皆知幾之理。學者守文字不通心畫，烏乎學易？

九三，君子終日乾乾，夕惕若，厲，无咎。

　　二進而上行爲三。說見前。九三居下之終，乾德方盛，道高心下，有君子終日乾乾夕惕若之象，然其占爲厲，无咎，何也？九陽質，三陽位，上下重乾，承乘皆剛，而位不得中，當外内之交，故未免危厲。然以純德處此，自能乾乾惕若，雖危无咎也。

　　乾乾者，重乾之象。若，語辭。厲，危意也。三、四爲人位。乾之三、四爲六十四卦人道之始。周公繫辭，于三、四不言龍，而三稱君子，殆不獨爲乾九三一爻發，實爲三百八十四爻人道綱領，學易之樞要也。孔子《大象》言"君子自强不息"，亦即九三乾乾之君子，皆責成于人之意。《文言》于三、四尤加詳，故曰三多凶，四多懼。先聖後聖，兢兢業業，盡其所以爲人耳。立人之道，乾乾惕厲而已矣。日夕,皆天象。終與夕,下卦終之象。

　　或讀"夕惕若厲"爲句。按《文言》云"乾乾因其時而惕",則"厲"字自當爲占辭。

九四,或躍在淵,无咎。

　　三未離于內,而四始交于外,所謂乾革之際。天下之事,安常易而處變難。三之革二,二之革初,猶小變耳。四之革三,則外革內矣。處乾之時,非常之事,故疑之。其象爲或躍而上,或退而在淵,進退未定也。不言龍者,蒙上之文。始離乎下,故象爲躍。退與初應,故象爲淵。"或"者,審于出也。"在"者,未忘處也。君子有道則見,苟乾惕稍懈,躁急輕進,必至于咎。審于進退,則可无咎矣。四以陽居陰,有疑象。

　　四之"淵",即初之"潛"。四不忘潛,所謂"國有道,不變塞焉,强哉矯"者也。"躍"者,將飛之象。自淵者,將施雨之象。將爲飛龍在天,雲行雨施,天下平者也。

　　或問程伊川云:胡安定以乾之九四作儲貳,如何?程云:四近君,以爲儲貳,亦不妨。但不可拘一看。若拘一看,則三百八十四爻,只作得三百八十四事。此説易之定論也。故其作《傳》,引舜之事配乾六爻。朱子譏程自背其説,謂易道潔净精微,秖是玄空影子,不可填實看。非也。惟不拘一事,故雖引一事亦无妨。周公爻象,每爻亦是一事。所謂"潔净精微"者,謂易爲性命之理,非玄空不填實之謂。知易者,隨事隨物皆是。不知易者,玄空捉影愈非。

如"或躍在淵"，尋常只是再思而行。

九五，飛龍在天，利見大人。

天數五，地數五。五者，天地之合，陽九之中，皇德之極也，德盛位尊，故爲飛龍在天之象。龍在天則雲行雨施，萬物快覩，故又爲利見大人之象。五變離，有飛象，有見象，此乾道之極盛也。過此以往，慎其介而已矣。蓋龍之至于亢也，不始于上而由于五。堯之治天下，成功巍然，文章焕然，豈不謂飛龍利見哉？而四海困窮，天禄永終之咨，不待既老而先圖，故能不及于上而无悔。數所必窮，天地聖人不能違。過此更求上，則陽老即陰，未有不悔者。此占易之要也。

凡卦爻，二、三、四、五爲當用。四與五合爲九，二與三合爲五，九五所以居尊爲極也。乾六爻皆九，六九衍爲五十四，適滿《河圖》之數。少一以象虛，如大衍之五十虛一也。九五乾極，五九衍爲四十五，又適滿《洛書》之數。皆法象自然。乾所以首諸卦，九五所以總攬，爲乾之主也。

上九，亢龍有悔。

五處極盛之會，自當止而不進。更上，則六矣。六，陰也。陽位止五，過五无位，所謂知進而不知退。如龍飛在天，淒雲苦雨，彌日浹旬。至雲消雨霽，杲杲出日，猶翱翔不下，此必窮之災，安得无悔？故體乾者，時止則止。既至于亢，雖天與聖人，无如之何，況庸衆乎？

凡爻止六，何也？八卦重而六位定，天則也。一爲陽，兩其一爲陰。一與兩成三爲乾，天所以參也。三陽兩之成六爲坤，地所以兩也。六者，天地參兩之定數。參兩故六。然六不言六，而言上，何也？數極于五也。五者，參兩之合，陰陽之交。《圖》《書》之中，數五爲尊。尊不可尚，中不可過。六以陰加之，故變言上，言在五上也。不可上而用之，何也？八卦既錯，不用不可得也。五成還一，天一生而地六成，終而復始，所謂天則。故五之不可无六，猶九之有十也。爻雖由初至五，五實非以漸增。一奇初畫，已具參兩，參兩而五已默成。故一中五會，不待衰益，尤見天則。

易也者，造化人事之理，奇偶乘除之數，盈虛消長之幾而已矣。造化有必然，人事有當然，是理之不可違也。奇乘爲偶，偶除爲奇，是數之不可逃也。盈則必虛，消則必長，是幾之不可不豫也。故龍飛而必反于潛者，理也；陽九而窮于六者，數也；上亢而兆于五者，幾也。聖人于乾上九發亢龍之戒，所以爲六十四卦吉凶悔吝之大端也。今即《文言》以占六爻：二所以利見者，由于初之憂危不拔也；三所以能无咎者，由于二之謹信不伐也；四所以无咎者，由于三之憂惕；五所以爲利見者，由于四之疑審。故積功累行，成在天利見之業。至于五而潛躍之神已竭，憂疑之慮已銷，无思无爲，惟有聲應氣求而已，則上九之悔，豈待上而後見乎？此所謂理不可違，數不可逃，幾不可不豫者也。聖人畫卦分爻以示之，設象繫辭以明之，丁寧反覆以告戒之，无非欲人免于悔吝凶咎之途，以求所爲元亨利貞者而已矣。

夫易，變而已。一乾也，爲天、爲聖、爲君子，爲龍、爲潛、爲見、爲躍、爲飛、爲亢，爲元亨利貞、爲吉，又爲厲、爲无咎，又爲悔。知易者，千變惟一；不知易者，謂龍則不宜有亢，聖人則不當有悔。夫易豈徒爲天與聖人設乎？是守株之見也。夫乾，體之則爲大人、爲君子，悖之則爲庸愚、爲剛愎，何常之有？銷其悔而防其咎，制其過而損其盈，乃所爲元亨利貞也。

用九，見羣龍无首，吉。

此因乾卦爲諸陽之首，明陽爻所以用九之義，爲百九十二陽爻之例也。爻數用九而爻位止六，其上闕七、九，故爲羣龍无首之象。蓋陽本天德，九爲盈數，九過五至上而已亢矣，況又可進乎？八卦相錯，六位已定。其用九之數者，所以表陽之德；而其不盡九之位者，所以善陽之用，故曰天則也。若先儒論卦，六十四上可以復增，是龍頭上安頭，豈但有首而已耶？“見”者，觀象之辭。乾象爲首，龍之剛猛在首。陽性直遂，至七、九而愈壯，如火烈在焰，木盛在杪，故爲首象。“无首”，即初爻“勿用”之意。用而不用，則不見其首。如是，自不至于亢而有悔，故曰吉。然陽之所以取于九者，何也？乾體三奇，陽動而生，三三故九，諸卦百九十二陽爻皆乾，皆用九，故于此發之。而朱子《本義》以易爲卜筮作，九爲筮法老陽之策，老則變，六爻用九，盡變爲純陰，其卦爲坤，其占爲“安貞吉”。此大謬也。按筮法，陽爻之策，七爲少，九爲老，老則變，少則不變。然安知撲策者，爻皆遇陽乎？即陽，安知皆遇九乎？如七、九兼遇，則變不盡，不得成坤。變而爲臨、觀、大壯，及諸陽卦，安得皆吉乎？如必變盡而後吉，則用九之爲吉，亦鮮矣。老少之説，不見于經。後世筮法，多非古聖之舊，夫子未之詳言。而易之爲變，決非倚蓍策待既老而後變也。如必倚蓍策，待既老，則易之變亦无幾矣。其所謂占，亦非臨事取辦于蓍策，得一卦一爻之謂。君子學易，六十四卦之象，三百八十四爻之象，天地人物消息盈虛之理，日用酬酢吉凶悔吝之幾，動觀静得，精思研慮，无往非易，无往非占。豈其舍卦、爻、象辭，倉卒乞靈于枯枝腐草而已乎？或曰：即卦言變，非言筮也。夫言變，則六十四卦皆有變，何獨乾坤？乾坤之變，豈可以例諸卦之變？詳于乾坤而闕于諸卦，亦不通之論也。

《彖》湍，去聲曰：大哉乾元，萬物資始，乃統天。

自此至末皆夫子之辭。“《彖》曰”以下五節，皆所作《彖傳》，以發明文王彖辭之義者也。彖，斷也，斷一卦之吉凶也。伏羲畫卦，有名无辭。文王彖之，孔子贊之。“曰”者，釋彖意而言也。語多用韻，故謂之贊。《彖傳》倣此。文王彖乾卦以元亨利貞，夫子發明乾元亨利貞之義。此一節明乾元也。乾者，元陽之體。元者，乾之生氣。乾德莫大于生，故曰乾元，程子所謂“偏言之則一事，專言之則包四者”是也。萬物之生，皆資元氣爲始，如人成形于母，受氣則資取于父。天者，萬物之統。然天之所以爲天，亦惟元氣周流，終始不息，故曰“乃統天”，乾元所以爲大也。

元，生意也。天无時不生，秋冬亦生也。亨利貞，皆生意之運。四時之氣，禀于春。而夏與秋冬，皆春氣之運，故元統四德。在人，爲乍見惻隱一念，即所謂仁。此念發之羞惡，即義；發之恭敬，即禮；發之是非，即智。仁，則義禮智皆有；不仁，則義禮智皆无。如草木之有萌芽，千枝萬葉，總在勾芒；如禽鳥之有胎卵，羽毛骨肉，總在孚殼。一元最初生意，亨利貞在其中，故曰乾元。

易莫非象，故象之言豚也。古者看烝用豕，磔豕爲肴，謂之豚解。肴雖分薦，豚體本一，故全卦之體曰象，六爻之位曰爻。爻即古肴字。後世加肉，以別于卦爻也。

雲行雨施，品物流形。

此言乾之亨也。雲行雨施，是元氣之亨通也。品物受形，其出如流，是萬物之亨通也。

大明終始，六位時成，時乘六龍以御天。

此言聖人之元亨也。一元之理，消息因時，亨通无礙。天人同體，庸衆昏迷失時，行與天違。惟聰明睿知者，爲能大明普照，條理洞徹，終終始始，純一不二，因時順成，所謂潛見飛躍，乘六爻之運，裁成輔相，以贊化育之不足，御天而行，造化自我也。聖人者，天之心。聖人之御天，猶心志之御五官，《詩》云“不識不知，順帝之則”，乃所謂元亨也。

易，變也。變者，時也。時者自然，非人所能爲，故曰天也。聖人御天乘時而已矣。孔子聖之時，五十學易，无可无不可，從心所欲不踰矩，御天也。

乾道變化，各正性命。保合太和，乃利貞。

此言利貞也。化而有形曰變，變而无形曰化，物所受于天曰性，天所賦于人曰命。言乾道能變化，萬物洪纖高下，各完性命，无有偏曲乖亂者。至于生意收斂，元氣飽滿。利莫美于成性，貞莫固于含和。至美至足，无虧无欠，乾所爲利貞也。

變化各正，謂生理各得。如梅自梅，李自李，稷種成稷，黍種成黍。一粒種成百粒，百粒再種，仍各完全。太和者，陰陽沖和之氣，各物之元氣也。保合者，物各有軀殼，包裹完固，元氣不泄，乃能發生。細至蟻粟，莫不皆然。

首出庶物，萬國咸寧。

此言聖人之利貞。聖人在上，乘天位，因天時，興道致治，使萬國民物，各得其所是，即乾之利貞也。不言聖人者，天、聖人一也。

《象》曰：天行健，君子以自强不息。

此以下，夫子所作《象傳》，而此一節所謂《大象傳》也。他卦傚此。大象者，一卦之象。夫子因伏羲八卦天、地、風、雷、山、澤、水、火之象，而爲作傳，以申明重卦之義者也。小象者，逐爻之象，周公所繫三百八十四爻之象，夫子爲作傳，以申明周公爻辭之義者也。象者，像也，謂傚像其意而通之也。天非乾也，而乾象天。蓋天旋地外，人息一呼一吸,天行八十餘里。人一晝一夜一萬三千五百〔一〕息,天行一百八萬餘里〔二〕。亘古常然,其健如此。健即乾也,亦猶地勢之言坤也。乾體六爻,純陽不息,故以天行爲象。不曰乾而曰健者,乾不可狀,以健名之。可名則非乾,所以尊乾異于他卦也。然天自健行,不與聖人同憂。聖人畫乾取象,以責人之體道耳。君子以天行之健,反求諸身,學問德業,常主忠信,憂勤惕厲,存存不亡,則至誠无息,天行之健在我矣。以,用也,君子所以用乾也。君子,即九三終日乾乾之君子,責成于人也。八卦始畫,取象天地五氣。自夫子作《大象》,而後知八卦之用不遠于人。學易者始識指歸,厥功懋矣。

　　象者,南方大獸,古未識其形,但見其像,故名曰象。《王制》"南方曰象",《周禮》有象胥,即今譯字生,通四夷之語者,謂像其意而通之也。

潛龍勿用,陽在下也。見龍在田,德施普也。終日乾乾,反復道也。或躍在淵,進无咎也。飛龍在天,大人造也。亢龍有悔,盈不可久也。用九,天德不可爲首也。

　　此所謂《小象傳》也,他卦倣此。乾坤初爻提陰陽兩字,易道之要領。"反復道",猶言往來不離道。自下而上

〔一〕一晝一夜一萬三千五百,早印本作"一晝夜三萬三千六百餘"。
〔二〕一百八萬餘里,早印本作"凡九十餘萬里"。

爲反，自上而下爲復。九三上下皆乾，故曰"反復道"，以釋
"乾乾"二字之義。天行健不息，君子終日行不離道也。或
躍在淵，不躁進，故无咎也。造，至也，言聖人躋天位也。
"不可久"，言盈必虧也。首，上也。好剛則爲首，爲首則非
天德。天健自行，君子不息自强，非暴戾好上而爲健强，故
曰"不可爲首"，即潛而不亢之意。諺云"煩惱多因强出
頭"，即爲首意。

《文言》曰：元者，善之長也。亨者，嘉之會也。利
者，義之和也。貞者，事之幹也。君子體仁，足以長
人；嘉會，足以合禮；利物，足以和義；貞固，足以幹
事。君子行此四德者，故曰乾，元亨利貞。

　　《文言》者，夫子釋文王乾象之義也。道莫大于易，德
莫備于乾坤。夫子所謂"文王既没，文不在兹"者，莫要于
此，故作《文言》以明之。言不盡意，故曰文言。謂文王所
言乾元亨利貞者，非徒占象爲元大亨通、利益安貞而已也。
元以始生爲義，故稱長焉。乾之元，乃善之長也。凡物始
莫不善，而元始生生，乃萬善所從出也。亨以獻享爲義，故
稱會焉。而乾之亨，乃嘉之會也。嘉者，乾道施行，萬類舒
暢，是衆美之聚會也。凡言利則封殖傷義，而乾之利匪私
也，萬物性命各正，皆得其分，處其宜，是乃義之所以和耳。
凡言貞則蓄縮无爲，而乾之貞，精神凝聚，各歸其根，乃事
所以爲幹耳。故知天不遠人，乾不越身。君子能宅心居

仁,體乾之元,則足以包孕民物,而長人矣。君子能動協臧嘉,則周旋酬酢,无不中度,足以合禮矣。以公普之利及物,則上下公私之義正,而均安自和。以安貞之意處事,則沈渾深密之養定,而幹理自固。君子行此四德,自強不息,亦天行之健矣。故亦曰:乾,元亨利貞也。

　朱子謂四德發自孔子,文王无此意。非也。文王于乾卦特繫此四字,爲全易綱領,包括富矣。假使文王自發其義,何以異此? 四德責成君子,尤萬世言易之要。仁者,人也,故曰體仁。居上不寬,无以保民,仁則足以長人。禮以會而後行,會以嘉而合禮。嘉美會集,謂應務酬酢。容貌无鄙背,辭氣无暴慢,則動容周旋,足以合禮矣。利和義,如分田制禄,則君臣和;君足民足,則上下和;飲食燕享,筐篚幣帛,則賓主和。利則義和,不利則義不和。熙熙攘攘,人之情,亦天之道也。不利而言和,不利不和而言義,是巢許、陳仲子之義,不可言易。易者,天理人情而已。

初九曰“潛龍勿用”,何謂也? 子曰:“龍德而隱者也,不易乎世,不成乎名,遯世无悶,不見是而无悶,樂則行之,憂則違之,確乎其不可拔,潛龍也。”

　此以下,申明《象傳》之義。“不易乎世”,言身不見用,不能以道變易天下,即《論語》“天下有道,丘不與易”之“易”。“不成乎名”,不求人知也。“遯世”,即不易乎世也。“遯世无悶”,窮不改其樂也。“不見是无悶”,人不知不慍也。遯世无悶難,遯世而不見是无悶尤難。《論語》以人不知不愠爲君子,此也。樂,猶《孟子》云"君子樂之,所性不存"之樂。憂,猶《論語》云"在陋巷,人不堪其憂"之憂,違不行也。樂行憂違,无欲之志,故曰"確乎不可拔"。確乎不拔,是乾之貞也,所以起元也。此潛所以能飛躍也。

　　聖人憂患作易,皆以身自占。文王、周公,處憂危而繫易,可知也。孔子《乾·文言》于初、二、三爻獨詳,亦自占之辭,可以觀易矣。世儒以蓍策言,失聖人之旨。

　　不忘憂樂,是聖人之仁。无悶而亦不憂,如沮溺丈人之潛,枯木死灰,无元陽之氣者矣。

九二曰"見龍在田,利見大人",何謂也? 子曰:"龍德而正中者也,庸言之信,庸行之謹,閑邪存其誠,善世而不伐,德博而化。易曰'見龍在田,利見大人',君德也。"

　　九二得中,故能不卑不亢。入孝出弟,信庸言,謹庸行,非禮勿動,以存乾德之誠,至于善成一世而不矜伐,德廣博而人自化。雖未得爲君,而君德已備,故爻辭曰:"見龍在田,利見大人,君德也。"

　　庸言庸行,德之中也,失中則邪。善世不伐,以道本中庸,无善可伐也。德盛而人相忘于化,即夫子"依乎中庸","不怨天,不尤人"之道。

　　閑邪,中象。乾健好進,不中庸,不謹信,出位伐善,皆邪也。處潛能遯世无悶,故處見能善世不伐,所以爲龍德。

大人之學，明明德于天下，誠意正心，所以爲治平也。乾道則天，體仁長人，故仲弓寬厚，許以南面。士志仁義，大人事備，君子求爲君德而已。居下而志君德，乾道上行，以人法天也。

君子體乾，莫大于進脩。三、四爻詳言進脩之事，易道所以在人，乾所以爲元亨利貞也。二謹信存誠，故能爲三。三忠信立誠，故能爲四。四進德脩業及時，故能爲五。學易所以貴知幾審時，而憂悔吝者存乎介，即一乾而他卦可推。

九三曰“君子終日乾乾，夕惕若，厲，无咎”，何謂也？子曰：“君子進德脩業。忠信，所以進德也；脩辭立其誠，所以居業也。知至至之，可與幾也；知終終之，可與存義也。是故居上位而不驕，在下位而不憂。故乾乾因其時而惕，雖危无咎矣。”

三居下卦之終，當外之交，是上下之間也。處以德爲學，出以業爲用。德欲進，業欲脩，其本在忠信，忠信即乾惕之心也。內不欺己謂之忠，外不欺人謂之信。忠信，誠也。誠明，知也。乾主知。忠信以脩德，則健行不息，德自增長，可與進矣。浮華勝者，剝本真。脩辭无實，名理雖勝，總非吾有。必使法言，可以經世。忠信可以立言，則所言皆吾家脩廷獻之實，而居之以爲業矣。其進德也，真知道有極至。必求至之，而勿怠于因循，則精誠所到，可與幾及矣。其脩業也，真知大業難竟，必圖善終，而勿廢于半途，則達行之義可與存矣。以脩業爲事，故居上位而不驕。以進德爲事，故居下位而不憂。所以乾乾然終日夕惕，當上下之交，雖危而无咎也。

辭與言較異：言者，尋常出口；辭，則謨訓之類。君子窮之所養，達之所施，皆具于辭。辭必求爲可訓，則心必不敢自欺。以此脩辭，辭之所載，皆吾業之所託而居也。士君子窮居之業，惟有立言。行之而後從，以脩身也，則文明天下之業在此。言之必可行，以經世也，位天上治之業，亦在此。故《六經》之辭，聖人所以居業。遊于聖人之門者難爲言，此也。聖人于辭，每惓惓焉。《論語》云“不知言，无以爲君子”，《上繫》終默成，《下繫》終六辭，其意可知。終者，終身究竟之業。義，即《論語》“君子行義達道”之義。九三身未離隱，下卦之終，故有此象。若九四及時，則其義已行，不須言存矣。皆夫子自占之象。

三、四皆人位，四近天，而三近地，于人尤爲當位，故爻象于三，尤致責備，重人道也。終日乾乾之君子，即《大象》體天行健之君子。九三爲乾卦所獨重，故《大象》與爻象合。三當上乾之交，有至象。居下乾之上，有終象。君子德欲考其所至，業欲審其所終。進德至此，則乾體已備，可幾于達天。而身尚在下，行義未效，大業未究，故發知至知終之論。乾道知始，聖德大明，故貴知。乾乾惕厲，即知也。“至”者，天行也。“至之”者，君子自强不息也。“可與幾”者，聖人之于天道也。“終”者，業之所就也。“終之”者，持盈无悔也。“存”者，不失也。“義”者，進退存亡之正理也。三與上敵應，上九知進不知退，知存不知亡，知得不知喪，故悔而罔終。三非正應，故能審于進退。而業主脩辭立誠，盈虛消息之數，已嘿定于胸中，而永終令圖，不至有失正之咎也。居上不驕，无亢悔也。居下不憂，與時偕也。三與五同功，德三爲至，而業五爲終，故于三發之。

　　德可以因時而進，故體乾自强。而天行可幾，業不可以違時而就，故知終守正，而義可與存。士惟不見于成敗之分，苟且遷就，則名義頓喪。君子乾惕，爲能灼見終身之趨舍，守正不移，故可以不失義。“知至至之”，猶孟子云“命也，有性焉，君子不謂命”之意。“知終終之”，猶孟子云“性也，有命焉，不謂性”之意。

九四曰“或躍在淵，无咎”，何謂也？子曰：“上下无常，非爲邪也。進退无恒，非離羣也。君子進德脩業，欲及時也，故无咎。”

　　四處外卦之下，乾革之始，故進德脩業，與三同功。君子之出處，時而已。爲邪者干進，離羣者忘世。君子退則脩德，進則脩業，惟其時耳。故“或躍在淵”，不謬于[一]果也。夫四已進矣，而猶不輕果，此難進易退，用乾之道。蓋

─────────

〔一〕于，原爲“干”，似形誤。

乾陽也，陽遂而好進，聖人惓惓以憂疑爲戒，所以竟能成九五大業，豫消上九之亢悔也。"邪"者，位不中之象。

云"及時"，所以決或在之疑。苟進適當可，何咎之有？舜以匹夫進陟帝位，湯武以諸侯進爲天子，及時也。

九五曰"飛龍在天，利見大人"，何謂也？子曰："同聲相應，同氣相求。水流濕，火就燥，雲從龍，風從虎。聖人作而萬物覩，本乎天者親上，本乎地者親下，則各從其類也。"

乾自初來，而功德懋矣。此直贊其業以釋爻辭"利見"之義。聲氣類應者，聖人存神過化，所謂乾道變化同天之業也。其不言政治，何也？大人者，正己而物正也。四海之廣，兆民之衆，非能家施戶及，故君子潛伏屋漏，常敬常信，不賞不怒，篤恭而天下平。乾自初、二、三、四，謹信立誠，進德脩業，所以无爲而化也。天下患无聖人，有聖人而欲民不歸，不可得已。

水、火、龍、虎，術家引以爲還丹之説，鑿也。蓋五爲乾主，兼統六子。水火象坎離，龍虎象山澤，風雲象風雷也。土燥，則水受蝕不流，濕則流矣；薪濕，則火受制不就，燥則就矣，喻速也。龍興雲隨，虎行風隨。"本乎天者親上"，鳶飛戾天之類；"本乎地者親下"，魚躍于淵之類，喻自然也。虛空即是天上，非必星辰麗天，乃爲親上。

上九曰"亢龍有悔"，何謂也？子曰："貴而无位，高

而无民，賢人在下位而无輔，是以動而有悔也。”

上則貴矣，然五居中爲君，不應君上復有君，故上爲无位。无位則无民无輔。賢人，謂五以下。亢則不能接下，其誰輔之？是以五則利見大人，而上則動而有悔。憂悔者存乎介，介在五而已，至上則未有不悔者。亢動而悔，雖天與聖人不能違。惟天與聖人能不及于亢耳，衆人居亢而不知，動即于凶，悔云乎哉？

乾，純陽也。陽上遂，常憂其過，萬事皆然。在人爲神明，神太用則竭，明太察則昏。然而神明不得不用也，故聖人于乾初發勿用之義，二、三、四極致丁寧勉勵之辭，所以成九五盛德大業，而旋憂其亢矣。故用九天則，聖人所以憂患作易，學者可以觀象反占矣。

爻初至五衍爲十五，《圖》《書》之中數也。天一至地十，奇偶相生，亦至五而盡，故五爲中極，過五无位。

潛龍勿用，下也。見龍在田，時舍也。終日乾乾，行事也。或躍在淵，自試也。飛龍在天，上治也。亢龍有悔，窮之災也。乾元用九，天下治也。

“下”，側陋也，不可上而下之之時。“在田”，在野也。“時舍”，言不見用也。“行事”，體乾行健而敏于事，即進脩也。“自試”，習飛且止之意。“上治”，居上治理也。亢則窮，窮則悔，是謂之災。“乾元用九”，謂非如他卦陰六駁雜，上下六位皆陽，陽氣充滿于天地之間，所謂元亨利貞而天下治也。

潛龍勿用，陽氣潛藏。見龍在田，天下文明。終日乾乾，與時偕行。或躍在淵，乾道乃革。飛龍在天，乃位乎天德。亢龍有悔，與時偕極。乾元用九，乃見天則。

　　申言潛龍，以明其當藏也。申言九二，雖時不用，其道大明也。文明，變離之象。申言九三，時行不息，无忘有事也。申言九四，內外初革，所以自試也。申言九五，天德居天位，所以上治也。申言上九，時極不止，所以災也。申言用九，六陽時序，當位不過，所以能治天下也。

　　天一在下，爲乾之根，故曰“潛藏”。“位乎天德”者，蒙前君德而言，至是始在君位也。“天則”者，陽數九，九乘六位，不過盈也。天行十二，陰陽各六，陽行至六則消爲陰，而八卦重之適止六位，故曰“天則”。蓋龍本陰物，乘陰位而爲乾用。苟以陽用陽，則不能潛；陰爲陰用，則不能飛。乾用九而位乘六，自然相合，故曰“天則”。

乾元者，始而亨者也。利貞者，性情也。乾始，能以美利利天下，不言所利，大矣哉。大哉乾乎，剛健中正，純粹精也。六爻發揮，旁通情也。

　　此節復申言文王彖辭之義。所謂“乾元亨利貞”者，雖有四名，其實一理。“乾元”者，即元氣之始資乎物，而亨通无滯，是形氣之發生也。“利貞”者，收斂歸藏，是性情之中涵也，其在坤則曰“元亨，利牝馬之貞”。而乾元以亨嘉之利利天下，第曰“元亨利貞”，竟不言所利之物。蓋无物非乾之生，无物非乾之利，乃乾所以爲大也。大哉乾乎，體剛而行健，不偏不闕，純而不已，粹而不雜，精之至也。无聲无臭，不可名言。聖人畫爻繫象，所以揮散曲通其情旨而已矣。

乾陽剛健，大中至正〔一〕，六陽无雜，故純粹精。不屈曰剛，不息曰健，不偏曰中，不闕曰正，不雜曰純粹，純粹之極曰精。七者即《詩》云“維天之命，於穆不已”，所謂乾元也。

時乘六龍，以御天也。雲行雨施，天下平也。君子以成德爲行，日可見之行也。潛之爲言也，隱而未見，行而未成，是以君子弗用也。君子學以聚之，問以辯之，寬以居之，仁以行之。易曰：“見龍在田，利見大人。”君德也。九三重剛而不中，上不在天，下不在田，故乾乾因其時而惕，雖危无咎矣。九四重剛而不中，上不在天，下不在田，中不在人，故或之。或之者，疑之也，故无咎。夫大人者，與天地合其德，與日月合其明，與四時合其序，與鬼神合其吉凶。先天而天弗違，後天而奉天時。天且弗違，而

〔一〕大中至正，早印本作“二五中正”。

況於人乎！況於鬼神乎！亢之爲言也，知進而不知退，知存而不知亡，知得而不知喪，其唯聖人乎！知進退存亡，而不失其正者，其唯聖人乎！

“時乘六龍以御天”一語，最爲乾卦緊要。此一節總申六龍之義，以明乾之用惟時而已。龍之潛見飛躍，君子之進退存亡，時而已。聖人乘六龍御天亦惟時而已，所以膏澤施而天下平。君子德成于己，无日不欲見之行。初九獨隱而不行，何也？時未可也。故學問以明其理，大心以蓄其德，體元以行其仁。此九二所以道明德立，脩身見于世爲見龍也。至于九三陽壯，居下之極，當人之位，其責甚重，故憂，能憂則因時行事而无咎矣。九四陽愈壯，當乾之革，進而欲飛，退而思潛，故疑，能疑則審時知幾而无咎矣。惟九五處乾之盛，得天應時，動无不合，人神響應，所以成大人之業，爲時中之至矣。上九過時，好進不知止，所以失其正而喪亡隨之。故時者，聖人所以御天也。聖人處進不忘退，處存不忘亡，處得不忘失。雖時有必往，聖人不能使五之常爲五，而能使五之審其爲五，知亡知退不及于亢而已。六龍之飛也則必潛，其在天也必下于淵，天與飛非久處也。夫豈至于亢而悔乎？然則聖人處亢悔奈何？夫不好上，焉得亢？不亢，焉得悔？聖人之銷悔，不待上而在五之未終。抑其貴，損其高，虛其心，下賢求輔，則可以令終而无亢悔矣，故曰：時乘六龍以御天。

學，傚習也。道理无窮，尋常日用依傚學習，自然衆善與我湊泊,所謂"厥脩乃來","聚之"之謂也。不問則所聚未必盡是,又問以辯之,學則衆善集,問則不善不雜。學與問所得,勿計算功程,且寬蓄之,久之千件萬件,只是一件。事理融通,仁在其中矣。九二居中,有寬象。

九四以乾接乾,雖以陽居陰,亦謂之重剛。四、三皆人位。三履二在地上,于人尤切。四戴五近天凌虛空,故曰"中不在人"。上中下不定,則无棲泊,故疑不決。可至天,則躍而上;未可,且潛于淵。蓋乾健上行,四居陰,有徘徊遲疑之象,然經過之所非駐足之地,雖疑无咎。

天地、日月、四時、鬼神總之一乾,乾總之一心。大人自強不息,終日乾乾,學問德業及時進脩,自家便是天地、日月、四時、鬼神,所謂時乘六龍御天,宇宙在手,造化生身,奚待于合?而又誰能違之?九五所以无爲而聲應氣求也。

先天者,聖人所行即是天命,如命討之類,天不能違聖人也。後天者,天之所定即是聖謨,如秩序之類,聖人不能違天也。

處乾不厭下。喜中而忌上,所謂天德不可爲首。然爻辭不言凶止于悔,何也?天德无凝滯,乾道變化,窮則必變,无終亢之理。乾龍與坤龍戰于野者,其占殊。

上九與三爲敵應,故三知止又知終,所以无咎。上九知進不知退,知存不知亡,知得不知喪,所以有悔。乾道主知,不知則必亢必悔。

　　以人事論,鐘鳴漏盡,夜行不止,此亢悔之自人者也。以天運論,詘伸消長,一定不可逃,此亢悔之自天者也。自人者,庸衆有之;自天者,聖賢不免焉。然亦不可不謂之亢悔,易道所以爲大。

　　聖人繫辭不明言義,設象,何也? 曰:卦本象也,聖人以象明象。易道動變,屢遷无常,難主一義。設象以譬爻,而不爲爻主,使人推象知易,則萬事可旁通也。言之所洩者淺,象之所寓者深。象約而義博,言繁而指亂。得于言者局于一,得于象者貫乎萬。如乾本言道也,取象于天,則乾之大可知。第言大,則无以見乾矣。爻本一、二、三、四、五、六之數,取象于龍之潛見躍飛,則爻之變動可知。第言一陽二陽,三、四、五陽,无以盡爻矣。故善占易者在觀象,善觀象者在通變。通變然後可與占。如乾六爻,以一人一物一理占,則六爻一龍也,一聖人也,一天也。通變則无人非乾,无物非乾,无事非乾也。以各爻占,則一爻一龍,一爻一聖人,一爻一天時,一爻一事理。通變,則爻皆具人,爻皆具物,爻皆具時,爻皆具理。故乾或以四時按六爻,然爻亦各自爲四時也。天有元亨利貞,物物各自有元亨利貞也。初潛而六亢,三憂而四疑,然爻亦各自有潛亢,亦各自有憂疑也。乾雖爲天、爲君、爲父,而非謂獨天可乾,君父可乾,他遂不可也。雖爲大人、爲君子,而不獨大人、君子有乾也。雖其德爲陽、爲善,而非用乾者皆能爲陽善也。雖其占爲元亨利貞,而非用乾者盡无憂危咎悔也。故神而明之存乎人，變而通之存乎占。章句之士謂：龍德不待學問，大人豈有咎悔？則刻舟求劍，夏蟲語冰矣。

易變非一端，爻辭多取變象。如乾九二"見龍在田"，文明利見，皆離象，其變爲同人，"在田"即"同人于野"也。九五飛龍利見，亦離象，其變爲大有，聖作物覩，即大有得尊位大中而上下應也。坤六二變，則下卦成坎，奇在偶中，有內直外方〔一〕之象，故《象傳》釋之曰"六二之動，直以方也"，言不動則有方无直。其變爲師，師九二"承天寵""懷萬邦"，即光大不孤之象。"直方大"，有戰陳之象。"不習无不利"，有師出以律之象。坤五變則成比，美在其中，暢于四肢，發于事業，即比九五〔二〕"顯比之吉"，"位正中"之象。土氣爲比合，發暢爲光顯，黃中居體爲位正中。蓋乾坤二、五諸卦爻之綱領，象皆取變，以示他卦之例，然他卦不必盡然也。易道多變，變亦多方，如徒執變求象，與執變象求象變，均未爲知變也。會此始可與譚象。

〔一〕內直外方，早印本作"外直內方"。
〔二〕九五，早印本作"六五"。

周易正解卷二

坤☷坤下坤上

　　坤之--，乾之—，中分而爲兩也。故坤非乾敵，是效乾之能者也。元炁之始，陽而已。陽動陰應，如形之徵影，影之逐形。一陽動，即一陰應。奇生即偶成，六奇即六偶，象數之自然也。陽惟一故曰健，陰兩之故曰順。一者主始故曰知，兩者承行故曰能。一故曰易，順故曰簡。有陽即有陰，故易首乾坤也。或曰：静則一，動則兩。陽體動而反爲奇，陰體静而反爲偶，何也？曰：虛故能静，實故能動。兩者虛之象，一者實之象。實故剛，虛故柔。剛常一，柔常兩。陰非自爲陰也，陽消而爲陰也。故其體虛而不足，其性不能自動而常躁，隨陽而動，待施而受。其象中開，虛而不滿，即陽氣之闕陷者耳。以象地，何也？曰：虛受陽施，凝結而成塊也。元氣真清，爲陽爲天；其渣滓，即爲陰爲地。故陰虛而受實，静而含動，柔而承剛，陽之變也。陽實而主施，動而居静，剛而乘柔也。地非自爲地，陰非自爲静虛，順陽而已，故曰"坤者，順也"。聖人所以取象，發順承之義也。其卦六畫皆偶，有順象。内外重偶，有厚象。内虛，有中象，有含象，有通象。兩兩相比，有行象，有朋象。彬彬適均，有文象，有美象。六偶十二，有方象，有大象。秩秩不亂，有理象。左右分布，有體象，有業象。爻辭、《文言》因象繫辭也。以地類推之，在人則爲母、爲臣、爲妻、爲卑屬，于物爲雌，于事爲静，于學爲能，于時爲夜、爲秋冬，于類爲小人，皆坤象也。然易象變動，未可執一。非謂君父概不得占坤，臣妾概不得占乾也；非謂乾但可知不可行，坤但可能不可知也；非謂乾六爻无小人，坤六爻无君子也。六二之不習，亦是生知安行之聖，何必坤定主賢？六五之黄中，亦是恭謙温文之主，何必臣定爲坤？聖人隨宜設象，非拘拘然也。弑逆之凶發于初，而龍戰之禍形于上，何嘗一一皆聖賢事？然則以象地配乾，首諸卦而稱至德，何也？蓋陰雖反陽，而坤陰非駁雜之陰。天下之惡，始于不純。坤體乾之純，得元陽初分之炁，未遠于太始，故稱簡能。體乾生物，象地而爲至德也。初六地下，六二地上，六三地生物，六四長物，六五成物，上六藏物。以人論，初爲幼，二爲處，三爲將出，四爲出，五爲臣，六爲老休。若夫變而通之，无人无坤，无事无坤，无物无坤。爻可爲人，爻可爲事，爻可爲物，因乎時與位與人而已。程正叔以坤六五爲尊位，不可以人臣當之。夫五之爲尊位也，象耳，非五本名君也。坤之爲人臣亦象耳，非坤本名臣也。夫子《文言》以坤爲臣道、妻道，謂臣與妻當效坤之柔順，非謂臣與妻定居某一爻也。君有五,臣亦有五;夫有五,妻亦有五。无人无五,无物无五,无事无五,未可拘拘論也。

有乾自有坤,所謂"一陰一陽之謂道",故首易而同體。乾初九陽始生,坤初六陰始生。九二乾德之盛,六二坤德之盛。九三將出而憂惕,六三將出而含章。九四初出,遇重剛而或疑[一];六四初出,遇重陰而括囊。九五居尊而利見,六五正位而元吉。上九陽亢而悔,上六陰極而戰。乾中四爻皆有動象,坤中四爻皆有静象。此乾坤合德,坤所以承乾也。故天地非兩體,乾坤非二物,陰陽非二道。

坤如形體,乾如心志。坤效乾,如形體效心志。志帥氣充,不知其然而然,故謂之順。乾知坤能,乾易坤簡,乾始坤終。坤之元亨利貞,即乾之元亨利貞。坤有過差,以其喪乾也。初之積殃,是坤之始侵乾。上之疑戰,是坤之終背乾。故坤不可不順,以不得不順也,不順即无坤。

乾者,天道。坤者,聖人所以法天。坤以君言,是周之成、康,漢之文、景。乾以臣言,是商之伊尹,漢之霍光。乾以賢言,是顏、孟。坤以聖言,是湯、武。

坤言光,言文章,言美,皆陰麗于陽而生也。大虛无形,凝爲人物則靈,言語、知覺、運動,陽麗乎陰也。形,陰也。虛靈,陽也。地,形也。生物,則虛靈之用也。陽有美而无形,不得地无所施,坤順之耳。兩物順則成文,亂則不

〔一〕疑,原文無,據《易領》補。

文。一物獨,亦不成文。故乾純一不言美,坤順陽乃言章
美。人道篤實自光,闇然自章,儒弱自文,順之生美也。大
抵天道一氣玄同,地乃有山川草木,界障區別。凡言文章
光美,地也,莫非天也,故乾坤一體。

坤,元亨,利牝馬之貞,君子有攸往。先迷後得主_句**。利西南得朋,東北喪朋,安貞吉。**

坤者,伏羲所畫六偶卦之名。伏羲始畫一奇一偶,大
極兩儀呈而三才立矣。故三奇爲乾,以象天。三奇成則三
偶應,故三偶爲坤以象地。上又錯以坤,遂總名曰坤。坤
者,厚重之名,乃其所以爲順者也。未可以順釋坤也。"元
亨"以下,文王之彖辭。坤與乾同體,坤之"元亨"即乾之
"元亨"。惟乾"利貞",而坤則"利牝馬之貞"也。馬,健
獸,本乾象,而爲人乘載,健之順也。牝,陰象,陽之偶也。
龍,陰物,順而能健,所以象乾。馬,陽物,健而能順,所以
象坤。龍飛而馬行,龍能變化而馬不能也。坤以從陽,承
行爲貞,如爲龍、爲牡馬之貞則不利矣。蓋貞者事之幹,四
德惟貞有專成之意。坤道无成,不得自爲貞,而以從陽得
正爲貞,如牝馬之從牡者然。故下文言"利西南"。西南陰
位,即牝馬之義。陰非自爲陰,偶于陽而爲陰。无陽則静
而躁,有求而好動。陽資始,无爲待陰而行,故陽爲知而坤
爲行。馬,行物也。君子攸往,往,行也;行,從陽也。先,
倡也;後,隨也。陽生陰,无陽則无陰,故倡則迷,隨則得
主。主謂陽也。"利西南得朋"者,西南,成物之鄉,坤居

焉，故爲“得朋”。“朋”者，偶象。東北，物始生之鄉，坎、艮、震諸陽居焉。陰進陵陽，偶變爲奇，故喪朋。得朋者安其處而爲後，故利。“喪朋”者，越分而爭先，故迷。守坤之分，勿先而後，隨而不倡，則安正而得吉慶矣。或讀“元亨利”爲句，牽强難從。

坤“利貞”與乾異，而“元亨”與乾同，何也？元一而已，亨即元氣之通暢也。春夏之間，天地交暢，二氣忻合，故乾坤同利貞者，性情也。秋冬斂藏，各正保合，則天氣升而地氣降，故利貞異。乾之利貞專主成功，坤之利貞承乾代終，如牝馬從牡行耳。乾德在元，坤德在貞。君道體元，首出庶物。臣道安貞，行地无疆也。

天下之理，先知後行則不迷。乾知未始，坤行焉往，故曰“先迷後得主”。知止而後有定，有定則得主不迷。

此文王以羲畫自占也。以龍事紂，以其身爲馬，且不敢爲牡，柔恭之至。君子，自寓也。攸往，服事也。先迷後得主，遭羑里之禍，獲釋而戴君罪己也。岐、豐化行，至于江、漢，西南也；豫、青、兗、冀，東北也。西南之民心化，而東北之君心未格，安貞以守臣節，爲吉而已。此文王所以服事止敬，立坤道之準也。大抵聖人言易即是學易，文王演易即是事殷之本心，孔子贊易即是自脩之實事。卜筮云乎哉！

坤道主于貞，其常也。然苟非牝馬之貞，而用乾剛之貞，則失其所以爲坤。順如牝馬而无其貞，則又爲陰邪之私,而失其所以爲順。此象辭本意。夫子于象言厚德,于爻言含章括囊,于《文言》申初六之戒,皆所以成順之美,全坤之貞。此坤卦之大占也。

《彖》曰:至哉坤元,萬物資生,乃順承天。

乾言大,坤不言大者,天包地也。言至者,乾始坤生,乾大而坤與之齊也。"坤元"者,非坤別有元,元一而已。天之始生,即地生之始也。"生"者,形也。乾施氣,坤承氣而生形,乃所以順承天也。

坤厚載物,德合无疆。含弘光大,品物咸亨。

坤以厚德載物,配合乾大,无有疆界。其承而受之也,含藏弘廓,所謂靜翕也。其布而散之也,光顯博大,所謂動闢也。普天之下,品物无不亨通于地上,所以行乾之亨也。

順即象辭牝馬意,厚即貞意。順者,坤之道。厚者,順之貞。兼順與貞,乃盡坤德。

牝馬地類,行地无疆,柔順利貞。君子攸行,先迷失道,後順得常。西南得朋,乃與類行。東北喪朋,乃終有慶。安貞之吉,應地无疆。

承上言坤元亨。與乾合德者无他,惟其柔順從乾而已。蓋乾行之健,終古不息。使以健承健,則其道逆而界障生。又使順而少有勉强迎合,不出于性情之貞。以彼乾行无息,勉而爲順,有時而輟,斯有疆之行矣,何利貞之有?故利牝馬之貞。牝馬陰物,其象爲地類,健行從牡,永不辭界障險阻，惟其行而已矣。行无疆而後爲牝馬，牝馬行而後能合乾行之无息，此坤所以爲柔順，得利貞者也。君子居坤之位，體坤之德，行牝馬之行，利在得主，不利爲主。无因而倡，是先之也，先必失主而迷。順應而從，是後之也，後則得主而常。東南西北皆乾所統，執坤之行者，不敢兼乾之事。惟西南爲坤致養之位，當與其朋偶，素位而行，不可先也。至東北爲帝所從出之鄉，往則將喪其偶，敢不後乎？然與類行，雖得朋而无主，必迷之道也。得主，雖无朋而後順，得常之道也。蓋乾有必施，坤有必承，陰陽合而終有慶，所謂牝馬之行，安貞之吉，應地道之无疆，斯君子體坤之攸行矣。坤道主行，故以行言。

人心神明爲主。耳目從心，是謂“得常”。耳目自主，先迷之道也。耳目各守其官，是謂“西南得朋”。耳目奪心志，是“東北喪朋”。然耳目徒守形骸，雖類行无主而自先必迷。耳目隨心志，雖喪朋而得主，則不失常。

易原无所謂先天也。先天卦圖，自後世始。夫子《說卦》“帝出乎震”一章，乃八卦之定位，故坤利西南，以坤位本西南也，坎、艮、震諸陽皆在東北。而世儒疑東南爲陽，西北爲陰。夫陰陽兩在，互藏其宅。如南本陽明，自北向之則生明，明自北見也；北本陰暗，自南視之則生暗，暗自南見也。故火雖外明而中暗，水雖外暗而中明。陰往居南則爲離，陽來居北則爲坎。南雖陽而離則女，北雖陰而坎則男。天地无无陰之陽，无无陽之陰，此不測之神也。況陽生于子,東北物生之方,故左爲陽。陰生于未,西南成物之方,故右爲陰。其理昭然,何得以東[一]南爲陽乎?

《象》曰:地勢坤,君子以厚德載物。

天象以行,動也。地象以勢,静也。坤者,厚重之名,故《象》曰坤厚載物。坤即厚也,地厚不可測,其幅隕之大,根底之深,静觀其勢坤然,故卦積六偶而成,象其厚也。君子静觀地勢,反占諸身。器宇不敦篤,則輕浮放浪,不足以凝天下之理;心志不端愨,則狂騂躁率,不足以荷天下之事。用坤之勢,培養厚德,以爲載物之地,斯善占坤矣。

順而不厚,其順易邪。以厚言坤,地道主貞之義。順者,坤之所以承乾。厚者,地之所以載物。君子順以承尊,而厚以立德。基厚然後行順。不厚而順,妾婦之順耳。將有匿情爲惡,如履霜之漸者,故《文言》申戒之。體孔子之忠信,行文王之懿恭。二聖之易,皆自占也。

按,坤字從土從申。申,土位,故坤以厚重爲義。《大象》以厚釋坤,猶《乾·大象》以強釋乾。世儒訓坤爲順,文義不類。然則《象》宜云“以順德承天”乃可。相承之訛,自王輔嗣已然矣。

初六,履霜堅冰至。

初六者,指卦下初偶也。卦成于三,數起于一。一爲陽始,故奇爲陽。奇生偶,偶兩奇,三偶成六,故陰爲六。

〔一〕東,早印本作“西”。

而上下兩卦適成六位,陰終于六,故稱六也。霜者,寒氣所凝;堅冰者,寒凝之極,皆陰象也。履,足踐也。混[一]元始分,一陽生即一陰應,乾純陽則坤純陰。乾陽始于初九,則坤六陰亦自初始矣。以其在下故象履,以其初陰故象霜。霜者,堅冰之將至。一陰者,六陰之漸積也。造化生氣,唯陽而已,陽消則生陰。聖人好生與天地同,故易貴陽而賤陰,于陰始生,致警戒之辭。

乾之初九,復也。潛龍勿用,亦閉關不行之義。坤之初六,姤也。履霜堅冰,亦女壯勿取之義。

《象》曰:履霜堅冰,陰始凝也。馴致其道,至堅冰也。

此孔子釋爻象之辭。古本在六爻後,王輔嗣注易,移附各爻,便觀省也。後做此。"馴"者,順而不察之意。易彰往察來,是謂逆數。往而不察,是順之耳,忽不覺其來矣。

六二,直方大,不習无不利。

坤體柔順无雜。二以柔居中,當地之位,故坤德莫盛于二。是地之上也,直順遂意,有施即受,有受即生,陽氣一到,更无壅閡,何直如之? 方,周正也。洪纖高下,生長成就,无有偏曲虧欠不得所者,何方如之? 天之所覆,乾之所包,可謂大矣。而能配合无疆,兼收并載,不爲限量,何大如之? 以彼山川險夷萬方,物類榮枯萬變,形生資取萬

〔一〕混,早印本作"乾"。

品,乾皆无爲,而委成于坤。如此其紛且夥矣,使待習而後利,不已窮乎? 二能以其直方大承乾不宰,知則行之,始則終之。惟牝馬之貞,无疆之行而已,何事于習而後利? 此所以爲順之至也。大抵陰邪生于造作,而坤真陰未離乎大始;睽阻生于剛愎,而坤柔順自應乎无疆,所以易簡合德而承天也。

坤德莫備于六二,以陰居陰,得正中,是爲坤體。如乾有九五。九五天中,六二地中。六五者,坤之用爻也。

坤惟順,所以直方大;直方大,所以不習无不利;不習无不利,所以行地无疆,而德合乾也。故坤德極于順。順者,與乾一體,非摸擬之謂也。孩提之童,无不知愛知敬,乾也。能愛能敬,坤也,所以承乾也。

初六有履霜之漸,遇六二中正,則變而爲无不利,此以德消悔之象。所謂"吉凶以情遷","憂悔吝者存乎介"也。學易者置而不講可乎? 他卦多倣此。

《象》曰:六二之動,直以方也。不習无不利,地道光也。

爻不言"動",但言"直方大"。孔子以直方大不可見,見于地之生物。生物者,地之動也。動爲陽,承天也。不言大者,直方即大,邪曲則小。"地道光",亦于直方見之。少有邪曲,即不光明,即紛擾安排,不勝困頓,不習不可得,而安能无不利? 故直方而簡能之事,可大之業畢。"直方"者,簡之謂也。

以動者尚其變，動即變也。坤三偶，二動則偶變爲奇，有直象。乾在坤中，有内直外方之象。故夫子釋爻象言六二動，則直以方；不動，則有方无直也。陽爲大，故曰大。陰得陽，故曰不孤。坤爲文，故曰光。

枯寂之士，以清静爲直方大。索居離處，省事寡營，謂之習静。及遇盤錯，一步不可行。其究昏瞶无聊，乃以私智求濟，愈暖昧而失利矣，是未達于六二之動者，故曰“率性之謂道”。天下之言性，故而已矣。故者，以利爲本。如智者行所无事，則智大矣。又曰其爲氣也，至大至剛以直，養而无害，則塞乎天地之間。若子思、孟子，可謂深于易矣。

凡光明生于順直。曲房委蛇，則日中見斗，陽光蔽于陰邪也。日月五星列宿之光麗于天，其精化爲山川、草木、土石、飛走之形。蓋凡天之文，即是地之理。地道承乾順行，普物无心。純陰之體，晶瑩透徹。陽明映虚，如水受月，鏡受影，故陰无光。乾陽之精爽，即其光。无美，乾道之發生即其美。无文章，乾道之變化即其文章。豈擅獨成之能，貪天争功，分曹而治，然後謂之文章光美也乎？故坤道順而已者也。

謙則光，篤實則光，充實則美，闇則章。此其幾有不知所以然而然者。惟善體坤者兼之。

乾之九二，即是生知。坤之六二，即是安行。三才之理會于人。人身即地，耳能聽，目能視，手能持，足能行。

遇親能愛，遇兄能敬。誰從學習？承乾而已，易簡而已，順而已。恒人不直方大，以私欲矯揉狹小，故習然後利。苟能擴而充之，不失赤子之心，便是牝馬之貞。故曰："存心養性，所以事天。""事天"者，承乾之謂。

六三，含章可貞，或從王事，无成有終。

六二之德盛矣。變而之三，位不中正，居下之終，當外之交，陰静而躁，以陰居陽，苟不晦養，非處坤之道。宜含藏章美，貞固勿自炫可耳。坤終有可貞之象，以陰居陽，或出而從王之事，无專成功，代其終而已。六三與乾九四，位皆不正，皆有疑象。"或"者，疑之也。"從王事"，從乾也。當上之交，有從王之象。

坤三索得兌，兌爲口，有含象。三變成謙，從王即謙之勞，有終即謙之有終。光即謙之尊而光。易象變動，多類此。

直方、不習无不利之德，不惟六二，人所同有，皆如六二中正，則无往不善。然氣禀有偏駁，習尚有移徙，遭逢有險厄，則直方不習之利，或失爲露才揚己，故聖人有三、四之戒，所以善用其順而爲可貞也。

易中而已。凡爻三、四不中，故三多凶，四多懼。六二中正，故直方。至于三、四，不含括，則是不知易，不知介，不知占矣。順反成亂，利反成凶，將有如《文言》所戒者。他卦多倣此。

《象》曰：含章可貞，以時發也。或從王事，知光大也。

有章而含之,非秘而不發也。可貞則貞,發必以時。或從王事,是以坤作承乾知,自光顯而博大也。

乾道至健,欲順而合之難,故順未易能也。坤道至順,欲含而貞之亦難,故貞亦未易能也。順而貞,惟厚德載物如地者能之。如是,乃可无堅冰之慮,免龍戰之凶。

六四,括囊,无咎无譽。

三將出而未出,四則爲外矣。重陰始交,時運方塞,四陰柔不中,身既當局,則宜含章自守,如囊之括結其口,則可以免輕發之咎,而又不可享恬退之名。蓋括囊使人覺而稱之,非真括囊者,終未免于害。“无咎无譽”,所謂順而不失其貞也。坤一索得巽,爲繩,有括結囊口之象。坤虛,有囊象。

君子學易玩占,處无道之世,遇无道之人,當難處之事,自以其身爲六四,括囊以免于咎譽,此聖人作易之至意,君子占易之正理。豈胸中漫无心易,臨危乞卦于鬼神乎?昔有問此爻于朱元晦者。元晦曰:“凡得此爻,在位者便當去,未仕者便當隱。”又問:“比干如何?”曰:“此別是一義。雖凶无咎。”愚謂筮得此爻者,信當去矣。如筮不得此爻,不當去乎?似此士人,止靠著策爲活,焉知易?比干之事,明是不括囊,何必爲之周旋?殺身成仁,誠无咎矣,然終不得爲无譽。比干遇害,正爲不括囊而有譽。孔子處春秋,人目爲東家丘,叔孫武叔輩毀之,人不知不慍,如乾初九遯世无悶,確乎不拔。此龍德而隱者,乃爲无咎无譽。

易道之大,豈在蓍策?

《象》曰:括囊无咎,慎不害也。

言能慎如此,則可以无害。

六五,黃裳元吉。

六五以陰居尊,柔順得中,不震矜炫耀,而藹篤實之光,不先主自用,而含溫文之度,故其象爲黃裳。黃者,中央之地色;裳者,下體之服,地象。以此居位致用,則章美時發,王事有終,无復括囊之虞,所謂積善餘慶,承乾配天,故曰"元吉"。此坤道之極盛,而代終之事畢矣。

卦以五爲尊位,而易實非專爲有位言也。地上之五,亦非甚尊。以內視外,內爲體而外爲用。五居上得中,有位之象,是君子效用之時,而大小尊卑,未可一定,即如夫子仕无道,而委吏乘田,得盡其職,可謂非黃裳之吉乎?以地論,萬寶秋而美利均,亦是地之黃裳。以君論,繼體崇文而守成業,亦是君之黃裳。至于大臣,如周公之盡忠王室,赤烏几几,正當坤之六五。其相武王誅紂伐奄,滅國五十,以至制禮作樂,則又黃裳之飛龍。易何常之有?聖人乘時御天,動成象,行成爻,其次則因時順理,知幾觀象玩占而已。程正叔以"黃裳元吉"爲戒臣子不可居君位。夫聖人何嘗專以五皆爲君位?戒人臣居之,拘矣。朱元晦又引《左傳》南蒯將叛,筮得此爻,謂占者德如是,則其占亦如是。果爾,三百八十四爻,止可分吉、凶兩等。凡吉者惟聖賢得占,凶者盡與愚不肖,豈得謂之易? 使聖人作易,專倚卜筮,則易者事鬼之書而已。聖人作易設教,非以權予鬼神[一]也。

天數五,地數五,故乾坤二卦,唯五最盛。夫子五十以學易,自謂无大過。蓋合乾坤之數,體天地之撰,易盡于乾坤之二、五矣,二、上大過也。

《象》曰:黃裳元吉,文在中也。

坤爻純偶,六虛洞然,有在中之象。體本應乾,乾陽下濟,映虛而光明,有文章之象。但其卦本陰,各爻位不中正,二中正而在下,惟五柔中居尊,下與二應。二爲體而五爲用,二道德而五文章事業,合内外之道也,故爲“元吉”。“在中”之中有三義,有根心由中之義,又有居正建中之義,又有柔順得中之義。以直方之德,含章時發,根心之中也。當五之位,居上臨下,在位之中也。本承乾之德,動不爲先,无過之中也。凡象變動,非一義,類此。

文生于陽。陽不遇陰則不顯,燈不遇暗則无光,絲不雜織則不成彩。陰陽錯而後文生,故爻三言“章”,五言“黃”。二、四无陽,則不言文章。坤承乾,如月附日,全體皆陽光,故《象傳》曰“含弘光大”,《文言》曰“含萬物而化光”,六二曰“地道光”,光即文也。

文在中,皆釋黃義。不釋裳者,裳本地象,故《大傳》曰“垂衣裳而天下治”,取諸乾坤。乾象衣,坤象裳。六爻皆

[一] 神,早印本無。

裳也,但不盡黃耳。五,《圖》《書》之中。中央,色黃。六得五,陰麗陽位,故稱文。六二純陰,雖中不文。六三遇陽,雖文不中。

問:六五黃裳,其占特爲元吉,何也?"小人的然日亡",皆躁擾之咎。君子之道,莫吉于順厚,莫凶于躁擾。中和者,道德性命之本。聖人作易,首乾坤,明一陰一陽之爲道,不可偏廢。而人者,陰陽之會,戴乾履坤。乾父坤母,天遠地近,故父尊而母親。體坤以法乾,體順以承健,下學而上達也。順者,百行之首。是以夫子天縱至德,惟曰溫良恭儉讓,曰申申、夭夭,曰溫,曰不猛,曰安。《中庸》論道曰"闇然日章","溫而理","簡而文"。子路好剛,夫子憂之,于其問士,曰"切切偲偲,怡怡如"。故乾非聖人不能用。天下无无乾之坤,无无坤之乾。易首乾坤,其旨深矣。或曰:爻辭、《文言》稱正直剛方,何也?曰:坤非偏柔。所謂"牝馬之貞",承乾而爲柔也。偏柔則小人。故乾之九五,非无黃裳。龍亦陰象,君子不患不剛,而剛不能柔,則必傷。小人不患不柔,而柔以用剛,則必險。大抵剛以立德,柔以濟用。剛以操心,柔以制行。六五"元吉",柔得中也。六二"直方大",君子以脩德可也。"黃裳",君子以致用可也。如是,則乾道行矣。不然,九五飛龍之事,可以嘗試乎?是在知易者自占而已。故夫子曰:"五十以學易,可以无大過。"嗚呼,乾坤之道,二、五盡矣。二、上過也。

上六,龍戰于野,其血玄黃。

《象》曰：龍戰于野，其道窮也。

　　乾盛于九五，故坤至六五，承乾之事畢。天數至五而上有七、九，地數至六而上有八、十。然乾止言亢，而坤即稱窮。乾上之象不過悔，而坤上之象至于戰且血，何其凶耶？蓋天地之數，五爲中極。陽主于進，進常有餘，而過五則亢。陰主于退，退常不足，而至五則終。坤之五從乾而得也。乾不過五，而坤更求上乎？以陰居陰，是六六矣。位數兩極，所謂先迷失主，與其類行。陽氣已盡，生意已彫，積陰慘洌，堅冰既至，欲无戰懼，得耶？陰至于此，獨用自先，馬何能及？其惟乾之龍與？夫龍本陰物，乘乾陽而極，則亢于天。乘坤陰而極，必戰于地。野，地也。見其血，其色玄黃。血，陰質也。玄黃，馬色也，《詩》曰“我馬玄黃”。化而爲龍之血，迷亂之象也。龍已迷道失常，精神雜亂，塊然血肉，无復變化之靈，豈若牝馬之得主，行地无疆也乎？此坤所以貴于後順安貞也。地變天，馬化龍，宇宙以來，未有此事，故曰“道窮”。

用六，利永貞。

　　此明陰爻用六之義，猶乾之用九也。爻位止六，陰數不止六。以六名陰，何也？陰虛不足而戒于先。位六則數亦六，安常守順，陰之道也。故凡用陰之道利于常永貞固，如牝馬行地无疆，以順承乾，是坤所宜也。所以止于六者，坤體三偶，偶三爲六，陰靜而止，故止于六。諸卦陰爻百九十二皆坤，皆用六，故于此發之。而或者謂用六爲筮法之老陰,老則變而之乾,其説如用九之謬。既變而爲乾,則其占當爲"元亨利貞",何以獨言"利永貞"? 使變之他卦,安必皆"利永貞"乎? 或者謂即乾坤之變以例餘。夫六十四變不同占,何得以乾坤例他卦也?

卦位六而爻用九,故陽爲无首。卦位六而爻亦用六,故陰爲永貞,其義甚明。

《象》曰:用六永貞,以大終也。

用六所以爲永貞者,陰以陽終也。陰小陽大,故易謂陽爲大、陰爲小。終,即三爻"无成有終"之終。陰无成而代陽終,陽雖用九而位終于六,則陰自當從陽而以陽終,所以永不失爲"牝馬之貞"也。如退而歉于六之内,則不足以合陽;進而多于六之外,則非分失常。故曰"以大終",承乾之義也。是以上六无陽,而陰自終,遂有龍戰之凶。陰不可離乾自終者,所謂"牝馬之貞"也。

《文言》曰:坤至柔而動也,剛至静而德方,後得主而有常,含萬物而化光。坤道其順乎! 承天而時行。

此夫子申釋文王坤卦象辭,以明坤非偏于柔順也。柔而无剛,則其順爲陰邪。坤以順乾爲德,非柔弱也。雖以静爲體,非寂滅也。既應乾而承天,乾健而坤不剛,何以應之? 天行不息,而坤不動,何以承之? 故象[一]云"利牝馬

〔一〕"象"後,底本有一墨釘,早印本作"象傳"。

之貞”。牝馬從牡〔一〕，柔而行地，動而剛也。行地无疆，安貞不變，至靜而德方也。坤之剛不可見，于其動而生物見之。坤之方不可知，于其靜而不移知之。乾大而能承，非剛乎？品物各得，非方乎？陰以陽爲主，後行從乾而得主，柔順有常而不變，所謂无疆之行，牝馬之貞也。故〔二〕能承乾之施，含受萬物，而變化光顯〔三〕，成天之能，代天之終也。坤道其順乎，奉天而无時不與天偕行。乾不息，坤亦不息。始始生生，如坤可謂真能順者矣。

坤无剛不可以爲順，亦猶陽无陰不可以爲乾也。坤无動不可以爲靜，亦猶龍无潛不可以爲飛也，故曰：“立天之道曰陰與陽，立地之道曰剛與柔。”“一陰一陽之謂道”，萬事萬物之理，未有易此者。

乾道始于元，坤道終于貞。順者，坤所以爲貞。貞者，坤所以爲順。女從一則貞，順而不貞，則爲陰邪。如履霜之冰，龍戰之血，不可以終，故《文言》剛方，“有常”，“承天時行”，正以明彖辭“利牝馬貞”之義。

乾陽體而用陰，所以始乎坤也；坤柔體而用剛，所以終乎乾也。乾以陰爲體則喪其陽，以陽自用則亢而悔；坤以

〔一〕“牝”後，底本有一墨釘，早印本作“牝也”。

〔二〕“故”字下，底本有十九字墨釘。

〔三〕“陰以陽爲主”至“而變化光顯”，早印本作：“陰由陽生，无乾則坤无專成，故能後乾得主而有常不亂，即象‘先迷後得’之謂也。柔而能剛，靜而能動，後主而有常，所以柔順貞固，能承乾之施，含受萬物，而變化光顯。”

剛爲體則失其坤，以柔自用則戰而血。小人之殃，君父積柔也，頹順也。无剛方之德，而以陰柔自用，是背陽而自爲陰也。无此造化，无此人道，无此物理。

坤從乾以爲剛，則其剛爲順。離乾爲剛，適以自滅其陰。蓋无乾即无坤，小人自用取亡，天之道也。六五黃中，剛柔中正，所以爲君子。上六龍戰，離乾自用，所以爲小人。

積善之家，必有餘慶；積不善之家，必有餘殃。臣弒其君，子弒其父，非一朝一夕之故，其所由來者漸矣，由辯之不早辯也。易曰"履霜，堅冰至"，蓋言順也。

此申釋初六爻辭之義。因造化明人事，以戒順而不貞者。蓋陰以順而承乾，亦以順而侵陽。如春夏承乾，而陽已浸消矣。秋冬陽消，而漸始于夏也。于其承乾也，謂之順。于其消陽也，順也，乃所以爲侵也，順之極則消之盡。此雖氣數盈虛必然，而爲陽計者，何可不早辯？爲陰計者，何可遂亡陽？爲順計者，何可因順以爲侵？能辯乎此，則陽陰各安其常，而坤得全其爲"牝馬之貞"矣。"順"與"馴"同，申釋前馴致之意〔一〕。

夫易，聖人憂患天下後世而作也。地之事天，坤之承乾，可无俟聖人作易爲也。人者，天地之會，乾坤之精。君

〔一〕順與馴同申釋前馴致之意，早印本無。

臣、父子，人道之乾坤也。以地之所以事天者事君，以坤之所以承乾者承父，則順之至已。然天下之事，造于逆者易防，而造于順者難知。陰之侵陽也，順其消以自長也，順其虛以自盈也。陽日消日虛而不知，且曰吾偶也。夫非以其順之故與？亂臣賊子弒父與君，篡位竊國，其術靡不由此。文王三分天下有二，以服事殷，故于坤之彖，發"牝馬利貞""後順得常"之義。夫子因申明亂臣賊子之禍。二聖人者，豈不憂患天下後世之遠乎？此坤初爻之大占也。

　　陽與陰不能相无。聖人獨于坤發不祥之戒，何也？夫乾本元陽，大極之體，天道也，知也，而未成能也。一偶初分成坤，則元陽之知已效之能。能不失其知，是謂簡以從易。坤順之貞也，然一既破爲兩，知既踐爲行，難保其不變而之他。馴致其道，即自此始矣。故一陰生，一陽損我之生者，即我之虧也。此其始至微，乾能知始，則陽常爲主。消息盈虛由我，而陰第承之。苟乾不知，惟陰之順受其蝕而不覺，豈知始作成之義是存乎乾而已？其于人也，惻隱、羞惡、辭讓、是非之心，良知也，乾也。效此四者于能，而行仁義禮智之事。良能也，坤也。无所爲而良心自然者易也，无所變而良能自行者簡也。簡以從易者順也，順而不失其常者貞也。人皆有惻隱、羞惡、辭讓、是非，而多行不仁不義，是以聖人責坤之不能承乾也。然良心之喪，惟始于一念之差，而其流之濫，背天逆理。彼未嘗不自以爲順，由神明昏迷不察，自失其知始之道也。故孟子曰："凡有四

端于我者,知皆擴而充之。"知者,"早辯"之謂也。又曰:
"若火之始然,泉之始達。""順"之謂也。火然泉達而之善,
則順之正也,牝馬之貞也。火然泉達而之不善,則順之邪
也,龍戰之血也。皆自初六始矣,故曰"蓋言順也"。朱子
改"順"爲"慎",失其解矣。

人自壯至老,自旦至夜,密移而不知,皆順之爲也。坤
陰用事,乾知失主。偶得朋而東北化爲陰方,故迷失其道,
以致爲禽爲獸,老死爲玄黃之血,亦由不早辨,皆順之過
也。坤順自主,乾不察其來,則往而不反,故易彰往而察
來。數往者順,知來者逆。易逆數也,此之謂也。凡順不
可不知,其旨微矣。

**"直"其正也,"方"其義也。君子敬以直内,義以方
外。敬義立而德不孤。"直方大,不習无不利",則
不疑其所行也。**

此申言六二爻辭之義。无枉之謂直,直不以正,則好
遂而僻矣。坤直以承天,故曰正。无闕之謂方,方不以義,
則割强而乖矣。坤方以生物,故曰義。二者備,坤道所以
爲大順、不習无不利也,其要不外人心。敬者,所以直乎其
内也。心有放佚,則神明渙散而中不直,敬則志專一而内
直矣。義者,所以方乎其外也。應務失宜,則履蹈錯亂而
外不方,義則事有裁制而外方矣。敬立乎内,義立乎外。
兩者夾持,精神自振。廓乎大公无私之心,浩乎常伸不撓
之氣,心思可通天地,言動可服鬼神,金石可貫,蠻貊可行,

而德不孤，大可知也。此"直方大"者，良能之本體，天德之自然，豈待習然後利？而何疑之有？蓋以坤承乾，始則終之，知則行之，不容擬議，不假安排，所謂牝馬之貞，豈有所擬而後行？故曰"不習无不利，則不疑其所行也"。苟不利而習，是行有疑也。有疑之行，邪枉之道，私知小慧，不可以生一物，不可以行一步，孤之至者，何足語坤？

　　道一而已。在天地爲易簡，在人爲良心。乾知而坤能，心知而行能。敬義者，心之精神。雖放佚之後，敬義一立，神氣自張，故曰"不孤"。我欲仁，斯仁至。何習何疑之有？坤之承乾如此，故曰"易簡之善配至德"。

　　乾四以陽居陰，坤三以陰居陽，皆曰"或"。"或"者，疑之象。六二以陰居陰，得正而中，故其象不疑。

陰雖有美，含之句。**以從王事，弗敢成也。地道也，妻道也，臣道也，地道无成而代有終也。**

　　此申言六三爻辭之義。陰无美，陰之美皆陽之美也。五氣運于天，而後五材生于地。天不施，則地不能産。君不令，則臣不能行。父不生，則无子。夫不娶，則无妻。其何能有成也？含乾之美，從乾之事，代爲之終焉而已。從事无成代終，所以爲含美也。有美不含，淺也。含美不肯從王，吝也。從王自居其成，驕也。皆不可以爲人臣。

　　爻言含章以時發，爲其未從王也。此言有美含之，是雖從王，亦不敢發也。蓋惟不敢發，而後發以時。不含，未有能時者。露才揚己，矜功伐能，是霜爲冰、馬爲龍之漸六四所戒也。故坤者承乾而已也。

卦爻始一終六，乾始坤終之象。《圖》數，天九地十，天成地終之象。

天地變化，草木蕃，天地閉，賢人隱。易曰："括囊，无咎无譽。"蓋言謹也。

此申言六四爻辭之義。六三處內卦之終，含章待時。至四，則變革之始。儻于此時，天地變化，陽氣開通，向用可也。乃進遇重坤，陰氣堅錮，草木零落，天地閉塞，所謂无道當隱之時。而六四身既出矣，且奈何？四本陰柔，又不當位，宜斂藏韜晦，深潛不露，使刑戮不及，名譽亦不隨，則謹之至，明哲自全之道也。後世若東漢黨錮之士，不括囊而取咎者也。西漢清名之士，括囊而不能无譽者也，此龔勝、范滂輩，所以皆不得免焉。後世括囊无咎者常有，而括囊无譽者鮮聞。凡括囊者，皆干譽者也。名之殺身也甚于惡，烏乎得免？

問：陰爻偶而謂之閉，陽爻奇而謂之闢，何也？陰虛內光，故謂之閉；陽實外朗，故謂之開。一常開，兩常閉。開主施，閉主受。往則開，來則閉也。

君子黃中通理，正位居體，美在其中，而暢於四支，發於事業，美之至也。

此申言六五爻辭之義。六五以陰居陽，柔中而尊，所謂承乾之坤，牝馬之貞，得主之常，又下應六二"直方大"，

所以黃中而美在也。柔順无疆，不習无不利，所以通暢而
條理也。得位承乾，居中從王，所謂"正位居體"也。體即
中也，得中故能居體。中有美"而暢于四支，發于事業"，所
謂"含弘光大，品物咸亨"。乾道之變化，无一不代天工。
品物之文章，勤宣有終，故曰"美之至"。

　　坤爲土位，中央色黃。六以陰得五，陽氣沖和，故其象
爲黃中。土氣比合，四時五方，周流无滯，條理通達，故爲
四肢百事宣暢發越之象。蓋地承天施，草木蕃庶，文章彪
炳，坤道至是有終。所謂積善之餘慶，此矣。

　　百昌生于土，反于土，故坤爲歸藏，是謂中體。地之中
體，莫如六二，而爻辭歸五，何也？五爲《圖》《書》之中，土
德方隆。黃者，中央純色。體即中，居即居此中也。黃中
之君子，即是直方之君子。敬義交脩，胸中静虚洞朗，太和
元氣，周流貫徹，順理无礙。取之左右逢原，故曰"黃中通
理"。三、五同功，三坤體備未純，四與坤同體未中，故美含
括。至五，通暢發揮，美斯其至，暢發反含貞括囊爲象。

　　乾卦中四爻皆有精明奮發之象，坤卦中四爻皆有收斂
安静之象。乾五飛龍風行雷動，發揚彪炳，宣洩无餘。坤
五黃中正位居體，含蓄其精，以歸根復命。故乾五爲外王
之業，坤五爲内聖之德。乾五聲應氣求，不思而得，知之至
也。坤五和順通暢，不勉而中，行之至也。陰陽合而成至
道，易簡配而成至德。乾坤二、五所以爲天地聖人之能事。
孔子願五十學易，可无大過，與天地合德也。"知至至之"，

"知終終之"，其斯之謂。

陰疑於陽必戰，爲其嫌於无陽也，故稱龍焉。猶未離其類也，故稱血焉。夫玄黃者，天地之雜也。天玄而地黃。

此申言上六爻辭之義。坤至五盛矣。天地之數五爲中，乾之六龍盛于九五，過五則亢。陰之牝馬盛于六五，以承乾也。乾過五不能无悔，坤欲過五得乎？蓋陽常有餘，龍以陰物乘陽而上，猶或可到。坤而居上，數、位兩極，以陰乘陰，无主自先，是亦欲爲陽耳。夫陰之爲陰也，依陽爲之。陰之自爲也，復何依？專主獨行，疑陽非陽，疑則无主，而懼必戰。嫌，猶疑也。陰必不可无陽，而疑于陽，故爻辭變牝馬稱龍。龍，乾象，陰物也，而乘乾，是以陰乘陽，離其陰之類也，故神。今以坤用龍，所謂西南之朋，與其類行，不得主而先迷失道者也，安能變化稱神物乎？是故有暴鰓中野，見血之象。蓋乾龍之亢，亢于天，猶神而能飛。坤龍之戰，戰于野，膏血塗地矣。地欲升爲天則必墮，馬本走求飛則必僵，所以窮也。其曰"玄黃"者，何也？嫌疑之象。陰疑陽，地疑天，故曰"玄黃"，言雜也。天色玄而地色黃，其可雜也乎？

造化之理，陰陽互乘，不可相无。陰與陽相違甚遠，其極也反相似，故人凍極反熱，疑而戰之象。小畜陰畜陽極亦曰疑。戰者，疑象。《說卦傳》曰"戰乎乾"，陰氣寒栗而戰，非相攻之謂。

天地間惟一陽之氣生生不息。而消歇斂藏，不能不爲陰，如晝之必夜，生之必死，不可相无。聖人好生惡殺，貴德賤刑，故嘗貴陽賤陰，防其過而憂其漸，所以發履霜、戰血之義。

坤爲馬。馬八尺以上曰龍。坤終稱龍，將變之象，變則成剝，故有血象。凡易象不拘一義，類此。

周易正解卷三

屯䷂震下坎上

《序卦傳》曰："有天地,然後萬物生焉。盈天地間者,惟萬物,故受之以屯。屯者,盈也。屯者,萬物之始生也。"此夫子釋屯卦所以次乾坤之義。蓋屯者,元氣初開,屯聚未伸,故其字象中穿地出,而尚句曲,有拂鬱之象,故曰屯。屯,難也。大抵事物之初,未有不難者。爲學先難,創業艱難。嬰孩之孕育,胎卵之孚化,皆困而後成。草木由萌芽以至密葉繁柯,幾經摧折而後得生全。況君子經綸宇宙,何容易乎? 故命之曰屯。爲卦震下坎上。震爲雷、爲動,一陽動于二陰之下,其畫一奇二偶。乾初交於坤,生男,天之長子,所謂"帝出乎震"者也。初九承天立極,崛起地下,爲屯之主。坎爲水、爲險,其畫二偶間一奇,陽陷陰內,故五居尊爲險主。二與五,陰陽正應。二下比于初,三欲進而遇險,上无正應。四與初正應,而四上比于五。六爻惟初與五爲陽,初以陽出震,五以陽居險。論位則五尊,而以德以時,初天之所植,五天之所廢也。初如漢高,五如項藉,二如項伯,三如范增,四如張良,六如陔下烏江之事。若以一人占,則初爲身,二爲間,三爲叛,四爲救,五爲險,六爲險終。細占,則一事未成,一念未遂,皆屯也。凡事未有不始于屯而得底于成者。匡世定難,其大者耳。孟子曰:"舜發于畎畝之中,傅說舉于版築之間……天將降大任於是人,必先苦其心志。"象謂"元亨利貞",此也。然六爻竟以屯終,何也?存乎其人耳。人能元亨利貞,則元亨利貞矣;人不能元亨利貞,則憂辱死亡矣。故四德備而後四慶積,易所以存乎其占也。初之志行正也,大得民也。二之審時不輕字也,四之求而往明也,皆元亨利貞之道。三不知幾而好進,五屯施未光,上泣血,此皆不能元亨利貞,而憂辱死亡者也。元亨利貞者,无他,仁義禮智而已。元亨利貞而易无餘道,仁義禮智而君子无餘德矣。或謂孔子與文王異旨,未爲知易也。

乾坤既定,繼之以屯,君也;繼之以蒙,教也;繼之以需,養也;繼之以訟,理也;繼之以師,衛也。教之而禮義明,導之而生養遂,理之而訟獄平,衛之而軍旅設,由是比順相畜,履禮泰平,《序卦》之義也。

屯、蒙二卦,上下中互震、坎、艮,三男備,故繼乾坤。震初交,故先屯,坎次之,艮又次之,故蒙繼屯。然需訟亦乾坎,大抵多北方之卦。北方陽氣伏藏,萬物歸根,水天一始化,資生之本,故卦氣先北。師比以前六卦不離坎。屯

繼乾坤,如四時之春。古春字作旾,故屯,春也。〔一〕

屯諱:**元亨利貞,勿用有攸往,利建侯。**

　　震下坎上謂之屯者,震以一陽初動于下,進遇坎險,爲屯聚不得伸之象。萬物始生,萬事始造,莫不由屯,故其占爲元始亨通,利宜安貞。所謂"亨利",非輕動也。初陽未壯,坎險當前,互艮宜止,勿用有所往。乾陽初交,是生長男,在羣陰之下。天降真主于地,有利建侯之象,所謂艱難創造之主。曰"侯"者,必以百里起也。震爲雷,雷同百里,侯封之象。侯地方百里。

　　按,諸卦自乾坤而外,言"元亨利貞"者,惟屯、隨、臨、无妄、革五卦而已。屯以震承乾,爲民物主。物之隨己,己之臨人。革命易世,皆大君事。无妄天道,故皆備四德。大抵事事物物,莫不各有元亨利貞,分言之可,兼言之亦可。

《彖》曰:屯,剛柔始交而難生,動乎險中,大亨貞。雷雨之動滿盈,天造草昧,宜建侯而不寧。

　　此釋彖辭之義也。乾一索于坤,剛柔始交而生震,上遇坎險,是震動乎險之中,未能伸也,故曰屯。然乾德方長,自可致大通安貞。蓋雷陽動于下,雨水動于上,雜亂晦冥,二氣克塞,百物句萌。天運方草率茫昧,土宇未有疆理,人民未有統宗,利于建侯以君之,而不必其盡來寧。締

─────────────

〔一〕"屯繼乾坤"至"春也"十八字,早印本無。

造經營之始，非海宴河清之日，與比之"建國親侯"異也。古稱諸侯不朝貢者曰不寧。《考工記》曰"毋或若汝不寧侯"是也。

雷雨之動滿盈，即雲行雨施。品物流行，元亨也；建侯不寧，利貞也。

坎爲天一。九五在上，有天造之象。震爲萑葦，坎爲荆棘，爲隱伏。上互艮山，下互坤地，有山林草昧之象。長子承乾，互坤之下，有分封之象。

屯在一元是混沌初闢，在一歲是氤氳方春，在一日爲平旦昧爽，在人心爲念慮始萌，皆可謂屯。

《象》曰：雲雷，屯，君子以經綸。

坎不言水，而言雲者，雲降則爲雨，不雨而雲，鬱塞之象，所以爲屯。雲雷作，陰陽合，天地所以生萬物。經綸運，治功成，明主所以開太平。品類繁多，惟天能變化。民物紛紜，惟君子能緝理。經者，引而分之也；綸者，比而合之也，皆治絲之事。屯難之始，綜理精密，亦猶此也。然必有才德風猷，鼓舞奮勵，使天下人心亦如雲合雷動，乃爲經綸之道，非區區一絲一縷之功也。

初九，磐桓，利居貞，利建侯。

《象》曰：雖磐桓，志行正也。以貴下賤，大得民也。

初九一陽方動，爲震之主。陽性好進，而初居衆陰之下，上與險應，故有磐桓不進之象。磐，石礎也，互艮石象。桓，四柱也。《禮》有桓楹。磐桓居下，負重難動之物，爲初九撐持艱難之象。不奠居，不足以立極；不安貞，不可以定基。故其利在建國封侯，使民知所統，斯爲經綸之首務。不然草昧无主，天下惡乎定？《象》曰“雖磐桓”，非自謀也，非懷安也，志在拯溺亨屯，行必以正也。貴謂陽，賤謂陰。陽本好進，初九能磐桓居下，負剛健之才，不辭以身爲小民分憂任勞，甘胼手胝足，吐哺握髮之事，是恭儉勤勵之主，大得乎民心者也。

六二，屯如邅如，乘馬班如，匪寇婚媾。女子貞不字，十年乃字。

《象》曰：六二之難，乘剛也。十年乃字，反常也。

六二以重陰退懦，在屯之時，有邅迴之象。震坎皆爲馬，進而歷險，有乘馬之象。四馬爲乘，二偶之象。三偶相連，班如之象。班如，不進貌。四馬獨六三居剛，无虞徑進。二、四、上皆柔，故皆“班如”。屯之時，柔者不能行也。六二與九五正應，欲往從，有婚媾之象。下乘初，初欲得二，而以五爲寇。坎爲盜，有寇象。二中正守常，謂五非寇，是我之婚媾也。守正不肯字初，至于十年之久。坎險既平，初進爲九五，則二自不得不字之矣。自二數至六爻盡爲五，又自初數至五，共成十，爲十年之象。《象》曰六二欲往五，上行難者，以其下乘初九之剛，初欲偶之也。夫以二從五，柔應剛，常也。終不得遂，是反常也，所以爲屯。女子嫁而後有字，如齊女適人字姜之類。

六二遠有外應，近有強鄰，如鄭人從晉而逼于楚，關羽報效曹操，亦以此。

男子乘馬，則馳騁超越；女子乘馬，則班班然不前。六二、六四、上六皆純陰也，當險而遇雷雨，故爲女子乘馬之象。六二乘初九，似兑少女；初至五，似離中女；六四承九五，似巽長女，故爲衆女子之象。凡言乘剛者，陰踞陽上，如乘之也。後多倣此。

六三，即鹿无虞，惟入于林中，君子幾，不如舍，往吝。
《象》曰：即鹿无虞，以從禽也。君子舍之，往吝窮也。

六三當震之終，以陰居陽，不中不正，動而好進。五以陽在上，三意欲往就，故爲即鹿之象。鹿，陽物，在山，健足善奔。震爲足爲健。《詩》云：“鹿斯之奔，惟足伎伎。”卦體似離，離爲佃，有從禽之象。虞，虞人，主禽獸者。鹿在山，互艮，山象。林，震象。前當坎險，上无正應，三雖往无虞，安所得鹿，惟有入于林中而已。四、五似巽，入林之象。君子處險，貴知幾，不可則止。舍，止也，互艮之象。不止而往，徒取羞吝。凡言吝者，羞澀之意。《象》曰山林有禽，虞官主之，求鹿无主，鹿可得乎？所以君子舍不往也。

張良從劉誅項，以虞得鹿也；項羽爭秦，即鹿无虞也。智士擇主而事，天下之大幾也，惟君子能知之。凡事皆然，故曰“因不失其親”。爲高因丘陵。因者，天下之大幾，无因不如止。

六四，乘馬班如，求婚媾，往吉，无不利。

《象》曰：求而往，明也。

六四以陰居陰[一]，處屯入險之初，故亦爲“乘馬班如”。下應初九，爲“婚媾”。初以貴下賤，爲男求女，而四往應，得正而吉也。蓋初九以陽爲震主，四以正應，是謂雷雨交，滿盈成大亨貞者也，故“无不利”。《象》曰求而後往，是有知幾擇主之明，所以无不利。視三之无虞即鹿，知愚相去遠矣。四互艮下濟，有明象。承五應初，似離，亦明象也。

六二上往從五不進，六四下往從初利，何也？陰柔主退，況處屯之時，進難退易也。

九五，屯其膏，小貞吉，大貞凶。

《象》曰：屯其膏，施未光也。

九五以陽居尊，有君象，爲險陷之主。水本膏潤，當屯之時，坎爲堅，又互艮爲止，互坤爲吝嗇，有屯塞其膏，不肯施之象。下與六二正應，身陷險中。二以陰柔不能上，不如四之能往。五以陽不能退，不如初之下賤。其爲屯膏可知也。“小貞吉，大貞凶”者，以屯膏之主，硜硜斗筲之器，米鹽之才，程算於錙銖，以自爲貞守則吉。如經綸大業，數米而食，量形而衣，執而不變，凶之道也。《象》曰“施未光”者，言其固陋鄙嗇，无光大之略，非排難之才，適足以爲初九之資，故凶。一説，小爲陰，六二也；大爲陽，九五也。六

〔一〕下“陰”字，早印本作“陽”。

居二,九居五,皆正;二不字,五屯膏,皆貞。然二之不進,處動而遇險也。五屯難宜求助,而屯膏則凶。此與前説變而相通。凡象義多類此。

屯膏之主,其施不光。不但財貨一事,故曰小貞大貞。能入而不能出,能聚而不能散,坎之象也。聚極則震以散之,武王入商而鹿臺鉅橋之積,大賚四海,此屯九五之占也。

卦自下而上,體皆尚往,而屯象草自地出。《象》云"天造草昧",言自下起也。初九以震之主,一陽上行,將進而平坎,故九五雖尊,非屯之主,有屯膏未光之象。

士君子平居,輕財好施,車馬輕裘,與朋友共,至于急難,尤貴能散。蓋濟難莫要於得人心,得人心莫急于施財,失人心莫甚于吝賞。故自古英雄之主,未有不輕財者。漢高祖捐天下半封韓、彭,陳平一間,黃金四萬斤不問出入,所以濟也。項羽"印刓,忍不能予","出納之吝,謂之有司",何足與圖大事乎!

上六,乘馬班如,泣血漣如。

《象》曰:泣血漣如,何可長也。

上六處險之終。內无應援,下比于五,而五屯膏貞凶,不能自潤,何有于上。五凶,則上胥溺矣。以陰居陰,故亦爲"乘馬班如"之象。"泣血漣如"者,困窮无歸,生死存亡,在此一時。其濟,則爲漢高之出滎陽;不濟,則如項羽烏江之歎泣耳。濟不濟存乎其人。文王之羑里,孔子之陳蔡,顏淵之陋巷,未嘗不屯,而演易、弦歌,不改其樂,蓋承乾體震,有初九之德,而能下賤,審時知幾,故〔一〕文王出羑里而爲西伯,開一代王業;孔子退而老于洙泗,垂萬世斯文之統。未有屯極不通者。所謂疢疾必達,困心衡慮,奮作之資,故《象》曰:"泣血漣如,何可長也。"元亨利貞,存乎其人。凡易之道,未有不可爲元亨利貞者也。

二、四、上皆"乘馬班如"。二"班如",待五應也。四"班如",往應初也。上六窮陰无應,悲泣而已。坎爲血,爲加憂,有"泣血漣如"之象。

蒙☶坎下艮上

《序卦傳》曰:"屯者,物之始生也。物生必蒙,故受之以蒙。蒙者,蒙也,物之穉也。"蓋凡物始生,蒙蒙然不明也。爲卦艮上坎下,乾再交于坤生坎,象水,所謂中男也;三交生艮,象山,所謂少男也。坎,險也。艮,止也。以坎遇艮,險而止。水在内欲流,而山止于外,爲不達之象,故曰蒙。凡人不學而愚者,蒙也;童幼无知者,亦蒙也,皆世所謂不美之名,而聖人未嘗槩以爲不美也。愚蒙者,聖人所欲發;而童蒙者,聖人所欲養也。養之者,非人人能使之不蒙,正欲人人使之不失其所爲蒙也。大道自然,人能不喪其赤子之良,則親親長長而天下平。世教衰微,邪説誣

〔一〕"故"字後,有三字墨釘,各印本同。

民,機智多而人心壞,風俗灕而大亂起,師道不立,蒙失養正也。善治民者,惟使之不離其頤蒙之常;善教人者,惟使之不失其赤子之心。知戒于大察,文惡于大著,禮嫌于大奢,法忌于大詳。人情事理,大抵皆然。故夫蒙者,初也,慎勿忘其初,而發蒙非聖人得已也,故蒙繼之以需。需者,養也。以卦體占,坎爲蒙,艮爲養蒙。泉水在下,涓涓不息,山鎮以静,水欲湍激奔潰不可得,所以爲蒙。然欲滔滔行地,順流放海亦不可得,所以止于蒙也。顧水不憂其不能放海,而憂其奔潰,是以聖人貴養之,其次包之。至于奔潰不止,則擊之,勿使失其所爲蒙而已。大之則爲古今升降之運,小之則爲教學智愚之關,故蒙不可不慎也。洪荒初闢,民逸居无教,是童蒙求我時也。叔季以還,百家簧鼓,知巧横生,人情風波,險于江海,是再三之爲害也。聖人所以取象于山水,而其卦與屯對,并繫乾坤之後。蓋屯作君,而蒙作師。天下之功業莫不造于屯,而天下之道德莫不始于蒙也。以爻占,初蒙之愚者,二養蒙者,三蒙之昏邪者,四蒙之不學者,五蒙之好學者,上止蒙者。蓋初以陰暗居下,二以陽剛爲乾男得中。三柔不中,既上應六,又下比二,故邪。四重陰,上下无陽,故安于蒙。五陰柔得中,故爲童蒙。上雖過高不中,以陽爲艮主,是乾之少男,故其占亦利。或曰:若然,以上九爲童蒙,不可乎?曰:陽明不可以爲蒙。又不中正,五陰柔得中,故童蒙屬五。二以陽居中,故亦不蒙而爲包蒙。《彖傳》之言"剛中"也,爻象之言童蒙也，皆因象繫辭。其實彖云“童蒙求我，匪我求童蒙”者，亦設象以明蒙之不可輕發，非定指五爲童蒙、二爲我也。如以一卦言，即以坎爲童蒙、艮爲我亦可。但以爻言，則五爲童蒙、二爲我，亦自然之象。今之言易者，多執爻解彖，似先有爻而後有彖，拘泥之弊也。或者又以“童蒙求我”爲“禮聞來學，不聞往教”，愈失之矣。

諸陰皆蒙，惟二、上兩陽爲不蒙。二處蒙中，故包容以養蒙之善。九居蒙上，故擊斷以懲蒙之惡。

乾坤生三子，長震，爲屯之君；次坎，爲蒙之師；少艮，有童蒙之象。故屯蒙繼乾坤，先諸卦也。

山上有水，蹇。見險而止，知也。山下有水，遇止而失險，蒙也。蒙者，蹇之反。蓋天運自北而東，而南，而西。坎下艮上，是自北而東也。艮者，萬物所以成始，故曰蒙。艮下坎上，由東北而正北逆行，所以爲蹇。

蒙，亨。匪我求童蒙，童蒙求我。初筮告，再、三瀆，瀆則不告，利貞。

蒙言亨利貞，不言元，何也？蒙者，人物初生之本體，即元也。乾本元，而又言元，何也？乾兼四德，言亨利貞則不得遺元。蒙即欲亨利貞且未能，惟不亨故蒙，而蒙固有可亨之道也。蒙可利貞而又在告後，何也？蓋蒙本利貞，不善教者壞之，善教則利貞矣。“匪我求童蒙”者，童蒙，天真也。孩提良知良能，我雖先覺，彼何不足而我苦求之？但其聞見未開，天機憤悱，良心勃勃欲達，此童蒙求我時也。彼其虛己待教，其專誠无以異于求筮，即迎其端而告語之。彼有向善之誠，我適應彼之志，則雖丁寧詳勉，亦終不離空空之兩端而竭矣。若求我者念雜志分，挾其聞見知解，變換穿鑿，以求多于我，如筮者之再三，我亦再三告之。枝葉生而聰明蔽，必且流爲旁岐邪徑，瀆亂天真而已。則當防其潰，塞其流，勿導其罅，不告可也，此之謂養正。而真元不損，大樸不鑿，達之未有不利，而保之未有不貞者矣。

愚者亦蒙，聖者亦蒙。至人蹈水火，病狂者亦蹈水火，蹈水火同，而所以蹈水火異。故狂愚之蒙不可有，而聖真之蒙不可失。不識不知，順帝之則，聖之蒙也。故夫子曰"吾有知乎哉"，"童蒙"之謂也；曰"予欲无言"，"匪我求童蒙"之謂也；曰"二三子以我爲隱"，"童蒙求我"之謂也；曰"有鄙夫問于我"，"初筮告"之謂也；曰"君子多乎哉，不多"，"再三瀆不告"之謂也。然而初筮則告，何也？彼遇親思愛，安得不告以孝？遇兄思敬，安得不告以弟？曾參行忠恕，安得不告以一貫？顏淵仰彌高，安得不告以文禮？彼方自信自覺，吾迎機開導，如時雨之應矣。其再三瀆不告，何也？道一而已。天與之心，道與之貌，耳自能聰，目自能明，父子自有恩，君臣自有義，見觳觫之牛自不忍，承嗟來之食自知羞。萬物皆備，率之即是，若大路然。初筮之告，已爲多矣，況再三乎？機緣不湊，相失愈遠。如樂貧好禮，夫子以進子貢，彼不領而但比物醜類，故夫子不復告,第云可言《詩》。他日問賜與回孰愈,又不達,而但計較多寡,故亦不復告,第云果不如。其機不合,其時未至,姑徐徐養之。諸子明通,誰如子貢?聖人憂其多知,恐其喪蒙也。可以知聖功,可以知蒙亨利貞之占矣。

一部易亦只是蒙。爻象,蒙義也,刻畫到底,披露太盡,不可以爲易。非聖人靳之,道止此耳,所以千萬世演之,不能窮也。

蒙有有餘不盡之意,言之再三,則告者索然,而問者无餘昧。不瀆蒙所以養明,故利貞。分疏太甚,則情旨竭,烏能利貞?舜與鹿豕同跡,故胸中沛然若決江河。萬事皆爾,不但教人。借教人以象蒙,借童子以象蒙之人,非謂蒙止設教也。執教占蒙則見指忘月,今世學易者通病。

艮爲山,坎爲荊棘。上互坤爲地,下互震爲萑葦。山下地生荊棘萑葦,蒙昧然也。艮爲手,互震草,爲撲筮之象。

《彖》曰:蒙,山下有險,險而止,蒙。蒙亨,以亨行,時中也。匪我求童蒙,童蒙求我,志應也。初筮告,以剛中也。再、三瀆,瀆則不告,瀆蒙也。蒙以養正,聖功也。

坎險在下,遇艮止于上,在人爲機械變詐,勢窮情迫,生平智巧,展措不及,如奔馬遇深澗,頓覺沮喪,所謂窮則反本。禪語謂之鼠入牛角。偷心蠆絶,聖人所以取險止而象蒙也。蒙則不宜亨，而曰亨，何也？蒙，天真也。混沌未破，不學不慮，但人勿壅閉，以亨通行之，變化云爲，自然時中。遇親自孝，遇長自弟。視聽言動，喜怒哀樂，无不當可，何亨如之？存乎善養耳。人自童子，莫不蒙也。蒙必求知，應其求者，妄事指引，則害之矣。彼无求通之志，先意强聒，則其志不應。必俟其求我，然後應之。天機方新，良知初動，此所謂初筮也。則當應機與語，如爻之九二，剛中包蒙，庶乎卓爾時中，不失人，不失言，乃能當幾。苟不剛則不決，不中則不應，先覺爲人師，何容易乎！所謂再三則瀆者，非但蒙瀆我，我亦瀆蒙。瀆我无傷于我，瀆蒙險而不止，損蒙實多。蓋蒙乃作聖之始，人欲革其蒙爲聖，不知養其蒙乃所爲聖。蒙以養而得正，以不養而失正。赤子之初，何有不正？勿强其所不求，勿失之于初筮，勿亂之以再三。因其固有，通其天真，亨其蒙，止其險，所謂“勞之來之，匡之直之，輔之翼之，使自得之”。養不中，養不才而已。果若此，彼童蒙孰不可爲聖者！我之教，亦聖功矣。

發蒙非聖人意也。蒙本非疾，奚發之有？有疑則告之而已。一告盡矣，再告、三告，并告亦疑矣。老氏曰：“多言數窮，不如守中。”夫子告子路曰：“不知爲不知，是知也。”故諺有之：“眼不醫不瞎，耳不醫不聾”，養蒙之謂也。

童蒙情識未定，正是險地；緣染未加，正是止地。故艮以止其險，瀆則增其險而不止。聖人方憂其險，肯瀆之使險乎？如山止泉，安貞不動，其下一脉，自然活潑，涓涓不息，可以放海，所謂養蒙也。

《象》曰：山下出泉，蒙。君子以果行育德。

　　"山下出泉"，卦所以象蒙。"果行育德"，君子所以象卦。夫子謂："仁者樂山，智者樂水。"山水，仁智之象。水在山下，仁以藏智，蒙之象。君子體蒙于己，凝然安重，如泰山喬嶽，胸中淵深泓静，未易探測，所謂盛德容貌若愚，即山下出泉之象。行不果，則有所牽引而義理生疎。果行，則過勿憚改。見義必爲，止于至善，確乎不拔，德自增長。泉流旁達，不可禦矣。大抵君子以毋意毋必之心，行天下之道，果行亦蒙也。以涵宏淵静之度，蓄天下之理，育德亦蒙也。蓋止則自生，静則自明。一原相資，所以養蒙爲聖功也。

　　艮止其道光明，坎水外暗内光，故君子闇然而日章。今人皆以教人占，失其旨矣。教人只是蒙之一象。

初六，發蒙，利用刑人，用説_脱桎_質梏_谷，以往，吝。

《象》曰：利用刑人，以正法也。

　　初蒙，是尚未見天日者，故曰發。六〔一〕以陰居陰在下，如有物蒙其首然，爲撤而去之謂發。凡善發蒙者，一揭即開。善受人發者，一提即醒。輾轉煩瑣，反成再三之瀆，而其迷轉深，故初蒙利發也。械在領曰梏，在足曰桎。六以陰居初，蒙如面牆。然太樸未破，其真誠專懇，如刑人被

────────────

〔一〕六，早印本作"蓋"。

桎梏而來,即初筮之心也。彼方束縛困苦,戴盆望天,輒與一啟,如囚人離桎梏而洒然解脫也,亦惟在桎梏乃能如此。若脫其桎梏以往,從容進而與之,彼其情不迫,天真不透,悠悠蕩蕩,將信將疑,昏惰沈湎,呼之豈肯醒乎?故曰“脫桎梏以往吝”。“以往”者,謂過此再三之瀆也。《象》曰“利用刑人”者,以法正之,彼詘于正,惕于法,无所逃遁,故情窮而易發也。誰發之?近九二之剛中也。如墨者夷之求見孟子,桎梏而來,聞言即悟,所謂初筮告也。故即以初爻象之。

初坎體。坎爲桎梏。蒙之初六,即屯之上六,其象亦略相似。《書》曰“樸作教刑”,又曰“制官刑,儆于有位”,用訓于蒙士,故有此象。

愚蒙莫如罪人,蒙蔽莫如刑獄,折獄莫如初情。故子路明決,片言立斷。至于再三,巧匿紛惑,難得其情矣。

何謂脫桎梏?其人多智巧辯,挾見聞而來,利口縱橫,如此者最難發。鄒衍、淳于髡、蘇秦、張儀之流是也。

九二,包蒙,吉。納婦,吉。子克家。

《象》曰:子克家,剛柔接也。

九二以剛居中,上應六五。二陰位,陰虛得中,有包容蒙者之象。剛而能中,故其占吉。君子于愚不肖,矜其蒙,包之而已。二、五正應,二剛五柔,男下女,納婦之象。納婦則子壯有家矣。二互震,爲長男。五互坤,順婦象。坎中滿,克家之象。父病子蒙,夫患妻蒙,家長惡家衆蒙。天下至難養者,唯女子、小人與不才子。有剛中之德,則能包藏容納,不至責備之過。《禮》曰:"夫婦之愚,可以與知焉。"五爲二婦,二爲五子。夫能納妻,子能克家,故其象吉。《象》曰"子克家"者,二、五正應。五以陰居上,柔中而爲父。二以陽居下,剛中而爲子。處蒙之時,以子告父之蒙而非尢,以父求子之告而非屈。剛柔之情,往來交通,故能幾諫底豫,克成家道也。嗟乎,家人父子夫婦相與,尤非用明之地,故諺有之曰:"不癡不聾,不作家翁。"莫親于父子,而子過激則失父,父過嚴則失子。父子之情不接亦不可克家,而況君臣朋友乎? 其故何也? 察察而明,皭皭而潔,則是不能蒙也。愚者犯而必校,无道施而必報,則是不能包也。其何以行之?《禮》:父老而傳,家事任子。故于克家,發包蒙之訓〔一〕。

　　九二一爻,象夫,又象子,又象蒙師,故象不可執一論,尚變也。或者謂二爲蒙主,未然。二雖吉而主險,乃所以爲蒙者。但據彖辭,五爲童蒙,下與二應,則二當爲所求之我,有訓蒙之象。然爻辭未有訓義。上九艮主止險,尤宜爲主,而過剛不中。五居尊得中,處蒙之時,五猶可爲主。顧卦體既分明,爻何必定有主? 亦講師之陋習也。

六三,勿用取娶女,見金夫,不有躬,无攸利。

〔一〕"其何"至"之訓",早印本作"其何以行之哉? 聖人于克家,發包蒙之訓,意切矣"。

《象》曰:勿用取女,行不順也。

六三陰柔不中,有險邪之象,是蒙女子也,故戒勿用取此女。本爲上九正應之婦,下乘九二,水性下陷,見九二坎滿,納婦克家,爲多金之夫,遂喪其躬而不自持。淫昏如此,何利取此女乎?《象》曰"勿用取女"者,此女行不順理也。上九所以謂爲寇而擊之。

乾再索得坎。乾爲金,坎中男,爲夫。三麗陽似離目,爲見,互艮〔一〕爲躬。躬,背也。三反向二,故爲不有躬之象。退行即二,故爲行不順之象。

六四,困蒙,吝。

《象》曰:困蒙之吝,獨遠實也。

六四重陰不中,當艮之下,是爲山足,牢不可移之象。以蒙處此,困不復進,羞吝可知。艮伏兑,兑上坎下爲困。《象》曰"困蒙之吝",以六四獨遠陽也。陰資陽明,初與三雖陰而近九,二、五雖陰而近上九,又與九二正應,獨四无應,遠于陽,是甘爲蒙,而永无親師取友之功,來學就正之志者,所以可羞。

陽主生,故稱實。内實則外朗而生明。陰主消,故稱虚,内虚則外閉而光掩。後凡言實,倣此。

六五,童蒙,吉。

《象》曰:童蒙之吉,順以巽也。

〔一〕艮,早印本作"坤"。

此因象取象也。凡蒙皆疾。童蒙爲天真赤子之心,聖功之本。六五柔順中正,下應九二。處蒙之時,是沖人有謙虛之度者。肫肫不學之良,藹藹求教之心,而九二剛中,足以應之,所以爲吉。《象》曰"童蒙之吉",何也？蒙惟順乃可養,不順則志不應。惟巽乃能求,不巽則告不入。艮止下濟,順也。五以陰下〔一〕陽,巽也。男少曰童。上九艮主,乾之少男,宜爲童蒙,而陽剛不中,六五能順巽,所以爲"童蒙,吉"。六以陰居五下,互坤爲順象。上承九,似巽象。艮本剛而五柔,故曰"順以巽"。

上九,擊蒙,不利爲寇,利禦寇。

《象》曰:利用禦寇,上下順也。

九以剛在上,六三以攫金之女上應。艮止勿取。艮爲手,有擊象。坎爲盜,寇象。艮止於上,有禦寇之象。天下之至蒙者,盜焉極矣。養之不可,包之不可,其勢惟有擊止之。不遇上九之剛,窮凶之勢,未可望其必止。蓋盜之害主人也,利用蒙;主之擊盜也,利用明。以陽剛居高,光明下濟,寇之情形畢見,擊之无不糜碎者。語曰:"人在堂上,方能辨堂下人得失。機變之巧,惟高明者能折之。"擊蒙之義也。《象》曰"利用禦寇"者,言寇自上而下來順服也。蒙卦反屯:在屯,則坎爲盜于上,震動于下,有追寇,寇據險不順之象;反爲蒙,坎在下,艮止于上,有禦寇,寇順附之象,

<hr>

〔一〕下,早印本作"承"。

故曰"上下順"。言其象如此。後世釋門有棒呵之教,即是擊蒙之意。

需☵☰乾下坎上

《序卦傳》曰:"蒙者,蒙也,物之穉也。物穉不可不養也,故受之以需。需者,飲食之道也。"需,待也。而言飲食,何也? 人自童蒙以來,待養而成。无飲食,則不可待,故需者飲食之道。以之設卦,何也? 此造化自然之密候也。天地以需而運,古非頓今也;人物以需而壯,幼非頓長也;道德以需而成,始非頓終也。冬以微陽需暑,夏以微陰需寒;水以一滴需江河,土以一塵需泰山。參天之材,句萌需之;陵〔一〕雲之羽,黃口需之。故浮躁之氣,不可致遠;驁悍之性,不可令終。聖人所以貴需也。卦取乾下坎上,何也? 天下至健者莫如乾,至從容者亦莫如乾。元陽一氣,獨往獨來。陰雖乘其虛陷之,而乾行有常。方其陷也,閉藏不出;及其升也,日浸月積,羣陰自消。故其卦坎乘乾。乾陽進,坎險平,所以運變化之權,銷磨羣陰之道也。然則何事于需? 曰:一陽方陷于陰內,三陽欲進,且未得合。彼一陽需三陽之至,此三陽非能即撲二陰滅之,需之而已矣。如君子受制于小人,衆君子急之必災。需之,將羣小自解。

〔一〕陵,《湖北叢書》本《易領》作"凌"。

然而坎險遇他卦則不需,何也?夫氣,陽而已。坎雖爲險,无陽不成。苟不遇陽,而陰挾陽自主,復何需?惟與乾遇,喜其同德。而乾與坎,聯位西北,金水同根,志本相須。非乾,內外不孚,進而行險,所以必遇乾乃需也。或曰:乾健好進,何以需?夫健而好進者,人心之強陽也。乾陽真氣,未有進而不需者。一陽生于冬,至春始動,至夏方盛。天下能需者莫如乾,故振古如兹,陰隨其斟酌,不能與爭。人之精神,有常不暴,從容悠久,何功不建,何德不成?需所以繼屯蒙後也。然則乾不遇險,不需乎?曰:乾之需,非以險也。乾行自需,初九所謂"利用恒",遇險而需者。聖人憂患天下,爲之象,以戒夫欲速者耳。陰陽之相乘也,進則必退,成則必虧。日必有夜,君子必有小人,夷必有險,不能相无。天地之間,何處无險?恒人欲急遽行之,豈知造化之理者與?或曰:需者事之害,此言何謂也?曰:彼爲陰虛退縮者言,此爲乾健用剛者言也。退縮之需不可有,乾健之需不可无。其以飲食宴樂爲象,何也?曰:乾陽既升,坎險既平,用九功成,陽德方亨,萬物各得所需。如《詩序》"《既醉》,太平"之謂。語云:"天下本无事,庸人擾之。"君子能從容素位,行所无事,待天下之感,則其象爲飲食宴樂。若急遽躁擾,一饋十起,則食不暇咽矣。坎畫中滿,醉飽之象。《詩》曰"坎坎鼓我",言宴樂也。飲食男女,人之大欲。屯蒙言男女,需言飲食。男女之禍,屯聚不明;飲食之禍,需求无厭也。

需，有孚，光亨貞吉，利涉大川。

　　九五以陽陷陰中，下待三陽之進，三陽亦將進而赴之，是有同心之孚也。雖陰暗未消，乾道方升，易以知險，自能光顯亨通，安貞吉祥也。險莫如大川，上下相孚，陽長陰衰，往涉必利，在需之而已。

　　坎乾中實爲孚，互離爲光，坎水爲川。

《彖》曰：需，須也。險在前也，剛健而不陷，其義不困窮矣。需有孚，光亨貞吉，位乎天位，以正中也。利涉大川，往有功也。

　　須，斯須，即此待彼也。坎險當前，有少須之象。以乾之剛健，進能不陷者，純一有常，不失須之義，自不至陷而困窮矣。所以“有孚，光亨貞吉”者，陽道方長，九五陽剛中正，居尊爲主，下與諸陽相需。二陰不當位，雖欲爲險，不可得，故“利涉大川，往必有功也”。

《象》曰：雲上於天，需。君子以飲食宴樂。

　　雲即坎水。雲蒸成雨，雨將降而方需，則雲也。坎在乾上，雲上於天也。乾將平坎，陽道大行，而雲行雨施，品物咸亨。《詩》所謂“《既醉》，太平”，可立待矣。屯之經綸，蒙之育德，至此有終。不勞作爲，靜養受成，故爲飲食宴樂之象。蓋將化之境，欲達之間。雲无心而上天，君子无爲而飲食宴樂，需之象也。

　　乾西北，坎正北。戰乎乾，勞乎坎。勞者，休息之意，乾健不息,遇坎少休,金水相得,含精飽滿,以固其東生之氣。萬物歸根天一,君子所以貴恬養也。

初九,需于[一]郊,利用恒,无咎。

《象》曰:需于郊,不犯難行也。利用恒,无咎,未失常也。

乾陽之進自不已,而進與坎遇,有需待之義。初九去坎遠,故曰郊。郊,國外也。國外離水遠,然則不進乎?非也。乾進有常度,恒也。遇險不失恒,何咎之有?《象》曰"需于郊"者,初與四正應,苟急于應,是犯難行。"需于郊","不犯難行"之義也。乾行有常,固不以避險而遲,亦不以爭險而速。所以无咎,惟不改其常也。

二至四,互兌爲澤,有郊象。古方澤在郊,坎水兌澤在外,初在内,故爲"需于郊"。郊天亦乾象。

常者,素位之義。舜飯糗茹草,若固有之;孔子飯疏食水飲,樂亦在中;顏子簞瓢陋巷,不改其樂,用恒也。君子夷狄患難,素位而行,何不恒之有?

諸卦以乾坤爲法。乾初九"勿用",處需之時,亦用而勿用,故爲"用恒",不失常之象。訟六三"食舊德",亦此意,可以知象矣。

九二,需于沙,小有言,終吉。

〔一〕于,底本作"於",本卦經文中"需于"皆作"需於",注文則用"需于",據《宋本周易注疏》改,下同。

《象》曰：需于沙，衍在中也。雖小有言，以吉終也。

由郊而外，將近水。岸上平衍處曰沙。“小有言”，“小”爲陰，指六四也。互四爲兑口，有言象。乾爲金，亦言象。二與五應，五、二相得无言。六四以陰爲險，下與乾接。五需乾進，則四先受敵，而有異志。爻位二與四同功。二既進孚于五，四欲挾五爲險，而五應二不從，故爲“小有言”之象。然二以剛中，寬裕不迫，盡需之道，必能致四之聽，故曰“終吉”。《象》曰“需于沙”者，沙地平衍，未即于險。九二以剛居柔，進退適中，近不及泥，遠不在郊，從容制敵，寬衍得中，必終能致六四之感，而得其誠服也。“雖小有言”，必以“吉終”。

九三，需于泥，致寇至。

《象》曰：需于泥，災在外也。自我致寇，敬慎不敗也。

泥已及水，三與坎接也。坎爲盗，故曰寇。三過剛不中，與上正應，欲進而迫之，有致寇之象。致，如《春秋傳》“致師”之致，挑戰也。進與坎接，有寇至之象。《象》曰“需于泥”者，上九爲坎，在外也。然坎主已孚，我以有需而來，彼寇之至，我進而欲致之也。三雖好勇過剛，乾惕敬慎，自不至敗。在乾之九三，“君子終日乾乾，夕惕”，敬慎之象。又三至五互爲離，有禮文恭敬之象。離初九“履錯然，敬之”，敬慎之象也。

需與漸皆有待意。需于郊、于沙、于泥，由平原而水際。水際非人所安也。漸于干、于磐、于陸，由水際而平

原。平原非鴻所安也。皆以三爲凶地。需三近坎,故曰
“寇至”。漸三互坎,故亦曰“禦寇”。

六四,需于血,出自穴。

《象》曰:需于血,順以聽也。

　　四居坎下,首與諸陽爲敵,故初犯難。二有言,三寇
至,皆四也。其得罪諸陽已甚,而初九用恒,九二衍中,九
三敬慎,各盡需道。陽德光亨,不震不動,自不可禦,故四
失其險,下與初應。瀝血示誠,決其坎出自穴,以去從初,
不復爲險矣。坎爲血卦,穴偶象,陰之居也。《象》曰“需于
血”者,四與初應,順而下以聽也。自上而下曰順。坎爲
耳,有聽象。

九五,需于酒食,貞吉。

《象》曰:酒食貞吉,以中正也。

　　九五在險,望三陽之至,具酒食以待嘉客。三陽至,則
同德類聚,飲食宴樂,惟守正以俟。險難消而太平可期矣,
故貞吉。《詩》云:“既醉以酒,既飽以德。君子萬年,介爾
景福。”《序》曰:“《既醉》,太平”,此之謂也。五坎主中滿,
有酒食之象。又五下互離,水在火上,亦酒食之象。《象》
曰“酒食貞吉”者,以九五陽剛中正,不爲羣邪所惑,與諸陽
同心,故能奏廓清之功,享宴樂之慶。使不中不正,溺于憸
邪,雖有諸陽,小人間之,欲從容合歡,未可得。酒食之需,
亦沈湎之凶耳。吾得而食諸?

上六，入于穴，有不速之客三人來，敬之，終吉。

《象》曰：不速之客來，敬之終吉，雖不當位，未大失也。

　　上與四共爲險。四既順矣，上復何爲？四在外，故出穴去。乾既入會五，則六不得復出。又畏九三之强，惟避入穴內而已。處需之時，三陽徐徐而來，是謂“不速之客三人”。上六敬承不違，亦終得吉。蓋以陰避陽，以邪反正，豈惟九五之吉？而變險爲夷，上亦吉矣。《象》曰“不速之客來，敬之終吉”者，六以陰居九五上，本不當位，而能從陽出險，小人爲盜，君子正之以免，容非福與？故終未至于无陽自大，而失道也。大謂陽。失，猶“先迷失道”之失。爻位五爲極。乾居乾上則亢而有悔，坤居坤上則戰而爲血。況以陰六居九五上，豈爲當位？幸其在需之終，陽進陰消，所以不至如坤上六，无陽自大，而先迷失道耳。

　　卦位乾居西北，坎居正北。天運由西北東出。乾進適坎，自然之序，此所謂“不速之客”也。故上下卦體相需，以至血出，精誠之至，所以爲需。反而爲訟，則坎乾分背，故相違也。

訟䷅坎下乾上

　　《序卦傳》曰：“飲食必有訟，故受之以訟。”何謂其受之以訟也？方其在需也，一陽陷于險，三陽升而坎險平，此九

五之願。四與上，二陰爲險者，不願也。故四〔一〕出而需
血，上入而致敬，皆非得已。及乾既上，坎水反下，則其變
而爲訟，自然之象也。謂由飲食，何也？需本飲食，在需之
九五曰"酒食貞吉"，五爲坎主，居中盈滿，與乾不速之客三
人，飲食宴樂，而四與上不與。四出穴行，上入穴避。及需
終坎歸而有言，謂訟不由飲食始乎？醉飽生端，人事之常，
君子所以作事謀始也。然則在需之時，不可爲訟乎？曰：
需，水在天上，則失險。陽在下，實而不能陷。陽升，坎水
下流，適其傾險之性。一陽孤閉于內，雖有孚如故，而鬱鬱
窒惕，爲陰所搆，故爲訟。但二本剛中有孚，九五又以剛中
在上，无情者不得盡其辭，所以爻象九二歸通，而諸陰皆泯
于无言。故訟之爲卦，无訟也，非聽訟也。凡訟者之人，健
而險。造始必由于險，怙終每成于健。始有相違，而能孚
之以誠信，持之以訒默，待之以貞靜，雖訟中止。若其好剛
不已，即勝，亦小人之黠猾者，君子恥之。凡訟，小爲言語，
甚則爲生產，又甚則爲功名。三者之象，皆在下，以訟本在
下之事也。下訟上則悖，九二所以有孚窒惕而无眚；上訟
下則陵，上九所以得人服從，亦不足敬。訟必有小人爲之
佐使，故初爲險。二不從險，則訟端息。三柔順謹守，四安
重自養，九五明主當陽，皆无訟之道。上九下陵六三，則
健訟之徒矣。凡訟生于交搆，陰本不敢訟陽，下本不敢訟

〔一〕四，早印本作"三"。

上。惟陽不安靖，與陰有言，上不恭儉，奪下之有，訟所由
來。如九四安貞，則初亦无言；九五剛中敵應，則二自畏
服。上九下搆六三，雖有得帶之榮，豈勝褫服之恥？故訟
皆由于讒言嗾使，而成于強梁好勝，不可不以初、上爲戒，
息于下之能忍，而泯于上之能容，不可不以三、四爲法。至
于九〔一〕二之忠信，下所以无訟民也。如九五之中正，上所
以无訟獄也。訟之占盡此矣。

訟，有孚，窒惕，中吉，終凶，利見大人，不利涉大川。

　　訟自需來，故象、爻之辭與需相彷。訟之“有孚”，猶需
之“有孚”。九二不忘諸陽，猶需也。訟之“大川”，險于需
之“大川”者，需險在上，訟險在下，坎在下則陷也。凡訟有
孚則非罔，窒則有冤，惕則多憂，三者盡訟之情狀矣。始訟
而中解，則兩全；終訟而究竟，則俱傷，二者盡訟之利害矣。
然必上有剛明正直之主，然後民畏而訟息，故曰“利見大
人”。雖然，訟，險道也。有孚窒惕而終訟，固已凶矣；无孚
不窒惕終訟，凶如之何？故曰“不利涉大川”也。

　　二與五中實，爲有孚。二、四各以陽乘陰似艮。艮土
塞水，故爲窒。坎加憂，故爲惕。二、五爲中，上爲終，五爲
大人，坎爲大川。乾在下，坎在外，則進而出，故需利涉，陽
進則長也。乾在上，坎在下，則退而入，故訟不利涉，陽退
則消也。

────────

〔一〕九，早印本作“六”。

《彖》曰：訟，上剛下險，險而健，訟。訟，有孚，窒惕，中吉，剛來而得中也。終凶，訟不可成也。利見大人，尚中正也。不利涉大川，入于淵也。

凡坎之險也以下，需坎在上，故失險，迨陽進而坎下矣。陽進則亢，坎下則深，外剛內險，所以爲訟。"有孚，窒惕"，何也？方九二之陷于需也，與諸陽有孚，實非初與三之願，故坎下。陰挾二以訟，所以二被窒而懷惕也。"中吉"，何也？二以剛自需來，爲主得中，處訟之時，窒而不從，初與四无能爲也。"終凶"，何也？訟非佳事，健訟以終，凶之道，故不可成也。"利見大人"，何也？九五在上，德位中正，人畏服也。"不利涉大川"，何也？傾險好訟之徒，自投于淵而已。上九反需下爲坎，入淵之象。

《象》曰：天與水違行，訟。君子以作事謀始。

乾，天也。坎，水也。乾、坎同居，天一生水，金水相得，所以爲需。今反需，則是乾與坎相失。天西倚而水東注，分投背馳，爭訟之象。其始也，西北同鄉；其違也，天淵懸隔。始于相得，而終于相失，所謂飲食有訟，君子作事可不謀始乎？語曰"水落不上天"，此之謂也。

初六，不永所事，小有言，終吉。

《象》曰：不永所事，訟不可長上聲也。雖小有言，其辯明也。

訟生于險，險陷莫如下。六以柔居初，故爲訟始。進隔于二，其謀中〔一〕輟，故爲"不永所事"。事，謂訟事。小，謂陰，指初六。"小有言"者，初在需居上，四居三，嘗致寇于泥，今來居初，念入穴之恥，有訟四之言。而四方即命于乾，明主在上，大畏民志，故初无訟而終吉也。《象》曰"不永所事"，訟非善事，自不可長也。雖小有言，剛柔邪正，其辯甚明，所以終于无訟也。

訟初即需四。口需四互二爲兑口，故需二、訟初皆爲"小有言"。凡訟初始言語，進互離，明象。〔二〕

九二，不克訟句**，歸而逋其邑人三百户，无眚**損。

《象》曰：不克訟句**，歸逋竄也。自下訟上，患至掇**奪**也。**

九二自需出險而來，其德諸陽可知也。今在二陰之間，陰欲挾之以訟諸陽。夫九五非可背之主，九二非背主之臣，以剛居中，雖陷于險，能窒其惕，不肯任訟，故自需歸而棄其邑人三百户以逃。二爲坎主，初與三，皆其邑人也。棄邑逃，不主爲險也，其有孚窒惕如此。坎于輿爲多眚，二能載義以行，何眚之有？邑人三百户自在也。《象》曰"二不克訟"，自需歸而逃竄，何至此極乎？蓋以下訟上，患可掇而至，故不爲也。二不爲而初止，三自馴矣，所謂中吉也。

〔一〕中，早印本作"即"。

〔二〕"訟初"至"明象"，早印本作"凡訟之初，始于言語，故爲小有言之象。偶闕似兑口，言象。四互離，明象。"

不克訟,不肯任訟也。訟惟剛很者克之,如上九是也。歸者,自需反下之象。"邑人三百戶"者,坎中富實之象。三,卦爻之象。需時三陽在下,今往居上,有遁逃之象。二爲坎主,无二不成坎,是遁其三百戶也,不肯從訟之象。坎爲隱伏,有遁象。戶通明,互離之象。

六三,食舊德,貞厲,終吉。或從王事,无成。

《象》曰:食舊德,從上吉也。

三與初,在需共爲險者也。初欲脩入穴之怨,而坎主不可,至棄邑自明。初既止矣,三敢有異志乎?亦如昔之出穴致敬,以從上九,不忘舊德。又畏上九之强,貞守刻厲,訒默无言,故終得吉也。食者,供奉之意,猶孟子云"治於人者食人"之食。舊德,指上九。三與上正應,在需之時,三居四,上居初。初遠需四于郊,用恒不犯,是有舊德于三,三嘗需血出穴以從。今九往居上,處訟之時,三不忘舊德,又隨上九以從事九五,故爲"或從王事"之象。三[一]陰柔不中,五非其應,因人從事,故无專成,所以鞶帶之錫,竟爲上有,而不及三,其无成可知也。《象》曰"食舊德"者,不忘在需之德,以陰從陽,服事上九,則无爭而得吉,亦象所謂中吉也。其忍辱不爭者與?

初與四有怨,故其象爲"小有言"。三與上有恩,故其象爲"食舊德"。

―――――――

〔一〕三,早印本作"四"。

　　凡陰爻，多法坤。坤六三"含章可貞，或從王事，无成有終"。今六三處訟之時，含默從事无成，亦若食坤六三舊德云爾。三以陰柔承乘皆剛，互離居坎，故爲貞屬无成之象。无成亦便是訟不成，苟不從上九，則不得從王事，而上九必訟之，從上九故訟不成。凡象義彷彿不拘[一]，多類此，所以爲象。

九四，不克訟，復即命句，渝，安貞，吉。
《象》曰：復即命，渝，安貞，不失也。

　　九四與初六正應。初恃險在下，欲與四訟，而隔于二。而四以乾行上往，天水相違，不與險搆，故爲不克訟之象。四在乾下，其象爲復。陽上進曰復。即，就也。命，君命，互巽之象。九五剛中，爲君。四承五，有就君聽命之象。是非直枉，一聽命而不爭，下應初六[二]，所謂其辯明者也。渝，變也。四在需居三，重剛好勇，致寇于泥。今往爲四，以剛居柔，在乾之初，變其猛悍之習，潛而勿用，雖初有言，四安貞不爭，故其辯自明，而初不敢訟，所以爲吉。《象》曰"復即命，渝，安貞"者，九四剛而能柔，訒默自持，不至與小人訟而自失也。其以養重銷侮者與？

九五，訟，元吉。
《象》曰：訟，元吉，以中正也。

〔一〕彷彿不拘，早印本作"恍惚不一"。
〔二〕六，早印本作"九"。

九五陽剛中正,居尊以臨,在訟之時,是使民无訟之主,象所謂“大人”也。下應九二,化坎險爲忠信。文王在商季而虞芮質成,此之謂也。諸爻所以免于終凶者,固九二之堅誠,亦孚于五之中正,故曰“元吉,以中正也”。非五,雖二之誠,何所恃以戢羣小乎?

上九,或錫之鞶盤帶,終朝三褫侈之。

《象》曰:以訟受服,亦不足敬也。

上九過剛,居訟之極下,與六三正應。三本陰柔,上以過剛陵之。三順之,食其舊德,隨以從王,故爲“或錫之鞶帶”。三任勞而上受賞,三无成而上有終。襲人之功以爲榮,處訟之時,是以健訟得之也。褫,奪也。凡訟者坐,必褫衣冠,罪人則徒跣。上九健訟,故有一朝三褫其服之象。《象》曰“以訟而受服”,是攘取之也。雖或得榮,而屢受辱,何足敬乎? 象謂“終凶”,以此。

鞶帶,以革爲之,飾以金鉤,束于衣上。乾爲衣,爲金。五以下互巽,爲股,爲繩。股上畫橫亘,象帶。四下互離,爲牛,象革。離爲日,象終朝。

“或”者,不正之辭。三與五非應,而因上從五,故曰“或從王事”。上以三事五,而因三受錫,故曰“或錫之帶”。

訟杜其始,故“小有言”,即“不可長”。訟惡其終,故雖得勝,“亦不足敬”。

周易正解卷四

師 ䷆ 坎下坤上

《序卦傳》曰："訟必有衆起,故受之以師。師者,衆也。"凡訟必有黨。彼以黨起者非一人,此以黨應者亦非一人,故爲"有衆起","受之以師"。其卦下坎上坤,坎爲險,坤爲衆,以衆履險,兵凶之象。上下五陰一陽,陽爲主,陰隨之,有行師之象,故曰師。然則何以異于比?曰:比一陽在上,是人君居高臨下以治也。此一陽在下,是臣子爲將,率衆以征也。將統衆,前進而往,故陽在下;君臨民,南向而來,故陽在上。陰偶曰比,坤衆曰師。然則何以不曰戰陳征伐而曰師?師者,人民也。國以民爲本,生以人爲貴。天心至愛,莫如人。人主至重,莫如民。天道好生不殺,聖人容保如傷。欲惡形而相忮,五兵作而相戕,天地之閏數,聖人之不得已,是以衛靈公問陳,孔子不對。蓋戰陳征伐者,聖人所不欲訓也,不得已而用之,在得賢將,和人心。勿以必進爲勇,勿以多殺爲功,中四爻之象具矣。九二剛中,爲賢將;六三貪功取敗;六四无功守常;六五任將不專,撓權債事，軍旅之情形備矣。大抵三軍和，將帥賢，偏裨奉令，委任專一，班師行賞，崇德報功，是帝王之舉也。人和爲神武之本，故初言律。小人爲強戰之媒，故終垂戒，其要歸于容民蓄衆而已。六爻不取全勝，其義可知。

或曰："師，貞，丈人吉"，九二是已。四、五有輿尸之凶，何也？蓋以一卦占，則九二爲帥，五陰皆從。以各爻占，則一爲師衆，二爲主帥，三、四爲偏裨，五爲臨敵，六爲賞功。以上下卦占，則九二爲將，六五爲君。師中既有主帥，又有君在，爲撓權之象。易者，變也。象未可執一論。

自屯以來，六卦皆兼坎，何也？水爲資生之源，乾坤始造，即有險難，自屯至師，皆聖王濟險之業。天下事，未有不先難者。

師，貞，丈人吉，无咎。

《彖》曰：師，衆也。貞，正也。能以衆正，可以王矣。剛中而應，行險而順，以此毒天下，而民從之，吉，又何咎矣。

馭衆之道，安正而已矣。衆則擾，擾則傷。聖人欲安全之，故曰貞。得老成練達之將，則可无輕舉債事而吉，不至殘虐殺人而无咎矣。象曰師，豈異人？即吾衆庶也。貞，豈異術？惟其正而已。天下以衆爲本，衆以正爲歸。得衆則可安天下，得正則可得衆。以此爲師，師莫衆焉。以此求貞，貞莫正。焉豈必攻城略地，而後謂師？豈必戰勝守固,而後謂貞？豈必東征西伐,而後可王哉？此文王彖辭之本意。以卦言之,九二陽剛,居坎之中,上與六五正應,羣陰協從。師本坎險,而坤順應,蓋丈人老成安重之將,奉明主弔民伐罪之正,如以五毒之藥,攻剝膚之瘍,救民,非殘民也,民自從之,不戰而服,于何不吉？以征不正,于何有咎？是王者之師,是謂"行險而順"。

　　易言貞,多保固之意。師以正爲本,孟子所謂"征者,正也",故《彖傳》于此特釋之,在他處不獨以"正"訓。

　　《周禮》瘍醫職云："凡療瘍,以五毒攻之。"師曰毒,可知聖人不得已之意。

《象》曰:地中有水,師。君子以容民畜衆。

　　此聖人論師之至意,故曰仁不可爲衆。國君好仁,天下无敵。兵者,聖人安民而用之,非以殘民也。其卦地中有水,水在地中,人見地不見水。師在衆心,敵見衆,不見師。地不見水,而隨地鑿之則得水。敵不見兵,而因民用之則皆師。王者養民有恩,教民有素,平居則入孝出弟,有事則親上死長。无形之金湯,隱于容畜之内,是謂"行險而順","剛中而應",地中有水,其象如此。

　　師本殘民害衆之事,聖人取象曰"容民畜衆",以不殺爲武也。在他書則必曰君子以弔民伐罪,以除暴安民,非聖人意矣。

初六,師出以律,否臧凶。

《象》曰:師出以律,失律凶也。

　　初象師始出，陰柔在下，有衆卒之象。聖王之師，出必以律。律言有制而和也〔一〕。截竹爲筩，吹之以審五音曰律。北方坎位，爲黄鐘之宫，六律之始。下卦本坎，六居初，爲《圖》數一六在下之象。水一生六成，位當黄鐘，故象律，言得人心之和也。孟子曰：天時地利不如人和，"得道者多助"。天下順之，人和也，故豫卦之辭曰"利行師"，其《大象》曰"先王以作樂崇德"。《周禮》大師執同律以聽軍聲；《春秋傳》晉師曠歌南風，知楚師不競，律也；司馬遷作《律書》曰：兵械爲重，望敵而知吉凶，聞聲而效勝負，其旨皆原于此。王者容畜衆庶，億兆一心，三軍同氣，如耳目之效心志，手足之捍頭目，不令而從，令出即行，不禁而戢，禁出即止，非徒以刑賞也。故討有罪，衆皆曰可討；征不庭，衆皆曰可征。進則協力，退則同守，如塤箎之應，琴瑟之調，乃所謂律。以此出師，无敵于天下。若其衆志不同，輿論不協，君所欲討，將以爲不可；將所欲伐，偏裨以爲不然；偏裨所行，士卒以爲不便；百人同而一人不同，衆口同而心志不同，則甲可乙否，面是背非，謂之否臧。如是者，雖堅甲利兵，父子兄弟自爲戰，難保不敗，而況民乎？其凶可知。是以師必衆心調和而後可動也。然不曰臧否，而曰否臧，何也？謂衆否其上之所臧也。臧否其情順，否其所臧其志逆。上臧而下否，其失人和，可知也。坎在下，爲險陷

〔一〕有制而和也，早印本作"和也作樂者"。

之始，故以失律爲戒。

九二，在師中，吉，无咎。王三錫命。

《象》曰：在師中，吉，承天寵也。王三錫命，懷萬邦也。

　　初師既出矣，二則將在軍中時也。九二以剛居柔，得中，是謂丈人。爲五陰主，以此在朝在國，非臣子所當也。惟在師中，同聲應律則吉。自天子簡任，申命三錫，爲衆陰主，故无咎。《象》曰“在師中，吉”者，非九二敢于動衆也。王者奉天伐暴，將帥恭行天討，仰承寵命，而王所以再三錫命者，亦惟欲其安民綏衆，懷來萬邦，非爲武功也。九二在下居中爲坎主，六五在上正應，有承寵錫命之象，見師非人臣所得專也。禮隆誼重，明主任將之道，正忠臣報主之日。爻義因以勸勉之。

　　二言王命，上應五也。五言長子，下應二也。九二變爲坤，爻辭有坤六二之象。坤爲衆，師象。寵錫，光象。三錫、萬邦，不孤之象。王命，不疑之象。推此類，可以知象。

　　國之大柄，莫如征伐。將在師中，其生殺无以異于天子，故爻位不敢上擬于五，而皆自五錫命。九二陽剛之資，柔中在下，乃吉无咎。若无王命，則爲專制。過柔則不武，過剛則暴，在上則陵，《春秋》書仲翬帥師，惟其无君命也。居中在內，又爲不窮征遠討之象。

六三，師或輿尸，凶。

《象》曰：師或輿尸，大无功也。

　　六三以陰居陽，當外之交，有輕進取敗之象。以柔乘剛，有自用失律之象，所謂否臧也。"或"者，在外之辭，指六五也。九二爲將在下，六五居尊在外，處師之時，有二帥之象。三既乘二，又與五同功，權分令亂，故爲"或輿尸"之象。輿，衆也。尸，主也。古者一車百人，故謂衆爲輿。主多則權撓，所以凶敗。如《春秋傳》趙穿阻臾駢之謀，欒黶違荀偃之令是也。坎爲輿，爲血。"輿尸"，覆軍殺將之象，故曰"大无功"，謂六三死而車載其尸以歸也。象不主一義，所以爲象。

六四，師左次，无咎。

《象》曰：左次无咎，未失常也。

　　六四坤體重陰，居上之下，有退怯之象，故不爭右而左避。兵法，右爲前，左爲後。右陰主殺，士卒尚右，貴效死也。左陽主生，將軍尚左，貴生全也。左次，退舍也。九二以將居左，二、四同功，三既失律，中軍振旅。四從九二，有左次之象，故无否臧失律之咎。《象》曰"左次无咎"者，聽二指揮，不自用輕進，雖无制勝之功，亦不違律而失常也。

　　三、四皆偏裨，三以柔居剛，進聽五，故失律而輿尸。四以柔得正，退從二，故左次而无咎。

六五，田有禽，利執言，无咎。長子帥師，弟子輿尸，貞凶。

《象》曰：長子帥師，以中行也。弟子輿尸，使不當也。

　　五本君象，下與二應。五既錫命，則當以軍事盡委之，如田中有禽，害我稼穡。二以丈人之貞，奉辭致討，執而問之，以副王命，懷萬邦，自獲攸利，勿事攻圍屠殄，可以无咎。今九二既受命帥師，五又使六三衆主其事，十羊九牧，故致貞凶。"長子"指九二。"弟子"謂長子之弟，指六三。君命爲貞，撓敗爲凶。坤中似離，有田禽之象。古者于田講武。二互震，長子之象。三互坤，衆子之象。五互重坤，陰柔失主之象。下互震，地雷爲豫，猶豫不專之象。二在下，五居上，君在師中之象。《象》曰九二剛中下應，既受王命行矣，今六五在師，又使弟子輿尸，是使不當也，所以貞凶。

上六，大君有命，開國承家，小人勿用。

《象》曰：大君有命，以正功也。小人勿用，必亂邦也。

　　凡卦吉凶悔吝，備于中爻。本始之言，多發于初；大戒之辭，每著于上。師之休咎，至五詳矣。上六陰極，小人之象。在師爲武功之終。出師以來，大君側席，而今始韜戈矣。功臣受封者，皆將享有國家。聖人體王命而昌言曰：大君有命，凡爾有國有家，前開後承，勿用小人。坤爲地，爲方，有國象。上變艮，爲門闕，有家象。《象》曰凡人臣以寵利居功，則驕盈不法，故以大君之命，正其功也。世祿之門，常多壬憸，承望誘引，以導于邪。喪亂興師，所由來也，故戒勿用。大君行賞，以此申命，其賢于丹書鐵券，不亦遠乎！或者謂小人爲功臣之不賢者，則不當受封。夫既功在國家矣，豈得謂之小人？人主以小人待功臣，則其誤國事大矣。大抵武功既平，爲更始之慮，如成王誅管、蔡，懲莩蜂之求螫。國之大事惟師旅，以一人定，亦以一人倡。始丈人而終小人，始小人而又終丈人，治亂相倚，故師往比來。亂之終，治之始，聖人欲人慎其介焉耳。

比☰坤下坎上

《序卦傳》曰："衆必有所比，故受之以比。比者，比也。"比之爲卦，自師而來。一陽往居五，而羣陰從之，有天下附一人之象，故曰比。"君子周而不比"，以命卦，何也？曰：乃所爲不比也。人情稠伍相與，則情暱而易親。上下相懸，則勢隔而易渙。四海之大，億兆之衆，欲聯爲一體，合爲一家，若之何而可？聖王孚之以體元永貞之德，均之以建國親侯之制。天子親諸侯，諸侯親萬國，如身使臂，臂使指，是以德博化廣，四方攸同，常如一人之身，非小惠驩虞與民煦煦之謂，故曰顯比。然則卦何以反師？蓋天運循環，一治一亂。轉移斡旋，惟陽爲主。聖主當陽，爲能還定安集。蓋衆不能无爭，爭則亂，亂則用武。武輯亂寧，孚之以德，而建之以長。廬里井甸，所以安其衆也；列地分封，所以置其牧也。有事則聚以爲師，无事則散以爲比。明主體元，羣陰拱向。師則爲將，比則爲君。在師師從，在國國從，所以謂之比，所以師繼之比也。其卦下地而上水，水在下則陷爲險，在上則降爲澤。上坎，爲設險立國之象；下坤，爲遠邇順治之象。又一陽居五，爲明主當陽之象；五陰共附，爲萬國朝宗之象。以爻論，初爲遠人，二爲賢士，三爲士之干進者，四爲在位之臣，五爲君。上爲化外，莫非王民，而不能无休咎者。物情自爲不齊，總之大順而已。先儒未解原筮之義，不究《序卦》之旨，區區論比人、比于人，以求通。夫王民皞皞，何心求比？王者无私，何心比人？是小人之比，非王者之比也。

　　卦爻剛柔以一爲主，二則分，故曰：陽卦多陰，陰卦多陽。一陽則衆陰比，一陰則衆陽畜。易一陽之卦凡六，復、師、謙、豫、比、剥，惟比最當位而吉。

比_避，吉。原筮，元永貞，无咎。不寧方來，後夫凶。《彖》曰：比，吉也。比，輔也，下順從也。原筮，元永貞，无咎，以剛中也。不寧方來，上下應也。後夫凶，其道窮也。

　　比自師來也。原，再也。如《文王世子》"末有原"之原，謂依師卦再筮也。正爲初筮，反爲再筮。初筮得師，再筮得比。師爲貞吉无咎，比吉，與師同。但師臣道不稱元，比君德不元不足以長人。師用貞則无咎，比建侯永貞乃无咎。此再筮所異耳。天運循環，師亂比治。昔之不來寧者，今始來寧。有元永貞固之德，則朝宗恐後。明主當陽，後至之夫,自絕化外,凶之道也。《象》曰“比”之“吉也”者,比,輔也,諸陰在下順從也。再筮爲“元永貞”而後“无咎”者,指九五爲比主也。在師九居二,臣道柔中;在比九居五,君德剛中也。“不寧方來”者,九五自師往居上,羣陰自師來應于下,亂後得主,向之不寧者今始來也。“後夫凶”者,指師之初六最後往居上,一陰背陽而處窮,无所歸也。“不寧”,解見屯卦,坎險多憂,不寧之象。

師二至五,上互震。比五至二,下互艮。震爲草,艮爲手,有手持草揲筮之象。比言“原筮”,猶井言“改邑”,反前卦而言,以示《序卦》之義。

《象》曰:地上有水,比。先王以建萬國,親諸侯。

水在地中,則陷爲淵井,在地上則衍爲安流。水性平,地道順,平且順,故曰比。又水土和合,親附之象。先王建萬國親諸侯,如地行水;諸侯依天子朝宗,如水歸地。天下至廣,兆民至衆,一人治之勢所不及,分建賢哲,以均其聚,統其渙。如水汎濫,疏九河,開四瀆,乃得所歸,而天地平成矣。王者比衆之道,亦猶是也。所以輕重相維,久安長治,非先王得元永貞之吉而能若是乎?故其象與屯之建侯不寧者,治亂殊矣。

初六,有孚,比之无咎。有孚盈缶否,終來有他吉。

《象》曰:比之初六,有他吉也。

六自師上來居初也。有孚,指九五。九五以坎中一陽,有信實之象。在師二爲丈人,今往居五,爲賢君之象,故羣陰比之。六居比初，擇主愼始。九五剛中有孚，比得其主，何咎之有？蓋九五陽德方戀，坎水盈缶，今往在上，膏澤下潤。建國親侯之始，初自師終來歸，有君若此，自有他吉。《象》曰初六在下，九五非應，而正應在四。四、五明良相得，初因四以孚，五坎爲有孚。四爲用缶，五坎水下流，盈四之缶，承流宣化，初雖非正應，有他吉也。缶虛能受，坤象。盈缶，坎中滿象。

王民于上不自知其比，王者亦无心于比之，順治而已。初自師上遠來，居畿甸外，不親見王者，而同爲王民太平之賜，帝力何有？所謂"有他吉"者，皞皞不知也。

六二，比之自內，貞吉。

《象》曰：比之自內，不自失也。

六二陰柔中正，上與九五爲正應。身未出側陋，而心傾向明主，故爲比之自內。然能以正自守，不苟且狥外而得吉也。《象》曰"比之自內"者，六二中正，雖有應在上，不自失其守也。

二自師外來居內，以柔從剛，在上則下應，在下則上附，故爲比自內之象。

二與四同功。四在位，二在野，孟子所謂"居仁由義，大人之事備"者，故四曰外比，二曰內比。道德同而出處異。大順之世，士君子在朝者篤忠貞，在野者切愛戴，所以爲比也。

六三，比之匪人。

《象》曰：比之匪人，不亦傷乎！

三以陰居陽，當坤之終，進遇坎險，與上爲應。二陰相比，皆不中正，故爲“比之匪人”。《象》曰三比于後夫无首者，上凶，三豈免于害？其士之附權倖以自累者乎？

六四，外比之，貞吉。

《象》曰：外比於賢，以從上也。

以六居四當位，而内无正應，外與五比，故爲“外比”。以臣從主，可謂貞矣。得賢主而輔，可謂吉矣。《象》曰“外比于賢”，以无應于下而從上也。

四自師三往外居四，故爲外比之象。

九五，顯比。王用三驅，失前禽，邑人不誡，吉。

《象》曰：顯比之吉，位正中〔一〕也。舍逆取順，失前禽也。邑人不誡，上使中也。

九五以剛居中，在師之二爲坎。水在地中，坎隱伏而師詭道，是用不顯。今往居五，陽剛在上，光明首出，下國親附，蕩蕩大順，非驪虞曖昧之私，故曰顯比。在師外難孔亟，田中有禽，弟子輿尸，邑人戒嚴，彼一時也。今羣心效順，運際熙明，前日之田禽，三驅已失，長子得輿，國中无警，此又一時也。世路由陂而之平，不寧方來，何吉如之？“三驅”者，二往居五之象。古者太平无事，于田講武，馳驅以三爲節。《周禮》大司馬大閲，立三表，是其法也。《象》

曰"顯比之吉"，以九自師二往居五，位得正而居中[一]也。"三驅，失前禽"者，《禮》獵禽逐其往，不取其來。易象往爲順，來爲逆。舍來逐往，前所欲執之禽往已久矣，无復可驅取也。坎伏離，有田象。九五乘六四，似巽，有禽象。又自五視初，二、三、四爲來，視上爲往。來爲後，往爲前。來者比附爲順，往者後夫爲逆。"取順"謂來者安之，"舍逆"謂去者不追。大順之道，顯比之功也。"邑人不誡"者，在師使弟子不當，凶敗告警。今明主當陽，六二桑中在下，仰承天寵，是王使中行，委任得人，外有良榦，四方來寧，王國以定，不復如昔之警誡矣。坤爲邑人之象。互巽，有戒命之象。

　　諸卦九五，皆陽剛中正，而光顯莫如比。五陰皆伏，一陽居尊，其應不分。九五以元永貞之德，親比萬國，大明方中，聖作物覩，故曰"顯比"。蓋自師以來，險難既平，人心思治，九五乘時撫運，其象如此。三驅失禽不誡，皆師後之象。不盡物而聽其去，不誡而人自知，故爲大順。

上六，比之无首，凶。

《象》曰：比之无首，无所終也。

　　六自師初往居上。凡在師，羣陰皆以次來附，而上六獨後，故爲无首之象。凡首在前，无首則後，象所謂"後夫"，如會稽之防風氏是也。天下已定，比道已成，孤亢无

〔一〕正而居中，早印本作"中而居正"。

徒,誰與爲比? 此田横之輩,所以罔終,故凶。《象》曰“比之无首”者,離羣子立,下則棄于四陰之類,上則絶于一陽之君,將自顛殞,无所終也。

首,上象。上六變爲觀,大觀顒若,有首則觀。今以陰居上,觀不成,故爲无首之象。

易象多變,如訟、師之類,六爻皆以往來卦位取象,所謂彰往察來。《序卦》之義,又有不盡然者,所以爲易。

小畜☰乾下巽上

《序卦傳》曰:“比必有所畜,故受之以小畜。”蓋比,附也;畜,收也。物多而不收,則散。比,五陰附一陽,陽闢,故諸陰開而成比;小畜,一陰束五陽,陰合,故諸陽斂而成小畜。畜者,束也,故曰有禮而後可畜。凡物,我能畜之者,我得而束之。不能畜,則不能束。君子容民畜眾,乃可以係屬天下之心,小畜所以次比也。爲卦下乾上巽,六四一陰爲巽之主,據五陽之中,五陽翕然輻輳。蓋陰陽之相求也甚切,而定于一。五陽共遇一陰,其應不分。在下者進而往,在上者退而來。雖以乾之健,與四遇,則不復能上,如約束然,故曰小畜。蓋陽氣之斂也,陽不能斂,陰則斂之。陰之繫陽也,大不能繫,小則繫之。其在人心,一私之緣染,壯志盡灰;一事之牽累,大業總廢。三寸之鍵,可以閉百尺之關;一絲之綸,可以掣吞舟之鯉。故羣陽坐束于微陰也。易謂陰爲小，謂陽爲大。造化之理，大不能束大，小則入于无形，而納之不苦，受者甘而其畜固，故曰"善結者不解"。"天下之至柔馳騁天下之至剛"，利用小也。畜之而善，則彊陽不驕，而暴戾化爲綽約，《大象》所謂美懿之文德是也。畜之不善，則狐疑喪心，而大謀敗于不忍，坤初六所謂履霜之堅冰是也。以卦論之，是巽畜乾也。以爻論之，是六四一陰畜五陽也。故初以正應往，二不失亦往，三勇往，五、上則同體矣，故曰小畜。然則四之罪，不已甚乎？而爻辭无咎，何也？曰：所謂補過也。巽非不正之陰，處二陽之下，其德本順，居四是當位也。上與五同體，承乘相得，下與三陽无茍合。三求之而反目，非有求于諸陽也。惟其象爲風，鼓動萬物，諸陽受其吹累，不能自持而嚮應。造化之氣相感召，非形制勢誘束縛也，故曰无咎。然則四其賢婦矣，與五孿如，而上又載之，何也？曰：四與五、上同巽，非亂偶也。五孿如而上載婦者，陽德陰極，所謂德積載，非四從五，又從上也。陰畜陽極，故曰"君子征凶"，戒六四也。小畜之象，義非一端。孟子曰："畜君者好君。"六四上近九五，是爲元老忠良，如伊尹訓太甲，周公輔成王，以柔承剛，政不足諫，人不足責，從容論道，而君心自正，是小畜之亨，君子之懿文德也。至如夏桀以妹喜亡，商紂以妲己誅，幽王以褒姒滅，一婦爲累，禍延宗社。陰之累陽，夫豈在多？萬事皆然，存乎人自占耳。若乃孔子見南子，以至漢周勃、陳平事呂雉，唐狄仁傑事武曌，大小分量不同,其爲小畜之象,皆可通也。先正有言:"文王之道,在小畜。"當紂之時,天下已歸周,文王獨以小心懿恭,周旋維持于亟重難挽之日,有一陰畜衆陽之象。論文王之心,商、周興亡,機在呼吸,少不自持,則臣節難終,所謂密雲不雨,君子征凶時也。論周家之勢,履盈持滿,畜拯將通,所謂柔得中而上下應,志行乃亨,尚往之時也。皆小畜之占也。

凡男女之卦,陽之能實陰者莫如坎。陰之能制陽者,莫如巽,故屯至比,六卦皆坎,即承之以巽。

小畜束,亨。密雲不雨,自我西郊。

《彖》曰:小畜,柔得位而上下應之,曰小畜。健而巽,剛中而志行,乃亨。密雲不雨,尚往也。自我西郊,施未行也。

小畜,一陰畜衆陽也。其占爲亨通,蓋乾陽方壯,欲施化雨,陰閉不開,雲雖密,而雨不得施。望之正自我西郊,陰氣滯于陰方,蓄拯持滿,有亨通之道。四互兌,爲西郊天象。《彖》曰何以爲小畜也? 一陰居四得位,上下五陽齊應,以陰束陽,是爲小畜。乾在下爲健,巽在上爲柔。巽能爲柔則乾,亦能爲剛。五雖與巽爲體,與二皆以剛居中,才德皆可有爲,但勿爲陰柔所繫,勵志上行,乃能雲行雨施,而得亨通,小畜之亨也。"密雲不雨"者,所貴在往,往則陽氣升而雨澤降。陽隔不升,但壅閼爲密雲而已。"自我西郊”者,滯于陰方,未施也〔一〕。

卦體本純乾,爲雲行雨施。若四變爲九,則爲“或躍在淵”。“或”者,疑之也。在巽則爲不果。巽以風之,又互離“日以烜之”,故爲“密雲不雨”之象。〔二〕兌居西爲澤,有郊外之象。西爲陰,東爲陽。凡雲東興西應,陽倡陰和,則多雨。雲自西興,是陽不倡也,故雨不成。

彖辭,文王自占也。天下歸周甚迫,文王小心翼翼,堅貞不移,以保令終,是臣道之亨也。《彖傳》,孔子據文王之事占也。釋其卦體,有志行尚往之象,是乃君道之亨也。其義則一。

《象》曰:風行天上,小畜。君子以懿文德。

天行至健,風行至柔。巽風行于天上,以柔文剛之象。君子觀象謂尚力不如德,用武不如文,衣冠可以化強暴,力雖强而不以武,惟懿美其文德而已。此三分有二,敬止懿恭,文王所以爲文也。

初九,復自道,何其咎? 吉。

《象》曰:復自道,其義吉也。

陽初生曰復。復,上往也。初九居乾下,一陽來復,天行之始。上應六四,剛柔相從,自其正理,與諸陽受畜往者異,何咎之有?《象》曰以初從四,以剛應柔,道所當然,于

〔一〕 未施也,早印本作“所施未得行也”。

〔二〕 “卦體本純乾”至“不雨之象”,早印本作“坎爲雲、爲雨、爲隱伏,故有密雲之象。巽‘風以散之’,互離‘日以烜之’,故爲密雲不雨之象”。

義爲吉。

　　小畜一陰與他卦異。以巽順當位，爲卦之主，喜陽升共濟，其道尚往，故初復義吉，二亦爲不失。

九二，牽復，吉。

《象》曰：牽復在中，亦不自失也。

　　牽，連也。復指初九。二與五敵應，五攣如于四。初與四正應，欲牽二以從四。二外无正應，内連于初，亦欲因二往四應五也，故爲牽復之象。處小畜之時，居中自守，本无徵逐之情。二、四同功，亦非无因之與，故吉。《象》曰“牽復在中”，義无苟從，因四應五，亦不自失也。

九三，輿說脫輻，夫妻反目。

《象》曰：夫妻反目，不能正室也。

　　九三過剛不中，上與四遇，故脫其車輻，止而不行，將即四以爲正室，四不肯從，蓋四有正應在下，三无應于上。處小畜之時，三迫欲就四，故有脫輻不行，夫妻反目之象。巽爲木，三、四似坎，爲輪輻，輪中直木。三下无偶，爲輪脫輻之象。又互兑，爲毀折，亦脫象。脫輻，示不肯去也。上下卦兩體分隔。乾，老夫。巽，長妻。以巽畜乾，故爲反目。互離爲目，巽爲多白眼，故有此象。《象》曰四非三偶，安能正以之爲室？此不當從而從也。

六四，有孚，血去惕出，无咎。

《象》曰：有孚惕出，上合志也。

六四巽主，居當其位，上承九五，柔順精忠，與五交孚。陰質濁而多汙，四能去其血。陰性疑而多憂，四能出其惕。血去則雖陰而无陰濁之累，惕出則雖非乾而皆乾惕之心。所以進〔一〕孚于五，爲攣如之交，雖畜諸陽，无邪媚之咎也。《象》曰"有孚惕出"者，六以陰居四，九以陽居五，以柔承剛，志同道合。在渙之《象傳》亦曰"柔得位而上同"。凡六四承九五，皆爲合志。在小畜相得尤甚，反而爲履，以陰居三，其占凶矣。

五、四似坎，爲血卦，爲加憂。互兑，爲決附，亦"血去惕出"之象。

九五，有孚，攣聯如，富以其鄰。

《象》曰：有孚攣如，不獨富也。

六四以柔順沖虛之姿，九五剛中，與之同體。剛柔當位，承乘相得，其交攣固。五以陽居尊，有富象。乘四陰虛，施及比鄰。五之富亦〔二〕四之富也，其"有孚攣如"如此。然則五雖中，亦巽也，豈有尚行之志乎？亦見畜于四者耳，所以雖中，不言吉也。

手相縮曰攣。五、四似艮，艮爲手，巽爲繩，攣如之象。陽實爲富，巽爲利市三倍，亦富象。五、四爲鄰。

上九，既雨既處，尚德載婦句。貞厲，月幾望，君子

〔一〕進，早印本作"四"。
〔二〕亦，早印本作"即"。

征凶。

《象》曰：既雨既處，德積載也。君子征凶，有所疑也。

九以陽居上，小畜之極，與四同體，陰之閉塞已甚，而陽之鬱結當伸。不雨者，至是亦將既雨。尚行者，至此无復可行。下與九三敵應，三脫輻不行，上猶恩德其婦，欲下載之以車。婦，即四也。上變成坎，有輿象。蓋既雨則須車，既處則可不載。猶必載之，其攣如貞固不解如此，亦醜厲矣。當此時，陰氣盈滿，如幾望之月，畜陽已極，君子于此更往，則陰過盈而陽欲亡矣，故凶。君子戒六四也。《象》曰"既雨既處"，德愛積厚，故車載婦也。"君子征凶"者，征則疑于无陽。此文王三分有二，以服事殷之占。處此更進，則臣疑于君，所以小心翼翼，成其爲小畜也。

"既雨既處"，畜極之象。既雨非真雨，真雨則不成畜。彖謂"密雲不雨"者，至是亦當既雨耳。陽受畜往者，至此无復可往，亦既處矣。"尚德載婦"者，上九受畜于四，尚欲往載之也。上九變則成坎，坎爲月，坎滿在上，幾望之象。九在上四爲巽主，在上之下，有婦象。〔一〕

文王始遇紂虐，小畜猶未固也。羑里既釋，聖德日孚，所謂天王聖明，臣罪當誅，則凶殘格心，而紂亦諒其精忠矣。是以西伯之命，委任愈篤，有二西歸，功高不疑，則上九所謂"尚德載婦"，"月幾望"而君子不敢往者也，所以憂

〔一〕"九在上四"至"有婦象"，早印本無。

患,繼之以履。嗟乎,非聖人而能若是乎!

履☱兌下乾上

《序卦傳》曰:"物畜然後有禮,故受之以履。"何謂其"物畜然後有禮"也? 物必束之,而後能循禮。禮以行成。履,行也。君子跬步不違禮,故履者,禮也。取象于乾,何也? 行莫如乾,强莫如乾。君子莊敬日强,所以行禮。取于兌,何也? 兌以一陰見于二陽之上,其德爲悦。悦,和也。禮以和行,不和則禮强世不可行,不悦則乾亢厲不可行禮,故曰"履,和而至"也。乾上兌下,何也? 兌爲澤。卑莫下于澤,尊莫上于天。其于人也,莫尊于冠,莫卑于履,故履至下賤也。天之高也,人安于不可尚,悦以下之,而信天之果尊;澤之下,人不覺也,以天視之,而信澤之果卑。尊卑之分明,則上下之志定,故天澤曰履。然《大象》不曰天上澤下,而曰"上天下澤"者,何也? 言澤上于天,天下于澤也。高下相懸,則履不成,如足不及地,則不成行,故下卦有上行之象,上卦有下旋之象。禮以退爲讓,履以下爲基,故曰"履者,德之基"。天不下于澤,則江河无潤。澤不上于天,則雨露无滋。天高而能下,故水土草木之氣,蒸爲雲雨,而天益高。君尊而能卑,故億兆臣民之分,辨爲禮讓,而君益尊。然卦、爻、象辭皆不及禮,何也? 所以象也。言禮則限于文,言履則无行非履。易,象而已。剛柔交而

情文備，文剛情柔。三千三百，文也。温恭辭讓，情也。卦
體剛上柔下，履貴柔也。剛履柔則吉，柔履剛則凶，剛履剛
則厲。蓋剛履柔者，能行不妄行，如二之幽貞，四之愬愬，
情文兼至也。柔履剛者，不能行强行，如三之跛履，不遜之
凶也。剛履剛者，當行決行，如五之夬履，嚴厲之過也。惟
初素履，爲无文之真，而上視履，爲從心之矩，故履貴柔。
柔者，禮之情。所以主者，嚴敬之心。柔者，兑之悦；嚴敬
者，乾之健。乾知以剛，坤行以柔，是故剛不可過也。以一
陰收之，則爲小畜，君子所以懿文德也；以一陰悦之，則爲
履，君子所以行禮也。行不柔，則舉足即謬，履所以繼小畜
也。小畜之勢，尪重難反，反而爲履，高而能下，履盈之道
也。天至高也，澤至卑也。天雖高而包乎地之外，澤雖卑
而猶在地之内，是天轉而愈出其下。八卦，兑次乾，列宿爲
虎。乾行東轉，兑隨乾後，有噬乾之象，故爻位兑主居三爲
口，初下爲尾。口向乾，而乾行甚健，非兑所及。周旋不
已，乾反出其後，兑欲噬不可得，其象如此。蓋凡凶人之齮
齕人，觸其人之好前也，故莊周曰：“料虎頭……幾不免虎
口。”善履者，動不居先，高能履下。虎雖虐，不能以尾咥
人，明矣。故爻在下者吉，尾也。三凶，當虎口也。四應
初，所以爲履，故吉。五與三同功，故厲。至上則履道大
成，天高下旋，所謂“履不處”，出于尾而虎不能咥者，此也，
故元吉。嗟夫，世路嶮巇，安往无危機？猛虎咥人，不在山
林。聖人操何術而履虎之尾，使不咥人乎？觀其象，玩其

占，亦惟曰"履虎尾"而已矣。夫履虎尾之心，何心？恭敬之心，辭讓之心，人皆有之。能以不敢先之心，後天下之人；以不敢犯之心，臨天下之事；以不敢輕進之心，處天下之憂患。文王小心翼翼，克濟大難，亦不外此。君子用禮，天下无畏途，故曰"履者，禮也"，所以終而愈吉也。

　　小畜以一陰收五陽，有斂束固結之象。履以一陰逐五陽，有周旋不住之象，故曰"履，不處"也。上九云其旋，以此。讀者不察，觀象所以難。

　　履，上天下澤，而爻象天下于澤，有旋轉之象，所以天地將交，繼之以泰也。

履虎尾，不咥逃、吸二音人，亨。

　　行地曰履，踐迹亦曰履。乾履兌，兌履乾也。虎，凶暴之獸，西方之宿名。兌，西方之卦，故象之。咥，張口噬貌。兌闕爲口，爲毀折。八卦，兌次乾，而本卦兌即在乾下。兌口向乾，有咥象。天行周旋不停，兌逐乾轉，乾健反及兌後，爲履虎尾不能咥之象。以此爲履，焉往不亨。履者，禮也。惟禮可以遠患，故曰作易者其有憂患，其當文王與紂之事。其辭危，莫危于"履虎尾"之辭矣。周邦居西，故于西方之卦，毀折之象，三致意焉。孔子論處憂患，以履爲首，先聖後聖，其揆一也。

　　以八卦之象論，天高澤卑，天浮于九霄之上，而旋于九地之下，則澤反在天中。以八卦之位論，乾先兌後，乾健行不停，而兌周旋不及，則兌反在乾前，故爲履尾之象。《雜卦

傳》曰“履不處”，乾與兌相周旋也。孟子曰“動容周旋中禮，
盛德之至”，非文王處紂之事，烏能及此？嗟夫，乾所以大也，
虎雖凶類，藐爾一物，荷天之慈，雖跳梁何爲？此所謂人欲自
絕，何傷于日月？諺云“仰天而唾”，其兌咥乾之謂與？

　　《詩》曰“亹亹文王”，又曰“勉勉我王”，又曰“古之人
无斁”，皆言履也。乾所以統元氣，惟其不息；聖人所以轉
移人心，惟其不已。猛虎咥人利于止，故艮止爲虎。欲遠
其害，莫如行，故其象爲虎履人，人履虎。虎履人利前，人
履虎利後。能出虎後者，虎自不能傷。然非乾健不能，故
月之逐日也，日反逐其後而成月；日之逐天也，天反逐其後
而成歲，亦履象也。故履之爲虎，履尾則亨，戒于先也。乾
之爲龍，无首則吉，尚其後也。然則聖人處憂患之道可知
已。是故小心莫如文王。而純一不已，與天同健，非柔不
可，非剛不能。能柔順，然後能无斁。故履雖不處，而敬未
嘗不止。莫高于天，而下旋于履；莫卑于禮，而崇極于天。
易所以无方，神所以不測。能通乎象而易可知，通乎易而
道无餘術矣。

《象》曰：履，柔履剛也。説_悦而應乎乾，是以履虎尾，不咥人，亨。剛中正，履帝位，而不疚光明也。

　　履者，剛行而柔爲履也。柔爲兌，剛爲乾。踐迹爲履。
《詩》云：“彼姝者子……履我即兮。”乾退而履兌，兌進而履
乾，乾健不息，兌悅以應。兌欲往乾，乾來兌後，是以履虎
尾不咥，所以亨也。九五剛中居尊，爲乾之主。兌以一陰

自驕于五陽之間，其何能爲？是以陽道光明，履帝位而无疾病也。蓋指文王遇紂之事，光明互離之象[一]。

《象》曰：上天下澤，履。君子以辯上下，定民志。

天至高也，澤至卑也，不交則相懸而不成履，故澤上承乎天，天下即于澤。天與澤，尊卑之分隔，而上與下往來之情通，故升降進退而成履也。君子以此正名維分，則上下辯；以此化民成俗，則民志定。所以辯上下者乾之健，所以定民志者兌之悦。蓋分不辯，則民孰不好上惡下。分雖辯而志不悦，强世而行，亦終不辯。是故如天在上，則人皆安于不得不高；如澤在下，則人皆安于不得不卑。苟易澤爲天，反天爲澤，不惟天下无此事，天下之人亦自无此心。无此事，是上下辯也；无此心，是民志定也。君子所以上天下澤，悦以承剛之象也。

履一而已。《彖》言“履虎尾，不咥人”者，聖人周旋中禮，濟變之權也。《象》言“辯上下”“定民志”者，百姓人倫日用，常行之經也。權非聖人不能達，經則民皆可使由。文王憂患演卦，其情危；孔子維世立教，其義正，非有二也。

初九，素履，往，无咎。

《象》曰：素履之往，獨行願也。

以陽居初，生平履歷之始。陽本質直，初地未染，行无枝葉，故爲“素履”。悦以應四，剛而上往，任天之便，雖少

[一]　光明互離之象，早印本無。

節文,而習尚未移,何咎之有?《象》曰"素履之往"者,初與四應,四以乾下履初,初往應之,以剛從剛,獨行己願,故謂素履。蓋四爲乾始,其志在行,初往同行也。

素,白也。西方金色,兑象。初最下,爲澤之深,爲虎之尾。乾所視而履者,在此。以剛居剛,雖其體與兑同悦,而其願與乾同行。高極于上之其旋,下起于初之獨往,與乾相始終。在聖人則初爲十五志學,上爲七十從心。平生行歷始此,故曰"素履"。其在中人,則忠信可以學禮。在世運,則大古之初,野鹿標枝。无礙于世,世亦忘之,所以爲"履虎尾"者也。

九二,履道坦坦,幽人貞吉。

《象》曰:幽人貞吉,中不自亂也。

二以剛居柔得中,當不處之時,上无應援,故衆皆邁往。二獨從容踐履,澤路平夷,初往必由,過而无交,故爲行道坦坦之象。澤居潛處,故爲隱士幽人之象。不逐世紛,安貞得吉也。《象》曰"幽人貞吉"者,外則九五相敵,无應援之擾;内則初九[一]獨往,无同侶之交。處柔得中,行不躁競,體本和悦,心无怨尤。藪澤寬閒,遠絶市囂,所以居中安静,其志不亂也。

夫履不處也,九二幽貞吉,何也?二幽貞非枯寂也。以陽居陰,柔而悦應。當履之時,動必有禮,與傲世不平、

〔一〕九,早印本作"六"。

任誕不恭者異，所以吉也。巖廊禮法之地，而履處憂患。世路崎嶇，不如在藪之寬衍；法場嚴厲，不如澤中之幽閒。周旋畏途，不如獨處之自得。聖人所以禮失而求之野也。故文王憂勤，有海濱之二老；孔子周流，遇荷蓧之丈人。然文王小心柔順，非乏幽貞；孔子仕止惟時，中自不亂。易不可執一占也。若彼憤世嫉俗，披髮佯狂，自以爲幽人則亂矣。履所以貴中也。

在履不處，二无行象，何也？二居中，天降澤升，居中自不覺也。如四行上旋，而五獨貞，亦以此。五夬二道，亦未嘗不行也。

六三，眇苗，上聲**能視，跛**波，上聲**能履。履虎尾，咥人，凶。武人爲于大君。**

《象》曰：眇能視，不足以有明也。跛能履，不足以與行也。咥人之凶，位不當也。武人爲于大君，志剛也。

六三以柔居剛，爲兌之主。當外之交，多凶之地。互離爲目，互巽爲股，乘剛似震爲足，其象爲毀折。與上正應，仰而視之，其目眇然。進而履之，其足跛然，所謂冥行錯履也。兌闢爲口，適當其位，進與四遇，有咥人之象。張狂躁擾如此，凶之道也。又其象爲剛鹵，處上天下澤，辯名正分之日，曾无莊敬退讓之風，則是武人而已。踞二陽之上，爲悅之主，與五同功，侮慢自恣，欲與九五競爲大君，所以爲凶。《象》曰“眇能視，跛能履”者，六以柔居剛，其體毀折，本不備視履，而狂妄自用，以爲能也。“咥人凶”者，以柔居剛，上有正應，又近同九五，以含垢之姿，媚悦之性，下陵九〔一〕二之幽貞，恣其傲侮，上遇九四之愬愬，自明得意。又以一陰據五陽之間，二陽戴以爲主，遂逞其毀折決附之力，恃其爪牙搏噬之威，以陵轢諸陽，皆位不當之故也。“武人爲于大君”者，處履之時，上下辯矣。九五乾剛居尊，帝位无疚，三以剛鹵之資，主兑而欲乘乾，材柔志剛，焉得不凶？

六三于象本虎首，亦云“履虎尾”者，因象辭而指九四履之者言也。故《傳》但釋“咥人”，不及“虎尾”可知。

履自小畜來。二卦本純乾，因一陰往來于三、四凶懼之地，變而爲小畜爲履。陰當位，則爲小畜之六四，巽而有孚，以合志于上，文王所以服事殷商也；陰不當位，則爲履之六三，悦而玩侮以傲上，楚熊虔所以死于乾谿也。故《傳》曰“咥人凶，位不當”，爲其犯五也。蓋六三一爻，正當虎口，爲兑主。九五中正爲乾主。《傳》于三云“位不當”，于五云“位正當”，其旨曉然。非獨反小畜當位而言也。如以本卦自占，則三爲商紂，上九爲文王。以禮占，則三爲小人之不畏天命，狎大人，而无忌憚者耳。“知和而和，不以禮節”，此也。安得不凶？兑，西方之卦。秋慘氣殺，武人

〔一〕九，早印本作“六”。

之象。

九四,履虎尾,愬愬,終吉。

《象》曰:愬愬終吉,志行也。

四爲乾始,其體本潛,下應澤初,正所謂履虎尾也。蓋乾初勿用,四又陰柔,下履以避咥人之虎。愬愬,猶縮縮,退懼貌,下應初之象。在履能下則吉也。《象》曰"愬愬,終吉"者,乾行不息,當履尾之時,心退而行敏,禮恭而志勵,足下應乎澤,志上達乎天。蓋在初猶爲獨往之願,在四實乃發迹之始。雖與虎口爲鄰,終將極于天,反于地。彼咥人之凶,烏足以加之。所謂其旋之慶,端始於此,故曰"終吉"。

九四爲天澤之際,乾履兌之交,象所謂"履虎尾"在此,故爻辭獨與象同而曰"終吉"。上九《傳》曰"元吉在上",語正相應。蓋九四一爻,雖下應而上往,有旋轉之象,故九五爲"夬履",有乾下兌之象。上九"視履","其旋",有反下之象,其旨分明,所以爲履不處,象天行,履虎尾也。

九五,夬履,貞厲。

《象》曰:夬履貞厲,位正當也。

九五陽剛中正,以居尊位,本乾之飛龍在天者也。以地視天,天已高矣。遇澤,則下臨深而高愈危,故九五有變而將夬之象。乾下兌上爲夬。九五剛中,當履之時,能抑其高以下澤,故爲"夬履"。下无正應,近有六三虎視,是以貞固危屬也。《象》曰"夬履貞而厲者",九五正當大君之位,武人所覬覦,故不免于厲。非履帝位有疚,道不光明,其居使之然也。

語曰"位高疾僨",故明主憂危,九五"貞厲",不如六二"坦坦"。昔人謂"富不如貧,貴不如賤",善占易也,此聖人處憂患至意。學者不觀象,烏乎學易?

上九,視履考祥,其旋元吉。

《象》曰:元吉在上,大有慶也。

九五以天臨澤,高而思夬,至于上則亢極矣。故下視其履,與三正應。三眇而上能視,三跛而上能履。行不視履則顛。上九居高視下,考素履之祥,其旋反乎,則元吉矣。蓋方其素履之往,獨行之願,有上達之志。考其行事之祥,不忘其初,往而能反,爲吉大矣。天所以能成其高者,行有常度,左旋地下,上往下來,不變其常,與乾同運,故能元吉。《象》曰陽亢而上,其吉鮮矣,以其知進不知退也。此"元吉在上"者,高而能下,所以天澤交,履道大成,帝位不疚,履尾不咥,豈非大有慶乎? 考祥有慶,泰來之象也。

周易正解卷五

泰☷☰乾下坤上

　　《序卦傳》曰："履而泰，然後安，故受之以泰。"即履上九"考祥"之"元吉"也。蓋君子和以行禮，則泰而不驕，剛躁之氣，降爲柔順。天交於澤，即乾下於坤，所謂脩己以敬，以安人、安百姓，篤恭而天下平，故履繼之以泰也。然天地定位，而曰乾下坤上，何也？天地之位不交，天地之氣交也。天氣下降，故地氣上接乎天。天地非有二氣，氣陽而已。陽氣之虛者即陰，陰无氣可升也。地下地上，莫非陽，莫非天。陽長則天氣透徹地底，受施充滿，地氣發越於上，天氣復，則地氣降，間不容髮。蓋陽本上也，泰下三陽，陽來歷陰耳。陰本下也，泰上三陰，陰往歷陽耳。非其位，不可久居，固將即復也。陽歷陰位，故其爻辭初曰"茅"，地物也；二曰"荒"、曰"河"，地象也；三曰"陂"，地形也。地本主而乾爲客，陰歷陽位，故其爻辭四曰"富"、曰"實"，五曰"帝乙"，上曰"城"，皆陽象也。陽本主而坤爲客，客遷而主常住，故泰日少而否日多也。或曰：陽陰相循，奇偶相配，泰曰何獨少？既曰泰少否多，又曰陽有餘陰不足，何也？曰：此乃所謂天地之氣一陽而已者也。陽能生故有餘，陰多于陽，非陰多也，陽長難也。陽長則泰，陽未來則皆否。冬而陽生，歷春至夏，而後品物豐滿，泰道乃成。莫盛于五月，自六月往，浸以消矣。計一歲中，陽來爲泰者，十之一耳。聖人作卦以象之，繫辭以明之，見往來之幾，至微至危，欲人占象而艱貞，非可執象陰陽半，遂謂之泰也。邵堯夫《先天圖》以泰三陽爲正月之卦。夫正月凝寒未解，草木未生，于泰殊不似。如不以泰爲正月，則奇偶增減與節候不合，故强配之，非聖人作卦本意也。泰有安舒意，有充滿意。一物不得所不爲泰，一物未通足不爲泰，九二爻象盡之矣。初九天氣下極于地而將上，故有"拔茅"之象。九二泰中，九三泰終，乾離地欲上，故其辭危。上三爻，皆坤之承天生物在外者，非謂小人也。陽將往則陰復來，故六四有"翩翩不富"之象。六五來下從二，故有"歸妹"之象。上六否將還，故有"城復于隍"之象。大抵上三爻雖往，皆有來象；下三爻雖來，皆有往象，否泰所以如環不息也。蓋陽健本欲上，上有陰召之，則往愈疾；陰順本欲下，下有陽召之，則來愈疾。泰所以難得易失，而聖人設象，亦曲盡矣。其序卦也，始自乾坤。自乾以來，凡十一卦而後泰。君之以屯，教之以蒙，養之以需，理之以訟，正之以師，和之以比，約之以小畜，禮之以履而後泰，故自乾以下十卦，凡爲奇三十而後乾下交。自坤以下九卦，凡爲偶亦三十而後坤上交，開泰之難如此，故曰：易者，聖人憂患而作也。

泰，小往大來，吉，亨。

　　泰者，安和充盛之名。小謂陰，坤也。大謂陽，乾也。坤本下而往上，乾本上而來下，故曰"小往大來"也。小往大來，天地交而陽氣和暢，故吉善亨通。然謂陽大陰小，何也？天地之間，萬品森羅，孰非陽也？可不謂大乎？无陽則无物，而陰即藏于陽内。陰者，陽所以施其變化，如室内空虛即陰，往來安置即陽。陰之發揮運動，莫非陽；陽之虛乏不足處，即是陰。或謂形屬陰，氣屬陽。形有而氣无者，形本氣生，有陽而後有形，故形謂之陰。以此論之，孰非陽也？大小之義，可知矣。謂之往來，何也？陽氣在天地間，无一息不往來，陽來即是陰往，陽往即是陰來。陽來萬物通足而泰，陽往萬物消歇而否，其實一陽而已。然无往不成來，故來則有往；无小不成大，故大則有小。聖人所以象造化之幾，其實非有兩物代爲往來也。然則何以謂一陰一陽之道？曰：既可言小往大來，獨不可言一陰一陽乎？觀于有象之後，豈惟一陰一陽？殆算所不能盡，反于无象之先，即一亦剩語，何陰陽之有？宇宙萬事萬物，大小而已矣；千變萬化，往來而已矣。

《彖》曰：泰，小往大來，吉，亨，則是天地交而萬物通也，上下交而其志同也。内陽而外陰，内健而外順，内君子而外小人，君子道長，小人道消也。

聖人作易,借造化以明人事。造化之本,莫大于陽;人事之本,莫大于君子。陽來則品物咸亨,君子來則萬民錫福。顧天爲陽氣之統,天氣下通于地,則地氣得上而萬物生;人君爲君子之依,君心任君子,則君子在內而萬民悦,此所謂泰也。爲卦乾下,陽健居內也;坤上,陰順居外也。陽健者,君子之象;陰順者,小人之象。在內者,道行之象;在外者,道消之象,所以爲泰也。"外陰""外順""外小人"云者,據卦辭"小往大來"之義而言,非謂四、五、上三爻皆小人也。象與爻取象,各不相拘,非獨泰然耳。

《象》曰:天地交,泰,后以財成天地之道,輔相天地之宜,以左右民。

陰陽交而萬物亨通,天地之泰也。元后總理宇宙,經綸民物,使天之所生,地之所載,化育所不及,莫不裁制以成就其用,扶助使各得其所,以此左右維持生民,世躋雍熙,人君之泰也。天地之泰,一歲一交;元后之泰,屢世不再,聖人所以作易也。

初九,拔茅茹,以其彙_謂,征吉。

《象》曰:拔茅征吉,志在外也。

茅,草名,宗廟用以縮酒,明潔之物,其根固結難拔,味甘可茹,然其生至微賤,爲賢人在野之象。拔,起也。茹,猶食也。拔之將以升也。初九天交于地底,將復升,故有拔起其茅之象。拔茅爲茹,則用无遺材矣,爲明主延納之象。初似震，爲茅，上互兑口爲茹。彙，類也。"以其彙征"，言此時君子以同類往，得吉也。《象》曰"拔茅征吉"者，士在草莽，逢時之泰，志在于出也。

九二，包荒，用馮_平河。不遐遺，朋亡，得尚于中行。《象》曰：包荒得尚于中行，以光大也。

九二泰中，泰平之世，萬物洪纖高下，皆鼓舞于大和。人无賢愚大小，皆仰戴乎聖主。士生斯世，无不洒濯自新。然天下无全才，泰道同仁，何所不包？天氣下交，不擇良田而施化雨。明主汎愛，豈以盛世而有棄物？故有包荒之象。荒如洪荒、荒度之荒，大也。天下雖安，馮河之夫，皆處置得所。凡士一長可用，皆不遐遺。君有寬大之仁，世无朋比之私。人情大同，會極歸極，治道得上進于中行矣，所以爲泰。《象》曰"包荒得尚于中行"者，以天交于地，含弘光大也。"光大"，坤六二地象，故六五下應曰"行願"，坤爲行也。

六爻皆正應。天地合和，二得地中，天氣下交，草木繁庶，川澤盈衍，故有"包荒""馮河"之象。是以陰雖在外，不以遠遺，偶雖在上，不爲朋比，二所以上合五，成爲中行也。"尚"，上也。"中行"者，蕩蕩平平，无偏无黨，泰之謂也。天下交于地，故二有五象，在履九五"夬履"，乾已下澤，至泰二爲君，其象顯然，故泰莫盛于九二。其爻辭皆王者，同仁无外之象，故爲"朋亡""尚中行"。而六五象爲歸妹，行願下從，則九二如帝，六五如帝妃，天在地下之象也。包，中象。荒指初九。茅塞曰荒。初在下，名實未成，所以爲荒，二能包容引納之也。馮河指九三。无舟濟河曰馮。九三陂平，互兌爲澤，當二卦相隔，濟河之象。三重剛好勇，徒涉之象。二能隨材器使，不以在己上爲陵也。遐，遠也。遺，忘失也。二本乾體，能降其高以下居荒陂之間。三陰在外，招懷誘引，略无忘失。朋，坤偶之象。"朋亡"〔一〕者，坤下來之象。坤下朋亡，則二還爲五，"得尚于中行"矣。尚，上也。二、五皆中，坤爲行，大抵乾无不包，下卦爲天，包地之外，故九二一爻包納全卦，與否六二包承六三者，天地分量懸殊矣。

泰之九二"包荒"，否之六二"包承"。泰以陽包陰，故生否，否以陰包陽，故生泰。

九三，无平不陂皮、頗二音**，无往不復，艱貞无咎。勿恤其孚，于食有福。**

《象》曰：无往不復，天地際也。

九三，乾之終也。天交于地將上，泰將往，故爻辭戒之。平陂，地象。上互震爲大塗，平象。下互兌澤，陂象。天去地而復上，是平地復陂之象也。時方未見其艱，豫知其艱而貞守之，則可无咎。"勿恤其孚"者，九三與上六爲孚，乾將復而三往，則坤將復而上來，是否至也，故云"勿恤其孚"。"于食有福"者，食，猶享也，如訟食舊德之食，言乾

〔一〕亡，早印本作"忘"。

上成否,則三反居四,上反居初,四享其福〔一〕,爲疇離祉也,故曰"有福"。《象》曰"无往不復"者,三當乾坤之交,往來之際也。

六四,翩翩不富,以其鄰,不戒以孚。

《象》曰:翩翩不富,皆失實也。不戒以孚,中心願也。

　　四爲坤始。坤之上于乾也,非坤能上也,天氣下徹于地,地不得不上承耳。天氣上則坤將下,故有翩翩飛而下之象。"不富,以其鄰"者,陽實曰富,陰與陽比,爲"富以其鄰",如小畜之九五〔二〕是也。四離三欲下,三離四欲上,故爲"不富,以其鄰"。以陰復陰,故爲"不戒以孚"。《象》曰"翩翩不富"者,四〔三〕下,則五與上皆下,陰乘陽則實,下則皆失實也。"不戒以孚"者,陰性本下,上非其志,陽鼓之而上也,坤來歸下,"中心願也"。

　　翩翩,羣飛下貌。《詩》曰:"翩翩者雛,載飛載下。"坤偶下,有翩翩之象。

六五,帝乙歸妹,以祉元吉。

《象》曰:以祉元吉,中以行願也。

　　坤將下而五元吉,何也?六五〔四〕,泰中也。坤居乾位,有帝妃之象,將往乾下,有后妃從帝之象。納妻曰歸,

〔一〕 福,早印本作"食"。
〔二〕 五,早印本作"四"。
〔三〕 四,早印本作"三"。
〔四〕 六五,早印本作"五上"。

少女曰妹。《詩》曰："大邦有子，俔天之妹。"亦謂后妃也。中互震兌，有歸妹之象。乾方在下，今坤將往，如少女歸帝乙，是以福祉往也。居中正應，故曰元吉。《象》曰"以祉元吉"者，坤順從乾，五又得中，以行所願也。夫五與二皆泰之中。二言泰象，不言"吉"；五言"祉元吉"，不言泰事，何也？乾陽所以開泰，乾泰不可言"吉"，如乾九五不言"吉"，而坤六五言"元吉"，亦此意，陰從陽者也。乾爲泰，而坤受祉，故曰"以祉"，以乾也。猶妻以夫貴故，泰主在二。聖人設象之義精矣。帝乙，五互震木之象，乙爲木。

三至五互震，二至四互兌，是爲雷澤歸妹，故爻辭與歸妹六五同。帝乙，商王，即微子與紂之父。《周書》曰："自成湯至于帝乙，罔不明德慎罰。"《左傳》晉趙鞅救鄭陽虎，筮得此爻，云"微子，帝乙之元子"，是紂父明矣。司馬遷作《史記》云，帝乙時，殷道益衰，世遂謂帝乙爲成湯。京房附會，僞爲成湯嫁妹之辭。不知爻辭但取帝象震，乙象震木耳，亦不必當世真有商王歸妹之事。程正叔遂謂帝乙爲制王姬下嫁之禮者，于象辭拘泥附會，多類此。按，商帝號乙者，前有成湯爲天乙，中有祖乙、武乙，而帝乙最後。帝乙七祀，文王始立，立三十祀而帝乙崩。然則帝乙正當文王之世，周公作爻辭，據文考、時王爲象，世儒并爻辭以爲文王作，何怪乎疑帝乙非紂父也？

上六，城復于隍，勿用師。自邑告命，貞吝。

《象》曰：城復于隍，其命亂也。

上則泰終矣。坤居乾上，至是未有不復者，復則所謂平必陂也。地居上有城象，陂則有復于隍之象。蓋大亂將至，《詩》所謂“勿俾城壞”也。用師，謂動衆脩治城隍，此常理也。乃諉之天命非人力，禁勿用衆，但自國中告以命之當否。夫泰否雖命，而補敝則存乎人。坐以待否，貞吝之道也。《象》曰“城復于隍”，而告命于國，是亂命也。善治者，盡人力以回天，斯可矣。

隍，城下池。城隍，坤土之象，下互兌澤，城倒入池之象。師，衆也，亦坤象。邑，國中，地在上，有邑象。

否 ䷋ 坤下乾上

《序卦傳》曰：“泰者，通也。物不可以終通，故受之以否。”何謂其物不可以終通也？安樂則生驕惰，驕惰則生凶咎。使安樂不驕惰，何凶咎之有？雖意外不測，君子不免。而无以取之，則積毒不厚；有以待之，則雖凶无傷。天地嘗否，何嘗不泰？故泰而否、否而泰者，聖賢也；泰而否、否而不復泰者，庸衆也。聖人憂患作易，故泰之後繼以否。其卦坤下乾上，天地之定位，而謂之否，何也？反泰也。泰，天交于地，地交于天。今天氣歸天，地氣歸地，故隔塞爲否。否者，虛竭之象。二氣不交，兩間空虛，故曰否。泰者，天運也，六爻往來之象，其去如駛，在天者易失；否者，人事也，六爻救否之道，包休從容，在人者難回。易失者不可恃，難回者不可委，故泰之《大象》曰"財成""輔相"，不敢貪天功也；否則曰"君子以儉德辟難，不可榮以禄"，則責成于人矣。故孟子曰："命也，有性焉，君子不謂命。……性也，有命焉，君子不謂性。"天下之事，未有盡人不可合天者，此聖人作易本意。然何以謂之否？曰："否之匪人，不利君子"，所以爲否。但君子不任否，而以否付小人，是爲小人之泰也，則將誰謂之否乎？聖人作卦，非以否付小人，以否託君子也，故象曰"不利君子之貞"。貞，固也。固非君子所用于否，否而固，是立敗之道。敗，則君子不失爲貞，而國家之受禍，不可勝言，如漢之陳蕃、李膺、何進、竇武輩。聖人千百年之上，前知如神。今千百年後，猶不悟也。故夫初六之"拔茅"，君子爲救世出也。六二當否之中，君子與小人雜處，君子行權，相時而動，羣而不黨，故有"包承"之象，艱貞之道也。六三小人感君子之包，故知羞。九四君子得君，有可爲之機，故"志行"。九五明主在上，從容休否，中興之君也。上九否運傾銷，乃漸反於泰。夫泰之將去也，迅馳難挽，天道之无常如彼，而否之將去也，從容不迫，人事之艱難如此。後世君子，避世者託名爲貞，囂然長往；任事者貞固不通，疾惡已甚，施无次第，發不調停，機事一失，潰決四起。國家之事，小人壞之不足，君子與小人共壞之有餘矣。由漢、唐、宋而來，靡不蹈此覆轍。豈聖人之訓不明？學易者失其解耳。故泰九二"包荒"，聖人器使之意甚明。而必以用"馮河"爲果斷，"朋亡"爲絶黨，是教人主純用剛，治道尚察也。易然乎哉！初九"拔茅"，其爲君子甚明。否初六亦云"拔茅"，否象因于泰也。泰"拔茅"爲君子，以陽在内；否内陰而爻亦君子者，聖人以否託之君子也。否不可无陽，猶泰不能无陰，故泰九二"包荒"，否六二"包承"。泰以陽包陰，陰不滅而後生否；否以陰包陽，陽不息而後還泰。使泰時陰滅則无否，否時陽息則无泰，非易之理矣。故二卦皆言"包"，而朱元晦以爲不解，非不解也。先儒學主于貞，寧以易從己，不肯舍己從易，以爲包則誤己，而不知不包則誤國家。以否三陰皆小人，而聖人未嘗盡以爲小人。六三雖小人，而初與二斷不可爲小人。如否三陰皆小人，則泰三陰安得獨爲君子？若謂泰无小人，則否亦不宜有君子；泰三陰皆君子，則否三陽亦皆小人。其説不可通矣。聖人以世道責成君子，教君子善御小人，爲天下國家萬全之計。不有君子，何以傾否？必以三陰爲小人，謂君子无包承之事，是易與造化争也。文王象辭既云"不利君子之貞"，世儒必以爲貞未有不利者，故訓貞爲正。君子之貞，誠无不正，然謂否必利于貞，必不利于包，與聖人之旨戾矣。自知難通，故不得不指"包承"爲小人，此也。抑不思君子包小人既不可，小人包君子，又豈可乎？是知二、五而不知十也。大抵造化之理，陽不能无陰，以漸推陰，承陽而助之發生。君子不能絶小人，以包容小人，從君子而助之化理。聖人于其道言消長，于其用言内外，竟不言有无可知。世儒謂去惡必盡，事有或然，造化之

理未可執此論。況造化所不然者，亦人事所忌，故孟子謂
"仲尼不爲已甚"。仲尼五十學易，處春秋小人之羣，蒙難
愈亨，檢擧生平，惟不爲已甚。孟子當戰國邪世，世儒以爲
泰山壁立，觀其所以待王驩與稷下諸人者，世以爲貞，而愚
以爲包之至也。齊、滕往返，不言行事，而朝暮相見，使驩
无怨言。公行之家，一疑其簡，而從容解釋，嫌疑冰銷。
"七篇"之言，日與楊、墨辯，而竟不斥稷下諸人，庸非六二
之"包承"者與？後儒以名節自任，以成敗利鈍付國家，以
此學易，豈不誤萬世爲君子者无窮哉？然則夫子曰"天下
有道則仕，无道則隱"，何也？曰：此言士自立也。可與立，
未可與權。權者，時中也。易者，權也。孔孟之世，非有
道，而仕如彼其急，故曰"吾非斯人之徒而誰與"？世之否
也，必有一人出而維之，君子也。君子皆曰无道則隱，否將
終焉已乎？夫治與亂非易世，君子與小人非易人，否與泰
非易天。陽去則否，陽來則泰；无君子則亂，有君子則治；
君子而不善則小人，小人而善則君子。是故易者，變也，否
泰二卦盡之矣。泰之"包荒"，否之"包承"，易之義廣矣大
矣。否傾之後，繼以同人，"包荒"、"包承"之效也。嗚呼！
非夫子《序卦》，而易其不可知已。學者并疑《序卦》非聖人
之言，且奈何哉！

否_丕之匪人，不利君子貞，大往小來。

《彖》曰：否之匪人，不利君子貞，大往小來，則是天
地不交，而萬物不通也。上下不交，而天下无邦也。

内陰而外陽，内柔而外剛，内小人而外君子。小人
道長，君子道消也。

　　天氣上升，則地氣下降。二氣初歸，兩間空虛，否隔乃
成。其在造化，往來有常，泰否適均。其在人事，由泰之否
易，由否還泰難。聖人爲人事作易，故曰“否之匪人”，言否
之時，用事者皆非其人，得人則无否也。此匪人者不利于
君子之貞。蓋君子所自異于小人者，惟固守其所爲君子者
而已。然君子固守其所爲君子，小人亦固守其所爲小人。
猜忌生而否隔成，故處否與處泰異。泰小往大來，而否大
往小來矣。泰九三〔一〕所以憂其艱貞，故君子貴善濟否也。
《彖》曰“否之匪人，不利君子貞，大往小來”者，則是天地不
交而萬物不通，天地之否也。在國家，君民上下之情不通
而天下无善國，人事之否也。泰之爲卦，内陽外陰，今陽往
居外，陰來居内矣。健順本相承，泰内健外順，以德相交。
今内柔外剛，以質相拒矣，是小人居中，君子在外。小人道
長，君子道消，皆與泰反，是謂之否。

《象》曰：天地不交，否。君子以儉德辟避難去聲，不
可榮以禄。

　　天地不交，是天地之儉也。儉者，斂約之意。君子用
天地不交之道，斂約自守，避禍亂世，見利禄不動，是儉德
也。法乾之潛龍，體坤之括囊，是君子之天地不交也。榮，

〔一〕九三，早印本作“六二”。

猶惑也。凡人所以處亂世，身名俱喪者，无他焉，寵禄昏其志也；所以榮禄者，无他焉，奢侈无度也。孟子曰：人皆有羞惡之心，"萬鍾不辨禮義而受之"，"爲宮室之美，妻妾之奉，所識窮乏者德我"，此古今貪夫之膏肓。君子无此數者則无欲，无欲則進退行止，何往不裕？相忘于江湖則網罟不及，從容于廟廊則寵辱不驚。微獨全身免害，實是鞠躬盡瘁，幹蠱勤王之本。聖人于否發之。嗚呼，盡矣！世儒以沮溺輩當之，非也。否之六二、九五，非儉德何以能包承休否乎？故曰"事君，敬其事而後其食"，"邦无道，穀，恥也"。

"不可榮以禄"，非戒君子，謂君子清約自保，人自不得以禄縻之耳。

初六，拔茅茹，以其彙，貞吉，亨。
《象》曰：拔茅貞吉，志在君也。

泰初"拔茅茹"，天交于地之象。否初因泰初，戒君子進必以正也。與其類貞固自守，勿輕應人之召，見可然後進，如是則吉，有功于否而亨通矣。大抵世之否也，必賴君子維持。潔身忘君，大人不爲，故《象》曰："拔茅貞吉，志在君也。"如後世楊雄、蔡邕輩，失身小人，无濟于國家。豈謂其不當出乎？不貞故也。伊尹應湯聘，何其貞吉亨？桀之世未嘗不否也。孔明從先主，亦庶幾焉。蓋在否之初，志士尚可有爲，要在不輕往。不若泰時，拔則征，故其占異。

天雖不下，而地未至于无茅。世雖亂，未至无君子。

有君子，未遂忍忘君。亂世昏主，亦未嘗不取士。故否之拔茅與泰同，但邪正混淆，君子宜慎始擇交，能以其彙貞則吉。否不利君子貞，而初貞吉，何也？始進不貞則失身，既進當事與小人羣，貞則于君子未利耳。

六二，包承，小人吉，大人否，亨。

《象》曰：大人否亨，不亂羣也。

六二當否之中，小人方盛，不利君子貞之時也。君子本儉德藏其貞，我自見彼爲小人，使彼不忌我爲君子，是包含小人而承受之也。非小人之吉，而大人之否耶？大人，即六二。惟大德之人，爲能含弘光大。破形骸，撤藩籬，以感化人心，轉移世運，亨之道也。《象》曰大人當否能亨者，不離小人之羣，而不亂于小人之羣，所以爲大人。然則包承也者，豈同流合汙之謂與？和而不同，所以爲包承。不然，當否之時，疾惡已甚，必敗之道。不暇自爲，而爲君爲國，君子之艱貞如此。

六二柔順中正，故能包承。坤虛有包象，泰二以天包地，故爲“包荒”；否二承乾，故爲“包承”。泰二“包荒”，則自初與三至上，併包无遺；否二所包止于六三。三以陰居陽，不中不正，乘二之上，小人之象。當上下之交，隔地天之通，乃所以爲否者。二承而能包，因以得同于四，應于五，成休否之功，故曰“包承”。如漢陳平之於諸呂，唐狄仁傑之於諸武，皆用此道。

六爻之象，五爲濟否之君，二爲救否之臣。拔茅以來，

志在濟君,進阻于六三,而二能包承,致其愧悔,因得受命
行志,與九五共休否,爲大人之吉。爻辭于二云"大人否",
于五云"大人吉",明大人之即六二也。非有大人之德,烏
能包承小人,使之知羞乎?故曰:"大人者,正己而物正。"
欲速見小,疾惡已甚,小哉之器矣。

　　坤在否下,天氣不降。小人在內,君子志存休否,龍潛
蠖屈,與小人羣。如孔子相魯,與季桓子共事;孟子爲卿于
齊,與王驩、稷下諸人同朝,乃所謂入羣不亂也。孔子云:
"不曰堅乎,磨而不磷。不曰白乎,涅而不緇。"其見南子
曰:"予所否鄙者,天厭葉之","包承"之謂也。

六三,包羞。

《象》曰:包羞,位不當也。

　　六三以陰居陽,在下之上,據天地否隔之際,小人之
象。位乘二上,六二中正包承,三受其包,內省知羞,小人
雖不肖,而羞惡之良,其所固有。大人正己率物,感化自
神,故曰:道之以政,免而无恥;道之以德,有恥且格。"包
羞"之謂也。《象》曰六三以陰居陽,竊位妨賢,才不當位,
所以羞也。

　　玩六三一爻,是即匪人之爲否者,與上九正應。上"傾
否"而後有喜,傾此也,與九五同功。五"休否",休此也。
其亡,戒此也。故《象傳》于五云"位正當",于此云"位不
當",其義可知。蓋以柔居剛,不中不正,處上下不交之際,
有隔塞之象。與二同事,位在二上。六二柔順中正,三受

包容,感動愧悔,羞居二上。此小人退聽,否將還泰,坤入
乾之機也。君子遇凶頑,使之畏,不如使之恥。小人知羞,
是士類之幸,而大人之化神矣。轉移默奪,非大人不能。
所以"包承""休否",還之于泰也。

九四,有命无咎,疇離祉。
《象》曰:有命无咎,志行也。

此陽來之始,轉泰之漸。四居乾下,上近九五,爲大君
有命之象。天運將回,君子向用,可以有爲,故无咎。互巽
爲命。疇,昔也。離,日也。祉,福也。在泰九居三,云"于
食有福"。今來居四,二爻往來之際,有離象。離爲日,昔
日泰所言食福,正在于此,謂君子得志也。《象》曰"有命无
咎"者,始之拔茅彙貞,志在君,而今行其志矣。

泰九三,陰未至而先云"无咎""有福",勉之也。否九
四,陰已去,而始云"无咎""離祉",慶之也。九四一爻,似
涉風波近岸,舟中之人交相賀也。

九五,休否,大人吉。其亡其亡,繫于苞桑。
《象》曰:大人之吉,位正當也。

九五陽剛中正,以居尊位,是興衰之主也。是時坤陰
雖往,乾陽未交,須休息安養,充其元氣,而後泰可漸還。
下與六二正應。二以大人之德,罷小人之羣,否不得志。
今明主登庸,是大人之吉也。明良同心交儆,小人雖羞而
未盡去,當念其亡乎,其亡乎。如繫于苞桑,惟恐不固,庶

幾有濟耳。叢生曰苞。桑性柔韌，叢生，其根尤多。互巽
爲木，有桑象。巽爲繩，繫象。《象》曰君子小人，相爲消
長。坤陰在下，故六二大人否，小人吉，以六三在位不當
也。今大人之吉，以九五剛中，居尊位正當，故君子道長
也。不然，雖大人何所恃以消否乎？故位者，聖人之大寶。

太平非欲速之功。博厚高明，惟久則徵，故曰"王者，
必世後仁"。善人爲邦百年，然後可以勝殘去殺。由否還
泰，安養休息，仁漸義摩，而後可企。如人身血脉調暢，寒
暑之患驟至，爲否則易，若沈痼乍起，欲一朝强固，雖盧扁
不能，由否還泰難也。是以治戒欲速，功惡襲取，此王霸德
力之分。

桑本堅固之物，苞叢生塌地。九五"繫于苞桑"，欲繫
乾於地，爲天下交，傾否之象，意不專主堅固。或謂苞桑如
《書》"朽索"之喻。蓋據《詩》云"方苞方體"，以苞初生未
固，然《詩》亦云"如竹之苞"，則盤固之謂。桑根之苞，不尤
固于竹耶！

上九，傾否，先否後喜。

《象》曰：否終則傾，何可長也。

上則否終矣。乾陽升極，反下之漸。陽氣將交，枯槁
回生，否竭之運其傾矣。傾者，銷融之意，如火爍金，如日
解凍。陰邪凝錮，陽氣漸到，自然傾消。但泰尚未見，苞桑
之憂未可遽忘。否雖終，无異否先。喜雖來，猶以爲後。
如是則否可必傾，泰可必至矣。《象》曰"否終則傾"，存乎

其人。苟不求傾否，委之天命，喪亡且至，何可長如此乎？亦爲之而已。

　　自高而下曰傾。天體西北傾欹，乾倒還泰之象。猶泰上“城復”，所以成否也。否不可長，即《序卦》繼以同人之義。

　　卦體泰中互歸妹，有蠱象。否中互漸，有隨象。泰所以易壞，否所以難傾。歸妹反漸，故泰往甚疾。而六五象即爲歸妹，漸反歸妹，故否往甚徐。而六二、九五象包休，皆自然之義理也。泰中有歸妹，歸妹中有既濟，既濟中有未濟，未濟又既濟，相互以至无窮。否中有漸，漸中有未濟，未濟中有既濟，既濟又未濟，亦相互以至无窮，皆自然之象數也。象義兼明，乃可言易。

同人☰ 離下乾上

　　《序卦傳》曰：“物不可以終否，故受之以同人。”夫否之不通，人與人相隔也。君子以包承休息之道傾否，否傾則泰，泰則通，通則人己大同，故繼之以同人。爲卦離下乾上，離本乾也，坤交于中則生離，其象爲火。上之以乾，則爲同人。蓋乾本元陽，火陽眞炁麗于虛空，與乾同體，故離爲乾卦。乾者，乾也。離者，乾之精。人者，乾之神。乾精爲火，乾神爲心。故人心屬火，虛靈洞徹，萬象普照，如一室千燈，同明交映。火麗空生光，神麗形生明，一也。凡光

明皆乾,乾離同體,故曰同。然何以謂同人？道莫大于明,
乾知即明也,明德即知也,知明即離也。其象爲日、爲火,
其全體爲天,其凝聚爲人。天以精氣生火,千萬炬,其光同
也;天以神理生人,千萬心,其明同也。耳同聽,目同視,口
同味,心同覺。一人之是,同以爲是;一人之非,同以爲非。
親同愛,長同敬。人雖至愚,此心此知,无弗同焉。故孟子
曰:“聖人先得我心之所同然。”天之所以與我者,弗異也。
惟情欲相感,利害相攻,狥私適己,則世路荆棘,人我冰炭。
聖人欲併萬類爲一類,勢所不能。惟各反其光明不昧者,
雖支離乖僻,此熒熒一星,卒不可昧,是天所與我也。不可
昧者,離也。不可異者,乾也。乾无不冒而非混同,明无不
照而非差別,皆體備于人。故人秉離明,行乾健,則能同人
矣。其卦與履、小畜〔一〕,皆五陽函一陰,柔爲主。人情相
暌,起于好剛。六二一陰,五陽争赴,同情也。二從五,同
以正也。三、四争之,强同也。二、五終合,同不可異也。
初以无心同,故无咎。上以无心不同,故无悔。涉世者,若
三、四之貪狠,世路所以多歧也。若初、上之隨寓,則咎悔
亦不及矣。若二、五之中正,雖間關百折,奚異之有？柔得
剛而文明中正,斯无往不得同矣。故夫子曰:“鳥獸不可與
同羣,吾非斯人之徒與而誰與？”楚王失弓,夫子曰:“人失
之,人得之,何必楚。”莊周謂:“藏天下于天下,而不得所

────────────

〔一〕履小畜,底本“履”前有兩個墨釘,早印本作“需訟履小畜”。

遁。"同人之謂也。

　　卦本同人，爻无同象，何也？有意求同，則乖戾不同。善同者，不求同而大同。故君子類族辨物，乃能通天下之志。卦本純乾，乾道无私，惟六二以一陰爲離。在人爲心，人各有心，是世路通塞，物我同異之端。其正，則爲君子之貞，如二之同五是也；其不正，則爲小人之争，如三、四之求同于二是也。二、五雖中，上下係應。處大同之時，二未免于吝，五有待于克，同人之道，均未廣也。蓋論爻位，二以卦主在下，不如小畜、大有之居上。六二以柔主剛，不如師九二之爲陽，故卦爻有伏師之象，无大同之德。玩彖辭，似欲變而之乾。二一陰化陽，則人盡合天，始爲大同，故乾九二有離象，天火本同也。二化純乾，乃爲于野之亨。水化火，乃爲利涉大川。在本卦初爻始同，端尚未岐。二有係累，三乖僻，四思懲，五克治，上无私未忘，故于郊。郊外爲野，郊野爲天。百尺竿頭更進，則无人无我，无朝市逼側之見，人道始抵于大同。故六爻初爲出門，二爲宗，三、四爲國中，上爲郊。爻内无野象，象義在爻外。讀易所以貴于知象也。

同人于野，亨，利涉大川，利君子貞。

　　天覆于上，火照于下，高明光大，何爾我偏曲之有？惟于城郭宮室，林莽幽谷，不見天日，謬生同異。適平原曠野，天宇空洞，則藩籬蔀屋之見盡徹，覺形骸藐小，物我偕適。以此閲世，自然亨通。險阻化爲康莊，大川利涉矣。

然非苟同也,利于君子之人,貞固自守。非君子,同而不貞,如五同二,貞也。三、四雖橫,如彼何?

“于野”,猶言適野。乾爲天,離爲目。野外極目,惟天。離錯,乾之象。野天空闊,離明遠照,同人之象。“利涉大川”者,離從乾之象。離從乾,則二變坎,柔化爲剛,故爻象五克二,即所謂“利涉大川”也。君子,指五、二,同人之時,能以正合也。

卦本同人,而人不同者,如咸以不感感,恒以不恒恒,大壯不用壯,睽不終睽。易象變動多類此。六爻无大同之象,惟其不于野也。卦本乾體,爻象伏戎乘墉,大師相克。惟以六二一陰,諸陽爭同,致相矛盾,故二、五雖中正,占亦不言吉。二曰“吝”,五曰“號咷”“師克”,皆乏于野之觀也。郊外爲野,初以上皆郊內城市,家宅門廬之間,不勝族居藩籬之隔,何以同人? 故卦體伏師,爻有師象。同人而不能同者,莫如師。六二變乾,則師息大同。此五所以有“師克”,上所以終于“郊”,未“于野”也。

《象》曰:同人,柔得位得中,而應乎乾,曰同人。同人曰:“同人于野,亨,利涉大川。”乾,行也。文明以健,中正而應,君子正也。惟君子爲能通天下之志。

好剛,則與世忤。卦體一陰,以柔爲主也。失位則不正,陰居陰得位也。无德則不中,二中女,得中也。應无陽,則失主。所應者,乾之健也。兼此數者曰同人。然同人之象曰“同人于野,亨,利涉大川”,此獨主乾行言也。

"于野"者,乾之大。"利涉"者,行之健也。乾道无心,易以知險。體乾之行,則普物无私,何險不濟?何人不同?其謂君子貞,何也?離在下,柔順而文,洞虛而明,以承乾健。二、五得中居正,剛柔相應,非偏非黨,是君子之正道也。如是而人焉,有不同乎?蓋天下人不同而志同,志不同而理同。"中正"者,人心直道,天下之公理。"感應"者,人心真幾,天下之通途。君子本柔順以和天下之情,文明以察天下之理,剛健以決天下之幾,中正以待天下之感。如是,天下之志何有不通?天下之人何有不同?所謂于野之達觀,无往不亨,何險不利?而君子之貞,行乎其中矣。

《彖傳》引彖辭"于野""利涉大川",獨以"乾,行"釋之,于離之應,以"君子貞"當之,則六二之"吝",亦未醇爲君子。彖所重在乾耳。

《象》曰:天與火,同人。君子以類族辨物。

天覆冒于上,火繼照于下;天統爲同,火明爲人,故曰"天與火,同人"。君子觀象,思天下之人不同,若何而同之?天下之理本同,若何而人不同?同者,理也。不同者,物情淆亂,處置乖方,調理失宜,故善同无苟合。萬物雖分,各有其族,則類聚使同。萬族雖同,各異其物,則辨別使異,共適于天理之公,各復其本體之明。合之而其會通,分之而其緒理。此君子乾行无私,離明旁燭,所以同人也。

天道貞觀而无視,其精爲人。人有形色能見,是生離爲目,與天同明,但著于形氣爾我之隔,故離體本乾。其中陰,即形氣之麗于天者。《書》曰:"天視自我民視。"道書曰:"天心,人也。天即人,人即天。"是謂天火同人。離未純天,所以六二有同人之吝。天能勝人,所以九五有大師之克。《禮》云"明明德于天下",同人也。致知格物,類族辨物也。君子致知格物,所以明明德于天下也。然不曰天下有火,而曰"天與火",何也? 二、五相應,二往五則爲重離。天同爲火,五來二則爲純乾,火同爲天,故其象如此。曰人,何也? 天下至難同者人,聖人欲以天火之同,同天下之人也。

初九,同人于門,无咎。

《象》曰:出門同人,又誰咎也?

初九,同人之始,世慮未紛,其情常公。當卦之初,即與二遇,陰陽相值,不待遠求,故爲"同人于門"之象。蓋六二一陰,諸陽所共求也。初以无心相值,何咎之有? 二、三似艮,有門象。當初之前,有出象。

六二,同人于宗,吝。

《象》曰:同人于宗,吝道也。

六二柔順中正,上應九五,然以一陰當五陽求同之時,而處初、三兩陽之間,與爲同宗。其上應九五,固不易之理。而于同體之宗,親愛顧戀,亦自然之情。蓋其體本離。離,麗也。陰麗于陽,附麗不舍,況在同人,柔情尤甚。君子類族辨物,則六二未免于吝矣。《象》曰六二中正,宜无所吝,以其麗二陽爲離,性情之德,有吝之道,所以致三之興戎,來九五之大師也。

六二以同人之主,附麗兩陽,膠漆綢繆,有當往不欲往之象。九三"伏戎",固三之過剛不中,亦由二志不果去,故三安行无忌。二苟不安,同室相鬬,三豈能伏戎至三歲之久乎?非九五陽剛居尊,理直氣壯,用大師,幾不克矣。

六二文明中正,以離爲麗,吝于其宗,與他卦之吝小異,故曰"吝道"。發乎情,止乎義理,雖聖賢不免焉。孔子去魯,曰"遲遲吾行",容非吝與?亦曰"去父母國之道"焉耳。

九三,伏戎于莽,升其高陵,三歲不興。

《象》曰:伏戎于莽,敵剛也。三歲不興,安行也。

六二既有同宗之吝,九[一]三與二爲宗,遂欲安之,畏五之來,伏戎于林莽禦之。五居上,升高陵望之。至于三歲之久,五、二不通,戎伏不起。離爲甲胄戈兵,有戎象。互巽入,有伏象。初、二似震,有莽象。巽爲長高,乘偶似艮山,有升高陵之象。自三至五,三歲之象。《象》曰"伏戎于莽"者,九五陽剛,三恐其來,設伏以敵之也。"三歲不興"者,二有吝道,三安止其行也[二]。二苟不安于宗,自相攻伐,豈能三歲不興乎?安,留也。行,中行,指二[三]。

────────────

〔一〕九,早印本作"六"。

〔二〕安止其行也,早印本作"安而行之也"。

〔三〕"安留"至"指二",早印本無。

九四,乘其墉,弗克攻,吉。

《象》曰:乘其墉,義弗克也。其吉,則困而反則也。

　　三以同宗安二敵五,四、五同體,憤三之爲,登其墉窺之,將攻之以取二,旋知其不可,罷弗克攻,故吉。四以剛居柔,始之乘墉,剛也;既弗克攻,柔也。弗克,猶言不成。墉,墻也。卦體相隔,三隔二,有墉象。四窺二,故乘墉。二、三似艮土,四在上,互巽爲高長,有乘墉之象。《象》曰"乘其墉,弗克攻"者,二非四偶,三非敵四,以四攻三,无名也。踰墻相窺,摟人處子,非禮也,故義弗克。所以吉者,三力窮自罷兵,二吝釋自歸五。理有必至,困極則反,何事于乘墉之攻乎?

　　三、四皆不中,四獨弗克攻,何也?三居離終,躁急,故興戎。四居乾初,能潛,故弗克。處同人之時,三同二敵五,四同五克二,其象如此。

　　墉,城也,國中之象。《詩》曰"實墉實壑",苟能于野,則无爭矣。四變家人,家人反上伏下〔一〕成困,故曰"困而反則"。

九五,同人先號平聲咷逃而後笑,大師克,相遇。

《象》曰:同人之先,以中直也。大師相遇,言相克也。

　　二以柔應剛,是九五之同人,吝于宗,阻于三,安行至三歲,五是以有憂心,爲"號咷"。然困極反則,先睽後合,

〔一〕反上伏下,早印本作"五以下反"。

相見而後喜，可知也。蓋三伏戎，四乘墉，于理未順，九五剛中居尊，仗義興師，攻三取二，其誰能禦之？故爲“大師克”，相遇之象。言得正，雖異終同也。《象》曰“同人先號咷而後笑”者，以九五中正理直也。蓋三本悖逆之行，四乃踰墻之舉，五自反而縮，千萬人吾往，所以終能得同也。“大師克，相遇”者，理直師壯，故克。師莫大于直，而兵爲小；克莫難于私，而敵爲易。五所以終克三也。

中直，猶坤六二之“動直以方”之直。此則指乾中九五一奇爲直，似坎，坎爲加憂，二、五未合，故先憂。既合，五變成離，離火嘻嘻，有笑象。卦體伏師，故云“大師”。

上九，同人于郊，无悔。

《象》曰：同人于郊，志未得也。

諸陽皆求同于二，上九非不欲同，而遠不相應，故有“于郊”之象。四、五爲國中，則上爲郊，雖不得二，然亦无悔。若三、四，則悔矣。《象》曰“同人于郊”，志欲同而未得也。幸不與于三、四之謀，所以得无悔。然則涉世之道，與其求而无得，寧不得无求者爲猶寡悔乎？

郊，天象。上九同人之終，郊則族居之盡，去家門宗族城市遠，于野近矣，漸有大同之象。更進則于野，六爻門墉陵莽，不勝間隔，伏戎興師，至相矛盾。人之不同，於斯爲甚。君子觀爻象而知同人之道矣。在我苟无籬棘，于人焉有冰炭乎？

大有 ䷍乾下離上

《序卦傳》曰：“與人同者，物必歸焉，故受之以大有。”《禮》曰：有人此有土有財。大有所以繼同人也。卦反同人，亦五陽函一陰。此則一陰當五位，諸陽共宗，爲天子富有四海之象。陽大，故曰大有。或曰：比以一陽統五陰，爻象不如大有吉，何也？比坎在外，險象，爲水，无文明之德；坤居內，衆象，爲地，乏天行之健。比受師，繼亂宜用剛；大有受同人，繼治宜用柔。大有之主，柔順中正，故君德无如大有吉也。蓋凡剛不可過用，聖人于乾坤後，繫以比、小畜、履、同人、大有，五卦皆柔，得諸陽之助，其義可知。季康子欲殺无道，夫子教之曰：“子爲政，焉用殺。子欲善而民善，君子之德風也。”柔曰善，巽曰風。子路好剛，子曰：“切切偲偲怡怡如。”今儒者言君德則曰剛，以君爲乾。夫乾健，知始也，其成而行，則坤也。天不能以乾徑施于物，而況于人乎？子曰“吾未見剛者”，傷世人多慾耳。好剛不學，其蔽爲狂。世儒動以爲黃老言，何與？夫惟天子承乾，惟首治之天子用乾。繼體之天子用乾，過也。況諸侯、大夫、士、庶人乎？聖人于乾，象以元亨利貞，明乾非純剛也。乾之用九，去其首而乘六，非全用九也。大有之後，即繼以謙，聖人之意愈明。然卦取離上乾下，何也？火本明而在天上，則四方萬國，遠近大小，无不歷見其所有。《詩》云“土宇昄章”“奄有四方，斤斤其明”，此之謂也。又火爲陽精,與天同體。天本高而火炎上,高明无極。上九"自天佑之,吉无不利",則君同天之象也,故六爻皆以貴上爲義。初爲民,二爲臣,三爲諸侯,四爲主計大臣,五爲天子,六爲天。人君富有天下,莫非天也。天下百物之利,九壤之賦〔一〕,皆天之所生。王者,天之所子。以天之物,養天之子,造化定理,誰得而干之?故九五爻辭曰:"威如之吉,易而不備。"善乎宋祖云"有天命者自爲之,不汝禁也",自天祐之謂也。世主无德承休,而聚斂徵求,致億兆解體。嗚呼,"富而可求也,執鞭之士,吾亦爲之"。"求之有道,得之有命。"士君子涉世,飲啄皆天,況其大焉者乎!此大有之占也。

大有,元亨。

《彖》曰:大有,柔得尊位大中,而上下應之,曰大有。其德剛健而文明,應乎天而時行,是以元亨。

　　火在天上,照臨下國,人君富有四海之象,故曰"元亨"。《彖》曰"大有,元亨",何也?大有之君,德貴柔中,以六居五,柔得尊位而大中也。上下五陽皆應,故曰"大有"。所以能大有者,德也。德者,本也。有德則有土有人有財。乾行在下而剛健,離火在上而文明。五之陰柔,非昏懦也。如日之明,應乎天德,時行不息,所以能元大亨通也。

────────────

〔一〕賦,《易領》作"富"。

卦本一陰得吉，而《彖傳》言剛健乃亨，何也？坤以承乾，爲順也。柔順失乾，則爲昏懦，非長人之具，何以元亨？凡言柔者，皆乾元用九，龍潛无首之義。

一陰五陽之卦，凡六：姤、同人、履、小畜、大有、夬。惟大有，柔當五位，餘不得位，故不能有大。

《象》曰：火在天上，大有。君子以遏惡揚善，順天休命。

火在天上，莫如日。日之照臨，九州四海，山川陵谷，飛走動植，宮室城郭，人民蓄積之類，萬品森羅，无不呈見，故曰“大有”。夏火用事，萬物相見之象。君子用此道，分別善惡，順承天之美命，離明四照，善惡難欺，乾道无私，美命惟順，則萬事之理得，萬物之情盡。周旋帝則，衆善之休祥，歸于君子。此君子之大有也。

同人不類族辨物，則和而爲流。大有不遏惡揚善，則富而无教。同而大者，天也。類辨而揚遏者，火也。

初九，无交害，匪咎。艱則无咎。

《象》曰：大有初九，无交害也。

初九居下之極，窮簷之民，當大有之世，食土之毛，疇敢不貢。而初无正應，爲遠人逋負无交納之象，豈得无害。然窮民之家，无所輸將，亦匪其咎。能艱難勞力，勤儉資生，則貢賦有出，可无咎矣。《象》曰大有之初九，无交于上，害之道也。其士之懷寶迷邦者乎？

大有反同人。大有初九，即同人上九，遠于柔者也，故同人六爻，獨上九爲“未得志”；大有六爻，獨初九爲“无交”。

九二，大車以載，有攸往，无咎。

《象》曰：大車以載，積中不敗也。

二與五正應，故爲重輪之象。大車，牛車，任載者也。載以大車，豐賑之象。有攸往，往五也，非自利，故无咎。車中滿，似坎象。《象》曰“大車以載”者，九二得中，積蓄雖多，可无朽敗。以陽之實應陰之虛，五柔順而二剛中，自足勝任，以濟大業，故有此象。其賢士以天下自任者乎？

九三，公用亨_享于天子，小人弗克。

《象》曰：公用亨于天子，小人害也。

九三以乾之終，居下之上，有君公之象，是百里之封，大國之貢，非小人所能致也。《象》曰“公用亨于天子”，是謂康侯，故能與五同功。若小人有國封殖自私，如初九之无交害矣。此其外臣之以卓越異材，自致于天子者乎？

《曲禮》云：“五官致貢曰享。”亨與享同。九三重剛不中，在他卦或象小人，乾九三則終日乾乾之君子也；在大有時，爲君子處豐富之象。陽剛過實，乾行上進，三、五同功，故其象爲公亨天子。在師之上六〔一〕曰“開國承家，小人勿用”，故九三爲公，則不得爲小人矣。《周禮》，上公入朝，

〔一〕六，早印本作“九”。

“饗禮九獻,食禮九舉”,體貌隆重,故“小人弗克”。《左傳》晉文公將納襄王,筮得此爻。卜偃曰:“戰克而王饗,吉孰大焉。”然則公享王,王亦饗公也。

九四,匪其彭旁**,无咎。**

《象》曰:匪其彭,无咎,明辯晳皆折[一]**也。**

九四上近六五,當大有時,則掌邦賦之貴臣。然不中不正,見輸將之至,車馬之多,彭然而盛,有歆羡之意,故爻辭戒之曰:匪爾彭也,是六五[二]之有也。以剛居柔,故雖歆羡,而无染指之私,所以无咎。《象》曰“匪其彭无咎”者,卦體離明,辨別昭晳,不以利昏。其君子之見利思義者乎?

六五,厥孚交如,威如,吉。

《象》曰:厥孚交如,信以發志也。威如之吉,易而无備也。

六五柔順中正,體離乘乾,富有大業。九二剛中上[三]應,九三乾健上行,與五同功,故爲“厥孚交如”,言其所與孚者,交至匪一,《詩》所謂“成王之孚”也。“威如”者,坐撫盈成,不嚴而尊,《詩》云“莫敢不來享,莫敢不來王”,威

〔一〕辯晳(皆折),早印本作“辨晳”。阮元《十三經注疏校勘記》云:“辯晳,石經、岳本同,監、毛本‘辯晳’作‘辨晳’。《釋文》:晳,王廙作‘晰’,又作‘哲’字,鄭本作‘遰’,陸本作‘逝’,虞作‘折’。阮校:凡俗本作‘晳’者誤。”

〔二〕六五,早印本作“九五”。

〔三〕上,早印本作“下”。

如之吉也。交如、威如，皆火象。交如，就燥之象。威如，上炎之象。《象》曰"厥孚交如"者，柔中之主，天下信之，發其奉上之志，《書》所謂"多儀及物"，以玉帛將恭敬也。"威如之吉"者，天子文明柔順，不作威，不殖貨，惟正之貢。上无掊克，下无攘奪，九府雖充，非筦庫之私，故"易而无備也"。《禮》曰："未有上好仁而下不好義者……未有府庫財非其財者。"苟爲富不仁，盜思奪之，豈有備所能免乎？

上九，自天祐之，吉，无不利。

《象》曰：大有上吉，自天祐也。

　　五上无位，惟有天耳。六五〔一〕體離乘乾，乾健上行，離火上炎，高明之極，故上九爲天。人君撫有四海，非天之助，曷克享此？財者，民之命。民以命奉上，非苟然而已。六五履信，思順尚賢，天心眷佑，故能享大有之富，吉无不利。苟不得天，何以得人？《象》曰大有上九之吉，自天祐也。天與則人歸，是以堯戒舜曰"四海困窮，天禄永終"，畏天也。爻辭意在言外。君子見利思義，得之不得，曰"有命"，以此。

　　"自天祐之"，祐六五也。所以致祐之故，六五盡之。《大傳》所謂"履信""思順""尚賢"也。"厥孚交如"，履信也。以柔居尊，思順也。下應九二，尚賢也。六五之效，於上九言之者，大有之成也，猶師上六言"大君"，非上六爲大君也；小畜上九言"載婦"，非上九爲婦也。

────────

〔一〕六五，早印本作"九五"。

周易正解卷六

謙 ䷎ 艮下坤上

《序卦傳》曰："有大者不可盈,故受之以謙。"謙者,兼也。卑而能尊,故曰兼。爲卦艮下坤上,艮止坤順,止而不上,所以爲謙。止而愈順,所以卑而能尊,持盈而受大有也。造化之理,不足者常益,有餘者常損。君子以不足留有餘,以有餘待不足,故餘者終不至過盈,不足者終不至太損。此兼兩之道、稱平之權也。蓋艮者,萬物所以成始成終。一陽爲艮于下之上,止而不過,高下盈虛以爲則。故諸卦三爲凶地,在謙則止;五爲尊地,在謙則侵。蓋以謙爲主,則卑者尊;以亢爲盈,則高者危;以平爲福,則盈者菑。此衰多益寡之數也。故爻象,初爲謙地;二爲鳴,以其得牧也;三爲勞,始願不及此,不勝持盈之固也;四過謙則,故撝而退;五高,故伐不平;上盈,故思反牧而鳴,非行師弗克也。初爲本志,三爲法則。由初至三,有自卑而進之象。進至三而止,由上反下,有自高而退之象。退亦至三而止。蓋上卦處其多,多則衰;下卦處其寡,寡則益。所謂天地人神不能違，君子之終也。然而聖人設象，尤有深意。蓋謙非不足而謙，有餘而謙也。止者可以進而不進，順者不得不行而行。可進而不進者，謙之德；不得不行而行者，謙之功。方其用謙，功高若拙，才高若愚，不可謂不止。謙成之後，不矜而人讓功，不伐而人讓賢，不可謂不順。止則其退不可挽，順則其進不可當。故君子之謙，非委靡也，器大而識遠，基厚而養定，震世事功，如浮雲過影。及其當大任、決大疑、戡大亂、蕩大慝，世所退託，不敢任者，君子未嘗不兼之。有可爲之才而不爲，象山之止；不得不爲而後爲，象地之順，斯之謂有終。今人无材无勇，焉能與世爭？徒委靡巽懦，以其退讓，飾其昏愚。是故謙有自然之則，過則曰勞，九三既勞于謙，過此更謙，是不可已而已。卦自比以來用柔，故聖人于此示之則，以勵廉恥，振頹懦。而象取于地中有山，蓋地至卑也，百步而登丘陵，人以爲高矣，此咫尺之見耳。四隅相距萬里，高山峻阪不知其幾，泰、華、恒、霍，高皆千仞，自百里外視之，已没爲平地。豈其山不高？地能謙也。然自東南仰視西北，地勢稱天柱，其上行无疆，亦未有如地者。此五、上利征伐，卑而能尊，謙所以有終也。當謙而語征伐，沈潛剛克，猶同人九五之“大師克”，乃爲中則。古之人有行之者，周公以王室尊親，吐握下士，作周恭先，可謂勞謙已。而其相武王，誅紂黜殷，東征滅國五十，天下大定，謙而能伐，止而能行也。後世如張留侯、李鄴侯，亦近之。此謙之大占也。

謙，亨，君子有終。

謙者，有而不居之稱。有而不居，何用不亨？終者，謙之則，指九三，艮以止之，謙之終也。

謙主在三，止而不上，似乎中廢，然卑而能尊，所以有終。諸卦爻自始至終吉者鮮，惟謙爲有終。

《彖》曰：謙，亨，天道下濟而光明，地道卑而上行。天道虧盈而益謙，地道變盈而流謙，鬼神害盈而福謙，人道惡盈而好謙。謙尊而光，卑而不可踰，君子之終也。

《彖》謂"謙，亨"，何也？謙之爲卦，下止上順。乾以一陽止于艮上，虛生明，是乾道下接而光明，所以抑其高也。坤在外，順而上行，所以揚其卑也。抑其高則能謙，揚其卑則其謙不困，所以爲謙亨也。君子有終，何也？大道自无生有，萬物自有還无。功業震世，其究歸虛。君子能體虛无，則天地人神共歸。試觀天之道，日中必昃，月望則缺，是盈則虧也；日初升，月未望，是謙則益也。觀地之道，丘陵漸殺而平，是盈則變也；川澤漸堙而高，是謙則流而歸也。高明之家，鬼瞰其室，盈則害也；積善之門，必有餘慶，謙則福也。人情見驕盈莫不惡之，遇謙恭莫不好之。由茲以論，凡功高德隆，本尊也，能謙則其尊愈光，是天道下濟而光明也。遜功讓德，自卑也，人終不得而踰，是地道卑而上行也。始謙而終光，始卑而終莫踰，彖所謂君子有終也。

《象》曰：地中有山，謙。君子以裒^{蒲侯反}多益寡，稱^{去聲}物平施。

不言地下者，山不在地下而在地上，地能含之，以藏于其中也。自尋丈而較，丘阜岡隴，皆在地上。遠眺大觀，終南、泰、華，滅没无形，雖崎嶇兀突，縶覺地道之爲平，故曰"地中有山"，謙而能兼如此。是故君子觀象，天地之間，萬物高下多寡不齊，取此益彼，正足相當。有如稷能司稼而不能治水，契能敷教而不能明刑。人我分際平等，豈得過生低昂？賢智者不得驕以爲有餘，愚不肖者不得遜以爲不足。一身之中，手能持不能行，耳能聽不能視，以此濟彼，適得均平。豈得以手驕足，以耳誇目乎？君子所以稱物之輕重，平其施，不敢妄生高下。是君子之地中有山，謙也。施者，用使之意，猶《周禮》"施舍"之施。

初六，謙謙君子，用涉大川，吉。

《象》曰：謙謙君子，卑以自牧也。

初在下最卑，謙之本地也，以柔居下卦下，有重謙之象，故爲"謙謙"。初與世未交，在艮爲山下，幽居恬處，无名无功，不矜不伐，惟有謙耳。稱"君子"者，初下君子本志也。互坎在前，知止不殆，故爲利涉大川之象。諺云"過渡莫争先"，惟謙退者爲宜。《象》曰"謙謙君子"，卑以自養也。牧，養也，山下之象。初地最下，君子退然處此不争之地，以爲安身立命之所，鎮静无爲，恭默自守，既不聞其鳴聲，亦不見其功勞，卑以自養而已。牧者，得所之意。

初六“君子”，即九三之“君子”。謙不厭卑，君子初志不敢上人。自處一世之後，養得其所。二心和〔一〕而鳴，至三止不上，志在初也。上九之鳴，爲求牧不得而鳴也。謙以下爲本，故稱君子。

卦體坤在艮上，坤爲馬、爲牛，艮爲山，有馬牛登山之象。初牧山下，故《傳》曰“卑以自牧”，牛羊以牧地爲得所。二將登山呼羣，故鳴。三陟山巔，故勞。四麾使下，故撝。撝，麾也。《詩》云：“麾之以肱，畢來既升。”五、上“侵伐”“行師”，用牛馬也。上與三應，蓋勞極思牧而鳴也。老氏謂：“呼馬應馬，呼牛應牛”，謙象也。山高而牛馬得牧，所謂以陵遲，故能高也。惟柔能强，所以征伐也。卦中互坎，濟險莫如謙也；互震，善動莫如謙也。卦體象師，服衆莫如謙也。內艮，知止莫如謙也；外坤，順利莫如謙也。

六二，鳴謙，貞吉。

《象》曰：鳴謙貞吉，中心得也。

六二陰柔中正，處謙之時，得止之中，心虛明而氣和順，時然後言，故爲“鳴謙”。蓋初尚未與世交，靜默无聲，二涉應感，上遇艮主，叩虛而鳴，言不輕發，發必有中，順理宜情，安貞得吉也。艮爲黔喙，故二有鳴象。《象》曰“鳴謙貞吉”者，二下乘初牧，得養怡性，上遇艮陽，剛柔相合，中

〔一〕　心和，早印本作“適意”。

心自得而鳴也。苟非中心有得于謙，僞爲于聲音，豈能得正而吉乎？

謙者不妄言。六二鳴謙，象訒默也。言不以口而以心，聲由中出，故二有鳴象。三爲艮主，艮爲黔喙。黔喙者，鳴不以喙。《周禮》云：蟲有"以脰鳴者，以旁鳴者，以翼鳴者，以股鳴者，以胸鳴者"。艮鳴在中，即脰鳴、胸鳴之象，乃所謂黔喙者也。又艮爲山，虛谷生響，鳴亦在中。然上亦鳴，何也？二居下，自牧適志而鳴。上居高，求牧不得而鳴。又卦三、四、五互震爲雷，二以山谷應虛而鳴，上以雷聲出地而鳴。易象多方，類此。

九三，勞謙，君子有終，吉。

《象》曰：勞謙君子，萬民服也。

君子初志謙卑自牧，二未遠牧，猶不失初。三則進而集于凶地矣，以剛居剛，在下之上，處謙之時，吐餔握髮以憂萬民，欲退自恬養，爲謳歌之民而不可得，故爲"勞謙"之象。又以一陽爲五陰主，多寡賴以哀益，物情賴以平施，勞苦功多，而艮止不上，自誓永終，然有功而尊止而愈順，故其占爲"有終吉"也。勞，互坎之象。終，艮象。《象》曰"勞謙君子"，功高居卑，人道所好，稱物平施，萬民所服也。天道下濟而光明者，此爲則矣。三爲三公之位，故《傳》稱君子、萬民。

萬物止乎艮，出乎震。三艮主互震，有止極奮發之象，故爲謙則。《說卦》云："艮者，萬物所以成終成始。"禮讓不過三,故三爲有終。

象辭"君子有終",以全卦言也。爻辭"君子有終",以三爲謙主也,故即象辭以爲爻辭。"有終"具二義:謙以止爲則,則終于三;謙以順爲利,利終于上。

卦本坤體,九三自乾來,故象兼乾坤。"君子",乾三也;"有終",坤三也。勞即乾之"終日乾乾",坤之"或從王事",而惕厲含章,所以爲謙也。

勞亦具二義,有"功"義,有"甚"義。《大傳》云"勞而不伐",功也;《論語》云"恭而无禮則勞",甚也。兼二義者,不中正之象。三本過剛,處謙之時,惟剛乃能力制其盈而不肯上,君子初志卑牧,益寡而多,遂至于此。堅節勵志,誓止不移,其象爲勞,雖乏自然,乃所以謙也。若遇順而安之,雖不見勞,亦不得爲謙矣。所以三爲君子,爻辭以"有終"歸之,《大傳》謂九三爲"厚之至",致恭以存其位,此也。

謙主卑,故卦體惟初得養。至上爲不得志,君子固讓止于三。寡則益,至三而止;多則哀,亦至三而止。故艮以"成始成終"爲勞卦,謙以"稱物平施"爲勞謙。

六爻三稱"君子",謙之則也。初稱"君子",謙之志也。惟卑,故成謙;惟上,故不得志。

六四,无不利,撝揮**謙。**

《象》曰:无不利,撝謙,不違則也。

六四爲坤之始。由止適順,由山趨地,故其象爲"无不利"。撝、麾通,麾,在上者使下也。九三以艮主居下之上,爲謙之則。四、五上居多宜哀。四重陰好下,故撝五、上,使退從三也。艮爲手,有撝象。《象》曰艮者物之始終,處謙惡盈,卑以爲則,誰能踰之?故六四之撝,不違謙則也。當順知止,所以无不利。

四、五、上皆居山上,過盈之象,故撝而下之,所以象謙。

六五,不富以其鄰,利用侵伐,无不利。

《象》曰:利用侵伐,征不服也。

四不違則,五居尊,是過則也。當謙之時,三主稱物,多者哀之,則五在所損矣。與三同功,而五陰虚,三陽實,是富鄰也。三止不上,而五數多于三,故爲不富以其鄰之象。卦體自二以上爲師,六五,在師爲"田有禽,利執言",在坤爲"直方大,不習无不利",故爲"侵伐,无不利"之象。蓋止而動,動不可禦。處謙之時,哀其多,平其盈,所以五終不得踰也。《象》曰"利用侵伐"者,九三勞謙君子,萬民所服。五雖尊,當惡盈之時,萬民不服,故侵伐之。

五在他卦多君象,在謙貴卑,故九三爲主,五爲"侵伐",人道惡盈之象。九三《傳》曰"萬民服",六五《傳》曰"征不服",其義甚曉。或疑五爲君,三无伐五之理。易象變動,未嘗定以五爲君也。論本卦哀益之數,五、上皆處其多,故宜哀。論卦位貴賤之常,征伐自宜屬五,三、五同功,而三止不上,有負固不服之象,則五之侵伐,即宜侵三。然處謙之時，三以勞謙君子而伐之，非聖人設象之本意矣。故象具二義，一以衰多爲義，以成其謙之則；一以克治爲義，以濟其謙之勞。衰多則抑其高者使之下，克治則引其止者使之進也。觀象貴得意，未可執一論耳。

　　謙之六五，與屯之九五相似。屯五雖爲君而經綸之主在初九，謙五雖君位而衰益之主在九三。初九始起草昧，故爲屯；九三下止不進，故爲謙。

　　謙之六爻有斂退嚴恪之思，倒而爲豫，有震矜佚肆之志，所以相反。謙九三，即豫九四，皆卦主也。在謙居三，知止不進，文王之在西山，周公之居東土是也。在豫居四，威權震主，齊桓公首止之會，晉文公踐土之朝是也。謙六五之"侵伐"，如紂以文王爲方伯，而有《采薇》、《出車》之師也；成王以周公爲冢宰，而有《東山》、《破斧》之勞也。豫六五"貞疾""不死"，如惠王力詘于九合，與襄王遷就于再造者耳。此二卦往來順逆之占，二聖作易之旨，學者可以知易矣。

上六，鳴謙，利用行師，征邑國。

《象》曰：鳴謙，志未得也。可用行師，征邑國也。

　　上六與九三爲正應。三止不進，上以陰柔下應，故有鳴象。地在上，有邑國之象。君所食爲邑，所居爲國，上應三，是謙主之邑國也。主卑而邑高，違則愈遠，是以用征，順極故利。五爲尊，故曰"侵"。上爲屬，故曰"征"。平其高，衰其多，則衆服，故利"行師"。《象》曰以柔居上，當謙之時,所貴在下,志求卑未得也。人道惡盈,可用師征邑國也。

鳴獨于二上者,上與三應。二與三比,上求三而鳴。二相得而鳴也。二未離牧,故適志而鳴。上思反牧,故不得志而鳴。

謙道主下,志在卑牧。九三謙終,要非初志,故曰勞。上六陰柔居亢,下應九三而三不肯進,欲下往牧而去初甚遠,故《象》云"志未得",所以集于高而其鳴嘵嘵也。反居豫初爲"鳴豫",是得志矣。

征伐在上卦者,行師多在外也。謙六爻皆吉利,艮體言吉,坤體言利者,止則吉,順則利也。

豫☷☳坤下震上

《序卦傳》曰:"有大而能謙,必豫,故受之以豫。"豫,悅也。謙則人心服,故能悅。又豫,備也。謙則退處有餘,故能備。豫者,從容愉悅之名。凡憂虞則不從容,急迫則不愉悅。愉悅自從容,從容自愉悅。造化人事,未有能違者,在因時知幾而已。故春夏而陽氣盛,萬物遂長,天地之豫也。然自冬而微陽漸達,至春夏而後和悅,和悅而來歲之春夏,又豫于今歲之秋冬矣。天地以此順動,故動不失常。有來必先,无往不悅。今人以適己爲豫,縱侈亟欲,无從容順時之意,焉有欣暢和愉之情?其爲豫也,乃其所爲憂也。

故豫備、豫悦非二理。卦以豫名，欲人處豫悦，得其所爲豫備者而已。故《彖傳》曰：“順以動豫，豫順以動。”孟子云“國家閒暇”，豫悦也；“及是時，明其政刑，大國必畏”，豫備也。暇豫而能使大國畏，大國畏而益暇豫矣。所謂順而動，動而无不悦之道也，故其卦爲雷出地奮。地，順也。雷，動也。陽氣潛藏于地底，春而奮爲雷，萬物發生，天地交暢，悦之至也，所謂“順以動”，豫也。凡順之至者，不動則不悦，動則順應，故悦。不順而動，是强動也，故又曰“豫順以動”。未順不先，既順不後，因氣機自然，時中而已。未豫而先者，爲鳴；豫而不動者，爲介；豫至而望者，爲盱；當豫而順者，爲由；過豫而不忘者，爲疾；極豫而忘反者，爲冥。鳴、盱、疾、冥，四者處豫之咎，失其所謂豫者也。故順莫善于貞，動莫善于由。貞以待順，由以行動。如是，則未豫其豫必至，既豫其豫不憂。天地聖人，悦豫无疆，惟其善處豫而已。故凡豫者，不先動之謂也。不先者，順之謂也。以衣順寒，不先寒；以食順飢，不先飢。農桑而衣食順矣，不飢寒而豫得矣。天下之事，我但不先而順，則豫樂无窮，故曰“後順得常”，豫之謂也。不知豫備之義者，不可言豫悦；不知豫悦之道者，不可與豫備，非有二也。豫悦、豫備，總之乎時，故曰“豫之時義大矣哉”。易道時而已，不獨豫也。或曰：順不自豫，必待動，何也？地者，静也，純陰主閉，閉極則鬱結不暢，一陽動而後萬物出機，故悦也。九四一陽當坤之交，静極初動，閉極始宣，不先不後，應時順動，故曰豫。在人則智者樂，亦以動也。

豫，利建侯、行師。

豫，和也。乾之長子居地之上，有建侯之象。長子下臨坤，坤爲衆有行師之象。當豫之時，人心從容和悦，有人有土，師出以律，故利。

卦反謙。謙憂勞，豫和悦。謙九三位卑功高，至豫而封侯。蓋謙主艮，陽居三，爲三公之位，在坤之下，卦體似師，有三公行師之象。豫主震，陽居四，三升爲四，四爲諸侯之位，在坤之上，有三公出封之象。又卦體自初至五似比，比爲建國親侯。“利建侯”者，震出地上，象長君也。“利行師”者，衆在雷下，象威動也。屯有震无坤，故言“建侯”不言“師”。謙有坤无震，故言“師”不言“建侯”。惟豫兼之，卦辭如此類皆以正反爲象。與比“原筮”，井“改邑”，蠱“先後甲”，臨“八月凶”之類同，故《序卦》不可易也。

《彖》曰：豫，剛應而志行，順以動，豫。豫順以動，故天地如之，而況建侯、行師乎？天地以順動，故日月不過，而四時不忒。聖人以順動，則刑罰清而民服。豫之時義大矣哉！

豫之爲卦也，九四以一陽得五陰之應，震動而志行。坤順于下，其動以豫，動非强也。坤豫爲順，以俟陽動，動非驟也。從容和悦，時至自行，无心順應，幾動自暢，豫之道也。故雖天地亦不過因時順動，如之而不違，況于建侯行師乎？如，即豫也。是故天地順動，日月不爽其度，四時不差其序。聖人順動，刑罰不混施，民心悦服，時也。知時則知豫，因時則能豫。天地聖人不能違時，其義豈不大哉！

"順以動豫"，豫悦也。"豫順以動"，豫備也。

《象》曰：雷出地奮，豫。先王以作樂崇德，殷薦之上帝，以配祖考。

陽氣閉于地底，雷以動之，蟄起萌達奮作而爲豫。先王觀象，仲春雷發聲，啓蟄而郊命習樂，以享郊廟。雷導陽氣以升于天，而生萬物；樂昭先德以達于上帝，而尊祖考，皆和氣協于上下，成其爲豫也。"殷"，盛也。"以配"，猶言配以。

初六，鳴豫，凶。

《象》曰：初六鳴豫，志窮凶也。

豫者，從容而和悦也。初爲豫始，六居坤下，以静爲道，而位當一陽，雷所自起，上與四應，四爲豫主，初喜相得，甫適意而叫噪讙譁，无恬愉安静之度，凶可知也。《象》曰"初六鳴豫"，始志已驕，窮極不可加已。聖人憂患作易，先憂後樂，猶慮罔終。始豫即鳴，終將何極，故曰"窮凶"，其戒深矣。凡事未有不始於憂勤者〔一〕。

初在謙上，求艮不得志而鳴。今來豫初，與震應，得志故鳴也。坤爲牛、爲馬，震于馬爲善鳴。在謙鳴，勞求止

〔一〕"凡事"句，早印本無。

也;在豫鳴,反下順也,故有此象。始豫輒鳴,猶諺所謂"乞兒乍富",故凶。

六二,介于石,不終日,貞吉。

《象》曰:不終日,貞吉,以中正也。

　　六二陰柔中正,上无正應。處初與三之間,介然特立。居坤土中,安定如石,互艮之象也。境當豫順,中正爲難。二與四同功,而上交不諂,下交不瀆,既不爲鳴,亦不爲盱,无所覬望係吝,不〔一〕至昏迷終日,故貞固而得吉也。二至三互離日不成,互坎爲隱,又互艮爲止,加憂知止,故爲"不終日"之象。《象》曰"不終日貞吉"者,宴安溺志,豫境難持,苟不中正,有所希覬于前,必有所係戀于後。惟中正者,清静寧一,所以見幾而作,不俟終日也。"中正",當作"正中"叶韻。

　　介于石,静而定也,所謂順以動豫,坤象也。不俟終日,明而決也,所謂豫順以動,震象也。顏子不遷怒,"介于石"也。不二過,"不終日"也。惟静故明,惟定故決,所以知幾不改其樂而豫也。然二不言豫,何也?《雜卦傳》曰:"豫,怠也。"君子終日乾乾,有終身之憂,故不爲豫,聖人所以憂患作易也。六爻惟二、五不言豫。二貞吉,不爲豫也;五貞疾,不能豫也。

六三,盱_虛豫,悔,遲有悔。

〔一〕不,早印本作"以"。

《象》曰：盱豫有悔，位不當也。

　　三爲順之終，將動之交，以陰居陽，不中不正，動未至而張目驚顧，自悔恐遲，其實豫尚未至也，故有悔，此小人之仰視人鼻息者也。三、四似離，爲目，有盱象。《象》曰："盱豫""有悔"，惟不中正，故有患得之悔，所以與二異也。

九四，由豫，大有得。勿疑，朋盍簪。

《象》曰：由豫大有得，志大行也。

　　九四以陽爲動主，乘順之極，故爲從容自由，動而豫悦之象。一陽起于地中，羣陰響應，是有大得也。然以陽居陰，非君位而衆皆悦之，處動之初，富貴突來，有疑之象。蓋四乘三，當上下之交，時未至而望，故三悔其遲。時至而得，故四疑其驟。大抵恒情豫悦者少誠，實疑者豫之態也，故王者誠則皡皡，霸者詐則驩娱。九四外陽内陰，才有餘而誠不足，故戒勿疑也。爲豫之主，下應志窮之初，初鳴以求，三盱以望，二于石之君子，亦與同功。此孰非四之朋也？趣操不同，或未免疑。然時既大得，則宜推誠布公，使賢愚僉忘，則朋合聚而聯屬矣。蓋動豫順，順豫動，間不容髪。豫之時疑，則動順兩失，何以得由而諧衆願乎？惟誠惟信，衆乃可孚。四互坎，有疑象。"盍""合"通。"簪"，聯也。如《士喪禮》"以爵弁服、簪"。裳于衣之簪，勉强聯屬之意。簪以聚髪，古者用竹爲簪。震爲竹，一奇横亘，衆偶聚之，有合簪之象。《象》曰"由豫，大有得"者，朋合相助，動而得順，其志大行也。此其臣權之震主者乎？

　　九四在謙居三,堅止不進,今反居四,故有疑象。止者,艮之堅。疑者,震之動。在謙三"終吉",未即得也。"萬民服",非其志也。今在四,大得志行,則功利之私情也。言"朋",非泰之中行也。言"簪",強聯之使合也。齊桓、晉文足以當之。不然有臣如此,而六五何以有不死之疾與?《象傳》傷五之乘剛,則四之得志,亦自得耳。是以在謙爲三,則二與初并承其休。今居四,則五與上并受其咎。此數往知來之占也。

六五,貞疾,恒不死。

《象》曰:六五貞疾,乘剛也。恒不死,中未亡也。

　　六五雖居尊,然時已屬四,得衆大行。四爲豫主,五鬱鬱不樂,故爲"貞疾"之象。然得中无凶,故爲"不死"之象。互坎爲心病,疾之象。《象》曰"六五貞疾"者,下乘九四陽剛爲豫主,衆陰皆歸,五失志不豫而疾也。"恒不死"者,以其位本居尊,守不失中,雖不豫,猶不至死亡。其猶士之不恔求而中未化者與?

　　易言疾凡五,无妄之九五,損之六四,豐之六二,兌之九四,其疾皆可愈。惟豫之六五云"貞疾",則是沈痼之災,不可愈也。然則生于憂患而死于安樂,豈不信然?

上六,冥豫,成有渝,无咎。

《象》曰:冥豫在上,何可長也?

　　上則動之終,豫之極已,故爲"冥豫"。冥,昏迷也,重陰之象。和樂者至此忘其終,豫備者至此忘其始。樂極則憂,數窮則反震无咎者,存乎悔,故爲“成有渝”之象。成,終也。渝,變也。能變則无咎,不變則其凶可知。震雷之上,其象爲冥。上變爲離,日以化冥,全體成晉,明出地上,則昏迷惺矣。《象》曰“冥豫在上”者,當覺悟改省,何可長冥而不知變耶? 易道无窮,窮則必變,故《象傳》每至上,言“何可長”。

隨☰☱震下兑上

《序卦傳》曰:“豫必有隨,故受之以隨。”言人能謙以致豫,則能悦以隨時。不謙安能豫? 不豫安能隨? 三者道同,而幾相因。幾在時,天下時而已。適時莫如隨。夫子仕止久速,上律下襲,无可无不可,隨也。下從上,賤從貴〔一〕,人從天,欲從理,邪從正,隨之善也。反是謂之詭隨,小人而无忌憚也。君子之隨,時中也。道有萬殊,事有萬端,物有萬形,古今之往來,習俗之升降,人情之反覆,其理无定,其變无常,遠无可據之典,近无可依之則,而能從容委蛇,隨時中節,非天下之至神,其孰能與于斯? 故曰:“隨時之義大矣哉。”爲卦本乾上坤下,順以隨健,而乾以一陽來坤爲震,坤以一陰往乾爲兑。以陽下陰,是以己隨物

〔一〕賤從貴,早印本作“貴從賤”。

也;陽動陰悅,是物來隨我也。以我隨物,而後物隨我。君子未有不舍己而能從時者。舍己從時,時爲我用,隨之義也。卦爻三陽三陰,陰隨陽,陽隨陰。初九以陽與六二遇,陽隨陰也。六二下係初九,陰隨陽也。六三上係九四,亦陰隨陽也。九五孚上六[一],亦陽隨陰也。初无心而得隨,二、三上下係念。四以陽居陰,在上之下,與初合德,眾皆隨之。而上承九五,雖以陽遇陰,然四權重而不違于五,五位尊而不失于上,動而能悅,各盡相隨之道。情有公私得失,而皆无爭競之患。君子觀爻象而知從時之義矣。夫始惟其豫也,喜以隨時,无拂逆之情。終惟其隨也,怠以養安,成不飭之禍,乃所以啓蠱也。隨以長男隨少女,中互爲漸,故雖隨而動能自主。蠱以長女蠱少男,中互歸妹,故陰爲制而陽不能止。是故隨者,文王之所以事殷;蠱者,武王之所以造周。此二卦之占也。

隨,元亨利貞,无咎。

《彖》曰:隨,剛來而下柔,動而說,隨。大亨貞无咎,而天下隨時。隨時之義大矣哉!

　　隨者,順從之義。得則爲時中,失則爲詭隨。得所以繼豫,失所以啟蠱。故其占爲元亨利貞,而後可无咎。《彖》曰"隨"者,乾以一陽來坤初爲震,坤以一陰往乾上爲兌,震動于下,兌悅于上,下動上悅,陰陽相隨。然動有正

―――――――

〔一〕六,早印本作"九"。

與不正，而悅有道與非道。有時焉行乎其間，必大公无我，亨通正固，乃得无咎。天下悅而隨之，非隨我也，隨時也。我以大亨貞隨天下，則隨不以我而以時。天下以大亨正隨我，則亦隨時而非隨我。天道也，聖德也。隨時之義，豈不大哉。

《象》曰：澤中有雷，隨。君子以嚮晦入宴息。

澤至卑柔也，雷至動而剛也。雷伏澤中，隨從之義也。君子觀雷奮出地，震驚百里。而其伏也，深蟄于九澤。可知天下至動，常養于淵嘿，察察而明，躁擾自用，則動與時忤。君子遵時養晦，神明不過用，有嚮晦入室，宴居休息之象。寂于未感，穆于无聲，沈幾静慮，若雷伏澤，以待天下之感，何動不悅而隨時乎？

震，東方日出，暘谷之鄉。兌，西方日入，昧谷之鄉。由震趨兌，嚮晦之象。互爲巽艮，入息之象。

初九，官有渝，貞吉。出門交，有功。

《象》曰：官有渝，從正吉也。出門交有功，不失也。

初九爲成隨之主。官，主也。九自乾上來隨坤，居初爲震。主器爲長子，官之象也。守莫如官，而乾來易震，有變渝其官守之象。然上九、初六，本皆不正。九變居初，則得正而成動悅，故貞吉。震爲大塗，前互艮，有出門之象。遇六二與之交，則出門爲不徒矣。《象》曰守官而渝者，陽來居陽，亢而能潛，男下于女，所從得正，故吉也。"出門交有功"者，初无係累，以初隨二，專一而无所失也。二、三皆失,以不專也。

六二,係小子,失丈夫。

《象》曰:係小子,弗兼與也。

卦本乾上坤下。乾坤父母,乾一索于坤得震,則坤有母道焉。以六二視初儿猶小子,其視九四猶丈夫也。六二以陰隨陽,欲上隨四,而下係初。初近而四遠,爲係子失夫之象。《象》曰"係小子",是棄其夫,而不得兼與也。此隨之有係累者也。

六二雖中正,然當隨之時而中立,未免于兼係。上互巽,爲繩,有係象。或謂係者,繫于上也,二上繫三,三上繫四。謂三上繫四,可也;謂二上繫三,則三可爲二之子乎?"係"與"繫"通而小異。繫,懸掛也,如云設卦繫辭,《論語》云"繫而不食",則懸掛之意。係,牽絆也,《孟子》云"係累其子弟",則不必懸而皆可言係。六二係子,牽絆之意,不妨子在下,故六三《象傳》云"舍下",明指舍初,爲"失小子"也。在蠱初九,亦子之象。二卦皆以初爲子。

六三,係丈夫,失小子。隨有求得,利居貞。

《象》曰:係丈夫,志舍下也。

六三亦本坤陰,初亦子也,四亦夫也,上近四,下遠初,故爲係夫棄子之象。四以陽實,貴而近君,三得隨之。陰隨陽,下隨上,賤隨貴,故爲隨有求得之象。然利于居貞,蓋六三以柔居剛,本不中正,而上當四、五兩陽,惟自處以正則可耳。《象》曰"係丈夫"，志舍初九也。此亦隨之有係累者。

　　二、三本皆坤體。乾九三先下隨坤，故坤六二、六三皆往隨乾，有妻隨夫，母隨子之象焉。陰柔不斷，故皆言"係"。二係初子而失四夫，則母所失者，亦子所必欲得也。三係四夫而失初子，則母所係念者，亦子所終必往也，故九四大有獲，以此。

九四，隨有獲，貞凶。有孚在道，以明，何咎？

《象》曰：隨有獲，其義凶也。有孚在道，明功也。

　　九四以剛居柔，上承九五，位極人臣，當下之交，雖與初敵應，然二既以係初失四，則初必偕二以往四，三既以係四失初，則三必依四以招初，故四雖无應，而隨在有獲，理數然也。顧四[一]本非君，以剛承剛，當下之交，衆皆從之，挾震主之威，冒獨攬之嫌，以自貞守，危疑之凶，所不免也。但位本陰柔，處隨之時，居兌之下，悦以隨五，互艮之止，其道光明，所信在道，足以自明于君，亦可以无咎。《象》曰"隨有獲"者，四本无逆節，但功高身危，有凶之義。非不義而凶，猶同人六二之有"吝道"也。"有孚在道"者，誠敬自明，使諒己之有功于君也。《大傳》曰四多懼，近也；五多功，貴賤之等；明功，明之于五也。

　　豫、隨九四皆大臣也。豫之"有得"，即隨之"有獲"。

_____

〔一〕四，早印本作"二"。

豫柔主在上，四志可行，故其戒在君，而五爲"貞疾"。隨剛主在上，四不敢專，故其戒在臣，而四爲"貞凶"。凡居此位者，主于信孚。豫勿疑，乃可得衆；隨有孚，乃可得君。豫之四不能"无疑"者，雷在上動也；隨之四能"有孚"者，雷在下伏也。故豫主柔，隨主剛，主剛而臣隨之矣。

九五，孚于嘉，吉。

《象》曰：孚于嘉，吉，位正中也。

九五陽剛中正，以居尊位，得九四在道之輔，率下之人心以隨五，君臣相悦，无爲而治，故九五能以其盛節高致，進孚于上，而其德益嘉美，貴而不驕，所以爲吉。美在上曰嘉。孚于下，益篤于上，故曰嘉。五孚于上，亦隨之象。不言隨者，五尊也。《象》曰"孚于嘉吉"，以位正中，故下能得四，進不失上，剛而能悦，尊而不失其隨也。

嘉者，盛德至善，无以復加之稱。五尊无上，又能孚上，所以爲嘉。文王有二，以服事殷。孔子謂"周之德其可謂至德"者，此也。或謂五无隨，處隨之時，五雖尊，安得无隨？苟違卦德，何以爲嘉？違時，何以處中？文王内有四輔，外事亡王，孚于嘉也。故從古帝王盛節高致，鮮有如文王者。或疑紂未可稱嘉，惟紂不善，而文王能隨，所以爲嘉，非謂紂嘉也。聖人立言有法，如此。

上六，拘_溝係之，乃從維之，王用亨_享于西山。

《象》曰：拘係之，上窮也。

此隨之極也。以六居上，處非其位，勢已窮矣，難與圖存矣。九五中正居尊，處隨盡道，猶必拘搜而係之。又從以繩維之，其勢愈危，其追隨愈力，是爲文王享紂于西山之象。拘、鉤通，以手搜聚物也，猶《禮》云"以袂拘而退"之拘。從維，謂重以繩維之也。亨，貢獻也。以商紂之危，天下隨周，无異九五，同心之輔，非乏九四，文王小心服事，以臣節終焉，隨之至矣，所以爲嘉。西山，西周岐山也。係維，互巽繩之象。西，兌象。山，互艮之象。凡時王稱王。上卦本乾體，坤往居之，有臣終君之象。《象》曰"拘係之"者，孤陰處无位之地，理數已窮，非拘係從維，不可隨也。

蠱☶☴巽下艮上

《序卦傳》曰："以喜隨人者，必有事，故受之以蠱。蠱者，事也。"凡以喜豫隨人者，其人安樂无事，我亦以安樂隨之，兩无所事，則因循苟且，糜爛潰腐，時所必至。如木朽蛀生，外視无事，而中實有事，蠱之象也。蠱者，隨所養成，非一日之積。爻象皆父母之蠱，而子幹之也。昔文王遭紂演易，周公承厥考繫爻，故易象往往自寓。隨、蠱二卦皆商周之事。隨上六，文王所以事紂也。蠱六五，武王、周公所以承先也。其上九，殷士之不臣周者也。方文王之服事殷也，以陽下陰，以剛隨柔，自盡其隨而已。紂惡不悛，陽日巽于下，陰日驕于上，是以敗壞而爲蠱。武王以子幹父，固非文王之心,而亦豈武王之得已乎? 天運時行,故曰"終則有始",商終而周始也。先甲、後甲,取象甲子昧爽之事也。卦本乾坤,而蠱反隨。隨本天地否,乾上一陽來居坤,是爲君之純臣,故有官渝之功,有在道之孚,進爲孚嘉之主,而不改用享之節,臣道也。蠱本地天泰,坤上一陰來居乾下,是爲父之肖子,故有承考之孝,幹蠱之功,獲承先之譽,而不奪義士之守,子道也。使居文之時,爲武之事,是以幹爲隨。居武之時,爲文之事,是以隨治蠱也。商能識時,可不至蠱。周不乘時,不終于蠱乎? 此《序卦》之義也。六爻初爲卦主,乾之嗣幹蠱之子也。二、三爲父母,三后之令緒,岐豐之舊業也。六四進而且止,天時未至,盟津之事也。五功成名顯,幹蠱事畢也。上九〔一〕則首陽二子,與東郊之多士。周公繫爻,以勿忘文考西山之志,皆象數自然,非强設也。大抵易无方而象无常。以卦上下體占,則艮爲商,巽爲周。山止而巽順也,艮山巽木,山以成其木也。巽木艮土,木以勝其土也。艮上六在幹蠱之後,爲採薇之義士,當蠱之時,即衡行之獨夫。象不可執一論也。或曰:戡亂以武,蠱之主以巽,何也? 夫陰之有制而能權者,莫如巽。以臣正君,以子幹父,事可有爲,而分不可不辨。君父陽剛,臣子陰柔,桀紂可誅,而君臣之名,不以湯武改,是以巽也。或曰:蠱者,自治其蠱。非也。聖人何蠱之有? 人蠱

〔一〕九,早印本作"六"。

而聖人治之。故《序卦》曰“隨人者必有所事”，人即蠱之人
也。聖人視人之蠱，即己之蠱。紂之蠱，即文、武、周公之
蠱也。易者，天道，紂亡周興，天也，非人所能爲也。

巽爲風，爲木，爲入。風從虫，物之善入者莫如蟲，蟲入
木則壞而爲蠱。凡蟲，風化也。

蠱，元亨，利涉大川。先甲三日，後甲三日。

蠱，中潰之病而元亨，何也？易道窮則變，天時沍寒，
是生陽和，未有有桀紂无湯武者也。夏商之末造，聖人之
元亨也。“利涉大川”者，幹蠱之事，艱難勤劬之事也。應
天順人，時至而行，則利矣。巽爲木，互〔一〕兑爲澤，有利涉
之象。甲者，日之首，凡首事者稱甲。甲爲木，巽象也。初
六，巽首也，自隨上來，爲蠱之主。在隨爲先，在蠱爲後。
先三後三，上兑下巽，三爻往來之象。先三日，至甲終也；
後三日，自甲始也。凡時之終，不于終之日，必有所先。凡
時之至，不于始之日，必有所後。商亡周興，豈在甲子昧
爽？苟天時未至，豈能元亨利涉？蓋卦本剛上柔下，蠱非
一日之積，治蠱非一日可辦。時將至，有所先；時未至，有
所後也。

先甲、後甲，因先後二卦正倒取象，猶“八月有凶”“改
邑不改井”之類。巽九五云“先庚三日，後庚三日”者，巽反
爲兑，兑居庚方，後庚三日，以癸爲終，而先庚三日，无可爲

〔一〕互，早印本無。

始,故云"无初有終",所以與甲異。

《彖》曰:蠱,剛上而柔下,巽而止。蠱,蠱元亨,而天下治也。"利涉大川",往有事也。"先甲三日,後甲三日",終則有始,天行也。

蠱者,隨之反。隨本乾上坤下,陽來下陰,而蠱則坤上乾下,坤以一陰下乾爲巽,乾以一陽上坤爲艮。艮止于上,巽順于下,上驕下慢,委靡頹廢,腐敗而爲蠱。蠱者,世俗人所謂凶咎,易所謂"元亨"也。易,逆數也。逆以知來,无廢不興,无極不反,天道人事自然,故曰"元亨,而天下治也"。"利涉大川,往有事"者,卦由初至五,然後功成譽立,歷咎厲悔吝而後濟,涉險之象也。"先甲三日,後甲三日"者,巽木爲甲,甲爲干首,先至甲終,後自甲始,隨上之兌,反爲蠱下之巽,其象如此。終始循環,天行之數,非人所能爲也。

《象》曰:山下有風,蠱。君子以振民育德。

艮爲山,巽爲風。艮以一陽止于上,陰閉不得舒。巽風鼓于山下,谷虛風入而爲蠱,如蟲之聚腐,外合中潰也。君子占象,知天下頹敝,由綱紀弛也,而以禮樂刑政振作乎民。民不興行,由上失養也,而以勞來匡直涵育其德。振作,以象風之動;涵育,以象山之虛。興衰起敝,其道用柔,故傾否在包休,幹蠱在振育,所以先甲三日、後甲三日,順時而不迫也。

初六,幹父之蠱,有子考无咎,厲,終吉。

《象》曰:幹父之蠱,意承考也。

　　初六自隨上來,在隨爲臣之終,來蠱爲子之始。以坤龍之戰,反乾龍之潛。身爲巽主,有權有制,儲君世子之象。在隨初爻,亦爲小子。今來蠱初,則嗣服方始。先緒未振,賴以幹立,有子如此,厥考可无咎。雖未免危厲,而以柔承乾,奉天順時,巽稱而隱,故終得吉。《象》曰"幹父之蠱"者,先考有未竟之緒,意在"承考"也。"意"者,事之端,初象也。意隱,巽象也。

　　蠱自隨來〔一〕。隨初、二、三爻,子母相隨之象,故蠱初、二、三爻,亦子事父母之象。〔二〕

九二,幹母之蠱,不可貞。

《象》曰:幹母之蠱,得中道也。

　　初居乾下爲子,則二與三有二人之象。二居中,故爲母;在隨之二,係子失夫者,亦母也。二互歸妹之兌女,有母蠱之象,故爲"幹母之蠱"。然九二陽剛,无乃過直,婦人之事,未可求備,剛而得中,巽爲不果,故其占爲"不可貞"。

〔一〕"自隨來",早印本作"反隨"。

〔二〕底本卷六第二十九頁,即自"天行之數,非人所能爲也"至"亦子事父母之象",字體全然不同,當爲抄補。抄補時"蠱自隨來"作"蠱反隨",可知乃據早印本補者。

《象》曰"幹母之蠱",剛〔一〕得中也。九二,即隨之九〔二〕五"孚于嘉"者,能隨昏主,不能事婦人乎?

九三,幹父之蠱,小有悔,无大咎。

《象》曰:幹父之蠱,終无咎也。

　　九三居下之上,有父之象,互歸妹之震男,有父蠱之象,故爲"幹父之蠱"。三本重剛多凶,巽究爲躁,上與艮交,互震而動,在蠱之時,必有改父之政者,故爲"小有悔"。然所失小,所全大,故"无大咎"。《象》曰"幹父之蠱",達孝善繼,"終无咎也"。

　　卦體自三至五互震動,爲男,爲帝,爲反生,故有嗣君幹父蠱之象。

六四,裕父之蠱,往見吝。

《象》曰:裕父之蠱,往未得也。

　　四以重陰過柔,居艮之下,當外之交,止而難進,互震以動,且進且止,幹蠱而寬裕,往而見吝,未決進也。其殆觀兵孟津之時乎?故《象》曰"裕父之蠱",往未得志也。

六五,幹父之蠱,用譽。

《象》曰:幹父用譽,承以德也。

　　六五以柔居剛,得中而尊,本坤之黃中正位居體者也。艮止而明,天道下濟,纘緒功成,身不失顯名,故有幹蠱用

〔一〕 剛,早印本作"柔"。
〔二〕 九,早印本作"六"。

譽之象。互兑在下爲悦爲口,有譽之象。《象》曰"幹父用譽"者,初"意承考",今果承先以德也。《禮》曰"承文武之德,追王上祀"是也。

上九,不事王侯,高尚其事。

《象》曰:不事王侯,志可則也。

六五幹蠱譽成,天下事定矣。率土皆臣,侯化爲王。在隨之時,所僅僅拘係者,而今亦亡矣。九以陽剛居上,不肯下事五,而以高尚不屈爲事,猶然隨上"西山"之遺風也。王侯之事,在經濟;匹夫之事,在名節。不言所事者,爲聖人諱也。《象》曰"不事王侯",雖不預幹蠱之事,違時獨立,而天下萬世猶見耿耿不磨之志,故聞夷齊之風者,頑夫廉,懦夫立,亦各言其志也已。孝子忠臣,并行不悖,蠱所以元亨,不言利貞也。蠱而貞,則武王不得誅獨夫,夷齊不餓于首陽矣。周公相武王革商,其繫易不没西山之事。聖人大公无私之心可見,易道之大亦可知。而世儒謂爻象爲文王作,是盲者而語視也。

商周之事,在君臣父子間。聖人難言之,惟卦爻可以象其形容。觀天時,推人事,自然之數莫之能違,故曰易者,象也。天地帝王,古今成敗,象耳。易所以大也。

先儒謂爻象若但執一事論,則三百八十四爻,但可配三百八十四事,如隨、蠱全卦,分明各據一事,而凡爲人臣子隨分自盡,皆可以此象之。臣子之道,孰有過于文、武;忠孝之事,孰有大于隨、蠱者?故雖直據一事,亦自非拘。

周易正解卷七

臨䷒兑下坤上

《序卦傳》曰："有事而後可大,故受之以臨。臨者,大也。"易謂陽爲大,蠱方亨而陽長,故大。臨者,相親向之名。《雜卦傳》曰:"臨觀之義,或與或求。"下悦而求,上順而與,故曰臨。明主在上,天下大悦,非幹蠱之後,曷克有此?而或者謂君德莫如剛。夫自屯、蒙以來,十七卦矣,柔者多吉。蓋乾健在下,則有上進之勢,居上則過剛;坤順居上,則有謙順之度,在下則過柔,故人主柔順中正,未有不吉者。而其命卦則以陽爲主。陽進臨陰,則名爲臨。陰上觀陽,則名爲觀。然説卦之象,山澤通氣,可謂臨矣。必取諸地澤,何也?惟相親然後可以相臨。羣山之下有大澤,而高卑勢殊,澤不能以水浸山,山不能以高順澤,是相背,非相臨也,故澤遇山則損。惟地勢卑而下以順澤,澤水浸而上以悦地,水土衍而相親,猶人主平易近民,民歡樂附上,所以臨也。爻象初、二爲"咸臨",澤水自山下也。初象澤底漏,則水不積,故爲"貞吉"。二澤水逆升,故爲"未順

命"。三水及岸,故爲"甘"爲"憂"。四地與水接,故爲
"至"。五地澤正應,有觀水之象,故爲"知"。上地愈厚而
澤愈深,故爲"敦"。初、二乾體,水爲乾精,故陽長,象澤水
生,陽悦而長,陰順而消,所以爲"臨"也。五行之氣,相親
莫如水土,故水地爲比,先王以之親萬國。地澤爲臨,君子
以之臨萬民。後世人主,上驕下慢,雖曰臨之,上不順而下
不悦,實相背耳。

臨,元亨利貞。至于八月有凶。

臨,相向也。天地將交,二陽上悦,坤陰下順,居然有
天行方健之勢,故其占與乾同。聖人喜陽盛而憂其衰,故
曰"至于八月有凶"。蓋臨反爲觀,則陽消陰長。臨上四
陰,反爲觀下四陰,往來有八月之象,猶蠱之先三、後三也。
八月,夏正建酉之月,陽生于十一月,至十二月二陽升,上
餘四陰,臨之象也。陰生于五月,至八月四陰升,上餘二
陽,觀之象也。月主陰,日主陽,臨憂陰,故稱月。復喜陽,
故稱日。《詩·豳風》七月、五月,言陰也;一之日、二之日,
言陽也。"有"者,或然之辭。得其所謂"元亨利貞",則凶
可免矣。免于凶,即"元亨利貞"矣。

兑,正秋也。八月秋金正王,潮汐方盛,澤水泛溢地
上,故爲"八月"之象。

**《彖》曰:臨,剛浸而長,説而順,剛中而應,大亨以
正,天之道也。至于八月有凶,消不久也。**

所謂臨者,陽剛漸長,兑悦于下,坤順于上。順與悦非

柔懦也,剛得中矣;陽與陰非違背也,上下應矣,故謂之臨。所謂"元亨利貞"者,"大亨以正",乾之道也。乾有四德,故行健不息。臨能此四德,則純乾矣。所憂者,行健之難,少不自強,其消亦易。反而爲觀,四陰在下,二陽在上,陽消不久矣。然聖人不于觀言凶,而于臨發之者,觀則陽已消,爲戒于方盛也。

　　浸者,漸漬不覺,澤漲之象。道書曰"天地之道浸",浸故陰陽勝。《列子》曰"一氣不頓進,一形不頓虧",浸也。

《象》曰:"澤上有地",臨。君子以教思无窮,容保民无疆。

　　"澤上有地",是澤之岸也。以岸視澤,地向下而澤向上。情境親附,无如澤與地。地本卑順,而澤水上浸。澤本潤悦,而地勢下順。君子以兑悦之心,教人爲善,浸潤含育,如澤之深,然亦惟有地而後教可施也。以坤之量,容受斯民,保安生全,如地之廣,然亦惟有澤而後民可保也。"教思"者,兑之悦,"容保"者,坤之順;"无窮"者,澤之深,"无疆"者,地之厚。上下之情接,君民之分親,是君子之臨也。

初九,咸臨,貞吉。

《象》曰:咸臨貞吉,志行正也。

　　以剛居初,二陽并進,故爲"咸臨"。咸,皆也,和同之意。陽道浸長,生氣咸和,咸澤在山,臨澤在地,水自山入澤,二陽漸上,有澤水浸長之象,故爲"咸臨"。但其體本陰,其德爲悦,上應重陰,苟悦不正,則初變爲咸之拇。志在外,而本不立,陽德衰矣。惟貞固不息,陽長則吉。《象》曰"咸臨貞吉"者,陽方上行,立志貴始,兑體柔和,陽能以專直之性,行不息之貞,勿悦以非道,則吉也。

　　初、二象"咸臨",以戒陽也。臨之初二爲陽,進遇互復,陽長之象,故初曰"志行正",二曰"未順命"。咸之初二爲陰,進遇互姤,陰長之象,故初曰"志在外",二曰"順不害"。臨以兑遇坤,兑女坤母,初、二雖陽,卦體本兑,女向母,其象仰,兑伏艮,陽藏陰也。咸以艮遇兑,艮男兑女,初、二雖陰,卦體本艮,男下女,其象仆,艮伏兑,陰藏陽也。二卦初、二兩爻,變動相倚,聖人爲陽慮,故于初戒以貞爲行,于二教以不順爲利。其設象微,其愛陽至矣,即象辭"八月有凶"之意。

九二,咸臨,吉,无不利。

《象》曰:咸臨吉无不利,未順命也。

　　九二陽悦而長,咸和浸盛,進不容已,不待貞而自吉。以健臨順,往无不利。《象》曰"咸臨吉无不利"者,九二上應六五,陽道方亨,進不可禦。五以上臨下,二以陽臨陰。上臨下爲順,下臨上爲不順。又兑主當前,陽進遇主,以乾化澤,悦未可成。命自主出,五爲爻主,三爲兑主,以二承應,當臨之時,皆有"未順命"之象。坤互重坤,有順象。兑本乾體，乾爲天，有命象。三變爲純乾，卦變爲泰〔一〕，而尚皆未順命，陽往即順矣，故其占爲“无不利”。既曰“利”，又曰“未順”者，順則陽日長，天地交泰，所以利也〔二〕。

臨，相臨也。陰下臨而來，陽上臨而往。往來之間，有順逆之象。又爻自下而上爲順，故曰“數往者順”。凡象不主一義。咸九二《象》亦曰“順不害”。彼順陽，此順陰也。〔三〕

二與初皆“咸臨”。初“貞”，二不言“貞”，何也？初爲氣始，初變則陽進而孤，如草木敷榮，根柢不固則槁。初“貞”，二自長。二“无不利”，初“貞”培之也。

六三，甘臨，无攸利，既憂之，无咎。

《象》曰：甘臨，位不當也。既憂之，咎不長也。

六三爲澤主，承坤之交，羣陰方順，三臨之而上悅，故爲“甘臨”。蓋水土和而生味，浸淫相得，自以爲甘。然陽氣方升，坤雖順，非順悅而順陽也。三雖悅，能悅順而不能悅健。而三且甘之，不知憂之將至，故爲“无攸利”。坤以致養，五味土爲甘。兌爲口，遇坤至，故有“甘臨”之象。互震爲動，有變悅爲憂之象。變則爲乾成泰，故爲“既憂之，无咎”。泰九三“艱貞”，故有憂象。《象》曰三以陰居陽，位不中正，邪媚而爲甘悅。既憂之，則陰變陽，其咎不長

〔一〕卦變爲泰，早印本作“五變爲夬”。
〔二〕順則陽日長天地交泰所以利也，早印本作“卦體陰悅，使陰順爲主制命，則陽消，而臨恐爲咸矣。不順，則陽日長，所以利也”。
〔三〕“咸九二”至“順陰也”，早印本無。

矣。卦體本地天泰，特以六三一爻爲梗，故曰“位不當”。凡言“位不當”者，皆咎之之辭。

八卦惟兑以陰踞陽上而爲悦，女子、小人之象，與聖人乾惕之心、易憂患之義違，故凡兑六三多不吉，在臨，憂之則无咎。蓋安樂生于柔，憂惕生于剛。乾來則憂，安樂則咎。

六四，至臨，无咎。

《象》曰：至臨无咎，位當也。

六四爲地澤之交。澤上有地，澤下亦本皆地也。然在兑則澤水上淫，見澤不見地。至四澤盡坤來，水際見岸，地與澤切至親臨正在此，故爲“至臨”。又與初正應，地深入澤底，臨之極至也。水土相依，順悦相承，求與相接，故“无咎”。《象》曰六四下順甘臨，疑于有咎，然以陰居陰當位，而至非其咎也。不若六三以陰居陽，必憂之乃能无咎耳。

野水連天，遇防則止。秋江潮湧，抵岸則盡，“至臨”之象也。八卦坤次兑後，在臨兑反向坤，遇坤來，有至象。

凡錯卦在上，象多用外爻。臨取地近，故坤用下三爻。“至臨”即坤初六“堅冰至”。在坤以陰居初，至不當位；在臨以六居四，是當位也。“知臨”即坤六二，不疑所行。“敦臨”，即六三“含章可貞”。在坤從王事，則志在外；在臨下順五、二，則志在內，故《象傳》明之。其取坤下，何也？地之臨澤者貴卑，乃能順悦而成臨。坤上地高，則遠澤而臨不成。

六五，知臨，大君之宜，吉。

《象》曰：大君之宜，行中之謂也。

六五柔順中正，以居尊位，爲臨之主，即坤之六二"直方大，不習无不利"，不疑于所行者也，故其象爲"知臨"。坤虛而方，有知象，下與九二正應。二本乾體，乾爲知。文明在澤，龍德方長。六五地道正中，順而下應。六三悦言孔甘，媚以求同。其斟酌淺深，消長盈虛，五能研幾察理，虛中觀變，以瀦其源而疏其壅，遏其流而防其潰。蓋澤深水暗，小知用鑿，察見淵魚；大知用順，行所无事，以承乾知，故其象爲"大君之宜"。又[一]地卑臨澤，有親下之象。虞舜察邇好問，用中于民，所以天下大悦而歸己。聰明睿智，足以有臨，其象如此。《象》曰六五"知臨"，宜爲大君者，君德莫尚于中，知莫貴于行，《禮》云"道不明由不行"，如舜用中乃爲大知，六五得中，直方光大，不疑于所行，故宜君也。"之謂"，指坤六二，其《象》曰："六二之動，直以方。"臨自二至五互震，有動象。澤地方大平直，有知象。天道玄遠，其象冥漠。地道平直，其象光明。故"行中"謂之知也。

兌位鄰坤，是地之闕陷而爲澤也。卦氣正秋，當乾坤之間，其象毀折，隔天地而爲否。八卦自西北轉而東出，坤隨兌，兌隨乾。今坤在兌上，兌有回向之象，故卦體本乾，含兌以臨坤，將交成泰，是以爲臨。其爲"知臨"，何也？天

〔一〕又，早印本作"蓋"。

道圜而神,地道方以知。《大傳》曰“神以知來,知以藏往”,乾坤往來,彰察而生知。臨小往大來,天地欲交,而中毀于澤。其在秋冬澤涸,而天升地降,乾知險,坤知阻,所謂“知藏往”也。春夏澤漲,而天降地升,天道下濟,而地道化光,所謂“神知來”也。神來則臨,陽氣充滿,兩間絪縕,萬物光輝,坤六二所謂“直方大,不習无不利”,不疑于所行,知光大者,此也,是謂“知臨”。

五以地中,下臨澤中,有大君臨民,深悉閭閻之象。恩波浩蕩,澤被生靈,天下大悦,臨之象也。人主居高臨下,惟卑順近民則民悦,故象不取“正位居體”,而取六二“不疑”。蓋五本正位,人主不患不知,患不行中。不中則知爲苛察,不行則知爲權術,奚以宜民?大君知臨,惟其順耳,故《象傳》以“行中”釋之。孔子曰“知者樂水”,孟子曰“所惡于知者,爲其鑿也”,如禹之行水,則无惡于知。禹之行水,行其所无事。知者行所无事,則无惡于知矣。禹,大君也。行,坤也。水,澤也。无事,順也。无惡,悦也。故萬世稱神禹,“知臨”也。

上六,敦臨,吉,无咎。

《象》曰:敦臨之吉,志在内也。

上六坤終,處臨之時,地勢愈厚,則臨澤愈深,故爲“敦臨”。敦,加厚也。下乘六五知臨行中,苟不加篤,則順不繼。而澤有時竭,求者未已,與者先倦,則臨不終。上六以柔居上,順以益順,輔助六五以下順九二,使陽氣充滿,泰運中和,所謂“教思无窮,容保无疆”也,故吉。雖以陰居上[一],厚以臨下,可以无咎。《象》曰“敦臨之吉”者,在坤六三“或從王事”,陰方上進,志在外也,故“无成有終”。在臨自上臨下,從五應二,志在内也。故從五所以從王,五知臨則上亦知光大矣,故吉。苟志不在内,以柔居上,未免于戰,烏得无咎?

　　兌悦善隨而亦善向,悦以隨乾,天圜而運,故其旋不處,而成履。悦以向坤,地靜而方,故敦臨不動,而成臨。卦體未泰,三、上敵應,上志在内,望泰來,故吉也。卦體既泰,三、上正應,上志在内,則爲“城復于隍”矣,故敦臨之吉,正以“甘臨”之“位不當”耳。

　　以爻象占,六三兌主毀折,有澤水潰決之象。上六敦臨敵應,有益土厚防之象,將以補決生乾也。以人事占,六三小人甘悦,上六敦重自守,將以化悦爲泰也。以治功占,六三爲騶虞,上敵以真誠,下求无已,上與不倦,皆“敦臨”之義。象未可執一論也。

觀䷓坤下巽上

　　《序卦傳》曰:“臨者,大也,物大然後可觀,故受之以觀。”觀者,臨之反,相臨而後相觀。四陰下來,二陽上往,

────────────

〔一〕陰居上,早印本作“陽居亢”。

臨所謂“八月凶”者，此也。聖人以二陽在上，有大觀之象，故名觀，以尊陽也。羣陰在下，其情隱；二陽在上，其光遠。无所不見，而非察察之明，是故大君“有孚顒若”，而羣情自順。蓋目擊之謂觀。目者，神明之户牖。觀者，神明與物接。毛嬙、西施，耳食猶豫，接于目則胡然天，胡然帝。劉、項之爲匹夫也，觀秦皇而攘臂。見可欲則心動，觀色思淫，觀味思嗜，觀君子思善，觀小人思惡。五百歲一聖人出，聞而知之，亦一人耳。目觀洙泗，薰良者且三千七十，故曰“聖人作而萬物覩”，莫知其所以然而然。物有雌雄相視，而孚化者矣。老以內觀致長生，釋以妙觀成圓通，皆觀之用，神之所爲也。知神之道，操神之契，黯于无色，潛于无象，尸居而龍見，不顯而神交。四海之廣，千歲之後，宛如覿面，而況親炙之者乎？聖人在上，所以知微之顯，不大聲色，而風行雷動，如衆星拱北辰者，神之爲也。豈見顏色之謂觀乎？見顏色而後謂觀，聖人觀民，與民觀聖人，亦寡矣。神者，陽也。觀莫大于陽。天地之氣陽而已，陽可觀，陰不足觀，故卦與比相似。比一陽而觀二陽，比九五與觀九五同爲大君，而觀上九則大君之儀衛，崇高富貴，所以爲大，而人爭觀之者也。《序卦》云“物大而後可觀”，此也。然陽既衰矣，猶謂之觀，何也？蓋陰陽之消長雖天行，而觀變知幾存乎人。臨觀二卦，或與或求。臨者，陽悅陰順，陽求陰與，泰之幾也；觀者，陰順陽入，陰求陽與，剥之幾也。天尊地卑，陽上陰下，定分也。定而不交則否，交而中和則泰。往來有偏駁,則理有得失,事有休咎。陽自上來臨,則將泰,泰至,則情親;陰自下往觀,則將剝,剝至,則災近。故臨自近往遠,觀自遠來近。否雖二氣不交,而陰隔在下。觀則陽既不下,而陰益上窺,故六四之《象》曰"觀國之光"者,自遠來也。幸陽猶當五位,故四見光。至剝則五位有宮人,而四爲近災,此其際也,烏可以不觀乎? 故九五之《象》曰:"觀我生,君子无咎。"惟君子能以中正觀天下,則下觀而化,故无咎。苟非君子,能免于咎耶? 人主反觀其身爲君子,則左右前後莫非正人。左右之志輯,則天下之望歸。苟其身无足觀,豈惟遠者失望? 羣小窺伺于肘腋,而其志叵測,故觀不惟遠惟近,不在人在己。不觀民而反觀,明有見秋毫,而或蔽于眉睫。觀有眩目前,而或失于背後,故上九之爻《象》曰"觀其生,志未平也"。夫使近者志未平,欲遠者順而悦,難矣。臨、觀二卦,巽與悦殊,其順則同。天下之利成于順,天下之害生于順。陽來陰順爲臨,順之利也,所謂"牝馬之貞"也。陽往陰順爲觀,順之害也,所謂弑君之漸也。故《文言》曰"辨之不早辨",觀之謂也。是以聖人觀象知吉凶,數往知來,因順知逆,觀之義也。

觀去聲**,盥而不薦,有孚顒若。**

　　觀,猶示也,示人可觀也。觀之爲道,色授神與,而人自喻。如王者以鬱鬯之酒灌大賓,主人盥手獻爵,无籩豆之薦,所貴者至誠中孚,禮貌莊嚴,不在鋪張行事之迹也。世以目力爲明,以察爲見,而觀道始多咎矣。顒,大首也,

《詩》曰“顒顒昂昂”,二陽在上之象,所謂大觀也。《論語》曰君子“修己以敬”,“出門如見大賓”,正其衣冠,尊其瞻視,儼然人望而畏之。舜无爲而治,恭己南面,此“盥而不薦,有孚顒若”之謂也。

　按,《禮器》云:“諸侯相朝,灌用鬱鬯,无籩豆之薦。”《周禮·小宰之職》“凡賓客贊祼”;《大宗伯之職》,大賓客則“攝而載祼”。祼與灌同。諸侯朝于天子,始至,天子使大宗伯祼以鬯酒,无籩豆,一獻而罷,禮至无文也。諸侯相朝亦然。鄭康成謂“諸侯貢士于天子,大夫貢士于其君”,皆以此禮賓士。然考諸《周禮》,有賓興之文,无飲酒之禮;《儀禮》有鄉飲之禮,无賓興之文。鄭以鄉飲即賓興无據,以盥不薦爲賓興,因爻辭云“觀光”“用賓”而附合之也。不知惟祼无薦,惟鬯稱祼。惟天子有鬯,諸侯錫鬯乃有。不錫,則資鬯于天子。若諸侯與大夫賓興,安所得鬯徧及无爵之士?此鄭氏言禮所以多附會也。爻辭“觀光”“用賓”,亦以天子賓諸侯爲象。王者賓萬國,惟諸侯稱大賓客,《小雅·蓼蕭》燕來朝諸侯,曰“既見君子,爲龍爲光”是也。士興自鄉可稱賓,至天子所,未可遂用賓。解易者襲康成之訛,而王輔嗣又以爲祭祀。夫祭祀而祼,豈有不薦者乎?

　禮,祭饗設洗于堂下東南,主賓將獻酢,則下堂洗。坐奠爵于地,相揖拜。起立盥手洗爵,升堂獻酢。巽居東南,故爲盥洗之象。坤爲地,堂下坐拜奠爵之象。巽爲高長,立洗升堂之象,互艮爲手。巽自臨兌往,爲澤,有水象。凡

鼎俎在堂下。坤在下，偶虚，爲无薦之象。鬱邑芳香，爲巽
木臭之象。主賓在堂上，執事在堂下，爲觀象。自堂下觀
堂上，見其首，爲顒若之象。巽齊潔，爲盥之象。

《彖》曰：大觀在上，順而巽，中正以觀天下。觀，盥
而不薦，有孚顒若，下觀而化也。觀天之神道，而四
時不忒，聖人以神道設教而天下服矣。

　　二陽在上，大觀也。以地承風，順而巽也。九五陽剛
中正，居上觀下，故謂之觀。“盥而不薦，有孚顒若”，上自
爲觀，非有意于民之我見也。下之觀者，神授精喻，无爲而
自化，觀道所以爲神，此天道也，聖人之道也。觀天之神
道，而四時无差忒。天无爲也，大觀而已。聖人法天，以神
道設教，民日遷善而不知，聖人无爲也，亦大觀而已。蓋本
其顒若之孚，表正天下，而望風順附。聖作物覩不見以目，
見以神，雖百世之下，千里之遠，仰之如日，豈覿面之謂
觀乎？

《象》曰：風行地上，觀。先王以省方，觀民設教。

　　風行天上，則不見其迹。行地上，則萬物之撓動可見。
然可見者，物之動。而風本无迹，惟无迹而後其行速。猶
觀所見者物之象，而見本无象，惟无象而後其感神，此觀所
以取象于風行也。先王用此道省方國，觀民風，設教以教
之。上行下順，風動草偃，是先王之觀也。爲卦四陰在下，
占候之家謂陰氣盛，則下有謀上者，以發奸爲明，秦皇所以

東巡也。聖人之觀,如風行地,巽以教之而已。

初六,童觀。小人无咎,君子吝。

《象》曰:初六童觀,小人道也。

二陽大觀在上,四陰皆仰觀之。初陰最卑,巽爲高長,初在下猶童子也。童子顓蒙,見形辨色,而无視遠之明。互艮在上爲少男,仰觀艮,有童子之象。小人,凡民也。陰爲小人。羣黎百姓,日用飲食,其爲童觀无咎。苟學士大夫,爲小人之見,則羞吝矣,故《傳》曰"小人道也"。日用而不知,亦謂之道。

男子始生,桑弧蓬矢以射四方,示志遠也。其在童蒙不出戶庭,見賓客則避,攜以入國則悸而啼,見官府儀仗則喜且懼,故其象與六四"觀國""賓王"敵應。至能壯行,則亦六四矣。

六二,闚觀,利女貞。

《象》曰:闚觀女貞,亦可醜也。

觀漸近漸明。六二稍進矣,以陰居陰位,本中正,然互坤重陰,幽閉于內,其見不能大。互艮當前爲門闕。巽在外,爲長女。二以坤體居中爲母,有自門內闚視之象。婦人見不踰閾,以此爲女子之正,則利矣。若學士大夫而无域外之觀,徒窺一隅而不覩其大全,亦婦人耳。故《傳》曰"亦可醜也"。

六二得中,與九五正應。其象爲"闚觀女貞",何也?

五雖剛中在上,而巽體爲陰,居高不果,有女主之象。坤一
索生巽,二居中觀五,猶己女也,故爲門内闚覘。而五亦爲
觀我生之象。"觀我生,君子无咎",則是君子與小人,有咎
與无咎,尚疑未果也。故二在下,有竊闚之象。巽疑而坤
順,其象如此。

六三,觀我生,進退。

《象》曰:觀我生進退,未失道也。

六三以陰居陽,其見未定。當外之交,進退之際,下爲
順而上爲入,其進本易見,可入而不審,則未免自失,故爻
辭教以"觀我生"。生,平生也。反觀平生所學之道,自決
進退。蓋居下之上,其見已超于婦人童子,而與五同功,志
本相求,但混于羣陰之偶,未得覿明主之光,必自審有可求
之道,然後能致上之與。以此反觀,庶進必以正,故《傳》曰
"未失道也"。

坤以巽爲女,有我生之象。三爲坤終,遇四爲巽主,有
觀我所生之象。巽爲進退,又三在臨居四,反來觀居三,有
進退不定之象。四陰皆欲觀五,三蔽于四,故進退自卜也。

三與上正應。巽高長上九,躁極而驕,不果而疑,其爲
君子小人,休咎未分明。三又以陰居陽,見亦不定,故望之
欲進且退也。

六四,觀國之光,利用賓于王。

《象》曰:觀國之光,尚賓也。

六四進遇九五。五爲王，四爲諸侯入觀天子之象，故爲“觀國之光”。九五陽剛中正，爲觀主，羣陰争覯。四以陰居柔，承乘相得，上下志合，故其象爲“利用賓于王”。賓，謂王者以賓禮待諸侯，即象所謂“盥而不薦”也。説見前。《周禮》大行人掌大賓客之禮儀，以親諸侯。上公“再祼而酢，饗禮九獻，食禮九舉，出入五積，三問三勞”，皆用賓也。《象》曰“觀國之光”者，尚見賓于天子也。尚與上通。舊謂諸侯薦士于王，王待以賓禮。按，《王制》大司徒、大樂正所升士，大司馬皆論定而官之，臣也，非賓也。古帝王賓士者，惟堯之于舜，湯之于伊尹。觀之時，陽德衰矣。聖人憂其衰，而象以觀，非臨泰之日也。其九五非堯、湯之爲君，六四亦非舜、伊尹之爲士。蓋少康、武丁、周宣之主，諸侯脩歲事來覲者耳。

六[一]四爻象即用象象者，觀道至四成也。觀者，陽觀陰，陰觀陽，或與或求，故爻惟四得觀，五、上皆陽之爲觀者耳，故觀成于四。

九五，觀我生，君子无咎。

《象》曰：觀我生，觀民也。

九五陽剛中正，以居尊位，下臨羣陰，富有四海。當觀之時，周徧流覽，孰非奄有？而聖人以爲九五所觀不在此。人主之生，非偶然也，當觀我所以生者安在乎？天爲民作

〔一〕六，原爲“九”。

君,民乃立國之基,守位之本。王者以民爲天,得之則存,失之則亡,是我所以生也。彼千萬其目觀我,我以一人作彼大觀,奈何不慎? 六二闚觀在下,隱而未測,羣陰方盛,閭閻微曖之情未得上通。巽體本陰,五位陽德之光未能下濟,《詩》云"惟彼聖人,瞻言百里",君子所以省方觀民設教也。居此位者果君子,則有"孚顒若","中正以觀"。仁者宜在高位,下觀而化,安富尊榮,可永保矣,故无咎。苟非君子,民具爾瞻,則咎之不終无矣。故《象》曰:"觀我生,觀民也。"四陰在下,重坤爲衆,有民之象。坤一索得巽,我生之象。"君子",陽爻之象。"君子无咎",巽不果之象。

　　九五剛中,其象不如九四吉,何也? 卦主于觀,六四陰柔得正而上同,盡觀之道矣,故吉。九五體貌雖崇,其德本陰,陽道浸衰,止于可觀。《彖》云"大觀",以尊陽耳。爻云"觀我生,君子无咎",其憂深矣。聖人有愛陽之心,而時不可違,焉能致溢美之辭?

上九,觀其生,君子无咎。

《象》曰:觀其生,志未平也。

　　上則大君之禄位,所謂富貴福澤,天以厚其生者,故曰"其生"。"其"指九五。觀,自上九觀也。上九以剛乘五,有法家拂士之象。于大君崇高富貴,威命靈爽。凡天所以厚生人主,與民所以奉養大君者,皆目擊其盛于朝夕左右。而以陽居陰,不中不正,巽究爲躁,居此位者,其惟君子,則明良相遇。觀君之生,念民之艱,而效弼主之忠,天下快覩明主，亦仰見師保之功，故"无咎"。苟以邪臣乘昏主，其必有朵頤富貴而睥睨神器者矣。蓋小人見利則動，況左右君側，窺覘尤熟，觀君之生，則中懷叵測，故《象》曰"志未平也"。目雖至明，不見眉睫。可欲當前，忘其肩背。危哉九五，羣陰觀望于前，彊陽窺覘于後。爻辭所以于二陽致悔過之辭，《象傳》所以發觀生未平之義，其戒深矣。君子，因五爻君子而言。五苟君子，上亦君子矣。

凡觀，相觀也，故《雜卦》有求與之義。上九當下觀之時，乘九五之後，是五所不及見而爲竊視者也。巽終爲躁，爲高長，有權有制，居觀之上，爲權臣壓主之象。爻辭特以在觀之時，二陽猶象君子，故致疑悔之辭。然天運至此，時事可知。下應六三，所以進而思退，爲未失道也。

上九果君子耶？觀其生，則爲周公之弼成王，戒以稼穡之艱。小人之依，夫復何咎？居高思危，其志固未平也。若小人而觀其生，則爲莽、曹之黠干天位。又如沛公、項羽縱觀秦皇，且欲襲而奪之矣。其不平之志，又何可言？此噬嗑所以繼其後也。

上九一爻喫緊，爲人主大寶金鏡。蓋恒情視遠則詳，反觀則疎；目前則明，見背則暗。九五徒知前爲下所觀，不知後爲上所觀。上九知近觀五，不知六三進退遠觀上，故五不可蔽于近，上亦不可忘于遠。如是，則相觀而盡善矣。

噬嗑䷔震下離上

《序卦傳》曰：“可觀而後有所合，故受之以噬嗑。”夫觀之爲卦也，陰長陽消。聖人尊陽，取象于觀。然于五、上已致憂危之辭，曰“君子无咎”，曰“志未平”。小人道長，而志未平，則吞噬之患起，而刑獄作矣，噬嗑所以繼觀也，故曰“可觀而後有所合”。若曰“不可觀”，而何“合”之有？不合所以相噬也。物情怒而相傷，則噬。嗑者，噬之而合其口也。噬人者必强梁。古聖王惡强梁之害，制爲刑獄。刑獄，又所以噬其强梁者也。故猛獸食人謂之噬，而人殺猛獸食之亦謂之噬。卦取初、上兩奇象噬，中三偶象被噬者。九四一奇中哽，噬不得嗑。蓋初、上所噬，以有四在中。四所以在中，亦惟橫制初、上，使不得嗑耳。不得嗑，則不得噬。然欲使初、上无噬，并无四乃可。有四在中，欲初、上无噬，不可得已。蓋刑獄可以鋤强，不可以化强。聖人不貴折獄，而貴无獄，所謂“噬嗑而亨”者，此也。天下无强噬弱，則亦无刑罰以噬强。如是，則噬者皆嗑，而勝殘去殺，天下順治矣。其取諸離震，何也？離爲電，明而決；震爲雷，動而威，折獄之道盡此矣。謂頤中有物，何也？凡剛之噬柔也，苟非更有剛者制之，則弱肉餘幾。故有五刑之典，有司寇之官，有大君主之于上，使强梁者噬之不得合，亦猶師行險而順以毒天下，非得已也。故卦中互坎互艮。艮爲止，坎爲律。艮執之，坎陷之，所謂頤中物也。上互坎，則火蝕其明，而不傷于苛；下互艮，則雷損其威，而不傷于猛。
刑獄之善物也。然《傳》曰"噬嗑而亨"，則噬未可合乎？
曰：未可。噬人而可合，人无噍類矣。噬噬人者而合，國无
典刑矣。舜爲天子，皋陶爲士，瞽瞍殺人，遂棄天下，況其
下乎？夫子曰："善人爲邦百年，亦可以勝殘去殺。"夫安得
百年之善人與爲邦乎？是絶望之辭也。然爻取象于肉，何
也？噬象也。古罪人用墨、劓、宫、刖、大辟五者，肉刑也。
《大傳》取象市合，此爲刑獄，何也？古者日中爲市，離日明
于上，震足動于下，故爲市合。戮人亦于市，故爲刑獄。離
爲庖厨，漁佃取禽獸之肉，以供庖厨，而殺凶人于市，亦猶
之磔禽獸也。互艮爲狗，互坎爲豕，所謂"行同狗彘"者。
殺而尸諸市三日，故爲膚、腊、乾胏之象。初、上皆剛，閉羣
陰于内，爲圜土之象。一陽互艮坎居中，爲執法之象。艮
爲虎、爲狗，坎爲盜，有噬人之象。初、上承乘皆偶，有張吻
露齦之象。離爲兵戈，互坎爲血，互艮爲手，有殺象。震
木，有桎梏之象。古殺凶人而焚之，有火象。震陽動自地
底，有冤滯欲伸之象。震木氣東出，有求生之象。上互艮
止，有求生不得之象。離在上，象頭目。震在下，象頷頰。
凡噬合以頷頰上合。爲獄辭，自下達上之象。哆口噚舌，
有對辭質辯之象。故爻初爲罪人，二、三、四爲訊者。以達
于五，而後殺之于上。古者前朝後市，上在五後，爲肆于
市之象。震下爲足，中互坎爲心，互艮爲手。離在上爲
目，離體本乾爲首，罪人肆尸之象。初奇爲桎其足，中奇

爲拳其手,上奇爲梏其項,罪人被三木之象,所以爲刑獄之卦也。

噬嗑,亨,利用獄〔一〕。

噬,齧也。嗑,合也。齧物而合其口,强食弱肉之狀。王者以刑罰揉强梗,同有此象。事本非吉,而曰"亨"者,以揉强有可亨之道也。爲卦上明下斷,故曰"利用獄"〔二〕。

《彖》曰:頤中有物曰噬嗑。噬嗑而亨,剛柔分,動而明,雷電合而章,柔得中而上行,雖不當位,利用獄也。

卦名噬嗑,何也? 初、上皆以奇含偶,有上下脣齒之象。九四互艮坎居中,如有物焉,欲嚼而不得合,故曰噬嗑。噬而嗑,則强梁者不得作梗而亨矣。爲卦上離下震。離、震皆本諸乾坤。乾分一奇來坤下爲震,以剛居内;坤分一偶往乾中爲離,以柔居外。是剛柔分,雷動而電明也。下雷上電,合而成頤,有物在中,章然可見,明威并運,冤滯昭雪,則獄无遁情矣。坤柔居五得中,是"上行"也。柔宜下而居五,剛宜上而居四,雖未爲當位,然在噬嗑爲刑獄之用則利,何也? 有九四之剛,奉雷電之威,苟其君又剛,則慘虐矣,所以"利用獄"也。

噬嗑,震上合離也。合則變爲大有,君子所以遏惡揚

〔一〕獄,底本"獄"字前有一墨釘,早印本作"刑獄"。
〔二〕獄,底本"獄"字前有一墨釘,早印本作"刑獄"。

善，順天休命，刑措不用，故亨。

《象》曰：雷電噬嗑，先王以明罰勅法。

宜云“電雷”，而曰“雷電”，何也？噬之合，自下合上也。頭目不動，而頷頰動于下。電先掣而後雷應，猛獸將噬，先瞋目而後爪牙奮，雷以從電也，故曰“雷電噬嗑”。先王觀象制獄，以明爲主。察之明，然後刑可施。以電之明罰罪，以雷之斷飭法。罰當罪，天下知情僞難欺，憲令整肅矣。勅，整也。雷自地出，象獄情自下達上也。故爻自二至五，有下合上之象。凡罪人多隱情，凡訊獄自下則論公。故國人曰可殺，然後諸大夫以達于王，噬嗑之象也。

初九，屨校，滅趾，无咎。

《象》曰：屨校滅趾，不行也。

九以剛居初，爲頷頰之象，乃所以噬者，故象刑具，當罪人也。校，刑械也。屨校，足著械也。滅，沒也。足著械，遮沒其趾也。震爲足動居初，有趾象。互坎在中，有校象。互艮，有不行之象。在初，猶輕刑也，小懲而大誡，故无咎。《象》曰“屨校滅趾”者，趾爲動初，滅趾以遏其行也。不行何咎？不行則不進，而二與三不被噬，獄不成矣。然以震之剛，豈肯止者乎？

校，以木爲桎，橫制兩足，使不得奔。罪人初被逮，則械而納之圜土也。古用肉刑，初犯有斬左右趾之法，爲滅趾之象。輕刑也，故象初。

初象罪人，何也？罪人冤滯不達，故在下。惡由小積，故在初。事先發覺,故爲獄始。然以剛象罪人,何也?凶暴之徒,未有不剛者。初、上彊梁噬人,剛惡也。九四論刑折獄,剛善也。刑獄者,傷生之事,故用剛。老氏曰:彊梁者,死之徒。易戒于過剛也。

六二,噬膚滅鼻,无咎。

《象》曰:噬膚滅鼻,乘剛也。

六二下乘罪人,象獄初訊也。凡獄,以初訊爲本。二象獄正,三象士師,四象司寇,五象王。三訊无疑,而後獻于王,自下而上,以震合離,噬嗑之象也。二本震體,陰柔中正,威而不猛,故折獄中和,所謂悉其聰明,致其忠愛,爲能得其深情,以上達于主者。至三覆而不可易,爲"噬膚滅鼻"之象。膚,肉之无骨者。《禮》有"膚鼎"。噬膚,言易也。滅鼻,言深也。无事考掠,而强梗輸誠,得其真情以遠于四。四爲獄主,二、四同功。四以剛互爲艮,艮爲鼻,故有没鼻之象。《象》曰"噬膚滅鼻"者,二乘初九重剛,罪人强梗,二訊之得其情也。

象非一義,故《傳》釋不主訊獄。以刑論,初象剕,故云"趾"。二象腰腹无骨處,故云"膚"。膚,猶肌也。四寸曰膚,蓋宮刑之象"滅鼻",象劓也,宜在四,因二上合,連及也。以罪人論,則二爲善良,上遠于執法,下近于强梁,故受初齮齕之深也。

六三,噬腊昔肉,遇毒,小吝,无咎。

《象》曰:遇毒,位不當也。

三以柔居剛，本无定見。當動之終，訊而不斷，故爲"噬腊肉"之象。小禽之全，殺未乾者，皆稱腊，肉中藏骨也。比之膚已陳矣，再訊之象也。勞于考掠，疑而不敢決，故爲"遇毒"之象。互坎隱，互艮止，其象如此。求情未得，故爲"小吝"。小謂陰對初剛而稱三爲小也，然意在得情，故"无咎"。《象》曰"遇毒"而疑，以陰居陽，不當其位，无折獄之才也。

以刑言，三象腰以上，爲鞭朴之屬。古人鞭朴加于背，有腊肉之象。上體肉骨連五臟，往往有考掠致死者，"遇毒"之象。以罪人言，三象被噬者，較二稍强矣。去初遠而近獄主，故噬難而致于獄，爲"遇毒"之象。

九四，噬乾干肺子，得金矢，利艱貞，吉。

《象》曰：利艱貞吉，未光也。

九四以剛居上下之間，互爲坎艮之主，合離震之分，當噬嗑之時，爲執法之象，罪人所畏服，二、三所待裁決也。坎爲律，爲叢棘，爲桎梏；艮爲止，爲手，皆刑禁之象。上承五，爲執法大臣，貫索之位，獄至此，三訊之終，大司寇總其成。初、上所爲噬而不得嗑者，此也。乾，離象。膚自二至四陳久，故爲"乾肺"。牲體合骨，乾曰肺，最堅難噬。下應初剛，指罪人也。金矢，指六二所致獄情，確直无枉。四、二同功，即二所謂"滅鼻"者也。金言確，矢言直也。奇畫象矢。離爲矢，爲戈兵，亦金象。初剛而四亦剛，以剛遇剛，故有此象。三訊既審，勿以得情爲喜。刑獄人之司命，惟欽惟恤，乃爲“貞吉”。如晉叔魚攝理，蔽罪邢侯，自殞其身，是不艱貞凶也。《象》曰“利艱貞吉”者，六四以大臣制獄，其體本離，然明尚未融，而剛有餘，易失之暴，故“利艱貞”。求其生而不得，坎有憂心，將待讞于天子，其道未得光明也。

卦體離居上，爲獄主。噬嗑必目見，而後齒牙可施。九四離初，故爲“未光”。六五離中，故爲“得當”。處刑獄之時，臣貴剛，君貴柔，《象傳》所謂“雖不當位，利用獄”，以此。九不居四，則噬嗑不成，故其占吉。以其在刑獄，剛爲正也。論刑，四獄最大，刑最重，大辟之象也。人首堅，肺象。艮爲手，有拲其手之象。《禮》，囚人罪重者，桎梏而拲。械在首曰梏，在手曰拲，在足曰桎。鄭康成謂首桎足梏，誤也。

古者民訟，先入鈞金束矢，三日而後聽，故有“金矢”之象。凡聽訟，訊之三日，乃獒之。殺罪人于市，肆之三日，乃埋之。故爻象自“膚”至“肺”，日久漸乾。一日爲膚，二日爲腊，三日爲乾肺，其象如此。

六五，噬乾肉，得黃金，貞厲，无咎。

《象》曰：貞厲无咎，得當也。

六五以陰居尊柔中，祥刑之主也。《禮》，用法，臣尚執，君尚寬，故司寇殺之三，天子宥之三。四剛而五柔，四噬“乾肺”而五噬“乾肉”，四得“金矢”而五得“黃金”，其象如此。五、二爲應。无骨曰肉，即二之膚也。二噬鮮，至五

乾矣。離爲乾卦，五之所噬，即二之“滅鼻”者。五乘四以
應二，四所讞于五者，不違二之初訊，故爲“得黃金”。黃中
象，二、五得中相應，出入平反皆適中。五得金而无矢，金
和而矢直，金利而矢殺，大君所以平恕，異于司寇也。金矢
皆離象，獄至五而生殺定。天子三宥不得，而後制刑。故
其占爲“貞厲”，雖刑无咎也。《象》曰“貞厲无咎”者，刑當
其罪也。雷電并用之時，有柔中之主平反于上，刑豈有不
當者乎？

　　噬胏得矢，九四[一]堅直之象。噬肉得金，九五和中之
象。臣直君平，法乃得當。殺人非善事，四雖吉而“未光”，
五雖吉而“貞厲”。善讀易者亦善讀法矣。

　　在刑，則五爲祥刑，《虞書》所謂“金作贖刑”也，故其象
爲“得黃金”。詳見《周書》。五刑既當，聖人猶不忍其死
傷，以輕重多寡罰鍰使贖，全其身命，令得自新，好生之仁
也。故于爲君宜，人臣而議贖刑則斁法矣。然以肉得金，
其象惟五，怙終爲賊，則刑殺之，上六是矣。凡纖墨髡刖等
輕刑，施于面目者，象皆屬五。離，乾體，有頭目之象。

　　二、五[二]中正，故噬膚噬肉，无深刻之慘。三、四不
中，故噬腊噬胏，乏平恕之情。

上九，何_{上聲}校滅耳，凶。

〔一〕四，早印本作“三”。
〔二〕五，早印本作“四”。

《象》曰：何校滅耳，聰不明也。

九以剛居上，爲唇吻之象，亦以象凶人。始“屨校”，而終“荷校”，爲怙終不赦之象。《虞書》云“怙終賊刑”，《周禮》云“不能改而出圜土者殺”是也。何、荷通，猶戴也。校在項曰梏。校厚，故遮没其耳。《周禮》囚人之職，凡囚，梏其首，桎其足，拲其手。及刑殺，士加明梏以適市，梏上加梏，所以没其耳也，爲適市刑殺之象，其凶可知。蓋五既平反，而上復不悛，故必殺。《象》曰“何校滅耳”者，在初“屨校”，教之不行，而頑嚚不可化誨，曾无聽德之聰，教亦不善，贖亦不改，遂自陷于大戮，所以凶也。耳，坎象。古執囚殺之，割其耳以獻，故有“滅耳”之象。

上于刑爲極典，于人爲極惡，于體爲首。獄至四而成，至五而讞于王，至上而殺。上象圜土外墙，初象内墙也。古者前朝後市，上九有市象。

賁☲☶離下艮上

《序卦傳》曰：“嗑者，合也。物不可以苟合而已，故受之以賁。賁者，飾也。”天地之運，斂而後彰。王者明罰勑法，强食之患消，天下始循理守文，如湯、武誅獨夫而致太平，周公珍殷頑而制禮樂，故噬嗑繼之以賁。賁，文也。惟刑獄不可文，故賁反噬嗑也。世運由簡而趨繁，由儉而趨侈。五方異俗，百歲異時，人力无如何。至節其繁而歸之簡，約其靡而還之儉，則存乎人。存乎人者，順乎天者也，所以爲賁。卦取離艮，本諸乾坤。乾易坤簡，自然之文。文者，飾而加之，文加于質，質加于文。乾健，質也；坤順，文也。自噬嗑合，而地天泰矣。取坤上六之“玄黃”，來乾中以爲離。分乾九二之“文明”，往坤上以爲艮。離爲火明，艮爲山止。明者，爲文；止者，爲質。明則質有其文，止則文有其質，彬彬之象也。學文以篤實爲本，故賁文也。止而明，君子之章，大畜學也。止而健，君子之德，《大學》明明莫要于止。是故質者，質其文；文者，文其質也。夫坤豈不能爲質，乾豈不能爲文？蓋健者，直而无爲；順者，柔而通理。陽主發生，坤一交則其神宣朗而爲火，爲車馬、文章。陰氣消縮，乾一加則其精凝結而爲山，爲丘園、儉素。故忠信象天，文彩象地。君臣、父子、夫婦、兄弟、朋友，親、義、序、別、信，天之質也；三千三百，禮儀威儀，地之文也。故曰：“爲人君止于仁，爲人臣止于敬，爲人父止于慈，爲人子止于孝。”文不可以不止也。然謂之賁，何也？繼噬嗑之象也。噬嗑有猛獸噬人之象，反爲賁，有賁士山下搏虎之象。艮爲虎，離爲賁。賁之言奔也，勇而疾走曰賁。《周禮》有虎賁氏，掌先後王而趨，適四方使則從。若道路不通，有徵事，則奉書以使于四方。有旅賁氏，掌執戈盾，夾王車而趨，左八人，右八人，車止則持輪，吉事則朝服而趨。蓋王者爪牙熊虎之臣，故自噬嗑來也。然冠裳楚楚，步趨蹌蹌，侍從禮法之士，故又以象文。勇壯者，乾之健，艮之虎;冠裳者,坤之順,離之明。在噬嗑爲刑獄以除惡,在賁爲安車以徵賢;在噬嗑互坎爲桎梏,在賁互坎爲弓輪;在噬嗑互艮爲執法,在賁互震爲筐篚。初自噬嗑上九來,故爲虎賁奉車出使之象。上遇互坎,爲道路不通之象,故“舍車而徒”,有奉徵書往之象。二至四,互坎爲弓輪。二爲旂,三爲車,四爲馬。《詩》云“孑孑干旄……良馬四之”是也。五爲幣帛,賢者之居也。上爲賢人,貞白之德也。二、四以偶附三,有賁士夾車趨之象。艮在外,有車入山之象。車馬幣帛入山,有文還質之象,故曰賁也。《禮》云:“尊賢之等,禮所生。”禮由天秩,思知人不可不知天,是《彖》所謂“天文”也。明主弓旌求賢,化成天下,是《彖》所謂“人文”也。《詩》云“皎皎白駒,賁然來思”,此之謂也。柔來而文剛,分剛上而文柔,利有攸往,賁奔之象也,卦所以爲賁也。

賁_賁_,**亨,小利有攸往。**

《彖》曰:賁亨,柔來而文剛,故亨。分剛上而文柔,故小利有攸往,天文也。文明以止,人文也。觀乎天文,以察時變。觀乎人文,以化成天下。

　　賁,飾也。飾則盛矣,亨通之象。小,陰也。陽止于上,故利攸往。彖“亨”,何也?卦體坤乾[一],自噬嗑來。坤與乾交,坤以上六之“玄黃”來飾乾中,陽受陰麗,發揚宣朗而爲離明,故曰“亨”。分乾九二之“文明”,往飾坤上,坤

〔一〕坤乾,早印本作“乾坤”。

受陽益,衰聚岵嶷而爲艮止,故曰"小利有攸往"。剛柔往來,此天地錯綜之文章。文盛而艮止,即人事道德之經緯。觀乎天文,以察時運升降文質之變。觀乎人文,君子邦家之光,王者明揚側陋,弓旌禮賢,則文明之化成于天下,亦天之道也,所以亨通而利有攸往。

乾體專直,坤來乾中爲文明,故亨。乾以一陽往坤上,止而節之,坤得陽主,不至爲玄黃之雜,是進而反于无文之朴也,故陰利攸往。文勝流蕩忘反,得乾以止,故曰利。旅賁車馬入山,明以止之象也。

天色玄而於穆,質象也。地色黃而通理,文象也。《考工記》"青赤爲文"。艮山青,離火赤,賁象也。

《象》曰:山下有火,賁。君子以明庶政,无敢折獄。

雷電利用獄,而山火不可折獄,何也?噬嗑"雷電合而章",雖互坎艮,電火得水愈焚,故爻象腊胏、乾肉,皆燥勝也。坎章而不能隱,水焦而不能濕,艮在下而不能止,明若此其熾,而後雷得行其斷也。兹山下之火,傅于薪而已。山隱其光,坎互其體,水沃其焦,故爻辭有車馬載塗濡如之象。蓋山水氣勝,離明未得熾然,與噬嗑殊功。聖人觀象,教人明庶政。以山高火小,險伏在下,庶政恐有蒙蔽不得其理者。火在下,近而易見,故宜明政。山止于外,險伏于內,陷而不可進,故不敢折獄。明庶政者離之明,无折獄者艮之止。大抵文章勝者掩情實,粉飾增益,折獄所深忌也。

初九,賁其趾,舍車而徒。

《象》曰：舍車而徒，義弗乘也。

　　初以剛居剛，爲虎賁之象。其文炳，其力强，當賁之初，爲從使徵賢之象。初在下，上互震，有趾象。志切求賢，疾趨君命，膂力方剛，行不待駕，故爲"舍車而徒"之象。互坎當前，坎爲輿，有車象。初與二比，與四正應，而九三互爲坎主居中。當賁之時，兩陰夾車而趨，初遇坎險，故有舍車步進之象，即《周禮》所謂"道路不通……奉書以使于四方"，《禮》所謂遇"門閭溝渠必步"者也。徒行，將往四達上也。《象》曰"舍車而徒"，奉使求賢，義不待駕，初九以剛居正，故其忠勇如此。餘見前。

　　《禮》，車中戎士爲右，以備非常，遇"門閭溝渠必步"。坎在前，象溝渠。艮在上，象門閭。

　　賁者，勇迅之稱。初九過剛，自噬嗑上九來，有刑殺之象。反居賁初，輒與離分。夫離麗也，非勇不能舍，故猛虎繫足，則自絶其蹯，賁其趾之象也。前互坎，有馮河之象。艮在上，有暴虎之象。三以上，象虎張頤；二附三，象虎須。卦所以得名賁，爻象轉爲文質者，虎貌文而質武。武，力也，象乾健之艮；文，毛也，象坤順之離。夫子論勇曰"暴虎馮河"，子貢論文質曰"虎豹之鞟"。聖賢言語成象，雖與爻義无涉，觀象學易，亦不可不知也。

六二，賁其須。

《象》曰：賁其須，與上興也。

　　須，旃之旒，綴于緣上者也，或七或九不同，如人須髯，故謂之須。今人于凡飾之垂者皆稱須。上附下垂,如須附頤也。二以柔居中爲離主,上遇九三重剛,互坎破離,初九舍之去,而二麗于三不舍,蘲然下垂,有須之象,相須之義也。卦體自三至上,有頤象。二以偶上附,如須在頤。三至五互震爲龍、爲竹,離[一]爲漁,有魚須之象。魚須者,旒也。畫龍曰旂。車中所建龍旂在左,左爲後,三爲車,二在三後,《曲禮》所謂“左青龍”也。車後建旐,旐畫龜蛇,亦離象,《曲禮》所謂“後玄武”也。《詩》云“彼旟旐斯,胡不旆旆”。旆即旂尾之垂者,亦須也。《詩》所謂“孑孑干旄,在浚之郊。素絲紕之,良馬四之”,見賢之儀也。禮文莫盛于車旂,故爲賁之象。《象》曰“賁其須”者,飾其旌旐,與上車馬束帛,同發往上也,盛儀衞以徵賢,《彖》所謂“人文”也。興,發也。發,行也。

　　象取須,何也? 須,求也。同氣相求,六二之同氣,上九也,皆成卦之主。二來而明生,上往而文止。今二將往外須上,上來則地天泰而化成,故上者二所須也。又内卦本離。離,麗也。其體甚相須。初舍二去,以九三陽剛互坎,二不得不毀離失初,相失而相求,故其象爲須。《傳》云“與上興”,釋所以不成離也。不然,六二中正,何以初先去之? 同人之六二,亦離也,至吝于宗不忍從五。離之九四“焚死”,而六五“出涕”,皆相須之情,離之性情然也,故歸妹之六三遇互離亦言"須"。

孟子云："召士以旆。"畫交龍曰旆。龍腮頰有骨曰須，《考工記》所謂"作其鱗之而"是也。而與髵同，即須也。罪人剃須曰髵。《爾雅》"魚曰須"，謂魚吹息動其腮頰也。《玉藻》"大夫笏以魚須"，謂以魚骨也。《子虛賦》"魚須之曲旃"，《吳都賦》"旗魚須"，皆畫龍作其鱗之而之狀。注以魚須爲"旃竿"。旗自有竿，何必盡魚須乎？

須，音義與"緌"通，垂蕤之狀。《詩》云"淑旂綏章"，《曲禮》云"武車綏旌"，《荀子》云"綏綏兮其有文章"，故以象離。車後登車之索亦曰綏，凡象非一義。

九三，賁如濡如，永貞吉。

《象》曰：永貞之吉，終莫之陵也。

九以陽居三，乘二承四，剛柔各當位，故三互爲坎險，上應艮止，險不可進。坎爲輿輪，處賁之時，諸陰夾車持輪，卒伍整飭，故爲"賁如"之象。濡，潤也，坎象，言輪轅光華潤澤也。《詩》云："我馬維駒，六轡如濡。"坎爲雨，互震爲雷，有車馬載塗遇雨之象。上與艮主敵應，爲山高車不得進之象。互震爲大塗，停車道傍之象。艮爲徑路，爲小石，險不可升之象。艮爲門闕，岩居側陋，不可納車馬之象。初徒步，四乘馬，舍車山下，躬造賢者之廬而致款誠，不以間關勤劬，回轅反斾，故爲"永貞"。此禮賢之嘉節，人文之美觀，命使之忠勤，故吉。《象》曰"永貞之吉"者，堅誠篤敬，不以遇險廢禮，而賢者抗節幽貞，高山仰止，終不可陵奪，所以爲"永貞"也。升高曰陵。語曰："山以陵遲故能高。"隱士峻節，可仰不可升也。

玩三、上兩爻，坎艮敵應，爲終不交之象。車止山下，有賢者不肯出山之象。上九孤高，遺世獨立，不降其志，殆巢居首陽之輩。人主使虎賁安車束帛，跋涉窮山，造其廬而問，崇獎幽節，觀人文而化成天下也。有唐、虞，不可无巢、許，有文、武，不可无夷、齊，所謂柔來文剛。分剛上而文柔，人文天文，賁之象也，故九〔一〕三爲"永貞"、不可"陵"，上九爲"白賁""得志"。

六四，賁如皤婆如，白馬翰如，匪寇婚媾。

《象》曰：六四，當位疑也。匪寇婚媾，終无尤也。

六四以柔居柔，下乘九三，偶畫整齊，爲旅賁夾車持輪之象，故亦爲"賁如"。皤，大腹也，坎滿之象。《春秋傳》曰："皤其腹"。二爲須而四爲皤，明互坎也。馬駕車居前，故四爲馬，互震之象。卦體自三以上亦離象。離虛而白，四入艮，山中朴素，隱士清潔，故爻多白象。翰，白毛也，《檀弓》曰"殷人尚白，戎事乘翰"是也。寇指九三。坎爲寇。婚媾指初九。四與初正應，本婚媾也，互坎破離，初遂舍離，徒步從四，而四已屬三。三坎主爲隱伏，四見初，疑其爲寇，既知其非寇也，是我婚媾也，遂與初合，初所以得濟于險，達于上九也。《象》曰以六居四，下應初九，剛柔得

〔一〕九，早印本作"六"。

正,復何疑？惟互三爲坎,四應初,又比三,坎體隱,未免婚媾之疑也。既知初非寇,則相與終事,无辱使命,而免于過尤矣。

四與初正應,有共濟上達之象。初舍車徒步,四應以馬,有策騎登山之象,《禮》所謂"道路不通,有徵事,奉書以往"者也。火明而動,山止而靜。動則增飾,靜則簡素,故下卦多文象,上卦多白象。采以白爲地,明以止爲精。

六五,賁于丘園,束帛戔^牋戔。吝,終吉。

《象》曰:六五之吉,有喜也。

五爲山中。土高曰丘,林居曰園。艮爲門,象隱者之宅。帛五疋爲束。每疋兩端卷至中爲二端,一束十端,偶居五之象。戔戔,淺薄,從儉素也。《說文》委積,與象義不恊。束,象儉[一]約也。帛,象純素也。停車山下,繫馬門外,奉束帛升堂,致書于主人,禮隆而幣輕,故其象"吝"。親承賢者之教,故其占"終吉"。《象》曰"六五之吉",得見君子,"有喜也"。《詩》云"既見君子,云胡不喜",受君子賁益,故喜。

《禮》,奉使致書必以帛,豐則加玉。使者升堂,親與主人授受,束帛无玉无庭實,所以謂"戔戔吝"也。隱者尚質,以少爲貴。車馬陳于下,束帛致于上,亦庭實之象。

賁以五象"丘園",謙以五象"侵伐",易未嘗定以五爲

〔一〕儉,早印本作"斂"。

君也。泰以六二象君，謙以九三爲主，未嘗定以君居五也。

上九，白賁，无咎。

《象》曰：白賁无咎，上得志也。

九以乾體居上，有遺世獨立之象。蓋其來則成乾，天地所以交泰也。往則爲止，人文所以增光也。而乃隱居深山，曠然爲太古羲皇之逸，无緇塵纖墨之染，故其象爲“白賁”。雖與世違，然清白可以勵薄俗，故“无咎”。《象》曰“白賁无咎”者，上九高蹈，與世无累，自得己志也。仕者輝煌盛明，隱者澹泊自守，亦各適其志也。

上九孤貞，以不受賁爲賁，故爲“白賁”。徵聘不屈，明主雖不得其翊贊之力，然當文明之世，得此不事王侯者若而人，以培不雕之朴，矯奔競之風，則其助佑皇風亦多矣。以不賁賁，故曰“白賁”。文明以止，其于禮樂，則夫子所謂“先進”是也。

賁者，增而益之。益而不已必止，天之道也。人情自質趨文易，故初九舍車而往，如火之炎，日進不已，人文也；自文返質難，上九剛上文柔，如山之止，貞素无爲，天文也。

周易正解卷八

剥 ䷖ 坤下艮上

《序卦傳》曰："賁者，飾也。致飾然後亨則盡矣，故受之以剥。"夫造化之理，文勝則必敝。朝華之草，夕而零落，天之道也。賁者，飾而增之。剥者，褫而去之。无新不故，无芳不萎，故賁受之以剥也。剥者，殺牲而體解之名。《詩》云"或剥或烹"，故爻象爲牀。牀，几案也。于是有膚魚果核陳設之象。自噬嗑以來，卦皆有殺象。賁雖文而虎賁用事，艮主白賁在山，王侯不能下，其時事可知，是以生剥也。爲卦下坤上艮，一陽孤集于上，五陰并進，陽道將終，如獸解其皮毛，而人褫其章服者然，故曰剥。聖人之愛陽甚矣，當其漸去，不覺也。及五陰皆來，而驚其頓改，乃命曰剥。在事爲禍亂已成，死亡將近；在心爲梏之反復，違禽獸不遠。天時、人事、物理莫不然，而于人心理欲消長獨切。剥以欲滅理，復以理還心，所以无妄而大畜其德也。卦體内順外止，内有不善之心，則外有不善之事。不善之心，順之則長；不善之事，止之則消。故初爲私意始萌，二爲物欲迷心，三悔悟自失，四加諸行事，五力制其危，上保全幾希。故爻辭初、二、四凶，三、五、上不言凶。蓋禍起于微，悔生于終。始迷不悟，致終之災。終能自新，復保其始。以人事治道占，初爲始禍，二无應援，故凶。三有應不得位，四得位而禍成矣，亦凶。至五大君造命，柔順得中，調劑羣情，招懷以恩，女子小人得所，則人情感悅，而大亂可挽回，雖處剝亦无不利。上九象天運循環，陽无盡剝之理，亦不言凶。凡天下事，善變者禍轉爲福，不善變者吉化爲凶。是以剝始凶而終不凶，復始吉而終大凶。蓋剝往以漸，從容可圖其終；復來貴頓，遷延必迷其始。此二卦往來順逆之占也。

　　剝、復二卦相反，爻象亦相對。剝初與二皆凶，復初與二皆吉；剝三无咎，復三亦无咎；剝四近災，復四從道；剝五无尤，復五无悔；剝上有果，凶中藏吉，復上終迷，吉反成凶。

剝，不利有攸往。

《彖》曰：剝，剝也，柔變剛也。不利有攸往，小人長也。順而止之，觀象也。君子尚消息盈虛，天行也。

　　剝，猶倮也。《禮》：喪奠不巾曰剝奠。陽爲陰所蝕，如物之解剝其皮者，故《雜卦傳》曰：“剝，爛也。”一陽孤止于上，五陰進盛，小人道長，故曰“不利有攸往”。往則陽盡矣。然觀其象，坤順于下，因其順而止之存乎其人，亦猶觀卦二陽在上之象。觀我生，觀其生，君子則无咎矣。是以君子處此，知進知退，知得知喪，消息盈虛，天行不可違，所以"不利有攸往"也。

剥有三義：有落剥，剥牀之象；有割剥，剥膚之象；有蛻剥，剥魚與果之象。

《象》曰：山附于地，剥，上以厚下安宅。

山高而附于地者，山頹也。《詩》云："如塗塗附。"山崩附地，剥落之象。然山雖高而地本厚，故其基安。爲人上者，以下爲基，剥民肥己，則下削而基日薄，祇自剥其廬耳。上知止而下效順，庶免速傾。此聖人觀象救剥之方。故魯哀公時，禄去公室，可謂剥矣。年飢用不足，問于有若，有若告以輕賦，曰："百姓足，君誰與不足？"即"厚下安宅"之旨。

初六，剥牀以足，蔑句。貞凶。

《象》曰：剥牀以足，以滅下也。

陽去非驟也，陰自下而上，以漸剥之。初六爲陰始，卦爻一奇上橫，五偶下載，有牀象。初最下，有足象。蔑，不見也，言牀足剥落不見也。陽受剥，其形色改易，生氣銷亡，故有此象。足剥則牀頹矣。守此不變，其凶可知。《象》曰"剥牀以足"者，陰長于下以滅陽也。滅，猶没也。陰長猶水溢，故初下被滅没也。

古者坐卧依凭供饌之具，通謂之牀，即今几案也。盛饌則布筵就地，拜以行禮。常御，則就牀。一曰機，即几也。凡殺牲解體割肉陳設，必于牀，其上有板，其下有足，如房屋然,故牲俎曰大房,食案曰夏屋,以足下空虛如房屋也。艮爲門闕,故以取象。卦體似兼山,而下艮不成。爻似兩牀,而下牀已剥落。上牀布設膚魚果,與下應。牀剥則供具墮,是以四〔一〕膚近災。五貫其魚,上遺其果,爲復生之幾。如人始念已差,保持于事終,幾希之良,猶望來復,此設象之義也。

六二,剥牀以辨平**,蔑**句**。貞凶。**

《象》曰:剥牀以辨,未有與也。

　　辨與平通,牀面謂之平。陰進至二,爲蔑其牀面之象。牀面蔑,則无所凭閣矣,故爲“貞凶”。凡牀高半人身,故二象平,三爲人御牀之象也。《象》曰“剥牀以辨”者,二、五皆陰,外无應與,使有陽居五,則其體猶爲觀。内求外與,剥未可成也。

　　辨、平,古字通用。《書·堯典》“平章百姓”“平秩東作”,《史》皆作“便”。《索隱》云:《今文尚書》作“辯”,婢緣反。按《論語》“便便言”,亦“辯”也。《詩》云“平平左右”,即是便便左右,亦“辯”也。故知古“平”字與“辨”通。

　　象不言“平”而曰“辨”者,辨明也。辨蔑,陰暗之象也。坤六二“直方大,不習无不利”,其道大光,承乾也。當其爲父母也,乾坤有二體,健、順非二德。陰得陽明,故六二爲光大。今與艮錯,以地從山,艮之明不足以照地,而山壅蔽

〔一〕四,早印本作“三”。

隔塞，互爲重坤，二居重壤之下，中雖虚而外喪明，所以昏暗而蔑其辨也。其位本離，但麗陽即生明。苟有陽應于外，亦不失爲闚觀，何至懵然无辨若斯？故《傳》曰"未有與"。

六三，剝之，无咎。

《象》曰：剝之无咎，失上下也。

六三爲坤終，純陰已成，牀已剝落无存，故爲"剝之"，棄擲之辭也。蓋以陰居陽，處剝之時，獨與陽應，有革故之志，无更新之路，雖剝盡非其咎也。《象》曰"剝之无咎"者，六三承乘皆陰，二剝其平，退无所憑；四切其膚，進无所依。有君子之志，而陷入小人之羣，雖有應在上，卒未免于淪落也。

陽爲善，陰爲惡。初六以陰居陽，妄依真起，私意乍萌，失其本初。六二以陰居陰，在剝之中，昏迷錮蔽，喪其全體。至于六三以陰居陽，困頓牿亡已久，思盡捐其既往之咎，而已无及矣。內卦三爻皆牀象，爲承載之本，心體內存者也。外卦三爻皆牀上之象，爲陳設之具，行事外見者也。蓋剝雖自初至五，而卦本艮坤兩體，合而不同，如鼎雖合而上下爲兩鼎，井雖合而上下爲兩井也。

六四，剝牀以膚，凶。

《象》曰：剝牀以膚，切近災也。

六四入艮始，以陰居陰，牀既剝矣。牀上之具有膚，肉之无骨者也,《儀禮》所謂"倫膚",陰柔之象。切膚必于牀,牀既盡則剝且及膚。下與初應,初牀滅足,四之膚委地矣,故凶。《象》曰"剝牀以膚"者,切膚牀上,近蔑足之災也。切,割肉也。四寸曰膚。艮爲手,互坤爲柄,有切肉之象。艮爲狗,坤爲釜。《禮》:燕飲牲用狗,烹于東北。又倫膚九,實于一鼎。象取諸此,故《傳》以"切"釋之。

剝莫甚于四。蓋以陰居陰下,與積陰爲應,陽氣盡矣。其德不中,居可爲之位,无宰割之才,依无足之牀,切四寸无骨之膚,有糜爛塗地而已。

四膚、五魚、上果,皆剝象,膚頓易剝,魚有骨次之,果堅難剝,艮爲果堅也。

六五,貫魚句。**以宮人寵,无不利。**

《象》曰:以宮人寵,終无尤也。

五爲陽位之尊。陰進至五,數且窮矣。魚,陰物也。《禮》:魚十五而一鼎,橫陳于俎,在牀之象。貫者,比而穿之,欲剝未剝之象。陰虛有貫象。五、二爲應,牀面已剝,魚不可陳,故爲舉而貫之之象。衆偶順序,遊魚之象。五承剛似巽,又似離,皆爲魚。水族在山則死,剝象也。魚死則餒,中象也。《春秋傳》曰"梁亡,魚爛而亡",由中也。五位本乾龍,今爲魚,柔變剛之象也。陰偶兩兩并浮而上,遇艮爲手,互坤爲均,貫魚之象也。然其卦本艮,一陽上止,陰无所復往,得朋无主,先迷失道,爲宮人之象,女御之屬也,其求陽甚切,而六五尊居陽位,受而有之。上遇艮主,故爲以宮人寵之象。處剝之時，既剝其牀，則可无衽席之曀。當此零落相依，則自无妬忌之患，故爲“无不利”。因時應變，《象》所謂“順而止”之象，所謂厚下安宅，此也。《象》曰剝削之秋，能以宮人寵，得左右之心，塞羣小之望，雖私恩未廣，濟變圖存，亦終无過尤也。

五本乾飛龍之位，而受陰剝，龍不處剝，惟魚受貫，置刀俎之間，批鱗刳腹，有剝之象。若其爲龍，豈受人貫紐乎？蓋象以魚龍同氣，震爲龍，巽離爲魚，巽與震同爲木，龍爲木之王氣，魚爲木之餘氣。離之魚，又巽之餘氣也，故魚似龍而能化龍。離中有魚，即火中真水之象，故《大傳》曰“以田以漁”，蓋取諸離。離中互巽，巽復互離，故爲網罟，魚鳥同也。巽爲入，深入莫如魚也。巽爲白，魚白也。離爲甲，鱗甲也。故巽、離皆爲魚。

“貫魚”者，象也。“以宮人寵无不利”者，占也。五位爲朝廷，百官聽政禮法之所，而以寵宮人，即漢、唐、宋末年播遷之景象也。君子寥落，惟左右宮妾相隨，正與此類。中饋主烹剝，魚在刀俎，以一宮人全活有餘力。如漢之宣帝，晉之趙氏孤，皆以私人之力，得脫于漁且之手，全碩果以成光復之功。古今處急難所實有之事，易道知微知彰，非如世儒迂闊之譚也。世儒襲鄭康成解《禮》后妃夫人以下進御半月一周之說，以釋此象。處剝之時而多內寵，以爲无不利，未見其可也。特以一陽在上，羣陰下附，有宮人承君寵之象，所以尊陽，猶觀五、上爻象之義，《象傳》甚明。

豈謂當剥之時,而猶急宫妾進御之事乎? 其在人心,則以欲從理之喻耳。

剥極于五,而其占爲无不利,何也?《彖傳》所謂"順而止之"也。蓋艮陽本極堅固,五承艮主羣陰,進至五而往窮矣,遇艮主成終成始,順其勢止之,不惟不足以相剥,適足以相生。陰雖多,而蓄極之陽,能實其虚,以成生育之功,雖剥无不利。語云"多難興邦",人情生于憂患,其象如此。

上九,碩果不食,君子得輿,小人剥廬。

《象》曰:君子得輿,民所載也。小人剥廬,終不可用也。

一陽孤集于上,五陰重剥于下,勢若甚危。然天運循環,陽无可暫絶之理,故艮主堅定,生氣完固,牢不可動,以爲成終成始之限,故有碩果之象。下應六三,牀已剥去,果落不食,有歸根復命,返下還生之象,所以啟復也。《禮》:籩實有棗栗之類。在牀將食,不剥故不食也。艮爲堅、爲果,有碩果之象;爲黔喙,有不食之象。當此時居此位者,惟君子有撥亂之才,有貞固之守,坐鎮于上,而羣下共舉以爲輿。若小人才不足濟變,守不能固窮,時危力詘,有自剥其廬耳,豈能一朝居乎?《彖傳》所謂"順止""觀象",正以此耳。君子陽象,小人陰象。五陰共載一陽,有輿象;一陽下覆五陰,有廬象。"碩果不食",象也。"君子""小人",占也。古者以牀爲輿。《禮》云:下殤輿機而葬。機即牀也。《象》曰"君子得輿",厚下安宅,反亂爲治,下民所共承載也。小人剝廬，貪亂釀禍，下不蒙其芘，則剝成而“終不可用”矣。

果中有核，核中有心，其名曰仁。仁藏核中，保合堅固，雖投擲委頓，歷隆寒積雪无傷。陽和一到，隨所在而萌蘖生，猶人之有良心也，牿亡反覆，其中不死，故曰“仁，人心也”，即碩果之象。聖人于剝終繫碩果，精切著明矣。碩者，堅大之義。釋氏蹈襲爲證果，以上爲果位。世儒信以爲佛氏語，不知爲易象之糟魄也。

或曰：剝可進于上乎？曰：不可。四時之氣，雖以六爲節，而兩儀互根，无相絕之理。惟乾坤二卦，純陽純陰，所以首諸卦爲父母，不在六子相錯之數。爻位五爲中極，剝至五則窮，上无位，故艮得止，以爲萬物終始，而牢不可剝，有“碩果不食”之象。後儒以乾坤雜六子爲圜圖，謂陽盡生陰，陰盡生陽。如是則上九之艮不得止，而剝復之間尚有坤，夬姤之間尚有乾，豈聖人演易序卦之本義哉？

復䷗震下坤上

《序卦傳》曰：“物不可以終盡，剝窮上反下，故受之以復。”按，易卦皆反覆對待，以象造化人事往來，而否、泰、剝、復尤爲明切。宇宙萬事萬物，无往不復，不但四時寒暑節候爲然。四時寒暑，可无俟聖人之占也。聖人畫卦，開物成務，立人道也。而或者以剝五陰爲九月，復一陽爲冬至。卦不爲冬至一陽作也。《大象》“至日閉關”云者，象耳。《月令》二至日，陰陽争，君子以齋戒慎起居，故象取“閉關”不行“不省方”。非但冬至，雖夏至陰生亦然。而謂之復者，陽窮于上，復于下，循環之義也。其大有三，邪正也，治亂也，理欲也。邪正莫如君子、小人，泰、否是也；治亂莫如天下、國家，隨、蠱是也；理欲莫如人心，剥、復是也。子云：“克己復禮爲仁。”爲仁由己，不克則剥而爲己，克則復而爲仁，故卦言仁、言心、言脩身，遂受之以无妄，可知也。子云“仁遠乎哉，我欲仁，斯仁至”，“不遠復”之謂也。孟子云：“學問之道无他，求其放心而已矣。”蓋恒人之心，坐馳千里。梏之反覆，幾同禽獸，剥也；平旦幾希，乍見惻隱，一真初回，復也。雖匪彝不肖皆有之，存乎擴充，勿迷其初耳。然卦取上坤下震，何也？ 坤，順也；震，動也。心之不善生于動，不動未有不善者。不善生于妄動，動而順，未有不善者。動而順，則无思无爲，寂然不動，感而遂通天下之故，率性之謂道矣，故動以静爲本。復者，順動也，復則无動不順，此心性自然，天之所以與我者，故《傳》曰“天地之心”，萬事萬物莫不皆然。孟子云：天下言性，故而已。“故”者，以利爲本，順動之謂也。又云：“禹之治水，水之道也。”“千歲之日至，可坐而定。”然則天下之道，孰有外于順動者乎？ 此復爲本，而易所以萬變不窮也。豈謂冬至一陽生，聖人作此以象之耶？

　　造化之理，循環不息，故曰“一陰一陽之謂道”。孤陽不生,孤陰不成。剝上一陽即反爲復,夬上一陰即反爲姤。剝盡則爲乾,夬盡則爲坤。乾坤,易之門户。凡卦,皆乾坤,所謂陰陽者也。故稱父母而首易,同體而无偏用也。

復,亨。出入无疾,朋來无咎。反復其道,七日來復,利有攸往。

　　陽將盡于上,復生于下謂之復。復則亨矣。卦體反剝,五陰來下謂入,一陽往上謂出。无疾,猶言"无礙",順象也。朋,偶象。陰順而下來,陽上而往。〔一〕陽往則陰消,故无咎。反剝成復,故曰"反復其道"。卦爻六位,陽自剝上來復初。初與六,數爲七。日,陽象也。往則陽長,故曰"利攸往"。

《象》曰:復,亨,剛反,動而以順行,是以出入无疾。朋來无咎,反復其道。七日來復,天行也。利有攸往,剛長也。復,其見天地之心乎?

　　復所以亨者,剛自剝上反下,爲震動,而遇坤以順行也。方陽之受剝也,五陰上行失主,出入成迷,陰邪朋從,是以多咎。今一陽方新,坤順下來,陽出陰入,後順得常,何疾之有? 逐妄皆真,朋來何咎? 此豈人力乎? 陽由剝六還于復初,其期七日,循環不息,天之行也。"利有攸往"者,陽剛初進,漸至臨泰,往无不利也。方其陽氣未動,天地之心藏于无形,不可見。迨乎陽氣充滿,天地之心散爲

〔一〕陰順而下來陽上而往,早印本作"陽逆而往,則陰順而來"。

萬品,亦不可見。惟此一陽初動,寂寂惺惺,沖漠无朕,而
生機不息,如雷藏地中,于此見天地之心,至无至有,寂然
不動,有感遂通,亦即聖人之心也。

《象》曰:雷在地中,復。先王以至日閉關,商旅不
行,后不省方。

　　雷,動也。地,静也。動來静中,動極復静,故謂之復。
人心飛揚馳騁,還返于静,雷在地中之象。先王觀象,于二
至之日,閉關不啟,商旅不行,后不省方,清静寧一,以順二
氣之初,是先王所以法天而爲復也。后,君也。省方,巡行
四方也。大抵常人之心,放而不反者,无他焉,情竇之爲尾
閭而不封也,貪求之爲貨殖而无屬也,聲色之爲流連而忘
反也。苟能錮扃鐍以杜其門,寡嗜慾以懲其貪,休視聽以
全其明,亦如先王之于至日,齋心純一,神明來舍,順應以
動,而天行之健,進可量乎!

初九,不遠復,无祗〈支〉悔,元吉。

《象》曰:不遠之復,以脩身也。

　　復,莫良于初。一陽甫終于上,即反于下,出艮入震,
故其象爲"不遠復"。"不遠"者,人心方寸之地,幾希之間
也。復者,神明來舍也。一念偶失,旋覺即復,是謂不遠。
遠而後復,則不及復,祗有悔耳。不遠復,則形迹未著,念
慮已化,天真不汩,仁體方新,何但悔而已?此存[一]心制

―――――――――

〔一〕存,早印本作"操"。

行之本,故爲"元吉"。《象》曰"不遠之復",神明常主,則耳目視聽有所管攝,動无非禮,所以脩其身爲成己之仁也,故曰"心正而後身脩"。

　　"不遠"者,念慮間事,所謂獨也,中也。慎獨守中,即是復。恒人之心,飛揚馳騁,出入无時。賢人之心,休息保養,使還其初。聖人之心,未發即中,已發即和,寂然不動,感而遂通天下之故,往來順應不出吾宗,是曰不遠即是天地之心。心本无心,于何有悔?是爲"元吉"。顏子有不善即知,知即不行,故能知幾、不二過,近乎聖矣。恒人之復生于悔,待悔而後復,其失已遠。于是有但悔,終不復者。二之"休復",悔而復也;三之"頻復",悔不勝復矣。

　　六爻惟初九一陽爲復主,在心爲最初一念,萬善之元。五陰依此者,吉;違此者,厲;應此者,无悔;遠此者,凶。悔者,震象。人心昏迷放逸,不翻然惶恐震動,不知復,故曰"震无咎者存乎悔"。在天爲陽氣,在人爲良心,故卦體取震。然不剥則不反,故震出于艮,復生于剥。人心主靜,而復取象震,何也?天地之氣,陽而已。天地之運,動而已。陽常爲主,則動而得常。順以承乾,動皆靜也。陽剥爲陰,則先迷失道,昏邪妄作,靜皆動矣。故陽者,天地之元氣。人心之元神,即仁也。元神清虛洞朗,如鏡當前,萬象普現。鏡體不動,來不將迎,去不留滯,空不滅熄,是爲純陽,是爲天地聖人之心。恒人憧憧往來,迷失本明,氣機偶靜,乍還其初,是遠而後復。擇而弗能守,思脩身而不能從道,

亦祇悔耳。不遠復者，念起即覺，覺即銷亡，知即能行，擇
即能守，如顏子知幾、不貳，夫子亟稱爲好學、屢空，以此。
楊敬仲每稱无意爲聖學，儒者疑爲禪。嗟夫，何禪何儒，區
區者自爲一方，天地之心，聖人之道而已者也。

　　道書云：“念起是病，不續是藥。”又云：“神一去，便收
來。神反胸，中氣自回。”此養生家言，即復意。

　　復本爲心，《傳》曰“脩身”，何也？學莫要于脩身，德莫
純于不遠復。《中庸》爲天下國家九經，脩身爲首。《大學》
自天子至于庶人，脩身爲本。脩身以道，脩道以仁。“不遠
之復”，仁也，以脩身也。未復，則身猶血肉；既復，則身即
天理。故曰：人也者，仁也。“克己復禮爲仁”。

　　人心无形，而身有象，故不遠莫如身，其復則心也。心
爲身主，身爲心宅。主去則宅荒，主歸則門庭洒掃矣。神
明本自惺，惟以五官强梁，放逐其主，故有頑聾偏枯之病。
是以《大學》言有所忿懥、好樂、恐懼、憂患，皆歸諸身。夫
子告顏子克己爲仁，己即是身。非禮勿視聽言動，皆身也。
克己即脩身也。

　　脩身者，立人之本，聖人中庸之教。二氏所得罪于聖
人者，正以其竊聖人之旨，不率聖人之教也。彼謂發真歸
元，滅妄成真，普願回向，與復不殊。顧其荒蕩滅裂，自以
身爲幻夢泡影露電，教其徒毀形滅倫，棄君背親，舍中國而
從夷狄，其何以脩身爲天下國家之表乎？彼其身之不脩，
何發真歸元之有？聖道本于誠意正心，其教人皆以脩身復

禮爲本，乃所以化民成俗，維世立極，百姓日用不知，萬世由之而无斁也。

不遠復以脩身，即剝上碩果落下還生之象。身有軀殼，果象也。仁在身中，猶仁在果中。果中含仁，復則根幹花葉并茂；身中含仁，復則視聽言動皆禮。

非禮不動，所以脩身。震爲動、爲足。足以身動，震復則无妄動，故《傳》以“身”釋之。

六二，休復，吉。

《象》曰：休復之吉，以下仁也。

復以初爲不遠，至二稍緩矣。初知幾敏速，二保養休息，故爲“休復”之象。休者，從容俟其自化也。初能掃除廓清，二依仁自養，所以爲吉。《象》曰六二“休復之吉”，以下近初九之仁也。剛柔各當位，承乘相比。處復之時，二能虛中以下仁，故不善之萌，休止不作，蓋能不忘其初，亦可與仁媲休矣。二居正得中，有受善獲益之象。

爻象初九爲震主，不遠之復，如迅雷不及掩耳，方動即復。二當震中，陰柔空虛，有從容改圖之象。故二“吉”而初“元吉”。初即仁，二求仁也。非初之剛健，无知幾、不遠之勇；非二之柔順，无休休近仁之度。初猶孟子所謂“性之”，二猶“反之”也。

陰近陽，則獲益。剝六五近上〔一〕，故“无不利”。復六

〔一〕　上，早印本作“二”。

二近初，故“休復吉”。上六“迷復”，爲其遠仁也。

六三，頻復，厲，无咎。

《象》曰：頻復之厲，義无咎也。

三以陰居陽，當動之極，上下之交，故操舍不常，有“頻復”之象。心戰惟危，故謂之“厲”。復故无咎。《象》曰“頻復之厲”，猶知有義，故无咎也。仁休而義則勉矣，雖恥不善，亦日月之至耳。

內卦三爻震體，皆意萌之象。外卦三爻坤體，皆躬行之象。初、四正應，如顏子知幾弗失。二、五敵應，如曾子亟稱吾友。三、上如商賜由求以下，日月至焉而已，不知其仁也。以事業占，初、四如堯舜，二、五如湯武，三、上如五霸。

六四，中行獨復。

《象》曰：中行獨復，以從道也。

六四處順之初，乘動之交，柔當位而與初正應。初不遠復，而四順之，所謂“有不善未嘗不知，知之未嘗復行”，“擇乎中庸得一善”，服膺弗失者也。四當五陰之中，獨與仁應，故爲“中行獨復”之象。坤爲行，《象》曰“中行獨復”者，初見天地之心，而四能率由之以從道也。

易无典要，中无定體。二、五者，內外各體之中。三、四者，六位全體之中。泰二、夬五之“中行”，各體之中也。益三、四之“中行”，全體之中也。此“中行”，則五陰中之中也。

中，即是"天地之心"。獨，即是"不遠之復"。行由中，則无過差。復以獨，則非襲取。坤乘動，有行象。

六四知即能行，可謂至矣。而占不言吉，何也？復道主初，六四中行，本于初之"不遠復"也。四以陰應陽，以順承動，欲不"中行"不"從道"，不可得。初所以"元吉"，正以此。故四不言吉，吉在初也。

六五，敦復，无悔。

《象》曰：敦復无悔，中以自考也。

六五以陰居陽，內无正應，去仁較遠，用功爲難，而居中固執，篤行求復，故爲"敦復"。敦，厚也，坤象。能復，故无悔。《象》曰"敦復无悔"者，六五得中，因六四中行，而以自考也。蓋五、二敵應，二既下仁，五不得其助。四與初正應，五與之比。四能中行，五因四自考，從四即以從初也。復道所主，惟初九一陽，二、三、四、五皆資之以復。二依之，以爲休；三稍遠，故復不常；四正應，故中行從道；五不得應，資四反初，故敦行不忘自考，所以克復无悔也。至上則下无應而違初遠矣，故以迷終。

考者，成終之象。復道成于五，故曰"考"，剝亦終于五。

坤體皆順。四與初正應，健順合德，故知即能行。五、二敵應，故能擇未必能守，所以五雖中而考中，四非中而獨能中行也。

上六,迷復,凶,有災眚。用行師,終有大敗。以其
國君凶,至于十年不克征。

《象》曰:迷復之凶,反君道也。

　　上六以陰居復終,去初獨遠,下无正應,處坤之極,所
謂“先迷失道”,疑而欲戰者也,故其占凶。陰極乘動,動必
變,變而爲離,離則災;變而爲坎,坎則眚。爲離,則噬嗑之
上九“何校滅耳”;爲坎,則屯之上六“泣血漣如”,故爲“有
災眚”。外曰災,內曰眚。坤爲衆,乘震,有行師之象。陰
極反剝,故爲“有大敗”。國,坤象。君,指初九,震爲帝,爲
復主,有君象。反剝則喪其震,坤倒居下,故爲“以其國君
凶”。由復五陰,歷剝五陰,遇艮陽上止,艮止不剝,故爲
“十年不克征”之象。陽氣在天地間,雖迷亦復,然必十年
而後再遇,迷之甚也。十者,地數之終,坤象。《象》曰“迷
復之凶”,卦體至五而復道成矣。上復无所,窮必反剝,則
忘其震主,失其本初,故凶。大抵天下之禍,莫不由于一念
之迷;天下之福,莫不由于一念之復。亡國之主,昏迷不
悟,至于災害并至,身死國亡,悔脩德行仁不早,“迷復”之
謂也。

　　陽无盡絕之理,故剝至五終,至上爲果。陰无盡絕之
理,故復至五成,至上爲迷。剝之上九,堅固之陽,非陰所
能剝也。復之上六,昏迷之陰,非陽所能復也。故知事莫
要于謹始。剝之害甚于始,至終漸消;復之功亦莫大于始,
至終愈遠。

　　上六〔一〕爻辭，極備剝復相循之象，《序卦》所以不可易。讀易者，既不觀象，并置《序卦》不講，烏乎言易！

无妄☰☳震下乾上

　　《序卦傳》曰：“復則不妄矣，故受之以无妄。”凡人之心，昏迷放逸，如《大學》所云“心不在焉，視而不見，聽而不聞，食而不知其味”。雖有知覺，无異醉狂。既復之後，狂蘇醉醒，妄病乃瘳，故繼之以无妄。然何以不曰誠而曰无妄？大道渾淪，物物皆真，妄名既立，真對妄顯。善會通者，孰不爲真？惟其无妄而已。无妄即真。无妄之外別求真，真亦妄也。人之有心，神明先覺，不學而能，但无爲守正，則入湼不緇，試磨不磷。視聽飲食，即性命也。洒掃應對，皆神化也。聖人豈教人塗耳目，絕食色，以爲妙道乎？飲酒者，醉而醒，醒而復醉，醉醒雖異，其人本一。但不醉即是醒，未有離不醉別求醒術者，无妄之謂也。卦取天雷，何也？萬理原于天，天命成于一。一者，生氣之始。震體一陽，乾之初也。乾一索生震，爰始降衷，人但能不失，即是共由之路，无勞分外增加，奚有旁岐可走？故初九无妄之主，適得本體。六二素位无妄，不失真常。六三无妄生妄，轉入妄境。九四固執无妄，匪正不往。九五妄化无妄，

───────────

〔一〕六，早印本作“九”。

即妄成真。上九无妄之外求增，所謂"无妄之往""天命不
祐"者也。然天雷无妄，而地雷爲復，何也？凡妄生于動。
陽動陰静，雷至動也，地静則蟄，天動則啟，蟄則爲復，動則
无妄。无妄者，天也。天生人，地承天。人能體乾之動，何
事于復？妄而求復，以坤法乾，妄乃可无。此天人之分也。
大抵至道中庸，率之即是。无心自得，有意則私。但能去
惡，别无有善。苟能无妄，即同至誠。妄與无妄，毫忽之
間，千里之差，顔子所以瞻前忽後，卓爾末從，有无倏忽之
間而已。雖无病而不能舍藥，雖不覓牛而尚問耕畬，无妄
所以爲易道之至妙也。然又有正不正之分，何也？聖人不
思勉而能中道，從心所欲而不踰矩，无可无不可，而庸德庸
言，惟行惟謹，无妄之正也。後世以任放爲自然，以禮法爲
牽繯，率意曠宕，自謂天真，似无妄而非也。老、莊、瞿曇之
流，非羲、文、周、孔之教。聖人不得已而更言誠，亦末如之
何矣。然爻象轉入无望，何也？望者，將迎意必，道之賊
也。无望者，无所爲而爲，順應也。乍見孺子，怵惕惻隱。
无妄之心，本无所望，即"无望"而得"无妄"之解矣。

无妄，元亨利貞。其匪正有眚，不利有攸往。

　　人生元陽真炁謂之誠，无妄即誠也。然卦不名誠，而
名无妄，即本然而无加也。无妄任天，故元始亨通，利宜安
貞，德之正也。正自无眚。其匪正者，爲任誕，似是而非，
小人之中庸也，則有眚不利攸往。蓋小人爲不善，與君子
爲善，其无妄同也。故妄與无妄，差之毫忽，謬以千里。得

則爲元亨利貞,失則爲眚不利攸往。

　　在外曰災,在內曰眚。眚,目病也。故坎爲眚,隱也。病狂者見鬼物,病目者見彩色。明者視之,妄也。其匪正者,以妄爲真。正者視之,眚也。此即佛書空華捏目之喻,其旨本同。文王作彖,佛氏安在? 而儒者竊取聖人義理爲之緣飾,至今學者避嫌,不敢作此解,可笑也。

　　佛書言:妄无自性,如人捏目,見月爲二,惟一月真,二因眚生,妄也。如人目翳,見空中華。空實无華,華因眚生,妄也。此皆因"眚"義敷衍。五陰六入十八界,種種名色,皆因"无妄"敷衍。

《彖》曰:无妄,剛自外來而爲主於內,動而健,剛中而應,大亨以正,天之命也。其匪正有眚,不利有攸往,无妄之往,何之矣? 天命不祐,行矣哉!

　　无妄者,一陽自剝來復初[一],爲主于內,是天命人性之本體也。下震而動,上乾而健。乾剛居五,下應六二,是天降衷而人率性,元大亨通以守至正,其有所行,順帝之則,天之命也,何不利之有? 其匪正者,動違天行,无妄生妄,所以有眚无攸利。蓋无妄則无容有加,不行而至,行之即是,更欲何往? 往則有望。行本无心,行則爲天,往乃爲人。天動則真,人動乃妄。人在天中,如魚在水中,无之非是,故君子素位而行。莊生云:物无非彼,物无非此。舍此

————————

〔一〕剝來復初,早印本作"復來居初"。

取彼，扳緣妄想，逆天違命，天所弗祐。逝者如斯，行矣哉，非妄想所能企也。

天道无心而運，屈伸往來皆由自然。恒人妄想多，而規避百出，有心之往，終違无心之行。機巧愈甚，陷阱愈多，故曰“天命不祐”。人謀未得，天運已去，故曰“行矣哉”。惟聖人同天，與時偕行，先後天而天弗違。君子勉强順天。愚人多妄，有如逐日，豈人力扳援所及乎？

人生日用，孰匪天命？君子行庸德、謹庸言，隨在自盡，勿虛此生，是謂无妄。《詩》云“我日斯邁，而月斯征”“夙興夜寐，勿忝所生”，故聖人取象于“雷行”也。人生幾何？无信不立。君子畏天盡性，常知震恐，必獲无妄矣。

天生人而與之虛靈以立本，與之耳目口鼻以成身。生五材以養之，立君師以治教之。假百年之期，以成就之。其所以與諸人者，无一不真實。而人壞天之性，以爲匪彝；虧天之形，以爲聾瞶。費五材之養，孤君師之教，虛百年之期，醉生夢死，何一而非妄乎？大抵賢愚同盡，善惡歸虛，達人總謂之大夢。惟知者能覺，即夢是覺；愚者終迷，逐境皆夢。夢非異也，覺與迷異。故聖人不言非妄，言“无妄”，至懇切矣。

“无妄”者，无望也。无望則无妄想。大道无爲，當體全真，但盡妄心，別无聖解。是以文王无然歆羨，先登于岸。孔子七十從心，无可无不可，无望也。佛氏清净本來，妙相真空；老氏无爲自然，皆因襲此義。世儒不知易，割吾道奉二氏,不思羲、文作易,二氏未生也。

《象》曰:天下雷行,物與无妄。先王以茂對時,育萬物。

　　道之大原出于天。天无心,而動爲雷。普天之下,萬品含靈,莫非動也,莫非天也,故卦取天雷。陽氣初動,萬物蟄者啟,萌者達,无心同得,不知所以然而然,本皆天與,豈因人求? 故曰"无妄"。先王觀象,知大造公物,同時并茂。以我之茂,對彼物茂,順時愛養,大化无心,此王者所爲无妄也。

　　稊稗瓦礫,莫匪至教。況四時百物,尤是天命流行。先王茂對育物,即夫子老安少懷之心、无行不與之教,所以爲无妄。禪語云"黃花皆般若",因襲此義。

　　雷之行天,迅速不住。人生居諸幾何? 當及時孳孳,性命各正。《彖傳》言天行,《象》言時,皆觀于雷行也。人心操舍出入,亦復如是。莊生謂南海之帝曰儵,北海之帝曰忽,以喻人心,亦雷行之義。恒人急迫,則真性發見;宴安,則迷失本初。乍見孺子入井,皆怵惕惻隱,計及妻妾宮室,則沈迷于富貴。无妄所以象雷行也。

　　不期然而然之謂无妄。爻云"无妄之災",言无心期望也。故雷行物與,非望與也;物茂相對,非望對也。先王育物,非物望育也。王者暉暉,即是无望。无望即无意必,至誠,天之道也。

初九,无妄,往吉。

《象》曰：无妄之往，得志也。

乾一索生震，以陽居初，誠一未分，即天命本來，无妄之主也。陽道上遂，向往方新，外无係應，往非有望，動與天合，適得真常，故吉。《象》曰“无妄之往”，率性而行，不失本初，雖有往而未始出吾宗，往得无妄也。

无妄廓然大公，爻取當位无應者吉。當位則得正，无應則无眚。九以陽居初，得正无應，故吉。六居二，九居五，皆得正而應，故能无妄而不言吉。九四不正，然无應，故爲可貞。三、上不正，皆有應，故三災上眚。然三言“災”，五言“疾”，二、四不言“无妄”，何也？无妄，虛而已。虛則不須更言“无妄”。六二陰柔中正，虛之至。四陰位亦虛，陽居之，有實而還虛之象，故“可貞”。三陽位，陰居之，有虛而望實之象，故“災”。九五實之至，然陽剛中正，天德至誠，于无妄非有加，似疾非疾，故“勿藥有喜”。

內卦動體，故三爻皆有往象。《象傳》不貴往，而初“往吉”，何也？初陽動以天，往即天行。九四以乾始在外互爲艮主，與初敵應，神行官止，內不出，外不入。禪語謂之“无生法忍”。如木人見花鳥，木人自无心，花鳥亦不驚。會見本來面目，便是无妄得處。又云“无一法可得，是爲得法”，即“无妄往得志”之義。釋氏因襲，敷衍明白，儘可充无妄疏義。吾家故物，遺失千餘年不省，可怪也。

六二，不耕穫，不菑畬，則利有攸往。

《象》曰：不耕穫，未富也。

六二陰柔中正，效初以動，處无妄之時，能无希望，隨寓自適，可食不必耕，可藝不必田，爲不耕穫、不菑畬之象。穫，刈稼也。菑，芟草也。畬，熟田也。田一歲曰菑，二歲曰新田，三歲曰畬。凡耕望穫，凡菑望畬。不耕以穫，不菑以畬，則素位而行，與世无累。調萬物之適而諧之大通，即天之行也，何往不利？《象》曰"不耕穫"者，恒情以自有爲獲，以私分爲田，是富之也。六二虛中不滯，澹然屢空，何富之有？

二與五，剛柔正應。然卦本无妄，二虛中居正，雖應无累，雖往无望，故爲不求富之象。耕穫守藝，菑畬恒産，皆留滯之象。雷行不住，无所留滯，即聖人"无固我"，佛氏"无所住而生其心"也。卦自初至五似益，有耕象。二在地上，爻似離，有田象。震爲稼，艮爲手，乾爲金，有執銍刈稼之象。一歲爲菑，初爲震，足有舉趾耕菑之象。二象新田，三象畬田。六二後不爲菑，前不望畬，中不耕穫，前後際斷，見在不著之象。故三爲繫牛，以二不耕，故牛在三也。二象田中，三象邑中。

有應疑于求，二惟得正，故能无求。陰虛疑于貪，二惟得中，故能不貪，必如是乃能无妄。爻辭致不決之辭，所以勉人也。

无妄，中正而已。二氏襲聖人之義而偏用之。日中一餐，樹下一宿，以爲无住。毁形離家，忘親背君，滅人道，廢恒産，棄常業，以爲施捨。哆口而譚无生，豈六二之義？乃所謂"无妄之往","天命不祐","匪正有眚"者也。故"正"與"匪正",毫釐之差,千里之謬。"无妄之藥",不可嘗試,正以此。

无妄不可增,不可損。然道體虛无,不厭損,而厭增。顔子屢空,夫子賢之。子貢多識,行同貨殖,故道貴損也。六二陰虛,許以未富。九五陽實,戒以勿藥。增則成眚,虛則无妄,聖人所以无意必固我也。

真空本有,真實本无妄。空求實,妄實求虛,是以聖人言誠,又言虛,誠則自虛。言屢空,又言无妄,屢空即无妄。故莊生曰:"唯道集虛。"禪語云:"但可空諸所有,切莫實諸所无。"六二柔中而虛,真空也,故但可空諸所有。九五剛中而實,真實也,故切莫實諸所无。

六三,无妄之災,或繫之牛。行人之得,邑人之災。《象》曰:行人得牛,邑人災也。

六三以陰居陽,不中不正,乘動之極。當外之交,與上九亢陽爲應,不勝係累,所望非所得,故爲"无妄之災"。六二不求富,不耕菑,故不繫牛。以牛繫于三,三陰虛思富,將以牛耕菑,望穫畬也。上九外應,竊牛以去。三以邑人償牛,未有得牛之利,而受失牛之害,是謂"无妄之災"。"或"者,在外之辭,指六二也。行人,指上九。邑人,即六三。《象》曰"行人得牛,邑人受災",受災者,非得牛者,故其災爲无妄。无妄之災,由"妄"生也。

无妄何災? 惟其于无妄外,希求妄想,遂致顛倒,所得非所求，所失非所得。諺云"騎驢覓驢"，即此爻義。佛氏衍爲无明，衆生顛倒之象。

古者田中有廬，邑中有宅。《詩》云"上入執宮功"，自田入邑也。二象田，三象邑。二不耕菑，故牛不在田。三不中正望穫畬，故繫牛。三至五互巽爲繩，有繫象。初至四體似離，有牛象。三與上應，乾、離同體，亦牛象。上九變，則外四爻有坎象。坎爲盜，有得牛之象。上變則爲隨之上六"拘係之，乃從維之"，繫牛之象。上九"无妄行"，在外遠，爲行人之象。六三震體，往從上九失牛，即匪正往无攸利之義。

三求富而招災，五本貴而得疾。二者邪正不同，其爲災疾相似，則富貴之爲累也。人世缺[一]陷，由妄緣生。惟无妄者，雖災不災，雖疾无疾。九五之疾，可无藥；六三之災，終不免。邪正殊也。

九四，可貞，无咎。

《象》曰：可貞无咎，固有之也。

九四以剛居柔，不中不正。乘動之交，特以體爲乾始，與初陽敵應，而四乾德方新，互爲艮主，力能堅持，是以"可貞"，雖未中正，亦不妄想，故"无咎"。如告子之不動心，要未爲盡无妄之道也。《象》曰"可貞无咎"者，固執而有之，非如初九之"得志"也。君子義精仁熟，從容中道，自然无

〔一〕缺，早印本作"闕"。

妄,豈可固而有乎？執中无權,猶夫執一。然賢于六三之妄動遠矣。

禪語云:"若以知知寂,非是无緣知,如手執如意,非无如意手;若以自知知,亦非无緣知,如手自作拳,非是不拳手。"即衍此爻之義,謂之理障。夫易何所不該？而世儒割以佞佛,可怪也。

九五,无妄之疾,勿藥有喜。

《象》曰:无妄之藥,不可試也。

九五陽剛中正,本自无妄,下應六二,故爲"无妄之疾"。然其德本中正,外有應迹,心无係累,如大虛雲影,自去自來,豈足爲礙。若以爲疾,攻治用藥,祇以增妄。无心順應,物累自銷。豈其枯槁寂滅而爲无妄乎？故其象爲"勿藥有喜"。《象》曰"无妄之〔一〕疾",疾亦非恙。達人所行,拘士所疑也。是以子見南子,子路不悦。聖人本无疾,无藥自有喜,不疾而藥,藥即是疾,故曰:"不逆詐,不億不信,抑亦先覺者,是賢乎?""勿藥有喜"之謂也。

六三〔二〕"无妄之災",望福而得災也。九五"无妄之疾",不宜有疾而得疾也。三之災不可除,五之疾可无藥。然五有疾而二利攸往,何也？五君道艱難,二在下,可自適也。是以堯、舜癙瘁,巢、許優游,禹、稷經營,顔淵獨樂。

〔一〕之,原爲"无",據經文改。
〔二〕三,早印本作"二"。

所處雖異，素位則同。憂勞何病于堯、舜？是乃所以爲喜耳。

事有難處，學問有不知不能。凡人力可助者，皆有藥可試。无妄天真自然，不落形迹，豈鹵莽攻治可以救藥？大虛原不病，无妄本無藥。若有无妄之藥，即生妄藥之病。

聖人遇事難處時，未免于疾然于心，終無所加，事過疾銷。聖人所爲疾，豈是衆人所能藥？夫子欲往佛肸、公山弗擾之召，子路以君子潔身之方進，便是无妄之藥。

德至无妄，中庸其至矣。此際更無容增，但增一絲，即墮窠臼。一絲不挂，過都歷塊，御風而行。莊生所謂“技經肯綮之未嘗”，即“无妄之藥，不可試”之義。禪門機鋒，皆自此出。九五遇互巽，巽爲不果。无妄最忌不果，所以五有疾象。

初九爲无妄之本，六二爲无妄之正，九五爲无妄之權。二五皆中，六二柔順，故素位安常。九五天德，故妙用不拘。所以疾者，陽體太實，而下應六二，未爲无係。其位本尊，又互巽爲高長，風以撓之。語曰“高位寔疾僨”，言爲君難也。乾中爲坎，坎爲心病，互巽爲不果，有疑欲用藥之象。下應六二，耕穫爲穀食。五變離，成噬嗑，爲噬乾肉，疾能食，故爲有喜。離火喜象。震爲草，飲食有芍藥之和，禮疾不能飲食，有草木之滋，薑桂之類，有藥象。

禪語云：亂想是病，无記亦是病。寂寂是藥，惺惺亦是藥。寂寂治亂想，惺惺治无記。因此爻疾藥衍出。

上九，无妄行，有眚，无攸利。

《象》曰：无妄之行，窮之災也。

　　上九无妄之終，更何所往？陽亢不正，下係六三，而生妄想。人情罔極，何有厭足？數盡理終，時乎不待矣，故爲"无妄行"之象。在初爲往，在終爲行。往則有所之，行則无所歸，于是有任放不羈，流宕忘反，如佛老之荒誕，楊朱之恣縱，清譚之風流，所謂"匪正有眚""无攸利"者，上九當之矣。《象》曰"无妄之行"，无復有可望而行也。任情罔終，天命不祐，豈非窮之災乎？故曰：中庸其至矣，賢知者過之。小人反中庸，與君子時中，正與匪正之間而已矣。

　　此爻象无妄之往，又象天命之終。時非茂對，行非初往。陽極乘動，勢不容已，故有行象。位盡數終，无妄之往何之？故有窮象。子云："人之生也直，罔之生也幸而免。"无妄者，立人之本。人而亡本，生猶死耳。《象傳》云"天命不祐，行矣哉"者，此矣。蓋乾亢乘動則變，變而之他卦，則爲隨之上六，拘係之窮也。變而反下，則爲大畜初九，有厲之災也，故曰："无妄之行，窮之災也。"

　　六爻有人生一世之象。初降生，二治生，三災患，四保守，五疾病，上命終。人生如駒隙，故有雷行之象。世途多險，天高難測。蹠以愚富，顏以仁夭。三富而災，五貴而疾。天下之事，如人意者少，出望外者多。《雜卦傳》曰"无妄災也"，"大畜時也"。老氏以身爲大患，亦无妄災之義。

　　无妄體中有漸，故妄想爲失漸；大畜體中有歸妹，故遲歸爲得畜。

大畜☷乾下艮上

《序卦傳》曰："有无妄然後可畜，故受之以大畜。"夫人所以爲人者，无妄也。人妄則行尸走肉，烏可畜？ 子云：人而无信，如車无軏軏。不可畜之謂也。大爲陽。畜，畜陽。以陰畜陽謂之小，以陽畜陽謂之大。小畜以巽，大畜以艮。巽柔而入，陽喜其入亦入。艮剛而止，陽畏其止亦止。巽之畜陽，有係累牽絆之情；艮之畜陽，有裁成駕馭之義。大小辨矣。卦取乾下艮上，何也？ 乾在无妄爲天德，在大畜爲賢才。有天德然後可爲賢才，士惟體乾而後才德備。體乾，則其進銳。進銳者，不可致遠。不歷艱貞，其識不深。不受詘抑，其氣不定。古之畜士，四十始仕。大學之道，知止而後定靜安慮，可與脩身，可與治平。故止者，士制行之本。孟子云：天降大任于是人，必先苦其心志，動心忍性。斯大畜之謂也。英主豪傑，相資以成。有乾健之剛，而後試艮止之畜；有山嶽之止，而益遂天行之健。士大畜而後能大用，人主大畜士而後得大賢，所以爲大畜也。然畜者，養也。其以養爲止，何也？ 物可養而後可止。虎豹不可止，爲其不可養耳。騏驥伏櫪，然後責千里。苟不食芻豆，安得良馬用之？ 爵禄，人主之芻豆也。因材而教之，程器而用之，簡其大小而任使之，課其功罪而黜陟之，士所以砥行立德而應其求,俛首而就其驅策,大畜之謂也。

大畜卦,利貞,不家食,吉,利涉大川。

　　大,陽也。畜,止也。乾健而艮止之爲大畜,人君畜賢
之象,故利于正。上有養賢之主,士不食于家爲吉。士能
行健知止,歷大投艱,于何不濟?

《彖》曰:**大畜,剛健篤實輝光,日新其德,剛上而尚
賢,能止健,大正也。不家食,吉,養賢也。利涉大
川,應乎天也。**

　　大畜者,下以乾健,上遇艮止,乾精斂而篤實,艮止明
而光輝。止以勗健,健以受止。兩相磨而德日新,所以爲
大畜也。艮陽在上,貴德尊士,以其權礪世磨鈍,控馭天下
之英傑,非有媢嫉比昵之私,大而正也,故曰“利貞”。上有
造士之主,而士猶家食者非夫,故“不家食吉”。濟世艱難,
以艮道之光明,應乾行之剛健,何憂不濟?故曰“利涉大
川”。

　　二與五應,二在內爲家食,卦變家人六二進之五,則爲
大畜,故有“不家食”之象。互兌爲口,三至上似頤,有食
象。兌爲澤,互震木,有“利涉”之象。

《象》曰:**天在山中,大畜。君子以多識前言往行,
以畜其德。**

　　天何以在山中也?天者,大虛。《詩》云:“上天之載,
无聲无臭。”无聲臭,故无在非天。山止而中虛,其中有天。

天至大也,山以静虚止而畜之,故曰"大畜"。君子觀象,人心静止中虚,何以不如山?前言往行,皆精義妙道,咀糟魄而得菁華,莫非德也。多識之以畜在中之德,使方寸篤實光輝,亦如山中有天,君子所爲大畜也。若但畜其言行而已,亦不足大矣。

初九,有厲,利已以。

《象》曰:有厲,利已,不犯災也。

　　巽之畜下也以入,故陽皆喜而就,艮之畜下也以止,故陽皆畏而止。在他卦以應爲援,在大畜以應爲止,止則不進。初九去艮主遠,所應正當艮之麓。九二、九三復蔽其前,如面墙立。初以剛居剛,躐等躁動,往必有害,故不利行,利于止。已,止也。《象》曰"有厲利已","已"則"不犯災也"。山阻,故曰災。二以上似離火,災象〔一〕。

　　初九在士,爲入學鼓篋之始,離經辨志之未能,而遽欲往試,所以厲而犯災也。古者司徒教士,有六禮七教八政,有夏楚之威,簡其不帥者,移之郊,移之遂,屏諸遠方,故曰"厲"、曰"災",與六四"童牛之牿"正應。學業未成,不利往。大抵内體皆乾,勢欲進而皆受止,以不進爲利。

九二,輿説脱**輹**服。

《象》曰:輿説輹,中无尤也。

　　九二中正,上應六五,有待用之期。而當畜之時,知止

〔一〕"二以上"至"災象",早印本無。

不進，雖有可駕之輿，脱其受軸之輹，止而不行也。《象》曰"輿脱輹"者，九二得中，材大養重，无躁進之過也。

輹，輿下輪旁受軸處，加木輔之，疑即《考工記》所謂"伏兔"者也。坎爲輪輿，九三在上，欲互坎，无二不成。遇互兑爲毁折，有輪旁脱輹之象。小畜脱輻在三，三居中，故象輪。輪上直木爲輻，與輹在旁者異也。脱輹、脱輻，皆不行之象。小畜九三不中，故反目。大畜九二得中，故无過舉。

九三，良馬逐，利艱貞。曰閑輿衛，利有攸往。

《象》曰：利有攸往，上合志也。

初四、二五正應，處畜之時，故應其止，而以進爲戒。三、上敵應，故不受止，而以往爲利。蓋自初至二，上之培養已久，下之積蓄已多，時可行矣，故爲良馬逐之象。然進遇陽剛之主，宜艱難守正，此行非徒宜各自脩，其所爲庭獻者，《詩》云"彼姝者子，何以告之"，故爲"日閑輿衛"之象。如是則利攸往矣。曰，當作日。閑，習也。衛，輿上之備，弓矛之類。《象》曰"利有攸往"，上九陽剛，九三與之合志也。

此《禮》所謂司徒論鄉之選士，升于大學；大樂正論大學之造士告于王，升于司馬之時也。士各慮其所學，以爲國家干城羽儀，故有"閑輿衛"之象。象取輿者，二不家食往五，五來二，則互變爲坎離。坎有弓輪，離有戈兵。四之牛，五之豕，皆坎離也。良馬，乾象，互震亦爲馬。二偶當前,有逐象。利攸往者,前遇柔也。凡陽爻上進,遇柔則利,遇剛則不利。故大壯之四曰"壯于大輿之輹",大畜之三曰"良馬逐",皆前遇柔也;大壯之初曰往"征凶",大畜之初曰"有厲利已",皆前遇剛也。

六四,童牛之牿谷,元吉。

《象》曰:六四元吉,有喜也。

六四爲艮始,養士貴豫,發蒙在始。四以陰畜初,初陽方新,四早畜之,故爲童牛牿,少陽之象也。《禮》,郊天用童牛,角繭栗,先三月施横木于角,以止其觸,所謂楅衡也。械在首曰牿。乾爲首,二變互坎爲牿。牿止觸,艮象。古者造士,十五而入大學,九年而後升,四十始仕,養之豫而收之晚,故得士爲多。畜士如牿郊牛,是元吉之道也。《象》曰"六四元吉"者,蒙養既豫,小子有造,他日國家得真才而大用之,喜可知也。《菁莪》之詩所謂"我心則喜"者,其斯之謂與!

牢禮重牛,牛貴犢。郊天之牛角繭栗,天子適諸侯,膳用犢,童牛以祀上帝、饗天子,爲名世大賢之象,所以元吉。蓋六四陰柔得正,下與乾初正應,止道尚初也。爻自四以上似離象牛,喜亦火象。

六五,豶焚豕之牙,吉。

《象》曰:六五之吉,有慶也。

六五居尊,士所傾嚮,下應九二。脱輹潛脩,材器已就。士莫不含牙礪齒,以待用,其象爲"豶豕之牙"。豶豕,大豕也。牙,牝齒也。《詩》云:“羒羊墳首。”豶與墳通,大也。豕必大而後有牙,豕有牙而後可用。學以蒙養,故牛牿于未角,道以壯行,故豕豶于有牙。五畜二,二變互坎爲豕。艮爲黔喙。自三以上似頤,頤張喙,有牙象。《象》曰“六五之吉”者,畜士有成,英才濟濟,社稷生靈之福,所以有慶也。喜在一人,慶在天下。或曰:豶豕,去其勢也。或曰:豶,豕子;牙,繫豕之棧也。如此,則象與六二不殊。六四〔一〕畜始,故曰元吉。此當君位,士已嚮應,畜道成矣,不應又言初事也。

上九,何荷天之衢,亨。

《象》曰:何天之衢,道大行也。

　　畜士,四、五具矣,士所以不得輕進也。上九畜道大成,下應六三,日閑輿衛,皇路清夷,良馬彙征,士家脩久,而明主開廣賢路,皆濯足奮羽,凌霄而上,天街空闊,非復山下脱輹之坎坷矣。何與荷同。荷天,猶言摩霄也。莊生所云“背負青天,莫之夭閼”者,故亨。艮爲徑路,互震在下爲大塗。五爲天位,上居五上,有天衢之象。《象》曰“何天之衢”者,始得大行也。夫昔之止,非阻之也,時未可用,上不欲以小收之,牿其角,養其齒,以老其才。至積厚迅發,大器晚成,所謂十年不飛,一飛沖天者也。向使不止,安得有此? 乾艮相摩,健止相資,所以爲大畜也。

────────

〔一〕四,早印本作“二”。

周易正解卷九

頤☷震下艮上

《序卦傳》曰："物畜然後可養,故受之以頤。"畜物而无以養之,其畜必散。人一日失養,則饑。天下莫不養也,莫不養而人始溺于養矣,以其口腹,喪其心志。故聖人教人觀頤,觀頤則思所養,思所養則知節,嗜慾可省,廉恥可立,心志可寧,養生養德在其中矣。卦取山雷,何也?雷,動也;山,止也。貪饕之念,動而无饜。寡慾之道,莫善于止。《禮》曰"口容止",以養廉也。艮以光明止于上,下視其動之逐逐,所謂靈龜觀朵頤。羞惡之心,人所自有。孟子云"考其善不善","于己取之"。"心之官","思則得之矣"。觀頤而无羞惡之心者,豈人也哉?卦體上下二陽,象上下唇吻。內四陰,象虛而求食。頤張而不合,求食之狀,故可以觀。震陽下動,食象也。艮主上止,觀象也。如人正首垂目,自視其頤,頭目不動,而頷頰自開合。動象口腹,止象神明。靜以制動,止以忍貪,觀頤之義也。凡卦爻內外相應,自下而上爲順。惟頤象上下分張,兩陽各主。二、三屬初,四、五屬上。爻辭云"顛頤""拂經",《傳》云"失類"
"悖道"。小人貪饕,不顧逆理,其象如此。大抵養道主靜。
天地萬物,皆上動下止。物之下動上止者,唯頤爲然。動
而不知止,則動者昏,故上止以觀。靜而不能動,則靜者
死,故下動以養。然震非自動也,繫于艮以動。艮不上止,
震雖欲動不能,則其所以爲頤主者,艮也。動以止爲主,養
以靜爲正,是故頤中有物曰噬嗑,无物曰頤。頤,養也。善
養者以不養養,故曰:口者禍之出,菑之入。唯虛可以養
生。老氏謂"谷神不死"。谷者,虛也。頤虛故養,大過實
故死。

頤宜,**貞吉。觀頤,自求口實。**

　　頤,養也。頷頰曰頤。頤以養生,惟正而固,寡嗜慾則
吉。艮止于上,其道光明。卦體似離目,故爲"觀頤"。頤
中四陰,虛而无物,自求口之所實,或正或不正,觀可知也。

《彖》曰:頤貞吉,養正則吉也。觀頤,觀其所養也。
自求口實,觀其自養也。天地養萬物,聖人養賢以
及萬民,頤之時大矣哉!

　　"頤貞吉"者,養得其正,不以饑渴害心志,則吉也。
"觀頤"者,養資于頤,頤動于下,艮止于上,靜以觀其所
養[一]也。"自求口實"者,頤以虛待實,其所求實口之物,
不可不自觀也。萬物莫不養,而資于天地;萬民莫不養,而

―――――――

〔一〕養,底本"養"前有一墨釘,早印本作"自養"。

資于聖人[一]。天地養萬物,聖王養賢以及民,此養之得正而吉也。天地、聖人、民物不能廢養,則其爲時豈不大哉?故頤不可不觀,口實不可妄求,時而已矣。

人情貪得亡厭,爲養也。知養而不知羞,自昧其良心也。苟于徵逐之時,一念正静,自有嗟來不食,呼蹴不屑之本心,故曰:知止不辱,“觀頤自求口實”也。

上九成艮爲頤主,爻辭謂之“靈龜”,《傳》謂之“施光”,羣陰所資以爲養者也。六五以柔居尊順從之,聖人養賢及萬民之象。

《象》曰:山下有雷,頤。君子以慎言語、節飲食。

山止于上,雷動于下,其卦爲頤。口腹所以亡厭者,唯其動而不止也。君子觀象,知善養莫如止。言語由頤出,多言語則喪心。飲食由頤入,多嗜味則生疾。含嘿可以存性,淡泊可以攝生。其不能无言語飲食者,時動而動也。其必慎必節者,時止而止也,君子之頤也。

初九,舍爾靈龜,觀我朵頤,凶。

《象》曰:觀我朵頤,亦不足貴也。

初九震主爲頤,上九艮主爲觀,卦體似離。離爲龜,龜有靈,能伏氣而不飲食,爲止觀之象。朵,垂也,藏也,人視不自見頤,故曰“朵頤”,小人閉藏之狀。靈龜謂上九,爾謂六四。初與四應。初體從動,四體從止,故初自矜得養教

[一] 人,早印本作“賢”。

四舍靈龜,觀我朵頤,蓋上志在養人,初志在自養,其道不同,而各以陽剛爲卦主。處頤之時,上下分張,其爻象如此,因以戒初九也。蓋小人貪饕无恥,撰人不見,自明得意,靜言內省,靈龜難欺,故其占凶。《象》曰"觀我朵頤"者,小人乞墦于昏夜,驕人于白日,以口腹喪心志,賤莫甚焉,亦烏足貴而矜之也? 孟子齊人之喻,與此爻義同。

六二,顛頤,拂經于丘頤,征凶。

《象》曰:六二征凶,行失類也。

顛,末也,倒也。初九爲震主,二、三視初爲顛。上九爲艮主,四、五視上亦爲顛。二、五相從,理之常也。在頤上下分張,二屬震,有反下從初之象,故爲"顛頤"。然初賤而不能爲主,五在上,陰虛而不能爲養。六二得中,故自顛拂而上,經過五,以求養于上九。丘頤,指上九也。丘,大也。土高曰丘,艮山之象。六二之往也,下既違初,上又陵五,故其占凶。《象》曰六二往上凶者,二上非應,行失其類也。

曰"顛"、曰"拂"者,頤反張上合之象。張則從初爲顛,合則就上爲拂。歷五而過爲經。拂經,猶言反常。卦自下往上,常也。頤象反張,有顛拂之象,故曰"拂經"。小人貪婪乖僻,其狀如此。二雖中正,處頤之時,寔有此象。

六三,拂頤,貞凶。十年勿用,无攸利。

《象》曰:十年勿用,道大悖也。

六三以陰居陽,不中不正,乘動之極,小人貪饕之尤者,故爲"拂頤"。拂者,拂摩上合,動而欲食之狀。上止不動,而三動不止,求食无厭,故爲"貞凶"。貞,不變也。卦體二奇四偶,有十年之象,言處頤之時,此道終不可用,无所往而得利也。《象》曰"十年勿用"者,頤以静爲道,六三好動亟欲,大相悖也。

三爻位當脣吻交合之際,兩頤相摩,故曰"拂"。

六四,顛頤,吉。虎視眈^潭眈,其欲逐逐,无咎。
《象》曰:顛頤之吉,上施光也。

上九以陽成艮,爲頤之主,居外之末。六四以陰居陰,在上之下,與艮同體,其應在初。初教四舍上觀己,四以止從上,爲顛頤,得正而吉也。艮爲虎,四變成噬嗑,上體爲離目,有虎視之象。眈眈,虎目專視貌。位當頤中,有欲食之象。逐逐,求口實之貌。下視二陰,有逐逐之象。雖欲食而能視,觀其所養,可以无咎。《象》曰"顛頤之吉"者,六四當上下之交,與上九同體,上止而明,其光下濟,故四能免于貪昧之咎也。初動而朵頤,故教四舍其明。四静而能視,故同上施其光。置之曰舍,加之曰施。

以人占之,初九小人之驕肆者,六二士之窮餓失所者,六三小人以口腹喪心者,六四豪貴知止,六五弱主託臣以養,上九大臣代君養人。大抵六爻无全美,而下卦尤不如上卦,以下動而上能止也。

六五,拂經,居貞吉,不可涉大川。

《象》曰：居貞之吉，順以從上也。

六五以柔居尊，陰虛不能爲養，以致二、三、四皆拂經五位，往于上九，而五居中體艮，安貞不動。處頤之時，静止以順上九，故吉。苟五欲自爲，不安其居，則六往居上，九來居五，艮變坎爲大川，卦成屯。五爲屯膏之主，无以養民，而上爲漣如之泣，无以養賢，頤道不成矣，故不可涉大川。《象》曰六五“居貞之吉”者，大君虛己養賢，上九陽剛爲所倚重，五惟順從上以養天下而已矣。

六五以柔居尊，處頤之時，所謂“慎言語、節飲食”者，六五當之。然其材具止此，上雖有養民之賢，苟非其人，以屬爲幸，而下乘虎視之四[一]，事且不測，故爻以居貞爲吉，《傳》以從上爲順，有以也。嗟夫，人主而不動以求吉，順人以自養，亦危矣。爲上九者，必伊尹、周公而後可。不然，六五之居貞，亦秦二世之深居禁中者耳，趙高所以得遂其眈眈之欲也。

上九，由頤，厲吉，利涉大川。

《象》曰：由頤，厲吉，大有慶也。

上九陽剛爲艮主，是六五所順從者也，萬民由以養，頤道由以成，故爲“由頤”。蓋其德本止，而羣陰熙熙攘攘，无取不給，有由頤之象。位高責重，以惕厲處之，則吉也。然勢極必變，山變爲澤，卦反爲大過。君子獨立不懼，上九堅

〔一〕四，早印本作“三”。

艮之節，足以濟大過之事，故爲"利涉大川"。《象》曰由頤厲得吉者，以克艱之心居此位，則澤被天下，大有福慶也。

觀此爻辭曰"厲"、曰"涉大川"，則上九之勢亟重危矣，匪伊、周其能令終乎？象所以取于觀，而《象》所以尚于靈龜也。《詩》曰"既明且哲，以保其身"，上九之謂與？以人心占，所謂心之官者也。知止而後有定，則其小者不能奪矣。

大過 ䷛ 巽下兑上

《序卦傳》曰："頤者，養也。不養則不可動，故受之以大過。"大過者，陽太實，不能運動之象。人得養而生則動，失養而不能動則死。大過者，時過養終，往而不反之名，猶所謂大行大歸，送死之卦也。方其養也，悦以入而不已，陽氣盈滿，如人肢體肥重，不能轉運，盈極則消，故繼以大過。養生送死，人道之序也。夫道，中而已。陽欲其盛，不欲其過。大剛必折，大實必裂。今四陽中滿，二陰屛居无位之地，陽雖盛而下无基，上无繫，反借資于二陰。二陰微弱，正欲少假其助不可得，陽亦何樂至此乎？故曰大過也。所幸上悦下巽，以順承悦，有動而行之象，故曰過。過者，往而不住也。本方壯之陽，行巽悦之德，雖上下无附，終不至委蘼无用。如湯、武不遇主，周公遭流言，孔子上下无交，危而克濟。大過之事，有大過之才，自利攸往，然終非聖人

本願,與時中之正道。蓋造化无孤陽獨行之理,天下无有
有君子无小人之世。治道去其泰,疾不仁而甚,亂也。泰
以"包荒",否以"包承",易道于此不一而足。孔子聖之時,
不爲已甚,故曰"五十學易,可以无大過矣"。或曰:君子盛
而小人衰,于何不善? 夫聖人非不欲小人之衰也,亦不欲
君子過盛也。二陰退聽,四陽居中,下无根柢,生氣已斷;
上无附屬,枝葉已彫,本末俱解,循續无因,故爻辭有枯楊
之象。曾不若剥姤,猶可來復也。然象謂利攸往,何也?
盈則必變,毀則求更。如負重者畏難不進,至日夕氣餒,无
歸息之所矣。是以巽而悦行則亨,處大過之道宜爾。然異
于小過,何也? 陽大陰小,大過以長女遇少女,卦本陰而陽
過盛。小過以少男遇長男,卦本陽而陰過盛。陽過則趨陰
爲方死,陰過則趨陽爲方生。大過自頤來,如人期頤衰老,
故爻象枯楊、老夫、老婦,《序卦》謂"不養不可動",皆老死
之象也。小過自中孚來,如鳥孚初成,象飛鳥在穴,又以少
男象祖父妣,《序卦》謂有信必行,皆初生之象也。小過以
艮遇震,止而動,其動未危,陰雖盛而下有基,止則吉也。
大過以巽遇兑,入而悦,悦極不出,陽雖盛而下无根,入則
顛也。小過木動土上,生氣也,故爲杵臼之利以養生。大
過木滅澤中,死氣也,故爲棺槨之利以送死。大抵事物之
理,不及猶可待。小過未即殃,至于大過,未有不亡者。食
本養生,過飽則災,故窮餓致死者常少,而醉飽傷生者常
多。人心亦然,雖有至愚,心虛猶可教,而志滿則難移。涉

世亦然,柔弱者常自保,而彊梁者必遇敵。所以易雖尊陽而貴无首。老氏曰:"谷神不死。"谷,虛也。大過,實也。實則其神死。學易者所當知也。

　　大過繼頤者,頤求口食,有餓莩之象。大過澤中棺槨,有死溝壑之象。爻取老夫得女妻,老婦得士夫,遇諸木下水濱,亂世鰥寡失所,男女不得以正相從,如《詩》之"有狐在梁""出其東門"之類。邂逅相遇,同死溝中。世道至此,亂亡極已。故《序卦》置諸上易之終,天地再交而成坎離也。

大過,棟橈[闹],利有攸往,亨。

　　以木遇澤,有橋梁過涉之象。棟,梁也。四陽并立,三、四中亘,如棟之橫,中體實而上下陰虛,有棟不勝任,曲橈之象。然上悦下巽,諸陽相得,當其時利于往,則有可亨之道。

　　舊解棟爲屋梁,澤中有屋,于象不倫。卦體四陽大壯,有宮室之利,故象爲棟。橋與屋棟皆相似,橋亦有屋,但象主涉不主屋,言屋于過義无取。上九"過涉",爲橋梁甚明。

《彖》曰:大過,大者過也。棟橈,本末弱也。剛過而中,巽而説行,利有攸往,乃亨。大過之時大矣哉!

　　"大過"者,大,陽也,陽過盛也。"棟橈"者,巽木之象。上下皆陰,下本上末,本末虛弱,不能承中之堅重也。然剛雖過而二、五得中,下巽以入,上悦以和,本陽之健,巽悦而行,不宜坐視,"利有攸往,乃亨"也。苟止而不行,陽極不反,老而不變,棟乃摧折,故大過之時,間不容髮,豈不大哉!君子持世定傾,身任天下之重,惟此一時也。巽爲木,爲長,爲高,有本末之象。風吹木,有橈象。三、四兩奇居中,橋象。三棟達于上,上滅澤中,故橈。四棟達于初,初在岸邊,故隆。二、五象過涉,夫妻老弱相扶,遇梁橈而溺,所以爲大過。必言夫妻者,葬埋之卦也。古者夫妻合墓,亂世鰥寡流亡之占也。

大過利攸往,何也?有大過之才,必濟大過之事,如文王遇紂,夫子在陳,幾于滅頂而終克濟。下如漢高帝鴻門咫尺操戈,而竟成大業;范睢以廁中餘息而出相秦。古人踰絕險而濟,往往有之。若夫項羽烏江之泣,李斯咸陽之嘆,處大過而滅頂,因乎其人耳。要之不滅往,滅亦不可不往。不滅往亨,滅而往,巽以悦亦亨,志士赴義,豈以偷生爲亨乎?爻象上體有畏涉復還之象,辭稱老婦老夫,衰颯女子,烏能濟大過之事?所以卒爲澤中之鬼也。

《象》曰:澤滅木,大過。君子以獨立不懼,遯世无悶。

兑澤巽木,木在澤下,有滅没之象。四陽方壯,上下二卦,各以陰爲主。主弱客勝,是爲陽過。君子觀象,知大過之時,悦巽爲本,苟畏其滅,則其氣餒,是以雖獨立不懼也。惡其滅,則與世睽,是以雖"遯世无悶"也。如此,則剛而能柔,過而能往,處大過之道也。

陽生陰殺,陽在外足以郛陰,陰在外不足以郛陽,是故頤以二陽郛四陰則爲養,中孚以四陽郛二陰則飛鳥出,今四陽在中,外資二陰爲椁,所以失養,爲"澤滅木"之象。君子明知陰之乘己,知陽之无用,惟盡己致命,千萬人吾往,從容鼎鑊,甘九死其如飴矣。玩卦體宜遯六居二則進往无不利,今六往居上,九來居二,爲大過。上下陰氣錮塞,陽无復之進,有滅頂之凶,无可奈何,悦以順命而已。

《大傳》云"棺槨之利",取諸大過。巽爲木、爲繩,有懸棺下坎之象。兑爲澤、爲毁折,有穿地爲壙之象。木在澤下,有擣坎之象。古者夫婦合葬,故爲夫妻之象。在君子,則獨立遯世,效死致命之秋也。能悦而巽,不懼不悶,則生死齊,惟聖者能之。

死亡之卦,其象尚變。初變成夬,"孚號有厲",蓋送死號泣,有茅茵藉棺之象。二變成咸,男女相感,爲夫妻之象。三變成困,君子"致命遂志",爲棟橈之象。四變成井,"巽乎水而上水",爲棟隆之象。五變成恒,長男長女相與,亦爲夫婦之象。上變成姤,姤者,遇也,君子處此,信乎遇之窮矣,是爲滅没之象。然死喪而曰"无咎"、曰"利"、曰"吉"者,聖人不以死爲凶,以死得所爲吉。當死而死,雖死猶生,卦所以取諸悦順。通乎此義,知生死之道矣。

老氏云:彊梁者,死之徒;柔弱者,生之徒。今觀大過以四陽極壯而爲送死,頤以四陰極柔而爲養生。二卦反對,易道戒于過剛可知。學者猶謂易用剛,誤矣。

初六,藉借用白茅,无咎。

《象》曰:藉用白茅,柔在下也。

初六以陰爲巽，主柔而潔齊，以承衆剛，故爲“藉用白茅”之象。蓋其體本柔順，與彊陽鄰，雖不當位，小心慎重，可以无咎。白茅，巽象。《象》曰“藉用白茅”者，以下承剛，而能用柔，何咎之有？若以剛藉剛，未有不糜碎者矣。初象澤之岸，梁所始造也。茅生澤畔，兌象。白茅，茅白華，即荼也。木下藉荼，葬埋之象。《既夕禮》云：茵著用荼，盛之以囊，納壙底，藉柩禦濕，防墜觸也。象取諸此。

九二，枯楊生稊啼，老夫得其女妻，无不利。

《象》曰：老夫女妻，過以相與也。

四陽并盛，二、五居中，近陰氣以調其過，而二无根于下，上接羣剛，有枯楊之象。楊无根而能反生，喜水，多植澤邊，兌象也。稊，蘗也。陽資陰，有萌蘗之象。老夫，謂二也，與初比，爲得女妻之象。女妻，女之未偶者。借陰柔以和其彊陽，于九二无不利。《象》曰“老夫女妻”，剛居二，柔居初，皆過也。以陰之過，調陽之過，相與也。在梁相遇，有過象。

巽木春氣主生，兌金秋氣主刑。木遇金則傷。在澤中，是已斬之木也。四陽中斷，无根之象。木无根在水則朽，惟楊能反生。楊，象陽也。二巽體伏震，故爲反生。巽包藏，有稊象。稊，孚也。楊花未開，外有孚殼。《夏小正》云：“正月柳稊。”柳之揚起者曰楊。五兌體開折，澤爲容華，故有華象。華，花也。枯木稊華，无盛長之機。老少失偶，乏生育之氣，以象壯陽无用，將爲槁木也。卦體男女有仰仆之象。下巽伏震長男,遇兑少女,是爲老夫得女妻。
上兑伏艮少男,乘巽長女,是爲老婦得士夫。凡象不主一
義。二、五相似,皆比于陰也。

二氣相資,陽資陰成,陰資陽生;陽壯而實,陰弱而虛。
況陽過盛,則微陰愈不足以承其施,亦差賢于鰥曠无偶者
耳。然妻少不利于老夫,婦老不利于士夫。陽終受傷,所
以爲大過也。死亡之卦,象義无一可者。二、五猶有邂逅
之遇,以其得中,故一綫之生意猶存。

九三,棟橈,凶。

《象》曰:棟橈之凶,不可以有輔也。

九三以剛居剛,處四陽上下之交,其體本巽,承乘皆
陽,有棟負荷不勝,屈橈之象。棟橈則橋將顚,故凶。《象》
曰三〔一〕、上正應,三〔二〕以上爲輔,上六窮陰末力,己且不
免于滅,何堪輔九三之重任? 所以橈凶也。

二、五枯木委澤中,至三、四斲削爲梁,兑金之象,其體
重大。初、上爲應,而枝撐无力,終歸于顚,所以上有過涉
之凶。

九四,棟隆,吉,有它吝。

《象》曰:棟隆之吉,不橈乎下也。

四、三兩陽相比,居中爲棟同也。但三本重剛,上應又

〔一〕三,早印本作“四”。
〔二〕三,早印本作“四”。

重柔,故三之"棟橈凶"。四以陽居陰,其體稍輕,初六下
應,以陰居陽,其力差強,在下承藉,用力又易,故其棟隆起
而吉也。然一橋兩棟,三既橈矣,四豈終立? 初六一陰,豈
能兩承? 故"有它吝"。它指九三,象所以槩謂棟橈也。
《象》曰九四"棟隆之吉"者,以初六承藉乎下,故得不橈耳。
然則大過之時,豈可純任剛乎?

　　三爲棟,四亦爲棟,以正中也。二爲枯木,五亦爲枯
木,何也? 木上長,遇兌毀折而反,木反下,顛仆之象。二
爲夫婦,五亦爲夫婦,何也? 二、五敵應。二夫婦,有往象;
五夫婦,有來象。一老一稚,有扶攜之象。得老得少,有邂
逅之象。蓋卦自頤失其養,男女流亡,有往來跋涉之象。
往而復來,有橋圮路斷之象。

九五,枯楊生華敷**,老婦得其士夫,无咎无譽。**

《象》曰:枯楊生華,何可久也? 老婦士夫,亦可醜也。

　　九五以陽居陽,當四陽之上,比于陰主,故爲"枯楊生
華"之象。稊始萌而華則終矣,以極盛之陽,承衰微之陰,
爲士夫得老婦之象。雖于陰陽之義未乖,要非佳耦也,可
以濟壯陽之偏,未可成生育之功,故无咎亦无譽。譽、豫
通,喜也,《詩》云"韓姞燕譽"。《象》曰"枯楊生華",華落
則萎,陽驕已甚,何可久也? "老婦士夫",陽亢極而求偶于
窮陰,"亦可醜也"。五雖非少,而以視上六,不尤爲士夫
乎? 男壯曰士。兌爲悦,爲毀折。澤受汙,有邪媚之象,故
曰醜。老婦,婦之再嫁者。

二、五所資以反生者,陰也。二在下,近初爲本,遇巽主爲木,爲高長,故生稊,猶可漸長。五在上爲木,未遇兑主,爲毁折,爲决附,爲剛鹵,非木所宜。"枯木生華",已爲大過,而又遇毁决,生不久矣。餘見前。

上六,過涉滅頂,凶,无咎。

《象》曰:過涉之凶,不可咎也。

初以陰在下,故可效承藉之力,于陽少助。上以陰居終,當大過之時,陽方悦而進,棟橈橋傾,上欲導以涉,而窮陰衰弱,故有"滅頂凶"之象。滅,陽滅也。遭時不利,不可爲咎。下互乾爲首,六居上,有頂象。滅,澤象。《象》曰欲有爲于大過之日,苟安不涉,則咎矣。上六過涉之凶,不可爲咎,其志士不忘在溝壑者與! 知陰之乘己而獨立不懼,所以爲剛之過,而非剛不能也,故爲大過。"過涉滅頂",坎險至矣,故繼之以坎。

水爲天一,五氣最先,萬物所終始。乾坤初闢,雷水爲屯。坎離將交,"澤滅木"爲大過。蓋乾坤再合,萬物將陷爲水乎? 其象如此。

坎 ䷜ 坎下坎上

《序卦傳》曰:"物不可以終過,故受之以坎。坎者,陷也。"何謂物不可以終過也? 物終過則死,大過終則滅頂,遇坎陷也,故繼之以坎。蓋頤與大過,人世生死之象;坎與離,天地晝夜之象。晝夜之道、生死之說,同也,故頤似離。
而離中互有大過,大過似坎,而坎中互有頤,自然之象。卦
畫一奇二偶爲坎,何也？奇,一也。坎,水也。造化之秘生
于一。一者,元陽初判,兩儀分立,元炁介于陰中,陰含炁
化濕而生水,造命之始也。謂之坎,何也？坎者,坑谷也。
陽實謂之坑谷,何也？造物之理,虛以孕實,實生于虛,因
虛化實,還以實虛。如人心本虛,神動則液出。坎中之陽,
陰液充滿也；坎外之陰,陽神炁洩也。水從中生,停蓄于
中,故中象源泉。陰氣所深入,陷而成坎也。然坎謂之陰,
何也？剛乘柔而生險也。陰不得陽,不能爲水；陽化陰爲
水,則浸淫不得出。蓋陰失陽則枯,陰既爲水,則自不得舍
陽。如人津液聚而成形,神炁凝而成知。液形爲陰,知炁
爲陽。知能宰形,而形能累知。知欲離形,脫然昇舉且未
能,故曰坎陷也。人以身載液,如天地以江海盛水。其象
取水,言其至險也。凡險之道,不平不信。方其爲險,天下
至洶湧不測莫如水,以其能爲坎也。然其行險也,天下之
至平不失信,亦莫如水,以其能習坎也。高下曲折,宛轉便
利,深淺方圜,各肖其形。先後不爭,得平則止。天下習坎
忘險,孰有如水者乎？人之涉世,如水行坎,物我相形,欲
惡相感,利害相攻,何事无陷阱？何地无坑谷？庸衆處之,
逐步成荊棘；聖賢處之,羊腸皆康衢。何者？聖賢習熟,衆
人生疎也,故曰習坎。坎中一陽,即乾知本體。乾易知,而
知險莫如乾。水至險,而至平莫如水。人能體乾易之心,

何險不平？故曰“維心亨”。聖人遇險思懼，憂患作易。坎之言“習”，即學之言“時習”也。初爲始入，二爲求通，三爲下愚，四爲出險，五爲險平，上爲懲險。天下萬事萬物，莫不有險，而防心爲要，以心爲萬事萬物之本也。故八卦之用，莫要于坎離。文王序卦，始乾坤，中坎離，以二卦天地之中氣也。乾陽施于坤中爲水，在人爲精，形骸所以生也。坤陰麗于陽中爲火，在人爲神，靈明所以宅也。坎爲月、爲夜、爲寒，離爲日、爲晝、爲暑。其託于天地之中，坎居正北，火居正南。陰生于日中，陽生于夜半。卦畫所以奇偶互藏，獨得其中，爲人物之司命，居六十四卦之中者，自然之法象也。爻象坎下多凶，水流下也。流下則平，故九五“不盈”。離上多凶，火炎上也，炎上則憂，故六五“嗟若”。坎初、上皆凶，水外暗也；離初、上皆吉，火外明也。坎之與離，猶乾之與坤，卦雖二而體本一。坤承乾，乾知坤行也；離配坎，離外坎内也。陽精内斂，則成坎中之陽；陽神外朗，則成離中之陰。陽斂則陰在外，陽開則陰在内，一翕一闢之象也。

習坎，有孚，維心亨，行有尚。

習者，熟貫之意。坎，陷也。人知坎之險，不知日用酬酢，心境相違皆坎也，故坎不可不習。陽道中實，習在有孚，一陽居中，此乾健真精。在人爲心，遇險而心爲險困，則喪厥孚，内外交躓，不得亨矣。坎雖非亨，惟心則亨。境困而心不困，健行不息，自有登陟之本，習坎之道也。

八純卦，獨坎言習，何也？健、順、動、入、麗、止、悅，皆美名，獨坎爲險陷，非盛德事也。豈欲人爲險，教人習所以處險耳？聖人憂患作易，見世路艱難，人情隱伏，教以操心慮患之道。乾坤之後，水雷交錯，爲屯、蒙、需、訟、師、比，六卦皆坎，以水五氣之先，資生之源，學習之本也。是故坎離同體，陰陽合德，必陰精内實，而後陽神外朗，篤實而後生光輝。火以水爲配，離資坎爲體，故坎爲黄鐘之宫。萬物所歸根，復命在心，爲未發之中，闇然潛伏，天下之大本，聖人洗心退藏之密，應用酬酢，皆資于坎，故曰習也。

坎畫中滿，有心象，故象言心，《大象》言德行教事。六爻皆操心力行，困衡求通之象。觀象者反求諸惟危之地，斯得坎矣。孔子曰：操則存，舍則亡。出入无時，莫知其鄉。可不謂險乎？

《彖》曰：習坎，重險也。水流而不盈，行險而不失其信。維心亨，乃以剛中也。行有尚，往有功也。天險，不可升也。地險，山川丘陵也。王公設險以守其國。險之時用大矣哉！

彖謂“習坎”者，重險也，天下无往无險，故習；險而又險，故重習。所謂“有孚”者，水性流而平也。滿而不流曰盈。水雖百折，各得其平，不失其信，所謂有孚也。“維心亨”者，内涵乾陽之精，剛而得中，在人即自强夕惕之心也。“行有尚”者，謂以此處險，則振拔尚進，終能濟險有功也。

天之所以高,地之所以厚,王公之所以立國,皆險之用。聖人豈能違險?得其道則无險非易,存乎時中而已。然則險之時用,豈不大哉!

　　水流而不盈,行險而不失信,聖人周旋中禮也。"天險",神化自然也;"地險",力行求至也;"設險",惕厲防危也。

《象》曰:水洊^賤至。習坎,君子以常德行,習教事。

　　坎上復坎,是水重洊而至,習坎之象。君子觀象,源源而來者,不舍晝夜,以自強不息,常其德行,誨人不倦,習其教事,亦如流水之洊至也。蓋日用萬行,其操舍甚危,來學荒疎,其疑殆多岐,莫非險也。時習兼利,君子之習坎也。水流不已而習于坎,則坎亦習于水。君子以時習爲傳,則人亦傳習君子,相成之道也。

　　孟子曰:"流水之爲物也,不盈科不行;君子之志于道也,不成章不達。"又曰:"源泉混混,不舍晝夜。盈科而後進,放乎四海。"習坎之義也。物行有常,莫如流水。坎,流水也。兑,止水也。上下二陰爲溝瀆,一陽居中爲水,重坎四陰,洞虛直下,二陽中滿,有逐坎下流之象。水流不息,學道時習之象。

初六,習坎,入于坎窞^{潭,上聲},凶。

《象》曰:習坎入坎,失道凶也。

　　初六陰柔居重坎之下,是爲習坎,猶云重險也。衆流所歸,其坎最深。窞,缺[一]陷處,偶象也。方習于行坎,而入于坎之窞,正乃傾陷,不平之所,始習生疎之象,故凶。《象》曰習險莫難于初入,水象外暗而中不測,初學教習,迷途未啟,趨向未定,可與共學,未可與適道,故迷失而凶也。

坎有孚,維心乃亨。初不中,又不正,上无應援,是心未孚也。承二之剛,二雖中而亦不正,剛柔不相得,故初入而凶。若六四于九五,乃可習險。大抵當險之時,學習之事,艱難積累,爻象无甚吉利者,九二小得,九五亦未大,以此。

九二,坎有險,求小得。

《象》曰:求小得,未出中也。

坎,謂初、三兩陰;險,謂九二在中,爲陰所陷,未得通利,故爲有險。險,撿也,爲其所撿押不平,思而不得之象。求,望援也。小謂陰,指六四。二、五敵應,不得五援。二、四同功,因四以求平于五。四、五相得,二假援,四應之,爲求小得之象。自二至四,互爲震主。水動則流,故爲求得。《象》曰二以陽剛求援于四,四本陰柔,又非正應,雖借一臂之力,終无頓拔之功,未能即出坎險之中也。二欲出中,必習教事,久而後可乎。

九二坎險求得,如門人聞一貫,私問于曾子,教以忠恕,亦未了然。六四似曾子,九五似夫子。

〔一〕缺,早印本作“闕”。

六三,來之坎坎,險且枕,入于坎窞,勿用。

《象》曰:來之坎坎,終无功也。

來之,猶言來去。坎坎,非一坎。六三當上下之交,二水之會,互震與艮之間,且動且止,或作或輟,故爲來去坎坎之象。其險也如此,且安枕以聽,遂入于坎窞之内。處坎貴心亨健行,困而不學,何所用之?《象》曰"來去坎坎",安危利災,終陷溺无功也。

三、五同功,二求得于四,三不能得于五乎?蓋以陰居陽,不中不正,五下互三爲艮主,有止不與進之象,故三爲"且枕",所謂下愚不移也。

玩六三一爻,即小人之爲險陷者也。近與五同功,遠與上敵應。六四乘之而懼以自結于五,五爲艮主以止之,蓋懲奸人之漸邇也。及五坎平而上起大獄,小人積惡殺身,明良艱難同心共濟,其象如此。

六四,樽酒簋貳句。用缶,納約自牖,終无咎。

《象》曰:樽酒簋貳,剛柔際也。

此上坎之始,水流趨下,上險初出,四以陰柔乘危,慨屯難之未平,知圖存之不易,乃與九五相結,致樽酒,以簋佐之,樂用缶,納自窗牖中。與九五結約,在險同心有禮,可終无咎。貳,佐也。簋,竹器,以盛飯。缶,瓦器,擊以節歌,《詩》云"坎其擊缶",離"鼓缶而歌"是也。納,猶獻也。約,猶契也。牖,窗户也。《象》曰"樽酒簋貳"者,六居四,九居五,陰陽當位,承乘相得,剛柔交際,以共濟也。險重來而心益孚,所以習坎。得九五之"既平",苟无同舟之誼,其能濟乎?象謂"有孚",此矣。

險陷主下,六三以下體不正,爲甚險。四以柔乘之,其勢將陷。上遇九五陽剛中正之主,四懼三而納約于五,誓不與三,而堅戴五也。蓋涉險以剛,六四重柔,故托命于九五。五重剛,利得柔自輔,所以四〔一〕雖柔而不虛,有酒有食有樂。五雖剛而不盈,"祗既平"而不自大,處險而皆得无咎也。

四、五險中交際,君臣克艱之象。處險終濟以爲功,四雖居上卦之始,已離下坎之終,忠臣事君,惟懷永圖,不以小康忘克終,故爻辭云"終无咎",以勉四〔二〕也。樽簋,取交際之義。自牖,取旁通之義。坎險隔,故獻納自牖。缶,取中虛之義。坎水,有酒象。坎實,有食象。坎鼓聲,有樂象。《詩》云:"坎坎鼓我。"一樽一簋一缶,陰柔不富之象。卦體中四爻似離,互震互艮。艮爲鼻,震爲足,離爲大腹,有樽缶之象;又似籩形,陰在中小,陽在上下大也。簋,籩屬,爲鬼形,故曰簋。古以竹爲之,字從竹,震象也。從艮,艮象也。鬼于星爲天目,離象也。卦全體亦似樽,上偶似耳,下偶似足,中四偶似腹。艮爲門,坎爲穴,離爲明,牖之

〔一〕四,早印本作"三"。

〔二〕四,早印本作"二"。

象也。

坎水貨財殖，故有豐樂之象。天下之利藏于險，天下之害伏于利，憂樂常相倚，故二求得，三且枕，四酒食交際，皆坎中之象。四甫出坎，君臣相慶，故有樽簋。懼以思終，故有納約。在學，正領悟之初，期于大成也。酒食交際，如賜商之助我；納約自牖，如曾參之篤實。五則孔子之默識，顏淵之如愚。然而在坎不得志，以其道相傳習，亦終于未大而已。出險而有酒食，猶夫子云“發憤忘食，樂以忘憂”，苦難時習而説樂，師友相親，教學相因，其象如此。

九五，坎不盈，祇﹦既平，无咎。

《象》曰：坎不盈，中未大也。

習坎以上卦爲吉，水就下也。九五乾體，剛中有常，故其坎不盈。水不上溢，祇見既平耳。五互艮爲止，不盈之象。陰揜乎上，爲水未溢出，適與坎平之象。《象傳》謂“流而不盈”，行險而有常，此也。雖處險上，行所无事，故无咎。《象》曰“坎不盈”者，以艱危之心，履新集之運，雖其得中，未能廣大无礙也。賢君居高思危，其象如此。

四乘三險，故自結于五。五承上陰，故其中未大。陰柔在外，下乘五位，險害未銷之象。上六變則成渙。渙者，散也。渙之上九曰“渙其血”，遠害也。今上六未渙，則其害未遠。五雖得中，可自大乎？所以終未免于三歲之凶也。

習坎以平爲功，平坎以不盈爲則。水逆行无歸，泛濫滔天，及其順下，行由地中，則安流如掌矣。故天下之險，

皆生于盈;天下之道,皆集于虛。是以養正利于童蒙,而問
道不厭鄙夫。賜也多學,行同貨殖;回也如愚,庶幾屢空。
方其彌高彌堅,在前在後,亦是泛濫滔天之境。及其坎平,
乘風順流,祇覺吾才竭而欲從末由已。故滔天與安流本一
水,所爭平與未平;多聞與默識祇一心,所爭悟與未悟,而
皆以不盈爲則。故莊生曰:"唯道集虛。"非虛非實,即虛即
實,是謂不盈。《詩》云"民之靡盈,誰夙知而莫成",坎九五
之謂也。然《傳》謂之"中未大",何也? 處險之用也。文王
事紂,孔子當厄,多難既平,而其心愈小,雖演易開成萬世,
删定垂法來許,豈中自大而爲此乎? 皆兢兢業業,憂憤而
作也。苟中大則盈,盈則不平。平者,德之至,不盈者,平
之至也。文王若盈,則不能與四友約,而興邦于多難;孔子
若盈,則不能與七十子約,而明道于亂世。九五若盈,則不
能與六四約,而有孚于習坎。故德莫妙于既平,心莫善于
不盈。老氏云:"上德如水。"莊生云:"平者,水停之盛也。"
水靜,則明燭須眉,平中準,何險之有? 聖人從心不踰矩,
亦不盈"祇既平"而已。

上六,係用徽纆墨**,寘**至**于叢棘,三歲不得,凶。**

《象》曰:上六失道,凶三歲也。

　　坎至五既平矣,上六以陰暗,居險終,下陵五位,有奸
人不軌、黯干天位之象。此傾險之極,君側之隱慝也。係,
逮也。徽纆,纆緤也。繩三股曰徽,兩股曰纆。上變巽,有
繩象。縛罪人而置諸獄中也。叢棘,獄墙上積刺爲防禦

也。棘在地上,設〔一〕險之象。而上猶怙終不悛,所謂"納諸罟獲陷阱莫知避"者。"三歲不得",謂已係在獄而逃,捕之三歲不獲,隱伏之象也。《周禮》罪人不改而出圜土者殺,故凶。《象》曰上六奸險,惡盈不悔,故凶。至三歲,言必殺也。小人作奸,適足自殞。如天下已定,武庚流言,奄、徐外叛,是即上六之凶也。周公習險,繫象如此,垂戒之義遠矣。非習險之君,烏能燭肘腋之奸?故天下至險,不在坎窞,而在平地;不在山川丘陵,而在左右;不在設險守國,而在設險守君心。徽纆所不能係,叢棘所不能禁,三歲所不能得者,是何物與? 人心之謂也。

卦自初至五,象險中求出之人。上六象爲險陷人者,有習坎不盈之主,而上猶包藏不軌,所以爲險之極。而五之"中未大"者,正以此耳。《彖》謂"王公設險守國",其象如此。

離☲☲離下離上

《序卦傳》曰:"坎者,陷也。陷必有所麗,故受之以離。離者,麗也。"陰體柔暗,陷于內則麗于中。然以受坎,何也? 坎離同體,一炁初分,元陽中亘而成坎;陽氣發越,陰虛內合而變離。坎中之奇,即天一之真陽;離中之偶,即陽洩之虛陰。陽施則陰闢,陽見則陰藏,內外賓主之道,故畜

〔一〕設,早印本作"出"。

離必以坎，習坎必以離。然謂之離，何也？離者，偶象也。奇實陰中，則積而爲坎。偶分陽中，則兩而爲離。炁始化濕，濕烝成煖。水資始，火資生，水化氣，火化形，故地二生火。火者，兩化也，其象爲偶。奇離成偶，偶兩成離，是故善離莫如火。生滅不常，體无自性。空中有火，虛乃生明。如人形骸外實，靈扃中空，老氏謂"谷神不死"，當其无以爲用者，離虛也。故火一星，離爲千炬，遇物而皆焚；人一心，離爲萬應，隨感而皆通，虛則能離也。然又謂之麗，何也？離者，兩之分；麗者，兩之合。火性虛，附物斯顯。其質柔，麗剛而形。故火息于空，光麗于薪；神潛于寂，知寓于物。離薪爲火者，妖火也，不可以焚；離物爲明者，邪慧也，不可以知。故曰"致知在格物，物格而後知至"，"寂然不動，感而遂通"。此爲離而能麗，明物察倫，聖人所以先覺也；離而不能麗，飛揚燥擾，恒人所以昏迷也。故卦以中虛爲象，占以中正爲亨。彖曰"利貞"。"貞"者，靜也。靜則虛，物來叩虛，陽神外朗，離所以效坎也；神收陰散，陽精內實，坎所以藏離也。離魂坎魄，離開坎閉，離南坎北，二卦一體，互藏其宅。乾坤之中氣，三才之妙用也。坎爲晦息，離爲晝作，故坎六爻有幽潛隱伏之象，離六爻有精明奮作之象。坎水下陷，故下卦多凶；離火上炎，故上卦多凶。是以坎之剛中，二不如五；離之柔中，五不及二。水本柔，故習坎利用剛；火本剛，故繼照利用柔。習坎在二水合流之衝，故坎六三最險，水下流也；繼照在二火相傳之際，故離九四最凶，火上炎也。小人陰險，故坎之上六用獄；亂賊剛暴，故離之上九用征。坎六四之禮樂，剛而能柔也；離上九之征伐，柔而能剛也。治亂之略，文武之道，生死之故，二卦備矣。然離取象于繼體之君，獨與坎殊，何也？蓋君道尚明，水明外暗，不若火之旁燭。水流不息，火明无常。一燈不久照，膏盡則燄滅。人命相續，如薪傳火，故曰"大人以繼明照四方"。繼照之際，生死之交，火熄加薪，未有不艱者矣。昔武王崩，成王立，遭家不造，周公輔相勤勞，禮樂征伐，皆身親歷，其繫易象親切如此，所以憂患後世，"開物成務"之道也。至于五行之象，二卦略備。坎中陽光，六四之"自牖"也。離中陰水，九五之"涕沱"也。坎之枕簋，水生木也。離之黃離，火生土也。刑獄征伐，金火相克也。故離坎當六十四卦之中，縮觀三才之運，而爻象終兵獄，極乾坤之變，以啟咸、恒之亨也。

離，利貞，亨。畜牝牛，吉。

　　火无自體，麗二陽而生明。飛揚躁擾，則失明之正，故利于貞亨。牛之爲物，柔順安静，牝尤柔之至也。明而静，則凝神坐照而吉矣。

　　坤重則載，離麗則引。馬以乘，故象坤；牛以曳，故象離。牛性柔順，牝牛柔順之至，陰偶之象。二偶在中，四陽外樊，畜牛之象。蓋陽燄外熾，內養其清虛闃寂之氣，以制其燥烈，勿使熱中焚和，則其光斂而明不亂，《傳》所謂"麗乎正"也。中无牝牛之畜，外必有奔騰之災。

坤與乾合，坤馬牝，從乾也；離與坎合，離牛牝，從坎也。坎爲輿、爲曳，離效坎，有服牛之象。坎陽中心，離陰中虛。心以虛爲宅，坎化離，神發于外，而中苟不虛，客賊入而神不反矣，是以離利"畜牝牛"。道書蹈襲爲"玄牝"之説。

《彖》曰：離，麗也。日月麗乎天，百穀草木麗乎土，重明以麗乎正，乃化成天下。柔麗乎中正，故亨。是以畜牝牛吉也。

離，陰麗于陽也。兩相附曰麗。日月麗天而昭明，百穀草木麗地而光華。引而伸之，物无不麗，物无不明。大虛生物，物生而虛靈附，草木猶含生氣，況萬物之秀者乎？況爲人類之長者乎？明以繼明，日新又新，離乎至正，則大明普照，化成天下，所謂離也。蓋卦體陰柔居中，虛以生明，无偏倚邪曲，何用不亨？是以畜牝牛，柔順中正，養其明，則无狂慧邪暗而吉也。牝者虛象，虛則明，有物則翳。

大虛之體，莫非明也。不麗形氣，則明无所發越。如火在空，不麗薪則不燃。薪燃而後火見，形生而後明發。故道書曰"天心，人也"。人目能視，耳能聽，手能持，足能履，是非好醜，疾痛疴癢，无不了然，孰非明也？然用于正，則愛親敬長，好善惡惡，物格知至。用于不正，則邪思妄想，機知利巧，諸惡并作。故明以麗正爲本。正則清静寧一，自然明覺，如六二之"黃離"是也。不正，則猖狂躁擾，如三、四之焚爍是也。如六二静正，可以通晝夜，齊生死，忘順逆。如九三日昃歌嗟,是不知命也,故釀成撲滅之禍。蓋明體以静爲正,以内爲體。二、五皆中,而五在外,離于躁擾之場,不如六二在内静而正,故離无如六二吉也。

物善麗莫如火,遇物輒焚,不可不濟之以水。人善麗莫如知,逐物生意,不可不養之以虚。常使心如牝牛,悶悶醇醇,伏檻不出,則无躁擾之咎。釋氏白牛之喻,襲諸此。

《象》曰:明兩作,離。大人以繼明照于四方。

離下離上,是明兩作也。兩明相麗,故曰離。无兩不成離。惟大人聰明睿智,以照臨天下,四方至遠,耳目心思既竭,繼以善政,百年教化既洽,繼以令嗣,奕葉重光,常明不息,大人之離也。

"繼照"兼二義,君身日新又新,固麗也;繼體以賢象賢,亦麗也。大人兼有德有位言,爻象皆寓周公輔成王之事。

離日爲明。作,猶起也。卦體兩日并作,象本非常,惟大人繼照之事足以當之。其光明太熾,故爻象二體變革之際,極爲躁擾。九三哀樂失常,九四被其焚滅,震驚離主,至用出征,皆不戢之災也。夫真明一而已。内卦主寂爲體,外卦主感爲用。惟君子重明以麗乎正,日新又新,惺之又惺,静虚中存,勿失牝牛,生死相代乎前,不足以滑和,則静虚之至已。至于事變紛紜,外患突起,如驚飈狂燄,震驚牝牛,非用克伐,不能掃除,故其象如此。

初九,履錯然,敬之,无咎。

《象》曰：履錯之敬，以辟咎也。

　　九居離初，其質過剛。明初出而未曉，道路昏暗，有步履錯然參差之象。上承黃離之主，能敬而事之，周旋不違，可以无咎。《象》曰"履錯之敬"者，當離之時，利畜牝牛，初九過剛，動或躁急，敬主乎中，可避衝突之咎矣。初在下，有履象。離本乾體，中互兌澤，卦似履。履者，禮也。南離亨嘉，萬物相見，有禮文之象。"錯"有三義，有"差"義，有"文"義，有"麗"義。初日昧爽，其明未徧，重剛躁動，是"差"義也；離體文明，光輝錯落，如《詩》云"錯衡"，古幣錯刀之類，是"文"義也；初剛二柔，承乘當位，相麗錯行。如《禮》，與長者行，不錯則隨，是"麗"義也。凡象不主一義。

　　至微而善著者莫如火。方其始然，一指所能熄也。及其燎原，挽江河之水不能救。故處離之時，敬宜在初。火性上炎，四之突焚，惟其好上耳。初勢未張，承黃離之主，靜以制其衝，故得免于咎。倘初好剛自遂，如三、四之不戢，其咎亦大矣，故爻辭戒之。蓋念慮方熾，而行依乎中，敬主于內，庶免冥行之失耳。

　　處重明之會，利于韜光。避突焚之殃，莫如在下。未有精明過察，剛烈自遂，而能善終者。故曰：君子黯然日章，小人的然日亡。初與三同體，初在下，故咎不及；三進，故不勝凶。豈非用明之過繼之以昏與？若初，可謂能畜其明矣。

六二，黃離，元吉。

《象》曰：黄離元吉，得中道也。

　　六二柔順中正，本坤體之黄中，爲離畜之牝牛，其象爲黄離。黄，中也；離，麗也。《彖》所謂柔而麗乎中。清虚之體，光明无翳，既不以惺惺失之躁擾，亦不以寂寂同于熄滅。主静无爲，默然普照，此聰明睿智所由出，化成天下之本，故曰“元吉”。《象》曰“黄離元吉”者，以六居二，柔得中道，真明所以畜也。

　　六二元吉，虚以妙實也。德以誠爲體，道以明爲用。德非誠不積，道非明不通。誠主于信，明生于虚。故成己曰仁，成物曰知。合内外之道，離所以效坎也。六二陰柔中正，居重離之下，其體至静，發揮萬有，宣洩坎中之孚，而神明不宰，萬象普覺，而空虚之天无一物。合則成坎，萬物備于中；闢則成離，萬象顯于外。使其中有礙，則坎中之孚，皆有方之物，而重離繼照，亦私智小慧矣。在坤之六二曰“直方大，不習无不利”，乃其所爲光大而黄中通理者也。老氏云：當其无，以爲用。六二之謂與？

九三，日昃之離，不鼓缶而歌，則大耋迭之嗟，凶。

《象》曰：日昃之離，何可久也。

　　明以正中爲全。九三内體過中，其明漸揜，故爲“日昃”之象。以剛居剛，燥急好進，日之夕矣，昏作罔休，不謂行樂及時，鼓缶而歌，則謂日月易邁，大耋而嗟。夫生死盛衰，時也。哀樂无常，知明不知晦，以此每生，速亡之道也，故凶。《象》曰“日昃之離”，時已過矣，朝不及夕，而遠憂大耋,其能耋乎? 故曰"何可久也"。

日西曰昃,離過中之象。鼓虚,離象。缶,瓦器,擊之以節歌者,燒土爲之,坤在火中之象。年八十曰耋。卦畫奇偶共八。又九三與上九敵應,二十七應五十四,亦八十之象也。歌嗟,火聲譆譆之象。日昃而歌嗟,猶古詩"晝短苦夜長,何不秉燭遊"之意。數至三而日昃,悲壽年之不永,思及時以爲樂。嗟亦欲樂,樂亦因嗟。蓋離體喜麗而惡分,好生而畏死。九三重剛不知止,附麗不舍之象。其明已揜,故偏蔽如此,亦恒人之常。而其占凶,何也? 聖人作易,察幽明之故,知生死之説,通晝夜之道。而九三昏迷若此,反離之德,所以爲凶,非謂死凶也。當死而死,往來得常,日夜相代,何凶之有?

三、四爻位正中,而重離隔爲兩日,于人爲再世。三爲今日之昃,則四爲來日之昇,乏同體之情。又火性上炎,九三以剛居剛,乘離之終,酷烈猛悍,上不容物,四以柔來乘,故遭突焚之慘也。爻位三、四宜日中,而三已就昃,故其象不勝悲歌。三昃,則四爲昏夜。重明突來,故兩爻據卦體中,甚爲未協。中互爲大過死亡,自然之象也。玩三、四兩象,似黄昏烈火夜焚,又似君崩大亂突起,天无二日,豈容兩離并作? 自二以上,鮮有得安寧者矣。爻辭于二極贊其元吉,于初極致丁寧補過之辭,有以也。

明爲大虚元神。人形含虚生明,即柔中之象。耳目聰明外朗,即二陽之象。虚靈常主,則六二元吉,方中之日也。耳目用事，則九三過剛，日昃之離也。形神麗而明則生，形神散而昏則死。壯則有衰，中則有昃，如晝夜適來適去，乘虛以遊，六二之黃離是也。九三執明爲我，以形骸爲私，貪生畏死，日晏不休，將死而以年未耋爲嗟，豈通晝夜之道者乎？人情貪生畏死，則无所不至。九三凶暴，自宜夭折。爻辭云不長，所以爲不知命之戒也。

語曰：膏以明自滅，蕭以香自焚。故知者爭之器也。以有知知，不若以无知知。大知昧昧，大明默默，老氏所以知白守黑，非老氏之言，是《大易》之理也。九三以傷明始禍，六四以突來招災，皆功利機巧，給數以敏，莊生所謂“尊知而火馳”，北面之禍，南面之賊者也。

坎離同功，故離多險象。習險莫如明，非明无以濟險，二卦一體也。

或問：九三死乎？曰：未也。有死之道耳。明既昃矣，欲以何往？而卦體方中，故爲畏死歌嗟之象，麗之性情然也。九四以其爲落日死灰，突來乘之，是以遭焚耳。

周公遇流言之禍，憂患繫易。周以火德勝，于離象尤切。離中互兌金，象殷德也。九[一]三一爻，象紂子武庚，受封未久，孽由己作，管叔被累而死，武庚旋亦中滅。殷邦朝歌，即墨子迴車之地，《書》謂之“妹邦”，《詩》謂之“沫鄉”，以其朝夕酣歌也，是以有日昃鼓缶歌之象。武王師尚

〔一〕九，早印本作“六”。

父，以大耋之年誅紂。成王時，太公、召公皆以元老爲師保，當上九之位，下與九三敵應，管叔之誅，二公之志也，是以有大耋嗟之象。

九四，突如其來如，焚如，死如，棄如。

《象》曰：突如其來如，无所容也。

九四當外離之始，日已暮而忽出，故爲"突如""來如"之象。以剛居柔，下乘九三重剛烈燄之上，故爲"焚如，死如，棄如"。與初敵應，所處之地，不如初之爲履，而不正之體，不如初之能敬，故遭禍若此其烈也。《象》曰"突如其來如"者，九三猛悍之勢，四措其上，銷滅而无所容也。

突，忽出也。棄，灰燼也。不言凶咎，則四爲无罪矣。特以驟乘三上不知避，故遭焚棄。爻辭于初云"避咎"，有見于四之失所耳。子云"里仁爲美，擇不處仁，焉得智"，其九四之謂與！説者謂四陵五，爲衆所焚棄不容，非也。若謂繼照之初，四不中正，然離體相麗，四无陵五之隙，縱焚者九三，何獨罪四？上九出征，獲匪其醜，獲九三也。然爻辭云"棄如"，何也？離體親麗，四突來焚死如，同行者忽然相失，不成麗，故曰"棄如"。

周公當成王時，遭三監之謗，避居東土，成王執管叔誅之，此突來焚如之禍也。公作《鴟鴞》云"取我子"，"毀我室"，正當此象。九三即《鴟鴞》之武庚，二叔即突焚之九四。

是非之心，智之端也，自然明覺，人皆有之。一念静正,則韜光斂輝,爲初六之辟咎。一念躁動,則膏火焚和,爲三、四之猖狂。蓋火能降則戢,好上則凶。明者養晦自全,愚者矜耀招殃,離所以責"畜牝牛"也。

犬自穴出曰突。卦自二至四互巽,伏艮爲狗,有突來之象。日暮焚如,故犬突出。上互兌毀折,爲毀棄之象。兌巽互爲大過,死亡之象。

四來爲突如,何也?狃于九三日昃,不知方歌嗟也。以離乘離,火就燥,其焚疾。苟四以柔來,則成賁,其文不著,可以无的然之亡。若九三雖變柔,猶爲噬嗑,其凶殘未可驟革如此。所以三之惡,浮于四也。

六五,出涕沱若,戚嗟若,吉。

《象》曰:六五之吉,離王公也。

六五爲重離之主,與四相麗,同體而下,與三同功。四受三焚[一],五傷同體之死,有出涕滂沱,憂戚嗟嘆之象。蓋五以柔順得中,處急難而无躁動,遭家不造,秖自憂傷,懲憊以銷患,故其占吉。離爲目,互兌澤,有涕沱之象。兌爲口,有嗟象。伏坎爲心憂,有戚象。《象》曰六五乘焚如之災,吉,何也?五以王公之尊,四麗五爲宗,四被焚,則三之禍羅及王公矣。五哀死恤災,篤于所親,故吉。苟四[二]死五忘,則違相麗之情。抑張皇失措,則違牝牛之畜,五所以爲

〔一〕四受三焚,早印本作"三受四焚"。

〔二〕四,早印本作"三"。

盡道也。若非離于王公，而罪人豈可即得耶？

離王公有三義：一爲麗及，如《詩》云“鴻則離之”，言禍麗及王公也；一爲離卦，言五爲卦爻，王公之位也；一爲附麗，言四附麗五爲同體也。餘詳前。

成王遭家不造，《詩·訪落》、《小毖》諸篇，不勝悲嗟；《書·金縢》風雷之變，執書以泣，其象類此。爻云“離王公”者，以明三之罪大，不獨爲焚四也。《詩》云“既取我子，又毀我室”，五所以出涕興師耳。王似成王，公似周公。

上九，王用出征，有嘉。折首，獲匪其醜，无咎。

《象》曰：王用出征，以正邦也。

九四死，六五戚，九三之禍離王公，可以弗討乎？上九以師保元老，下與三敵應，王用之出征，討九三也。離爲甲胄戈兵，《周禮》司馬爲夏官，故爲出征之象。功在上曰嘉。王出則六往居上，九來居五，故爲“有嘉，折首”。首，上象。折，偶象。醜，類也。獲匪其類，謂獲九三。三非五、上同體，故曰“匪其醜”，言三匪醜，以明四之爲醜也。或以爲征四，四豈得爲非醜乎？四死且棄，又何獲乎？獲三，以討焚四離王公之罪也。師出有名，故无咎。《象》曰王于出征，罪人得而君威振，天討張而王國正，何咎之有？

火在上，其光遠；水在上，其勢零。故坎上凶，離上吉。上九〔一〕一爻，離極用征，在人心爲除妄養明，猶同人之大

〔一〕九，早印本作“六”。

師,與謙之侵伐也。

玩此爻辭,自上九下至九〔一〕三,皆動變之象。變則成屯,所以還乾坤之初,爲上經之終也。王出有嘉則五動,折首則上動,焚如棄如則四動,獲匪其醜則三動。惟二元吉,與初避咎不動。上變坎,下變震,水雷屯,君子所以經綸也。自屯、蒙以下,治亂幾更,繼體之禍,離及王公,乾坤以來,一大變也。是故經綸再造,終而復始,易所以不窮也。

武王崩,成王立,周公爲冢宰,管叔以王室至親,監紂子武庚于殷。武庚與東方奄、徐諸國,挾管叔叛,而流言毀公,公避位去之東。王與太公、召公謀,獲管叔,誅之。公自東作《鴟鴞》之詩貽王,王不悟。及風雷之變,王啟金縢,將卜,得公所爲武王請禱之書,乃悟而泣,迎公西歸。公乃奉王東討武庚,滅其黨奄、徐五十國,裂殷土,分同姓,而後天下定。故本卦上九“王用出征”,象東征也。六五“出涕”,象成王也。九四焚死,象管叔也。九三歌嗟,象武庚也。六二“黃離”,象微子輩。初九“避咎”,象箕子輩也。變爲屯,初象成王,二象管叔,三象殷士不從周者,四象公歸自東,五象武庚,六象殷滅,无不脗合。故讀易貴于觀象也。

周公繫易,其作于居東之日乎? 故隨之上六曰“王用

〔一〕九,早印本作“六”。

亨于西山”，自東言西也。此九四曰“突如”“來如”，自西來東也。嗟夫，讀易觀象，公蓋深有慟于管叔之死，故《大誥》之文、《棠棣》之詩，无往不垂涕泣而道。儒者曰周公殺兄，豈不謬哉！

　易中坎離，何也？懸象莫大乎日月。易之爲字，形象日月往來，至變易也。坎爲月，離爲日，坎離不交，如二曜中天，分司晝夜，故二卦中易。既、未濟，坎、離交，如朔望對合，晨昏之際，故終易也。

周易正解卷十

下　經

下經凡三十四卦,始咸、恒,終既濟、未濟。

咸☷艮下兑上

《序卦傳》曰:"有天地然後有萬物,有萬物然後有男女,有男女然後有夫婦,有夫婦然後有父子,有父子然後有君臣,有君臣然後有上下,有上下然後禮義有所錯。"蓋天地者,人物之本,上經所以首乾坤;夫婦者,人倫之始,下經所以首咸恒。然乾坤陰陽分,而咸恒陰陽合,何也? 天地不分,不成兩儀;男女不合,不成生育。故乾坤二老對,而咸二少交。乾坤天地定位,咸山澤通氣,位分而後三才定,氣通而後變化行,變化亦乾坤也。乾三索于坤,得艮爲少男。坤三索于乾,得兑爲少女。男女相感,自其性情。而二少相得,男下女,尤感之正也。恒男女而長,損少而女下,益亦二長,既濟、未濟二中,漸、歸妹少遇長,皆男女合,而未若咸之亨而正也。有心爲感,无心爲咸。咸,皆也。

爲卦六爻皆應，咸和通暢，物我偕臧，自然而然，元氣昕合，无物不有，故以首下篇。然爻象取諸人身，何也？仁以天地萬物爲一體，咸即仁也。仁者，人也。人身四肢九竅，毛髮筋骨，支節腠理，分爲千百。然一處疴癢，千百處皆應，咸也。故曰"施于四體，不言而喻"，"生則惡可已"，"不知手之舞之，足之蹈之"。无感而无不感，无應而无不應。止而悦，神之爲也。神體物不遺，兩在不測。天地之間，往來變通，莫非神。故庶女叫天，則霆擊霜飛。而況男女正應，一身之內，親切至近者乎？爻取象拇、腓，至輔頰舌，一體之象也。君子觀象于一體，而天地人物感應之妙，皆可識矣。然體合兑艮爲一，何也？象男女之交也。艮爲男，股、腓、拇，有仆象；兑爲女，輔頰脢心，有仰象；股心相接，有合象，所以交而爲咸。其取于艮止，何也？卦以感爲義，爻以靜爲善。不止則其應不專，其悦必淫。造化悦而不止，則六氣淫而災沴生。是故女悦以感，男止以應；男止以感，女悦以應。如是，則恩義以篤，倡隨以辨，節宣以時，往來以中，雖感而无感，天地聖人所以錯行代明，過化存神，如斯而已矣。然止獨于男，何也？陽動遇陰則止，陰慘得陽則悦。止者，專直之象。悦者，翕受之象。健故能止，順故能悦。悦，悦陽也。止，陽止也。止則悦，不止則不悦。陰以陽止而悦，非以不止而悦也。陽不止，不可以感陰之悦。所以爻象艮之拇、腓、股，皆以形交无心，而巽之憧憧口輔，則悦應之至矣。故造化之權宰于陽，感應之理成乎艮也。

咸，亨，利貞，取_{去聲}女吉。

咸者，通暢之義，亨之道也。凡造化人事，此往彼來，相與偕適，則亨。然利于正。不然，非道之悦，不可以亨。卦以少男下少女，相得以正，佳耦之合，故爲"取女吉"。

《彖》曰：咸，感也。柔上而剛下，二氣感應以相與，止而説，男下女，是以亨利貞取女吉也。天地感而萬物化生，聖人感人心而天下和平。觀其所感，而天地萬物之情可見矣。

咸者，陰陽交相感也。卦本乾坤。坤六三上往，乾九三下來，二氣感應和合以相與，艮止兑悦，止專而悦應，則倡隨之誼篤。艮男兑女，女上而男下，則婚姻之禮正，是以亨通利貞，取女吉也。二氣以正相感，天地化生萬物，聖人和平天下，皆不外此。然則天地萬物，往來變化，惟此止彼悦，神感順應，自然无心之情，于斯可見。夫婦即天地也，交感即化育也，乃所謂咸也。

《象》曰：山上有澤，咸。君子以虛受人。

艮下兑上，是山上有澤也。山體虛，澤通氣于山，山受澤潤以生物，交感爲咸。君子觀象，知天下至靜而虛者莫如山，山虛故澤氣上通，人心唯虛，則大公无我，何物不容？苟中有先入，則機窒而應不神。虛以待感，故有感斯通，來者不距，亦如山澤之通氣也。

卦辭言止，《大象》言虛，虛即止也，不虛則不止。心能虛,則无所係累。來不將迎,去不留滯,成无心之感。人能常虛其心,則恒于其德,而與天地聖人不違,顏子之屢空是也。

　　咸者,无心之感,寂然不動,感而遂通天下之故,幾也,神也,靜虛之至也。六爻皆感,而占无全吉,何也?皆未能盡咸之道也。咸以虛爲體,即神之无方、周流六虛者也。爻位有象,衆體有形。感涉形象,未能合虛。設象以徵感,而象不足以盡咸,故《大象》提虛示人。九四爻辭當心位不言心,即无象之象也。

初六,咸其拇母。

《象》曰:咸其拇,志在外也。

　　初在咸下,有足指之象。拇,足大指也。艮爲指,足善動而以柔體艮居初,其動甚微,故爲感其拇之象。拇但動而足不行,艮之止也。《象》曰“咸其拇”者,拇非有心,上與四應,四爲心志,拇受命于志,志動則拇動,志止則拇止也。四兌體,故曰“在外”。志在外而感在初,神欲行而官知止,所以爲咸。

　　男女二少,情至相感,故爻象自足至輔頰舌,百骸无一不感者。蓋止則其感專,悦則其應順。以男女之情,象造化不測之神幾也。

　　人身在下,善動莫如足。其不動而動者,惟拇與腓與股,故以象卦體之悦而止。

　　内卦三爻,男體也。男下女,其象仆,故拇在下,踵向上也。二見足肚，三見股。外卦三爻，女體也，其象仰，故四象心。心屬女，以悅在女也。五見喉骨，上見輔頰舌，二體交，故爲咸。惟心不言形，而衆體自相感，心所以爲神，百體所以含靈，不同土木也，是以爲咸。

六二，咸其腓_肥，凶，居吉。

《象》曰：雖凶居吉，順不害也。

卦上悅下止，止主在三，其端在初。悅本在四，其末在上。凡感由邊際，二、五居中。故二象"腓"，足肚也；五象"脢"，喉骨也。居无事之地，五不能爲應，二亦不當爲感。然處咸之時，腓在拇股間，不能行而善動，居中而求交則凶，惟陰柔中正，其體爲止，能居不動，故吉也。《象》曰"雖凶居吉"，腓順股止，不自專行，故不害也。

二與五正應。腓不能爲往，脢不能爲來，其感則通，體一而志同也。有相感之情，无往來之擾，故皆无凶咎，以得中也。其未能純吉，以局于形，未盡虛受之道也。人情有感欲動，莫如男女。人身无情順應，莫如腓脢。苟心能如腓以爲感，如脢以爲應，則動而能止。止不同于枯槁，乃可以悅。悅而无情，悅不同于貪逐，乃可以止。釋氏云"心如墙壁，乃可入道"，"一根悟入，六根圓通"，即此義。爻所以象二、五之中也。

九三，咸其股，執其隨，往吝。

《象》曰：咸其股，亦不處也。志在隨人，所執下也。

三爲止主，居下體之上，處咸之時，下乘腓拇，故爲感其股之象。股不能行，隨足以運。三執不進，故爲"執其隨"之象。隨謂初、二也。三雖應上，而爲止主，以静爲正，若往從上，未免羞吝也。《象》曰"咸其股"者，處感之時，股亦欲動而不處也，志在上應，而所執在下。蓋腓拇之不妄動，徒以三耳。苟三從上，則初與二不勝躁擾矣。隨人，謂隨上執下，謂止初、二。

三爲艮主，而亦不處，何也？咸亨之日，遇悦之交，二氣諧暢，雖土木含和，況于同體乎？股所以止而亦動也。然雖應上而能止，下動而能持，所以爲艮。苟與輔頰舌應，是悦色好諛，羞何如之？五志在末，三〔一〕志執下，是以止而悦也。

澤雷成隨，澤山成咸，山止而雷動。九三動而能止，有固執不肯爲隨之象，故曰"執其隨"。

九四，貞吉，悔亡，憧兗**憧往來，朋從爾思。**

《象》曰：貞吉，悔亡，未感害也。憧憧往來，未光大也。

九四居上下之交，艮終兑始，止悦之際，股脢之間，其象爲心，是咸之主也。然以陽居陰，不中不正。上下皆陽，互乾健行，其道貴貞。貞者，静而正也。无感則无意而寂，有感則无我而通。天地所以化生，聖人所以和平，不外此，

〔一〕三，早印本作"四"。

故吉。念慮清静，妄動之悔，自可銷亡。苟不能貞，憧憧不定，往來紛紜，私欲牽引，如朋類之從，來集爾思，悔且不勝，而況能吉？所以貴貞，乃爲咸主也。《象》曰"貞吉悔亡"者，中虚而静，隨感順應，不以汩其寂然之體，雖感未有感之害也。"憧憧往來"者，虚靈之舍，汩于妄應，不能廓然大公，以遂光明正大之體，所以爲害也。

卦以二體感應爲義，四當二體中爲心，感應之主也。爻象亦極言感應，獨不同拇腓等言心，何也？拇腓等，形也；心虚，无形也。然諸爻言咸，此并咸亦不言，何也？咸感无心，不得于心言咸也。感而不貞，則害心。貞者，忘懷息照。感且无之，何有于害？感不害心，乃謂之咸。莊生謂"心止于符"者，聽物自印也。釋氏謂"生滅滅已，寂滅爲樂"，即九四爻象不言咸與心之義。

四象心志，而以不中正之位處之，何也？恒人之心，當應感之際，居中得正者鮮。又其體二少相悦，自有憧憧往來之思，所以咸九四"朋從"，不若二"居吉"；五"无悔"，以其失中也。

九五，咸其脢梅，无悔。

《象》曰：咸其脢，志末也。

九五居悦之中，心與口之間，有脢之象。脢，喉骨也，在口下心上，動而上行，食息所必由，而不能爲主。九五居尊，不爲悦主，而悦成于上，必由此往，故有此象。脢无心，故亦无悔。《象》曰"咸其脢"，志欲悦而宣于口，見于面。

騰爲輔頰舌，必由脢達上，上爲末，故曰"志末"也。

　　二、五雖中正，亦未盡咸之道。腓不能爲感，脢亦不能爲應。其所得居吉无悔者，徒局于形而非妙于神也。惟其不當事，故外可无拇頰舌之失，內可无朋從之擾，此則中正之力也。使九四爲咸主而不能貞吉，曾不如腓脢之居吉无悔〔一〕也。四可不勖哉！惟四貞，而後二、五得居吉无悔〔二〕。不然，感應无主，雖九三且不能執其下，況自拇至舌，有一不妄動者乎？故拇、股、脢雖各爲咸，而《傳》皆言志，亦以此耳。

上六，咸其輔頰舌。

《象》曰：咸其輔頰舌，滕口説也。

　　上六爲悦主，悦成于容，女子以色事人，爲咸其輔頰舌之象。兑口上拆，有舌象，所謂彼婦之口者也。咸所以貴止，正爲此。《象》曰"咸其輔頰舌"，騰湧口説也。《詩》云"婦有長舌，維厲之階"，以憧憧之思，運騰湧之口，應感之際，何可不慎？故君子悦之不以道不悦，《象傳》所以貴止而悦也。

　　卦體取象人形。初二偶分立，象足。上偶開，象口。輔，頤旁也。頰，腮也。滕、騰通，升也。言語上升，自口出也。《説卦傳》曰："兑，説也。"凡以色悦人者必以言，故巧令相因。子云："不有祝鮀之佞，而有宋朝之美，難乎免于世[一]。"有色无口，不能悦人。故兑説无言，咸感无心。无言之悦，乃爲真説；无心之感，乃爲至感。

輔云"頰舌"，别于艮六五之"言有序"也。艮五亦取象輔，而艮静，故曰"言有序"；咸動，故曰"頰舌"。不云"凶咎"者，口説有當用之時，如辭命專對之類，言則吉。上變則爲"肥遯无不利"，不可云凶。

恒䷟巽下震上

《序卦傳》曰："夫婦之道，不可以不久也，故受之以恒。"蓋咸者，男女二少，始爲夫婦，男下于女，交感之義，象所謂"取女"也；既爲夫婦，少變爲長，男尊女卑，居室之常，象所謂"利貞"也。咸以少爲情，恒以長爲禮。恒即恒其所爲咸也。而反咸成恒，則恒非不變之謂也。恒莫如天地，天地恒久，以无常爲常，小變而大常也。聖人恒久，非必信必果也，純一不已，而時止則止，爲君止仁，爲臣止敬，爲子止孝，爲父止慈，无所不止，而後能不已。千變不窮，而後聖人之恒可見。是故呼吸互換，而後恒于息。寒暑互換，而後恒于歲。造化人事物理，詘伸往來，而後能久，故恒非固執不變也。所以反咸，天生人物，各有恒性，生理在人，

〔一〕世，《論語》原文爲"今之世矣"。

本自无息,生與天地同體,死與天地同虚,但天地无心,而
人有我。天地所以不變其常,而人所以不常其變。敝起于
應感有心,悦而不知止,動而不知入。澤山通而感應忒,斯
雷風薄而常變失度矣。故咸以无感爲感,則其感速;恒以
无常爲常,則其常久。雷風之變无心,人能无心以通變,則
自與天地相似,而順應不窮。是以咸、恒反復,而其道同
也,故爻象亦相因。初自咸上來爲巧令,所以爲"浚恒"。
二自咸五來"无悔",故"悔亡"。《傳》曰能"久中",言往來
皆中也。三自咸四來"憧憧",所以"承羞"。四自咸三來,
咸主艮而止爲股,恒主震而動爲禽,故《傳》曰"非其位"也。
五自咸二來,在咸不能爲感,故在恒亦不能爲通也。得其
所爲咸感,而恒久在其中。君子能以虚受人,立不易方,則
天地感而化生〔一〕者,即其恒久不已者也。聖人感人心和
平者,即其久道化成者也,故皆曰"天地萬物之情可見"。
天地之道,莫盛于乾坤;聖人之道,莫盛于咸恒。咸則合萬
物爲一體,恒則會萬世爲一心。咸爲可大之業,恒爲可久
之德。可久配天,可大配地。天地至誠无息,咸即至誠,而
恒即无息也。王者必世後仁,恒則世,而咸則仁也。二卦
所以爲至德要道,首下經而配乾坤,《象傳》以天地聖人同
贊之也。上經多言天、地、水、火,故首乾坤;下經多言風、
雷、山、澤,故首咸恒。水火即天地之中,風雷即山澤之氣;

〔一〕生,早印本無。

坤即乾之闢，恒即咸之久。咸主于感，天地人物之始；恒主
于久，天地人物之終，故《彖傳》曰“終則有始也”。咸之婚
媾，即恒之夫婦。在咸初，爲“拇，志在外”，是男之急欲者。
反居恒上，“振恒”“无功”，即夫之輕躁者也。咸二爲
“腓”，是男之无爲者，反居恒五，“夫子凶”，即夫之從婦者
也。咸三爲“股”“不處”，是男之好動者，反居恒四，无禽易
位，即夫之游蕩者也。咸四爲“憧憧往來”，是女之不貞者，
反居恒三，不恒承羞，即婦之淫悍者也。咸五爲“脢，志
末”，是女之有心計者，反居恒二，久中无悔，即婦之善居室
者也。咸上“輔頰舌”“騰口說”，是女之巧佞者，反居恒初，
爲“浚恒”，即婦之險刻者也。故二卦同體，亦猶乾坤合德，
所以首下經也。

恒，亨，无咎，利貞，利有攸往。
《彖》曰：恒，久也。剛上而柔下，雷風相與，巽而動，
剛柔相[一]應。恒，恒亨无咎利貞，久於其道也。天
地之道，恒久而不已也。利有攸往，終則有始也。日
月得天而能久照，四時變化而能久成，聖人久於其道
而天下化成。觀其所恒，而天地萬物之情可見矣。

　　恒，常也，其道亨通，有咎則不亨，恒則循理无咎矣。
不利安貞則不亨，恒則自正而固矣；不利攸往則不亨，恒則
不窮而利有所往矣。《彖傳》曰：恒者，久也。卦本諸坤乾，

〔一〕相，早印本作“皆”。

乾以初九上交于坤而成震,爲長男。坤以初六下交于乾而成巽,爲長女。男尊女卑,分得常也。一陽初動乎陰爲雷,一陰初入于陽爲風。陽動陰入,相與得常也。卦以巽承震,動而能順。爻以柔應剛,倡而有和,感應得常也。兼此數者,恒久之道,故謂之恒。其所以"亨,无咎,利貞"者无他,亦惟是尊卑之分,剛柔相與,巽動相得,感應相當,恒久不已耳。雖天地之道,亦惟恒久不已,況人而能恒,有不亨通无咎利貞者乎? 所謂"利有攸往"者,恒則隨時變通,終而復始,不息則久,故日月得天終始而能久照,四時變化終始而能久成,聖人久于其道,終始而天下化成,恒所以利攸往也。觀天地、聖人所爲恒,而知天地萬物,惟是詘伸往來,始終相循。天地非有心,聖人非有爲,情之自然而已。

　　澤山通而爲咸,雷風薄而爲恒,反澤山爲雷風,終始之象也。又乾坤三索成艮兌,數之終也,反爲震巽,則乾坤相索復始,四體往來,亦終始之象。

《象》曰:雷風恒,君子以立不易方。

　　震雷動而在上,巽風入而在下,此二氣得常不易之象,所以異于益之遷改也。夫天地至純常也,亘古不易,亦唯是陰陽往來不窮耳。震初陽,巽初陰。震動爲雷,鼓舞爲風,人見爲天地之變,而聖人以爲天地之大常也,故爲恒。惟雷動風行,而後陰陽發舒,羣生鼓舞。苟天地廢雷風,清靜寂寞以爲常,則變化窮而終始索。故天地不以雷風易貞觀,君子不以事變易貞心。轉移化裁萬端,而中立不倚,唯道爲方所，是能運其雷風之權，變通不窮也，豈守常執一以爲恒耶？

咸德其至矣，即天地之復，聖人之中和也，恒者恒此耳。然天地非能以頑虛生萬物，聖人非能以枯寂成萬事。故順事无情，則事皆无事也；順理而覺，則心皆无心也；得常而變，則變皆不變也；知方而立，則方皆无方也。此卦所以爲恒，而爻義不主于恒，亦猶咸爲感而不主于感也。无感而感，不恒而恒，故風雷本无方之物，君子立不易方，此也。

震居東，巽居東南，有方之象。出乎震，齊乎巽，有不易之象。雷自澤出，風從山來，雷乘風動，風助雷行，有變易之象。山澤至靜而雷風至變，爲卦體反咸之象。然山澤无心，雷風亦无心，其恒也，所以爲咸也。易无方也，所以爲不易方也。惟虛然後方，而咸恒合體之義可識矣。爻象以反咸爲不恒，正以明恒之即咸也。

乍見孺子入井，則怵惕惻隱；見釁鐘之牛，則不忍其觳觫。无心之咸，人皆有之。未幾而納交要譽，急功謀利之念起，則真心亡矣，是不能恒也。雷風作而山澤改，是以君子"立不易方"。

咸者，皆也。仁義禮智之心，无賢愚皆有。不失其皆有，即謂之恒。《書》曰："天降衷于下民，若有恒性。"子云："得見有恒，斯可矣。"孟子云："苟无恒心，放辟邪侈无不爲。"又曰："凡有四端于我者，知皆擴而充之。""先王有不

忍人之心，斯有不忍人之政。"恒之謂也。咸、恒有二名，无
兩體。感爲咸而久爲恒，天地萬物之情一也。天地至道，
聖人至德，无可爲象，借男女之交以象咸，因男女之位以象
恒，故二卦爻象相因也。

初六，浚恒，貞凶，无攸利。

《象》曰：浚恒之凶，始求深也。

　　恒不失其所爲咸而已，失咸即无恒。初六自咸上來居
初，爲成巽之主，其德爲入，上與九四正應，四以震主上
動〔一〕，巽主下入，以入順動，故初有浚入極〔二〕底之象。事
幾初動，物理方形，而刻核太甚，非无心之體，乖順應之常，
貞此求恒，凶之道也。雖初鮮終，故无攸利。《象》曰常久
之道，公平易簡，況在恒始，尤宜寬裕。始求即深，後將何
極？所以"凶，无攸利"也。

　　卦本泰六四來爲初六，居巽之下，上互兑澤。巽爲股，
入澤，有浚深之象。浚猶浚井之浚，言其深入，巽之性情然
也。咸初爲一指之感，浚恒即一指責全體，非乍見无心之
本然，所以失咸无恒也。

　　初在咸上爲"輔頰舌"，悦人以巧佞者，其求人必深。
邪媚者，其中必刻。遇事一見吹求到底，自謂精察，人亦以
是稱之，如申、韓、桑、孔輩，傷元氣而伐生機，乖天地萬物

〔一〕動，早印本作"行"。
〔二〕以入順動故初有浚入極，早印本作"不相爲援故初有浚入其"。

之情,竟以自滅,故凶。凡事作法于始,宜令有餘。魯公開國,周公教以忠厚,故其綿祀最遠。秦人深刻,再世而亡,"浚恒之凶"也。

九二,悔亡。

《象》曰:九二悔亡,能久中也。

九二在咸五,居上卦中,爲脢无悔。今來二,又下卦中,故亦爲"悔亡",爻辭因不著其所以也。《象》曰九二以剛居柔,得悔亡者,以其往來咸恒,位常得中,是能久于其德,不失其咸者也。无易方之失,故免不恒之悔。

道莫大于中。中者,大虛圓神,无方不測,唯時所宜,即物而在。卦爻二、五中象。得中,即得恒之象。

大壯之九二,解之初六,恒之九二,爻辭皆不言所以。蓋大壯九二即遯之九五,其貞吉同也。解初六即蹇之上六,其剛柔之應同也。此九二與咸九五,其得中无悔同也。

九三,不恒其德,或承之羞,貞吝。

《象》曰:不恒其德,无所容也。

九三巽體爲長女,重剛不中,與上六陰柔之長男正應,下係于初之浚入,而懷二志,故爲不恒其德之象。或者,在外之辭,指咸九三也。以艮少男,上應少女之悦,能止不往,故其羞吝可免。今以長女從長男而有二志,則咸三之羞,來以奉恒三矣。蓋彼男悦女,猶可言也。此婦二夫,不可言也。貞,不往也。吝,羞也。《象》曰九三以長女過剛不中,其究爲躁,承乘皆剛,互爲乾健,男女錯雜,類應不專,進阻于四,退隔于二,上承震主,雷風相薄,以淫悍之婦,遇振動之男,故不能安其身,无所容也。

九三即咸九四,在咸爲心,乘艮爲止,今來巽居三承動,有出位往來憧憧之象。艮思不出位,三來四,其象爲出位,故爻辭云"不恒其德"。人心往來憧憧,則居无所定,行无所往,躁極熱中,不得安寧。雷風交作,山澤静虛之氣亂。立既易方,何虛受之有?故《傳》曰"无所容"。在離九四,亦云"无所容",其過剛焚和同也。

九四,田无禽。

《象》曰:久非其位,安得禽也?

田无禽,謂心不在也。咸九四爲心位,居澤。今來居三爲巽,而易震往居四,震在咸下爲艮,艮爲狗,狗入澤中,有田逐禽之象。今艮變震,澤變巽,巽爲雞,雞不在澤,有"田无禽"之象。蓋四以陽居陰爲動主,乘巽之躁,憧憧无常,其象如此。《象》曰九四易止爲動,失位久矣。在咸憧憧往來,或來股拇,或往頰舌,然悦而能止,猶或貞吉。今乘高而動,徙宅浮家,莫知所之,安得復有禽在乎?孟子云:"人有雞犬放,則知求之;有放心而不知求。"此之謂也。

恒,久于咸也。三、四兩爻,以二卦往來易位,爲易方不恒德之象。因咸九四爻辭"憧憧往來"之義以設象也。

六五,恒其德,貞,婦人吉,夫子凶。

《象》曰:婦人貞吉,從一而終也。夫子制義,從婦

凶也。

　　六五在咸居二，今來居五，久于其中，不失其咸，故爲恒其德貞不變之象。爻本震體，而柔不能主動，下與二應，二巽女剛，而五震男柔，是反其道也。以爲婦人吉，爲夫子則凶，是恒所不當恒也。《象》曰"婦人貞吉"者，如九三長女當專一從上以終，而乃有二志，故爲不恒。今五長男，本夫子，義所從違，專制由己，顧以陰柔之資，下從其婦，豈可久之道？所以凶也。

　　五居尊爲卦主，操風雷之權，盛德大業皆由己。處常貴經，處變貴權，可立未可權，是硜硜之信也。君子立不易方，而執中无權，猶之執一。大人唯義所在，豈婦人從一之義？故爻辭因九五發之。

上六，振恒，凶。

《象》曰：振恒在上，大无功也。

　　上恒終矣，而六以陰柔居動極，不能自立，有勉強振作之象。夫惟天真可久，矜持豈能有恒？故凶。《象》曰"振恒在上"者，震出將終，陰氣消竭，有應在下而无所用，卒不能成生物之功也。夫震本一陽初動，生物之主，乘風之上，動極陰虛，其象如此。

　　恒道在終。天地、聖人可久，惟其自然，故終而復始。今陽氣已竭，陰柔矜持而爲恒，夫子所謂"亡而爲有，虛而爲盈，難乎有恒矣"。初尚未久，即求深。上久然後振作，以此求恒，得乎！

六爻男女皆正應，其善惡皆相似。初與四應，初"浚恒"求深，是猜忌之婦；四易位"无禽"，是游蕩之夫也。二與五應，二"久中""悔亡"，是婦之剛中克家者；五夫子從婦，亦夫之巽懦從妻者也。三與上應，三"不恒"承羞，淫悍无行之妻；上"振恒"无功，亦狂躁反目之夫也。

遯 ䷠ 艮下乾上

《序卦傳》曰："恒者，久也。物不可以久居其所，故受之以遯。遯者，退也。"蓋恒者，往來不窮之通。物未有久居其所而不變者，是故風雷交而必散，夫婦聚而必老。士君子壯而欲行，則少而必處，善其所以處者，善其所以出也。故咸、恒者，天地聖人之至德；進退者，士君子之大閑，遯所以繼咸、恒而先大壯也。爲卦上乾下艮，四陽在上，二陰方進，剛柔同體未分，將有否隔之勢，不去而待其至，則爲否、爲觀、爲剝。未至而先去，則爲遯。遯者，猶可以住而不住之名。字從豚從走，豕見人則逸去，羊見人則觸來，故遯取豚以象退，大壯取羊以象進也。爻皆外往。初爲亂世，君子所欲遯之地也。二爲同事，君子所欲遯之人也。三可遯不去，四欲遯未決，五遯去，六遯極。下卦艮止，有執留之象。上卦乾行，有引決之象。處遯之時利于往，故下卦不如上卦吉。遯不厭遠，愈上愈吉。然易非可執一論也。行藏无大小，去就惟識時。事有隱而未見，害有至而當先，平地有陷阱，不必處亂世而後謂之遯。君子小人，象其大者而已。遯者，君子見幾之智也。

　　咸、恒繼坎、離而首下篇，爲道德之極至，故遯、大壯繼之，猶屯、蒙之繼乾、坤也。屯、蒙，人物之始造。遯、大壯，君子之始脩。君子之道，莫大于進退。退以義，進以禮，斯君子矣。

遯，亨，小利貞。

《彖》曰：遯亨，遯而亨也。剛當位而應，與時行也。小利貞，浸而長也。遯之時義大矣哉！

　　陽退曰遯，可退即退，自得亨通。小謂陰，陰進居二，得位用事，柔順中正，上有正應，非邪媚之陰，故利貞。《彖》曰陽遯而謂之亨，何也？亨不在大行。大行而後亨，則困憊之日多矣。不可進而進，犯難即困頓之境；可以退而退，知止即亨通之道。爲卦九五乾陽當位，下與六二正應。消息盈虛，時至則行，故曰“遯亨”。“小利貞”者，陰遇艮止，浸微以長，未如否、剝之陵抗，而固志求與于陽，所以爲“小利貞”也。陽未有衰微之勢，陰未有專制之權，然天下之理，辨于未然者无患，謀于已至者難圖。幾有當先，間不容髮。遯之時義，豈不大哉！

《象》曰：天下有山，遯。君子以遠小人，不惡而嚴。

　　山在天上，則能止健而成畜。天在山上，則陽去而艮不能止，故爲遯。夫天自高也，无絶山之心，山欲扳援，自不可及,是以君子觀象,與小人處,未嘗遠之而自遠,厲聲色以加之,峻藩籬以防之。尅核太甚,必應之以不肖之心;周旋太密,又濟其朋比之惡。亦惟禮以相與,正以相誨,誠以相感,无惡怒之加,有方嚴之守,亦如天之于山,无心絕之而自不可及,君子所爲天下有山也。

君子于小人,顧其時何如。義不容去,則如否六二"包承"以休否;義可去,則如遯九五"嘉遯"以潔身,然皆以和平爲主。君子交絕不出惡聲,如九四、九五有應在下,而皆爲好爲嘉,以遯不以惡,此處小人之道也。故君子矜而不爭。

天下之害,莫毒于小人。犯天下之害,皆因好進。遯,退也。常退則害不能及,諺云:"退一步行安樂法。"不獨出處然也。子云:"吾非斯人之徒而誰與?"不能高飛遠舉,但常自退處,自覺世路寬平,"履虎尾,不咥人",亦此義。

初六,遯尾,厲,勿用有攸往。

《象》曰:遯尾之厲,不往何災也?

凡卦來以初爲首,往以初爲尾。遯,去也。去後爲遯尾。艮爲狗、爲虎,有尾象。重陰之下,正所爲遯而去之後,又以柔居之,危厲之地也。然初本卑賤,宜靜以俟,"勿用有攸往"。《象》曰遯尾雖厲,初在下无位,處遯宜退,不往何災? 往則進而當事,災及之矣。故上九反下,居大壯之初,爲"壯于趾"凶,象義相因。

六二,執之,用黃牛之革,莫之勝說脫。

《象》曰：執用黃牛，固志也。

六二陰柔中正，承四陽之下，與九三同爲艮體，其交甚固。處遯之時，致繾綣之情，有執留之象。陰虛居中而麗陽似離，有"牛"象；二得中，有"黃"象；三同體在外，有"革"象，故爲"用黃牛之革"以固束。"莫之勝脫"，言執留堅也。《象》曰"執用黃牛"者，六二柔中，近比九三，上應九五，陰陽相得，致款誠以挽其去志也。夫陽之欲遯，正以二互爲姤主欲升也，而二方以親就君子爲願，象所以謂之"小利貞"也。

黃牛，坤象，以應乾九五也。用革，以固九三也。革，皮在外，爲艮主，居外之象。然三可固而五不可固，君子欲遠小人之時，能使小人效其愍懃而必于去，所以爲嚴。然小人能不忘君子，亦不終謂之小人矣。

名利沾人，甚于膠漆。六二"黃牛之革"，"爾公爾侯"之謂也。雖以九三之剛，艮止之堅，一受執則疾憊而不克振。名利之爲羈縶也，而卒不可縻高尚之士，是以九三"係遯"，而九五卒"嘉遯"也。

九三，係遯，有疾，厲。畜臣妾，吉。

《象》曰：係遯之厲，有疾憊也。畜臣妾吉，不可大事也。

九三過剛不中，爲艮之主，下與二陰同體相得，二執留之，三遂係戀不舍，姑息之愛成，則剝蝕之患生，有纏綿之疾而危厲也。非正應相昵曰"係"。互巽爲繩，有"係"象。乘柔似坎，有"疾"象。畜，止也，艮象。三以陽爲艮主，二陰受止，有臣妾之象。以陽畜陰，使不得進，故吉。然非君子進退之義。蓋疾以纏綿爲困，故處遯則厲。臣妾以係戀爲恩，故畜之則吉。《象》曰"係遯之厲"者，志氣昏于貪慾，有疾而衰憊也。"畜臣妾吉"者，優柔不斷，不可與圖去就之大事也。此士之貪位固寵者耳。

九三重剛爲止之主，堅強固執，然六二援止即止，名利之餌，投其好也。艮爲山，爲徑路，爲小石。世路崎嶇，志氣虧損，百鍊之剛，化爲繞指，安得不疾憊乎？

下卦三爻，艮止也，故爲勿往，爲執用革，爲係畜。上卦三爻，乾行也，故爲"好遯"，爲"嘉遯"，爲"肥遯"。

九四，好^{上聲}遯，君子吉，小人否。

《象》曰：君子好遯，小人否也。

四脫艮止而遂純乾，遯不可止矣。然以陽居陰，不中不正，下與初應，乘九三貪吝疾憊之鄰，必有援而止之者。乾始爲潛，而下互巽入爲不果，與九三同類，未忘相好之情，臨去惆悵，故爲"好遯之象"。處遯之時，无憤決之意，唯君子知圓而行方，雖好終遯。若小人，則有暱于所好，而徘徊不去者矣。乾上行而巽下入，君子，乾象也；小人，互巽之象也。《象》曰君子好進之心不勝好退，是以終遯；小人反是，所以否也。

九五，嘉遯，貞吉。

《象》曰：嘉遯貞吉，以正志也。

九五剛健中正，處遯之時，知幾適中，不可則止，下有係應，固以黃牛之革，不能縻其高尚之志。嘉，尚也，故得正而吉。《象》曰"嘉遯貞吉"者，六二在下爲正應以固其志，九五高尚引去，正其志而不變，所謂"介于石，不俟終日"者也，如《詩・白駒》之"伊人"是矣。

處遯之道，正直爲中。九四〔一〕好遯，幾于留戀不舍。九五亦非有疾惡之嚴，但以名節爲尚，則小人自不得縻之，亦自不能怨之，所以爲中。若上九"羝遯"，亦本无人縻之也。

上九，肥<small>羝</small>遯，无不利。

《象》曰：肥遯无不利，无所疑也。

以乾居上，所謂亢悔者也，而以處遯則利，優游世外，長往不返，下无係應，獨行自遂，故爲"肥遯"。肥，古本作蜚，與羝同，飛也，言去之遠而疾也。以此避世，于何不利？《象》曰"肥遯无不利"者，決策長往，无復疑慮，下與九三敵應，三係而上飛者，三有疾而上无疑也，其沮溺之輩與！

乾爲龍，有飛象。曹植《七啟》云"飛遯離俗"，張衡《思玄賦》云"歌飛遯以保名"，皆引此爻辭。

―――――

〔一〕四，早印本作"三"。

大壯☳☰乾下震上

《序卦傳》曰：“遯者，退也。物不可以終遯，故受之以大壯。”遯者，陽之退。大壯者，陽之進。无往不復，大壯所以繼遯也。二卦爻象，往來相彷。此初爲“壯趾”，彼上爲“肥遯”。此二“貞吉”，彼五亦“貞吉”。此三爲“君子”“小人”，彼四亦“君子”“小人”。此四爲“貞吉”，彼三爲“厲吉”。此五“喪羊”，彼二“用黄牛”。象相似而義相反也。蓋往來之理，退宜勇決，進宜從容。方其遯也，二陰初來，其去已決。比其進也，雖復二陰，未可用壯。剛不可恃，進不可躁，故《雜卦傳》曰：“大壯則止，遯則退也。”卦本乾健在下，加以震陽，乘健而動，進不可禦。本將夬之陰，當方壯之陽，振落之勢也。然陰方得位，未可遂夬。時未至而陵行，非天地正大之情，與君子有禮之勇也。故下卦三爻皆隨四動，不宜自往。初“征凶”，三“羸角”，二“中”，故“貞吉”。四動主，下乘乾，所爲大壯者也，雖尚往而貞，乃吉。五、上皆陰，五得中，故能受陽之壯而悔亡。上柔用壯，與陽爭，故无利。世未有違謙越禮能全其壯者。處壯之時不用壯，學易之要也。然陽至四而始稱壯，何也？三陽爲泰，與陰敵，不稱壯。凡卦初、二爲少，三、四爲壯，五、六爲老。大壯則過，故大過四陽也。大過、大壯非易所貴，卦辭不言“亨”，言“利貞”可知。

大壯，利貞。

《彖》曰：大壯，大者，壯也。剛以動，故壯。大壯利貞，大者，正也。正大而天地之情可見矣。

　　大，陽也。陽進至四而强壯，利于守正安固，不可用壯。彖曰"大壯"者，陽壯也。然不動无以見壯。乾下震上，以初動之陽，乘天行之健，故爲"大壯"。"利貞"者，陽道本大，而乾爲純陽，一索得震，長子繼父，乘乾代動，此大之最正者。天地之情也，天覆地載，時行物生，至易至簡，无邪枉私曲，何正大如之！君子體天地之情，剛大以直，則浩然于天地之間矣，豈陵厲好勝之謂乎？

《象》曰：雷在天上，大壯。君子以非禮弗履。

　　以震乘乾，以乾資震，是曰"大壯"。君子觀象，乾在內，純乎天也。震在外，一陽初動，動亦天也。以此制行，"非禮弗履"。陽明之氣，常伸于物表，動與天游，亦如震乘乾，君子之大壯也。《詩》云"敬天之怒，勿敢戲豫"，聖人迅雷必變，君子恐懼脩省，莊敬日强，所以大壯。

　　以壯用壯，則動即非禮。雷在天上，震恐乾惕〔一〕，故君子有視履之戒。天澤履，君子所以辨上下也。履虎尾，文王所以事紂也。以此處大壯，庶免不遜之咎。六五以柔居尊，諸陽并進，勇而无禮則亂，象所以深戒之。

初九，壯于趾，征凶，有孚。

《象》曰：壯于趾，其孚窮也。

〔一〕震恐乾惕，早印本作"動而過亢"。

卦本健動，以陽居初，健而欲行，上應震足，故其象爲"壯于趾"。然陽方過剛，動自有主，初在下不潛，而陵節以往，必凶。初、四敵應，四震主，乾一索而得，與初同體，其德同壯，非如他卦敵應不孚也。所孚者既在所應之位，而更欲往，是與同志競也，故凶。《象》曰初雖壯于趾，其應在四。四雖陰位，而以陽成動主，故初窮于所往，如以陰居四，則爲泰之六四，不戒以孚矣〔一〕。

初與四同爲陽，其欲進之志同。四尚往而初征凶，何也？必四往而後初可進，禮也。初去陰遠，時未至先動，故凶。時至而行，四宜前進，故尚往。卦所以爲大壯者，正以四陽同心。九居四，猶之初也，故曰"有孚"。初必欲自往，是不以四爲孚，而君子自相夷，豈得謂之大壯乎？故《象》戒非禮之履。諸陽循循有禮，揖讓而升，乃爲大壯。

君子行止惟時。初九欲爲而時不可爲，九二不可爲而不爲，九三不可爲而妄爲，九四時可爲而爲。

九二，貞吉。

《象》曰：九二貞吉，以中也。

九二處大壯之時，以陽居陰，不至過剛，外與六五正應，无觝觸之失，故能守正得吉。《象》曰"九二貞吉"，以其得中不用壯也，此君子守禮知時者。爻辭不言所以，二自遯五來得中，"貞吉"同也。

〔一〕爲泰之六四不戒以孚矣，早印本作"其孚不窮矣"。

九三，小人用壯，君子用罔，貞厲。羝_低羊觸藩，羸_雷其角。

《象》曰：小人用壯，君子罔也。

　　九三過剛，居乾之終，承動之交，與上正應，而侮上六之弱，觸之，其象爲"小人用壯"，言自以爲壯也。在君子守禮，時未至輕進，以爲罔耳。罔、網同，陷也，如"罔民"之罔，《詩》云"勿罔君子"，《論語》云"君子可逝""不可罔"。貞此而進，必至危厲。蓋上六方以陰柔，畏三之強，設藩以待，三恃壯觸之，必被其罔，而羸困其角，所以厲也。羊之言陽也，互兌之象。牡羊曰羝，陽象。《象》曰小人好剛，恃壯自用也。君子守禮，知其爲罔而不往也。

　　小人，互兌之象，在上主進。君子，乾象，在下爲不往。震爲木、爲竹、爲萑葦，藩籬之象。上假五以自藩，五畫偶，下互兌羊，有角象。兌毀折，羸角之象。羊瘦曰羸。六畜唯羊瘦最劣。羸，鄭玄作纍，謂羈纍之也〔一〕。

　　凡用壯者勇，用柔者謀。九三以剛居剛，上應窮陰，有陵暴輕敵之象。上畏三，乘五以自蔽，因借五以禦三，三欲觸上，必犯五，故有設藩陷罔之象。三不知，所以往墮其計而危也。

九四，貞吉，悔亡，藩決不羸，壯于大輿之輹。

《象》曰：藩決不羸，尚往也。

〔一〕羸鄭玄作纍謂羈纍之也，早印本無。

九四乘乾爲震,大壯之主,居柔,故得正而吉。不用壯,故"悔亡"。前與陰遇,時至而動无阻,故爲藩自決而角不羸之象。以震乘乾,故爲"壯于大輿之輹"。坤爲大輿,指五也。輹,車下輔軸木。四以震主動于輿下,有"輹"象。震爲大塗,互兑爲決,有"藩決"之象。《象》曰"藩決不羸"者,四以陽爲動主,進遇陰虛,无所阻礙,可上往也。當往而往,動爲有禮,若三于四,豈可陵越而往乎?

凡陰陽相代,因時順理,則往者不留,來者不爭,況君臣之間,尤非可相陵奪也。九居四,六居五,剛柔交際,君臣相得。四以坤爲輿,五以震爲輹,四不自壯而爲五之壯,不惟不敢上陵,且爲之用,所以善用壯而非禮不履也。四不爲觸,則五自不爲藩。四戴五,五容四,斯爲善用壯。若三、上交搆,豈識時宜者乎?

九四不中正,以處大壯則宜。蓋四以陽居陰,雖壯而不用壯。五以陰居陽,非大而其位大。故四進有禮,五受不拒,所以二爻相得,陰陽往來,无違逆之悔,以順行健,乃爲大壯也。

六五,喪羊于易去聲**,无悔。**

《象》曰:喪羊于易,位不當也。

陰陽之消長,時而已。時在陰,則陽遇之自失,不用藩也;時在陽,則陰自消,不待觸也。惟得中,无此悔。大壯陽盛,六五以陰居尊得中,不爲上六設藩用罔之計,内應九二,下乘九四,惟平易以俟之,而剛柔自交。五下,互兑爲

悦。四進，偶化爲奇，而五失其兑，有“喪羊”之象。五中虚
无藩而脉脉受之，四亦不觸而浸浸入之，有平易喪羊之象。
夫以平地而失其羊，設藩而反見觸，蓋因時順禮，我无違則
人自不争，以此處壯，于何有悔？《象》曰“喪羊于易”者，五
位本陽也，陰柔居之爲不當，故陰不拒陽來，陽亦自不容不
往。如以陽居五，則剛與剛敵，主者必距，入者必争，以此
處壯，其悔多矣。在他卦以不當位爲悔，在大壯柔可濟剛。
故二、四、五皆以不當位爲善。夫易，時而已矣。

　　四、五兩爻，爲陰陽代謝自然之象，以明天道所爲壯者
如此。在聖人，則如堯、舜、禹相禪。四進代五不爲壯，五
讓四不爲屈，猶日月代明，四時順序，大公也。若三上，如
范睢之傾穰侯，逼取相位者而已矣。

上六，羝羊觸藩，不能退，不能遂，无攸利，艱則吉。
《象》曰：不能退，不能遂，不詳也。艱則吉，咎不長也。

　　六居上爲窮陰，九三過剛往應，有“羝羊觸藩”之象。
上六以柔當之，既不能抑使退，而陰尚未消，又不能遂使
進，上被三觸，三被上罔，三固羸矣，上豈獨利？皆用壯好
敵之敝也。向使如五平易，何至于此？然陰終非陽敵也，
知艱而避之，則吉。《象》曰“不能退，不能遂”，是陽不詳審
以致羸也。“艱則吉”者，陰將變而從陽，咎亦不長也。大
抵陽之夬陰，因時而進，則不受罔；趨利欲速，未有能利者。
故君子之遯也，見二陰而長往；小人之用壯也，雖四陽以猶
争。此爻辭惡夫羊與藩也，可爲不知進退者之戒矣。

周易正解卷十一

晉 ䷢坤下離上

《序卦傳》曰：“物不可以終壯，故受之以晉。晉者，進也。”《禮》，三十稱壯，四十稱强。强而後仕，故大壯受之以晉。壯則光明盛大，事業乃興。故其爲卦，上離下坤。離爲日，坤爲地，有日出地上之象。上明下順，有人臣服事明主之象。卦名義甚美，然以坤之順，初、二未免于“摧”“愁”；以離之明，九四能爲“鼫鼠”，何也？天下何治无亂？何盛世无小人？所以爲易。九四居不中正，上承柔主，下據羣陰，互爲艮坎，其爲權臣貪利，自然之象。聖人微顯闡幽，憂患作易，故于晉明之世，著鼫鼠之戒。然上有明主，羣情效順，雖有權奸，袪除亦易。君道所以貴明作，而先王親諸侯，蕃輔王室，有以也。

晉，康侯句**，用錫**句**，馬蕃庶，晝日三接。**

晉，昇也。離明在上，坤順在下，日自地昇也。康侯，來朝之諸侯。解見屯卦。晉體有諸侯覲王之象。離爲日，天无二日，象王。坤爲臣，象諸侯。用，王用也。錫，賜也。

王嘉寧侯,賜馬蕃多。晝日之中,再三接見,光榮顯達之象。日出地中,地資日光,故象王侯相得。坤勢廣大,有土有衆,故象“侯”。坤道順承,厚下安宅,故象“康”。坤爲衆、爲牝馬,衆偶在下,“馬蕃庶”之象。離午爲馬,馬在離下,有自王錫之象。晝日,亦離象。三接,三爻之象。《周禮·大行人》三饗、三勞、三問,皆王接諸侯之禮。《詩》云“君子之馬”“既庶且多”,亦謂王馬用錫也。或謂諸侯貢馬于王,非是。

離在上,有精白上達之象。坤在下,有俯鑒忠順之象。日照臨下土,地仰借光明,爲上下交之象。

《象》曰:晉,進也。明出地上,順而麗乎大明。柔進而上行,是以康侯用錫,馬蕃庶,晝日三接也。

晉者,當晝而進也。《雜卦傳》曰:“晉,晝也。”日出地上,四海同明。坤以順仰麗乎明,是純臣之從君也。離以柔上行居尊,是明主之臨下也。上明下順,是諸侯附順天子之明德,以時來寧,而爲康侯。明主深嘉康侯之安順,厚其錫予,隆其禮遇,親接榮顯,所以爲晉也。

《象》曰:明出地上,晉。君子以自昭明德。

日自地昇天普照,如人形骸含藏神明,意誠心正,則天光焕發于形氣之表,而明明德于天下,非張飾于形迹,借資于耳目,所以自昭其明德也。蓋火以麗生明,无所麗而浮光外炫,是日不自地出,邪慧而已。故“自昭明德”,不以聲華浮榮,是君子之明出地上也。

初六,晉如,摧如,貞吉。罔孚,裕,无咎。

《象》曰:晉如摧如,獨行正也。裕无咎,未受命也。

　　三陰之進,以六五明主在上也。九四一陽乘下卦之交,互爲坎艮,以生蹇難。初六正應,故爲晉如欲進。而其體陰柔,又爲摧如被阻之象。然坤厚安貞自守,故吉。初當始進,其順未孚。寬裕以需,自可无咎。否則渝而改節,或悻以傷義。坤德廣大,可必无斯。蓋晉之時,有進无退。君明而柔,臣招權取禍,不遇九四,不足以明康侯之順,所以雖未孚,而能正静以俟也。《象》曰“晉如摧如”,獨行以正,不求通于權門也。“裕无咎”者,初居晉下,其交方淺,未蒙三接,受蕃錫之命也,宜裕以俟之,豈肯媚權臣而求進乎? 是康侯之始至也。

　　初六“摧如”,《傳》以“獨行正”釋者,明不以阿附爲摧如也。坤德順而貞,既无取罪之端,亦无失身之辱,如夫子之待陽貨是也。

六二,晉如,愁如,貞吉。受兹介福,于其王母。

《象》曰:受兹介福,以中正也。

　　二柔順中正,當晉而愁,以九四專,而畏五之不應也,即《詩》云“勿予禍謫”之意。居中守正,自可得吉。五以陰居尊,是爲王母。二柔順而五文明,有臣如此,蕃錫三接之大福,不于二而安施? 二動成坎,有愁象。坤爲母,二本坤,離中亦坤。以二事五,是母之母,故有“王母”之象。

《象》曰“受茲介福”者，六二中正，述職而來，能愁如，是康侯之心也。

六三，衆允，悔亡。

《象》曰：衆允之志，上行也。

　　三與明接，居衆之上，有率下附上之象。上從明主，衆所同願。坤爲衆，順極有“衆允”之象。衆皆信之，與“罔孚”異矣。順而向明，无復摧愁，故“悔亡”。《象》曰“衆允之志”，晉道至三而成，三當諸侯之位，進與明交，所謂柔進而上行，麗乎大明，是康侯之晉接也。

　　玩彖、爻之象，康侯似爲九四來者，故云“摧如”“愁如”“伐邑”。《傳》云“受命”“上行”“道未光”，皆以四之故。六五離德，文能附衆，明能知人，故燭鼠竊之奸，集康侯之衆，以討賊臣。六三以方伯率諸侯勤王，衆允受命，與上伐邑，鼫鼠伏辜，晉道大光，所以有蕃庶之錫，獎勤王之功也。

九四，晉如，鼫石鼠，貞厲。

《象》曰：鼫鼠貞厲，位不當也。

　　以陽居四，不中不正，當上下四陰之中，互爲坎艮之主。坎爲隱伏，艮爲鼠。坎隱傷明，艮止傷順，互爲蹇難，以阻其晉。故九四爲晉之貪愎臣也，有鼫鼠之象。鼫鼠即《詩》所云“碩鼠”，貪殘之物。上承柔主，下利羣陰，守此不變，危厲之道。《象》曰“鼫鼠貞厲”，以陽居陰，不明不順，厲所由來也。鼠晝出，不當位之象。

六五,悔亡,失得勿恤。往吉,无不利。

《象》曰:失得勿恤,往有慶也。

六五以陰爲離主在上,高而明,柔而得中,何悔之有？九四雖攘下竊上,勿憂其失,衆志不允,亦終得也。由此而往,以明伐罪,則鼫鼠伏辜。以明賞攻,則康侯承寵,吉无不利。《象》曰“失得无恤”,往自有慶,威福皆由明主出也。往,行上伐邑也。

上九,晉其角,維用伐邑,厲,吉,无咎,貞吝。

《象》曰:維用伐邑,道未光也。

九以陽居離上,離爲牝牛,上有角象。東方日出之宿亦曰角。《楚辭・天問》云“角宿未旦,曜靈安藏”是也。離爲甲胄,故爲用伐。九四鼫鼠,有罪當問,與五同體,是爲私邑。四在地上,有邑象。動兵邦內,故厲。君正臣罪,故吉无咎。雖得正,非明世所宜有,故羞吝。五雖明而柔,以錫恩寵有餘,以運威權不足也。《象》曰諸侯賓服,而君側有未戢之奸,鼠晝出而動干戈于邦內,其于晉明之道,未得光大也。反而爲明夷,如湯武之征伐,則其道光矣。

或疑晉,大明之世,九四不宜爲貪權之臣。然爻以一剛梗羣柔之中,當五位之前,互坎之險,互艮之堅,虧明順之體,其象昭然。或又謂上九以剛居外,而五伐之,非伐九四也。然《傳》云“道未光”,非指互坎損離者而誰與？離火光明,九四以“位不當”害之,反爲明夷居三,有“南狩”之象。《傳》云"乃大得"，謂昔"未光"者，今"乃大得"耳。則晉之伐四，甚明也。

明夷䷧離下坤上

《序卦傳》曰："晉者，進也。進必有所傷，故受之以明夷。夷者，傷也。"天下莫危于仕進之路，進而不已必傷。時有泰否，道有顯晦。時與道違，雖聖賢不免焉。在晉之時，明主當陽，康侯得遂其寵。明夷之時，暗主臨御，衆正并受其傷。離來居下，地往居上，日入地中，明受其夷，道不可以直而望用，賢不可以正而見容，仁者懷其寶，知者藏其鑑，故《象傳》以商紂之時文王、箕子當之。六爻，初爲明夷之始，見幾早去，伯夷、太公是也。二文明中正，爲離之主，承坤之下，文王是也。三居明極，當暗之交，與上六敵應，武王是也。四居暗下，乘明之際，應初比三，歸周之微子是也。五居坤中，承暗主，艱難守正，箕子是也。上窮陰極晦，乃殞于地，商紂是也。故《雜卦傳》曰："明夷，誅也。"內卦離明，以象周之興；外卦坤陰，以象商之滅。

明夷，利艱貞。

《彖》曰：明入地中，明夷。內文明而外柔順，以蒙大難，文王以之。利艱貞，晦其明也。內難而能正其志，箕子以之。

夷,傷也。離居坤下,明受其傷。昏暗之世,利在艱難守正而已。《彖》曰坤上離下,是"明入地中"也,故爲"明夷"。離在下,"内文明也";坤在上,"外柔順"也。以此韜光"蒙大難",内不失其聖,外不即于凶,此文王所用之道,是謂之"明夷"也。"利艱貞"者,自晦其明,不敢露才揚己,爲矯激之行也。遭逢内難,誼同休戚,身被囚奴,能正其志,不爲邪諂,卒免于禍,此箕子所用之道,是謂"利艱貞"也。文王演易,即羑里之日。箕子叙《疇》,在釋囚之後。《疇》數與易數合,故夫子于易,并舉而贊之。

《象》曰:明入地中,明夷。君子以莅衆,用晦而明。

明入地中,非无明也。明在内而不炫,以此莅衆,含宏包荒,不刻核以爲知。涇渭雖辨,器宇休休。易簡而理得,衆親而人安,用晦所以爲明也。古之聖人,旒纊以塞聰明,樹屏以蔽内外,不欲明之盡乎隱也。豈惟處昏亂之朝爾耶?故夫乾之健也,剛而无首;大壯之壯也,易而亡羊;明夷之明也,晦以用明。可知易矣。

初九,明夷于飛,垂其翼。君子于行,三日不食,有攸往,主人有言。

《象》曰:君子于行,義不食也。

卦以上六爲明夷之主,自五而下,皆明之受其夷者。初爲離始,處夷之初,去上獨遠,受傷淺而見幾早。離爲網罟,南方之卦。其星鳥,有飛象,言其去之速也。"垂其翼”，謂受傷而翼飛无力也，傷而後行，已遲矣。是以君子于行，三日不輟，饑不遑食，行有所往。“主人”謂六二，往則依二。二爲離主，下乘初奇，似兌爲口，有言象。《詩》云“文王曰咨，咨女殷商”，即“有言”之義。初九，蓋伯夷、太公之流，避紂歸周者，不食紂禄，文王善養老，慰藉之，其象如此。《象》曰“君子于行，三日不食”，以義在潔身遠害，不食其食也。

晉爲日出，明夷反晉爲日落。日，君象。君以賢人爲羽翼，以忠臣爲股肱，其身爲元首，親戚大臣爲腹心，乃可登天照臨下國也。初九賢人去，則羽翼傷。六二股肱傷，九三元首墮矣，四、五腹心離矣，上所以晦入于地也。

古稱日爲陽烏。《淮南子》云“日中有踆烏”，故有飛象。翼，南方朱鳥之宿名。初在下，有垂翼之象。鳥宿象鳥西飛，日西行，歸周之象。君子，初陽之象，互震有行象。日行一日一周天，亦飛行之象。初自晉離上來，晉五以下互坎，坎爲酒食。自晉五至明夷初，歷三爻，有三日不食之象。

六二，明夷夷于左股，用拯馬壯，吉。

《象》曰：六二之吉，順以則也。

六二以明受夷，自晉來下，故爲傷其左股之象。股者，臣象。《虞書》曰：“元首明哉，股肱良哉”，“元首叢脞哉，股肱惰哉”。股肱傷，是元首之災。拯救之用馬强壯，可免于難而吉也。拯股，亦以爲首也。東北爲左，後也；西南爲右,前也。卦反晉,受傷而下,以內爲前。上六在外,故傷其後股。周京在西,紂都東北,亦左象也。互震,故爲"馬壯"。文王拘于羑里,其臣散宜生輩救之,故有此象。《象》曰六二中正,爲臣止敬,順其則,不違也。《詩》云"順帝之則",文王也。

爻于三言"首",于二言"股",文王之志也。文王以元首戴紂,以身爲股,而受其夷,壯馬拯股,實首之利。使文王死于羑里,則商之亡,不待武王嗣服十年之後矣。九三之南狩不疾,亦體文考之志與? 武王伐商,非得已也。

九三,明夷于南狩,得其大首,不可疾,貞。

《象》曰:南狩之志,乃大得也。

九三當暗之交,以剛居剛,離明熾盛,上應晦陰,故亦爲明夷。離爲兵,于方爲南,周興自南始也。卦由離適坤,有南狩之象。三互震動,有狩象。陽爲大,上爲首,三居離首,上居卦首,以剛勝柔,爲得大首之象,指武王誅紂,懸首大白之事也。二得中順則,故拯其股。三數窮理極,故獲其首。拯貴急,故用"馬壯"。狩貴時,故"不可疾"。以明誅暗,故得正。《象》曰"南狩之志",非富天下也,濟世安民,"乃大得也"。視晉上九"伐邑",不爲有光乎? 此一爻也,在晉爲鼫鼠之屬,在明夷爲南狩之貞,亦足以見易之變在時。六二中正,故文德无以加,武未盡善,時遭其窮,亦末如之何矣。周公身與其事,故繫之爻象,親切如此。世儒謂文王作爻辭,謬矣。

三、上正應，爲武王誅紂之象。然紂死在微子去、箕子奴之後，四出門庭，五明夷，而後上入于地，故爻言“不可疾”，《傳》言“志”以釋之，明聖人不先時也。《詩》歌武功，所以謂《酌》。

六四，入于左腹，獲明夷之心，于出門庭。

《象》曰：入于左腹，獲心意也。

四乘明，與晦同體，下與初正應，感于初之見幾，而揣知上之終不可輔，故爲“入于左腹”。“獲明夷之心”，出門庭而去，將從初以就明也。前當二、三似艮，爲門庭之象。卦體內外之交，爲出門庭之象。上六在後爲左，坤爲腹。腹者，衷曲之地。肺腑之親，指微子也。是時比干死，微子度紂將殺己，去歸周，其象如此。《象》曰“入于左腹”，“獲心意”而知避也。

六五，箕子之明夷，利貞。

《象》曰：箕子之貞，明不可息也。

五居暗中，上承晦主，誼无可復去，惟痛自屈辱，以全其貞，故“爲箕子之明夷”，《彖》所謂“內難而能正其志”者也，卒以免禍，授《洪範》于周，故“利貞”。《象》曰“箕子之貞”，執志不回，闇不能沒，雖被囚奴，其明不可掩也。

當是時，比干死矣，微子去矣。苟箕子又死无益也，又去无爲也，故甘心囚奴，有得中之象。五本君位，爻以箕子居之者，明紂不可君也。箕子，紂諸父，帝乙之弟。商禮，

兄終弟及,箕子嘗勸帝乙立微子,不聽,竟立紂。及比干
誅,微子去,天下之望屬箕子。商一綫之緒延之須臾者,箕
子也,故紂之所忌亦莫如箕子。爻象以五位處之,《象傳》
謂之"內難",此也。五爲陽明,六爲陰晦,以六晦五,故爲
"箕子之明夷"。蜀才改"箕子"爲"其子",拘也。紂死,武
王釋箕子囚,問道而得《洪範》,《傳》所謂不息之明,與文王
演易同,夫子所以并贊之也。

上六,不明晦,初登于天,後入于地。

《象》曰:初登于天,照四國也。後入于地,失則也。

　　上六坤極,爲日没地中之象,故不明而晦。初登于天,
升自暘谷,晉象也。後入于地,没于虞淵,明夷之象也。
《詩》云"殷之未喪師,克配上帝",又曰"天位殷適,使不挾
四方",升天入地之謂也。明夷反晉,其象如此。《象》曰
"初登于天,照四國也",不明之主,亦嘗爲天下君,及其失
道,則爲獨夫。喪其大首,是"後入于地"也。夫非以其失
君則之故與? 六二順則,故免于難;上六失則,故即于凶。
文王以順則而王,紂以失則而亡。爲人君止于仁,爲人臣
止于敬,斯各當其則矣。

家人☲☴**離下巽上**

　　《序卦傳》曰:"夷者,傷也。傷于外者必反于家,故受
之以家人。"朝市非久集之所,仕見傷而反家。施于有政,

是亦爲政。昔者文王釋羑里之難，反爲西伯，敬止緝熙，刑于寡妻，至于兄弟，化暨江漢、汝墳，二《南》作而周道興。其于卦位，正東南，巽離之方也；其事，正家人女貞之事也，故卦以繼明夷。孔子謂伯魚曰：“人而不爲《周南》《召南》，猶正墻面而立。”萬物齊乎巽，相見乎離；人道齊乎家，相見乎國與天下。巽木爲風，離火爲明。火得木而生，得風而熾。位本相值，而性情復相得，故其象爲家人。撓物莫大乎風，是君子之德也，始于身，行于家，達于朝廷邦國，是風之自也。閨門幽隱，情勝愛溺，中冓之事，闇汋失道，則不可以風。故風以明爲本。風自火出，君子所以致微于言行也。卦取二女，何也？男女，人道之先；夫婦，閑家之本。朝廷邦國，非婦人之事，居室則不能廢婦人。人唯女子難養，唯女子之賢難得。其質柔，故多偏昵；其性陰，故多暗昧。不學問，故不知禮義；无觀瞻，故不知廉隅。天下之猜狠兇淫者，多由婦人，故家人取象“女貞”也。離女得中而明，巽女陰在下而順。明而順，賢女也。明則无瀆倫亂禮之慝，順則无驕亢侈泰之失。无瀆亂則知守禮，无驕亢則不起爭，保家莫善于此。而其本在男子，《傳》曰：“男正位乎外，女正位乎內。”父父、子子、兄兄、弟弟、夫夫、婦婦而家道正。“正家而天下定”者，男子之事也。君子言有物，行有常，暗室屋漏，如對三光。其爲父子兄弟足法，是離之明也。以此出而臨民，可以樹表極而无慝德，可以胥教誨而无愧辭，是巽之順也。故其卦爻，長女居上，六四爲巽主以從五。中女居下，六二爲離主以從三。以陰居陰，各當其位。長上中下，各循其序。從三從五，各得其耦。陽外陰內，各司其事。此四爻者，家之人也。初、上象父母，母閑于初，父威于上。二爻皆剛，所謂嚴君也。有天地而後覆載成，有君相而後邦國建，有父母而後家道立，家立而後家衆集，父母嚴而後家人齊也。古稱治國易，正家難。蓋國人可以義裁，家人主恩，恩勝義掩，莫甚于閨門。惟淑女與君子同心，夫制而婦從，愛憎公，威惠行，而後家可齊。未有道不行于妻孥，而能正家者，父母之責也。下卦爲齊家之事：初曰“閑”，二曰“順”，三曰“節”。自天子至庶人，凡有家皆用此道。上卦爲家齊之事：四爲富，世禄之家也；五爲王，天子之家也；上爲身，齊家之本也。家人之事盡矣。大抵家以和集爲慶，故卦體用柔。其妒忌多生于婦人，故女取離、巽而不用兌。兌以陰據陽上爲悅，女之邪媚者，其象爲毀折。居下則反家人而爲睽，居上則志不同而爲革。革與睽，家人之災也。凡家道索于牝雞，故“家人利女貞”也。

家人，利女貞。

　　“家人”者，一家之人也。一家之人，內外男女不同，而正家必始于中菲。爲卦上巽長女，下離中女，閨中无失德而後家人正，故利于女貞也。

《彖》曰：家人，女正位乎內，男正位乎外。男女正，天地之大義也。家人有嚴君焉，父母之謂也。父

父、子子、兄兄、弟弟、夫夫、婦婦，而家道正。正家而天下定矣。

"家人"者，巽離皆女。二離女，四巽女，而皆居內。三、五以陽居外。四爻當用位，男外女內，健順之大義正矣，此所謂一家之人也。然必先有家而後有家人。初、上不在家人之中，嚴君之象，父母之謂也。有父母而後有家人，父正于上，母承于下，而後家人得所，父子、兄弟、夫婦，各盡其情，各安其分，而家道可正矣。人各正其家，而國可治，天下可平矣。然皆始于閨門，故曰"利女貞"也。

家道莫惡于仵，故貴巽；男女莫惡于亂，故貴明。婦子親暱，不患不寬，而患不嚴。男女不肖，不患无嚴父，而患无嚴母。家无嚴母，則苄子弟之惡，養家衆之奸，亂內外之別，壞幃薄之防。父所不及察者，惟母嚴而後家无隱慝。故曰"家有嚴君，父母之謂"。至哉聖訓乎！

《象》曰：風自火出，家人。君子以言有物，而行有恒。

離下巽上，是風自火出也。火爲明，風爲順，不明不可以望順。家之名分辨，而後家之人情順，故風火爲家人。君子知巽命之行，本乎明德。言行，其樞機也。言必根諸禮義，與子言孝，與弟言友，而口无夸誕之辭；行必依乎中庸，典自我惇，禮自我庸，而身无詭異之行。言發邇見遠，行出身加民，是巽之風也；有物有恒，是離之明也。本物恒爲言行，是命之順，由于德之明也，君子所爲家人也。

初九，閑有家，悔亡。

《象》曰：閑有家，志未變也。

九以陽居初，載之如地，所謂內之嚴君，母象也。閑者，門內之木，以防外也。有嚴君以閑于內，則銷萌杜漸，家人之悔可亡。《象》曰“閑有家”者，當家人之初，衆志未變，防之最早。凡家人之變，多始于內。惟主內政者先知之，爲能潛銷之。至于變成而達乎外，驚乎家衆，控于上九，則未免于悔矣。是以初九爲內君也。

六二，无攸遂，在中饋，貞吉。

《象》曰：六二之吉，順以巽也。

六以陰居二，柔順中正，上應九五，事无專遂，唯居中執酒食奉養，得正而吉。苟婦人而務外自遂，家多事矣。《詩》曰“唯酒食是議，勿父母貽罹”，女德之貞也。《象》曰“六二之吉”者，婦无專制之義，順以上從乎巽之九五，此正位乎內之道也。

貞，即彖辭“利女貞”之貞。卦爻惟六二女德正中，故以彖辭屬之。《傳》言“順以巽〔一〕”凡三，蒙六五，事師之道也；漸六四，事君之道也；此六二，事夫之道也。

九三，家人嗃⁽⁾嗃，悔厲，吉。婦子嘻⁽⁾嘻，終吝。

《象》曰：家人嗃嗃，未失也。婦子嘻嘻，失家節也。

九三居離之終，過剛而猛，應上九威如，故爲家人嗃嗃然恐懼之象。傷恩故悔，過嚴故厲。然禮法肅而內變

_____

〔一〕順以巽，早印本作“巽以順”。

外患可銷，故吉。反是過寬則縱，婦子嘻嘻然諧笑不謹，必有瀆亂之失，終至羞吝也。嗃嗃之悔，始凶終吉；嘻嘻之吝，始吉終凶。嗃嗃、嘻嘻，皆火象也。《象》曰"家人嗃嗃"，雖嚴未失也。苟"婦子嘻嘻"，和而无禮，失齊家之則矣。

　　嗃嗃猶熇熇，火盛貌，《詩》曰："多將熇熇，不可救藥"。嘻嘻猶譆譆，火聲。《春秋傳》曰：宋災，"或叫于太廟曰譆譆"，"鳥鳴于亳社，如曰譆譆"是也。熇熇，恐貌；譆譆，笑貌，離互坎之象。九三過剛，不至譆笑。然其德不中，或失過嚴，爻謂過寬不如過嚴，爲无失也，即《彖傳》"家有嚴君"之義，非謂九三"嘻嘻"也。上九嚴君，三即婦子之畏嚴君者耳。中女，婦象，互坎中男，子象。

六四，富家，大吉。

《象》曰：富家大吉，順在位也。

　　六四陰柔當位，據二實之間，富以其鄰，爲巽主利市三倍，尊而近君，巨室之象。巽高離明，所謂高明之家也。以柔承剛，卑而能巽，與陽同吉，故曰"大吉"。《象》曰"富家大吉"者，非徒周于財也。家以順爲正，《禮》曰"父子篤，兄弟睦，夫婦和，家之肥"，富之謂也。有巽之德，在四之位，所以富而吉。蓋能順則長保其富矣。

九五，王假_格有家，勿恤，吉。

《象》曰：王假有家，交相愛也。

九五以陽居尊，是爲王家。剛中而應，寬嚴有節，感格一家之人，内外大小咸宜，勿事憂恤，自得吉也。假、格通。《象》曰“王假有家”者，家人交相親愛，所謂父父子子、兄兄弟弟，家道成，治平之始也。其文王之刑于寡妻者乎！孔子謂“文王无憂”，“勿恤”之謂也。周公繫爻辭，凡言王，多指文王。蓋大姒爲妃，王季爲父，大任爲母，武王爲子，邑姜爲婦，所以“勿恤吉”也。

四“大吉”而五僅“勿恤”，何也？家道至四而成。卿大夫食禄有采地，家止此矣。四能順以保富，故在家人爲大吉。五則王者以天下爲家，家人不足以盡之。“王假有家”，言格家人爲格天下之本，其任愈艱，故云“勿恤”則吉也。如文王真勿恤矣，成王遭家不造猶未免于恤，曾不如卿大夫有家者爲无憂耳。

上九，有孚威如，終吉。

《象》曰：威如之吉，反身之謂也。

九居上，所謂外之嚴君，父象也。下與初孚，内外各正，以共有家，而上尤以陽居外之極，家人共孚，正己端範，威如可畏，故居終得吉。蓋家人情勝易狎，以剛在上，尊而不褻，爲一家之表，是終吉之道也。《象》曰“威如之吉，反身之謂也”，父兄躬行不端，責子弟中才，不可得已，故曰家之本在身。

睽 ䷥ 兑下離上

《序卦傳》曰:"家道窮必乖,故受之以睽。睽者,乖也。"人本各異,而合爲一家,外父内母,男女上下,各得其所,故爲家人。若父反居内,母反居外,男卑女尊,則乖戾而爲睽。初自家人上來,在家人"終吉",今在睽亦"悔亡",父象也。上自家人初往,在家志未變,而在睽則爲猜疑,母象也。九來居二,即家人九五"交相愛"者也,今"遇于巷"。六來〔一〕居三,即家人六四"順在位"者也,今"見輿曳"倒行。九來〔二〕居四,即家人九三"嗃嗃"者也,今爲"睽孤"。六來〔三〕居五,即家人"中饋"者也,今爲"噬膚"。所以反家人成睽也。目視不明曰睽。卦體離火在上,澤水下應,其性相反。上互重離,多視傷明。又互坎損離,坎爲心病,人各有心,孚則合而疑則睽。莫親于家人婦子,而睽則視以爲惡人、爲鬼、爲寇,或剚之,或射之。苟下能悦以從上,上能明以視下,則疑釋而爲夫、爲宗、爲婚媾矣。人情相疑,若此其深,而相合亦若此其易,是以内卦皆睽而有待,上卦皆反而得應。初"喪馬",至四"遇元夫"而合。二巷遇,至五"噬膚"而合。三"輿曳",至上"遇雨"而合。合則惡人化爲同室,睽則家人疑爲寇讐。恩怨反覆,變態何常。

〔一〕來,早印本作"往"。
〔二〕來,早印本作"往"。
〔三〕來,早印本作"往"。

君子所以无心應物，悦以忘世，不黨同，亦不伐異。蓋天下无久合之同，亦无終異之睽。初九見惡人避咎悔亡，此獨得處睽之道也。卦體本柔，内以悦而寛其憂，外以明而破其疑。所以始睽者，二女同居也；所以終合者，明而相悦也。卦睽而象皆合，易所以變而不窮也。

睽_窺，小事吉。

《彖》曰：睽，火動而上，澤動而下。二女同居，其志不同行。說而麗乎明，柔進而上行，得中而應乎剛，是以小事吉。天地睽而其事同也，男女睽而其志通也，萬物睽而其事類也。睽之時用大矣哉！

　　睽，乖異也。方在乖異之時，未可圖大事。大事必同心剛中，然後可辦。惟睽則宜柔以合之。濟睽之道，柔則吉，剛則凶，故“小事吉”也。《彖傳》曰“睽”者，何也？離爲火，火動而炎上；兑爲澤，澤動而流下，二物相違也。離爲中女，兑〔一〕爲少女，女性多妒，“同居其志不同行”，二人亦相違也，故爲睽。“小事吉”，何也？下卦悦而上卦明，悦而麗乎明，非忿很而昏迷也。卦自家人來，離往居外，柔當五位，非剛愎之主也。得中下應九二之剛，非上下不相得也。内外卦體皆柔，柔爲小，居中相得，雖睽必合，故“小事吉”也。究而論之，天下无睽不合，无合非睽。天地本睽，而化育之事同也；男女本睽，而倡隨之志通也。萬物本睽，

〔一〕兑，早印本作“巽”。

而羣聚之事類也。當其睽時，即有合之理。至其爲用，无不合之睽。然則“睽之時用大矣哉”，蓋未合則小事吉，既合則大事亦无不吉矣。

家人剛柔各當位，故能合。反家人則剛柔皆不正，所以爲睽。幸五得中，二以剛下應，故不終睽。然止于小事吉者，主弱，諸爻皆睽而寡助也。革亦二女同居，而大亨者，剛居五，柔居二，故曰“大亨以正”。睽反是，所以僅“小事吉”也。

凡八卦相錯，皆有動象，故曰“火動于上，澤動于下”，非變動也，《大傳》曰“六爻之動”是也。大氐易象，莫非動也〔一〕。

《象》曰：上火下澤，睽。君子以同而異。

火水不同適，而其用相資。水資火而爨，火資水而烹，此之謂“同”。燥濕異質，上下異趣，此之謂“異”。聖人與人同耳，然跡混而行孤，外樸而中炯，涇渭必分，可否必辨，猶水火相濟，卒不相雜也。是故樂同而八音異乃叶，食同而五味異乃調。因異爲同，以同劑異，天地聖人所以爲睽之道也。

睽，窺也。火高而澤深，火明而水暗，有疑而窺視之象。君子不能使天下皆知己，亦惟其同而異也。然不曰火上澤下，而曰“上火下澤”者，澤欲上于火，火欲下于澤，猶

〔一〕“大氐”至“動也”，早印本無。

履之言"上天下澤"，有將交之象焉，所以爲"同而異"也。

初九，悔亡，喪馬勿逐自復，見惡人，无咎。

《象》曰：見惡人，以辟避咎也。

目視不明曰睽。疑則生睽，有疑不釋，所以終睽。初爲睽始，決疑貴初，以陽居初得正，故能自克。其體爲悦，故能善處而悔可亡。與四敵應，四互坎爲險、爲馬，卦體求合而上行，有遇險喪失其馬之象。馬方逸而逐，逐則愈逸，但勿逐，其馬自復。二以上互爲噬嗑，四居中互坎，有凶惡之象。坎爲盜，四體爲火，初體爲澤，敵應相克，故初視四爲惡人。然初能悦而往見，自可无咎。蓋安常處順，无心以待天下，何睽不合？所以"悔亡"也。《象》曰以惡人爲不可見而避之，將終于睽矣。初不以避爲避，而以見爲避。避爲咎，則不避爲无咎，所以終合也。

卦所以睽者，兌反巽居下也，故爻象在下則睽，上行則合。離柔而明，以水從火則味出，以金從火則器成。悦以應明，天下无不可合之人矣。

初在家人居上，反身威如，正家之主，父之象也，故能盡處睽之道。若上九睽孤多疑，則婦人之恒態耳，所以在家人爲母。

九二，遇主于巷，无咎。

《象》曰：遇主于巷，未失道也。

九二在家人居五，下應六二，爲"王假有家"，交相愛者也。今來居二,處睽之時,故爲"遇主于巷"。巷者,偏曲之處,不當位之象。然得中而其體悦,五以柔居尊下應,雖不當位亦无咎。主謂六五,昔在家人,二亦嘗爲主,故爲遇主之象。《象》曰"遇主于巷"者,二能紬其剛,紆其身以從于君,悦而得中,未爲失道。處睽之時,固宜委曲如此。是以坎四"納約自牖",睽二"遇主于巷",所由非正,遭逢不得不爾也。

六三,見輿曳,其牛掣徹,其人天且劓藝,无初有終。
《象》曰:見輿曳,位不當也。无初有終,遇剛也。

　　六三在家人居四爲巽,今來居三爲兑,陰柔不中正,上下易位而爲二卦之主,又進互四爲坎,退互二爲離,當睽之交,心疑目眩,見若乘輿者,牛曳之而上,其一牛又掣之而下,車中之人倒首向天,若劓其鼻者。然劓,割鼻也,兑偶上缺,毀折之象。離目爲見、爲牛,互坎爲輿、爲曳。重離爲兩牛,上牛曳之,下牛掣之。蓋三本陰柔,反來居陽,本巽主在上爲家人,反下主兑爲睽,故有此象。然有應在外,悦而能明,初睽終合也。《象》曰"見輿曳"者,陰居陽不當位也。"无初有終"者,外有正應,遇上九之剛也。兑巽往來,有初終之象。[一]

　　一陰之卦,惟兑以柔乘剛,有小人踞侮之象。澤體含垢,少女狎邪,故凡兑六三,爻象多險怪。睽所以反家人

────────

〔一〕"兑巽"至"之象",早印本無。

者,徒以兑。兑所以反巽者,徒以三。故《傳》云"位不當"以咎之。大抵家人情睽則多疑,疑則所見无非險怪可愕之事,其象如此。家人合則心定身安,烏有顛倒牽掣之疑?或曰:天之爲言顛也,髡其髮也。〔一〕

九四,睽孤,遇元夫,交孚,厲,无咎。

《象》曰:交孚无咎,志行也。

　　處睽利用柔。九四陽剛,下无正應,故爲"睽孤"。與初九敵應,初始爲元,陽剛爲夫,故爲"遇元夫"。初以澤在下,當睽始,其見未明,疑四爲惡人,及其避咎相見,亡馬勿逐,四能明而以爲元夫,遇而交孚矣。剛而无應,未免于厲;既與初孚,亦可无咎。《象》曰"交孚无咎"者,未與初遇,則四失位孤立。二陽既孚,悦而能明,同德相助,可以行其志矣。

　　家人睽不以離以兑也,故爻欲往合。在兑不在離,初爲澤,四爲火,雖不相得,而就下炎上,各安其位,未至相息。火性不能下,澤水可挹而升,故初能悦則四能明。初避咎而往,則四以爲元夫而交孚,水火相濟之象。在五行,水爲天一,故曰"元"。自家人來,故曰"夫"。

六五,悔亡,厥宗噬膚,往何咎?

《象》曰:厥宗噬膚,往有慶也。

　　六五在家人居二,今居五成離,爲卦主。厥宗,即五

〔一〕或曰天之爲言顛也髡其髮也,早印本無。

也。二剛之間曰宗，離體相親麗之稱。膚，肉无骨也。噬膚，言柔而易合也。離爲庖厨，卦體自二以上似噬嗑。又五自中饋來，故有"噬膚"之象。五居尊得中，柔順易合，九二剛中在下，以此往應，何咎之有？往，謂二往五也。睽象往上則合，反下則睽。何咎，言不終睽也。《象》曰"厥宗噬膚"者，六五居中柔順，九二往應則合，可以成巷遇之交，无睽孤之虞，而相悦以慶也。

離，麗也。其體善合難睽，故稱"宗"。如同人之六二稱"于宗"，亦離中也。二以剛中下應，君臣相得，卦睽而能合者，正以五柔中爲主也，象所以謂"小事吉"[一]。

初稱"見惡人"，二稱"遇主"，三稱見其人，始睽之象也。四稱"元夫"，五稱"宗"，上稱"婚媾"，終合之象也。卦本家人來，故合則稱夫宗婚媾焉。

上九，睽孤，見豕負塗，載鬼一車，先張之弧，後説_脱之弧。匪寇婚媾，往遇雨則吉。

《象》曰：遇雨之吉，羣疑亡也。

上九在家人初爲母，處睽之極，以離互離，重明亂視，互坎亂離，與三爲應，而皆不中正。處睽多疑，亦爲"睽孤"。離爲目，疑情妄見，下視三互坎在澤。疑爲豕負泥塗，坎爲豕，兑澤爲泥塗。坎隱爲鬼、爲盜、爲弓輪，睽爲弧矢，以輿曳牛掣，爲載鬼滿車，欲張弓射之，已復脱之，始悟

三非盜，是已婚媾也。惶惑如此，睽疑好察之過耳。然三柔而能應，悅以麗明，猜疑釋而陰陽合，"往遇雨吉"矣。坎爲雨，天下本无事，徒以妄見生疑，積疑成睽。苟行所无事，則羣疑盡銷。如初九"喪馬勿逐""見惡人"，奚睽之有？故家人睽，存乎父母而已。《象》曰"遇雨之吉"者，雨則陰陽和，和則疑解，而睽可合矣。

周易正解卷十二

蹇☶☵ 艮下坎上

《序卦傳》曰："睽者，乖也。乖必有難，故受之以蹇。蹇者，難也。"睽與蹇雖不相對，而亦相似。睽上本離，二、四互離亂明，目不能見，故爲睽；蹇上本坎，二、四互坎重險，足不能行，故爲蹇，蹇所以繼睽也。睽、蹇皆世所忌，聖人憂患作易，皆以名卦，而贊其時之大，辭危而意遠矣。卦取諸坎艮，何也？造化以陽爲本。蹇，陽蹇也。坎，陽陷也。艮，陽止也。坎位北，艮位東北。天氣由北而東而南而西。日月東生西没，天之行也。今內艮外坎，自東而北，背西南而逆天行，所以爲蹇。故聖人教人出蹇之鄉，先坎後艮，行向西南。水遇高則險，就下則平。山水則蒙，水山則蹇，雷水則解。天下之事，順天循理，雖羊腸九折，皆爲康莊；逆天悖理，東西南北，无非險道。故曰："君子居易以俟命，小人行險以徼倖。""居易"者，"利西南"之謂；"徼倖者"，"不利東北"之謂也。然西南謂之易，何也？西爲兌，西南爲坤，南爲離，卦皆陰柔。陽道亢厲，陰道卑平。天尊而地親，天不可階升，而行地則无疆。西南含弘光大，故解、蹇利也。坎、艮二體皆坤，九三以一陽來爲艮，九五以一陽來爲坎，故六爻之象，皆未脫蹇。九以陽居五，四與上共陷之。四既陷五，將下連二、三爲重坎。三艮止不上，二中正，與三同體而應五，互爲離火。四重坎不成，爲五、三兩陽所制。二乃得以其明，與初、上諸陰赴之，坤氣始勝而西南至矣。故蹇、解二卦，爲梗莫如六四。非九五剛中之主，九三陽剛之助，與六二、初、上諸君子朋來之力，烏能遽濟乎？夫以一小人作難，羣賢協力，尚未底平，直至解終，射于高墉。小人之禍，易蔓而難圖。文王以崇虎之譖，囚于羑里，四友諸臣，同心以免于難，返爲西伯，乃滅崇。周居西南，紂居東北，其象如此。坎，坑也；艮，很也，故東北爲蹇。坤，順也；離，麗也，故西南爲晉。不晉，所以爲蹇。坑而很，獨夫之惡也。麗而順，君子之善也。文王豈弟君子，所以爲西南之主；紂之不善，所以爲陷很之夫。造化人事物理，惟平易爲可近耳。

蹇，利西南，不利東北，利見大人，貞吉。

蹇，難進也。上坎下止，險而止，故難進。自艮適坎，行當東北，轉而西南，順天時行，則无蹇難。東北陽長，壯實而兀屬；西南陰消，卑下而平坦。天道人事一也，然必有陽剛中正居尊位之大人，乃可以持危守正得吉也。

恒情好上而惡下，好進而惡退，好盈而惡虛，世路所以多危險，驅而納之陷阱，莫知避也。東北陽方，陽道常盈，進而上行；西南陰方，陰體常虛，退而下降。知者處世，盈不如虛，進不如退，上不如下，蹇所以有"利西南不利東北"之象。

《彖》曰：蹇，難去聲也，險在前也。見險而能止，知矣哉。蹇利西南，往得中也。不利東北，其道窮也。利見大人，往有功也。當位貞吉，以正邦也。蹇之時用大矣哉！

蹇者，難也。坎居上，險在前也。艮止于下，其道光明。知者見險而止，故謂之蹇。"利西南"者，西南坤位，九五以陽居坤得中爲坎水，宜往西南長養之鄉也。"不利東北"者，坎險在上，艮止在下，道窮而爲蹇也。"利見大人"者，九五居上之中，往至西南，則朋來蹇平而有功矣。"貞吉"者，大人當五位，居坤守正得吉，以濟難而正邦國也。然則蹇之時，正大人撥亂反正之會，君子興衰致理，安邦得衆之幾，其用豈不大哉！

坎居北爲雨，遇艮止，西南路塞，萬物未出，雨无所施功，故蹇結而不解。反艮出震，西南路通，雷雨交作，物齊于巽，相見于離，養役于坤，故水氣運化于西南，蹇化而爲解也。

《象》曰：山上有水，蹇。君子以反身脩德。

山上有水，行向東北，艮自下視，坎水在上也。水由地中則平，懷山則險，艮止不往，故曰蹇。君子觀象，往而蒙難,不如反而脩德。德脩身正,天下歸之。履道坦坦,无地非西南也。思不出位,君子所以艮背,故爲"反身"。常德行,君子所以習坎,故爲"脩德"。

免禍莫如知止,險而止,可謂智矣。然不反身脩德,天下何處无險?是以險則不往,來則脩身。不以遇險而歸罪于人,不以能止而諉責于己。卦爻皆有反象,故君子反身。

初六,往蹇來譽。

《象》曰:往蹇來譽,宜待也。

六爻謂"往蹇"者,趨坎也。謂"來"者,艮止不進也。自艮往坎,由東而北,自坎來艮,反向西南也。初爲蹇,始往則遇險,其體本艮,來則獲譽。譽與豫通,《詩》云"韓姞燕譽",又曰"是以有譽處"。初去險遠,不往則安。《象》曰"往蹇來譽"者,宜待六二、九三諸君子先也。自坎適坤,六位之初,正應坎。坎爲亟心,故象爲"宜待"。

天下之事,不在其位,則不與其難。初不當用位,故宜靜以待,濟則共濟,不濟難亦不及。與遯初六"不往何災"同艮,其義一也,是以君子居不辭下。

卦以艮錯坎,自東往北,爻義欲轉向西南,故《象》皆以來爲往。爻雖上往,即往是來;辭雖言來,來即是往;卦不必變爲西南,而爻、象皆往西南,故至五、上愈吉,抵西南之象也。解彖辭云"其來復吉",言既來西南也,蹇終西南後成解。

六二,王臣蹇蹇,匪躬之故。

《象》曰：王臣蹇蹇，終无尤也。

六二陰柔中正，上應九五，故爲"王臣"。五在險中，二在止中，志切勤王，而進互重險，蹇蹇然不得前，艮不獲身，故爲"匪躬"，言非爲愛身之故也，爲險難不能進耳。《象》曰"王臣蹇蹇"，犯難急君，柔順中正，不迷西南之往，朋來共濟，終有利見之期，不至于過尤也。以往西南之位計之，此正應艮。艮爲徑路，爲小石，蹇蹇之象；爲閽寺，王臣之象。

六二陰柔，故忠順有餘，乏獨濟之才，必西南得朋，然後可濟。時方在艮，故爻有"匪躬"之疑，《傳》有"无尤"之釋。至三、四始互離，五始當離位，上始抵坤，乃達西南。三、四解蹇，二方在蹇。

五以君在險，二以臣急君，初、三、上皆與二同心助之，惟六四一陰，當上下結之，二捐軀蒙難，力不能進義，不可退，故爻獨不言往來。困頓守死，執節不屈，所以感激羣情，來諸賢之助也。故在蹇仗義執節，莫如六二。九五爻辭云"朋來"，指二也。《傳》云"中節"，二得中執節，五所以濟也。

九三，往蹇來反。

《象》曰：往蹇來反，內喜之也。

九五以陽爲排難之主，六四以陰爲成險之小人，六二以陰爲救蹇之忠臣，九三以陽爲濟蹇之智士。蓋三本重剛，有應在上，進與險遇，間于陰柔，故爲"往蹇"。使六二不中正,外與四互,則三亦在坎中矣。然三爲艮主,其道光明,欲來西南,內與二爲體,見險不進,遇陰不比,而來反,反則與二同心。六四承乘皆剛,互爲離火以破坎,四失險而小人計窮,九五得濟,九三所以大有功于五,皆六二同心之力也。向非六二中正匡躬,九三止不進可也,安望往而復反乎?此解六五所謂"君子有解,小人退"者也。故《象》曰:"往蹇來反,內喜之也。"內指六二。喜之若曰:三來吾事濟矣。以往西南之位計之,此正應震。震笑言,有喜象。大抵二以柔應五,三與二同體,故三助二,亦以助五。上以柔應三,五與上同體,故上應三,亦以救五。此五所以終獲"朋來"也。

六四,往蹇來連。

《象》曰:往蹇來連,當位實也。

四爲險始,坎雖二陰,然水陷上,由坎在下也。四陰柔,險之至也。連,結也。上下之交,有連結之象。往則爲蹇以陷五,來則連二以陷三,乘三在下,連二爲重坎,故爲"往蹇來連"。然无如三與二同心知止,何也?《象》曰"往蹇來連"者,六四以陰當位,爲險逼尊,據二實之間,實則水不下流,其險深,故連爲重險。然三與二同心不進,則四反麗于兩實之間,離見而坎衰矣。小人陷人,適足自焚耳。離南漸西,卦所利也。以往西南之位計之,此正應巽爲繩,故有連象。

連者,內外連結,與解正相反。解六五曰"君子惟有解”，則是小人惟有連也，六四之爲小人明矣。解云“負乘”
“致戎”“獲狐”“射隼”，皆指六四。《傳》云“當位實”，所以
發其反側之奸。本柔居柔，近五用事，介于兩實，所以媚
三〔一〕結二而陷五也。或以四爲君子，然則蹇誰爲之與？
蹇蹇救五者，二之志。二與三同體，故二之同心莫如三。
二與四同功，故四之所忌莫如二。三與五同功，故三之所
急亦惟五。

九五，大蹇朋來。
《象》曰：大蹇朋來，以中節也。

　　九五陽剛中正，以居尊位，當蹇之時，獨立險中，陽大
故爲“大蹇”。六二以王臣赴難，九三反内，六四“來連”之
計解，二與初西南朋合，而蹇始通矣。朋謂六二。《象》曰
“大蹇朋來”，九五剛中，處險不困，下應六二柔順中正，蹇
蹇赴難，執節不回，是以遠邇響應，西南朋來。向非六二履
中仗節，烏能拯主于大難乎？以往西南之位計之，此正應
離，南面之象。進即爲坤，西南之郷也。五與三同功，下互
離火，上炎以化坎，直通坤方，西南得朋，故五曰“大”曰
“朋”，六曰“碩”，碩亦大也，皆坤象。

上六，往蹇來碩，吉，利見大人。
《象》曰：往蹇來碩，志在内也。利見大人，以從貴也。

　　坎本坤體，六以陰居上，是爲坤終，西南之郷也。卦初

〔一〕三，早印本作“四”。

向〔一〕西南來，至此與東北懸絕，水落山平，寬大之地，故六爻至是始出險外，其占始吉。“利見大人”者，九五居中，背坎向離，大難已平，向明而治，人共見之也。《象》曰“往蹇來碩”者，上无所復往，下應九三，同志在内，以急君也。“利見大人”者，以陰柔從九五之貴也，如上六正所謂西南之朋矣。

解 ䷧ 坎下震上

《序卦傳》曰：“蹇者，難也。物不可以終難，故受之以解。”解者，從容舒緩之意。蹇難急迫，反蹇則舒緩而成解。蹇以艮錯坎，自東之北，所謂山上有水，不利東北也。解以坎錯震，自北轉東，所謂雷雨作，利西南也。反東北而東南，倒坎艮而震坎，蹇所以得解，解所以反蹇也。六爻之象，亦自坎歷震至坤。患難初定，撫綏休養，西南平易，可以久安。然九二“田獲狐”，上九“射隼”，何也？奸邪不戢，善類不伸，則蹇難終不銷。雖行西南坤順之鄉，不廢東北震坎之令；雖赦過宥罪，而田中之狐，墉上之隼必獲，所以畢解之功也。在蹇之日，狐隼負乘，依東北作梗。在解，天時向旦，王路平康，妖邪計沮，故取无不獲。蓋凡國家之難，其作也，靡不由小人；而其解也，靡不由君子。人主欲

〔一〕向，早印本作“自”。

避東北、趨西南,親君子、去小人而已矣。

解,利西南,无所往,其來復吉。有攸往,夙吉。

解者,散也。遇險而止,止在險内則蹇。當險而動,動在險外,則解矣。蹇不利東北,解蹇故利西南。既至西南,坎水流通,萬物致養,宜安静以俟之。蓋坎水生物,至西南而功成,无所更往,坤道含洪,故其來復吉。然天運循環,坎水歸北,將復東出。今遇震在外,是又將有所往也。一陽已升,西南路通,宜及早行,遲則雷將作,而雨不至,失解之會矣,故夙吉。夙,早也。坎適震而隔艮,故趨震宜早。坎爲子,一陽初萌,去震尚遠。《月令》:“仲春,雷乃發聲。”坎氣不至,則雷不發。仲春行冬令,陽氣不勝則菑,故坎行宜早。子半陽生,仲春雷雨作,而後百果草木因時解拆,故有夙吉之象。

蹇爻象亦西南行,但在蹇以來爲往,背坎艮往也。解往西南則順卦體,由坎適震耳。

《彖》曰:解,險以動,動而免乎險,解。解利西南,往得衆也。其來復吉,乃得中也。有攸往夙吉,往有功也。天地解而雷雨作,雷雨作而百果草木皆甲拆[一]_筴**。解之時大矣哉。**

所謂解者,坎自蹇來,下而震動于險外,免乎險矣,故謂之解。“利西南”者,蹇以西南得解,西南坤方,坤爲衆,

――――――――――――
〔一〕拆,明監本《周易注疏》作“折”,阮元《十三經校勘記》作“坼”。

含弘光大,足以容民得衆,宜往也。"其來復吉"者,九二以陽居坤得中,爲潤物之主,道行西南長養,故吉也。"有攸往夙吉"者,陽萌于坎,由坎趨震,順天時行,往有生物之功也。震,雷也;坎,雨也。雷雨者,天地陰陽交搆之氣,解釋而作也。雷雨作,則百果草木之孚甲堅固者,皆拆裂萌生。造化品物,皆賴解以發育,其爲時豈不大哉!

《象》曰:雷雨作,解。君子以赦過宥罪。

雷雨,天地所以解散屯結之氣,發生萬物者也。君子觀象,以好生爲心。于小過,赦而釋之;有大罪,宥而寬之。以宣其沈鬱,達其冤滯,君子之解也。塞平新國,宜用輕刑。小人之爲狐隼,法所必討,從輕而已。當其塞也,脩德以反己;及其解也,赦宥以恕人。君子濟難之道如此。

初六,无咎。

《象》曰:剛柔之際,義无咎也。

初自蹇上來,出蹇入解之始,地違東北,坎險已平,外有應援,何咎之有?《象》曰所以无咎者,以陰居初,上應九四,剛柔相接,四以剛正爲解蹇之君子,初與之接,義无咎也。

蹇坎在外,艮止于內,水不得就下,汎濫東北,《象傳》謂"當位實"是也。解坎在下,動在外,水動則流,而又適震,西南順下,初與震主正應,何咎之有? 爻辭不言所以者,初即蹇上,四即蹇三,剛柔正應同也。

九二,田獲三狐,得黃矢,貞吉。

《象》曰：九二貞吉，得中道也。

九二以陽居中爲坎主，在解行西南，水由地中，互離，火在地上，有田象。坎爲狐，陰物也，指六三，故爲“三狐”。黃，中色。矢，直物。姦邪去，直道伸，九二中立，有此象。以往西南之位計之，此正應艮。艮亦爲狐，蓋九二雖來復，猶在坎中，陽不安險，與四互離，制三之坎，故爲獲狐之象。田獲以網罟，離象。坎爲弓，離兵爲矢，雖在險中，而陰不能爲陷。初外應，而三被獲失險，故二居中得貞吉，《彖》謂“來復吉”是也。《象》曰“九二貞吉”，以陰不能陷，其來復適得中之道也。“得中道”，猶言不失所，即“得黃矢”之“得”。

六三，負且乘，致寇至，貞吝。

《象》曰：負且乘，亦可醜也。自我致戎，又誰咎也？

六三在蹇四爲險，今來三以陰居下之上，如負販賤夫，背負物而身乘軒，小人在位貪鄙之狀，使盜賊見而生劫奪之心，蹇所由作也。彼方自以爲正，何羞如之？陽實在上，有負象。坎爲輪輿、爲馬，有乘象；爲盜，有寇象。上下皆陽，有“負且乘”之象。外互重坎，爲致寇之象。《象》曰“負且乘”，小人之態“亦可醜也”。自我興戎，又誰咎也？以往西南之位計之，此值震，故有乘馬在塗之象。

爻言“致寇”，傳言“致戎”，何也？寇害及身，不足爲小人惜。寇至興戎，禍且及國。一夫作難，世運遭蹇，惟小人之故，此六三之罪，赦宥不及也，故《傳》曰“自我”“誰咎”。

六三陰險小人,據非其位,在蹇戴五履三,在解戴四履二,爻不言承戴而言負乘,負者肩任傭賤之事,負則宜履而且乘,乘則宜戴而又負,甚言不稱以醜之。爻于六三,可謂深惡矣。蓋其往來二卦,當上下内外之交,在蹇連下陷上,爲九三所止,在解致外陷内,爲九四所震,妖如狐,疾如隼,行如寇盜,賤如趾拇,其鄙之也如此。而説易者猶謂蹇六四君子,謬也。

九四,解而拇毋,朋至斯孚。

《象》曰:解而拇,未當位也。

四爲動始,雷發聲,則勾萌蟄啟,故爲解。震爲足,三附足,有趾拇之象,將與四互坎于外,猶在蹇之“來連”也。四震陽上遂,不與險比,故爲解脱其拇之象。朋指初六,與四正應。四往西南,初六以陰偶爲西南之朋,陰陽合而後雷雨作,故曰“斯孚”,《彖》所謂“往夙吉”,此也。是以解、蹇之功,九四居多,象數然也。《象》曰“解而拇”者,九以陽居四,六以陰居三,未爲當位。不當位,故不相得。未如在蹇“當位實”,可以“來連”也。蓋小人之爲蹇也,因當位而夤緣,因不當位而解散,此四所以得脱然上行也。以往西南之位計之,此應巽,陰陽之交也。巽爲躁卦,有待朋不至之象。

四與三,上下原不同體,而三甘爲四拇者,小人爲人下走以求親附也。九四震陽剛斷,霹然決裂,不顧而去,其爲解之功大矣。驅邪之威,莫如雷霆。《傳》謂不當位,何也?

小人爲蹇,惟于内外上下之際,善連結耳。所以連結者,由彼此各當位,然後得行其夤緣之術。故蹇中四爻皆當位,而六四適在兩實之間;今居三,雖負乘兩陽,位皆不當,小人思納交,而支離疎闊,勢自不得不解。《傳》于此言"未當位",以反蹇之"當位",小人之情態盡矣。

六五,君子維有解,吉。有孚于小人。

《象》曰:君子有解,小人退也。

　　六五以柔居尊,乘震陽。九四以剛承五,動出險外。九二剛中内應,與四互離,獲三狐以破坎,二陽同心輔五,解、蹇之功臣也。故爲"君子惟有解",所以六五安然无事于險難之外而吉也。六三小人,以柔爲險,在蹇爲來連之計,至是謀窮自悔,是君子之威德孚化之也。《象》曰九二、九四,陽剛君子有解、蹇之功,六三小人失計而退,解道斯成,正西南雷雨作之會矣。以卦位計之,五正應離,故有明辨之象。離爲網罟結繩,故有解象。

　　君子、小人,獨于五言之。五爲君位,解至五成,五所以得爲解主,君子之力也。國家之難,衆君子解之不足,一小人結之有餘,用人不可不慎也。小人,指六三。君子之功,九四爲多。在蹇居三,爲艮主以止險,使小人不得下連;在解爲震主以出險,使小人不得上附,故曰"惟有解"。言在蹇在解,處三處四,无往不解也。夫以蹇九〔一〕三之奸

〔一〕 九,原爲"六"。

險,君子解之不能即去,惟曰"有孚"。如否六三之雍蔽,君子休之不能即決,惟曰"包承"。易道寬裕從容,不過剛如此,文王所以爲文也。

上六,公用射隼于高墉容**之上,獲之,无不利。**

《象》曰:公用射隼,以解悖也。

　　以六居上,正西南坤位,解之終,動之最順者。小人飛揚急疾之奸,能擾攘于離亂之會,至大難既平,天路清夷,其計自窮。明主在上,從容發姦,故爲公射鷹隼于高墉之上,獲之則戎首伏辜,而禍亂永寧矣,故曰"无不利"。《象》曰"公用射隼"者,下獲六三狂悖之奸也。昔扼主于四,今負乘于三,二以爲狐,四以爲拇,上以爲隼,下捣之,上角之,元惡殲而蹇難除矣。使不就西南,彼負嵎得肆,寧有極乎?

　　上爲公,坎爲弓,互離爲矢。六三在互離之中。離爲鳥,有隼象。震爲決躁,有射隼之象。二乘初,似巽爲高。三在巽上,有隼集于墉之象。築土爲墉,坤象。三、上相對,有射象。

　　小人急疾,往來徵逐,有鷹隼之象。當解之終,人情緩散,集于高墉,將有脫條離韝之象。上下失勢,有孤栖无侶之象,故射獲之。射者,正直審固,君子反身脩德之象。蹇難初解,戒于張皇,故《彖》云"來復吉",《象》云"赦過宥罪",是以爻不若他卦征伐用師。鷹隼小醜,一矢之力耳。罪過有赦宥,而小人必不可不除,故爻辭諄諄焉。狐,小人之邪媚者也；拇，小人之傭賤者也；隼，小人之貪鷙者也，皆指六三，即蹇六四也。

損☶兌下艮上

《序卦傳》曰：“解者，緩也。緩必有所失，故受之以損。”人情蹇難急迫，惟恐失之，故常无失。從容解緩，則驕惰生，而損失因之。失復求得，損、益所以繼蹇、解也。損之義有二：一以減少爲義，斷緣省事，寡欲清心之謂也。一以虧敗爲義，傷財病民，毀廉喪節之謂也。能寡欲清心，自不至毀廉喪節。故或以損而損，或以損而得益，或以益而益，或以益而反損。是以聖人設卦，以損下益上爲損，以損上益下爲益。物以下爲基，道以卑爲本。惟下不可損，泰則不得不損，而益在上則稱損。惟下爲當益，否尤不可不〔一〕益，而損在上則稱益。人皆知損而不知損益，人皆知益而不知益損，故《序卦》先損後益也。事先簡而後繁，禮先儉而後奢，物先不足而後有餘，是故君子先損。損兌益艮，所以爲損。兌悅艮止，所以終不欲損下也。損不損下，是以不損爲損。以不損爲損，是爲廉貞。廉貞是爲損益，寡欲清心之道也。初九重剛可損，六四弗受，二中弗損，五中自益。三損九以成悅，故上弗再損。蓋下損一則悅，上

〔一〕“不”字前，底本和早印本皆有一墨釘。

益一則止。下悦而上益，上止而不損，象所謂“有孚元吉”，此也。下不得不損者，造化衰益之理。卦已損而爻不復損者，已取諸天，而不復求多于人也。人生五官四體，取諸造物多矣，于其中又取盈焉，莊生所謂：不受天損易，不受人益難。夫已簡之而不得所簡者，此也。故二卦爲人事衰益之要。上經三十卦，首天地，自乾、坤而下，奇偶各三十而當否、泰。下經三十四卦，首男女，自咸、恒而下，奇偶亦各三十〔一〕，而當損、益。否、泰者，天地之小闔闢，泰交而否不交也。損、益者，男女之否泰，損不交而益交也。方其咸也，二少交感，損則女悦而男止之，懲窒之義也。方其恒也，二長正位，益則男服事而女助之，遷改之義也。損男莫如女，而男止則損，損之權在男也；益女莫如男，而男動則益，益之權亦在男也。造化之機宰于陽，而損之益之存乎人。昔人云：“貴不如賤，富不如貧，益不如損。”君子思遷善改過，不如“懲忿窒欲”。思爲聖賢，不如勿爲不肖；思養生，不如勿傷生。天運无日不來，即无日不往，來所以致其往；人生无日不長，即无日不消，長所以致其消。是故損益相乘也，損不善，則至于善矣。損之又損，益之道也。

損，有孚，元吉，无咎，可貞，利有攸往。曷之用？二簋可用享。

　　損者，減少也。凡物彼有餘而浸減，此不足而補之。

〔一〕三十，“三十”後底本有一墨釘，早印本作“三十四”。

人己相得,彼悦非强,此止非貪,去浮淫而存本真,故爲"有孚"。斯則欲寡心清,求少易足,元吉之道,可以免咎,可以守正,可以利所往,故道莫善于損。凡不可損者,爲欲用之耳。何之用哉?二簋雖薄,可以薦鬼神,羞王公,所貴在孚,奚以多爲?故寡欲存誠,莫善于損。人情所憂虧缺不足者,正君子所惡于盈而欲自裁者也。兑爲口,震爲足,互坤爲腹,頂踵實而腹虛,有簋象。簋似籩而上爲鬼形,古以竹爲之,故字從竹,震象也。從艮,鬼象也。下重奇,二簋之象也。艮爲門闕,震爲帝,二奇在下,有二簋用享之象。

《象》曰:損,損下益上,其道上行,損而有孚,元吉,无咎,可貞,利有攸往。曷之用?二簋可用享。二簋應有時,損剛益柔有時。損益盈虛,與時偕行。

　　所謂損者,卦自泰來,三陽泰實,故損九三爲上九,其道上行而下受損,故曰損。兑爲毁折,有損象。六爻皆應,下悦乎上,上止乎下,止悦相承,山澤氣通,故爲"有孚"。"損而有孚",則敦本尚實,大善无咎,可得正而利有所往矣。人之不損,欲以何用?二簋雖薄,可以用享。夫豈在多?亦顧其時何如耳。時可損,二簋非薄;時不可損,損反益貪。故損者悦而能止之道,非謂剛可盡損,柔可多益也。盈虛消息,與時偕行,損不以時,則上專而下苦,安能元吉无咎,可貞利攸往乎?

　　損之言省也,簡約之名。卦取"損下益上",爻取"損剛益柔",以象損耳。義不主益,而以能損爲德,以剥下爲貪,故《象》曰“二簋可用享”。蓋損者損其泰也。卦本地天泰，物不可以終泰。泰，甚也。乾在下甚實，故宜損。乾實莫如九三，故損三以益上，則下成悅而上成止。上止不可再益，下悅不可再損，故《彖傳》曰“損剛益柔有時”。時者，中也。耳目不可塗，視聽不可塞，懲其忿窒其欲而已矣。下已損更損，則將爲枯槁；上已益復益，則反成貪黷。故損者，清心寡欲之要，非剝下奉上之謂。爻初九“已事”而“遄往”，六四“損其疾”不受，以此也。卦體二少相得，悅而即止，以損其淫欲也。互頤在上，損其嗜味也。互歸妹在下反漸，損其躁妄也。互復在中，不遠復，以存仁爲本也。離體居上，澤體居下，水火得位也。陽在下，澤水盛而不漏；陽在外，山氣充而不洩。坤內藏，黃中通理，而有孚在中，所以損爲盡善，益不如也。下經首咸、恒，中損、益，既、未濟爻辭變而應之，有旨哉。

卦損，爻義貴弗損，亦猶泰不主泰，否不主否，同人不同，謙不終謙，剝不終剝，復不終復，咸不主感，恒不定恒，大壯不用壯，睽不終睽，夬不貴決之類，易道尚變如此。

《象》曰：山下有澤，損。君子以懲忿窒欲。

山高澤深，澤在山下，是損澤以益山，故爲損。君子觀象，思天下本无事，有深澤則有高山，惟損爲善。故忿怒之突起如山，懲之使平；慾竇之滲漏如澤，窒之使塞。不見可欲，不見可怒，損之又損，澹然平易，和氣滿腔，君子之山下有澤也。養德養生，皆不外此。

損忿怒以養氣，損情慾以養血，養生家襲爲水火升降之説。下澤爲水，二以上似離爲火。澤水，欲象也。離火，忿象也。艮山，懲窒之象也。分澤水而上以制離，遏離火而下以煉澤。初、上皆剛，上不飛騰，下不漏洩，山澤之氣，往來交烝而興雲雨。術家稱爲還丹，附會于此。

初九，已事遄傳**往，无咎，酌損之。**

《象》曰：已事遄往，尚合志也。

以陽居初，本自有餘，在下爲民，上與四應。事，謂奉上之事。已，止也，即損義。遄，速也。損貴初，而遇四以艮止初之事，初悦以終事，速往不已，于義无咎。四互震爲決躁，遄往之象，爲斗。初澤爲水，艮爲手，有酌四之象。四陰柔，有虛餒之疾，而酌以養之也。悦而止，其損无多，故曰"酌損"。《象》曰四止其事而初必遄往者，四之志不欲煩民，初之志不肯負上，所謂上好仁，下好義，悦以應止，故曰"尚合志"。"尚"與"上"同。

損乾爲兑，則損體已成，遂止不復損，是爲已事之象。莊生云"簡之而不得，夫已有所簡矣"，即此意。已事，猶省事。成損之主在三、上，而任損益之事者，亦惟三、上，故初與二不任損，四與五不任益。然初欲益四者，何也？其體本悦，以陽居陽太實，又不中，欲以財爲悦，因四陰虛往濟之，亦仗義之事也。如後世富民輸財助官，要非中道。若九二得中，自不任損矣。

《豳詩》云："九月肅霜，十月滌場。朋酒斯饗，曰殺羔

羊。躋彼公堂，稱彼兕觥。"言秋成農事畢，以羊酒酌獻其
君，即此爻象。兌爲正秋、爲羊，澤水爲酒。初往四變互
坎，爲酒食。互震爲斗，互頤爲口食。艮爲宮闕，互震在中
爲君，互坤爲衆、爲朋。蓋因象辭"二簋用享"，故初爲"酌"
象也。已事，謂正秋事畢。初本獻五而非其應，五處損不
受益，四爲艮始，故應而止之。

　　易卦自謙而後，爻象之吉，鮮有如損者。蓋謙繼同人、
大有，而損繼蹇、解。處盈之道，惟謙爲順；多難之後，惟損
爲悦，皆以止爲本。故《大學》至善，莫要于止，養心養身不
違此。

九二，利貞，征凶，弗損益之。

《象》曰：九二利貞，中以爲志也。

　　二得中，不容損，故利守正。以剛居柔，自无可損。上
應六五，損已往益，則失中而凶。蓋二本中，損則不及；五
亦中，益則大過，故爲"弗損益之"。"益之"謂益五。五自
有益，不必二也。二往益，則卦變爲益。反卦德，凶之象
也。《象》曰"九二利貞[一]"者，以執中爲志，不以益上爲
志，與初異也。

　　五受益而非損自二也，上益五而非損之已也，故皆曰
"弗損益之"。《象傳》云損益有時，時即中也。得中則止，
故卦本損下，二在下不受損以中也。五爲損主，不損下，亦

───────

〔一〕利貞，底本"利貞"後有一墨釘，早印本作"利貞吉"。

以中也。然五不言“弗損”，何也？二陰虛，虛故无可損。五陽實，實自得所益。五之益，非損下爲益，以能止爲益，故无損于二。若二之弗損，无可損，非止而不損也，故亦不受益。本无可損而不損者不足貴，可以損人而不損自益者，乃爲盡損之道也，是以五稱“元吉”。凡在下者不宜太損，損則過卑；在上者不宜太益，益則過高。如人身耳目口鼻，求益之物皆在上；手足四肢，塊然无知，任毁折之事者皆在下。下爲悦以供其求，而上爲艮以止其貪。下欲損而不與其損，上求益而能止其求，如是則下自无損，上自日益，損所以爲益也。人不患不益，而患不損。使二搏攫探取以益五，則五反受其斲喪，爲損多矣，何益之有？此五之益，不在損二而在受止。以不〔一〕損下爲損，則損爲清約；不以益上爲益，則益爲富有。可以知損之義與時中之道矣。

六三，三人行，則損一人。一人行，則得其友。

《象》曰：一人行，三則疑也。

　　卦體本泰，乾在下，三陽同行，九三尤爲重剛，而損以爲柔，故爲“三人行則損一人”。三往爲上九，六下來居三爲正應，是爲“得其友”。友，兑象。《象》曰必一人行者，三則疑也。凡物理，一則招益，三則招損。道者一陰一陽而爲兩也，物以兩化。三人行損一人者，損爲兩也。一人行得友者,得爲兩也。蓋无獨不對,故一必有二,二偶零一,故三則爲疑。凡物二曰友,三曰羣。羣故生疑,《詩》云"或羣或友"。

三爲人位,故象人。人三爲衆,互坤之象。行,互震之象。然卦體本坤乾,六爻皆應,何待三、上交易,而後爲相與?蓋三、上不交,則不成男女。九三往而生少男,六三來而生少女,有男女交合之象。故夫子《大傳》以"天地絪緼""男女搆精"釋之。

凡物益彼必損此。損乾爲澤,益坤爲山。山雖增高,澤亦增深。澤悅以損,山止其益。損而无損,不益而益,造物乘除之妙理也。故《象》以"懲忿窒欲",天地男女交感當之。術家因爲男女鼎器之説,宣淫導慾,以爲脩煉,叛道罔民,莫此爲甚。

六四,損其疾,使遄有喜,无咎。

《象》曰:損其疾,亦可喜也。

四爲艮始,以陰居陰,有偏弱之疾。下應初剛,悅以遄往。四以艮體,止其事而不得,乃自損除其疾,使遄往者有喜,寡其所求,不欲損下,于義无咎。初往益四,則四互成坎,爲心疾,故有疾象。艮止其益,有損其疾之象。遄,震象。喜,兌象。《象》曰六四陰柔有疾,而能自損其疾,則初之"遄往"者,亦可以喜悅矣。蓋"損其疾",則可无用下之益,使遄往者喜,又不拂乎悅之心,此可以損下而不損者也。

四乘悅,當上下損益之間,所謂物交物之際也。孟子云:"飢者甘食,渴者甘飲……飢渴害之也。"我誠无飢渴之疾,外物安得而益之? 四本止體得正,故自損疾,不受初酌,所以爲无疾有喜也。

六五,或益之十朋之龜,弗克違,元吉。

《象》曰:六五元吉,自上祐也。

六五以柔居剛,其體本止,下與二爲正應,二中不可損,五中不待益,上承艮陽,外止而内明,故爲"或益之十朋之龜"。離爲龜,卦體中虛,有離之象。靈知中藏,臧否自決。有忿思懲,有慾思窒,故爲"弗克違"。不損下而自損,不求益而自益,《象》所謂"有孚元吉"此也。蓋五雖尊位,成損之主,不在五而在上,上受三之益,而推以益五,五非所益而得益,故曰"或益之",自外之辭也。卦損三益上,而爻五受益,故《傳》曰"上祐",猶益卦損四益初,而二受益曰"自外來",正相同。上自乾往,有天象。自上祐,言若自天祐也。祐,助也。此益之无俟于損下者也。

卦體悦在下,有巧令上進之象。明主靈龜上止,何畏乎孔壬? 堯舜所難,故曰"元吉"。

十朋,二十貝也。貝,介蟲,螺[一]屬,離象。古以貝爲貨,有五品,每品各以雙爲朋。大貝四寸八分以上,每一朋直二百一十六文,十朋直二千一百六十文,大龜之直也。龜大者長尺有二寸,互坤數十,偶爲朋,故爲十朋之象。艮

〔一〕螺,早印本作"蚌"。

爲黔喙,外堅忍而靈知中藏,故謙艮主在三,而鳴謙在二。損艮主在上,而元龜在五。如人五官杜塞,還視返聽,故曰"弗克違"。五官不止,欲靈龜弗違,未可得也,故曰"自上祐"。艮止,即老氏所謂"嗇",莊生所謂"无受人益",即損是益,非分外增加,省事清心,其益无方。

上九,弗損益之,无咎,貞吉,利有攸往,得臣无家。

《象》曰:弗損益之,大得志也。

九以陽居上爲艮主,下得六三爲應,而柔不可損,故爲"弗損"。爻自三往成艮,故爲"益之",言上无損于三而能益五也。不損于民,有益于君,故"无咎"。居高不亢,故"貞吉"。以陽往上,而下得其友,反居益初,則爲大作,故"利有攸往"。内輔六〔一〕五,故曰"得臣"。自下往上,故爲"无家"。在下曰家。若益六四自上來下,則爲遷國矣。六五虛己受益之君,九自下往上益之,得君若此,願爲之臣,何以家爲?《象》曰弗損而益,是于止德无愧,而損道大成也。損也者,不傷財,不費民也。以弗損益,所以爲止。下悦而止,所以成損,故曰"大得志"。陽爲大。

損不厭上,損至上而愈吉,下者舉之,天之道也。若益極則凶矣。卦體雖損下,下不見損,上寔受益,所以盡善。三〔二〕損九而下成悦,是以損爲悦也。上受益而成止,是益

〔一〕六,早印本作"九"。
〔二〕"三"字前,底本有一墨釘,早印本同。

得于弗損也。弗損于下，自益于上，所以“懲忿窒欲”，損而无損也。以澤爲山，山成而澤不損，其象如此。

益䷩震下巽上

《序卦傳》曰：“損而不已必益，故受之以益。”天下事未有能自貶損无益者，益所以繼損也。卦本乾坤否，損乾爲巽，益坤爲震，故爲益。益，益下；損，損下，卦以下爲體也。益，益陰也；損，損陽也。陽實而乾純陽，實之至也，故可損；陰虛而坤純陰，虛之至也，故可益。乾在下，邦國富庶之象也，故損下；乾在上，朝廷豐盈之象也，故損上。損上不謂損而謂益，厚其本也；益上不謂益而謂損，剝其基也，聖人所以示厚下也。以爲學占之，損、益雖兩名，其幾惟一，能損則益，己克而禮復也。夫子絕四，顏子四勿，損之至，而益何加焉？由損入益，守約而施博，道濟天下，知周萬物。如人主本惠心，行惠政，省方觀民，百度具舉，歸于有孚，則其益无方矣。卦體二以上，互爲觀，風行地上，先王所以省方觀民設教也。初九帝出乎震，仲春雷發聲，時維二月，《虞書》“歲二月，東巡守”，由震適巽，東南行。六二有離象，爲五月南巡守。六三有兌象，秋省斂賑凶，爲八月西巡守。六四遷國，營室方中，爲十月朔巡守。九五益事大成，爲惠心。五以“惠心”來，而初以“大作”往。天子行曰“大作”，巡守祭告，賑貸遷國，皆大作益民之事也。本惠心以訖四國,風行雷動,靡事不爲,周旋鼓舞,而不倦于勤,所以爲益。然視之清静无爲,則有間矣。故益者多識之用,而損者貞一之本。損爲要道,而益爲功勞。有節用愛民之心,而後行省方觀民之事。不然,則五霸之會盟,秦皇之巡行耳。以是求益,計功利而助長,不求懲忿窒欲,而言遷善改過,是登枝而捐本也。故損不厭上,益不厭下。故曰:盈日鋤日不除,謙日養日不長。損所以終得臣,而益所以終被擊也。損,元吉无咎,可貞利往;而益止于利攸往,涉大川而已。

益,利有攸往,利涉大川。

益,增加也。以上卦之初陽,益下卦之初陰。上好施而巽,下受益而動。上下樂利,故利攸往,利涉險。

卦體互觀,爻象后省方,故王享在二,帝出在初,進而上往。内外二卦,通爲中行,故有“攸往”“利涉”之象。水歸東南,震巽木道順利,其象如此。

《彖》曰:益,損上益下,民説无疆。自上下下,其道大光。利有攸往,中正有慶,利涉大川,木道乃行。益動而巽,日進无疆。天施地生,其益无方。凡益之道,與時偕行。

所謂益者,震下一陽,損自上卦之四,損上益下,故“民悦无疆”。初自乾來居坤,陽明下濟,“其道大光”,所謂“利攸往”者。六居二,九居五,中正相應,往有慶也,所謂“利涉大川"者。震、巽皆木，春夏之交，風雷方興，品物齊見，由震適巽，木道大行，卦所以爲益也。雷震而動，風巽而入，二氣相資，進益无疆。乾以一陽下施爲震，坤以一陰往生爲巽，化育生成，其益无方，皆天時爲之。君子用益，順時觀省，惠心周流，豈以分財爲益乎？

損者損其泰，益者益其否。下泰而損之，未爲不悅，不若下否而益之，其悅无疆。以下益上，未爲非道，不若自上而下，其道大光。蓋損下者，上既益，則下不可復損。益下者，下已益而上尤欲益之。損下不欲傷，而益下利賴无窮也。

八卦先震後巽，益則由巽來震，所謂"自上下下"也。然爻本逆數，上往爲順，自震往巽，東南行亦爲順，故自初而上，有王者順時省行之象，所謂"與時偕行"也。惠心在五爲君，而震主來自初，進而上行，內外互坤，爲順爲行，故三、四稱中行，所謂"木道乃行"，"日進无疆"，"攸往""利涉"也。

《象》曰：風雷，益。君子以見善則遷，有過則改。

損乾爲巽風，益坤爲震雷，是以風益雷也。君子觀象，由震至巽，方位定而立不易之謂恒。今風來益雷，是遷方改位也。遷莫如善，匪巽弗入；改莫如過，匪震弗勇，故以遷就向善，以改易悔過，君子自運其風雷爲益也。懲忿窒慾，遷善改過，損益之要，莫大乎是。

損，減少也，反爲益，則增加矣。山澤，静也，變爲雷風,則搔[一]動矣。故損六爻之象,安靜寡營,似顔子之四勿;益六爻之象,檢點觀察,如曾子之三省。卦體自上下下,由乾出震,象帝東出。二以上互爲觀體,雷動爲行,風入爲觀。二至四互坤,爲順爲行,爻有順時觀方之象。六五終之以惠心,此觀省之本也,君子所以遷改獲益者,本諸此。蓋損非剥下,但不傷財、不擾民,即損矣;益非分財,但能興利、能除害,即益矣。如人四肢不妄緣,而心志自益,非取外物以益心志也。心常能檢省,而衆體自益,非裁心志以補手足也。

初九,利用爲大作,元吉,无咎。

《象》曰:元吉无咎,下不厚事也。

九自乾四來,益坤初爲震。震爲帝,益下之主也。初爲民,大爲陽。作,起也,行也,震動之象。天子動而行曰“大作”,《詩》云“王紓保作”,陽德方亨,爲出震省行之象。卦體互觀,省方觀民,益之事也。以休以助,故爲“元吉,无咎”。《象》曰“元吉无咎”者,初在下爲民,坤厚載物,承天而不能資始,代終而不能專成,故震陽來下,大作以厚民事也。夏諺曰“吾王不遊,吾何以休”,“下不厚事”之謂。

天子出則六師從,故爲“大作”,《論語》云“作者七人”,亦謂“行”也。古王者以四時巡守四方,察民疾苦,《虞書》所謂“歲二月,帝東巡守”之類是也。孟子云:“入其疆,

---

〔一〕搔,早印本作“撓”。

土地荒蕪，遺老失賢。”下不厚事也。春省耕而補不足，秋省斂而助不給，厚下之事也。王者省方，興利除害。二之祈天，三之賑凶，四之遷國，皆事之大者，皆以厚下也。

損初言“已事”，已即損也。益初言“厚事”，厚即益也。已，止也，艮象。厚，加也，益象。下卦坤體，坤爲厚〔一〕。

卦體本否，則下自不可不益。損乾益下爲震，則外體自不得不爲巽。震遇巽，自有東南行之象，皆非强設也。雷動風行，“大作”之象宛然〔二〕。

六二，或益之十朋之龜，弗克違，永貞吉。王用享于帝，吉。

《象》曰：或益之，自外來也。

六二即損之六五，反來居下，故其象同。在損益上，五承上，故受上益；在益益下，二乘初，故受初益。乾不往則不成艮，損之五止，由上益也；乾不來則不成震，益之二動，由初益也。艮止則五中虛似離，震動則二中虛亦似離。離爲龜，艮五之龜，以懲窒也。震二之龜，以遷改也。“弗克違”者，順動之象。二乘厚下之主，享休明之賜。陰柔順承，安貞无疆，故得益而吉。出震適巽，初爲春東，二爲夏南，《月令》：仲夏，大雩于上帝，爲民祈穀。巡守所至祭告，必以龜卜，《周禮·大宰》“祀五帝卜日”，“祀大神祇亦如

〔一〕“下卦”至“爲厚”，早印本無。
〔二〕“雷動”至“宛然”，早印本無。

之”是也。震主東出，南郊用享，祈天保民，故吉。帝出震，故爲享帝。《象》曰“或益之”者，陽自外來益初，二因初受益，非以正應得益也，與損五受上益云“自上祐[一]”，其辭同。

“十朋之龜”，明主益下之心也。“弗克違”，本是心以行益下之事也。貞，正也。益民者，惠而不費，利而不庸。觀民而民休，則安正可久矣。爲民享帝，亦“永貞”之事。《傳》云“自外來”，明皆出震厚下之事也。初之大作，始于二，成于五，中行于三、四。三之救災，四之遷國，歸于五之惠孚，乃所謂“永貞”也。五、二正應，故于二言之。

損五乘悦，故用龜以防巧令。益二承風，故用龜以察利病。王者舉大事，動大衆，吉凶之事，皆以龜卜。

古帝王勤民之事非一，巡守、祭祀、賑濟、建國，四者爲“大作”。震初象帝東出，南行，故王享在二，上往之象也。三偶互坤，象順時周巡也。初至五似離目，象省視也。祭祀、賑濟、建國，所至因時舉事。以卦體互觀也，至五而益道大備，故爲“惠心”。風雷无形不測，故象鬼神上帝先公祭告也。

六三，益之，用凶事，无咎。有孚中行，告公用圭。

《象》曰：益用凶事，固有之也。

〔一〕祐，早印本作“來”。

六以柔居剛，處益下之時，故爲“益之”。三多凶，風雷[一]相薄，象凶災。用，補助也。救民恤災，故“无咎”。三、五同功，五“惠心”，故“有孚”。三與四當內外之中，上承“惠心”之五，下乘“大作”之初，木行利涉，故皆爲中行，雷風周旋之象也。告，祭告也。公，先公祖考也，《詩》云“于公先王”，《禮》云“上祀先公”是也。三、四，公侯之位。王者巡行，則奉廟主俱。有事，告而後行。圭者，禮神之玉。震爲玉，合璋爲圭，偶象也，《詩》云“圭璧既卒，寧莫我聽”，亦爲災告也。又《周禮·典瑞》：畛圭以恤凶災。三省斂，爲秋西行之象。風雷无形，有鬼神之象。《象》曰“益用凶事”者，六三有應在上，以上益三，其所固有，與六二益“自外”者異也。蓋三在損居四，上在損居初，四嘗自“損其疾”，以辭初之益，今四來三，與上正應，故爲“固有”之象。凡上之倉廩府庫，原輸自下也。積之豐年，而散之凶歲，因民之利，還以利民耳。況九居上附益已多，自三視之，皆其固有，孟子對鄒穆公曰：凶年饑歲，老弱轉乎溝壑，君之倉廩實，府庫充，是上慢殘下，出乎爾者反乎爾。正與此象合。《周禮·大司徒》以荒政十二聚萬民，遺人縣都之委積以待凶荒，三年耕而有一年之食，九年耕而有三年之食，所以備凶歲者，已預于平日。公家蓄積，以待興發，非如後世倉卒苟且，征榷算商之術，故曰“固有之”。國家有固有之

[一] 風雷，早印本作“雷風”。

益,何憂于凶歲乎?

　　圭,割玉爲之。天子祀天之圭,合四爲一,下有底。《春官・典瑞》云"四圭有邸"以象天。初奇象邸,二、三偶象四圭,上下之際,象圭合也。圭判曰璋。常圭,中邊判爲三璋,以爲瓚柄,三偶之象。

六四,中行告公從,利用爲依遷國。

《象》曰:告公從,以益志也。

　　六以陰居四爲巽,損上之主也,近君,有公象。其德爲順,以柔承剛,入而能順,有告即從之象。風无形,鬼神之象,言將遷國而告于先公,神謀協從也。六自坤來居四,易九往居初,有遷國之象。坤爲地在上,有國象。依,因也。蓋因損四而成,故爲"爲依遷國",依四也。益之六四,自上來下,故爲"遷國"。損之上九,自下往上,故爲"无家"。臣有家,君有國也。遷國,損上之象。震爲長子,封國之象。四象冬北行,十月定中,故爲"遷國",《詩》云"定之方中,作于楚宫"是也。《象》曰遷國所以安民,"告公從"者,以益民之志,告于先公也。古者大事告于祖而後行。

九五,有孚惠心,勿問,元吉,有孚惠我德。

《象》曰:有孚惠心,勿問之矣。惠我德,大得志也。

　　九五陽剛中正,爲損上益下之主,自初出震以來,省方中行,至于五而益道備矣。初至四,卦體似復,見天地之心,故爲"有孚惠心",其象爲后不省方。二至上,又互觀,其象爲省方觀民，故九五以大觀在上，巡守祭告，賑災遷國。自初以來，无一非惠民之實心。心爲政本，有是心，即勿問其事可知也。真大作厚下之主，故初與五皆爲元吉。五似坎，爲心。君有惠心，民自信孚，謂惠我以德，非分財之惠耳。惠莫大于心，益莫大于孚，所以元吉。《象》曰有惠下之誠心，自无往非惠民之實事，故可"勿問之矣"。惠民以德，則下實受益，所謂"天施地生，其益无方"。益道大成，故曰"大得志"。

　　爻辭九五、初九，皆稱"元吉"。九五孚惠之心，于初作始。初九孚惠之德，至五成終。勿問，反兌之象。兌爲口。

上九，莫益之，或擊之，立心勿恒，凶。

《象》曰：莫益之，偏辭也。或擊之，自外來也。

　　益惡過高。上九以陽居亢，巽爲長高、爲近，利市三倍，求益无厭，故爻爲拒絕之辭，曰"莫益之"。乘九五益民之主，以陽實加其上，貪多自利，故五欲擊之。五非正應，故曰"或"也。五居中有惠心，立于心之上，而孚不如五，故爲立心不恒之象，五所以欲擊之而凶也。凶者，將變之象。五擊上落，則復爲損。五互艮爲手，有擊象。風雷爲恒，反恒爲益，益上即恒三，故其象"无恒"同也。《象》曰"莫益之"者，惡上九專利，爲偏拒之辭耳，非謂莫益六三也。"或擊之"者，非六三在內往擊，九五自外來擊也。蓋三云"益之"，上云"莫益之"，疑于莫益三也。上云"或擊"，三以震應，疑于內擊也，故《傳》明之。

巽究爲躁。六三以凶事下應，風雷交極，有擊之象。三以凶事告益，上以亢陽處益，有不肯損之象。五在中爲心，上九以高長立其上，爲立心之象。上在損居初爲兌，嘗悅以益四，今反爲巽居上，躁以拒三，故爲不恒之象。傲利而行，人皆拒之，求多招侮，故凶。

易學典籍選刊

周易正解 易領

下

〔明〕郝　敬　撰

向　輝　點校

中華書局

周易正解卷十三

夬☰乾下兌上

《序卦傳》曰："益而不已必決，故受之以夬。夬者，決也。"夫物未有增益盈滿不潰決者，夬所以繼益也。易道消息盈虛，時中而已。盈滿壯盛，易之所戒。盈則必虛，壯則必衰。銷患有素，而彌縫非一旦，不在倉卒成敗之際，取勝一決而已。卦體一陰將盡未決，兌上畫缺，有澤決就下之象，故名夬。天下无成不毀，聖人因時調劑，非乘小人孤立，衆君子併力一決之謂也。君子于小人，既不能杜于未萌，又不能禁于將盛，徒欲倚衆強之勢，造次求決，此私智權力，非觀變時中之道。後世漢唐諸臣，屢用此敗，學易者，豈可枉聖人之旨，誤後世无窮乎？今玩卦體，乾下兌上，雖五陽方盛，孤陰垂盡，然健而能悅，剛而能和，无陵厲直往之氣。澤在天上，有決而欲下之機。天澤交而將復，陰自无違，何事于陽之力決也？與大壯相似，大壯戒用壯，夬戒用決也。初九"壯于前趾"，戒其往。九二"惕號"，稱其中。九三"壯于頄"，則凶矣。九四"次且"不前，許其悔亡。九五"莧陸"不迫,稱其中行。蓋時有必至,一陰无號,終將自凶。爲五陽者,慎以防之,從容以俟之耳。故曰"健而悦,決而和"。"不利即戎",脩文告邑,自利攸往,其旨曉然。以此防小人,不致挑禍誤國;以此當機務,不致躁妄債事。豈甘心一擊之爲決乎? 若夫崇陽遏陰,進君子而退小人,義非一端,不待此而後見也。天理難持,人心易危;君子易消,小人難退,由來已久。五陰剥一陽,其進甚勇;五陽夬一陰,其退甚難。君子恬淡,不可則止;小人綢繆,麾之不去。故陽長,杯水不能救車薪;陰退,爝火猶可燔林木。盛衰之際,聖人防乎其防,而奈何輕言決也。

夬怪**,揚于王庭,孚號有厲。告自邑,不利即戎,利有攸往。**

夬者,五陽逼一陰,將決而去也。陰方據陽上,故曰揚,言其揚然悦也,兑象。五爲王位,上在五前,王庭之象。孚,與五孚也。號,讙譁也,兑口之象。上與五同體,故孚。悦故號,小人狎大人,无忌憚之象。君側有邪臣,故危厲。在下曰邑,指九二也。告,戒也。九二志在急君,故告自邑中,使戒備也。然君側之奸,不利即戎,但能儆備,而時極數窮,往自有利。即戎,指九三,過剛好進,恐其犯上也。

卦名夬者,兑偶上缺,爲毁折、爲附決。其位正秋,秋金也,乾亦爲金。大剛則缺,非謂速決也。夬不欲決,猶大壯不用壯,故其爻象與大壯略同。乾伏坤,有邑象。

《象》曰:夬,決也,剛決柔也。健而説,決而和,揚于

王庭,柔乘五剛也。孚號有厲,其危乃光也。告自邑,不利即戎,所尚乃窮也。利有攸往,剛長乃終也。

　　夬,決斷也,剛進而決斷乎柔也。卦以乾遇兌,乾健兌悦,健決悦和,陽雖上進而不暴,是以爲夬。"揚于王庭"者,五爲王宫,上爲庭,一陰據其上,揚揚然也。"孚號有厲"者,九五居尊,上六以陰成悦,號呼倨侮,无人臣之度。九五剛中,有志附決,故其危厲者,乃所以畏孔壬而思光大也。"告自邑,不利即戎"者,非四境之寇,乃城社之奸。九三過剛上應,欲攻之而投鼠忌器,所尚乃窮寇不可攻,惟戒備而已。"利有攸往"者,天時既至,陽道上進,陰將自革,豈待人力而後決乎?

　　恒情乘人之危,趨利輕敵,動即于凶。君子定静,安而能慮,故曰:勿欲速,勿見小利。五陽共排一陰,世所謂一決之力。然而陽進至五,其勢已極,宜保其所已至,勿爭其所未然。已至者隨寓,而未然者因時,无入不自得矣。

　　陽夬陰,與陰剥陽,至于五,而已夬已剥不待上也。上則陽爲復,而陰爲姤,故陰陽之盛不過五。乾過五而悔,坤過五而戰。窮于上必反于下,爲五陽計,與其姤也,无寧夬,故防危正在夬。聖人非教人競進也。世之言易者,失其旨矣。

《象》曰:澤上于天,夬。君子以施禄及下,居德則忌。

　　兌上乾下,是"澤上于天"也。澤上于天,未有不決以下流者。君子觀一陰在上,乾體未光,剛柔不決,有屯膏之象。故“施禄及下”，如澤之沛，若居積其德，壅而不施，則必爭，是乃所忌也。凡行惠施恩之事，喜決而忌居；乘危搆怨之事，喜居而忌決。聖人言外之意可思。

上天下澤履，君子以辨上下，定民志，是澤亦本欲下也，陽因其有就下之勢決之，如所謂高屋建瓴水，非決其所不欲，故曰“決而和”。爻辭九五于上六，无排擊之象。陰陽代謝，甚相得也，豈人情乖戾之爲夬乎？

初九，壯于前趾，往不勝爲咎。

《象》曰：不勝而往，咎也。

九以乾初勇于上行，故爲壯于前趾，趾在下之象，言初視大壯之趾爲尤急。大壯陽進至四，而夬陽進至五矣。初以卑賤，欲陵節上升，而陰方據上[一]，勢必不勝，往祇爲咎耳。《象》曰初乾下宜潛，而恃壯自用，雖勝爲貪功，況不勝乎？所以咎也。處夬用壯，易之所戒。

夬自大壯積，故初與三猶存壯名。大壯上震爲足，初下應爲趾。今夬五陽，而初欲進，是尤壯于前日之趾也。然大壯初九“有孚”，夬初不言“孚”，何也？震本乾陽，兌則坤陰也。

九二，惕號，莫_暮夜有戎，勿恤。

《象》曰：有戎勿恤，得中道也。

九二乾體，居柔得中。處夬之時，剛而不暴。上六以

───────────

〔一〕上，早印本作“五”。

陰乘五,下與三應。二應五而鄰三,君側有奸,不敢忘備而近憂。九三過剛,懼其旦夕興戎,故爲聞號警惕,莫夜有戎寇之象。上六小人,悦以求容。二以乾惕難悦,自足以防奸。折其揚揚之氣,不必張皇陵迫,過爲憂恤也。象所謂“告自邑,勿用即戎”以此。《象》曰“有戎勿恤”者,九〔一〕二“得中道”,故能處夬不躁,亦不忘備也。

　　乾中爲坎,變離。離爲日,坎爲隱,莫夜之象。坎爲盜,離爲兵,有戎象。乾九三終日,莫夜之象。三以過剛應上,有即戎之象。故二憂惕,象所謂“告自邑”也。

　　二之惕,非惕于上之來三也,惕于三之欲往上耳。蓋三本重剛,勢欲決上,而二與之鄰,恐其挑禍越禮。如大壯九三“觸藩”則凶矣,故不憂上難去,而憂三興戎。老成持重,臨事幾密之見,三、上所以得免于搆,惟以有二也。如大壯九三“觸藩”“羸角”,正以其過剛,亦惟二、五得中,能盡處壯之道也。

九三,壯于頄求、葵二音**,有凶。君子夬夬,獨行遇雨,若濡,有慍,无咎。**

《象》曰:君子夬夬,終无咎也。

　　成敗之際,貴于詳審。處最勝之事,克終惟艱。九三以陽居陽,乾健之極。當夬之時,與陰爲應,悻悻求決。壯形于頄,有即戎之色。進必犯上,故凶。頄,顴頰間骨,凡鬭很者,其頄必壯。若君子應變從容,夬而再夬,不徑情一決也。陽雖有五,三獨應陰,受澤之潤,故爲"獨行遇雨"。陰以潤爲悦,而陽以濕爲愠。非道不悦,自可无咎。豈必迫人于危,興戎以爲夬乎?《象》曰凡夬之義,以一爲斷,一決求勝,九三所以凶也。君子臨事而再思,夬夬然不敢輕斷,故无咎。"夬夬"者,不一決之辭。三變重兑,有缺而又缺之象,故爲"夬夬"。乾爲首,變兑則互離。離目兑口間,其象爲頄。遇雨若濡,兑澤之象,有愠不悦之象。三爲人位,乾九三君子之象。蓋指九二得中以戒九三也。

上孚五爲悦,三進決上,必先陵五,犯君故凶。大壯上六所以設藩用罔,而九三羸角者,正以此。君子遇上,惟愠而惕,和而不同,嚴而不惡,未可冒昧直前,快意于一決也。

九四,臀无膚,其行次_兹**且**_疽**,牽羊悔亡,聞言不信。《象》曰:其行次且,位不當也。聞言不信,聰不明也。**

九四兑始爲和,其進不決,與初敵應。初健而其趾壯,四悦而其臀无膚。膚,肉也。无肉,言不壯也。次且,行不進貌。兑爲羊,羊性前牽則不行。九四下乘乾剛,不得不進,上與五遇,不敢徑前,故有此象。然處夬而不失和,其悔可亡,與二同功。二"惕號"告邑,四"聞言不信",與悦同體,故忘備也。《象》曰"其行次且"者,以剛居柔,故進不決。"聞言不信"者,不中不正,无聽德之明也。雖非九三過剛之凶,然悦而忘戒,亦豈處夬之道乎?

四與初應。初爲趾,故四爲臀。不中,故爲皮膚之象。膚无骨,柔象。兩剛敵應,无肉之象。乾爲言,四變坎爲耳,聽不聰之象。

九五,莧^現陸夬夬,中行无咎。

《象》曰:中行无咎,中未光也。

九五陽剛中正,上比于陰而悅之。孤陰將盡,微弱如莧。五以陽居澤中,高平如陸,悅而承之,夬夬然,取之以時,用之有節,非過時而不採,亦非一拔而遽盡。既不滋其長,又能盡其用,循循有常,中行之道,是以无咎。《象》曰中行則盡道矣,僅免于咎,何也? 陽與陰爲悅,陰未全消,乾道未得光大也。蓋盈虛有時,善持盈者,與時偕行。人主制馭小人,如莧生陸,常能夬夬于平時,何用取決于一旦? 若其養奸樹惡,使高張蔽日,雖破斧缺斨,未易驟拔,而乃歸咎于決之不勇,豈不誤乎?

莧,菜名,陰物,五月始生,莖葉柔脆易斷,孤陰之象。高平曰陸,澤在天上,有陸象。五、上同體,六乘五,有莧生于陸之象。陽勝而猶相得,所謂決而和也。大壯之六五,陽進而陰相忘。夬之九五,陰退而陽相生。陰窮于上,莧生于五,亦猶大過陰在上,而九五枯楊生華,皆將絕之餘氣也。夬夬,如摘莧者,朝夕採取,非頓盡也。夬不用壯,五變則爲震,二偶在上,有缺而又缺之象,亦^{〔一〕}爲夬夬。震

〔一〕亦,底本“亦”前有一墨釘,早印本作“故亦”。

爲蕃鮮,有莧象;爲大塗,有陸象。陰陽消息自然,原非迫于不得已。五、上剛柔相決之際,而爻象莧陸,見天地聖人,盈虚消息,和而悦如此。解者以"夬夬"爲"速決",失之矣。

上六,无號,終有凶。

《象》曰:无號之凶,終不可長也。

六以一陰據五陽上,孤立無偶,始猶悦而聞號。及陽道浸滿,莧陸將盡,寂不聞號,終有決絶之凶矣。《象》曰"无號之凶",五陽漸逼,一陰垂盡,其亡已決,不可長久也。

上六"无號之凶",非諸陽排擠之。時至數窮,陰雖欲長號不絶,自不可得。九五雖欲悦上不決,亦不可得。故曰:聖人不能爲時,能不失時而已。

姤䷭巽下乾上

《序卦傳》曰:"夬者,決也。決必有所遇,故受之以姤。姤者,遇也。"一陰分決于上,忽復遇于下,姤所以反夬也。造化之理,一與二、奇與偶,如形與影,故曰"一陰一陽之謂道"。自天地、男女、事物,細至呼吸,莫不皆然。故夬則必姤者,天也。聖人不能絶陰,而不能不愛陽。愛陽而喜其來,不能不惡陰而幸其去。幸其去則曰夬,而驚其來則曰姤。姤者,不欲遇而不可避之名。爲卦乾上巽下,以二體觀,乾剛巽柔,柔與剛遇,其遇甚合。以一體觀,五陽上極,一陰下來,其來甚順。陰陽之情,不爲不相得,而姤之一陰,即坤之履霜。未幾而遯,未幾而否,觀、剥且至,故陰之害陽,陽不覺也。聖人作易,以著消長之幾。盛衰盈虛,非能與造物爭,而因時保護,則存乎其人。故爻辭于否泰之際曰"包荒""包承",于姤曰"包魚""包瓜",以見天不可違,而調燮貴適時。今之言易者,夬則欲其決去,姤則禁其相逢,心欲使天下有陽无陰。夫苟有陽无陰,聖人可无憂,而易可不必作矣。不能體陽陰之德以通其變,徒欲絶陰存陽,聖人豈爲此偏曲之論?且如姤之爲卦,何嘗不善?乾道上運,巽風下行,帝出乎震,物齊乎巽,相見乎離,遇之象也。九五陽剛居尊,初以一陰方來,有臣民遇主之象。九二剛中下應,爲大臣宣化之象。是九五所用以招攜懷遠,風行下國者也。文王彖辭以爲男女之交,夫子發天地萬物皆遇之義,聖人何嘗以姤爲不善?引而伸之,六十四卦皆可知已。

姤,女壯,勿用取娶**女。**

姤,遇也。一陰方決于上,復遇于下,巽長女,故爲"女壯"。上與乾遇,五陽并盛,一女獨進,其守既不貞,而以羣亢之陽爭應,則剥蝕之患生,巽入而乾不覺,方喜其遇,故聖人戒之。

《彖》曰:姤,遇也,柔遇剛也。勿用取女,不可與長也。天地相遇,品物咸章也。剛遇中正,天下大行也。姤之時義大矣哉!

《彖》所謂“姤者，遇也”，巽柔遇乾剛也。“勿用取女”者，女長則陰盛，陰壯者陽衰之漸，乾遇中女爲同人，遇少女爲履，與長女遇則爲姤，且爲遘爲剥，故漸不可長也。然方遇之時，正其盛時，乾施巽入，天行東南，與地相遇，春夏之交，品物齊見，咸亨章明，會合之時也。二、五皆剛，君臣一德，陽道未損，天下大行之會也。天地不遇，不成變化；君臣不遇，不成治功；男女不遇，不成生育。遇時即盛時，盛時即衰至。然則遇之時義，豈不大哉？文王所戒者，微陰而防其盛也；孔子所贊者，陽盛而謹其微也，其義則一。

《象》曰：天下有風，姤。后以施命誥四方。

乾上巽下，是天下有風也。陰陽相遇爲姤。人君觀象，以乾爲施，以巽爲命。誥戒四方，四方不得見后，因命誥以與后遇，是風行天下，姤之象也。

初六，繫于金柅你，**貞吉。有攸往，見凶。羸**雷**豕孚，蹢**擲**躅**軸。

《象》曰：繫于金柅，柔道牽也。

初六以一陰爲巽主，乃其所爲姤者也。陰方自夬而下，即與五陽遇，无所適應，故爲“繫于金柅”。以木窒物曰柅。卦體本乾，乾爲金，乾健行，而初陰忽滯其底，其象如此。巽爲繩，有繫象。孤陰上附，若繫然也。爲成姤之主，可遇而不可求合，安固自守，乃爲女德之正，從一之義，故吉。巽入而隱，上與四應，而非包主，不宜往見，事非其主，

則違命而凶。羸，稺弱也。初陰在下，小豕之象。坎爲豕，
巽體似坎未成，故爲“羸豕”。豕性躁，其形俯，亦巽象。遇
二爲孚，初陰方長，能權能制，故爲“蹢躅”，跳躍之狀也。
一作彳亍，兩足一步一往曰彳亍。巽爲股，爲進退，陰長難
制之象。《象》曰“繫于金柅”者，五陽方剛，一陰以柔情牽
繫之也。

　　舊訓柅，絡絲之器，女子所有事。二遇初，以金爲柅，
以其絲繫之，猶《曲禮》女子許嫁則佩纓，示有所屬之義也。
巽互離，木中含火，火生風，風化蠶，蠶爲龍馬之精，龍大
火，馬火畜，故絲自火出。東風動而蠶生，巽爲蠶絲也。一
陰在下，五陽被繫，有牽絲之象。夬上一陰，五陽上往；姤
下一陰，五陽下來，剛柔相求之情如此。

　　巽爲命，初爲民，九五乾剛中正之主。初雖遠，莫非風
教所被也。雖與四應，姤不主應，后“施命誥四方”，以志
遇，不以往見爲遇也。初若往見，則必于四，有明主而事无
魚之賓，豈但失二之“包”？逆志違命，故凶也。“羸豕孚蹢
躅”，即《書》云“民罔常懷”，“善則得，不善則失”之義。

　　陰之有權制者莫如巽，以其善入而隱也。非九二剛
中，仰承九五陽剛中正之主，不足以繫之。二之包初，蓋五
以之也。故九五有“以杞”之象。金爲乾，指五。杞爲木，
指二。故曰：莫強于民。得乎丘民，爲天子。五所以用二
包初也。

九二，包有魚，无咎，不利賓。

《象》曰：包有魚，義不及賓也。

　　以陽居二，初陰方來，二獨先遇，處姤之時，遇斯爲得，故二得包魚有之。巽互離，有魚象。陰陽相姤，有包象。巽入在下，陽在外爲包。二雖非正應，姤主近民，近則先得，何咎之有？四雖正應，而先遇者得魚。魚已有主，則四反爲賓。是魚也，賓所不得享矣。《象》曰賓之有魚，義也。以遇爲獲，義不得及賓也。

　　包有懷保之義。二包初，非能自包也。三牽于初，而无因可致。四有因，而遠不能有。唯九五爲遇主，二爲五應，故五以二得初。二雖與初姤，終能有初者，惟五耳。若二，所謂奔奏疏附之臣，諭德宣譽，率下親上者也。

九三，臀无膚，其行次且，厲，无大咎。

《象》曰：其行次且，行未牽也。

　　三即夬之四，在夬爲兌，陽上悦乎陰，和而不肯決；在姤爲巽，陽下遇乎陰，牽而不能上，故其象皆爲臀无肉。其行次且，然夬陰將去，而陽不行，猶可言也。姤陰方來，而陽受制，不亦醜乎？但與巽同體，雖次且不行，非爲陽之咎。大爲陽，巽本陰也。巽爲股，有臀象。九三過剛，无膚之象。巽爲進退不果，次且之象。《象》曰"其行次且"者，夬之九四，所悦在上，牽羊而前，故能悔亡。此之九三，所入在下。其行未有牽而上者，不免于係戀之醜矣。

九四，包无魚句，起句，凶。

《象》曰：无魚之凶，遠民也。

　　四與初正應，所謂魚之賓也。賓宜有魚，先遇二，入其包，故四爲“包无魚”。巽入而隱，入于下則不起。起，猶上也，即初所謂有攸往見也。往應則失其所謂金柅之貞，是四與二爭主此魚，上違九五之命也，故凶。《象》曰无魚而起爲凶者，陽爲君，陰爲民，在遇不主應九，四以遠民失民，苟初起而見，失其所爲姤矣。下取諸二之包，勢不能得，上无五之命，義不當取，是以凶也。

　　卦體惟以初、四兩爻，宜應不應，所以爲遇而成姤。能近民者莫如二，遠民而能有者莫如五。四遠，則不能有君臣之分也。四遠民而强親，與初遠四而强起，皆爲苟合。民可近不可遠，二得中，故近民而民受包。四失中，故遠民而民不起。

九五，以杞包瓜，含章，有隕允自天。

《象》曰：九五含章，中正也。有隕自天，志不舍上聲命也。

　　卦體一陰初生于无位之地，二、五諸陽當位者，俱无損傷。九五陽剛中正，本乾飛龍之主。而初以潛龍，變爲嬴豕，仰覩在天，利見之運未改。如杞高大之木，枝葉蘢葱，而滋蔓易生之瓜附纍其下，杞方包容而不覺也。瓜生于陰月，巽木用事，東南萬物相見，一陰始生，麗于陽而含其章美。方夬于上，忽姤于下，若隕之自天然，是九五之文命，風行下國，无遠弗訖也。杞，美材，指九二。巽爲木，瓜指初六。初承二似艮爲瓜。以，五以也。巽木高長，故自初上達于五。五爲姤主，故一民莫非其臣，非如四之遠民者比也。五、二正應，二之包初，以五之命，故爲"以杞包瓜"之象。含，即包也。章，即瓜也。剛柔相雜成文章，初、二命誥之象。隕，落也。有隕自天，巽命下及之象。天，乾象，指五也。處姤之時，后不得與海隅蒼生遇，而以其志寓諸文章，播告下國，窮陬僻壤，如身與后遇，《大象》謂"施命誥四方"，此也。《象》曰"九五含章"者，陽剛中正，雖一陰方來，袛麗而爲章美，上遇明主，小人變爲君子，惟有中正之德者能之。《彖傳》謂天地遇而咸章，剛遇中正而天下大行，此也。"有隕自天"者，九五居尊，以天下爲度，與初非應非比，然志以命宣，不以微賤舍也。命，指初，巽主有命象。舍，猶遺也。志謂求民之志，即所以含章而風之下者也。

上九，姤其角，吝，无咎。

《象》曰：姤其角，上窮吝也。

　　上九過剛，高而无位，復何所遇？下與九三敵應，乾極爲亢，巽極爲躁，不復能包，故爲"姤其角"，忤觸之象也。遇而以觸，其誰與之？踽踽涼涼，故足羞吝。然亦異乎苟合者，故"无咎"。在卦之上，有角象。《象》曰"姤其角"，過高而道窮，故羞吝也。其陳仲子之流與！

　　上即夬之初，初在下爲趾，故反上爲角。夬之趾角，兌羊之象也。姤之臀膚、角，皆自夬來也。

萃䷬坤下兑上

《序卦傳》曰："姤者，遇也。物相遇而後聚，故受之以萃。萃者，聚也。"爲卦下順上悦，順而悦，故羣處和集而不忤。禮讓以相與，仁孝以相親而後不偷，各從其類而後无爭，戒備不虞而後不亂，君臣相悦而後可治，咨嗟憂懼而後可保。故《彖》言"孝享"，所以教也；《象》言"戒器"，所以備也。六爻皆有補過之辭，而初之"號"，三之"嗟"，上之"涕洟"，所以懼也，其道皆本于順而悦。有家者知此，則家用輯；有國者知此，則國用康。萃之義也，其卦與比相似。比地上有水，而萃地上有澤。澤，水所聚也，故爲萃。比廣而萃差狹，比一陽而萃二陽也。一則兼統，二則權分，比所以顯，而萃所以未光也。

萃，亨，王假_格有廟，利見大人，亨，利貞，用大牲吉，利有攸往。

人心所聚，自然亨通。衆聚莫如王，聚而肅雝，莫如王之假廟。假，與格同。衆聚則必有仁者在高位統之，故爲"利見大人亨"，而利于正。不正，雖聚必散。其假廟也，物聚而財阜，時和而禮豐，故爲"用大牲吉"。其見大人也，得衆而用之，人心悦而從之，故爲利攸往。下卦互艮爲門闕，遇巽木有廟宮之象。坤爲牛，兑爲刑殺，有大牲用享之象。

《彖》曰：萃，聚也。順以説_悦，剛中而應，故聚也。王假有廟，致孝享也。利見大人亨，聚以正也。用大牲吉，利有攸往，順天命也。觀其所聚，而天地萬物之情可見矣。

萃以聚爲義。上悦以使民，而民順以從上。九五陽剛，六二柔順，中正相應，所謂順悦，非邪妄之私，故聚而亨也。"王假有廟"者，衆萃于王，王以其衆萃于廟，致其仁孝，享于祖考，无言靡爭，精誠合一，萃之至也。"利見大人亨"者，天下惟一王，上有明主，而天下歸之，聚以正也。"用大牲吉，利有攸往"者，天道時中而已，天子格廟，而損用二簋，是數米而饗三軍也。大人利見，而儉德避難，是當暑而服裘褐也。禮貴適中，事在因時。人心順悦，天命可知。何苦爲纖嗇之事，所以"順天命也"。造化之理，不外人情。人情即天地萬物之情。惟順惟悦，可以格神，可以致治。仁孝之道，帝天之命，不外人心順悦而已。天地萬物之情，又豈出順悦之外乎？

《象》曰：澤上于地，萃。君子以除戎器，戒不虞。

兑上坤下，是澤上于地也。澤水所聚，上于地，其潰決宜防也。君子觀象，知衆之所聚，其變易生，簡除戎器，修飾其敝，以防不虞。兑秋爲金，兵象也。坤爲衆，師象也。大抵順悦之時，易所謂〔一〕憂危之時也。

─────────

〔一〕謂，早印本作"爲"。

初六,有孚不終,乃亂乃萃,若號_{平聲}。一握爲笑,勿恤,往无咎。

《象》曰:乃亂乃萃,其志亂也。

萃以羣陰係于二陽,初六以陰居陰,在坤之下。坤爲衆,在下委靡,无堅貞之志,上應九四爲“有孚”,而九五以陽爲萃主,四、五互巽爲不果。初應四,又欲應五,故爲“不終”。羣衆亂萃,莫適爲應。初若號四,四必下應。一見握手,相爲歡笑。順以求悦,可勿憂恤。往因四以萃五,何咎之有?《象》曰“乃亂乃萃”者,處羣萃之中,“其志亂也”。

卦體以順遇悦,互巽不果,故有混亂之象。四與初應,而下比三,三爲終,故初疑。四與三比,爲不終孚之象。兑爲口,巽爲號,互艮爲手,有握象。兑悦,有笑象。上體似坎,有憂恤之象。

六二,引吉,无咎。孚,乃利用禴。

《象》曰:引吉无咎,中未變也。

六二柔順中正,爲衆陰主,上應九五,引衆同歸,君臣之大義,故吉,于萃道得而无咎也。然坤衆羣萃處,其志紛紜,九五雖當位,下乘九四之剛,衆心未固,猶爲匪孚之主,必待既孚,乃可通微誠也。夏祭曰禴。其禮簡,而萃用大牲。上下苟孚,樽酒簋二,可以納約。若其未孚,雖大牲豈見信乎?此戒九二之辭。處萃之時,誠敬爲本也。《象》曰“引吉无咎”者,初與三皆不中,而有異志。六二中正,不與初、三俱變也。

互艮爲手,互巽爲繩,有引象。兑爲巫,有享神之象。

六三,萃如嗟如,无攸利。往无咎,小吝。

《象》曰:往无咎,上巽也。

六三不中正无應,亂于衆羣,故爲"萃如"。與上敵應,而皆无侶,故上"涕洟"而三"嗟如"。兑爲澤,爲口之象,近比九四,而四自有應,故"无攸利"。然既與四聚,往亦无咎。非應而往,小有羞吝耳。《象》曰往四无咎者,往則上互四爲巽。巽,入也。處萃而能悦以入,何咎之有?《傳》于此爻,明指互體示人矣。

九四,大吉,无咎。

《象》曰:大吉无咎,位不當也。

九四以陽據坤上,有先得衆之象。處下順上悦之間,而衆陰先歸,是因大而得吉也。陽爲大。九五剛中之主,同體相悦,下无逆志,上无猜嫌,故四雖權重,處多懼之地,而猶免于咎也。《象》曰九四"大吉无咎"者,補過之辭。位非君而有衆,是臣所不當也。萃之不得爲比者,徒以有九四一爻,而象謂"利見大人",欲衆知有五耳。

九五,萃有位,无咎。匪孚,元永貞,悔亡。

《象》曰:萃有位,志未光也。

九五陽剛居尊,四陰皆其所有,九四據之而位不當,故九五爲"萃有位"之象。雖有强臣在下,同體相悦,于君道未有所失,但羣陰承四者多,人心未盡乎,九二欲引而不敢用禴。爲五計者,惟體元足以長人,能元善永貞,庶乎仁積信成,匪孚之悔可以亡耳。《象》曰九五雖有其位,九四在下,分民而治,未得如顯比之光也,是故比之"元永貞"言于象,而萃之"元永貞"言于五,其望五深矣。

上六,齎咨涕洟,无咎。

《象》曰:齎咨涕洟,未安上也。

凡萃之道,下則多聚,高則寡與。上六以陰居萃之極,下无正應,是以齎咨嘆息,涕洟交流。目出曰涕,鼻出曰洟。兌爲口、爲澤,互艮爲鼻,故有此象。然悦極能懼,雖寡與无咎也。《象》曰"齎咨涕洟"者,羣陰萃于下,上六思得朋,不安于上也。方以類聚,何咎之有? 反下爲升初,則大吉矣。

齎,古借作嗟。一説齎,持也,上與三,相持咨嘆也。

升䷭巽下坤上

《序卦傳》曰:"萃者,聚也。聚而上者謂之升,故受之以升。"天生衆民,稠伍之中,必有英傑起而長之,孟子曰"拔乎其萃",升之謂也。升以漸進,古者鄉國拔士俊秀者,升之大學;大樂正升之王,王論定而後官。自韋布以躋崇顯,歷級而進,故其卦取諸巽、坤。坤,順也;巽,入也。巽由下而入,前臨坤而順。木出地中,與土相生,入之深而達之順，發榮滋長，參天之材所由起，故謂之升。然反萃而得，何也？萃坤居下，爲羣衆之象。拔自羣醜而登之民上，故倒萃爲升也。當其爲萃，陽居四、五，有臨下之象。四當五前未光，倒下則陽居二、三，有上升之象，所以反萃也。大抵爲臣以柔順爲本，獲上治民必以巽。夫子論在下位，推本于信、友、順、親，即此意。焉有陵暴好上，而能升者乎？

升，元亨，用見大人，勿恤。南征，吉。

　　升，進而上也，有大亨之道。“用見大人”者，用此道見大人也。衆陰在上，故曰“勿恤”。巽坤之間，南離之位，人臣之利鄉也。巽順者，升之善物。南行，則吉而升矣。

《象》曰：柔以時升，巽而順，剛中而應，是以大亨。用見大人勿恤，有慶也。南征吉，志行也。

　　剛升柔降，以巽遇坤皆柔，而卦爲升，何也？以“時升”也。巽木春夏相見乎離，往役乎坤，所以升耳。巽在下而入，坤在上而順，二以陽得中，上與柔爲應，所以“大亨”也。“用見大人勿恤”者，用此巽順之道，可以見大人，勿憂恤，必得升而有福慶也。不曰“利見”者，五位无大人也。詳見本爻。“南征吉”者，巽坤之間位正南，行乎巽坤，則前往西南，平易而志行也。天運自東南而西，生長之方，順而吉也。

《象》曰：地中生木，升。君子以順德，積小以高大。

坤爲地,巽爲木,爲高長。坤在外,巽在内,故爲“地中生木”。木生于地,自句萌而枝葉。出土而干霄曰升。日進罔覺,順之至也。故君子之德,莫大于順。學問之功,莫純于順。巽、坤皆順也,寬裕温柔以養心,優游自得以爲學,无陵節之行,无襲取之弊,寸絲積累,上達高明,如木生地中,君子之升也。

初六,允升,大吉。

《象》曰:允升大吉,上合志也。

初六以陰居下過柔,然爲成巽之主,入之至,故信之深,而陽不能違也。進與二允,二方有孚于五,豈能舍初獨升?故爲“允升”,是以大而得吉也。《象》曰“允升大吉”者,升之爲道,以次而進。初與二合志,有賢達爲汲引,所以升也。初无正應于上,而比于二。二、五合志,二與同升耳。

升高必自卑。巽木高長,託根在下,故初最吉。夫士未有不能入人而能進者,如木根入土深而上長也。〔一〕

九二,孚乃利用禴,无咎。

《象》曰:九二之孚,有喜也。

二在萃居五,所謂有位匪孚者也。彼一時也,爲六二者,欲待其孚,而後用禴,以九在四,未能通五耳。今來居下,二變爲陽,五變爲陰,上无阻隔,二實五虚,以中相應,

〔一〕“夫士”至“長也”二句,早印本作“夫士未有不能入人而能進者矣”。

故爲"孚乃利用禴"之象。微誠薄悃,不事浮飾,可以上達,如是則不致有咎矣。大抵處升之時,以剛直之臣,事謙沖之主,惟誠信可忘形迹,去虛文而相得,故无咎。然不言升,何也? 六爻惟二與四不言升,二承九三過剛,巽究爲躁,舍正應而求三,无升理也。四近五,升則逼君也。《象》曰"九二之孚"者,上與五通而升可期,故有喜也。

九三,升虛邑。

《象》曰:升虛邑,无所疑也。

　　九三在萃,居四得衆,位不當而疑于君者也。今來居三,爻位已改,有虛邑之象。《詩》云"升彼虛矣",亦舊邑也。蓋在萃,五受其蔽,二不能達;在升,二自成孚,三不能礙,如貴人已去,而采地猶存。且過剛多凶,上无正應,與冥相值,亦虛之象也。由此南征,坤土平曠,无復沮礙,亦"升虛邑"之象也。《象》曰"升虛邑"者,三本剛而好升,上遇坤順,如踐无人之境,故"无所疑"。又上承六四,王遷于岐,此其空邑與? 凡易象多端,類此。

　　玩九三一爻,雖不中正,居巽之上,互爲震主,本諸侯之位,將有進爵爲王之象。蓋爻辭取象文王受命之事耳。《詩》云"周雖舊邦,其命維新",三如舊邦,四如文王康岐,受天命也。

六四,王用亨亨于岐山,吉,无咎。

《象》曰:王用亨于岐山,順事也。

以六居四，在坤之下，柔順之至。升至此，蓋臣位之極已。德與位宜，故能臨下不驕，奉上不倍。文王以之三分天下有二，猶以岐山之貢享于殷，順之至也，周道所以日升，吉，又何咎？岐山，西土，坤在兌上之象。互兌爲西，《爾雅》“二達謂之岐”，偶象也。山高，升象也。《象》曰“王用亨于岐山”者，順以事上也。

六五，貞吉，升階。

《象》曰：貞吉升階，大得志也。

六五居上之中，蓋尊位也。處升之日，虛天位而待大人，必守貞得吉者，乃能升其階，非岐山之王而誰也？階，地象。貞，坤德。升階，揖讓而升也。升之者，六四也。湯、武之征誅，非升階之禮也。《象》曰“貞吉升階”者，在萃之時，以剛居五，下乘九四，其道未光。今以柔順中正而升，天下順之，非復“有位”“匪孚”之比，故曰“大得志”。爻辭蓋指文王之事。而文王未王，故五位不即真。若武王揖讓不足，未可言“升階”矣。周公脩辭立誠如此，作周恭先，豈不信然！

上六，冥升，利于不息之貞。

《象》曰：冥升在上，消不富也。

上本无位，而升道過五，陰極爲晦，是宴息之鄉矣。鐘鳴漏盡，升而不已，故爲“冥升”。以處名位，宜知止息，惟脩道德則利貞耳。蓋功名事業，俱屬有爲，惟道與冥合。

浮生過影，俱屬无常，惟道爲不息。士君子明良遇而大業終，舍朝華之崇顯，尚幽貞之恬澹，一念萬年，終古長存，是"不息之貞"，乃所利矣。如更求名位以升，是夜行也。所以《序卦》繼之以困。《象》曰"冥升在上"者，名位既極，大業既終，无長不消，究歸于空。三邑既已丘墟，上富焉能長保？人世升沈，信如浮雲哉！

　　六四，文王所以爲臣止敬也。六五，文王所以宜王不王也。上六，文王所以純一不已，在上而於昭于天也。

周易正解卷十四

困☰☰坎下兑上

《序卦傳》曰:"升而不已必困,故受之以困。"夫升而能已者,天下鮮矣。涉歷久則其力憊,登陟崇則其勢危,困道也。由升得困,故爻以往爲凶,來爲吉。二征凶,三入宫凶。四來則有終,五下應則有悦。所以然者,何也?困自坎適兑,猶塞自艮適坎,逆天之行,故自兑適坎爲節,自坎適兑爲困。卦體本乾坤否,坤以二往乾成兑,乾以上來坤成坎。是爲澤中无水,内互巽木,澤竭則木槁,故困。困者,囚禁之義,《彖傳》所謂"揜"也,如敵困圍中。六爻往來,皆于内,互爲家人,互巽木,又互離火。坤爲土,乾兑爲金,坎爲水,五氣雜而生克相持。坎險在下,三陰爲困。自下往上,三陽受困。自上來下,來者齟齬不得遇,往者中外遮塞,株木内障,蒺藜中拒,葛藟上蒙。九二在險,九五同德,爲拯困之主,而隔于四。四與初應,而隔于二,必待四來初,而後五得與二遇。苟三不去其蒺藜,則四未得行。而上不去其葛藟,則五未得通。故爲困之害者,莫如三、上。三、上去，而可无憂于初矣。《雜卦傳》曰："困，相遇也。"遇者，姤也。三、上變則成姤，五以二爲杙，以初爲瓜，命通于初，而五爲含章，自天之主矣，《大傳》云"困窮而通"，此也。大抵困，交困也。陽困，則陰亦困。陽困爲酒食、金車、朱紱，悦而在内，困亨之象。陰困爲木石、蒺藜、葛藟，險而在外，困人之象。困之爲字，木在口内。木者，陽之生氣也。卦互巽木在中，木歷坎地則彫，逢兑金則刑，反而東行，木道乃亨。是以爻象皆言來，亦猶蹇"利西南，不利東北"也。嗟乎，古聖明賢哲，鮮有不困者。惟處險而悦，則險不能陷。有坎之信，可以習坎。有兑之悦，可以亨困。彼木石、蒺藜、劓刖、葛藟，天所以玉成君子也。酒食、朱紱、金車，即存于饑渴勞苦之中，困何負于人乎？

困，亨，貞，大人吉，无咎，有言不信。

困，閉不通也。凡閉而不通者，有亨通之道，在安固守正而已。惟有剛中之大人，乃能亨而得吉。夫困雖大人不免，何咎之有？兑爲言，坎爲信，以兑處險，有言不見信之象。夫困豈言所能亨乎？

《彖》曰：困，剛揜也。險以説，困而不失其所，亨，其唯君子乎？貞，大人吉，以剛中也。有言不信，尚口乃窮也。

坎爲剛，兑爲柔。坎一陽揜于二陰，兑二陽揜于一陰。初、上皆陰，而三陽閉于内，是剛受揜也，故謂之困。下險

上悦,則遇困而道不困,身困而心不困,故謂之亨。"其唯
君子乎",君子即大人。貞,即所以亨也。"貞,大人吉"者,
陽剛中正如九五,則貞吉也。"有言不信",兑口爲言,坎堅
多心爲信。澤中无水,有"言不信"之象,是"尚口"耳,乃所
以困窮也。尚,上也,兑上缺之象。處困在脩德,非用言可
免也。

《象》曰:澤无水,困。君子以致命遂志。

　　兑澤坎水,水宜在澤,今澤在水上,是无水也。巽木失
潤,故爲困。君子觀象,不以患難爲恐。委曲盡道,極致其
命,而求遂其志,險而能悦也。士平居從容,孰不言命? 至
于困窮,審時知幾,成敗利鈍,毫髮无爽,然後可以極致其
命,而不負其生平。雖危必濟,雖死得所。苟一毫未盡,猶
匪正命。其不遂志,將誰尤也? 或謂致者,委而棄之,則是
告子之不動心矣。

初六,臀困于株木,入于幽谷,三歲不覿。

《象》曰:入于幽谷,幽不明也。

　　以陰居困之初,在險之下,困之至也。困則无所往,坐
而不行,故爲臀困于株木之象。坎爲豕,初在下,有臀象。
株木,樸樕短木也,猶侏儒之侏。初陰爲坎于外,有豚栅之
象。坎爲隱伏,爲溝瀆,初最下,爲"入于幽谷"之象。上與
四應,隔于二而不得見,凡歷三爻,爲"三歲不覿"之象。
《象》曰"入于幽谷"者,二互三爲離,明不及初,初當坎北,
幽暗不明也。

卦以坎錯兑。坎，冬也；兑，秋也。由冬之秋爲逆，故爻象自上來下。而卦因升致困，故爻象爲降反升。上六爲"葛藟"，一陰始秋，蔓草未殺，夏木无傷，故有葛藟在樹之象。六三秋冬之交，草脱葉而刺存，澤水落而石見，故爲"石"與"蒺藜"之象。初在坎下正冬，霜雪降而木隕，寒山幽谷之中，見枯株而已，故爲"株木""幽谷"之象。三爻皆陰柔，故皆繫以草木也。然陰困陽而象反自困，何也？夫受困與困人，其爲困同也。小人不險，則不能陷人。欲陷人，則必先自險。受陷者剛貞不失其所，則困頓坎坷，祇爲進德之資。彼機械陷阱，反以自憊耳，故三陽困而爲悦，三陰險而自陷，其象如此。若君子平易待天下，則人己共適矣。

九二，困于酒食，朱紱弗**方來，利用亨**享**祀，征凶，无咎。**

《象》曰：困于酒食，中有慶也。

二自乾來，在險爲困，然陽德正中，困而不餒，故爲"困于酒食"。坎中滿，有酒食之象。九五同德下應，故爲"朱紱方來"。大赤曰朱。乾爲大赤。坎中，乾象。紱，蔽膝也，垂于股，《詩》云"赤紱在股"。五互巽爲股、爲絲，坤爲裳，故有"朱紱"之象。君紱朱，臣紱赤。《詩》云"朱紱斯皇"，君也；"赤紱三百"，臣也。亨與享同，祀上曰享，逮下曰祭。二享五祭也。二、五非正應，以誠相通，故曰祭享。誠可格鬼神，斯可通險難矣。自初至五互爲渙，有"享祀"

之象。兌爲巫、爲羊,坎爲酒食、爲豕、爲樂,互離爲牛。乾坤爲衣裳,有祭祀之象。"征凶"者,在困宜來不宜往,往則坎、兌逆行而重困,理數適然,九二剛中,非其咎也。《象》曰"困于酒食"者,二雖互險,陽剛得中,不失其所,上有拯困之主,君臣一德,雖困終遇,有福慶也。兌爲悦,有慶象。

　　卦體困,而爻爲酒食、朱紱、金車,何也? 恒〔一〕人所謂困者,失其所也。君子素貧賤,患難不失其所,則无困不亨。雖木石、蒺藜、葛藟,容何傷? 苟中无自得,即富貴、酒食、朱紱、金車,皆斧斤、縲索也。故爻以陰困爲憂患,以喻小人;陽困爲福澤,以喻君子。蓋甘之傷人也,毒于苦。癢之難持也,楚于痛。金屑之病目也,翳于塵埃。文王之困也,不難于羑里之囚,而難于三分有二之日。處富貴而沈溺不起,與憂患而嗟咨涕洟,其戚戚之懷一也。故顏淵瓢飲,季路緼袍,乃所謂酒食、朱紱。而桀、跖之株木、蒺藜,秖自荷其滅耳之校矣。

六三,困于石,據于蒺藜,入于其宮,不見其妻,凶。《象》曰:據于蒺藜,乘剛也。入于其宮,不見其妻,不祥也。

　　三以陰居陽,承乘皆剛,故爲"困于石""據于蒺藜"。石指九四。兌爲剛鹵,石象。蒺藜,茨也,其子如菱,生澤邊道旁,一名止行。坎爲蒺藜,蓋指九二。澤水落而坎石

〔一〕恒,早印本作"聖"。

見,秋冬之間,蒺藜子成,澤畔難行,故有此象。互巽爲入,坎爲男、爲宮、爲隱伏。三本坎男,上爲兌女,三以上爲妻,而非正應,故爲"入宮不見其妻"之象。困窮如此,其凶可知。《象》曰"據于蒺藜",下乘九二之剛,退无所歸也。入其宮不見其妻,上无正應,進无所往也。小人爲險自滅,不祥也。蓋困將遇,則三變爲大過之死亡,故爻曰"不見",《傳》曰"不祥"。

　　四、五兩剛當前,三不能進,故爲"困于石"。退仗二爲險主,故爲"據于蒺藜"。蒺藜,軍中以鐵爲之,布地禦敵,蓋阻四之來下也。四金車徐徐,五朱紱之困,皆以此。

九四,來徐徐,困于金車,吝,有終。

《象》曰:來徐徐,志在下也。雖不當位,有與也。

　　以陽居四,下與初應。其體本悅,又互巽爲不果,故爲"來徐徐"。金車,指九二。兌秋爲金,坎爲輪輿。四欲拯初而隔于二,《禮》金輅以錫同姓,四近五貴,故乘金輅來。而遇三之蒺藜,不得與初遇,故爲"困于金車"之象。蓋其位本不正,驕于貴寵,急難不敏,未免羞吝。然困極而通,終必遇也。《象》曰"來徐徐"者,志在初也。剛居柔位雖不當,而初爲其所與,程正叔謂"寒士之妻,弱國之臣,各安其正而已。苟擇勢而從,則惡之大者,不容于世矣。"故雖无纓冠之勤,視之竊位蔽賢,坐視知己沈淪不顧者,爲猶賢矣。故曰:"雖不當位,有與也。"

九五,劓^巽刖^月,困于赤紱,乃徐有說^悅,利用祭祀。

《象》曰：剚刖，志未得也。乃徐有説，以中直也。利用祭祀，受福也。

九五陽剛中正，所謂大人也。處困之時，其體本兌，而一陰毀于上，以虧其進；下與四互爲巽，而一陰入于下，以阻其來，故爲“剚刖”之象。缺上爲剚，缺下爲刖，乾體上下俱困之象。赤紱，指九四。乘金車、服赤紱，貴臣之象。四將往初，而阻于二；五欲應二，而隔于四，故爲“困于赤紱”，謂五困也。然五以剛居尊，爲中直之主，將上平六，下除三，變困成姤，以二包初，羸豕孚而二與初皆遇矣。《象》謂大人剛中吉者，以此。故爲“徐有悦”之象。祭祀，誠意也。二、五非應，剛中同德，以誠相感也。《象》曰“剚刖”者，五本乾體，困于二陰之間，進爲兌所剚，退爲坎所刖，志未得遂也。“乃徐有説”者，九五乾剛中正，致命遂志，不以言而以信，故能拯困而爲亨也。直，猶正也。“利用祭祀”者，誠意相通，君臣一心，故能亨困而受福也。中直，奇畫居五之象。

卦所以成困，惟三、上兩陰。五爲卦主，故有剚刖不得志之象。剚、刖有二義，五本乾體，二陰上剚下刖，有毀乾之義；九五剛中居尊，憤四上之不馴，有剚上刖四之義。小人去，君子伸，君道光，而困可亨矣。三上變成姤，姤遇也，故《雜卦傳》曰“困相遇”。蓋柔之揜剛，塞于近而後障于遠，人主能去左右之奸，儆于在位，則頑梗自消。如齊威王誅阿大夫，及左右譽阿者數人，而齊國大治。九五中直之才，足以亨困。惟去其爲剿刖者，則君臣相遇，而初在包荒之内矣。

上六，困于葛藟，于臲_藬卼_兀，曰動悔有悔，征吉。

《象》曰：困于葛藟，未當也。動悔有悔，吉行也。

上六自坤往，柔而能升；五互巽木，而上居木末，惟藤蔓能困之。兑陰爲秋夏之交，有葛藟在樹之象；居高而柔，有臲卼動搖不安之象，故自言曰勿動。動則悔，是戒動而不欲變，終于困耳。自言者，兑口之象，《彖》所謂"尚口窮"也。下與三應，藤蔓、蒺藜，交相係累，不欲變，然處臲卼而求不動，得乎？所以必有悔也。悔則變，變則通。舍三而去，其困自亨，故吉。蓋三之不祥，已无見上之期，上之臲卼，已處必變之勢。困極自通，娠體見，困斯遇矣，故曰"征吉"。《象》曰"困于葛藟"者，陰居上乘剛，未當也。"動悔有悔吉"者，能動則其體變，而初之"臀困"不行者，至是行也，行來〔一〕下也，窮上則反下，故《序卦》受之以井。

困義生于木，巽木本高長，而根著土，則生氣通暢。今坎水漬于下，兑金刑于上，巽木互居中，坎豕栅其旁〔二〕，蒺藜據其下，葛藟蒙其顛；又互爲家人，木生堂宇之間，皆困象也。惟九五剛中之主，上剿其葛藟，下刖其蒺藜，巽木始得著土，成包瓜之杞，羸豕孚而困乃娠。中體成乾，而木始

〔一〕來，早印本作"往"。
〔二〕旁，早印本作"傍"。

得見天日，承雨露，有干霄之勢矣。

井 ䷯ 巽下坎上

《序卦傳》曰：“困乎上者必反下，故受之以井。”《雜卦傳》曰：“井通而困相遇也。”困六爻皆自上來下，有爲井之象，至井而後上行，水出于坎，井雖反困，然井初猶困也，遇于下而後反于上。卦象往來順逆，莫備于困、井。蓋文王序卦，數法大衍，至四十九而卦當革。困、井與革遇，五氣萃而爻象隱。五氣生于天一，爲坎水，萬物之命也。得水氣之先，莫如木。鑽木生火，火焚化土，土和生金，金凝生水。生于春，藏于冬。發于東，歸于北。齊于巽，勞于坎。四時以此順序，萬物以此生成。故天地之化，盛于西南。自巽而南而西北至坎，順行爲通。自坎而西而南反巽，逆行則困也。困自否來，下坤變坎，上乾變兌，由坎適兌爲逆。以本體正互數之，下爲坎，次上體本乾，次上爲兌，次下體本坤，次下互離，次上互巽。六卦皆逆，故曰“困，遇也”。逆行而往，與諸卦遇也。反爲井，井自泰來，下乾變巽，上坤變坎。以本體正互數之，下爲巽，次上互離，次上體本坤，次下互兌，次下體本乾，次上爲坎。六卦皆順，故曰“井，通也”。順行而來，與諸卦相通也。《序卦傳》曰：“聚而上者謂之升……升而不已必困，故受之以困。困乎上者必反下，故受之以井。”此造化往來，通塞循環之象。

而謂之井,何也? 木出水也,水爲資生之始。得水之精、盡
水之情者莫如木,百尺之木,生于高陸,折其枝,則津液出,
根入于黄泉,而潤升于數仞之顛,所謂巽乎水而上水,天一
升降之妙用也。方春震木出至巽,坎氣寄于木,含水相見
于離,致養于坤,西入兑金,則水得滋,而還歸于其宅。又
至春木再動,循環无窮。此坎水通利,在天之象也。在地
水之通者,莫如井。古者穴地出水,交木爲韓,層累而上,
砌以瓴甋,故爻至四,始甃井。後世以瓴甋易木,故卦象上
下二井。蓋卦遇將革,井革鼎新,故鼎亦象上下二鼎,與井
同。革九三云“三就”,鼎九三云“鼎耳革”,其象甚明。説
者以今世井上桔橰象巽木,誤也。巽,入也。坎,信也。
井,静也。入故通,而資之不竭;信故深,而改之不遷;静故
安,而應之不勞,盛德之至也。君子具井之德,以脩己治
人,宅心應事,通之至也。然象有吉凶,何也? 君子善脩,
而不能必諸遇,井能養而用不用在人。故井以反困爲通,
觀三爻之辭可知也。上通則吉,下入則凶。初“井泥”,二
“射鮒”,則泉幾廢矣。三“渫”四“甃”,井乃可食。五“泉
食”,上“勿幕”,而井始通。其于人也,初、二沈淪如巢、許,
三、四清脩如孔、孟,五、六通利如堯、舜、伊、周矣。卦主
坎,陽剛清盈,爲井中之泉。陰虚,爲出汲之口。初陰井底
爲泥,四在泉上爲口。二承陽无坎,故下漏。三泉泄出,故
四脩砌。五陽剛中正,故泉美人食。上井通,而困始化。
由巽入坎,歴離、坤、兑、乾。而巽初當春夏之交,水潦溷

濁，故初爲"井泥"。二當離爲夏，故水多蟲魚。三、四秋至而泉始清。三爲坤，泉洩地上。四爲兌，脩其毀折。五、六冬矣。五值乾，故井寒冽；六終坎，故井收功成。大抵下卦坎水流行東南，失時不遇之象，故不吉。上卦水歸西北，得其鄉，故多吉也。

井，改邑不改井，无喪无得，往來井井，汔_吸至，亦未繘_菊井，羸_雷其瓶，凶。

穴土用木爲幹，出水曰井。井自困來，有改象。坎爲水，有井象。卦反困而坎陽居中，有不改之象。"无喪无得，往來井井"，即"不改"之義。井以養爲功，以不變爲德。不爲汲者喪而虛，不爲不汲者得而盈，故爲"无喪无得"。汲而往者求既得，汲而來者取不窮，故爲"往來井井"。然井所以能養，由水上出也。及至井所，亦有未引繩汲井，而羸敗其瓶者。无瓶何以出水？則井不得食，而人不受福，凶之道也。是以井有養人之德，惟人能用之。汔，及也。繘，繩也。羸者，破敗不勝任之義。

井以坎爲主，坎體本坤，坤爲邑，在困居下，在井居上，故爲"改邑"。古者在邑爲市井，在田爲鄉井。坎在下，田象。在上，邑象。往爲困，來爲井。往井、來井，新舊依然，故爲"往來井井"之象。井，謂井也，巽象。井井，謂汲井也，坎象。卦內外二體似二井，九三井泄出，是下井之上也。井而又井者，源源不窮之義。象因坎設象，而贊井德之有常，君子濟民利物，當如此矣。以學占，即孟子云"資之深”，“取之左右逢源”；《大傳》云聖人“極深研幾”，“洗心退藏于密”，“寂然不動，感而遂通天下之故”，皆如此。

二至四，互兌爲口。三至五，互離爲大腹，瓶象。兌爲毀折，“羸其瓶”之象。初、二兩爻，下虛上實，瓶入井，向下取水之象。三、四兩爻，下實上虛，瓶既得水，向上之象。九五一奇，繫縭之象。上六一偶，瓶出井口之象。坎上之卦凡八，唯井六爻无險象，以水上出能養人也。他卦上爻多窮極，惟井、鼎至上吉，以養人功成也。然井未免羸瓶之凶者，亦以險之故耳。利害相循，理數如此。

《象》曰：巽乎水而上水句，井井句，養而不窮也。改邑不改井，乃以剛中也。汔至，亦未繘井，未有功也。羸其瓶，是以凶也。

卦體巽下坎上。古之爲井者，穴土以木爲韓，層累而上，然後砌以瓴甋，故卦上下似重井。巽象木入水，坎象水出井，故象云“井井”，井而又井，取之不竭，養而不窮也。“改邑不改井”者，坎水自困往上，一陽居坤中不變，爲泉食之主也。“亦未繘井”者，已近水而未汲，未有致養之功也。羸敗其瓶者，无出水之具，不得致養，是以凶也。或云：羸、纍同，繫也。九五上隔，瓶不得上也。〔一〕

汲井壞瓶，无功而凶。井之占也，井自困來，利出不利人。巽木入水，其求太深，雖養不窮，而百應必有一違。凡

〔一〕“或云”至“上也”，早印本無。

易之道，用忌傷體，取戒過深。汲長綆短，水壯瓶羸，无功反害，其理固然。凡植木者，壅本太深，水澤大潦，則不生，井凶之象，易道然也，是故受之以革。彖雖未及，學易者亦不可不知。

《象》曰：木上有水，井，君子以勞民勸相。

巽木入土，坎水上出，井之象也。君子觀象，知井之利養，惟以源泉活潑，故其斟酌不窮。凡民資生，何以異此？勞其民而勸勉輔相，使之勤業力本，資生長養，自无枯槁竭澤之患。非必分人以財，而利賴无窮，君子所爲井也。

吾里中人嘗掘地得古井，其制以木交午如井字，層壘而上，即古人所謂井韓者也，因知古聖尚象之義。解者謂以木爲汲水之器，則象已言瓶，瓶非木也；或謂爲井上桔槔，懸瓶取水者，桔槔反在井上，與卦象戾，皆未喻古人井韓之制耳。韓與翰通。築土者栽木夾版爲榦，版兩端障土者爲翰。井韓積木爲之，亦以障土，使水出其中，故又云“井榦”。漢武帝立井榦樓，高五十丈，以其積木若井韓也。揚子《重黎篇》茅蕉井榦之死，亦謂始皇殺諫者二十七人，積尸闕下，如井韓耳。以予所見正合。

初六，井泥不食，舊井无禽。

《象》曰：井泥不食，下也。舊井无禽，時舍上聲**也。**

初六以巽主居井下，入之最深者。巽木春氣方盛，水泉正濁，故爲“井泥不可食”。井自困來，故爲“舊井”。初在困上爲“葛藟”，木末也。今倒而浚入井底，是木舊嘗棲禽，而今无禽矣。巽爲雞、爲鸛，禽象。言井廢，禽不飲，人可知已。《象》曰“井泥不食”者，井以陽清爲泉，上出爲功，六以陰居井下，濁甚，故爲“井泥”，所以“不食”。“舊井无禽”者，邑改井廢，“時舍”不用也。上无正應，故有此象。

　　卦由巽適坎，東南行入西北。初主巽，二離，三坤，四兌，五乾，六坎，象亦各類。七復來初值艮，八復來二值震，艮水土交爲井泥，黔喙故止不食。震斗虛，故象谷。谷、穀通，震東爲谷風。《説卦》方位，正爲蹇、解、困、井等爻象之例也。

九二，井谷射鮒附，甕敝漏。
《象》曰：井谷射鮒，无與也。

　　二當離位。谷，泉穴也。離，虛之象。射，水注也。水遇火，相射之象。鮒，鯽魚，喜潛泥中，以類相即，附麗之象。夏水多蟲魚，離爲魚。甕，汲水器，燒土爲之，大腹，亦離象。離爲乾卦，甕敝漏之象。由巽適坎，經南離，火不利水，故有此象。《象》曰“井谷射鮒”者，陽實爲水，二以陽居陰，上无正應，本可用之泉，不能出以濟人，徒下注射鮒而已。

　　井以坎爲體。陽實爲泉，陰虛爲井。二以剛在中，初陰偏在下，上无與爲坎，九三以陽撐其上，水不得上，故爲井谷下射之象。“甕敝漏”，亦“谷射”之義，故《傳》不別釋。穴下漏曰谷。初在井底爲泥，鮒喜即泥，故爲“射鮒”。水在井下不上出，則无用，故有此象。

九三，井渫洩不食，爲我心惻，可用汲，王明，并受其福。

《象》曰：井渫不食，行惻也。求王明，受福也。

九三純陽。清潔之泉，在下之上，居巽之終，齊乎巽，故爲“井渫”。渫與泄同。水與韓齊而溢出，所謂巽乎水也。有應在上而未離下，故爲“不食”，言无人取以爲食也。由巽至坎，此遇坤位，水出地上，清流无用，行人惜之。萬物致養乎坤，井所以養，故曰“可用汲”。如王道清明，君子向用，則利澤及人，遐邇受賜矣。上有正應，其象如此。惻，坎象也。王，指九五。互離爲明，陽爲福，蓋井自三以上漸通，而受制坤土，猶未向用。自此西北，則通利之鄉矣。《象》曰井渫出不食，行人所惻惜也。如彼賢者，求王明而用之，膏澤及人，皆受福也。求者，期望之意。

井，通也。反困則通。賢人君子處困思遇之卦。今人謂困爲井中，即此義。九三位歷坤方，水出木上，西南上應井宿，故爻象于此明著其義。周公居東，孔子在春秋，“井渫不食”之謂也。

井以木出水，而上砌以磚石。此云“井渫”，蓋舊井頹塌之象。二至四互兌爲毀折，故水洩出地上，四始脩甃也。

六四，井甃繳，无咎。

《象》曰：井甃无咎，脩井也。

六四陰虛而通。下互兌，象井口。甃，砌也。甃則井成可用,此水出巽上行之始也。自巽適坎,此值兌,爲附決、爲毀折,故有脩砌之象。初"泥"四"甃",初"舍"四"脩",是以无咎。

偶畫相對,壘砌之象。甃字從秋,兌秋之象。莊生《秋水篇》云"入休乎缺甃之崖"。兌缺,故甃也。三井水渫出,故四補甃其缺。甃用磚,磚自火出,互離之象。

大畜之九三將行,則日閑其輿衛;井之六四將食,故脩甃其井。士君子遇主,則乘時策勵,以應上求。子云"居則曰不吾知,如或知爾則何以",此之謂也。如此,然後可以求王明而天下受福。

九五,井洌,寒泉食。

《象》曰:寒泉之食,中正也。

九五陽剛中正。在井之時,爲清洌寒涼之泉,取以爲食也。互兌口之上,有食象。坎體正北,故爲洌寒。五自乾初往,而木至此,又值西北乾位,秋冬之交,霜降水寒,流潦皆清,而況于井? 乾爲寒、爲冰、爲玉,故有寒洌之象。《象》曰"寒泉之食",九五有中正之德,用賢以養民,所謂王明用汲,而人并受福也。

上六,井收勿幕_密,有孚元吉。

《象》曰:元吉在上,大成也。

井歸坎位,爻當坎極,故爲"井收"。收,猶歸也。坎爲萬物所歸,猶成也,收功養成也。于時象冬,《禮》曰"既蜡而收”。收，猶息也。物至冬休息也。轆轤在上，收繘引瓶，亦收象。幕、冪通，掩蔽也。坎爲隱伏，有幕象。禮尊用冪，坎缶汲瓶之象。“勿幕”者，水自上出，取用通利，偶畫上開之象。下應九三，明王已遇，受福者多，象謂“无喪无得，往來井井”，其養不窮，而人皆信之，故爲“有孚元吉”。《象》曰“元吉在上”者，井以上出爲通，井收勿幕，則膏澤偏及，利賴无方，其功大成也。

九五爲用賢之主，上六爲薦賢之臣，所謂爲天下得人，舜、禹之儔也，故“元吉”。世主有用人之志，大臣蔽賢，不爲汲引，雖有寒泉，未繘井而羸瓶，何由上達？大臣勿壅蔽則賢路闢，而膏澤下究，所以致勿幕之戒也。

革䷰離下兌上

《序卦傳》曰：“井道不可不革，故受之以革。”何謂“井道不可不革”？革者，變其故也。邑可改而井不可改，則物之故者莫如井矣。《序卦》法大衍，至革當四十九而遇井。井之爲文四十，其區有九。古文井中有點，象瓶，爲大衍虛一之象。天地之數五十。革故鼎新，以物理推之，取水于井，革之以火。水出于上，火革于下，則烹飪致養。君子有清通之德，變易從時，則可以濟世安民，故革繼井也。卦取離下兌上，何也？革物莫如火，物遇火，未有不革者。火革他物，利用因。革水，利用革。水火相親，則革道不成。革者,皮隔物也。隔水火,惟土與金。水在釜隔火,則成味。兑者,金水之會,而爲土于澤者也。火在澤下,不得上炎,則水息其濕。水在澤上,不得下流,則火息其燥。息者,止而生也。相制則止,相成則生。在人爲呼吸,在天爲寒暑。萬物相見,離火方盛,季夏土王,兑金將生。卦遇坤,以革夏爲秋,革火爲金,不藉坤土,則金火不相得,故澤爲水土之合。而土者,五行沖和之氣,能燥濕潤枯,含藏金氣,快利清響而爲悦,故金水從革,土之力也。卦以兑互乾,皆金也。兑伏艮,乾伏坤,皆土也。水得金助,而火不能焦。離互巽木,火得木助,而水不能濕,革道所以成也。然象謂"己日孚",何也? 日者,離象。天干,己爲土,位居中。革當井、鼎新故之間,亦中象。季夏土盛,物各成己。己爲心,心爲離,故道家以己土爲意,其中有信,五常信爲土,即己也。土氣比合,下順則比,上應則合。惟土能合水火之交,惟信能成上下之孚。火之革水,得土而内外相息;聖主革代,得信而上下相安,所謂"己日乃孚"也。下卦三爻,離火用革,初日未至己,二中己日正革,三革事成就,皆火之功也。上卦三爻,革而成悦。四受天命,五正天位,六天下化成,皆所爲悦也。革而悦,乃孚悔亡,己日之功也。大抵革者非常之事。卦自萃以來,天下望明主之升久矣。天生明主,置之困窮,以成井養之德。有德然後可以革故鼎新。出震爲主,故革居井、鼎間。如革物者取水于井,熟之以火,而後升于鼎。革命者,有大德而後能舉大事也。卦自五以下,互爲同人,君子所以通天下之志也。二以上互爲大過,君子所以獨立不懼也。中互爲姤,王者所以施命誥四方也。離明在下,人心協應之象也。兌悦在上,天心豫順之象也。互乾居中,上帝臨汝之象也。如是,乃可以行湯、武之事。

革,己日乃孚,元亨,利貞,悔亡。

革,變也,物相代成變。己,土象,在人爲意、爲信。日,離象。己日,説見前。人心和悦而後革可孚。革而孚,則更始重新,故四德備也。在革之初,聖人未免于悔。既革而孚,悔斯亡矣。

隨者,揖遜之事,舜、文是也;革者,征誅之事,湯、武是也,故皆爲“元亨利貞”。

《彖》曰:革,水火相息。二女同居〔一〕,其志不相得,曰革。己日乃孚,革而信之,文明以説悦,大亨以正,革而當,其悔乃亡。天地革而四時成,湯、武革命,順乎天而應乎人。革之時大矣哉。

卦謂之革者,下火上澤,澤土盛水,火焚其下,水火相止而相生,燥濕往來,如人之息,故謂之息。卦位由離之兌,坤土隔其間,以相息也。離中女,兌少女。“二女同居”,水火不相得。三陽互乾爲父,以隔于其中,故曰“革”。“己日乃孚”者,己爲土,火得土以變水而水悦,大君得天人

〔一〕居,早印本作“車”。

之心以革代而人孚。蓋離火文明，有其才也。兌以説，有其民也。"大亨"，有其時也。剛柔中正，有其德也。如是則革而當矣。"其悔乃亡"，不如是而革，未有不悔者。天地二氣相代，四時成序，以孚革也。湯、武除暴安民，順天應人，亦以孚革也。故革惟天地聖人善用之，造化所以成物，世運所以維新也，其時豈不大哉！

《象》曰：澤中有火，革。君子以治歷明時。

兌爲秋，離爲夏。以離遇兌，夏秋之間，金火相克而反相生，故爲"澤中有火"，革之象也。君子觀象而知天地變革，莫大乎四時；聖人革代，莫大乎歷數。天行雖有常度，然七政之行，至千歲而必差；歷代雖有常主，然王者之姓，數百年而必改。語云：四時之序，成功者退。天地、帝王同也。觀于夏秋之交，暑往寒來，而知歷象。觀于金火之交，相克相生，而知改革。故治歷以明時，革之首務也。堯禪舜曰："歷數在爾躬。"夏、商、周三正代變。夫子作《春秋》，首"王正月"；告顏子爲邦，先行夏時。帝王繼世，改元頒朔，革道莫大乎是。

不言澤下有火，火上有澤，何也？火在水下則滅，非反而相代之理。澤中有火，二物相克相成，《象傳》"同居""相息"之象。水變火，則成寒灰；火變水，則生滋味。故湯、武之征伐，義以行仁。雖革其命，其子孫世饗，是以革取兌不取坎。坎水下流，无金土之和，則煙銷燼滅，是秦、漢以來帝王之革命者耳，豈湯、武之舉乎？

易者,變也。革亦變也,故易數成于革。數莫備于五十,大衍五十虛一,其用四十有九。革卦正當四十九,大衍一週,《雜卦》云"革去故,鼎取新",其占爲元亨利貞元吉,其象爲"治曆明時",正位凝命。過此又十五卦,易數終矣。五十、十五,人生百年期盡,而開物成務事畢。然四十九革故,五十鼎新,而《象》以曆數繫之革者,蓋鼎新于來年,曆終于今年;來年之曆,頒于今年,其象如此。後世用四十九起數,作《大衍曆》,用象義也。

初九,鞏拱**用黃牛之革。**

《象》曰:鞏用黃牛,不可以有爲也。

革非聖人得已也。變不可輕圖,初不可妄動,故爲"鞏用黃牛之革"。鞏,固持也。初九陽剛,離火躁烈,是用固持。黃爲中,二象也。牛柔物,離象也。初包二,革象也。初依二爲中,未可先時自用也。皮无毛曰革。所謂虎豹與犬羊同,未變之象。火不就下,日必待中。上无正應,時未可動,固守其志,以俟己日也。《象》曰"鞏用黃牛"者,初未可有爲也,《詩》云"於鑠王師,遵養時晦",此之謂也。離本乾體,天象;火爲心,人象,故天火爲同人。卦自初至五互同人,天人交孚,故離爲革主。文明中正,故二爲離宗。離體相麗,處變革之時,初尤不可失二,故爲"鞏用黃牛之革"。二爲黃牛,初在外爲革,猶皮之包體,麗象也。

六二,己日乃革之,征吉,无咎。

《象》曰：己日革之，行有嘉也。

　　舉大事者，以時爲本。初不及時，三過時，惟二得中，正變革之時。自初適二，則位變矣。易九爲六，則畫變矣。以陰居中，是爲己日。己爲土，中象也。日，離象也。己爲人，日爲天。天人交會，内明外悦，剛上柔下，得正而應。二往互巽，火遇木熾。三往互乾，金資水潤，二女志通，乾道下濟，故革无如二當矣。以此往革，牛可爲虎，吉又何咎？《象》曰“己日革之”者，行有嘉尚，得九五之應也。上功曰嘉，指虎變而言，其戎衣一著之時與？

　　卦體自二至上，互爲大過。生死之際，革之時也。自二至五互爲姤。姤，遇也。遇者，遭逢適然。聖人之不得已，亦革之時也。

九三，征凶，貞厲，革言三就，有孚。

《象》曰：革言三就，又何之矣？

　　三以陽居陽，爲離之終。内外之交，上遇澤土，隔水以致火。二既革矣，過則焦爛，故“征凶”。水火相守，故“貞厲”。蓋三與上雖應，而處革之時，二女不同志，往應則失革。貞固惕厲，處革所宜。革之爲言也，至三而成，天運三月而成時，人官三年而成治，易數三變而成爻，故十有八變而成卦，八卦而小成，爻至三而離體成。乾、離同體，三遇互乾，九三乾道乃革。革以乾爲主，由三至五，乾體備而革事就。乾爲言，兑亦爲言，故爲“革言三就”。三、五同功，乾道純一，故爲“有孚”。《象》曰革至三既成就矣，更何所求？蓋聖人之爲革也，以故者不可因，去其太甚，取殘伐罪已耳。過此更往，則墟人之國邑，覆人之宗祀，聖人不爲，其遏劉定功之時與？

凡革之事，時未至，其守宜固。既至，其變宜決。少有係累，非遲疑而喪機，則躁擾而多事，故爻唯二、五剛柔正應，九三重剛，未免過猛。當外之交，上有繫應，其志未定，天命已集，大業已就，而別圖趣向，非識時務者也。故九三勿往，則成豹變之君子，攀龍附鳳，以應明主；上六勿往，則成革面之小人，回首向風，以從順治，故其占皆“征凶”。處革之世，貴從而已矣。

集大事者，以天命爲本。武王伐殷，會于牧野，人曰“上帝臨汝，勿二爾心”，故能一戎衣有天下，《詩》所謂“致天之屆”也。卦爻三爲人位，互乾在三，上帝降臨之象，是以“革言三就”，互巽，帝命之象，《詩》云“天降在下，有命既集”，故《傳》決之曰“又何之矣”，即勿二勿虞之意。

九四，悔亡，有孚改命，吉。

《象》曰：改命之吉，信志也。

九以陽居陰，爲悅之始。當烈炎之衝，水在澤中，受其鍛煉。二女同居，焉得无悔？然三就革成，寒烈之性，變爲五味，其悔可亡，皆六二之功也。二、四同功，故爲“有孚”，不相怨而反相信矣。居上下之際，互爲巽，有“改命”之象。景運方新，故“吉”。《象》曰“改命之吉”，人心悅而信之，非富天下也。其八百諸侯推戴之日乎？

自三至五皆"有孚"，互乾同體之象。明而悅以應乾，故"有孚"。四當離兌之交，離夏兌秋。先儒謂商周之際，天地之秋，其象宜爾。

"革言三就"，而四始"改命"，何也？湯、武征誅，非以天下自利也。退而復諸侯之位，諸侯共推以爲天子，三讓不得而後受，故《傳》曰"信志"。舜禹受禪，避堯舜之子，至天與人歸，乃就位。孟子云"居堯之宮，逼堯之子，是篡也，非天與也"，即"信志"之義。人主志與天通，惟志不可僞，惟天不可欺，聖訓切至矣。

九五，大人虎變，未占有孚。

《象》曰：大人虎變，其文炳也。

九五陽剛中正，革命之主，故稱"大人"。虎爲山獸之君，西方之宿，兌象也。鳥獸之皮，秋而毛毿。大人以英傑之姿，陽剛之才，順天應人，以膺大寶，頹運丕振，世道維新，始者"黃牛之革"，至是改觀，故爲"虎變"。下與六二正應，居互乾之上，三陽同德，中外大悅，故爲"未占有孚"。言不必應而皆孚，《詩》所謂"成王之孚"，天下信之也。離爲龜，兌爲決，有占卜之象。未占而孚，猶云不戒而信也。《象》曰"大人虎變"者，虎皮之文，宣明疏朗，炳然可觀。聖人在天位，創制立法，文章煥乎，宸極生輝，无復紫色餘氛，以黮天光，其皇王維辟之日乎？

五下應二，二爲離主。至五離牛變兌虎，明主起草昧即真之象。《淮南子》云：牛哀病七日化爲虎。緣飾易象，流而爲怪者也。上六成兌之主，兌爲羊，羊變豹，因五而爲象也。上因于五，人臣從王之義。羊小于牛，豹小于虎，虎文宣朗，豹文叢鬱也。

上六，君子豹變，小人革面，征凶，居貞吉。

《象》曰：君子豹變，其文蔚鬱、畏二音**也。小人革面，順以從君也。**

以陰居陰，當革終悦極，天下化之，故爲“君子豹變”。豹似虎而小。陽爲君子，指九三。陰爲小人，指上六。三、上，正應也。君子在内，宣猷効力，變而爲豹以從虎。小人在外，望風引領，變而革面以向内。世運再造，從革則吉。若更有往，即同梗化，凶之道也。安静守正，故吉。《象》曰“君子豹變”者，豹文蔚然叢密，君子所以贊皇猷也。“小人革面”者，遠人回面内向，小人所以從君也。兌爲悦，有面象。皇風丕變，其錫極作新之日乎？

革之終，王者甄陶一世，成就之象。君子當斯世，皆有德業聞望，猶所謂鳳毛麟趾，非凡鳥下駟之比。小人當斯世，皆承風向化，猶所謂朝陽拱極，无心非巷議之民。三、上係應，三不可往，上不可來。蓋於變時雍，君子小人各得其所，内外遠邇上下各便其居，所謂親賢樂利，居貞則吉，往則凶。往凶，如《中庸》所謂“自用”“自專”，“菑及其身”也。居貞，如所謂“不驕”“不倍”，民得寡過也。

鼎☰ 巽下離上

《序卦傳》曰："革物者莫若鼎,故受之以鼎"。鼎者,新命之象。昔禹平水土,九州攸同,鑄九鼎以象九州,歷代寶之。夏桀亡,鼎遷于商。紂亡,武王遷之于周。成王定之郟鄏,故三代革命定鼎,此其大者也。卦自革來,兌互乾金居上,火互巽木居下,有鑄鼎之象。本卦火上木下,中互澤水,有烹鼎之象。[一]下巽,象鼎足高長也。上離,象烹餁炎熱也。蓋水火民用最急,故井、鼎爻象相似。井合水木,上下似二井;鼎合火木,上下似二鼎。井九三水渫,似下井之口;六四脩甃,似上井之底。鼎九三耳革,似下鼎之耳;九四折足,似上鼎之足。合爲一,彷彿似二。蓋井以水爲主,下象井而上象水。鼎以火爲用,下象鼎而上象烹。井汲在上,故坎居上,而上卦多吉。鼎烹亦在上,故離居上,而上卦亦多吉。二卦先後遇革,"革言三就",故井三脩甃,舊井變爲新井。鼎三"耳革",舊鼎變爲新鼎。革,革命也;鼎,命器也,人君撫有大寶之象。故二卦皆取象乾金,皆互乾在中。乾爲天、爲君,在身爲元氣,命所以凝也。革三、四、五皆有孚,鼎二、三、四皆象實,其所重可知矣。大抵困、井、革、鼎四卦,極五氣升降之變。坎水離火,兌金巽

〔一〕"卦自革來"至"有烹鼎之象",早印本作"爲卦兌金在上,又互乾金,離火在下。又互巽木,木火鍛煉,有鑄鼎之象。澤水在上,有烹鼎之象"。

木,四象往來,土寄四象之中,坎在澤下,困而成井。井成,則坎水上出而井通。火在澤下,革而成鼎。鼎成,則離火上出而鼎新。萬事萬物,各有困革。士君子養身養德,濟人利物,皆有井鼎,必困遇而後井通,必故革而後鼎新也。往來屈伸,易道自然。聖人畫卦設象,通其故而已矣。

鼎,元吉,亨。

鼎者,祭享薦熟之器,身如釜而三足、兩耳,鑄金爲之。上有鉉,貫耳而舉。今之茶爐,其遺制也。古者茹毛飲血,聖人鑽燧取火,教民烹飪,始有鼎。夏禹鑄九鼎象九州,三代以爲世寶。武王革商,周公奠之于洛邑,故繼革以鼎。卦體下巽順而上文明,調元贊化之道也,故其占元吉亨通。

《彖》曰:鼎,象也。以木巽火,亨飪也。聖人亨,以享上帝。而大亨,以養聖賢。巽而耳目聰明,柔進而上行,得中而應乎剛,是以元亨。

凡卦皆象,惟鼎象器,器莫重于鼎。制器尚象,故鼎獨以象釋。初偶爲足,五偶爲耳,中三奇爲實,上一奇爲鉉,鼎之象也。下巽上離,以木入火,鼎烹之象也。自革而來,王者撫有神器,定鼎之象也,故曰象。其占爲“元吉亨”,何也? 鼎,聖人用于祭祀,以烹犢享上帝,明德格于天也;用之賓客,以烹大牲養聖賢,誠敬通于人也。此鼎之用也。巽爲鼎腹,順而在內。五爲鼎耳,離爲鼎目,是外而耳目聰明也。離柔進而上行,五爲離主得中,下應乎巽二之剛，是以柔順聰明，協于上下，以承天休，凝命方新，而得大亨也。

　　巽下入，爲足、爲腹；離上明，爲耳、爲鉉。柔進上行，水氣上烝也。柔得中應剛，火氣下濟也，此鼎取象之義。而皆以五爲主，離中虛，故"耳目聰明"。巽稱隱上入，離中虛下應，故聲入心通。官止神行，成聰明之德，所以"正位凝命"也。

　　"巽而耳目聰明"三語，發揮卦德全體之義。内有巽順之德，則形骸不同于土木。元氣周流，視明聽聰，故成調燮之功。苟剛愎自用，忠言逆耳，煬竈蔽明，上下不交，而頑聾痿痺之疾生，《詩》云"自有肺腸，俾民卒狂"，何以調理大化，斟酌元氣，爲正位凝命之主乎？

《象》曰：木上有火，鼎。君子以正位凝命。

　　離上巽下，是木上有火也。以木然火，烹飪之象，故爲鼎。君子觀于上而得離明出治之象，居高位，不可不正也；觀于下而得木火相生之象，命既革，不可不凝也。鼎之爲物，莊嚴端重。繼革之後，天命未定，正静安重，則神器寧而壽命以固。凝，聚也。凝其革故之命也。大抵井、鼎二卦，皆以生氣爲命。木者，天地生氣，水火之會。井，木上有水，津液自木出也。鼎，木上有火，英華自木生也。无生氣則水火无根，故觀井象，養民于下，以滋其潤澤。觀鼎象，自養于上，以固其壽命，養身養德之義備矣。勞民勸相，知者樂也；正位凝命，仁者壽也。

鼎器安重,故世代革而鼎不改。君子凝命,莫如居正。思不出位,以守至正,則淫聲邪色不干,非僻不入,安寧長久之道也。巽爲長,離爲視,道家長生久視、丹鼎烹煉之説,緣飾于此。

初六,鼎顛趾,利出否鄙。**得妾以其子,无咎。**

《象》曰:鼎顛趾,未悖也。利出否,以從貴也。

六自革上來居鼎初,有顛象。在下而偶,鼎趾之象。否,不潔也。鼎新出革,泥滓不潔,有否象。虛鼎將薦,必先洗滌。顛其足以出垢,趾顛則鼎傾,惟虛鼎出否則利。若九四有實,則折足不利矣。初爲巽女,以柔居下,有妾象。上應四不中正,有妾子之象。四“公餗”,有貴象。欲奠鼎,則不得舍足;如欲從子,則不得棄妾也。《象》曰“鼎顛趾”,不言凶咎者,在初无實,未爲悖理也。“利出否”者,將以薦實也。上與四應,妾因子貴上達也。

鼎之正位,必資于足。跛倚欹傾,非凝命之度,惟出否則可耳。有實在內,趾少不安,將如四之覆餗矣。爻義本謂奠鼎足不可不正,非謂趾可賤也。士君子行止不端,欲心正身脩不可得,故曰“視履考祥”。凝命之基,妾以子貴之謂也。

九二,鼎有實,我仇求**有疾,不我能即,吉。**

《象》曰:鼎有實,慎所之也。我仇有疾,終无尤也。

二以上,象鼎腹。互乾,象鼎實,陽實也。仇,匹也,指六五。二、五正應,間于三、四兩陽,有阻隔之象,故爲“有疾”。即,就也。鼎有實宜就,而方實尚未可食,待實成而後就,吉之道也。《象》曰“鼎有實”,將以享也,而行必由耳。耳在五,進隔諸陽,當慎所之也。我仇雖有疾,不能就,而實成自就,終无過尤也。實成在四,二巽隱入腹,五耳目聰明,故慎所往,自可无過。

卦體,離爲牛、爲雉、爲魚鱉,巽爲雞,互兌爲羊,皆鼎有實之象。

九三,鼎耳革,其行塞。雉膏不食,方雨虧悔,終吉。《象》曰:鼎耳革,失其義也。

九三上應鼎鉉,鉉以耳受。三以陽實其腹,居下體之上,不遇偶,故爲“鼎耳革”。革,變也,言无耳也。古鼎耳有在腹旁者,有在口上者。九三不中,有變象,故其腹无耳,變居五也。自革來,故言革,亦以示取象二鼎之義。鼎无耳受鉉,則不可舉,故爲“其行塞”。塞,陽實之象。實方得中可食,而行塞不可薦,故爲雉膏美而不食之象。猶井三之“求王明”未遇也。雉,離象,《商書》武丁肜日,有雉升鼎耳,祖己作訓辭,象或取諸此。雨,剛柔和也。三、五同功,三剛五柔,至四實滿,至五遇耳可鉉,鼎行可即,故剛柔和爲“方雨”也。五互兌爲澤,雨象。虧,缺也,偶象。悔,即不食之悔。五遇偶,實缺耳出,鼎鉉可薦,故曰“虧悔”吉。《象》曰“鼎耳革”者,在下之上[一],鼎當有耳,无耳不

〔一〕下之上,早印本作“上之下”。

行,失鼎之義也。子云:“君子之仕也,行其義”,“不仕无義”。九三尚未離下也。

　　鼎耳在腹旁者,貫鉉以舉,如今茶爐之類。後世于上加釜盛實,故爻有重鼎之象。井上有井,以象水也。鼎上有鼎,以象食也。二卦當革之際,“革言三就”,故井、鼎至三,皆有新舊變更之象。上鼎有耳无足,故九四“折足”。下鼎有足无耳,故九三“耳革”。三、上无應,三“耳革”,爲上革也。初、四正應,初“顛趾”,故四“折足”也。

九四,鼎折足,覆公餗速,其形渥,凶。

《象》曰:覆公餗,信如何也?

　　以陽居四,不中不正,下與趾應,鼎至四實滿,而初趾顛,故爲“鼎折足”。居上體之下,其畫奇,有缺足之象。足折故傾其所實之餗。餗、粥通[一]。鼎用享,故稱“公”。四近五,公象也。形,狀也。渥作剭,當作跀,刖足也。鼎足折,其狀似跀,故《大傳》言“不勝任”也。互兌,毀折之象。大臣相天子,調燮神器,下比小人,以致名實虧損,股肱墮壞,其象如此,其凶可知。《象》曰“覆公餗”者,四下應初,信而任之,因顛以致折。始不擇人,而終果如何也? 九四才地非不美,其失在應初,居高位而信小人,所以敗耳。

　　形渥,鄭康成、虞仲翔謂“形”作“刑”,非也。其所解“刑剭”亦非也。《周禮・秋官・司烜氏》“邦屋誅”,鄭引

―――――――――

〔一〕餗粥通,早印本作“餗菜類”。

其"刑劓"爲徵,謂爲誅三族也,故《新唐書》于元載死,籍其家,贊曰:"鼎折足,其形劓,諒哉!"用鄭説耳。按,屋誅,謂古者天子同姓有罪不即市,戮于甸師隱處,如亡國之社屋之屋,不令衆見也。與"劓"異。且夷族非祥刑,聖人不以訓。大臣信小人敗,誅不至族。鄭説附會過也。古刖、劓、跀、兀字通用。莊子《德充符》云:"魯有兀者王駘",又"兀者叔山无趾",又"申徒嘉兀者",皆罪人刖足者也。兀、月音義通。月形半缺,故足不全曰刖。《論語》"小車无軏",軏亦音月,謂車衡下有缺如半月,以扼馬頸也。《考工記·旊人》:"凡陶旊之事,髺墾薜暴不入市。"髺,註亦讀作兀。六經文字通融假借,多類此,不如字書拘拘也。

六五,鼎黃耳,金鉉,利貞。

《象》曰:鼎黃耳,中以爲實也。

六五柔中居尊,文明之主。居鼎實之上,其畫偶,象兩耳。離伏坎爲耳,離中坤爲黃。黃中通理,聰明之象也。互乾爲金。鉉貫于耳,挈之以行。鼎本謂上九,而五下應二,故鉉上則爲玉,鉉下則爲金。金玉皆乾象。乾爲鼎實,鼎重在實,舉則挈鉉而上,奠則鉉委腹旁。在五鼎尚未舉,故其象如此。王輔嗣云:"能以通理納乎剛正。"蓋二巽能入,五明能受,所謂"應乎剛","耳目聰明"也。鼎器重而內有實,離火方炎,利于安貞,所謂"正位凝命"也。《象》曰鼎以薦實,得耳貫鉉,實乃可薦。五得中,故能以黃耳納金鉉,享帝養賢,明德之馨,豈和羹之虛文耶?

上九，鼎玉鉉，大吉，无不利。

《象》曰：玉鉉在上，剛柔節也。

鼎至上而享。九以陽居上，其畫奇，橫于耳上，有鉉象。玉，乾象。乾離同體也，下應九三，耳革行塞。今舉鼎以薦，故上其鉉，爲"鼎玉鉉"之象。離火方炎，惟玉耐火，貴重比德，溫潤而忠信，以之享帝養賢，大吉无不利也。陽爲大，所謂"巽而耳目聰明"者，利諸用矣。《象》曰"玉鉉在上"者，玉性溫，能勝火，火雖熱不能傷玉，五以柔承剛，上以剛乘柔，金和而玉節，以溫劑燥，故曰"剛柔節"，中和之德也。

上如師保大臣，調燮神器，爲六五所嚴重，故爲"剛柔節"。上剛五柔也，五爲文明之主，柔順聰明，是爲"黃耳"。上爲拂直之臣，啟心沃心，是爲玉節。明良相得，所以建中和之極，位天地，育萬物，調元贊化，鼎道大成也。凡烹飪之事，貴水火適宜，寒燠得中，《周禮·食醫》云："食齊視春時，羹齊視夏時，醬齊視秋時，飲齊視冬時。"齊即水火寒熱之節也。玉性溫，中和之象，故以爲鼎德之至。

周易正解卷十五

震☳震下震上

《序卦傳》曰："主器者莫若長子,故受之以震。"器,鼎也。王者革命定鼎,必建長子爲貳,以繼體承乾。乾爲天、爲君、爲父,一索生震爲長子,長子繼父,故曰"主器莫若長子",震所以受鼎也。震體本坤,静極生動,乾以一陽來初,其象爲雷。動莫如雷,陽氣之奮迅也。奮迅者,氣之動,而震之德不徒以奮迅耳。其奮迅不可過者,乃其和悦不容已者也。乾元資始,一陽東升爲震旦,于時爲春,其德爲木,是天地之生氣也。而其卦爲震動恐懼,何也?乾一而已。資始咸亨者,其生氣之和;惕厲不息者,其天行之健也。故聖人以兢業爲无爲,以好生爲神武。虩虩啞啞,一原之理。陽氣停毓于西北,凝固于坎艮,不怒則不發。萬物以生爲命,生氣得震以宣。威惠相成,德刑相資。生于春,斂于秋。至秋冬之交,雷收聲,萬物乃藏,故曰"帝出乎震"。震者,乾之長子,代君父巡行,布澤四方者也。天道功用皆在西南。踰兑至乾,長子歸命于父,索索矍矍,收斂退息于坎艮,藏而不出也。蓋東北者,休息之鄉。萬物以西南爲府,出乎震,悦言乎兑。二卦東西對待,中分南北。南司爲陽,北司爲陰。南則巽、離、坤,所以動而悦;北則乾、坎、艮,所以戰而止。故木氣之行成于兑,金氣之凝止于艮。"笑言啞啞",震道乃成。"笑言"者,兑象也。"震驚百里"者,運行西南之遠也。"不喪匕鬯"者,歸于和悦之至也。其來以時,其行以漸,故發其藏而不恐,振其怠而不倦,驅之出而物喜。若夫迅霆霹靂,震之偏沴氣也。是以君子戒慎不覩,恐懼不聞,乾乾夕惕,而中和出焉。正其衣冠,尊其瞻視,而威不猛焉,所謂"虩虩""啞啞"也。小人平居放佚,无虩虩震驚之意。遇拂逆,則炰烋頠匼,不能自持,忿懥凝結,天君躁擾,元氣銷鑠。始轟雷掣電,晦冥不已,暘谷无燠氣,雖有天下易生之物,萌蘗槁矣,是所謂"震來""喪貝","眚"而"泥"者也。故震者動而不動,艮者止而无止,所以爲易。初九一陽震主,帝所自出。六二至巽,則春夏之交,震怒之時也。三至離,四至坤,五至兑,上至乾,木氣藏而震道終矣。七反下復初爲坎,八復至二爲艮。故爻辭曰"七日"復,曰"九陵"。二至四爲九,互艮之象。大抵八卦盡周天之運,至兑則震功畢,至乾則長子遇父,至于坎艮,還而歸北,天運自然也。

震,亨,震來虩隙**虩,笑言啞**厄**啞,震驚百里,不喪匕**比**鬯**唱**。**

　　震,動也,陽動故亨。一陽初動,乾健惕厲,有虩虩然驚躍不寧之象。陽氣和悅，威而不猛，有笑言啞啞之象。虩，蠅虎，小蟲也，其狀周環顧慮。啞啞，笑言貌。乾陽發越，六位時序，萬物出機，始于東，達于西北。長子功成，致命于父，震事乃畢，故爲有國者震驚百里之象。有子如此，可以承宗廟，主百神，不喪其薦牲之匕，與祼獻之鬯，震德所以亨也。豈猛厲亢悍之謂與？凡人震驚則失其所持，震驚不喪，動而和也。匕，削棘木爲之，以取肉于鼎，升之俎者也，《詩》云"有捄棘匕"。鬯，香氣充暢也。《禮》，宗廟之祭，用鬱鬯之酒，始獻尸，灌地降神也。虩虩，互艮虎之象。初至四似離火，笑象。震善鳴，言象。百里，雷同之象。地方百里曰同，雷聲聞百里也。鬯，草木之氣，震蕃鮮之象。匕，互坎棘之象；互艮爲手，持匕之象。酒，坎象。震仰虛似斗，灌鬯之象。

聖學以不動心爲主，以時中爲用。君子終日乾乾，應務酬酢，未嘗不動也。大公順應，素位而行，不失于兌，不滑于和，如顏子不遷怒，聖人神武不殺，則笑言无喪矣。"震來虩虩"者，精神常新也。"笑言啞啞"者，泰宇常和也。"震驚百里"者，无感不通也。"不喪匕鬯"者，无入不得也。

震之爲卦，介于鼎艮之間。鼎以"正位凝命"，定而靜也；艮以"思不出位"，安而慮也。由鼎出震，靜而之動；由震反艮，動而復靜。程伯淳曰："靜亦定，動亦定"，斯知震矣。

《象》曰：震，亨。震來虩虩，恐致福也。笑言啞啞，後有則也。震驚百里，驚遠而懼邇也。出可以守宗廟社稷，以爲祭主也。

所謂“震，亨，震來虩虩”者，能震動，則惺惺惕厲，銷憂弭患，善慶方來也。“笑言啞啞”者，始雖震恐，終歸和悦，恐以致喜，有法則也。“震驚百里”者，一陽乍動，蟄伏盡起，遠者驚而近者懼也。如是，則威而不猛，敬而能和。帝自此出，可以守宗廟社稷，“不喪匕鬯”，“爲祭主”矣。主器之事，莫大于奉祭；奉祭之事，莫大于祼鬯薦牲。雖有暴慢，在廟執匕奉鬯，莫不和敬，故象特舉之。鬯酒和氣，兑悦之象。出乎震，悦言乎兑，以終長子之事，而達于乾，故其象如此。出守宗廟社稷爲祭主，釋“不喪匕鬯”之義。出，猶“帝出乎震”之“出”。

易道戒于過剛。强梁暴戾，德所不載，是以皋陶陳九德首寬，堯、舜、仲尼不越温恭。《詩》云：“温温恭人，惟德之基。”況于人主，其尊如天，其威如雷霆，能肅肅雝雝，不失奉鬯執匕之意，則雖威福由己，生殺獨運，終不傷天地之和。士君子危言危行，有莊涖之容，而不失温恭之節，則盛德之至，與天地相似矣。此六五以柔爲震主，往來危行，而大无喪也。後世士以嚴厲爲方正，然則子路行行，不遺夫子之憂矣。經術不明，士習敝，而世道因之，可不辨哉！

《象》曰：洊雷，震。君子以恐懼脩省。

洊，重也。上下皆震，故曰“洊雷”。相仍不已，動之至也。君子觀天地奮勵，然後化機亨通。人心溺于宴安，昏迷不省,何以進德脩業? 故乾乾夕惕,不忘恐懼,脩其過而省其非。若陽氣之來,震而又震,萬物所以出機也。恐懼而又脩省,君子所以能成德也。

《大傳》曰:"震无咎者存乎悔。"震動之道,用之脩省最宜。動不極,則悔不深,悔而能復,則順理心安,不失于和。若以震動之心應天下事,不勝喪失之咎矣。若以動心爲咎,并廢脩省,則告子之"不得""勿求"矣。

初九,震來虩虩,後笑言啞啞,吉。

《象》曰:震來虩虩,恐致福也。笑言啞啞,後有則也。

初九一陽爲成震之主,所謂一索得長男,乾元之真體也。乾居西北,至春而帝出爲震,長子承父,行化東南,達于西,復于乾。方其出也謂之震,其來虩虩然驚惕。比其終也悦乎兑,笑言啞啞然和暢。蓋陽乘六位而後功成,雷歷三時而後收聲。故震乃生氣之流行,非陵暴之謂,所以爲吉。初爲震主,故即彖辭象之。《象》曰"震來虩虩"者,由震恐得發生成就也。"笑言啞啞"者,至秋而萬物和悦,動而有終,不過其則也。苟踰兑而震,冬行春令,是爲失則,何吉之有?

六二,震來厲,億喪貝,躋于九陵,勿逐,七日得。

《象》曰:震來厲,乘剛也。

此震出至巽也。六二以陰居陰,下乘震主當來之衝,危厲可知。億與噫通,驚駭之辭。貝,貨也。巽爲市利之象。陽氣發動，達于東南，萬物潔齊，資生富有，貨貝之象。卦體自初至四似離，爲嬴、爲蚌、爲龜，亦貝之象。春夏陽盛物阜，陰氣退聽。雷發于初，威盛于二，象所謂“震驚百里”也。六以陰柔乘之，故解散奔裂。乘陽氣而上騰，極于所往，爲“躋于九陵”之象。躋，升也。巽爲高長之象。陵，高丘也。二至四互艮爲山之象。至于四而震遂泥，屬所不及也。二无正應，與四同功，故升此以避之。然動靜相循，陰陽相待，不過一周，還復其故，爲“勿逐七日得”之象。由二上週，復下數至二爲七，又進數至四爲九，遇互艮，有“九陵”“七日”之象。遇艮則動止，有“得”之象。爻辭于二，特言“七日”“九陵”者，示人以周歷六位之象也。《象》曰“震來屬”者，下乘初剛，初爲震主，陽來壯屬也。春夏之交，巽木用事，雷始大作。

六二震初升，故曰“來屬”。六五震既來將往，故曰“往來屬”。嚴屬者，震之本體。陽氣正中，不屬不足以宣鬱導滯，故不言凶咎。六五震雖將往，而居尊爲主。初、二之震來，皆其振作之用，以成有事之功者也。故二、五雖非應，而因恐致福。雖陰柔而處震之時，屬而不暴，虛中效動，故動而不括。不然陽實過剛，有所恐懼，有所忿懥，反不得其正矣。

六三，震蘇蘇，震行无眚。

《象》曰：震蘇蘇，位不當也。

此陽氣達于南離也。五月以後，微陰生而陽稍損矣。

六三以陰居陽，不中不正，處震之時，蘇蘇緩散。炎方盛夏，百草離披，蘇然垂蕤，搖動之狀也。木行火鄉，疑于少眚。然其氣本相生，草蘇不焚，木道无傷。三互坎爲眚。目病曰眚。无眚，離象也。《象》曰"震蘇蘇"者，以陰居三，位本不正，處震之時，宜蘇蘇而不振也。

陽氣過中則漸緩，宜眚无眚者。三本陽位，乘震得陽，共行自通，若六四遂泥矣。迅雷不終朝，故雖蘇蘇无眚也。

脩省在于精進。三以柔居剛，志欲爲而才不足。然處震屬之餘，動自不容已，雖不當位，而能行則〔一〕去不正以就正，故无眚。災在內曰眚。苟怠惰自安，則眚多矣。然四泥不行，而亦不言眚，何也？未光亦眚矣。

九四，震遂泥。

《象》曰：震遂泥，未光也。

九四以震居外，是爲洊雷。一陽已動，兩主并行。而四居陰位，其動必滯。上下皆偶，互爲坎主，陷于二陰之間。初震至此歷坤，萬物致養之鄉，徘徊寬衍，奮屬之威漸殺，坤土坎水，爲泥不得行之象。四、二同功，二謂勿逐得，此也。《象》曰"震遂泥"者，初陽爲主，四以陽居陰，承乘又陰，動而受制，未得光大。以此主震，所謂困心衡慮，求通而不得者也。下无正應，故有此象。

陽初自艮出，力全而氣猛。再動，其氣虧。是以君子

〔一〕能行則，早印本作"行則可"。

悔過貴初幾也。初九震來,怒發中節,和也,故通達无礙。九四之震,所謂遷怒也,故泥。泥則安能震驚百里乎?

六五,震往來厲,億,无喪有事。

《象》曰:震往來厲,危行也。其事在中,大无喪也。

　　六五震行兌方,所謂"笑言啞啞"者也。萬物西成,震既往矣,過五而往則逢乾,自四而來則功畢。蓋木遇金則尅,雷入澤則藏,危厲之道也。億與噫同,震驚之辭。言雖危厲,而笑言啞啞,匕鬯不失,長子所有事,終无喪也。蓋萬寶告成,莫非帝力。雖百里震驚,美利和悅,所謂震之後則,"恐以致福"者,此也。《象》曰"震往來厲"者,在初震來爲已往,在四洊雷爲重來,往來震疊,危厲之行也。"无喪有事"者,震雖來而其泥,五以柔居剛爲震主,長子承父,雖柔得中,陽德无失,震道大成也。大謂陽。事謂主器之事,即匕鬯也。

　　五居尊爲君,兢兢業業,一日二日萬幾,往來危厲,固所宜有。然以柔得中,乘遂泥之剛,懲忿辨惑,自无六二喪貝之失,所以爲震而悅也。

上六,震索索,視矍矍却,征凶,震不于其躬,于其鄰,无咎。婚媾有言。

《象》曰:震索索,中未得也。雖凶无咎,畏鄰戒也。

　　上六陰柔動極,震恐之至。蓋震行至五,匕鬯无喪,震道終矣。越兌而上與乾遇,則父也。子遇嚴君,氣索索而

目矍矍，雷蟄伏之象。矍矍，却視貌，謂五也。五似離爲
目，五爲君，上爲天，君之所畏者天也。征，行也。震爲行，
爻位戰于乾，秋冬之交，雷當藏而行，故凶。上无復往，往
則變爲噬嗑上九，滅耳不聞聲，故曰凶。躬，背象，指上也。
鄰，指五也。所謂"震索索"者，非上自懼也，于其五懼，乃
无咎。君能畏天，何咎之有？婚媾，指六三，與上敵應。三
行无眚，而上索索不前，動極欲變，故爲"婚媾有言"之象。
乾爲言，兌亦爲言。《象》曰"震索索"者，上六以虛乘動，天
道高遠，明威不測，體无自震，而六五居中承天，乾乾夕惕，
如恐不得，故索索然也。"雖凶无咎"者，上以五爲鄰，上震
于五，五畏上而戒備，故无咎也。

　　上值乾位，故爻象發人主畏天之義，《大象》所謂"恐懼
脩省"者也。以陰居上，有虛空之象。大虛无爲，故无恐
懼。惟人主與天通，故震不于上于鄰，同體之義也。天體
西北高，故尊莫如乾。東行爲震，帝所自出也。西歸爲兌，
長子所以告成功也。往則爲懼，來則爲悦，懼所以成其爲
悦。未有不敬其父，而能不喪匕鬯者也。

艮☶艮下艮上

　　《序卦傳》曰："震者，動也。物不可以終動，止之，故受
之以艮。艮者，止也。"蓋震至于索索矍矍而動極矣，動極
復静，氣機自然，故繼之以艮。爲卦一陽止于二陰之上，外

實內虛,如人屏息堅忍,其象爲鈐喙。當震之來,蓄不固則發不勇,故艮以止之。而其卦反震,震一陽內起,艮一陽外塞。起于內則動,塞于外則止,故卦位艮震相因。震因艮止,艮因震達。止極而動,動極復止。天下无動不止,无止不動。動而止,故"震來""笑言"。"不喪匕鬯",震无動也。止而動,故動靜惟時。其道光明,艮无止也。蓋造化往來,惟元陽一氣,逝者如斯,无間可息。人身胚胎,生氣已動,至于少壯老死而後已,豈槁木死灰乃爲止? 豈飄風驚電斯爲動乎? 未死之息,孰能滅動? 有生之後,誰能知止? 善動者寂然无爲,善止者適得其所。天地聖人,動而悦,止而明,此也。常人之心,馳騁无寧,告子、莊生、禪定之學,强制爲主,有裂眥薰心之苦,是以陰滅陽耳。艮之爲止,陽止也。震陽動于下,艮陽止于上。在下者靜極而動,陽動也;在上者動極而止,陽止也。陽止者,靜而无靜,動而无動。如厭動求靜,以靜制動,是以陰止陽也。以陰止陽,是謂无陽。枯槁斷滅,非易所謂止,故象象近取諸身。人身爲陽氣之會,有手足,自不能无行持;有耳目,自不能无視聽;有心知,自不能无思慮。凡人所與世營營者,惟以有身。身有常度,行持有規矩,視聽有法則,心知无妄念,何動非止? 故聖人教人"艮其背"。"背"者,耳目所不載也。五官內向,心不逐境,視以不覩,聽以不聞。人能不覩不聞,天下何思何慮,是謂"艮其背"。先儒有憂其絶物者,失象外之旨矣。人心牿之反覆,幾同禽獸。《大學》明德,必始定静。孟子教人求放心，以日夜之所息，即艮背也。若告子之失在襲取，而不在不動心。學者心如火牛，而先憂枯寂，亦早計矣。故六爻之象，皆取諸背。初爲"趾"，二爲"腓"。腓，足肚，在後也。三"夤"，脊膂也。四"身"，不言心，心在前也；不言背，夤即背也。五"輔"不見面，見其旁輔也。兩山連峙，其氣不通。陰虛居內，陽實外撝。如人北面背立，還視內聽，故曰"其道光明"。"光明"者，陽也。下二陰者，陽无物而虛也。虛受陽明，非陰能明也。然六爻內不如外吉，何也？止道貴時。九三在內，時未可止。互爲震動，初與二有動象，而九三強止，違時行之道，如震動在內，九四外互爲艮，則失其動矣，故震內吉。艮止在外，九三內互爲震，則失其止矣，故艮外吉。天下事終而能止，未有不善者，故諸卦上爻鮮吉。惟錯艮者八卦，蒙、賁、剝、大畜、蠱、頤、損、艮，上九皆吉。人能知止，終无不善矣。初六步趨曲謹之士，六二求止未定，九三暴氣強制，所以未善，六四飭躬慎動，六五正容謹言，皆君子也。上九"敦艮"，不言所止，則不獲其身，不見其人，止于其所，斯盡止之道矣。

艮其背，不獲其身，行其庭，不見其人，无咎。

　　凡人心所以不止者，爲五官外向，逐物奔馳。艮以二陰居內，空洞中虛，一陽在外，篤實固塞，如人之背。艮居東北，背西南，有背之象。人身耳目口鼻四肢居前，背則耳目不視聽，身口不言動，非不視聽也，以不視視，以不聽聽，耳目皆背也。无思无營，兀然喪其形骸之身，雖曰行庭內，匪曰无人。既能忘我，自能忘物。收放心，絕外累，是以无咎。人視不自見其背，故曰"不獲其身"。反照內視，故爲"不見其人"，所以爲"艮其背"也。

《彖》曰：艮，止也。時止則止，時行則行。動靜不失其時，其道光明。艮其止，止其所也。上下敵應，不相與也，是以不獲其身。行其庭，不見其人，无咎也。

所謂艮者，一陽止諸二陰之上，得所止也。止之爲道，時而已，時止則止，固謂之止；時行則行，亦謂之止。動靜以時，无行非止，而其道光明。蓋一陽篤實以固其外，內境清虛，則天光發乎泰宇，非濁陰冥頑、枯槁不靈也，故謂之艮。所謂"艮其背"者，背，止也；"艮其止"者，止其所也。人身靈而善動，唯背不動而含靈，耳目口鼻四肢躁擾之官，背不載焉。以此止其不止，則聰明內運，神智反照，是止之所也。卦有上下而无和應，以陰敵陰，以陽敵陽，如兩山背峙，兩人背立，无應接之緣，絕物交之累，不相與也。人常使其面如背，其前如後，其動如靜，其行如止，是以情境兩忘。內不牽于耳目口鼻四肢，則不獲其身；外不累于聲色臭味安佚，則行庭不見人。如是而止，是謂艮背，何咎之有？

"時止則止"四語，明艮非空寂也。心不同土木，但因時順應，動靜得常，則寂感如一。明鏡現形，虛谷答響，不可謂有，不可謂无。此太虛无象之體，聖人无意之心。艮之止也，自非然者。行非止，止亦非止。有意厭動，即動也；有意求靜，即非靜也。如死心灰念以求止，必昏迷无記以喪明。但能動靜隨時，則天光內照，寂寂惺惺，一陽爲主，動不汨于妄想，靜不淪于寂滅，故曰"不失其時，其道光明"也。

艮其止，即釋艮其背，衆體惟背爲止也。所，猶位也。止其所，猶不出其位也。位如坤"正位居體""君子素位"之位。"位"本无定，"所"亦无方。位无定，而位位自定；所无方，而所所有方。聖人洗心退藏之密，喜怒哀樂未發之中，不覩不聞之獨，千變萬態，此所不移，是謂"止其所"，不獲身，不見人，皆于此所得之，是謂艮背。

止以明爲主，明以止爲宅。不止，則逐物而喪其主；不明，則忘歸而失其宅。故《大學》知止，惟知能止也。知者，乾始之靈。乾知坤作，故曰：成象爲乾，效法爲坤。未有不明善而能誠身者也。心不在焉，視不見，聽不聞，食不知味，惡乎能止？其道光明，則止于其所，聖人開示之義切矣。禪定智慧，皆因襲于此。

卦體內北外南。震陽在內，有南面之象。艮陽在外，有北面之象。由震還艮，有回向之象。初往居上，內卦往而轉向內也。四來居三，下卦來而背在外也，故其象爲背。艮爲門闕，有庭象。震爲足，由震來，有行象。自三以上似離爲目，中互坎爲隱伏，有不見之象。六爻皆象人身，反咸也。咸，感也。男女相交，下仆而上仰，所以象感。衆體皆感,有一不感,不可爲咸。艮,止也。上下皆男,兩人背立,所以象止。衆體皆止,有一不止,不可爲艮,故咸之《象傳》曰“二氣感應”以相與,艮之《傳》曰“上下敵應”不相與也。

艮者,聖學“止至善”之要。佛氏謂:三心了不可得,法非他生,非我生,非共生,非无因生,是爲无生。襲艮背之義也。先儒謂讀一部《楞嚴》,不如看一艮卦。然何必《楞嚴》?凡佛書近理者,无過艮背之旨。

《象》曰:兼山,艮。君子以思不出其位。

物之定止莫如山。兩山連立曰兼山。各止其所,不相爲應,是謂之艮。君子觀象,人心隨感敵應,亦當如山。凡身在即位,位隨境遷,惟心以儼若之思,止而不動,富貴貧賤,患難夷狄,安于所寓。父子君臣,仁敬孝慈,知其所止。此无畔援,彼无歆羨。安土敦仁,屹如山岳,君子之兼山也。

艮以止爲位。素位而行,自无所不止。震行艮止,震爲出,艮爲位。艮出成震,震止成艮,動静互根也。艮土爲中氣,若偏止東北,亦非真艮;專主中央,亦非真土。動静惟時,即思不出位。思爲光明,不出位爲止所。思者,一陽在上,乾知也。不出位者,二陰内虛,坤順也。

初六,艮其趾,无咎,利永貞。

《象》曰:艮其趾,未失正也。

凡身之動,由趾行。初六自震上來,震爲足,其動未息,居艮之下,故爲“艮其趾”。趾動而能止,則无躁妄之咎。然足爲行官，動靜惟時，乃得正而可久，故“利永貞”。《象》曰以柔居初，雖不當位，處艮之時，陰柔而靜，未爲失正，但當求永貞之道爲得耳。

　　《象傳》曰：“時行則行，時止則止。”動靜不失其時，此利永貞也。趾本動物，不患不行，而患不止。能止，未爲失正。但當艮初，欲跬步不前，亦非時行之正，故不可永久，而爲補過之辭也。六二中正，欲拯不快，以此。趾在前，艮背言趾者，初由震來，見趾也。

六二，艮其腓，不拯其隨，其心不快。

《象》曰：不拯其隨，未退聽也。

　　腓，足肚也。艮背，故見其腓。隨，謂趾也。腓隨趾動，趾既不行，腓欲動而不能進，故爲不能拯拔其趾，使之行也。艮體在下，時猶可行。六二中正，有時行之心，而陰柔不能自動，故爲“其心不快”。互坎在前，爲憂，心有不快之象。《象》曰六二不能拯拔其趾使進，然心實不欲退聽初之止，所以不快也。時行則行，然後快于心耳。程朱之説，謂六二拯九三之“艮其限”，非也。其隨，隨二者也，如咸三之執隨，執下也。三居二前，二安得謂三爲隨乎？

九三，艮其限，列其夤寅，厲薰心。

《象》曰：艮其限，危薰心也。

　　限，上下之限。三以剛據二體之中，艮道各止其所，上下不相與，故爲“艮其限”。艮爲門闕，奇畫橫絶内外，有門限之象。在身爲腰，詘伸俯仰之際，非可止之所。而九三過剛不中，爲成艮之主。又互坎互震，行止乖僻，分崩決裂，有斷其脊夤之象，而危厲薰灼其心也。列，分斷也。夤，脊脊連上下也。今人上交曰夤緣。夤列，則緣斷矣。薰，火炙也，《詩》曰“憂心如熏”，酷烈之狀。互坎爲心，伏離爲火，熏炙之象。《象》曰“艮其限”者，絕上下之交，刻厲焚和，以致薰心，傲很乖戾，是告子之“不動心”，非“時中”之道也。

　　凡人身運動，必由下體，故三以下，有動象。内卦三爻，非可止之時與當止之所，象謂“時行則行”也。外卦三爻，其時可止，其所當止，象謂“時止則止”也。故三爲内外之限。内不當止而止，九三所以厲也。外得止而止，上九所以吉也。三雖厲不言凶，止則自不至凶，故爻皆无凶悔之辭。

　　人身脊脊上下，養生家謂之督脉，非可斷列者也。背後自股上夾脊兩旁，前當臍，謂之腰眼，即限也，此兩腎所在，呼吸之根，上與心通，水火升降之會，故列夤當限處，則危厲熏心也。

六四，艮其身，无咎。

《象》曰：艮其身，止諸躬也。

　　六四以陰居陰，在限之上，有身之象。爻各指一處，而此獨泛言身者，四當心位，于身兼統也。不言心，以艮背也。故咸九四亦心位也。身容恭能止，故无咎。《象》曰

"艮其身"者,止諸躬也。俯身曰躬。艮背,故見其躬。躬字從身從呂,即脊膂也。膂與呂通,《傳》恐人以"身"爲"面",故以"躬"釋之。

六五,艮其輔,言有序,悔亡。

《象》曰:艮其輔,以中正也。

六五以陰居中在上,故爲"艮其輔"。輔,面頰兩旁也。三至上似頤,爲口輔之象。背不見面,但見其輔。輔不動,則言必有序矣。五互震在上,而輔善動,故止其輔。不妄言,故"悔亡"。《象》曰"艮其輔"者,以陰居尊得中,時然後言,如高宗三年不言,言而殷中興;齊威王三年不鳴,鳴而國大治,是也。中正,當作"正中"叶韻。中可兼正,正不必皆中。

四爲躬行,五爲言語。謹言慎行,止之大者。五爲君出令,故言。四爲臣奉令,故行。

上九,敦艮,吉。

《象》曰:敦艮之吉,以厚終也。

上无所往矣,可止之時,當止之所也。四、五柔順,既止諸躬,身无妄動,又止諸輔,口无妄言,上九益以陽剛篤實,培養于終,則操舍存亡之迹盡化,而渾厚淳朴,安土如山矣,故爲"敦艮"。《彖》謂"止其所","不獲其身","不見其人",此也,故吉。敦,背象。人體惟背爲厚,故孟子曰盎于背。盎,厚也。《象》曰止道貴終,佻薄者厥止鮮終,敦篤所止,以厚其終,使永无散佚,即初所謂"利永貞"者也。初時未可止而止,二時可以行而不得行,三非所止而强止,四當止而止,五不當動而不動,上動静不失時,止于其所矣。楊敬仲曰:善止者行,善行者止。知止而不知行者,實不知止;知行而不知止者,實不知行。知行止之非二,則行止皆當其時。敦艮,"厚終"之謂也。枯立以爲止,于止道薄矣。可以小憩,非爲大定。止忘其止,所无其所,萬應交錯而神不擾,委蛇變化而寂然无事,如是者神凝氣定。如地之厚,如山之重,置諸喧閧捏扤,而永貞不退,是敦艮之吉,所以厚終也,其聖人主静以立人極者與?

漸 ䷴ 艮下巽上

《序卦傳》曰:"艮者,止也。物不可以終止,故受之以漸。漸者,進也。"物知止則進,循序有節,所以止也。從容積累,所以進也。進止與動静殊,動極而静,故反震成艮。止而能進,故以漸受艮也。爲卦山上有木,木高因山,以止爲體,以順爲用,故《象》曰:"止而巽,動不窮。"六爻皆善,唯九三過剛,而亦有"禦寇"之利。士君子進德脩業,處功名之會,涉世路之艱,能漸則凶咎寡矣。卦本乾坤,三、四往來,陰進而止乎四。九居五而得中,下應六二。二、四皆陰,三、五皆陽。九以陽居上,六以陰居下。剛上柔下,各得其所。爻與家人同,而所異者初爻、九六之别耳。故漸在家人則內外順,在國則上下安。彖取象"女歸",爻取象"鴻"。蓋卦本男女配合,而昏禮用鴈。鴈飛識時,女歸待聘,漸之義也。物之能遠舉者,莫如鴻。然其飛有序,知長幼之禮;其羣有偶,厚夫婦之別;其來有候,適寒暑之期。則物之進而能漸者,亦莫如鴻也。六爻之象,其始栖息甚近,其終飛翔甚遠。初于水干,二于磐石,三進于陸,四升于木,五集于陵,上乃飛翔。初有來象,上有往象。來者就陽而南,往者隨陽而北。陽生于坎而日南至,故艮而南來。陰生于離而日北至,故巽而北征。卦畫皆以奇先偶,象鴻飛有序。下卦以一奇率二偶,上卦以一偶隨二奇,蓋鴻飛大者先而小者隨。陽大陰小,長幼之節,倡隨之禮,夫婦之道也。據艮以爲山,乘巽以爲風,可以遠舉矣。而離離肅肅,有秩有序,雖干霄之羽,无陵亂之愆,所以爲漸。故同一巽也。中孚之上九,"翰音登于天"則凶,以其知上不知下,巽而悦也。漸之上九,"鴻漸于逵"則吉,以其自卑而高,巽而能止也。君子以鴻鴈之知,循序順禮,從容審時,何往不亨?故夫蹪等欲速者,土林之祥桑。剽悍急疾者,人類之鷹隼。溝澮乍盈,涸可立待。君子進脩,有能知序不亂,如鴻漸者乎?

漸,女歸,吉,利貞。

漸之爲卦,自乾坤來。三、四易位,而陰陽得所。以男下女,下止而上順,有女子歸人之義。女子適人,六禮備而後行,故漸則爲歸,不漸則爲奔。能如女之歸,則得其漸而吉矣。利于守正，不正不可爲漸。

《象》曰：漸之進也，女歸吉也。進得位，往有功也。進以正，可以正邦也。其位，剛得中也。止而巽，動不窮也。

漸之爲進也，如女之歸則吉也。止而巽，莫如女歸。无造次陵節，得正而吉也。何言乎利貞也？卦本乾坤。坤在下，六進居四，陰得陰位，九退居三，陽得陽位。一往而剛柔以正，是有功也。故士君子進以正，則上下莫不正，而可以正邦。蓋三進則柔居四，九退居下，中四爻各當位，而九五以剛得中，下无陵逼之嫌。以陰從陽，以下從上，君正莫不正而國定矣。德莫善于止，行莫美于巽。內安靜而外和順，其動有常，其行不疚，何憂于窮？所以“利貞”也。

漸不直釋“進”，而曰“漸之進”者，以別于晉也。晉亦爲進。晉之進則君臣，而漸之進則男女也。然巽以長女從少男爲漸，何也？女歸稍遲，所以爲漸。兌以少女從長男，所以反漸爲歸妹也。

《象》曰：山上有木，漸。君子以居賢德善俗。

艮山巽木，木生于山，由萌蘖以至枝幹，不見其長而浸以盛。物之循序不驟者，莫如山木，故曰漸。君子以此道自脩，積其賢良之德，因以此道化人，變其不善之俗。賢德非積累无成，習俗非久道難化。天下之事，莫不以漸。惟此二者，尤漸乃成。艮止爲居，巽風爲俗。君子擇仁里而居,觀摩而善,亦漸之象。

初六,鴻漸于干,小子厲,有言无咎。

《象》曰:小子之厲,義无咎也。

　　鴻,大鴈,水鳥也。知序應時,有漸之象。干,水涯也。鴻託生于水,初在漸下,艮山之麓。互坎水之濱,故爲"漸于干",言自水升岸也。陰爲小,艮少男,居初爲子,初不當位,外无應援。艮止之下,初陰微弱,見爲危厲,故有言。艮伏兌,言象。處漸之始,雖厲无咎。《象》曰小子所謂危,于義无咎也。卑居側陋,人不堪憂。君子居之,何陋之有?以學占,則疑殆之地,討論之初也。

　　水邊曰干。干,求也。在止下,有捕鴻之象。小子,鴻雛之象。鴻飛小者居後,離羣危厲,故號呼也。《周禮·夏官·小子職》,司羊者也。兌爲羊,艮伏兌,歸妹上六"刲羊",即初往也。有羔則須鴈,故爲小子有言。士在側陋,人主欲羅致之,其象如此。二于磐,則奠鴈也。

六二,鴻漸于磐,飲食衎衎,吉。

《象》曰:飲食衎衎,不素飽也。

　　六二陰柔,在止之中,安固得所,故爲"鴻漸于磐"。磐,柱下石,安固也,止得中之象。去水就石,漸進之象。餘爻倣此。古本作般,盤通。蓋既得鴻,而養以待用也。互坎在上,爲飲食衎衎之象。衎衎,猶坎坎,和樂也。安貞得養,以備嘉禮,吉之道也。《象》曰"鴻漸于磐,飲食衎衎"

者,貞女非禮不歸,禮非鴻不行。養鴻待用,非爲空飽而已。素,猶空也。

鴻在止中,有哺養之象。昏禮納采親迎,賓執鴈升堂,奠于楹間。磐,楹下石礎。屯初九利磐桓,桓即楹也。《禮·檀弓》云"桓楹"是也。委禽于地,故曰"于磐"。昏禮與大夫相見,皆用鴈。盛鴈以盤,哺之以食,故又爲"飲食衎衎"之象。《傳》所以謂之"不素飽也"。艮爲小石,磐象。〔一〕

九三,鴻漸于陸,夫征不復,婦孕不育,凶,利禦寇。《象》曰:夫征不復,離羣醜也。婦孕不育,失其道也。利用禦寇,順相保也。

九三居下之上,故爲"鴻漸于陸"。高平曰陸,去水石遠矣。然以重剛爲艮,无應于上,又互爲坎主,固止蹇塞。處漸之時,无安裕諧暢之情,故爲"夫征不復,婦孕不育"之象。蓋三以陽主艮爲少男,四以陰主巽爲長女,內外相值,雖得位而兩无正應,是无婦之男,與无夫之女,私交而孕,故夫征不見復,婦孕不敢育,失漸之道而凶也。惟以之禦寇,剛自上止下,則順而利也。互坎,有寇象。《象》曰"夫征不復"者,四自坤三往也,坤爲眾、爲類,羣醜之象。四互離,三陽位,而六去三往四,是"夫征不復"也。三、四非應,而剛柔往來相比失道,所以雖孕不育。"利用禦寇"者,陽

〔一〕艮爲小石磐象,早印本無。

止陰上，順而下濟，以相保也。爻上行爲逆，下爲順。卦本男女，故象夫婦。九三互爲坎主中滿，有孕象。九五互離內虛，有不育[一]之象。

漸道貴止，尤貴順。九三過剛爲艮，又互坎。處漸之時，傷于固執，以進德，則有絕物偏主之弊。惟當私欲橫行，以此懲止，如原憲所謂克伐不行，則可耳。非太公忘私，自得之學也。陰在內，陽在外，及其未發而止之則順。若事幾已著，亦不及止矣，故曰順以相保。然象以三、四易位爲有功，爻以九居三爲失道，何也？爻與象不必同，所謂"發揮于剛柔而生爻"，"吉凶以情遷"也。如歲同而節候有遲速，日月同而往來有參差，所以爲易。

九三互爲離火，有陸象。離爲乾卦，視明曰離陸，故象陸。卦爻三、五、上皆剛，故三爲平陸，五爲丘陵，上爲通逵，皆陽象也。初、二、四皆柔，故初爲水涯，二爲磛間石，四爲橡桷，皆偶象也。

六四，鴻漸于木，或得其桷，无咎。

《象》曰：或得其桷，順以巽也。

四入巽初，故爲"漸于木"。巽爲木，鴻自陸進也。桷，木枝卑平者，如屋之榱桷也。艮在下，爲門闕。四以偶加奇上，有桷象。或者，不取必之辭。其，指五也。五居高，四在下，則其卑枝耳。可栖不必喬林，巽入之道，漸之義

〔一〕育，早印本作"孕"。

也。以此居下事上，何咎之有？《象》曰"或得其桷"者，六四成巽之主，不擇枝而栖，"順以巽也"。人臣事君，不卑小官，可不謂順乎？

鴻性不樹栖，四不中，故爲"漸于木"。然過高則逼五，處漸思順，故爲"或得其桷"。鴻指間有膜，不能握枝。惟桷平乃宜。卑平，漸義也。

九五，鴻漸于陵，婦三歲不孕，終莫之勝，吉。

《象》曰：終莫之勝，吉，得所願也。

九五剛中居尊，乘艮山上，故爲"漸于陵"。陵，高丘也。二應五爲婦，二欲進于五，九三爲艮止，互坎以阻之，歷三位而後得升，故爲"三歲不孕"，漸緩之象。然其應本正，終非三所能止，故爲"終莫之勝"。五以應，故吉；三以邪比四，故凶，所以不能勝也。《象》曰"終莫之勝吉"者，能漸有終，自得所願，先難後獲，欲速則不達也。

九三以剛互爲坎水，九五以剛互爲離火，是爲未濟。慎物辨方，故二不得與五合。然五以正應，得中居尊，以德以位，終非三所能勝，邪正貴賤不敵也。故三雖孕而凶，五雖不孕而吉。以之爲學，强探欲速，不如深造自得也。

五位尊而曰"陵"者，地勢西北高，多山，東南卑，多丘陵。巽東南也，山以陵遲故能高，漸之義也。人主居高而亢，絶上下之交，爲學窮高而遠，悖易簡之德，漸道忌于過高也。

上九，鴻漸于陸，其羽可用爲儀，吉。

《象》曰：其羽可用爲儀，吉，不可亂也。

上九以剛居漸極，德以漸而崇，上達高明，是爲"漸于逵"。陸，當作逵，與衢通。四達曰衢。九達曰逵。大畜上九"何天之衢"，即"于逵"之義。鴻漸至此，振翮高飛，下絕階梯，旁无畛域，曠然无礙之宇也。巽爲高長、爲風，鴻飛乘風，其象如此。然仰視其羽，舒徐雍容，有倫有序，可以爲人道之儀法。用，猶以也。人而如鴻，何吉如之？《象》曰"其羽可用爲儀吉"者，以鴻飛有序不亂也。人道之經緯，莫大于不亂。不亂，則正邦善俗不越此，鴻所以盡漸之道也。

六爻皆象鴻。五以下，未言鴻德與漸之功，至上乃表之，見漸所積崇也。在學則神化貫通之境，在仕則元老耆碩之尊。馴致其道，非可襲取驟至也。或謂上與三應，同"漸于陸"，巽爲進退之象，顧鴻何獨反下于陸乎？漸而復反，則各爻象義，俱跲戾難通，先儒多作"逵"，良是。

卦巽上者終多凶，以其究爲躁也。惟漸與家人之巽，上九吉。蓋漸自二以上，與家人同。陰陽內外各當位，故家人上九以反身爲威，漸上九以不亂爲儀，《大學》云"其儀不忒，正是四國。爲父子兄弟足法，而後人法之"，此也。惟反身可齊家，惟不亂可脩身。故漸女歸利貞，而家人利女貞。齊家治國，其道一也。

鴻漸于逵，極其高矣。道不遠人，聖人特取其羽不亂以爲法。明至道不越人倫，下學而上達，中庸其至矣，此之謂也。

歸妹☱☳兌下震上

《序卦傳》曰："漸者,進也。進必有所歸,故受之以歸妹。"漸道莫如女歸。女嫁以時,往以禮,故漸之女爲巽。巽,長女也。女長及笄而字爲漸,反漸則歸不待時,悦以動,是爲歸妹。妹,少女也。女少未可歸,悦長男而從之。與漸反,漸以男下女,昏姻之正也。六爻剛上柔下,内外之序也。歸妹剛柔易位,内外倒置,故反漸。如姊未歸,而先歸其妹云爾。男長而欲動,女少而先悦。天下之事,悦而動,未有正者。二、四以陽居陰,男以不正從女之象。三、五以陰居陽,女以不正從男之象。上卦六五乘九四,下卦六三乘九二,夫屈于婦,婦制其夫之象。陰反居上,陽降居初,皆失其漸。故漸六爻多吉,至上愈吉。歸妹初爻猶吉,至上无攸利矣。初、二猶未甚踰越。進至三,則退反下。五雖中,亦動于少女。至上,終不成爲夫婦,越禮无漸,所以凶也。故漸之爻象,進而欲上;歸妹之爻象,退而反下。循序則進,欲速則不達也。是故咸、恒之男女,少長自爲配,夫婦之正也。蠱、隨、歸妹,男女少長非其偶,夫婦之不正也。咸與歸妹,皆男女之悦。止而悦則爲咸,動以悦則爲歸妹。情同而動止異,是以咸則取女吉,而歸妹則征凶也。妹者,昧也。女少无知,故稱妹。情欲相感,見可欲而昏,動不以禮,是爲歸妹。周公作《酒誥》,謂紂邦爲"妹邦",以此。女而歸妹,幼无知也。士而歸妹,將若何？是以君子貴艮漸,而戒于輕悦也。

歸妹,征凶,无攸利。

漸止而巽,長女守正以待男求,故爲女歸吉。今兑少女也,女少曰妹,尚未可歸,而從震長男,故反漸。不正而往,故凶。豈惟男女？悦而不止,動不以正,恣情急欲,无適而可。歸妹者,歸昧也,无攸利也。

漸,女長矣,男在下而女來歸。歸妹,女方少也,男在外而女往從。女自外來爲嫁,故《彖》謂女歸。女自內往爲奔,故《彖》謂征凶。歸則吉,征則无攸利。

《彖》曰:歸妹,天地之大義也。天地不交,而萬物不興。歸妹,人之終始也。説以動,所歸妹也。征凶,位不當也。无攸利,柔乘剛也。

歸妹者,少女歸長男也。男女配合,天地之大義。天地不交,萬物无由發生。男女不合,人道无由終始。承先曰終,啟後曰始。然其卦下悦上動,由悦而動,不以禮合,所歸者乃幼昏之妹也,故謂之"歸妹"。征凶,何也？卦與漸反。漸六位皆正,此六位皆不當也。陰上陽下,陰外陽內,倒置如此,何往不凶？"无攸利",何也？二、四本陰而得剛,三、五本陽而得柔,以柔乘剛,士動于欲而失其健,女驕于悦而失其順,縱欲滅理,終將必敝,故"无攸利"也。

《象》曰：澤上有雷，歸妹。君子以永終知敝。

兌澤震雷。雷作于水上，水性易蕩，而動之以雷，爲男女淫昏之象，故曰"歸妹"，昧其所歸也。君子觀象，悦不可逞，動不可極。情欲之感，其終必憊。故以震之脩省，防兌之折壞。始慮其終，而動謹其敝。蓋物生必終，有以永之則令終。事久必敝，有以知之則不敝。妹喜之亡夏，妲己之亂商，褒姒之滅周，皆終敝之謂也。

初九，歸妹以娣，跛能履，征吉。

《象》曰：歸妹以娣，以恒也。跛能履吉，相承也。

九居初最少，在歸妹即爲所歸之妹，以娣從嫡歸者也。媵嫡曰娣。二得中，有嫡象。初卑，有娣象。上遇震主爲足，兌爲毀折，有跛象。以陽居初，少女有剛正之資，故爲"跛能履"，以此爲娣，往則吉。《象》曰以少妻長則失常，今初以少媵長，是以常禮行也。"跛能履吉"者，娣承嫡耳，非自爲嫡。如跛履非自行，有所仗而行，故吉也。兌以陰乘陽，故有邪媚之象。毀乾爲悦，故有破缺之象。然跛眇在履，則屬六三，卦柔而爻又柔，故不能行，不能視。遇乾失悦，爲履不成禮也。在歸妹初，以剛居剛，二以剛得中，少女有陽剛之資，雖跛眇猶能視履。蓋遇動能悦，思歸欲行，震來而麗爲離目也。

《禮》：君夫人歸，各以其姪娣從，同姓二國媵之，亦各以姪娣從，一娶九女也。媵，猶媵也。副嫡曰媵。二、五男女正應，二爲五妻，象嫡。初與三皆象媵娣，故初云"以娣”,三云“反娣”。

九二,眇能視,利幽人之貞。

《象》曰:利幽人之貞,未變常也。

　　九二剛中,上遇互離爲目,其體毀折,故爲“眇能視”。澤中地幽,女行不踰閾,窺不出戶,故爲“幽人”。上應六五,女少得中,爲正嫡小君之象。初履欲征,三歸反下,皆待二也。而二守正,需月之望,故爲“幽人之貞”。如是則利也。《象》曰“利幽人之貞”者,處歸妹之時,衆皆急欲,二獨守中,未變常也。常,謂六禮之常。

　　澤中閴曠,陰揜于上,其象爲幽人。在歸妹則中閨之象,猶《詩》之云“静女”也。在履,幽人貞吉,以初行,三應上,而二獨不亂也。此“幽人之貞”,以初征,三反,而二獨不變也。然其體同少,其志同悦,故爻辭言“利”以戒之。眇而能視,亦有動于五之意,未如履道之坦坦也。《傳》曰“未變”者,猶賢彼善之辭。

六三,歸妹以須,反歸以娣。

《象》曰:歸妹以須,未當也。

　　六三以陰居陽,不中不正,上與九四往來相須,成二卦之主。位適相值,以女悦男,上互爲離。離,麗也。柔麗剛而上附,其象爲須。須,髯也,如賁六二之“賁其須”,相親附爲同體也。然三、四非應,少長非偶,三當反而歸下,與初同爲二之娣可耳。《象》曰三以少女須長男,悦于動而急欲,不中不正,于理未當,故宜舍所須而反也。

卦本動悅,而男女二體互離,情甚相麗。賁之六二亦互離。賁上體似頤,遇艮爲虎,如須之附于虎頤也。歸妹上遇震,震爲龍,三亦互離,如須附于龍頷也。離性親麗,而三陰柔不中正,初與二皆剛,其志不同,故三舍之而上麗。下无所承,其垂如須,猶賁初九"舍車",六二下垂之象。或謂:須,婺女之星也,爲賤妾,于爻義无取。

三當悅極,承動之交,欲往奔,故爻辭責以"反歸"。九四震主,其象又動而上行。遇互坎,進退狼狽如此,所以反漸,爲无攸利也。

九四,歸妹愆期,遲歸有時。

《象》曰:愆期之志,有待而行也。

九四震始,是爲長男,以剛居柔,不中不正,无應于下,與六三互離。三須歸而男已長,震雷發聲,春冰既泮,而兌女方少,秋以爲期,故爲"歸妹愆期"之象。三既反歸待五,而後爲于歸之時也。遲,待也。蓋四與三兩无正應,動悅相比,而遇互坎,情迫而事未諧,其象如此,所以爲歸妹也。《象》曰歸妹愆期者,兌女方少,九四志有所待,至五幾望,而後昏禮可行耳。待,待五也。行,震陽上進之象。四爲震主,昏禮請期,男主也。

卦體所以反漸,惟三、四兩爻。女急從男太早,男急歸妻有待,三悅而上麗,四動而遇坎,故其象如此。至五月幾望,乃爲及期。故四以期赴于五,三與初皆以娣,隨二歸五也。五震男，爲歸妹之主。二爲五妻，初與三皆爲二娣，四爲昏期，上六著終敝之戒也。

《彖傳》云："歸妹，天地之大義。"又云："歸妹，人道之終始。"然則歸妹者，嫁娶之通稱，猶言歸妻、納婦、取女云爾。故內卦爲女，外卦爲男。四、五雖皆言"妹"，而其歸則男也。説者謂六爻皆女，謂震爲兄，兑爲妹，兄嫁女弟，帝乙嫁妹于諸侯。京房附會爲帝乙戒妹之辭。先儒遂謂王姬下嫁之禮，至帝乙始正，皆无稽承訛。自王輔嗣然矣。讀易不明象，惡乎可？

《周禮》：仲春會男女，雷發聲，此其時也。而云"愆期"者，女少，兑爲正秋，《詩》云"士如歸妻，迨冰未泮"。古禮，自霜降以後，至冰未泮以前，皆歸妻之期。《家語》云："霜降多昏，冰泮殺止。"

六五，帝乙歸妹，其君之袂，不如其娣之袂良，月幾望，吉。

《象》曰：帝乙歸妹，不如其娣之袂良也。其位在中，以貴行也。

六五震體居尊，象帝。天干乙爲木，震象也。帝乙，商王號，詳見泰卦。當歸妹之時，五、二正應，故爲帝乙納少女之象。君，小君正嫡，指二也。娣，指初與三，皆其媵娣也。袂，衣袖，動象也。五動于悦，故爲視其君之袖。不如其娣袖之善，動于少女之象也。月，陰象，互坎爲月。月盈曰望。幾，及也。五柔得中，應時居尊，而初、二、三、四皆歸之，故爲月盈之象，其吉可知。《象》曰“帝乙歸妹”，視其君袂，不若娣袂之善，悦其少也。“月幾望”者，二、五皆中，五居尊，二歸五，則初、三從行，五得羣陰之歸而吉也。振衣以袂，舞以袖，故爲動象。古者袖用雜色爲飾。震爲玄黄之象。

歸妹反漸，本淫奔之卦。二、五兩爻，特以居中得應。初九以從二，亦吉。其實卦德未善也，故《大象》戒“永終”，而上爻著“无實”，不成爲夫婦也。

上六，女承筐无實，士刲奎羊无血，无攸利。

《象》曰：上六无實，承虛筐也。

以陰居上，下无正應，由悦以動，終非嘉偶。蓋行不以漸，動匪其時，所謂“永終知敝”也。上六陰虛，男无納幣之禮。六三亦陰虛，女无同牢之具，女承士之筐而无實，虛筐也。震爲竹、爲玄黄，有筐象。士刲女之羊而无血，虛陽也。兑爲羊、爲刑殺，坎爲血，昏禮用牲幣，其象如此。大抵天下之事，恣情縱欲，進不以正，比其終也，非困頓不振，則消廢罔終，故曰“无攸利”，即象辭指女而言也。《象》曰上六陰虛无實，歸妹不終，夫婦不成，“承虛筐”耳。筐，女事也。蓋三、上敵應，三既進須于四，反娣于二，不得與上偶，故有此象。震仰虛，有筐象。三在下，有承象。六三以女求男不得，而失身罔終，如《氓》之詩是也。

　　夫婦所以共承宗廟也。蠶繅紡績，夫人之事，故云"承筐"。承，奉也。牽羊割牲，君之事，故云"刲羊"。刲，割也。先女而後士，咎在女也。

周易正解卷十六

豐䷶離下震上

《序卦傳》曰："得其所歸者必大，故受之以豐。"凡物无歸則失所而小，歸則安居而大，故女歸必豐。歸妹反漸，不漸，則其長驟，豐所以繼歸妹也。卦以離遇震，震爲長君，君作于上，明燭于下，微曖畢照，故成崇隆豐大之業。然造物之理，儉則清寧，豐則躁擾，是以宮音數多，而其聲濁。豐于財者多事，豐于謀者多昏。明以運動，動不已則損明，明由静生也。雷霆喧闐于上，離火燔爍于下，萬物奮興，分疏不已，神勞精竭，委頓而成壅蔽。如夏日方中，雷雨暴作，陽光晝晦，是以可憂。蓋卦體日在下，雷在上，二至四互巽木爲蔀，三至五互兑澤爲水，雷施雨，木含日，故二至四有晦昧之象。聖人處此，虛以養其明，悦以霽其威，斷以決其壅，使上下之情通。若六五動而得中，明良際會，則皎日澄空，氛翳全銷，純熙之運至矣。風雨晦冥，其何傷于日乎？初日始升，二日中。三承震主，其明揜。四遇[一]震，

〔一〕遇，早印本作"成"。

所以蔀日。五與二相待，所以資明。上則豐極而凶矣。然爻象六二以日中受蔀，象謂“宜日中”，何也？二尚于五也。二、五皆中，二爲離女，五爲震男，木火相資，電雷配合，故明動交孚。二日方中，蔽于兩剛。五日正中，則雷霆之高不及日，撬其下而不能蒙其上，《象傳》謂“照天下”，九五“來章”“慶譽”，六二“有孚發若”，此也。故卦體離日，有上行之象。至五日中，所以爲豐也。

豐，亨，王假_格之，勿憂，宜日中。

豐者，昌明盛大之義，其道亨通。四海之遠，億兆之衆，有幽潛隱滯，不得弘闡，即匪豐亨。惟爲天下之王者，能至此豐大，可勿用憂。假、格通，至也。離日方中，微曖宣照，无憂之時。而盛則必衰，亦惟此時，故曰“宜日中”。卦體似重離而缺上，日昇至五正中，上爲日昃。豆滿曰豐。豐之實在上，既食則虧，故以取象。

《象》曰：豐，大也。明以動，故豐。王假之，尚大也。勿憂，宜日中，宜照天下也。日中則昃，月盈則食。天地盈虛，與時消息，而況于人乎？況于鬼神乎？

豐者，大也。以離遇震，離明旁燭于下，震雷奮作于上，光明徧照，威聲遠播，《詩》云“赫赫厥聲，濯濯厥靈”，豐之謂也。“王假之”者，德爲聖人，尊爲天子，功高業隆，故能上進，至此豐大也。尚、上通，即“日中”之義，指五也。“勿憂，宜日中”者，離下震上，日受雷蔀，故可憂。然王者

脩德致治,如六五高明,動而民悦,光天之下,望之如日,是
蔀所不及也。夫何憂? 所憂者,"日中則昃",中不可常保;
"月盈則食",盈不可常恃。"天地盈虛,與時消息",況人生
天地之間,鬼神效天地之靈,安能違之? 時有盛衰,皆鬼神
也,所以可憂,惟知昃食將至,而善保之,所謂"宜日中"也。

《象》曰:雷電皆至,豐。君子以折獄致刑。

電雷噬嗑,取其合也。雷電豐,取其并至也。明動并
至,故豐。噬嗑明在上,故先王制爲刑法,以示威于下。豐
明在下,故君子洞悉奸僞,以運威于上。動先于明者,慮或
未中,故明罰勅法。明而後動者,既得其情,故"折獄致
刑"。折,決也。致,詳盡也。折者,雷之斷。致者,離之
明。不明亦不能"折獄",不斷亦不能"致刑"。兼,資也。
當豐而言刑獄者,富而弼教之義。

卦體六畫象"豐"字。鄉射禮設豐,置罰爵也。豐形似
豆,名"豐"者,取滿飲也。《尚書·顧命》有"豐席"。豐,
滿草也。震爲草、爲稼,《詩》云"在彼豐草",草茂曰豐,年
穀登亦曰豐。豐大之時,奸宄潛伏,亂草害嘉穀,不可不
除。離爲兵戈,有刑獄之象,即象辭憂日中之義。

初九,遇其配主,雖旬无咎,往有尚。

《象》曰:雖旬无咎,過旬災也。

初九居豐茸之下,其地幽暗。又卦受歸妹,歸妹者,昧
其歸也。入豐而遇明,故爲"遇其配主",言就明也。配,合
也。主,指六二,成離之主也。日爲羣動之宗,動必資明。

二、五居中，震男離女，内外相對，故二稱“配主”，配五也。十日爲旬，指九四，與初敵應。自初至四，大衍其數爲十，離日得十，有旬之象。初處暗遇明，而九居四成雷，以撲其明，過四則明復，故“雖旬无咎”。初日方昇，往自有嘉尚，勿憚于旬可也。有尚，指五也。《象》曰由初至四，“雖旬无咎”者，雷之蔀日，災止于旬，既過旬災，則日中而明遠，故无咎。

卦象離日上行，二、五同柔，皆離體也。二合五爲配，二爲離宗，故稱主。離體親麗，剛柔各當位，故初爲遇配主。二日未昇，其明未遠。獨初近二，得被其光。二以上，皆有遮蔽之象。至四而後蔀發，遇五乃照天下也。二未至而初稱“遇”，五未至而四稱“遇”，皆上行之象。至五而稱“來”，日至之象。故五爲“日中”，“王假”之象。

六二，豐其蔀，日中見斗，往得疑疾，有孚發若，吉。《象》曰：有孚發若，信以發志也。

六二以陰爲離主，上配六五，明方向中。九四以震主雷動于上，九三近四，離火之光，不得上炎。二蔽于兩剛之下，故爲“豐其蔀”。蔀，遮蓋也。震爲竹葦，二互巽木，爲高長，濃蔭蓋其上，離日无光，故爲“日中見斗”。斗，星也。震仰虛似斗，雷電芒昧，有見斗星之象。兩剛中隔似坎，二欲往五，坎隱故爲“得疑疾”。然内明外動，虛中相得，故爲“有孚”。由明以動，動罔不中，自能撤其蔀，發其蒙，于明體无傷也，故吉。《象》曰“有孚發若”者，二得離中，貞明不變,以其志孚于五,而從容以發其蔽,則疑去而志行,所以吉也。

離火震木,氣本相生。而二、五得中,二爲文明之臣,五爲沖順之君,志尤相孚。三、四兩剛,爲雷、爲雨、爲木,以遮蔽其間。五欲資明而下,不得見二。二欲應動而上,不得見五。五震體上行,勢雖不能下,而二離日上進,自可以達五。過旬至五,互爲兌主。悦以霽威,毀以拆菩。二、五際會,始得配合。如國家全盛,變起倉卒,君臣睽疑,比及事定,相見如生平,與衰世情形不侔。蓋卦本似重離,三、四兩剛,亦與離相似,皆非中正之陽。苟无二、五柔順居中調劑,則豐將成夬矣,安覩日中之治乎?程朱之説,必以易道貴剛,祗六五陰柔爲暗主,則何以六爻唯五爲“慶譽”得吉也?于爻義戾矣。

九三,豐其沛,日中見沫,折其右肱,无咎。

《象》曰:豐其沛,不可大事也。折其右肱,終不可用也。

九三過剛不中,進遇震主,動昏其明。又與五互兌,與四居上下之中,其體似坎。水澤交零,淫雨之象,故爲“豐其沛”。沛,雨盛也。沫,水泡也,音與妹通。兌少女,震長男,卦受歸妹,離爲日、爲目,故爲日中見妹之象。有應在上,以柔居動極,過豐而凶。當前爲右,互兌爲毀折,卦似重離,其情相麗,上以柔毀離成震,震倒艮爲手,故爲“折其右肱”之象。然日方上進,遇沛无損,非爲咎也。《象》曰

"豐其沛"者,九三以陽居陽,離明方炎,在豐之時,將照天下。今居沛澤之下,見沬之目,所窺幾何?茫昧小知,不可爲王假尚大之事也。"折其右肱"者,有應在上,而毀外離以爲震。在離上九,王用出征;此以窮陰處動之極,終不可用爲應援也。

卦體全似離,內互大過,故三、四兩爻居中爲梗,而三尤甚,亦與離同。三、四非中,爻言"日中"者,二柔進上行,三、四當內外之中,五日正中,至上而後日昃也。

大知无知,自然明覺。六二虛中,黃離之真體。九三過剛,用明之極,所以遇動而昏。莊生云:"大知閑閑,小知間間。"日中見昧,小明而大暗,故不足與慮大事。大事即憂日中之事。膏粱之子,居豐則明,慮患則昏。子云:"知可及,愚不可及。"處多故之時,與肉食者謀,宜其折肱矣。

九四,豐其蔀,日中見斗。遇其夷主,吉。

《象》曰:豐其蔀,位不當也。日中見斗,幽不明也。遇其夷主,吉行也。

九四成震之主,下乘離日,與二同功。二爲明主,動極傷明,故亦爲"豐其蔀","日中見斗"之象。與初敵應,即初所謂"旬災"者也。至旬災過,故爲"遇其夷主"。老子云:視之不見曰夷。五爲豐主,動欲資明,蔽于三、四,不見其配,故稱"夷主",猶明夷之主也。然已過旬災,其明自徹,故吉。《象》曰"豐其蔀"者,以剛居柔,其位不當,動不以正,故蔽其明也。"日中見斗"者,以震雷互巽木,蔽其日光，"幽不明也"。"遇其夷主吉"者，二來日升，而震上行，出其蔀下，則就明而吉也。

二亦"日中見斗"，《傳》獨于四釋之者，四爲蔀主也。日不上往，則蔀終不得出。自初至二受蔀，歷三至四，數始滿旬，故過四及五爲"遇"，自五視二爲"來"，撥雲霧而見青天、雲際日出之象如此，卦體所以互爲大過也。觀象玩辭，明主憂勤，日邁月征，保泰之志，皆可思矣。

明由靜生，故離體虛中，利畜牝牛，二、五以柔居中，處豐皆吉。四以陽爲震主，乘九三明極多故之日，宜其昏也，所以有豐蔀見斗之象。

六五，來章，有慶譽，吉。

《象》曰：六五之吉，有慶也。

六五以柔居震得中，是處豐大而能恐懼脩省者也。下與二孚，二以日昇受蔀，逾旬始達五。五互兌爲毀折，撤蔀發蒙，以與二遇，晴霄霽宇，日始中天，故爲"來章"。來，謂二來也。震行爲來，離明爲章，互兌爲悅，災過明全，恐以致福，有"慶譽"之象。譽與豫通，悅也。此所謂"王假之"，"宜照天下"者，故吉。《象》曰"六五之吉"，豐日方中，有福慶也。蓋君道莫大于明，處多故動作之時，无文明之配，何以圖日中？明來則動不昏，保泰持盈，天下國家之慶也。

以明遇動，雷電皆至。如更以陽剛居五，則歷數重革，湯、武之事，非居豐守成者所宜。故豐之六五，不嫌于柔，是太甲、成王之儔耳。

上六，豐其屋，蔀其家，闚奎其户，闃傾，入聲其无人，三歲不覿，凶。

《象》曰：豐其屋，天際翔也。闚其户，闃其无人，自藏也。

　　此《象傳》所謂"日中則昃"也。六以陰柔居動上，處豐之極，動極成憊而反淒寂，明極過勞而生昏憒，豐極致衰而變彫落，故有豐大其屋，蔀覆其家，闚其户，闃其无人之象。下與三應，三方豐沛，不可得見，故爲"三歲不覿"之象。蓋物疏則朗，豐則暗，斂則實，大則空，故曰"高明之家，鬼瞰其室"，《序卦》所謂"窮大"而"失其居"。震矜已甚，而其見窮矣，故凶。《象》曰上六過豐，其屋如天際飛翔也。"闚其户，闃其无人"者，日暮闔扉，夜靜人稀，自藏滅也。如秦皇之爲豐，阿房之爲屋，正合此象，當此占矣。

　　卦體惟以六居上不成離，故上有日夕之象。震來成艮，艮爲門闕，日夕向晦，有豐屋蔀家窺户无人之象。三歲，卦三爻之象。闚與覿，皆離目之象。三、上正應，三在蔀下，上處豐極，日落天宇蒼茫，上不見屋，下不見人，晦盲之境，聖人所憂正唯此。

旅☲艮下離上

　　《序卦傳》曰："豐，大也。窮大者必失其居，故受之以旅。"旅,衆也。衆在外謂之旅。男子有事四方,王者有事四裔,皆旅,而窮大則如遊子喪家。秦皇、漢武,暴師露衆,所謂失其居者也。蓋聚則成豐,散則成旅。在豐之上,翔于天際。反于旅下,則瑣瑣耳。消息自然,所以繼豐。爲卦內艮外離,山止不遷,火无常體,有常者居內,无常者麗于外,旅人之象也。居莫如止,故以艮爲體。往莫如明,故以離爲用。離者,麗也,別也。別其家麗于外,故曰旅。下卦爲行旅在途之象,外卦爲所至旅邸之象。中互大過,爲行邁跋涉之象。四爲旅館,五爲旅人所求。以仕占,四猶國都,五猶君也。旅莫善于柔。爻柔者吉,剛者凶。柔而明,旅之善物。旅必有求,故爻有得喪。柔則得,剛則喪。初以柔居下,旅之微賤者。二柔中,故兼得。三過剛,故喪。四柔居剛,雖得不快。五柔中,小費大得。上剛過高,大喪而凶矣。自天子至庶人,莫不有旅。天子有行在,諸侯有朝聘會同,大夫士出疆,庶人商賈營牟,皆旅也。語曰:"天下攘攘,皆爲利往。天下熙熙,皆爲利來。"此言雖俚,可知四民之无不有旅矣。嗟夫,仲尼之老于行也! 夫非以旅之故與?《象傳》曰"旅之時義大矣哉",聖人象之卦,開物成務遠矣。

旅,小亨,旅貞吉。

旅自豐來,二、五皆陰得中。陰小,故爲小亨。處羈旅而能守正知止,則得吉。貞吉而曰旅者,惟足爲旅之貞吉而已,惟旅宜柔。

《彖》曰：旅小亨，柔得中乎外，而順乎剛，止而麗乎明，是以小亨，旅貞吉也。旅之時義大矣哉！

"旅小亨"者，旅在外也。爲卦離外，六五以柔得中，麗于二陽之間。以此居外，則无過剛不中之咎，故爲"小亨"。所謂"旅貞吉"者，卦體本止，内有其基，外麗乎明，得所止而不迷于往，故正而吉也。男子志在四方，功業莫不由旅，行藏莫不有旅，在審時合義而已。逝者如斯，天地亦蘧廬，人世亦逆旅，則其時義豈不大哉！

《象》曰：山上有火，旅。君子以明慎用刑，而不留獄。

火在山上，逐草而行，不能久留，故象旅。旅人留滯莫如獄，君子離明以察其情，艮止以慎其法，使囹圄无淹禁，所以重旅也。離爲兵戈，有刑象。艮止，有獄象。艮爲狗，獄字從犬，鄉亭之獄曰犴。犴，狗也。狗所以守，故象艮。

卦體内外與賁易位，《禮》所謂"旅賁"，有事使四方者也。賁，山下有火，君子无敢折獄。火蔽于山下，明未得上，故其獄疑。旅，山上有火，上能明察，故其獄當速決也。

初六，旅瑣瑣，斯其所取災。

《象》曰：旅瑣瑣，志窮災也。

初六自豐上來，窮大失居，故爲瑣瑣然細小之狀。在旅居初最卑，旅人之无依失所者也。《詩》云："瑣兮尾兮，流離之子。"蓋初本无位，六又陰柔，雖與四應，然火上炎而山下止，上无汲引之機，下无進取之志，終止于此而已矣。

旅貴健行,柔而止,故爲"斯其所取災"之象。《象》曰"旅
瑣瑣"取災,非有別災也,志窮遇困故災耳。

卦體惟以六居初,不成離,而初少不變,陰小,故曰
"瑣"。初又小,艮男又小,故曰"瑣瑣"。不變,故曰"斯其
所"。遇離火,故曰災。

六二,旅即次,懷其資,得童僕,貞。

《象》曰:得童僕貞,終无尤也。

六二陰柔中正,故所至就其次舍,抱其資用,得其童
僕。三者具〔一〕而旅道得矣,故貞。柔中居正,有即次之
象。資、齎通,互巽利市之象。以虛承實,懷資之象。初
六〔二〕"瑣瑣",二履之,故爲"得童僕"。艮少男,爲閽寺,
象童僕也。《象》曰"得童僕貞"者,六二柔順中正,童僕歸
心,上下可知,故終能无過尤,與五應而得上逮也。

九三,旅焚其次,喪其童僕,貞厲。

《象》曰:旅焚其次,亦以傷矣。以旅與下,其義喪也。

九三過剛不中,非旅所宜。互爲巽木,進與火遇,有焚
其次舍之象。爲艮之主而位不中,上互爲睽,下失二陰,睽
反家人,故爲"喪其童僕"之象。貞此不變,危厲可知。
《象》曰"旅焚其次",既有所毀傷矣,在旅好剛,童僕解體,
其所以與下者,失義而致喪亡也。三以艮主,下乘二陰,非

〔一〕具,早印本作"俱"。
〔二〕六,早印本作"九"。

无童僕。六得中而九居三，主僕之義失耳。艮，很也。爲艮主，以剛居剛，在旅成睽，欲无喪僕，得乎？

九四，旅于處，得其資斧，我心不快。

《象》曰：旅于處，未得位也。得其資斧，心未快也。

　　九四外卦之始，爲旅人抵于所往之象。"旅于處"，言館其處也。陽實爲資，剛斷爲斧，皆九四所自有，故曰"得"。離爲兵戈，互兑金爲毁折，斧象也。下互巽木，斧析薪以然離火，旅人初至炊爨之象。以陽居陰，不得其所，上互兑悦，而初止不應，故爲"我心不快"。卦體中似坎，爲心憂之象，猶諺云"長安雖好不如家"，旅思之常也。《象》曰"旅于處"者，以剛居柔，未得位也。羈旅恒情所不安，无應于内，雖得資斧，心未快耳。

　　資，財貨也。斧，器用也。斧斤以樵採，弓矢以禦侮，皆行旅所用，故四言"斧"，五言"矢"。

六五，射雉一矢亡，終以譽命。

《象》曰：終以譽命，上逮也。

　　六五居上得中，是旅人所爲遠來求取者也，故有射象。離爲雉，三以上互睽，爲弧矢，有射雉之象。亡一矢，言所費小也。終以名揚被寵命，言所獲多也。五君位，故爲命。遠人得上逮，惟以有人爲之延譽耳。求必有費，亡一矢而得譽命，旅人之吉，莫大乎是，其猶士之載贄出疆而遇主者與！一矢亡，離中畫虚之象。譽，互兑之象。命，互巽之象。《象》曰“終以譽命”者，名譽升聞，故上命逮及，以下應六二之中正也。

孔子當春秋時老于行，雖未得位，所在邦君敬信，恭己下問，其賢士君子，爭師事之；孟子周游齊、梁、魯、衛、滕、宋之間，後車十乘，從者百人，以傳食諸侯，皆所謂“射雉一矢亡，終以譽命”者也。

上九，鳥焚其巢，旅人先笑後號平聲**咷**桃**，喪牛于易**去聲**，凶。**

《象》曰：以旅在上，其義焚也。喪牛于易，終莫之聞也。

以剛居上，亢而自尊，在旅必招災。旅極忘歸，故其占罔終。巢所以栖，離火炎上，互巽爲木、爲鳥，故有“鳥焚其巢”之象。陽明好上，喜于自遂，故先笑。炎極終滅，故後號咷。笑、號，皆火象。牛所以服車，離爲牛，卦體中似坎爲車，《周書》云“肇牽車牛，遠服賈”，《大傳》云“服牛”，“引重致遠”，皆旅人所必資也。喪，亡也。易，猶忽也。在旅居无巢，行无牛，故凶。卦互大過，有死喪之象。牛既喪矣，其人可知。《詩》云“爰喪其馬，于以求之，于林之下”，亦戰士旅亡者也。下无正應，火在山上，无所附麗，忽然而滅，旅窮不反，沈没他鄉，遠人无家滅亡，其象如此。《象》曰“以旅在上”，其義招焚也。“喪牛于易”者，客死于外，靡室靡家，終莫之聞也。故《雜卦傳》曰：“親寡，旅也。”

巽☴巽下巽上

《序卦傳》曰：“旅而无所容，故受之以巽。巽者，入也。”《雜卦傳》曰：“親寡，旅也。”能巽，則无入不親；強梁傲僻，則一物无所與，故旅受之以巽也。爲卦一陰伏于二陽之下，陽之于陰，情本相得。而陰又能下，其入陽也，陽俛然聽之，一陰爲主，二陽俯從，故巽之陰，能權能制，非怯懦之陰也。其取象于風，何也？物虛而善入者莫如風。卦畫一偶象虛，居初象入。風之乘虛甚微，而人不覺；陰之巽陽亦甚微，而陽不覺也。其取象于君命，何也？命有聲无形，風亦有聲无形，然而撓萬物者莫疾乎風，風行而萬物鼓舞，令出而萬民率從者，惟其順也。虞舜好問好察，邇言不違，用中于民，而後四方風動。故善令民者，卑虛以察閭閻之情，然後從容曉諭。命既申，然後畫一遵守，以考厥成。所謂“剛巽乎中正而志行”，六四所以有獲，九五所以“无不利”也。故易戒于用剛，而用剛莫善于巽。六爻多吉，惟上九凶者，失其所以爲巽也。其所以爲巽者，謀也。初之進退，二之紛若，其謀審，故其命順。謀不審，是非不明，可否不衷，徒以甘言爲驩娛，誰其順之？不巽之咎，起于自用。故下卦謀順出命，上卦行命爲事。初志疑不斷；二詳審折衷；三不中正，不能謀，又不能斷；四以斷有功；五制命中正而志行。上巽懦无能甚于三，其究爲躁，故凶。巽者，選也，與算通，算故能權。權者，謀也。巽稱而隱，非唯諾詔奉之謂也。天下之至柔，馳騁天下之至剛，爻辭曰"武人"，曰"田獲"，曰"資斧"，其象爲高、爲長，其究爲躁，故巽非徒柔也。陰陽剛柔，非截然二也。氣陽而已。陰者，陽之静機。柔者，剛之順機。以陽乘陽，則陽无所施。以剛用剛，則剛无所入。陰虚以承陽，柔順以用剛，故心之精神爲陽。心有所謀，則斂而内入。此陽欲思慮，假陰爲收斂耳，思非自陰出也。心有所悦，則出而外見。此陽欲發舒，假陰爲和柔耳，悦亦非自陰出也。故兑上一陰爲陽之悦，巽下一陰爲陽之謀，非剛柔分也。然陽道上行，悦出則易，而陽氣剛勁，順入則難，故用剛莫如巽，此象所以謂之"小亨"也。然則九五之《象》云"先庚""後庚"，何也？巽與兑，相往來也。巽位東南，天干甲木；兑位正西，天干庚金。木柔而能剛，故從直；金剛而能柔，故從革。木性上遂，歸根于土，故順下；金性下沈，利于致用，故悦上。順，故從繩而理解；悦，故從革而響利。巽時爲春，兑時爲秋，萬物齊乎巽悦乎兑。一出一入，一始一終，而天地西南之用畢，二卦相資也。金反爲木，則爲後甲，故隨之兑反爲蠱之巽。而兑爲先甲，自秋歸春，有事之象也。木反而爲金，則爲後庚，故巽之上反爲兑之下。而巽爲先庚，自春之秋，悦利之象也。巽入而隱伏則不悦，故反兑。兑出而毁折則不順，故反巽。然未有不順能悦者，金未有不資木能利者。故巽以陽順陰而來下，兑以陽悦陰而往上。往來屈伸，自然之法象也。然巽在他卦多矣，獨此九五言"先庚""後庚"，何也？重巽者,巽之經。九五者,巽之申命主也。巽之不爲蠱者,徒以九五一爻耳。聖人戒人主制命于未亂,因以蠱之象辭爲巽之爻辭。在蠱,振飭更新,治亂相循,故"先甲""後甲",終則有始。在巽,勿勞更始,惟申命行事,"先庚""後庚",无初自有終矣。蓋甲有初,庚无可爲初。庚後三日,以癸終耳。《詩》云:"不愆不忘,率由舊章。"先庚後庚,"无初有終"之謂也。苟顚覆自用以爲命,與委靡阿順以爲巽,皆非申命之治,而蠱且至矣,爻所以戒九五也。

巽,小亨,利有攸往,利見大人。

陰爲小,巽得陰而亨也。初陰入于二陽之下,陽得陰順,其道亨通。順而入,何往不利?陽剛中正之主,以此道申命行事,《詩》所謂"辭之輯矣,民之洽矣",聲教四訖,天下風行草偃,大順之化成,故曰"利見大人"。卦中九五是也。

八純卦自乾坤而後,爻象之善莫如巽。蓋易戒過剛,順者德之至善,故曰"君子之德風"。能風則德之所及遠。聖人憂患作易,論九德終之巽以行權,士君子能權,則盡道矣。故巽者,士人之資斧。世儒説易,動稱剛,守一隅而不通大方,可以爲易乎?

《象》曰:重平聲**巽以申命,剛巽乎中正而志行,柔皆順乎剛,是以小亨,利有攸往,利見大人。**

以巽遇巽,故曰重巽。下而入,命令之象也。重巽,故爲重申命令。卦雖柔順,二、五皆剛,巽而得乎中正,所命當理,中外大順,故其"志行"。爻雖无正應,而陰皆承陽,上下二柔皆順乎剛,柔以濟剛,中正以濟剛柔,巽所以柔而得亨也。以此申命行事,"利有攸往",天下"利見大人"矣。一陰爲主在下,有志通民隱之象。

《象》曰:隨風,巽。君子以申命行事。

巽爲風,重巽爲隨風。以風隨風,順入之至,故爲巽。風无形而及物遠,君命及民,亦猶是也。君子以此道重申其命令,丁寧告戒,然後行事,則上下遠邇畫一。耳目心志大同,无始終二三之梗,而風行天下,君子所爲隨風也。

初六,進退,利武人之貞。

《象》曰:進退,志疑也。利武人之貞,志治也。

以陰居初,上承二陽,其入深,其謀隱,躊躇顧慮,爲進且退之象。上无正應,互睽居中,故疑而不果。然好謀貴斷,武人立功,惟貞乃成。蓋其以一陰主二陽,人見爲柔而不知至有權力者。巽之初陰也,鷙鳥將擊則必戢,虎豹將搏則必伏。若疑而不果,反害事,故"利武人之貞"。巽爲躁卦,互兌爲剛鹵,武人之象。履之兌,亦武人也。《象》曰"進退"者,巽欲權而其志疑也。"利武人之貞"者,果行而其志治也。疑故當理而其命順,治故有功而其事行。

巽本乾體,健而上行。一陰初入其下,天行之力,全凝而爲履霜。如人沈思研慮,欲揚且抑。陽氣翕縮在下,虛而至健也。故巽之陰爲機權,非虛怯无爲也,是以象武人,象資斧。

九二,巽在牀下,用史巫紛若,吉,无咎。

《象》曰:紛若之吉,得中也。

　　二以剛居柔得中,故善慮好謀。巽木乘偶,有牀象。二據牀上,初居牀下。初爲謀主,二俯聽之。反覆諮諏,或可或否,爲吉爲凶,史卜巫禱,紛然交作。體互睽,有鬼象。互兌,有巫象。《禮》所謂前巫後史,皆在左右是也。集思廣益,故吉无咎。《象》曰衆議紛然能吉者,九二得中,好謀能斷,權其可而布之命,不如初進退失中也。

九三,頻巽,吝。

《象》曰:頻巽之吝,志窮也。

　　九三過剛不中,居下之上,无初之志,无二之謀,處巽之時,矯強爲柔,屢失而頻巽,羞吝之道也。《象》曰“頻巽之吝”,唯唯諾諾,惟有卑順而无心計,其志窮也。蓋巽道下入,行權在初,過中至三,陽剛虛憍,无復深慮,有詭隨而已。

六四,悔亡,田獲三品。

《象》曰:田獲三品,有功也。

　　四重巽爲申命行事,以陰居陰,巽順之至。上近五,爲大臣奉君命布下之象。下卦三爻所命,皆于四行事。與初敵應,初不正而四得正。上同五,故“悔亡”。初用“武人之貞”,故四“田獲三品”。互離,有田象。三品,謂所獲上中下殺三等之禽，象下三爻也。九三過剛，象乾豆。初敵應，象賓豆。二應五，象君庖。蓋初慮而四行，算无遺策，其象如此。《象》曰"田獲三品"者，申布舊令以行事，有功也。四與初雖同爲成巽之主，初以陰居陽，其入疑，故進退有悔；四得正，故不疑而悔亡。初在下未行事，故利武而罔獲；四當事，故有武功，所以《傳》于初言"志"而四言"功"也。

　　巽下一陰，震下一陽，皆成卦之主。重震初吉而四遂泥，重巽初疑而四有功，何也？剛得初，柔得四，皆正也。陽在下，其出壯，而重出則力衰。陰在下，其入深，而再入則謀審。故夫巽者，順而能下，入而能隱，其權制在初，故曰"巽在牀下"。巽而上則頻而吝，再上則喪而凶。不下不可爲順，不隱不可爲入。

九五，貞吉，悔亡，无不利，无初有終。先庚三日，後庚三日，吉。

《象》曰：九五之吉，位正中也。

　　九五陽剛中正，居尊制命，所謂"風之自"者也。當巽之時，獨秉剛中，得正故吉。凡所命所行，慮之已審，謀之已詳，行之有功，君臣相得，无爲而治，順之至也，故"悔亡无不利"。巽風順入，行所无事，不必從新更始，但申令而行，自能有終，非如幹蠱者先甲、後甲，終則有始也。巽之不爲蠱者，惟以九五一爻。蠱因隨致，故幹蠱以治隨，反隨上爲蠱下，有終甲、始甲之象。在巽大順之世，令出民從，以入爲悦，巽往兌來，先庚、後庚而已矣。巽木爲甲，兌金爲庚，甲爲干始，庚非始也。“後庚三日”，以癸終耳，故曰“无初有終”。餘詳卦下。《象》曰九五所以“貞吉悔亡无不利”者，以位正中，故申命行事而天下風動，《彖》謂“利見大人”，“剛巽乎中正而志行”，此也。

　　孟子云“仁言不如仁聲入人深”，巽風之謂也。王者有仁聲而天下順之矣。巽五與四，剛柔得位而志合。君制臣行，上令下從，與幹蠱紛更之事殊，故以蠱卦之象辭爲巽五之爻辭。蠱非更新不治，巽則申命即行，故蠱有初，巽无初。先庚、後庚云者，因先後甲以爲无初之象耳，非如世儒之鑿說也。

上九，巽在牀下，喪其資斧，貞凶。

《象》曰：巽在牀下，上窮也。喪其資斧，正乎凶也。

　　巽道下入。牀下，指初也。巽初爲謀主，上九居重巽之終，去初遠，故曰“巽在牀下”，言不在上也。陽剛爲斧，陽實爲資。資爲謀，斧爲斷。无謀无斷，當巽不能爲巽，居剛无所用剛，虛憍恃氣，其究爲躁卦而已，故“貞凶”。《象》曰“巽在牀下”，在上則窮也。“喪其資斧”，斧所以爲剛正，上九之正，乃所爲凶也。蓋詭隨者常虛張爲剛，順理者不欲多上人，則其爲資斧可知也。木數仞以上，根不能潤其顛，枝不能芘其本。善巽者，小心翼翼，慮以下人，反求其根本而已。正，即貞也。

　　志下則其養深，慮入則其見定。未有操心不下，能慮事制行者也。士切切偲偲怡怡，慮以下人，則行无不順。露才揚己，昂視高步，其神不守。遇事盤錯，志沮氣喪，彼所謂能謀能斷，謷然以爲是者，皆危亡之道也。輕躁淺浮，本无所得，何資斧之有？

巽爲市利，資象也。爲木，互離火。四以下互兌金爲毀折，斧析薪之象也。在旅九四互兌巽居中，故爲“得其資斧”。此上九過高，居互兌之外，故爲“喪其資斧”。

兌☱ 兌下兌上

《序卦傳》曰：“巽者，入也。入而後能説之，故受之以兌。兌者，説也。”兌反巽，巽二陽在上，一陰下入，故陽順而下來。兌二陽在下，一陰上出，故陽悦而上往，所以反巽。其象爲澤，何也？坎以陽實陰中，故象水之行地。兌以陽承坎下，故象澤之潴水。其德爲悦，何也？兌西成，利美而和。其氣爲金，從革而新。其決斷快利，其音響鏗鏘。澤含水則草土生潤，納衆流則净垢兼容，皆悦之象也。又其體本乾，而陰氣三索之餘，剛强銷爲綽約。陰出于頂，斌媚之態見而爲少女。女少夭冶，亦悦之象也。巽木春也，離火夏也，兌金秋也。天以三時生物，齊于巽，悦于兌。木氣發生，金氣收斂，故巽兌相反而相成。中皆互離，三時相因，生克自然之象也。大抵悦之爲道，與聖人憂患之志違，故悦不以道，君子不悦。以上悦下，賢君所以宜民。以下悦上，小人所以蠱君。賢君宜民，悦以剛。小人蠱君，悦以柔。卦內四剛皆君子，二柔皆小人。初九，民悦君終事者也。九二，賢人以道悦君者也。六三，小人非道求悦者也。九四，大臣爲君遠小人者也。九五，衆所悦而求附者也。上九，君側爲容悦者也。三、上兩陰成悦，三介于四而不得進，上爲之引，欲以悦五，而五陽剛中正，與四同心，知上之奸，而剥膚憂之，所以上窮于悦，終不能剥也。自非九四介疾于下，九五孚剥于上，小人內外比周，伺隙而動，鮮不受害矣。是以聖人思剛，而惡夫有慾者，君子難悦，有終身之憂，此也。

兌，亨，利貞。

　　兌，悦也。悦則亨矣。然利于守正，不然，非道之悦，烏能亨？柔在外爲利，剛在內爲貞。〔一〕

《彖》曰：兌，説悦**也。剛中而柔外，説以利貞，是以順乎天而應乎人。説以先民，民忘其勞。説以犯難，民忘其死。説之大，民勸矣哉！**

　　兌者，悦也。悦本柔情，而二、五陽剛得中，陰皆在外，內正直而外和悦。“悦以利貞”，非苟悦也。是以明君之爲悦，上順天命，下應人心，爲大悦也。身先勞民，民悦而忘勞。蒙犯大難，民悦而忘死。天命順，人心應，是悦之大者，民豈有不勸哉？

〔一〕“貞”字後，早印本有“離、巽、兌三女，皆言貞”。

《象》曰：麗澤，兌。君子以朋友講習。

麗，相附也。兌爲澤，兩兌故爲麗澤，謂交相潤澤也。其象爲口。兩口對語，有講論之象。相麗，有重習之象。朋友講習，悦之至也。講明習熟，義理融洽，則潤澤矣。子云朋來、時習，君子之悦也。

初九，和兌，吉。

《象》曰：和兌之吉，行未疑也。

初九以陽居悦之下，賤而无位，上无係應，處悦之始，與物无競，爲和而已。兌正秋，其德爲利，義之和也，故爲"和兌"。以此居下，吉之道也。《象》曰"和兌之吉"者，初去悦主遠，行未有可疑也。蓋六三以陰爲内悦之主，所悦者初與二也。初重剛居下而遠，故行未可疑。曰"未疑"，則固有可疑者矣，以其同體也。曰"行"，則其志未可知，以其不中也。若二中，故信志。

以陽居初本過剛，惟其體悦，故能无暴戾之失。學者剛則近仁，有所悦則慾動而志疑。初陽方剛，物欲未雜，其心不亂，此悦道之初念也。與四敵應，至四商兌，則未免疑矣。

九二，孚兌，吉，悔亡。

《象》曰：孚兌之吉，信志也。

九二以悦居内得中，蓋士之樂道自好者，外比于悦主，而内自信于心，故爲"孚兌"。所悦在己，勿羨于外，故吉。

雖失位〔一〕宜悔,而有孚可亡。《象》曰九二孚兑吉者,惟其自信己志也。苟其志不貞,近比于三,未有不爲悦所動者矣。

　　九二以剛失位,在澤之中,所謂幽人也。得中,故爲"孚兑",即《大象》以朋友講習,好學悦道之士,遇窮而志可信,如顔子不改其樂是也。二孚以"志",五孚以"位"。二位不當而志則可信,五志可信而位適相當。雖匪正應,以剛居中,其德同也。二雖與三同悦,所孚在五;五雖與上同悦,所孚在二,故皆曰"孚"。

六三,來兑,凶。

《象》曰:來兑之凶,位不當也。

　　六三陰柔不中正,成兑之主。上下四陽,而一陰處其中。下卦二陽,而一陰據其上,有喜悦相召呼之象。兑爲口。來,相呼聲,爻辭亦若驚其來而防禦之也。聖人于陽來以爲常,陰來則驚。陰來陰上以爲常,陰來陽上則懼。蓋三本乾體,君子終日惕厲,而忽變爲悦,故曰"來兑"。進互巽,將以入五,應上爲剥,其來可畏。巧佞來,正直傷,故凶。《象》曰"來兑之凶"者,以柔居剛,其位不當,非道而悦,是紛華外至,奪耳目之官者,君子所以防其來也。

九四,商兑未寧,介疾有喜。

《象》曰:九四之喜,有慶也。

〔一〕位,早印本無。

九四以陽居陰，未爲當位。然在悅之時，惟剛爲正。下當兌主之來，而四上承九五，同德相悅，陳善納誨，不敢安寧，故爲"商兌未寧"之象。商，議度也。秋音爲商，兌象。六三挾巧佞之術，觀望于上下之間爲疾。四以剛互離居間以爥其奸，故爲"介疾有喜"。四、五似坎體，疾象。互離火，喜象。《象》曰"九四之喜"，非私悅也。佞人遠則正直親，天下國家之慶也。

以學占，四與初敵應，初行未疑，至四涉世深而紛華外至。四以剛敵應，相與講習商求，所謂直諒多聞之士，以友輔仁者也。

九五，孚于剝，有厲。

《象》曰：孚于剝，位正當也。

中外所窺伺者，一君耳；小人觀望求悅者，亦一君耳。九五居尊，六三爲悅于下以求同，九四爲之介，然上與三比德，五與上同體，上招引同類，與五切膚，是五雖有介于下，而不能无剝于上也。然五以剛中，專精致誠以防其奸，故爲"孚于剝"之象。兌伏艮，有剝象。巧佞孔壬，聖人畏之，雖无凶而有厲也。《象》曰"孚于剝"者，人主居崇高，不與悅期而悅之者至，其居使之然也。五陽剛中正，與上同體，所以憂佞人而有危厲耳。然明主方精誠勵志，小人烏能投間而悅之？

凡好善惡惡由中曰孚，《大學》謂誠意如惡惡臭、如好好色，是也。兌體陰柔居外，三來上引，悅自外至者也。有孚在中，則内重而外輕，子云"主忠信"，即孚也。君子有忠信之心，則誠立而耳目聲色之欲寡，故曰"孚于剥"。

上六，引兑。

《象》曰：上六引兑，未光也。

卦以二陰成悦之主，三悦于下，欲進而介于四，上與三相助爲黨，三呼而上引，九四阻之，而上六牽之，故爲"引兑"。兑伏艮爲手，居上有引之象。《象》曰九五陽剛中正，誠信防奸，非小人所能移。然以巧令之輩，密邇君側，内外比周，其于五位，豈能光大无蔽乎？剔垢去蔽，非五剛中不能矣。

周易正解卷十七

渙☵☴坎下巽上

《序卦傳》曰：“兌者，説也。説而後散之，故受之以渙。”人情有鬱結，能悦則散。《詩》云：“泮渙爾遊矣，優游爾休矣。”天下之害，莫甚于鬱結。凡人身血氣不調則疾作，憤懣不舒則争成。渙者，所以調其適而舒其憤也。人心不渙則有固我，國家不渙則有梗化，朝廷不渙則有朋黨，天地不渙則有否隔，王者不渙則有偏頗。故君子周而不比，和而不同，羣而不黨，渙之謂也。渙于心則忘物，渙于事則順理，渙于治功則泰平，渙于王者則至公。故銷天下之亂，而解萬事之盤錯，莫如渙。造物有自然，非人力可强。强天下之合而與之争，縮天下之畔而使之合，猶抱薪救火，治絲以棼也。故小罅可塞，大惑難解。聖人以不解解之，行所无事，則紛結自開。故曰：“君子之于天下，无適也，无莫也。”莊周謂“藏天下于天下，而不得所遁”，渙之謂也，故渙无爲也。象云“王假有廟”，无爲之象也。或者謂渙爲分崩，故聖人設卦以濟渙。夫風以散之，造化所以成

功也。謂渙不美而求所以濟，則風其天地之惡德與？卦取
巽爲風、爲木，坎爲水，所謂險難風波也。然風之行水，飄
然而往，水怒而風无心。水之善没也，物不敢加。惟風過
而不留，惟木浮而不溺。風行水則清漣成文，木得水則枝
葉生潤。故水遇風木，則失其險，君子所以渙爲貴也。卦
本乾坤否，坤往居四，乾來居二，則否通。風戾濕乾，水滋
木長，則險化。蓋坎水居北，爲生物之祖。停毓至于東南，
木氣發生，散爲品物。自二至四，體互爲震。震出巽齊，木
道大行。坎水疏瀹，達于離火。再過坤土，濕逢其燥，皆所
爲渙也。渙與萃，名相反而實相須。人精神收斂，自然蕭
散。思慮放逸，則生凝滯。守中抱一，則霧消冰釋，天地清
寧，萬物得所，故象曰"王假有廟"。恭己无爲，則化馳若神
矣。是以初六遇險而順，二以陽來險而脱，三臨險而忘身，
四成渙而忘人，五居尊而忘天下，上超然遐舉，遠害之至
也。遠害莫如渙。《書》曰：爾惟不矜，天下莫與爾爭。渙
以柔爲道，三陰最吉，三陽次之。説者謂易用剛，一曲之
見也。

渙，亨，王假格**有廟，利涉大川，利貞。**

　　渙散解釋，自可亨通。王者假廟，則凝神合漠，无言靡
爭，渙之至也。順理忘私，履風波如平地，故"利涉大川"。
然必貞乃利，"王假有廟"，貞之至矣。

　　古者祖廟在國東南，祭必以血。巽爲東南，坎爲血卦，
有假廟之象。上卦爲木，三、五互艮爲宮闕，有廟象。坎隱

伏,有鬼神之象。坎水有大川之象。

《彖》曰:渙亨,剛來而不窮,柔得位乎外而上同。王假有廟,王乃在中也。利涉大川,乘木有功也。

所謂"渙亨"者,乾以剛來居二得中,爲坎主,而險不能困。坤以柔往外居四,陰得陰位。九五陽得陽位,是上同也。往來不窮,剛柔得所,是以亨通。所謂"王假有廟"者,五以剛中居尊,肅雍清穆,如承大祭,中心无爲,渙之至也。"利涉大川"者,坎水在下,巽木風行于上,以順處險,渙然解散,是以有功也。

渙以紓患解難爲義,猶塞之有解也。坎險在內,外互艮爲塞,遇巽木生風。風戾則濕乾,木浮則險濟,乘艮爲漸則鴻飛,皆渙散之象。內體自初至四,互解以助渙,而坎失其險,故六爻惟初入坎,未能遂渙。二以上皆解散,无險象,所以渙也。如程朱之說,欲救散濟渙,則是處險爲宜,而解險爲无功,有是理乎?

《象》曰:風行水上,渙。先王以享于帝,立廟。

巽風行于坎水之上,水靜風散,故爲渙。先王觀于風之虛,得鬼神之象。于坎之盈,得祭祀之象。風无形,惟水波文漣淪乃見風,非水則風不可見。鬼神无形,惟郊廟焄蒿悽愴乃見鬼神,非郊廟則上帝祖考不可見。聚則爲有,散則爲无。鬼神之情狀,猶風行水也。人心誠敬所聚,莫如鬼神。先王當大難初定,人心未寧,享帝告成功,立廟事祖考,以收拾人心,亦渙之義也。巽象廟,坎象享,中互震象帝。

初六,用拯馬壯,吉。

《象》曰:初六之吉,順也。

　　以陰居初,在險之下,未能遂渙。進與二比,二在險中,故爲"用拯"。處渙利柔,而初體本坤。坤爲馬,初少陰,故爲馬壯可用拯。居險不爲險,又從而拯之,盡渙之道,所以爲吉。《象》曰初居坎下,本甚險,處渙不發難,而以坤承乾,惟恐陷,順之至也。水逆則險,順則渙,風在上而坎水下流,亦順之象也。

　　諸爻皆言渙,獨初殊者,初始入險,非險无渙,非拯不成渙,初遇險即拯。故二以上无險,所以爲渙。

九二,渙奔其机﹝几﹞,悔亡。

《象》曰:渙奔其机,得願也。

　　九二自乾來居險中,處渙之時,初以順易險,承藉于下,上遇重柔,互爲震主,動以破坎,木氣乘風,水遇雷解,故二﹝一﹞因初馬壯而奔往從五。震爲足,有奔象。五巽木乘震足,有机象。机、几通,牀屬,所以爲安也。去危即安,渙之象也。以剛居柔,上无正應,在險宜悔。然坎水遇解,其悔可亡。《象》曰"渙奔其机"者,二、五雖非正應,二本自乾來,與五同體。今往赴之,剛中相得,在渙不欲應,自得所願也。《彖傳》謂"剛來""不窮",以此。

────────

〔一〕二,早印本作"五"。

《禮》：下殯輿机而葬。机以木爲之，有足，五以木[一]乘偶，故有此象。程朱之説，以二就初爲奔机，是甘沈淪于險下也。二比初不得言“奔”，坎下陷不得言“机”，義不合象，非易之辭。

六三，渙其躬，无悔。

《象》曰：渙其躬，志在外也。

六三居坎上，有欲遠害未得之象。俯身曰躬，下臨險之象。互艮爲背，有躬象。三爲人位，人情所以患險，不能渙然无累者，爲有身耳。三不中正，乘坎，互動止之交，不得釋去，遂欲忘身肆志于形骸之外，支離以求脱，雖不中正，處渙亦可无悔。《象》曰“渙其躬”者，六爻惟三有應于外，志欲同上遯舉，以遠害也。

老氏謂身爲大患，遂欲墮肢體，黜聰明，槁形灰心，謂吾喪我，即此爻義也。聖人守身而无我，克己同人，如六四之“光大”，九五之“正位”。散一身爲萬物，又何形骸之足拘乎？凡二氏菁華，皆易道之糟魄耳。

六四，渙其羣，元吉。渙有丘，匪夷所思。

《象》曰：渙其羣元吉，光大也。

卦所以成渙者，剛來二，柔往四也。二來則險，四往得位，故四爲盡善。蓋所貴渙者，解其羣，離其黨也。黨成則

世否。六四不來,則九二〔一〕不往。乾坤不交,而小人道長。四來而後否散。方其居坤也,與陰爲羣。今以其直方大之德,超然登庸,得正上同。近不比三,下不應初,故爲"渙其羣"。其來也爲巽主,承命宣化,視二來不窮悔亡,尤爲元吉也。然二、四本相成,剛得中而柔止于四,何也?五以剛居尊,互爲艮主,有丘象。艮爲止,四所以止不進者,避五之尊也。柔得柔位,是以上同元吉,進則成未濟。四不爲未濟者,爲五也,非爲遲所思之人也。夷、遲通,待也。所思謂九二,坎心,有思象。二來奔机,四同功,有待象。處渙之時,四既渙羣,舍多譽而就多懼,又何係于二乎?《象》曰"渙其羣元吉"者,四能邁衆絕類,離坤之朋,出坎之隱,得渙道而光大也。人臣如四,可謂公爾忘私矣。巽爲高長,有光大之象。

　　"夷"字,古"遲"通,猶"陵遲"之言"陵夷"也。《書·盤庚》"遲任有言",亦作"夷任"。

九五,渙汗其大號,渙王居,无咎。

《象》曰:王居无咎,正位也。

　　九五陽剛中正,以居尊位,所謂"王假有廟"者也。一人之身渙爲兆民,一人之心渙爲萬幾。巽命一申,則風行四海。興利除害,朝施而暮訖。如元氣藏于包絡,汗發于腠理,百竅宣暢,疢痼頓起,故爲"渙汗其大號"。蓋王者中

〔一〕二,早印本作"三"。

天下而立，无私居也。畿甸非近，要荒非遠。匹夫匹婦以爲身，四海九州以爲宅。合則一體，散則萬方，是爲“渙王居”，所以號發四達，如汗出于心而浹于四體也。王者以此行命宣化，何咎之有？《象》曰“渙王居无咎”者，陽剛居五，正得其位，居天位以渙大號，解難消否，正惟其事，故位者，聖人之大寶也。

五乘互震，又互艮以止。巽爲顙，艮爲背，中互頤，故有汗出之象。大號巽命，頤口之象。王居，艮止之象。

上九，渙其血，去逖出，无咎。

《象》曰：渙其血，遠害也。

上九以陽剛居渙之極，下應坎三，渙道惡坎賤應。然卦所不爲習坎者，惟以九居上，故爲“渙其血”。坎爲血，陰氣之凝滯者也。渙血，則坎氣消盡矣。懲險思脫，下惡險應，陽剛決絕，巽風高舉，出不內顧，故去而遠出。視“王假有廟”者，未免過中，然見害懸解，處渙亦爲无咎。《象》曰“渙其血”者，世路坎壈，險在下，遠去而離害也。世路无往无險，達人无地非渙。子云：“鳥獸不可與同羣，吾非斯人之徒與而誰與？”君子素位循理，則无入不得。故初見險能拯，則順而吉；二避危就安，則悔亡；三患身求出；四爲臣不私；五爲君至公。涉世異趣，其爲渙同，皆善乎能自解矣。若沮溺之固僻，老莊之[一]荒唐，佛氏之毀滅，清譚之任放，

〔一〕“之”後，原衍一“之”字。

厭人世爲樊籠，毀衣冠爲牽纆，至欲寄愁天上，埋憂地下，叛散禮樂，滅裂風雅，所謂渙血逖出以遠害，而于聖人之教悖矣。易道所以包括萬有，而儒者爲濟渙之説，非設象之義矣。

節☵兌下坎上

《序卦傳》曰：“渙者，離也。物不可以終離，故受之以節。”節者，節其散也。人情鬱結則不可不散，既散則不可不節。渙自否來，渙則否消。節自泰來，節則泰定。爲卦澤下水上。物行有節莫如水，盈則進，坎則止。能節水者莫如澤，平則受，滿則溢，故曰節。節之取象，義非一端。卦位自坎適兌逆行，互巽居中，木口故困。由兌適坎順行，互艮居中，艮止故節。澤之水止，坎之水行。二與四互震，震亦行。五與三互艮，艮亦止，是爲行止有節。又兌爲悦，坎爲險，人情悦則過度，險則思節。又坎爲酒食，兌爲口，中互爲頤，君子以節飲食，養生莫如節。又兌金生水，坎水資金，金生于西，水歸于北，生之有常，用之有節。又乾坤至此卦凡六十。六十者，天地之大數，亦節也。水性流，強止則拂。澤受衆流，歸而不拒，滿而不積，其道常悦。既爲金以生之，又爲土以制之，金悦土和，甘而不苦，故中節莫如澤。子思曰：“喜怒哀樂未發謂之中，發而皆中節謂之和。”有子曰：和爲貴，不以禮節之，不可行。故節以致和，

和以中節。不中不和，不可爲節。節字從竹，竹有節以止
其通。通極而塞，塞極而通，通塞適均，乃謂之節。在心爲
中，在事爲幾。中不容一毫少偏，幾不容一息少待。中偏
則害德，幾失則敗事。事物各有節，故曰“有物有則”。則
者，節也。聖人從心不踰矩。矩者，節也。仕止久速，无可
无不可；仁敬孝慈，于止知所止，聖人之節也。日月往來，
寒暑代謝，四時以序，歲功以成，天地之節也。其有常有
漸，流行坎止，易見者莫如水與澤，故聖人下襲水土，而卦
取象于坎兌也。爻剛柔各半，當位則吉。陽實陰虛，實塞
虛通，以象竹。通者爲空，塞者爲節。初宜塞，二宜通，三
宜塞，四宜通，五宜塞，六宜通。初宜塞，陽當位，故吉。
二宜通，陽失位，故凶。三宜塞，陰居陽，故嗟无咎。四宜
通，陰得位，故安亨。五宜塞，陽得位，故吉。六宜通，而
處節之極，陰虛上无所蓋藏，節而无節，是謂“苦節”，非中
和之道，亦凶。大抵易道戒盈，節以防盈。防之過而遲疑
以敗事，纖嗇以廢禮，違天時，拂人情，較之縱欲敗度者雖
有間，以易道時中律之，均爲凶咎耳。孟子所以推時中爲
大成，隘伯夷、惡陳仲子、巢許之事，六經不載，有以也。

節，亨，苦節不可貞。

節，制也。凡事有制，亨通之道。節者，時中而已。中
節之謂和。強塞則苦，拂人之情，不可以貞。

不節非節也，過節亦非節也。言節即言不可苦節，易
道變通類此。

《彖》曰：節，亨。剛柔分，而剛得中。苦節不可貞，其道窮也。說以行險，當位以節。中正以通，天地節而四時成。節以制度，不傷財，不害民。

　　所謂“節亨”者，“剛柔分”也。剛得剛位，柔得柔位，則節成。如初、四、五是也。得位又貴得中，得位得中，又貴以剛，剛所以爲節也。九五剛得位又得中，大君所以制數度，議德行，節制天下也，故亨。“苦節不可貞”者，節和則甘，節過則苦，苦則人不堪而其道窮。然節何以不苦也？卦以兌遇坎，悅以行險，人情悅則不苦，險則知節，剛柔各取當位，非強塞也。九五中正以通天下之情，无矯世之法，節而不苦，亨而不窮之道。天地以此節五氣而成四時，聖王以此節制度而省費愛民。節也，豈苦不可貞之謂乎！

《象》曰：澤上有水，節。君子以制數度，議德行。

　　下兌上坎，故爲澤上有水，澤受水有節，故謂節。君子觀水澤之象，知禮詳于數，辨于度，而制數之多寡與度之隆殺，道具于德，體于行，而議德之偏全與行之過不及，皆所以適于道之中而爲節也。

初九，不出戶庭，无咎。

《象》曰：不出戶庭，知通塞也。

　　初九陽實當位，是爲初節。九二以陽實塞其前，初出无所往，險應在外，往則犯難，故爲“不出戶庭”之象。處節

之時,雖不利往,可以无咎。《象》曰"不出戶庭"者,在節之
初,防險慮終,從容審時,通則行,塞則止,未潰而先議防,
所以无咎。

　　門戶外地曰庭,互艮在上,爲門闕,故有"戶庭"之象。
兌于時爲酉,有闔戶之象。戶單門拆,凡奇在前象戶,偶在
前象門。戶內門外,故初爲"戶",二爲"門"也。卦自渙入
節,將整離散,議制度,故宜慎密,慮周險夷,甘苦敵時,則
垂創可久。語云:閉門造軌,出門合轍。通則宜行,塞則宜
止。如二中則當通,三過則當塞。二以上互震動,三以上
互艮止,皆"通塞"之象。辨之皆在初也。

九二,不出門庭,凶。

《象》曰:不出門庭凶,失時極也。

　　初爲節,二宜通。坎水下流,二以陽實中塞,與五敵
應,互爲動主,五亦互艮以止之,故爲"不出門庭"之象。以
此執節,坐失機會,凶之道也。《象》曰九二居中不出凶,何
也? 節者,時而已。時塞宜塞,時通宜通。二時可以通,蓋
九五陽剛中正,爲制度之主,在初无位,故不得當五。二當
五,則初之所慮者可行矣。有君如此,不能應時達節,宜出
不出,失時之極,是以凶也。

　　二互震,于時爲卯,有闢戶之象。震將旦而門不啟,故其
象凶。二變則成屯,君子所以經綸。今不動而塞,故爲失時。
初與二皆互震,初待二,故"知通塞",以通塞在二也。二不

通,則失時。初既塞,二又塞,門户重閉,故曰[一]"失時極也"。

六三,不節若,則嗟若,无咎。

《象》曰:不節之嗟,又誰咎也。

　　二宜通,三陽位宜塞,而六以陰虛居之,兑體毀折,有不節之象。然處節之時,未有不節者,三又成節之主,與五往來同功,受五之節,而自以毀乾不節爲憂。嗟,憂嘆聲,兑口之象。爲悦主而憂不節,則自知節矣,故无咎。《象》曰"不節之嗟,又誰咎",蓋真无節者,悦而不憂,三既以不節爲憂,自能補過,无傷財害民之咎矣。

　　兑爲口,三適當毀折之位,互爲頤,君子所以節飲食也。外遇坎爲酒食,三動變需,君子所以飲食宴樂也,故有"不節"之象。坎爲憂心,有嗟嘆之象。三自坤來成兑,有水歸澤之象。五自下往成坎,有澤節水之象。三當水澤之交爲悦,淺深斟酌,悦以受之,不必苦貞,但嗟若即是知節者。

　　三、五往來成卦,五坎滿而甘,三毀折而悦,故其象爲"不節"。幸其處節之時,五爲度數主,當位以節,互艮以止,三受其制,悦而知止,所以懼而嗟若也。程朱之説,謂三真不知節,非也。豈有失節之士,爻辭謂无咎者乎?

―――――

〔一〕"二不通"至"故曰",早印本作"二不通則節遂成,故曰'失時極',言初失時,二尤"。

六四,安節,亨。

《象》曰:安節之亨,承上道也。

　　四陰位宜通,六以陰虛當位,坎水下臨澤畔,水土相得,互艮,見險而止。下應兌初,爲“安節”之象。以柔承剛,以臣從君,得位而上同,故亨通。《象》曰“安節亨”者,四在五下,坎水下流入澤,不宜塞,五在上爲節主,四承五,守制奉議,所以安亨。

九五,甘節,吉,往有尚。

《象》曰:甘節之吉,居位中也。

　　五陽位當塞,九以陽居之,又互艮以止,處節之時,居尊當位,所謂數度德行之主,不傷財,不害民,篤實中正,詳而不苛,和而不苦,是爲“甘節”,故吉。上止下悦,守制從議而不敢違,故爲“往有尚”。行下曰“往”,奉上曰“尚”。止而愈順,節之象也。《象》曰六五居位得中,當節而節,故和而吉,《象》所謂“中正以通”也。

　　五互爲艮主,坎遇艮,爲水土之和,有甘象。反象辭“苦節”而爲象,以明五之中正也。上議制以布下,下心悦以從上,如竹有節上長,如水下流上盈,上能不傷財,不害民,下自忘其勞,忘其死,故曰“往有尚”。有子謂“禮之用,和爲貴,先王之道斯爲美,小大由之”,此也。

上六,苦節,貞凶,悔亡。

《象》曰:苦節,貞凶,其道窮也。

　　五爲節，則上宜通。以六居上，陰虛當位，然處節之極，其象太過節而不節，窮陰无實，是謂"苦節"。守此不變，凶之道也。然以節得凶，悔亦可亡。殆申屠狄、陳仲子之流與？聖人之節，不傷財害民，何苦之有？節而大過，以之爲己難久，以之責人難堪，所謂"不可貞"也，故《傳》曰"其道窮"。

中孚☲兌下巽上

　　《序卦傳》曰："節而信之，故受之以中孚。"凡事有節，則有常可守而信；无節，則汎濫无據而不信。故喜怒哀樂中節，則一人之情，即天下人之情，謂之達道。達道者，信也。古人以符節爲信。以竹爲節，竹中膜爲孚，故卦象以中孚繼節。中者，孚之舍。孚者，中之郭。郭實而舍虛，故城外之郭曰郛。五穀果實甲内之膜亦曰孚。郛以衛人，孚以藏仁。故郛内必虛，往來所以通也；孚内亦虛，生氣所以運也。中虛无物，孚信有靈。中發爲孚，孚存爲中。實生于虛，虛以孕實。實不生于虛，則其實皆僞也。故虛无者，萬事萬物之祖。《詩》云："上天之載，无聲无臭"。《中庸》言誠，又言明，誠實明虛也，故曰："誠則明，明則誠。"老子云：无之以爲用，恍惚窈冥，其中有信。即中孚之義。卦内三、四兩偶爲虛，二、五兩奇爲實。初、上兩奇外包，如鳥卵。鳥乳卵曰孚，字從爪、從子。鳥孚以爪抱卵，悅以巽，應期而化,子從中出,故曰“中孚”。初、上象卵甲,二、五象中白,三、四象中黃。卵中有虛竅,是爲祖炁。魂抱魄而成變化,虛在中,陽靈所棲也。實在外,九竅外向也。中黃化五臟,外白化羽毛。至期,甲拆子飛,故初象伏雛,上象鳥成也。在人,初、上實爲軀,三、四虛爲心,二、五實爲情。然三、四同虛,有善不善,何也?善惡同出于虛,正則善,不正則惡。爻得位則正,失位則不正。初九得位爲存誠,二、五得中相應爲孚,三不當位,四當位,上九陽亢外馳,故初、二、四、五孚之善也,三、上孚之不善也。蓋中虛則發中節而成孚。五資四,四與初同孚于五,二應之,故五爲中孚主,善也。中不虛則發不中節,如三、上躁擾驕亢,孚之不善也。卦取兌巽,何也?兌西司秋,巽東南司春。春至秋,東至西,天地生物之功畢。兌往入于乾,歸于西北,化機斂藏,貞固而成孚甲。遇巽,復還東南,春夏之交,鳥雀新成,黃口習飛,所以兌巽合而成中孚也。又五氣兌爲金,巽爲木,金爲木刑,造物之理,生殺相因,成毀相資。卵不裂不可爲鳥,木不剋不可爲舟。巽木之利涉,兌金之功也。故兌者,毀折而後能悦,巽雞入伏,甲拆而後毛羽見,故中孚取象于孚卵,小過取象于飛鳥,法象自然,非强作也。

中孚,豚魚吉,利涉大川,利貞。

中孚,孚在中也。中者,孚之虛;孚者,中之信。虛實相資,陰陽相抱,故曰“中孚”。卦以澤遇風,澤中之物,順而悦者,莫如豚魚。豚魚,魚之似豚者,生江水中,風至則吹浪水面。水潛伏而豚魚應風出，"中孚"之象。巽爲風、爲魚，魚浮澤上，兌下巽上之象。豚魚无心順時，含靈應氣，不爽其信。人苟如豚魚虛中懷信，乘化以遊，則吉也。悦而巽，无不可濟之險，故"利涉大川"。然必守正乃吉，不正不可爲信，如六三、上九是也。

豚魚，江漢間謂之江豬。王、程諸公謂爲二物，象、義兼失矣。物之泳游自得者，莫如魚于水，豚魚因風上浮，故以爲風澤之象。乘流湧躍，天機洋溢，化育流行，物與无妄，凡有血氣，莫不含靈，故以爲"中孚"之象。

《象》曰：中孚，柔在内而剛得中，説而巽，孚，乃化邦也。豚魚吉，信及豚魚也。利涉大川，乘木舟虛也。中孚以利貞，乃應乎天也。

所謂"中孚"者，兌下巽上。合二體觀，三、四皆柔而在内；分二體觀，二、五皆剛而得中。柔在内則虛，剛得中則實。虛則无物，實則无僞。虛以孕實，實以資虛。有无相生，誠明相待。陰陽相得，動靜相感。兌悦在下，巽順在上，合而成信，乃人君感化邦國之道，所謂"中孚"也。"豚魚吉"者，中孚爲資生之本，人而无信，不及豚魚。苟能存誠順應，天真不梏，如豚魚之應風，則吉也。"利涉大川"者，涉世因應，猶巽木之浮澤，虛舟順風，何往不利？人在天中，如魚在水中，大虛流形，物與无妄，莫不各有中孚。人能含中孚之德，靜虛守正，所以應乎天而立人之道也。

曆家謂天形如雞卵，統納元氣，萬類資生，故太虛之中，莫非信也。卦體上下皆乾，天體之象。人能體中孚，自與天相似。

中孚以中虛爲象，惟虛能與物无隔，老氏謂當其无以爲用。凡有血氣，莫不含虛，豚魚有此一竅，而況于人？故虛者，神之宅也。唯道集虛，聖人无意必固我，故能心同大虛而應乎天。虛即誠也，无物故虛，有信故誠。虛即中，誠即孚，一也。子云：誠者天之道，不思而得，不勉而中。虛之至也。故虛无者，神化性命之本體，而世儒割之以奉二氏，其若此中孚何？論道以易爲準，百氏在宇下矣。

人生至靈，謂不及物，何也？物得孚偏，而不能自宰，如草木隨四時，乘化以運，故其信能不爽。是以豚魚知風，燕知春秋，鶴知夜半，雞知旦，爻皆取象，而見人之不及也。人得孚全，故造化在我。常用其知與造物争，智多生僞，是反過于孚也。過乃不及，故《象傳》曰“信及豚魚”，言人但虛以應時，則及豚魚矣。莊生謂虛舟來觸人不怒者，无心也。无心自得，乃應乎天，“信及豚魚”之謂也。解者謂至誠格豚魚乃吉，若是，則堯舜猶病，而中孚爲絶德矣。世儒譚易迂闊類此。

《象》曰：澤上有風，中孚。君子以議獄緩死。

和悅巽順者，生生之心也，故爻〔一〕取象于鳥之孚子，

〔一〕爻，早印本作“卦”。

象取象于豚魚。蠢動含靈，莫不好生，是以君子惟恐傷人。有罪當刑，議其獄而緩其死，苟有可生之路，猶思保全。其中苟一毫未孚，不可施刑。此君子所爲中孚也。

　　風行水上，有渙散解釋之象。水族潛藏，有冤沈未達之象。以申命寬宥之，則含生歡悦矣。

初九，虞吉，有他不燕。

《象》曰：初九虞吉，志未變也。

　　初陽在下，中孚之郛也。其中有信，而外若悶悶。凝神抱一，慮始謹初，有虞之象。虞，安也，慮也。《大學》云：静能安，安能慮。《曲禮》云："儼若思。"蓋體信之狀，存誠之法也。專一无他，故能成信而吉。有應在四，故爲"有他"。應則志分，故爲"不燕"。燕，安也，玄鳥之稱。燕爵處堂，悦入之象。安静不如燕，則不成孚，故爻辭戒之。《象》曰"初九虞吉"者，中孚貴初，陽氣方潛，初念純一，雖有應在四，絶類而上，初无所繫，其志未雜，故能无他而"虞吉"也。

　　喜怒哀樂未發之謂中，其中有信，而六爻惟初爲吉者，以初象未發，是中孚之真體也。人心常静，不失其初，則中虚而有感斯通，孚之至也。天下何思何慮，非枯木寒灰之謂。

　　燕，玄鳥也，秋去春來，兑巽之象。一名乙，乙者，物始生句屈之狀。燕來爲孚子也，故古者玄鳥至，祀高禖祈子。而人禽生子皆稱乳。乳字从孚、从乙，本此。燕巢堂宇，有安象,故名燕。《詩》云"孔燕",又云"燕譽",需卦云"燕樂",皆安義也。卦體似離,離爲鳥,初爻象鳥伏子,故爲"有他不燕"。二象孚欲成,故云"其子和"。三象子在殼,故云"得敵"。四象子成,故爲"月幾望"。五象雛成羣,故爲"攣如"。上象習飛,故爲登天,而小過遂承以飛鳥也。

九二,鳴鶴在陰,其子和_{去聲}之,我有好爵,吾與爾靡之。

《象》曰:其子和之,中心願也。

中孚之神,潛于三、四兩陰;中孚之應,動于二、五兩陽。三、四陰虛,象无物之中;二、五陽實,象應物之信。陰陽動靜一原,如鳥卵,中黃爲陰,外白爲陽,魂魄相待,故曰"中孚"。九二在內得中,以陽居陰,承互艮之下,故爲"鳴鶴在陰"。鶴,陽鳥,高足,巽象;善鳴,兌象。前互艮,有陰象。山北曰陰。外與五同德。二互爲震,五互爲艮。動止相應,中虛无礙,故爲"其子和之"。虛靈无物,有感即通,仁義忠信,天之好爵,喜怒哀樂,人之達道,故爲"我有好爵"。吾與爾共,靡費之象。靡,費用也。良心藏于真陰,未動之先,以待天下之感,其象如此。爵,與雀通,鳥象。《象》曰"其子和之"者,秉彝物則,非由外鑠,中心所願,无感不應也。

二以陽居陰,在內得中,退與初比,進與五敵應。心之待感,欲動而未離乎初者也。初爲不覩不聞之地,二爲莫見莫顯之幾,動靜之介,應感之端,故爲鳴陰子和之象。

《大傳》謂居室有善不善，而應違千里；《中庸》以未發之中爲大本，中節之和爲達道，此也。故初有未發之象，二有中節之象。惟有初之"虞"，而後有二之"和"。初若不燕，二求鳴和，不可得已，故初言吉，二不言吉，以養正由初也。

六三，得敵，或鼓或罷，或泣或歌。

《象》曰：或鼓或罷，位不當也。

六三以陰爲兌主，上承六四爲巽主。兩主相遇，二女不同志。巽順以入，兌悦以出。四得正而三不正，三、五同功，欲進悦五，而四與五孚，阻之，故其象爲"得敵"。互震之動，欲進閡四，故或鼓以攻四。又互艮之止，畏四履正，非己所克，故或罷而不攻。有應在上，高躁不下，敵强无援，故或有時泣，澤之象也。巽順不害，旋以自喜，故或有時歌，悦之象也。動靜无時，悲歡失節，不中不孚，其象如此。《象》曰"或鼓或罷"者，六三以陰居陽，位不當也。夫三、四陰虛本同，三不當位而失常，四當位而上孚，何也？三不正，其應在外亦不正，是以佚志逐于物也。四得正，其應在內亦正，是以真性效之動也。善惡同出于虛，飄風苦雨，莫非天也。天理人欲，同出而異情；喜怒哀樂，同發而異中，是可以觀中孚矣。

兌金巽木，其氣相克。由西反東南，其行逆。而三當內外之交，乖順應之常，發不中節，故方寸撈攘，變態倏忽，其象如此。鳥孚將化，有成孚者，有殰不成者，殼音啁啾，如歌如泣，當孚甲毀折之時，其象亦如此。

六四,月幾望,馬匹亡,无咎。

《象》曰:馬匹亡,絕類上也。

六以陰居四爲巽主,柔順靜虛以承五,内應而外孚,陰之極盛也。在人心爲致虛守靜,中孚體完,故爲"月幾望"之象。下乘六三,兩陰相比,如馬之匹。三躁擾搆敵,而四居正履順,上承剛中之主,安靜无競,下絕不正之朋,故爲"馬匹亡"之象。互震爲馬,得正上同,以陰從陽,雖盛无咎。《象》曰"馬匹亡"者,四與三皆陰,而邪正不同,四絕陰類,上從九五,何咎之有?三、四兩偶相比,四從五則三失類,故爲"馬匹亡"。

月,陰象。幾望,陰盛之象。爻辭凡三見,小畜以抗陽而凶,歸妹、中孚以從陽而吉。

九五,有孚攣如,无咎。

《象》曰:有孚攣如,位正當也。

九五陽剛中正,下乘六四,靜虛内通,九二中正内應,故爲"有孚攣如"。蓋五既得四,四亦以初適五,如鳥外孚中化,至五期滿子成,故爻獨于五稱孚也。二在内,象人性;三、四中虛,象心;五在外得中,象情,四德之端也,故爲"有孚"。手相縮曰攣。互艮,有手象。孚本无心,攣如有意,然與善同情,未爲咎也。《象》曰"有孚攣如"者,九五以剛得正,居尊爲中孚主,四比之,二應之,所以"有孚"。然五、四虛實得位,中孚之至,而皆有補過之辭,何也?誠者,天之道,自非天下至誠,未有不補過而能无過者,故三、四同虛,而三有不當之咎。无妄即誠,閑邪所以存誠也。

上九,翰音登于天,貞凶。

《象》曰:翰音登于天,何可長也!

孚以中爲信,至五孚成矣。上九亢而在外,內應不正之陰,故疾飛叫號,升于巽木之顛,其聲上聞于天。夫信由衷存,惟靜惟嘿,厥中乃孚。鶴鳴子應,非以聲也。狂躁謹呼,乃喪厥孚。守此不變,凶之道也。巽伏震爲善鳴、爲決躁。巽爲雞、爲高長。雞鳴振羽,故曰"翰音"。雞不能高飛,聲高而實不從,不信之象。《象》曰"翰音登于天"者,以躁妄爲中孚,所謂聲聞過情,其實不繼,焉能長久? 使如初"虞"无他,何凶之有?

小過☳艮下震上

《序卦傳》曰:"有其信者必行之,故受之以小過。"信者,物之性情。乾所謂利貞,即中孚也。信在中,則行于外。過者,行歷之迹,稟于中也。小者,初成之形,出于孚也。陰爲小,內外二卦皆陽,而爻多陰,是謂小者過之。中孚象鳥孚子,小過象孚成子飛,是爲飛鳥之象。始乾坤而終飛鳥,易所以爲變動之至也。中孚本離,小過本坎。離陽外朗,而伏則成中孚,是離來歸坎也。坎陽內伏,而飛則成小過,是坎往化離也。惟聖人信成于中,存則爲神,行應

乎外，過則爲化，從心所欲，无少過差。衆人忠信不足，行
乃多咎。然皆依真起妄，亦不可謂非由中孚出也。如鳥有
鸑鷟，而爲孚則同。謂之小過者，因大過殊名耳。大過自
頤來，口腹過度，則有死喪。小過自中孚來，性情失常，則
有災眚。故小過內互爲大過，不中不信，動而不止，同抵滅
亡，非謂過不可大而但可小也。彖謂之亨者，謂人宜收斂
改悔，則自然亨通。使亦如大過之不懼无悶，其咎反甚於
大過，何者？大過有陽剛之才，而小過陰柔，飛揚躁擾，尤
所深忌，故卦以鳥飛象過，以中孚翰音象飛鳥。按《説卦》，
震艮无鳥象，惟以由中孚巽來爲雞，上九翰音登天，雞之登
天，必有挾以飛者。蓋卦體震爲決躁，艮爲指、爲鈐喙，急
疾利觜長距者，其象爲鷹隼。內互巽雞，即中孚翰音，爲鷹
隼所搏，故彖象“飛鳥遺之音”。下近地猶可救，上高飛則
无及矣。故解之上六“射隼”，亦震也。震本爲龍，艮本爲
虎，今矜爪觜之利，以搏雞雛，无復吟嘯風雲之志。故
六〔一〕五云“公弋”“在穴”，所以謂“不可大事”也。中二奇
象鳥身，上下四偶象鳥翼。艮欲止而震欲動，四陰用事，兩
陽迫處凶懼之地，惟陰所往，不能自主。如鳥有身，而翼挾
以飛。身雖動止，而動止非身。肢過于腹，末過于本，猶衰
世君弱臣强，主威不振，徒倚仗股肱之力，善則爲伊、周之
芘主，不善則爲曹、董之脅君。天行之數，世所常有，而順

〔一〕六，原爲“九”。

逆之理，存乎人。《象》所以謂順則吉、逆則凶也。夫鳥即地而後得棲，近人而後得食。雖有陵風之翮，穿霄非棲息之所。故鳥飛秖以遠害，非鳥之得常也。翼秖以衛身，非以身從翼也。今身不能止，惟翼是聽。翼以遠舉爲能，身欲棲息不可得。翼飛愈遠，身愈不安。身所欲遇而求安者，翼所謂斂而无用者也，故翼利上，身利下。若伊尹、周公輔幼主，造王家，可謂垂雲之羽。然治定功成，辭寵利，遜碩膚而不居，所以卒與君同其休也。曹操、董卓之徒，挾尾大之勢，播遷其主，以行胸臆，至于流離落魄，身亡而毛羽亦摧，何利之有？故小過之時，下止則吉，上動則凶。取象于飛鳥之過，有所迫而往，故其過也，哀鳴急疾。天下之過，未有不成于急疾者。士君子以恬愉爲安，以沈嘿爲養，以謙下爲度，苟飄忽如鷹隼，叫號如鷗鴉，飛揚跋扈，動不知止，上不知下，非嘉祥之器也。《詩》云：“有鳥高飛，亦傅于天。彼人之心，于何其臻。”幽王所以亡也。故初、上爲翼之翰，皆凶。二、五爲翼。二无咎，下也。五雖中无功，上也。三、四爲身。三艮主，不能止而上應，故凶。四震主，雖動而下應，故无咎。象所以謂“不宜上宜下”也。

小過，亨，利貞，可小事，不可大事。飛鳥遺之音，不宜上，宜下，大吉。

　　進不遇而相失，謂之過。小，陰也。爲卦四陰用事，二陽逼處于內，陽不足而陰有餘，故爲“小過”。陰盛故亨，然利于守正安固，但可用柔爲小事，未可用剛爲大事也。大

過宜大事，陽宜進也；小過宜小事，陰宜退也。卦自中孚
來，故象飛鳥。鳥高飛而鳴，遺其音于下也。艮爲少男，互
兌少女，有稚弱之象。小鳥孚成初飛，故失巢而鳴。震爲
決躁，爲善鳴。上體爲震，動而多懼；下體爲艮，止而得息。
上互兌爲毀折，下互巽爲順入，故其象下宜而上不宜也。
大爲陽。大吉，與陽同吉也。陰能下，則陽得吉。上下皆
由小，故小者亨。上則飛離，下則在穴，故下大吉也。

　　陰虛在外，陽衰失主，如一鳥過虛空，動之至微也。天
空鳥飛，有亨象。然焉足語大事？凡過生于動，動則日長，
止則日消。君子動作，小有過差，宜收斂退悔。苟縱情自
遂，其凶大矣。

　　過有三義。有過勝義，陰勝陽也，《傳》云"小者過"是
也。有過失義，失于太柔也，《傳》謂"剛失位而不中"是也。
有過往義，行不相遇也，《傳》云"與時行"是也。過勝、過
失，衆人有之；過時不遇，雖聖人不免焉。周公不知兄，孔
子黨君惡，"時行"之謂也。若夫柴愚參魯，師辟由喭，皆謂
小過。苟能恐懼脩省，以震其无咎，思不出位，以止其放
佚，恭儉惻怛，約己慎行，退而改悔，則亨利貞之道。不然，
氣質有偏駁，學問有虧欠，動而自用，以希獨立不懼、遯世
无悶之勇，則與大過同凶矣。

《彖》曰：小過，小者過而亨也。過以利貞，與時行
也。柔得中，是以小事吉也。剛失位而不中，是以
不可大事也。有飛鳥之象焉，飛鳥遺之音，不宜上

宜下，大吉，上逆而下順也。

小過，柔勝也，故柔道亨通。所謂“利貞”者，事有待過而後得正，時使之然也。“可小事”者，二、五得中用事，皆柔居之，是以“小事吉也”。“不可大事”者，陽失位而不得中，如君弱臣強，是以“不可大事”也。卦自中孚來，有飛鳥之象。鳥去惟遺其音，過之象。“不宜上宜下，大吉”者，鳥飛哀鳴，得栖則止，故過則不宜動宜止。卦上動下止也，既過矣，愈動而上，則陵陽而逆，能止而下，則從陽而順，故大者得吉也。蓋天道惡盈，高者抑之，下者舉之。君子于小過之時，能自貶損，退然處不足之地，使大者得安其尊，居其重，則可免犯順之凶。茲豈獨大者之吉而已乎？

《象》曰：山上有雷，小過。君子以行過乎恭，喪過乎哀，用過乎儉。

雷在天上爲大壯，在山上爲小過，陽不足而陰有餘也。君子觀象，寧恢廓不足而爲省約，寧枝葉不足而存根榦。行不足于泰，寧過乎恭；喪不足于易，寧過乎哀；用不足于奢，寧過乎儉。所以收斂裁抑，利貞時行，下而不敢上，順而不敢逆，以是爲小過也。

“行過乎恭”，震在外，恐懼之象。“喪過乎哀”，中互大過，死喪之象。“用過乎儉”，艮在內，知止之象。大過爲亂世喪亡，故君子以濟世爲勇；小過爲一身流離，故君子以自守爲貞。

初六，飛鳥以_句，凶。

《象》曰：飛鳥以凶，不可如何也。

鳥之過也以飛，故小過取象飛鳥。六爻獨初、上象之者，以其爲卦之終始也。初與上如翼之有翰，鳥所以飛也。以，猶用也。鳥身不能飛，而以之飛者翼也。翼亦不能飛，而以之飛者翰也。爲翰者，初、上也。故曰“飛鳥以”。《春秋傳》云：“凡師能左右之曰以。”鳥見以于翰，以左則左，以右則右，身不得自主。蓋初與四正應，以四往者初也。陰盛挾陽，故凶。然象謂宜下吉，而初在下凶，何也？象以處卦之時言，爻以設卦之象言。鳥下，非一羽所能止也。《象》曰“飛鳥以凶”者，中孚初生之鳥，利于在穴，以陰居初，當陰盛之時，身弱羽強，羽欲飛而身不可如何，欲止而不得也。

大過有南北往來直過之象，小過有東西橫過之象。鳥橫飛而過，故初、上同飛，所以初雖下而不得下，艮爲止而不能止。在人身小體恣縱，心不得主，其象如此。

凡爻象多變，成卦之始，象義在此。一變再變，反復難定，如小過由中孚來，故初象鳥之飛。至二得位居中，則變爲人事過失。象不執一類此。

六二，過其祖，遇其妣，不及其君，遇其臣，无咎。
《象》曰：不及其君，臣不可過也。

以六居二，互爲巽主，柔順中正，處小過之時，進有所過，退有所不及，而皆得所遇。過則不遇，遇則不病其過。如人往來相失曰過，相値曰遇。蓋其體本少男，以二爲身，以初爲祖，以六爲妣，視五爲君，自視爲臣。祖，始也。易逆數，以往爲過，往二則過其始矣，故爲"過其祖"。柔得柔位，是遇其妣也。妣者，比也。正應在上，是不及其君也。二本下，是遇其臣也。其過者當過也，其不及者宜不及也，其遇者得中居正也。雖處小過之時，可以无咎。《象》曰"不及其君"者，臣无過君之理，過君則逆。當陰盛之時，而能不及其君，順而能下，所以過而不過也。柔順中正，殆恭儉之君子與？

過而相逢曰遇。處過之時，六得二，遇之象也，所以无咎。諸説紛紛，惟王輔嗣近之。妣者，居内履正之象；臣者，以卑承尊之象，皆謂六二，互巽主在下得中，其象如此。

"君子之過也……人皆見之。其更也，人皆仰之"，過而遇之謂也。外過而心仁，始過而終改，若是者雖過必遇，惟六二得之。其不能不過者，陰勝也；其能遇者，中正也。凡人氣稟昏愚，學問生疎，皆爲小過。宜虛心下慮，反身克己，不敢寬縱，則過日消。不然則日長，馴致惡積罪盈，不復可遇矣。故豪象"不宜上宜下"，六二中正知止，所以无咎。

九三，弗過，防之。從或戕之，凶。

《象》曰：從或戕之，凶如何也！

小過之時，羣陰方盛。九三以陽居陽，弗與陰同過，故爲"弗過"之象。三、四兩陽，象鳥身。三以陽爲艮，四以陽爲震。二主同居不同志，三欲止而四欲動。止則下，動則上;下則順,上則逆,故三宜防其動也。然三有應在上,與四同體。苟三係于應往從,則上必挾三以飛,將不免于戕害,所謂上則逆也,故凶。《象》曰"從或戕之"者,上挾三飛,則支離飄散,不知所往,失其止矣,凶當如何。

九三以陽迫處凶地,如人心危亡,神不守舍,耳目聲色,奪以爲役,梏之反覆,違禽獸不遠者也。鳥子失巢,鷹鸇將攫而綱之,其象如此,故極歎其凶。

九四,无咎,弗過,遇之往厲,必戒,勿用永貞。

《象》曰:弗過遇之,位不當也。往厲必戒,終不可長也。

九四以陽居陰,然未可爲咎。蓋羣陰方過,而四以陽剛,弗與陰俱過,故无咎。遇,遇陽也。四得九故遇。卦以下止爲吉。四震主,動而上行,下應飛鳥之以,從應飛,則上逆而危,必戒勿往。動則變,變則成謙,謙止而下,可免上逆之凶,故象雖貴貞,四"勿用永貞"可也。蓋不貞惡其好上,永貞惡其不變矣。《象》曰九四"弗過遇之"者,四柔位以柔居,則與陰同過。今以九居不當位,所以不過柔也。"往厲必戒"者,震上往則逆,動則變,終不可長爲震也。

處陰過之時貴得陽,故三、四兩陽,象皆爲"弗過"。三、四爲內外成卦之主,同居相持,有變象。三變,則四爲豫主,由豫而疑〔一〕,上逆也。四變,則三爲謙主,勞民而

〔一〕 由豫而疑,早印本作"有獲而凶"。

吉，下順也。故爻義不欲三變，而特欲四變于三，戒以防之，于四教以勿永貞，《傳》云“不可長”，以此。

六五，密雲不雨，自我西郊，公弋取彼在穴。

《象》曰：密雲不雨，已上也。

　　六五柔中居尊，當小過之時，陰方盛，而下與二敵應不交，故爲“密雲不雨”之象。卦體本坎，坎爲雲雨，五互爲兌主，兌位西爲澤，故爲“西郊”。陽東陰西，陽倡陰和乃雨；陰盛陽微，故爲“不雨”。陰柔雖尊，但可小事，取象飛鳥，如以公之弋，不能加高鳥于青雲之上，而但下取小鳥于穴内。蓋以主器加少男，“小事”之象也。穴，指六二在下。五自上取之，亦“不宜上”之象。繫矢而射曰弋。巽爲繩，坎爲弓，有“弋”象。二互巽在山下，有“穴”象。坎爲隱伏，亦“穴”象。弋鳥如取，五、二得中，敵應之象。《象》曰“密雲不雨”者，以柔居五，其位已上，陰盛之極，所以爲小過也。

上六，弗遇，過之，飛鳥離之，凶，是謂災眚。

《象》曰：弗遇過之，已亢也。

　　此所謂上逆者也。陰至五已上矣，又上則窮高，處非其位，故爲“弗遇”。雖有應在下，陽失位而艮不能止，恣其躁動之性而過之。以陰居末，象鳥上翼之翰。挾三以飛，遠離巢穴，飄散无歸，故凶，是謂災眚并至。外曰災，内曰眚。全體俱凶，妄動之過，上逆之罪也。《象》曰“弗遇過之"者,陰至于上,憑陵罔極,位已亢也,滅陽且以自滅,豈有鳥死而毛羽得全者乎?

或曰:以六居上,何謂"弗遇"? 凡上窮无位,陽居亦有悔,陰居尤不宜,況本小過之時乎? 需之上六曰"不當位",亦以陰居上也。陰居上即過,過即是不遇。〔一〕

既濟䷾離下坎上

《序卦傳》曰:"有過物者必濟,故受之以既濟。"過渡曰濟。坎險不得過,必有涉險之具,然後可濟。如有過人之才德,然後可濟世。所以繼小過也,既濟、未濟者,六十四卦之終,故取諸坎離。蓋天地之用,莫大于水火。其升降往來之數,于坎離最著。一陽交于陰中,生水成坎,乾之正中也,九得五在上,而水流下。一陰交于陽中,生火成離,坤之正中也,六得二在下,而火炎上。水者,陰中之陽精。火者,陽中之陰神。神爲陽而在陰則化精,精爲陰而在陽則化神。神,故火麗于空;精,故水行于地。坎離者,天地之大造;水火者,生人之大用。精神者,人物之大命。相勝而相資,水得火不寒,而資生之利溥;火得水不燥,而烹飪之功成。然造化水常資火,人精不能存神,何也? 天地坎離交,而人精神不交也。卦本地天泰,泰交故水火濟。水

〔一〕"陰居"至"不遇",早印本無。

在地中,未升于器;火在木中,尚離于空。今取潤下者加諸火上,取炎上者厝諸水下,是謂既濟。濟,水也。天一之氣洩于水,元炁始化濕,是人物受形之本。形含虛生明,神明內映,則形精外朗,坎水上溢,生色而潤身。神一息不守,則精散形痿而不仁。收放心以守其宅,塞視聽以蓄其明,則精神合。而身中之坎離交,與天地相似,是以火濟水也。蓋坎以陽陷陰中,內塞而外暗,反爲離,則中虛而外朗。神明者,形氣之宰,故濟坎莫如離。離在內,坎在外,明以消險,濟世成功之象也。故六十四卦首乾坤,上經三十,終坎離,以其爲天地之中[一]也;下經三十四,終中孚、小過、既、未濟,以其爲坎離之交也。天下之事,未濟憂其不濟,既濟則事畢矣。而无終不初,无往不來。一治一亂者,天也;一陰一陽者,道也。天无无陰之陽,世无不亂之治。今以爻觀,六位得所,未有如既濟者。奇偶各三,其數均也;以陰居陰,以陽居陽,其位當也;六爻上下剛柔相配,其應正也。自乾坤來,三百八十有四爻,交錯徧而後得既濟。然陰陽當位,則陰乘陽矣。柔上剛下,陰外陽內,則倒置矣。下離而又互坎,上坎而又互離,則雜越矣。六爻一陽一陰,而以陰止;一治一亂,而以亂止,故《象》曰“終止則亂”。可知造化之數,必无整齊完美者,非人力強排,可以終濟也。又以《圖》數推之,初剛二柔,三剛四柔,五剛六柔。所謂天一地

〔一〕中,早印本作“終”。

二、天三地四、天五地六正合，然至六而止，是亦天地无完數也，所以未濟方來，皆自然之法象。故衆人以既濟爲喜，聖人以既濟爲憂。

既濟，亨小，利貞，初吉，終亂。

水須火以致用，故水火交曰既濟。爲卦陰得位而陽皆下之，陰小陽大，故其爲亨者小。剛柔之位各正，在既濟初則吉，然天行之數，未有終吉者，苟既濟而遂已，則堯、舜之後不復有衰世矣。

《彖》曰：既濟亨〔一〕，小者亨也。利貞，剛柔正而位當也。初吉，柔得中也。終止則亂，其道窮也。

所謂“既濟亨”者，陰得位而陽能下之，小者得遂而亨通也。“利貞”者，剛柔各得其正，二、五所居之位當也。初吉者，以柔居二，雖其乘剛，得中而吉也。然〔二〕以柔居上，乘剛不變，則“終止而亂，其道窮也”。“吉”者，離之明也。“亂”者，坎之險也。六爻皆柔上剛下，在二則中，在上則窮，故未濟將至矣。

《大傳》曰：“一陰一陽之謂道。”先陰而後陽者，造化由靜而之動，二氣循環，非謂一定不易也。《雜卦傳》曰：“既濟，定也。”六爻陰陽各得位而易終矣，有終止之象。止則陽居陰下，水不得還源，火不得麗空，變化不行，故亂。蓋

〔一〕亨，底本“亨”後有一墨釘，早印本作“亨者”。
〔二〕然，早印本作“至”。

坎離者，天地之中氣，造化由中分，中故不測，其變不滯，滯則災，故曰“止則亂”。不息，則其道不窮矣。

《象》曰：水在火上，既濟。君子以思患而豫防之。

　　水在火上，是水得火以濟其用也。然水性下流，濕能勝燥，火居其下，有受滅之勢，君子觀象思患而豫爲之防也。坎險在外，防患之象。離明在內，豫思之象。“終止則亂”，其象如此。

初九，曳其輪，濡其尾，无咎。

《象》曰：曳其輪，義无咎也。

　　初九，既濟登岸之始。曳，牽也。坎爲曳、爲輪，離爲牛。初奇象輪，二偶當前象牛。蓋既濟而牛曳車以升也。“濡其尾”，水濕牛尾也。既濟而濡其尾，何咎之有？《象》曰“曳其輪”，則車將絕水，就平地矣，其義无咎。

六二，婦喪其茀，勿逐，七日得。

《象》曰：七日得，以中道也。

　　六二陰柔中正，成離之主，是爲中女，有婦之象。上應九五爲坎，坎爲盜、爲輿，有喪失其車茀之象。婦人車上有蔽曰茀。喪茀无蔽，離虛之象。當既濟時，恒情以爲安車載道，而无平不險，反喪其茀。諺云“涉風波不懼，履平地而恐”，此之謂也。然六二中正，安常履順，雖失必得，故爲“勿逐”。六爻往而復來，凡歷七位，故爲“七日得”。至未濟之九二，陽實居中，得茀之象。日，離象也。《象》曰“七日得”者,由二往上,復來未濟之二遇剛,則二之中自在也,所以得莩。

九三,高宗伐鬼方,三年克之,小人勿用。

《象》曰:三年克之,憊_敗也。

九三離終,遇險之交,水火相射。離爲兵戈,有克伐之象。三居離上,有高象。離,麗,有宗象。與上正應,上居坎極,坎隱,有鬼方之象,故爲“高宗伐鬼方”。高宗,商王武丁也,中興壽考,既濟之主。鬼方,幽州,《商頌》所謂氐羌,西北夷也。以明化險,進遇重坎,蹇蹇終濟,故爲“三年克之”之象。陰柔爲小人,三以陽剛,承乘皆陰,互險居中,欲變而之上,故爲“小人勿用”之象。《象》曰“三年克之”者,師徒久頓,力疲憊也。蓋上遇重坎,下互重離,燥濕相持,中興既濟,克艱如此。

離中稱宗,同人六二、睽六五皆是也。此九三高于二,故爲高宗之象。離戈爲武,天干丁爲火,故有武丁之象。自三之上,爻隔爲三,三變互坤。坤偶數十二爲年,火與水接,爲克之象。

濟,火濟水也。坎隱,須明以辨之,故既、未濟二卦皆以離化坎。君子明善以誠身,致知以誠意,所以爲易道之終也。

下篇之卦,多風、雷、山、澤,然皆乾、坤、坎、離之變也。既濟三伐上,三、上動,則水火變風雷,其卦爲益,君子所以遷善改過也。雷風不易,而水火易位,能遷改,則適炎上就下之常。未濟四伐初，初、四動，則火水變山澤，其卦爲損，君子所以懲忿窒欲也。澤山虛受，而火水不交，苟能懲窒，即是水升火降之理。故二卦三、四兩爻往來，其象亦相似，皆以離化坎，以水、火化風、雷、山、澤，應咸、恒而爲下經之終也。蓋德莫大于誠明，功莫要于遷善改過與懲忿窒欲。故乾坤變化，莫妙于坎、離。上經卦三十，乾坤而下，奇偶各三十，遇否、泰而終坎、離，以坎、離爲否、泰之交也。下經卦三十四，咸、恒而下，奇偶亦各三十，遇損、益而終既、未濟，以損、益爲既、未濟之變也。天運莫大于否、泰，人事莫大于損、益。

　　二卦皆伐鬼方，既濟獨言“憊”，何也？坎水在上，防患制勝難；離明在上，居方辨物易。既濟之時，即安求益難；未濟之時，履險思損易。二卦皆以險爲主，以明爲用。既濟險在上，故爻象上往；未濟險在下，故爻象下來。既濟險在外，故上卦有未濟之象；未濟險在內，故上卦有既濟之象。

六四，繻須**有衣袽**女，平聲，**終日戒。**

《象》曰：終日戒，有所疑也。

　　初已濟而四復遇險，所謂思患豫防也。將涉揭裳，故爲“繻有衣袽”之象。繻，文繒也，離象。與襦通，褻衣也。《記》曰“衣不帛襦袴”，又曰“不涉不撅，褻衣”。四遇坎水，將涉揭襦而見其袽。袽、絮通，衣敗襤褸也。外繻而內袽，亂伏于治，坎隱之象。坎險，故終日不忘戒，四多懼之象。《象》曰六四所以"終日戒"者，陰柔不中，處多懼之地，承乘皆剛，互坎雜離，一自以爲火，一自以爲水，一自以爲既濟，一自以爲未濟，故疑而"終日戒"也。夫以既濟之時，坎險在外，天下所以无安不危耳。

卦本泰體，乾坤爲衣裳，坤爲帛，互兑毀折爲袽。離爲日，四在離外，"終日"之象。

九五,東鄰殺牛,不如西鄰之禴祭,實受其福。

《象》曰：東鄰殺牛,不如西鄰之時也。實受其福,吉大來也。

九五爲坎主，下應六二，剛柔各中正，皆善處既濟者也。然二以陰虛文明，无心而喪其茀。五以剛中處險，有坎之憂心，恐懼脩省，恭敬神明，是能盡憂危之道，銷患蒙福者也。二之安行，不如五之憂危，故爲"東鄰殺牛，不如西鄰禴祭受福"之象。東謂二，西謂五。東左西右，左後右前，故內卦爲左，外卦爲右。坎在外，爲西鄰。離在內，爲東鄰也。離爲牛、爲兵，坎爲血，有殺牛之象。禴，薄祭也，亦作礿。夏祭曰禴。水瀹菜以祭，坎水之象。牛豐水儉，豐不如儉，言二不如五，懼以獲福，既濟貴不忘險也。實，陽象。坎滿爲實。《象》曰離之殺牛，不如坎之用禴。蓋牛于坎，冬祭則宜；離爲夏，宜禴而殺牛，所以不如五識時也。處盈能約，既濟憂不濟，斯爲識時。能約則常盈，能損則常益，是以九五"實受其福"，吉慶大來，爲既濟之賢主也。

六二在離爲乾卦之主，乘初曳輪，登岸即陸，大難既平,文明方新,故爲殺牛,豐盛之象也。九五在險爲加憂,小心敬愼,故爲禴祭,貶損之象也。《禮》,四時之祭,惟夏不備物,惟冬大烝,故《書·洛誥》烝祭"文武騂牛各一"是也。時安不如危,時豐不如儉,人情生于憂患,而死于安樂,其象如此。

上六,濡其首,厲。

《象》曰:濡其首厲,何可久也!

六以陰居險上,既濟之終,所謂"止則亂"也。已出險外,而陰柔不正,下應九三,窮極必反,故爲"濡其首",危厲之象。初之濡尾,自水升陸也。上之濡首,復自陸入水也。盛而復衰,循環之象。《象》曰"濡其首厲"者,一治一亂,理數自然,以陰居上,何可久也? 故《序卦》受之以未濟。

未濟 ䷿ 坎下離上

《序卦傳》曰:"物不可窮也,故受之以未濟終焉。"何謂其物不可窮也? 造化之理,无往不復,治亂相循,終則有始,既濟則功已畢,未濟則事復始,有生生之義。生生之謂易,所以終未濟也。既濟水在上,勢欲下,火在下,勢欲上,二氣參和,故曰既濟。未濟則炎上者升上,流下者反下,分背不交,故曰未濟。既濟交致其用,未濟各安其宅。致用者用有時輟,安宅者待用无方,所以爲生生不息也。故初六“濡其尾”，欲濟不果，回首而濡其尾也。六三〔一〕“未濟”，“利涉大川”，是猶未嘗涉也。然水火不交，而爻象視既濟吉，何也？既濟之火水，在鼎鑊者也；未濟之水火，奠位上下者也。在鼎鑊者，質交而氣雜；奠位者，體静而得常，故爻象多貞吉。九四頌其功，六五美其德。未濟六五爲諸卦五位之終，乾九五爲諸卦五位之始；乾九五爲大人之見，未濟六五爲君子之光。離明即乾知，在人爲明德，三才之本，《大易》之元，所以示人極于爻位之終也。上九“飲酒”，則人心陷溺不能濟者，所以于爻終示戒也。大抵坎離皆天地之中，而離爲日，離明坎暗，離虚坎實，德莫妙于明，道莫神于虚，故坎降而離升也。坎爲精而離爲神也，坎爲形而離爲心也。坎隱在内，離明在外。日麗天，水行地，乾坤正位，法象之自然。《雜卦傳》曰“男之窮”者，坎歸下也。男下女，化生之本，其窮也，所以无窮也。故乾坤交而成坎離，坎離交而成既、未濟。坎離變化成中孚、小過，中孚體〔二〕中有離，小過體〔三〕中有坎。既濟上坎互離，下離互坎，中復互未濟。未濟上離互坎，下坎互離，中復互既濟。既濟水火交，未濟不交，而男下女，亦交也。陰陽兩在无方，水火互藏其宅。故上經首乾坤者，陰陽之正也，以水火之正終焉。下經首男女者，陰陽之交也，以水火之交終焉。

〔一〕三，早印本作“四”。
〔二〕體，早印本作“離”。
〔三〕體，早印本作“坎”。

首乾坤者,兩儀所以立。終中孚、小過、既、未濟者,變化所以行也。

未濟,亨,小狐汔濟,濡其尾,无攸利。

坎險在內,故爲未濟。火水各居其所,有亨通之道。狐善濟水,其性多疑。小者未習險,及濟不敢濟,回首而還,水濕其尾,未濟之象也。坎爲隱伏、爲狐、爲多心,有疑象。凡濟貴謀惡疑,有剛明之大德,乃克濟。以小狐處險,故“无攸利”也。汔,近也,猶井卦“汔至,亦未繘井”之汔,近水未及濟也。

河水冬凍合,狐聽冰下无水聲,乃濟,故彖以小狐象全卦,爻以初六象小狐。

濟,以明濟暗,以知濟險也。卦體險暗在內,明在外,有未濟之象。人身離爲神,坎爲形,離火屬心,坎水屬腎,神潛于形,心氣下交于腎,而後火降水升。彖謂“无攸利”,以坎也;其“亨”,以離也。故爻象四與初變,而後坎離交。

《彖》曰:未濟,亨,柔得中也。小狐汔濟,未出中也。濡其尾,无攸利,不續終也。雖不當位,剛柔應也。

彖謂“未濟,亨”者,離在上而五得中,居尊應剛,以明燭險,故亨通。“小狐汔濟”者,時處未濟,小狐欲濟,未能出中,達于險外也。“濡其尾,无攸利”者,才弱識暗,思濟不果,終不繼其始也。六位皆不得正,然二、五居中,剛柔相應,有共濟之道,所以雖未濟而亨也。

卦受既濟,既濟之上六“濡其首”,有汔濟之象。來爲未濟,有回首不果濟之象,故云"不續終"。

《象》曰:火在水上,未濟。君子以慎辨物居方。

火炎上,水流下,各有自然之性。既濟交錯以致其用,而物類有方,不可易移。君子觀象于未濟,審慎以辨物之性,使各居其所而不相雜揉,則羣分類聚,无侵陵剝蝕之患矣。辨物,離明在上之象。坎爲隱,爻辭所以謂之"鬼方"也,惟君子以離明辨之。

初六,濡其尾,吝。

《象》曰:濡其尾,亦不知極也。

初六在既濟上"濡其首",有入水之象。今來下居初,陰微狐疑,汔濟不濟,有回首濡尾之象。中无定見,所以羞吝。濡,濕也,坎水之象。卦後,有尾象。《象》曰初濡其尾者,處未濟之時,坎下最幽,去明遠,不知之極也。知,明也。極,至也。惟明能知險,不知極,即象所謂"小狐"者也,惡能濟?

象云小狐濡尾者,全卦之象。然行止分于初,故爻即以初陰象小狐。或謂濟而沒其尾,然則凶甚矣,何但吝而已?卦爲未濟,何以初遂得濟?初濟,何以三尚言未濟?在未濟時,下坎三爻皆未嘗濟也。卦所以善者,正惟其不輕濟,故《大象》有"慎辨"之說。初之過在不知,而不在不濟。知者處此,自不妄濟,何待濡尾?初在險下,去離明遠,所以幽昏之極,必明克而後濟,九四所以"伐鬼方"也,初六思濟不能濟也,九二能濟不欲濟也,六三不可濟而强欲濟也。

既濟之初濡尾者，離在下，牛尾之象，已濟而登陸也。未濟之初濡尾者，坎在下，狐尾之象，不濟而回首也。道以明爲大，學以知爲本。致知所以存誠，立誠所以養明。坎實爲誠，離虛爲明。既濟由離之坎，自明而誠，人道也。未濟由坎適離，自誠而明，天道也。故既濟水火交而人力勝，未濟水火分而造化見。爻辭于初六譏其不知極，愚者不及也；于上九責其不知節，智者過之也。二、五貞吉，有中行之實，煥君子之光，致知明德之要，皆不外是矣。

九二，曳其輪，貞吉。

《象》曰：九二貞吉，中以行正也。

九二以剛居險中，處未濟之時，知止不濟，故爲停車曳輪之象。可免漸幀濡軌之患，故得正而吉。《象》曰“九二貞吉”者，未濟之時，不濟爲正，雖以剛居柔，而履中則行正，故能不違時輕進也。上與五應，志雖相得，三、四〔一〕方互爲重明，二在坎中，又互重險，必四變而後二、五得通也。

輪，坎象，車行以輪。既濟曳輪，將登岸也；未濟曳輪，止不行也。

人心中虛无物，然後水火交。水火中氣，虛爲中體。陰虛陽實，四以一陽隔于上下之間，如人心有物在中，則魂魄不守。四不變，則二、五不得交，處未濟之時，其象如此，

〔一〕三四，早印本作“四五”。

故二以不進爲正。

六三,未濟,征凶,利涉大川。

《象》曰:未濟征凶,位不當也。

　　三居坎終,當外之際,處未濟之時,乘險未去,故爲未濟。以柔居剛,外與明接,有應于上,故欲往。然濟則能往,未濟焉往? 四以剛阻其前,互爲重坎,征則凶。然四將變,則中互震,乘木濟虛,往入離鄉,无復限隔矣,故"利涉大川"。《象》曰"未濟征凶"者,以剛居柔,位不中正,所以進遇重險,未可往耳。

　　初、二皆未濟,獨于三言之者,以三近外,有濟之疑也。在未濟時,終未得濟。卦體離明,有下濟之象。而炎上就下,分背不交。三、四兩爻,上下相拒,故三爲未濟,而來九四之震伐也。蓋卦自初至五,互爲重坎,六三即所謂"來之坎坎","入于坎窞"者,焉得濟? 凡爻象,陰虛當前則通,陽實當前則塞。四以剛爲重險,處未濟之時,三豈有濟理?"利涉大川"者,以四變則體似中孚,故其象與中孚之象辭同。朱子謂行者可舟浮,不可陸走,以此解象,如說夢耳。

九四,貞吉,悔亡,震用伐鬼方。三年,有賞于大國。

《象》曰:貞吉悔亡,志行也。

　　九四以剛乘險暗之上,居離之始,不中不正,互爲坎主,其體本離,又互重離,故其象欲變。然以陽明之資,守正自吉,而悔可亡。下與初應,初處暗極不能自濟,居坎之北,有鬼方之象。四以離明下濟,九來居初,六往居四,則中互爲震,三、五互爲坤。坤爲年、爲大國,卦變損,爲"二簋用享"。坎爲酒食、爲車馬,震爲玄黃、爲筐篚,故有賞功之象。四爲公,公爲大國,故爲"有賞于大國"之象,言四有克鬼方之功,而五賞之,皆變象也。《象》曰"貞吉悔亡"者,九四以陽明濟險,專精致力,能馴小狐之无知,使山澤通而水火濟,其志得大行也。

坎本幽暗,故象鬼方。既、未濟二卦,皆以離化坎。既濟之離,三往伐上,火化雷,水化風,其卦爲益,君子所以遷善改過也。未濟之離,四來伐初,火變山,水變澤,其卦爲損,君子所以懲忿窒欲也。以剛居四,互坎爲憂心,忿象也。以柔居初,坎爲溝瀆,欲象也。損四以平其心病,益初以塞其尾閭,則震木中虛,而水升火降,九四震伐之功大矣。然未濟自上伐下,何也? 險在下,明在上,故能慎辨。四不伐初,則明不下濟,而小狐攸伏。四不變,則二不得與五通。四變明以止,則初化而上亦賴以免于濡首,不失其是。故懲忿窒欲,皆震伐之功也。

聖人雖愛陽,而其于坎未嘗不惡之。雖抑陰,而其于離未嘗不喜之。蓋坎陽與陰爲險也,離陰與陽爲明也。既、未濟二卦,水火之交,而三、四兩陽,各互重坎于中,此卦體所惡而欲變也。三、四變則中虛,水火化,風雷薄,山澤通,天地之間所以爲大虛也。故聖人貴誠亦貴虛,道以虛爲至,讀易者當默識也。

六五,貞吉,无悔,君子之光,有孚,吉。

《象》曰:君子之光,其暉吉也。

　　六五離明得中居尊,當未濟時,水安流于下,日静照于天,五以柔順居中无爲,故其象貞吉。雖以柔居剛,而溫順謙虛,與九二剛中正應,内篤實而外文明,故爲"君子之光"。陽明爲君子,陰麗陽生明也。明而不炫,兼照而不自用,故曰君子"大明方中"。此九二晉承休采之日,故爲"有孚吉"。"貞吉"者,五得正而吉也。"有孚吉"者,六二交映而吉也。《象》曰"君子之光"者,二、五相得,坎承離明,離資坎潤,暉映發越,清通而不可揜,故吉。光彩旁達曰暉,日映水之象,釋爻辭"有孚吉"之義。

　　九二"貞吉",以不濟爲正,幽人之吉也。九四"貞吉",以志行爲正,臣子之吉也。六五"貞吉",以虛受爲正,君道之吉也。人主心虛,故同人无我,大舜好問成大知。四目四聰,然後爲君子之明。坎險隱伏,豈一人耳目所能徧?天下之聰明集,而後天下之肺腑通,此大人之明德也。權謀私智,何能及此?故未濟九五爲六十四卦九五之終,得當離明,爲君子之光。德莫盛于明,業莫大于光。離日正中,坎孚盈缶,所以吉而又吉,與乾九五大人相爲終始也。

　　六五"君子之光",以有九二爲内應,亦賴九四爲震伐也。鬼方之隱徹,而後離明之光融。險陷平,中孚成,然後上下交而坎離合,成空明澄徹之體。不然,二未能與五通也。故君子以損爲濟,未有不懲忿窒欲而能光明者也。

　　"易"之爲字，从日月也。往來貞明，莫大乎日月。離爲日，坎爲月。卦體即易象，故以終易。曾子曰："江漢以濯之，秋陽以暴之。"孟子曰："觀水有術，必觀其瀾。日月有明，容光必照。"既、未濟之象也。

　　既濟水欲下陷，故離防其患，而九五受福。未濟水不得上升，故離辨其隱，而六五有光。

上九，有孚于飮酒，无咎，濡其首，有孚，失是。

《象》曰：飮酒濡首，亦不知節也。

　　未濟至五盡善矣。上九過剛不中，下孚六三不正之險，非二、五君子之孚，乃孚于飮酒而已。水遇火，有飮酒之象。然其應非不正，飮酒宴樂，亦君子所不廢，故无咎。但六三陰柔在險征凶，而上九以躁急思往應，有沈淪下陷濡其首之象。以此爲孚，昏迷不醒，必自喪其明，是指離明也。蓋"君子之光"，不獨六五有之，人皆有之，操則存，舍則亡。彼昏不知，所以失是耳。《象》曰"飮酒濡首"，何陷溺至此乎？惟其昏迷不知節也。是非之心，人所固有。六五唯得中，故其暉吉。上九唯无節，故以口腹喪志，所謂无是非之心，非人者也。欲爲君子，可以不知節乎？

　　人心之明，莫妙于知。迷心之毒，莫甚于酒。坎水險暗，故以象之。物欲迷心，莫非酒也。人能不爲酒困，則神明常主，是故大禹序《疇》而惡旨酒，周公繫易而作《酒誥》，《詩》云"人之齊聖，飮酒溫克"。彼昏不知，一醉日富，故嗜慾溺心，甚于洚水。"與其溺于慾也，寧溺于淵"，此之謂也。然爻辭云"无咎"，何也？天理人欲非二，靈知常主，操之有節，則食色亦天性；昏迷不省，放而无節，則聰明即聲色。故曰"養心莫善于寡欲"，知節之謂也。不然，聖人豈責人絕飲食爲君子乎？

貴而大者，心志也，離在上之象。賤而小者，口腹也，坎在下之象。飢渴害心，以險陷明之象。神明常主，飲酒知節之象。是以六〔一〕五得中，爲"君子之光"；上九不知有"失是"之迷。卦所以必欲變而之損也，能損則知節矣。喪明而曰"失是"，何也？"同然"之謂"是"。虛靈人所皆有，猶漆雕開之言"吾斯"也。韓愈云：堯以是傳之舜，舜以〔二〕是傳之禹，文、武、周公、孔子、孟軻相傳，皆以是也。失是，則人无以異于禽獸。上九不知節，故"濡其首"。初六不知極，故"濡其尾"。人之與狐，相去幾希，唯其知與不知耳。人能知節以養其光明，則何險不濟？故易險在人心而已。此不息之明，无窮之源，聖人繫之易終，其旨微矣。

易象有辭若確而義實无據者，既濟六三"高宗伐鬼方"之類是也；有辭若泛而義甚切者，未濟上九"孚于飲酒"之類是也。凡觀象，過則鑿，淺則離，微顯中情，得象斯得易矣。

〔一〕六，早印本作"九"。
〔二〕"以"後，原衍一"以"字。

　　或問：易終既、未濟，何也？蓋易雖不爲養生作，而三才之理皆備于人。人身抱坎離而生，心爲離，腎爲坎，心藏神，腎藏精，水火之象。心居前，腎居後，南北之象。心含血，腎含氣，交濟之象。水升火降而生呼吸，一吸起湧泉，升尾閭，緣督而上泥丸，復自泥丸降顖門，循鼻竅，灌咽喉，注中黃，落丹田，消于氣海，是爲一呼。一呼一吸，是爲一息。晝夜凡三萬三千六百餘息。此乾坤定位，日月周旋，坎離升降之象。故《説卦》以首象乾，以腹象坤。心腎得位，神氣清寧，水火各司其官，則上離下坎，未濟之象。神氣配合，升降有度，蓄洩以時，則坎上離下，既濟之象。故未濟汔濟，既濟終亂，生死之關，小過、大過，皆係乎此。蓋水火二者，乾坤之中爻，相通而爲山澤，相薄而成風雷。男女之感，欲惡之動，皆從此出。是以心爲主宰，而腎爲溝瀆。火爲文明，而水爲險陷。離象大人，而坎象寇盜也。人能懲忿窒欲，則未濟之九四變而之初，山澤爲損，降火滋水之象。能遷善改過，則既濟之九三變而之上，風雷爲益，用火煉水之象。如此，則坎常滿而陽純成乾，離常虛而陰定成坤，天降地升，交泰之象。苟上下之閒不能損益，既、未之際不能相濟，則坎離不交，火上炎而陽亢成乾，水下流而陰涸成坤，天地隔絕而爲否塞之象。故乾、坤、坎、離、咸、恒六卦，三才之全體；既、未濟、損、益、泰、否六卦，三才之妙用。上經首天地，歷十卦，奇偶三十畫而遇泰、否；下經首男女，歷十卦，亦奇偶三十畫而遇損、益。人道三十而壯、四十而强之象。坎、離當六十四中央，縮轂三才之運。
既、未濟居六十四之後，曲成三才之終也。故觀易道者，觀
之人身而可知。乾、坤等十二卦圖，詳見《說卦》。

周易正解卷十八

繫辭上

伏羲畫卦，有名无辭。文王于各卦下，繫以彖辭；周公于各爻下，繫以爻辭，古皆謂繫辭。此篇又孔子統論《大易》之義，于彖、爻无所分屬，別爲二篇繫經後，亦曰《繫辭》。中多門人記録，故時稱"子曰"。程朱本稱《上傳》《下傳》，以〔一〕別于經。按，舊本无"傳"字，今從舊。

第一章

天尊地卑，乾坤定矣。卑高以陳，貴賤位矣。動静有常，剛柔斷矣。方以類聚，物以羣分，吉凶生矣。在天成象，在地成形，變化見矣。是故剛柔相摩，八卦相盪。鼓之以雷霆，潤之以風雨。日月運行，一寒一暑。乾道成男，坤道成女。

易道本諸天地。乾爲天，坤爲地，此諸卦之綱領也。

〔一〕"以"字前，各印本皆有墨釘。

卦始乾坤，自有天之尊，地之卑已定，非自卦始也。天地卑高陳列，儼然有貴賤之位，位非自爻始也。天地之間，一動一靜，有常不息。動者健而剛也，靜者順而柔也，此卦爻剛柔所由斷也。斷，猶分也。萬物所居，方以類聚。物類不同，各以羣分。分聚之間，趣舍相違，吉凶所由生也。在天日月星辰，懸而成象；在地山川草木，凝而成形，變化所由見也。是故天地之間，剛柔兩體，相爲拂摩。八卦之氣，相爲推盪。雷霆風雨之所變動，日月寒暑之所往來，人物男女之所生成，孰非自然之易？豈聖人安排布置而爲之乎？

　　道體自然。天高地下，山峙川流，鳥飛獸走，人身目視耳聽，手持足行，父子有親，君臣有義。人倫庶物，萬事萬化，莫不各有自然之理，匪由人造，故曰“有物有則”，此《大易》之體段也。釋氏謂法界清净，不動周圓，亦窺竊此意。但欲空諸一切所有，于貴賤剛柔變化之理，漫无分疏，是以暗汩爲清净，與聖人異耳。

乾知大始，坤作成物。乾以易知，坤以簡能。易則易知，簡則易從。易知則有親，易從則有功。有親則可久，有功則可大。可久則賢人之德，可大則賢人之業。易簡而天下之理得矣。天下之理得，而成位乎其中矣。

　　上節論易象統于天地，此節言易理盡于天地也。貴賤剛柔，吉凶變化，以至雷霆風雨，日月寒暑，男女生成，天地之化，似爲煩難，而易道无乃艱深冗瑣乎？非也。夫道，惟其自然，所以无爲。萬物受氣于乾，未有形，先有氣，是曰"大始"，大始不容爲也。乾道虛靈，但知之而已，无作也。承乾之知而授形資生，皆坤作之以成物也。乾之知，无心而知，因物之自然，以"易知"也；坤之作，无心而作，因乾之自然，以"簡能"也。萬物之情賾矣，以難知則不可知，惟以易知自不難知；萬類之形繁矣，以多能則不及從，惟以簡能自不難從。乾惟"易知"，則萬物之性情，孰能自異于乾？而可親莫如乾也；坤惟"易從"，則萬物之生成，孰能自外于坤，而有功莫如坤也。"有親"，則天道自然而非强合，故常永可久者惟乾；"有功"，則地道含洪而无遺漏，故廣博无疆者惟坤。此天地之道，即人之道也。"可久"者，至誠无息，即賢人純一之德；"可大"者，脩己安人，即賢人治平之業。進德脩業，不越"易簡"，以天下之理盡于"易簡"也。天地之所以爲天地，人之所以參天地爲三才者，皆不越此。孔子曰："吾道一以貫之。"一者，易簡也。其自謂曰："吾有知乎哉，无知也。"无知者，易簡也。其誨人曰："予欲无言"，"吾无隱乎爾"。无言无隱者，易簡也。其立教曰中庸。中庸者，易簡也。其論治曰无爲。无爲者，易簡也。此吾夫子所以發明羲、文以來不傳之秘，抉易道之精微，昭示來許。蓋卦、爻、象辭，幽深廣博，"易簡"二字，挈其領而濬其源，使學易者反求自得于心。然非夫子之言也，羲聖畫卦始于乾，其畫乾始于奇。奇者，一也。一奇成而生偶，奇偶相錯生八，八別爲六十四，故易始乾坤。凡陽皆乾，凡陰皆坤，乾坤皆始于一。一者，易簡也。至子思以喜怒哀樂未發謂中，孟子以勿正勿忘勿助爲有事，不學不慮爲良心，易簡之旨，益无餘蘊矣。二氏蹈襲此義，老曰"玄妙"，佛曰"清净"。其旨不殊，而其教偏主，老棄民物以爲"芻狗"，佛毀倫常以爲"惡業"。則是聖人所謂易簡者，即萬皆一；而二氏所謂易簡者，執一廢萬。夫苟執一廢萬，惡貴爲易簡乎？徒有天地而不辨卑高動静，方物形象有乾坤而不殊貴賤剛柔。吉凶變化，八卦不盪，雷霆不鼓，風雨不潤，日月寒暑不運行，男女不生成，則其所謂玄妙清净者，乃其任放鹵莽，烏足爲易簡？故凡二氏之教，以爲德則不可大，以爲業則不可久，所以與聖人異耳。豈天下真有二道，佛老能于道外別爲一道乎？

　　道統于天地，具于人心，故易統于乾坤，盡于易簡。以易簡法天地，以知行爲德業，此學易之要也。"乾知"者，大虛靈氣。大虛非漠然无知。生生變化，精爽不昧，是曰"乾知"。萬靈由此稟受，是曰"大始"。德莫大于知，知莫大于乾。聖人生知，即其真體也。造化始于乾，德業始于聖。天地聖人，形不同而知一。乾知坤行，知始行終，故《大學》之道先致知。朱子訓"知"爲"主"，如知州、知縣之"知"，然則謂乾以易主，易則易主，可乎？聖言直指虛靈一炁爲象數之先也。天生物而不自生，因地之生；地成物而不自成，因天之成。天地生成，而非天生地成，因物之自生自成。所以謂一陰一陽之道，不測之神。在人不慮而知，不學而能，良心固有，非由外鑠，故曰"易簡"。仁，人心也。我欲仁，斯仁至，不謂易知而可親乎？義，人路也。誰能出不由户，不謂易從而有功乎？萬物之理，千變萬化。若假人爲，豈勝煩難？本非人力可爲，亦何待于人爲之？夫子所以首發"易簡"之義，示人以易道之本原也。

卦畫盡于奇偶，奇偶盡于乾坤。凡陽皆乾，凡陰皆坤，故特舉乾坤，挈諸卦綱領。卦爻惟有吉凶，其貴賤剛柔變化，皆夫子《彖》《象傳》中標出。乾坤中所有之物，非與乾坤并論也。

聖人言易反本，故歸之"易簡"。後儒言易逐末，故求諸卜筮。《十翼》未作，覺易道艱深；《十翼》既作，始信易道易簡。至哉！聖訓開萬古羣蒙，而後儒競爲異説，可怪也。

第二章

聖人設卦觀象，繫辭焉而明吉凶，剛柔相推而生變化。是故吉凶者，失得之象也。悔吝者，憂虞之象也。變化者，進退之象也。剛柔者，晝夜之象也。六爻之動，三極之道也。是故君子所居而安者，易之序也。所樂而玩者，爻之辭也。是故君子居則觀其象而玩其辭，動則觀其變而玩其占。是以自天祐之，吉无不利。

卦者,懸象示人之名。聖人因造化人事之理,設爲卦爻以象之。卦者,象也。觀卦爻之象,繫之辭以明吉凶。爻有剛柔而生變化,是故辭言吉凶者,人事得失之象;言悔吝者,人心憂虞之象。卦爻來而變,往而化者,人事進退之象。畫有奇而剛,柔而偶者,晝夜昏明之象。六爻周游,動而不拘,是天地人極至之道也。是故君子欲明易之理,聖人之情已見乎辭。凡身所居而理安者,不必易,而皆易之序也;心所樂而玩索者,不必爻,而皆爻之辭也。君子學易,非必求之易。時乎静也,觀吾身卦爻之象,玩易所繫之辭,則知天地萬物莫非象,莫非易,在神明之而已。時乎動也,觀吾身剛柔之變,玩其所當之占,則知日用酬酢莫非變,莫非占,在德行之而已。如是,則无往不與天合。天之所祐也,安往而不利哉!

羲聖仰觀俯察,始作八卦,重爲八八。所謂八卦,以象告,而吉凶變化未詳。至于文王,觀六十四卦之象,繫以彖辭,而爻猶未詳。至于周公,觀三百八十四爻之象,繫以爻辭,然後吉凶變化詳,而易道大備。下文又以吉凶變化二端,析爲四端言之者,事成有吉凶,而其初始于悔吝;易道惟變化,而其用生于剛柔。故觀吉凶自悔吝始,觀變化自剛柔始也。聖人觀此四者繫辭,學者當觀此四者玩辭。剛柔相推,謂奇偶往來也。變者,自无適有也。化者,自有入无也。悔,追恨也。吝,羞嗇也。悔則思改,吝則不遷,吉凶所分之端也。虞,思慮也。進退,卦爻往來也。奇畫橫

亙爲剛，晝而陽明，萬物振作，剛象也。偶畫中斷爲柔，夜
而陰暗，萬物偃息，柔象也。進退，則行藏出入在其中矣；
晝夜，則生死升沈在其中矣。三極，謂天地人也。凡爻初、
二象地，三、四象人，五、上象天。極，至也。天道至大，地
道至廣，人道至賾也。三極之道，即《説卦》陰陽剛柔仁義，
兼三才而兩之。无兩不成變化，即剛柔相推之道也。動即
吉凶、悔吝、變化、剛柔之動。天地之間動而已也，所以爲
易。占，決擇也，謂象、爻之占辭。

　　上章言易道易簡，此章言易道變化。易簡生變化，變
化本易簡。其變也，所以爲不變。其一也，所以爲不一。
人見其易簡而執以爲一，見其變化而紛以爲異，于易遠矣。
故曰變化者，進退之象。剛柔者，晝夜之象。象也者，像
也。觀象也者，以是爲象而觀之也。故吉凶悔吝，衆人以
爲紛綸不齊，感遇悲歡。而聖人觀之，以爲晝夜進退之象
而已矣，是以居而安，樂而玩，失得不以攖其寧，憂虞不以
滑其和，所以順變化而成易簡也。佛氏攘聖人之觀，以爲
幻夢泡影露電；竊聖人之象，以爲人我衆生壽者。世儒遂
唯然割以予之。抑不思羲文觀象，佛氏安在也。

　　易之爲書，辭而已。辭因象繫也。道无象，況復有辭？
然與道近莫如象，前聖設卦觀象，學者猶未知象。後聖因
象繫辭，辭以傳象，象以傳心，聖人所以洩造化之秘，繼往
開來者，至于辭无餘法矣，故曰“聖人之情見乎辭”。世儒
執辭，尚不見象，矧能見易？聖人往矣，所託而傳者惟辭。

辭又不能傳，聖人將若何？故《大傳》首言易簡，即繼之以觀象繫辭，遂以《繫辭》命篇。篇末極言辭之當辨，故聖人脩辭所以居業。文王既没，文在兹者，辭也。辭達而已，不達，烏乎貴辭？

第三章

象者，言乎象者也。爻者，言乎變者也。吉凶者，言乎其失得也。悔吝者，言乎其小疵也。无咎者，善補過也。是故列貴賤者存乎位，齊^劑小大者存乎卦，辨吉凶者存乎辭，憂悔吝者存乎介，震无咎者存乎悔。是故卦有小大，辭有險易。辭也者，各指其所之。

此章統論卦爻所繫辭之通例。凡卦之象，總言一卦之象也。凡卦之爻，分言各爻之變也。云“吉凶”者，言乎人事究竟之失得也。云“悔吝”者，言乎吉凶未分之小疵也。云“无咎”者，言有咎過而善能補也。六爻之畫，有上有下，貴賤分矣，而各本其爻位自列也。卦體內外，或陰或陽，陰爲小，陽爲大，各隨其所相錯之卦，比量調和，而小大可齊也。卦有吉凶，爻亦有吉凶；卦有辭，爻亦有辭，而吉凶可辨也。六爻吉凶殊，而爻位彼此之間曰介。防其悔吝，則審于其介，故知幾早辨莫如介也。凡咎成于因循，知其咎而能震驚惕勵，以求自新，則可以復于无咎，故救過莫如悔也。數者,辭蓋詳哉言之矣,是故卦爻有小大。陰陽剛柔偏勝,則辭有危險平易不同。辭也者,各開示其趨向之方而已者也。

象爻吉、凶、悔、吝、无咎五者,解《繫辭》之文,列貴賤之位以下,玩辭之法也。位即爻所言之變也,卦即象所言之象也。吉、凶、悔、吝、无咎皆辭,而獨辨吉、凶言辭者,吉、凶爲事之成,悔、吝、无咎之終也。齊與劑同,券也,猶《周禮·司市》"質劑結信"之"劑"。小大,謂三畫卦也。卦,謂六畫卦也。如乾大坤小,合則成泰之類。八卦相錯,陰陽比齊,皆如券合也。憂悔吝,以悔吝爲憂也。悔則思改,吝則文過。介、界通。吉凶之界,在人心則利與善之間,在爻位則往來變動之交也。説詳乾卦。震者,恐懼不寧之意。震動奮作,則咎可以无咎,故"存乎悔"。陰卦曰小,陽卦曰大。陽明爲君子,爲諸吉善。陰暗爲小人,爲諸凶惡。卦爻遇小人凶惡,辭多奇險,如噬嗑、明夷、大、小過之類;遇君子吉善,辭多平易,如乾、坤、大有、泰、復之類。

從來説易者希言"介",惟王輔嗣云:"遇其憂悔吝之時,其介不可慢也。"然爻辭不及,以卦爻變動往來之際莫非介。惟豫六二云"介于石",兑九四云"介疾",則又據爻位居間者言之,此所謂"介"即"幾"也。在爻象,如乾初九爲"潛龍",往九二爲"見龍"。若變而之六二,則爲同人"于宗之吝"矣。又如坤初六爲"履霜",往六二爲"直方大"。若變而之九二,則爲師之"王三錫命"矣。其間各有分界處,爲悔爲吝,端際甚微,吉凶趨避,于此宜防。憂者,防微之意。

世儒疑《序卦》牽强,非夫子作。不知易道神妙變動,活潑无方,非此非彼,非難非易,文王所演正在此。世儒有方之見,偏執一隅,宜其反視《序卦》爲牽强也。不曰:"君子所居而安者,易之序乎?"无序不可爲易。

第四章

易與天地準,故能彌綸天地之道。仰以觀於天文,俯以察於地理,是故知幽明之故。原始反終,故知死生之説。精氣爲物,游魂爲變,是故知鬼神之情狀。與天地相似,故不違。知周乎萬物而道濟天下,故不過。旁行而不流,樂天知命,故不憂。安土敦乎仁,故能愛。範圍天地之化而不過,曲成萬物而不遺,通乎晝夜之道而知,故神无方而易无體。

此章本聖人以贊易。易即天地,聖人即易。聖人生知,與天地同神,故其作易與天地準。惟其能準天地,故能彌綸渾合乎天地之道,而與之爲一。蓋聖人之作易也,仰觀天象之文章,俯察地形之疆理,以畫卦設象。天道高明,地道幽深。六合之內,凡有法象可見者皆明也,其不可見者皆幽也。幽明之事不可盡知,而幽明之故,則惟是陰陽剛柔以立本,而皆已具于卦爻、象辭之中,是故知幽明莫如易也。人物始有生，終有死。无生不死，无始不終。乘運去來，豈容有我？迷而不悟，遂成大惑。而往來推原之説，已備于卦爻，是故知生死莫如易也。鬼神至變，其聚也，本精氣之合；彷彿成物，其散也。蓋魂營浮游，恍惚爲變，此鬼神之情狀也。而物象變動，已詳于卦爻，是故知鬼神莫如易也。幽明、生死、鬼神，皆天地之道。而聖人作易皆能知之，是與天地準而相似也。以此彌綸天地，何違之有？夫易，其窮理精義，知周乎萬物，而其開物成務，道濟乎天下，故能脗合乎天地而不過差。其化裁通變，旁行无窒，與天地同其正而不流。其觀變陰陽，樂天知命，與天同運，故健而无憂。其六位時序，隨處安仁，與地同静，故順而能愛。是易範圍乎造化而无所過差，曲成乎萬物而无所遺漏，其彌綸天地如此。而皆本于聖人之知，與大虛同神，通乎晝夜，久照不息，所以能知幽明、生死、鬼神，而爲彌綸之本也。知即神，神即易。易者，神之爲。惟神无方，故其方不測。惟易无體，故无所不體。天地也，聖人也，易也，神也，一也，所以準天地而爲彌綸之道也。

彌，徧漫也。綸，聯合也。彌有不足補縫意，綸有有餘約束意，言與天地之道混合也。仰觀天文而知明之故，即知所謂立天之道也；俯察地理而知幽之故，即知所謂立地之道也。幽明即陰陽，不曰陰陽而曰幽明者，本設卦觀象而言也。觀故明，察故幽。天陽地陰，陽明爲文，陰幽爲理。文見乎外，日月星辰之類；理行乎中，谿谷泉壤之類，皆卦爻所有之象。奇爲天文，偶爲地理。故者，所以然之故。天地間法象，凡可見聞覺知者，陽動故明也；不可見聞覺知者，陰静故幽也。如人生爲陽故明，死爲陰故幽；畫爲陽故明，夜爲陰故幽。餘可類推。人物以生爲始，以死爲終。卦爻以初爲始，以上爲終；以來爲始，以往爲終。原，推也。反，復也。六爻自初至上，復自上反下，數往知來，原始要終，即是生死之説。終不可知，原始可反觀；死不可見，原生可反觀。二氏謂死往六道中去，則生宜自六道中來。今生既不知所自來，是大虚中歘然而生也。則死又安有所往？亦即大虚中溘然而化，此理曉然。故知輪迴之爲妄，而達者亦可以洒然于始終之際矣。説，論其理也。精氣游魂，準卦爻之象而言鬼神也。精氣，猶《禮》云“知氣”。陰陽，精靈之氣也，《祭義》曰：其氣爲昭明焄蒿悽愴，百物之精也，神之著也。即此義。物，猶形色也。精氣儼爲有物，如後世陳寶之類，所謂如在其上，如在其左右也。游，浮動也。魂與營通，即精氣之營營然往來不定者。老子曰“載營魄守一”是也。變即物變，倏忽不定，此鬼神之情狀也。情狀者，非有非无之名。在易，爻動亦曰變，爻有等亦曰物。剛柔相雜，擬其形容，象其物宜，莫非陰陽之精氣也。八卦周流，上下屢遷，如一乾七變而爲大有，一坤七變而爲比，餘六皆然。至于揲策，四營十八變而成卦，皆所謂游營爲變。不測之神，縱橫鼓舞，其情狀可知也。或曰：精者，耳目之官。氣者，口鼻之呼吸。聚爲人物，散爲鬼神。

若是,則鬼神因人死後有,如二氏之説,非也。陽靈曰神,陰靈曰鬼。陰陽之氣有聚散,无分于人物生死,一也。《中庸》云"鬼神體物不遺",非待死而後有也。易通三才,其孰非鬼神乎?自此以上,皆言"易與天地準",故曰"與天地相似"。"知周"以下,皆言"彌綸天地之道",故曰"不違"。不違即彌綸也,皆本易而言。窮理莫如易,故知周萬物。前民莫如易,故道濟天下。不過,猶不違也。旁行,四達也。易窮則變,變則通,故"旁行"。易有天則,故"不流"。流即與天地違矣。審時知數莫如易,故"樂天知命不憂"。安土,猶素位也。敦,不遷也。德愛曰仁。愛者,休休之意。恒人躁擾則殘忍,安静則和平。體元長人莫如易,"故能愛"也。範者,鑄金之模。圍,匡廓也。天地之化汎濫,而易若爲之範圍也,如裁成輔相之類。曲成,委曲成就,如茂對育物,成器利用之類。範圍者,攻金之事。曲成者,攻木之事。所謂宇宙在手,萬化生身,即彌綸也。通乎晝夜之道而知,申贊上文知幽明、生死、鬼神之知,所以準天地爲彌綸之本也。知通晝夜,即乾知也。貞觀不息,不與晝俱來,不與夜俱往,聖人生知神明也。凡有形之類,莫不受命于晝夜,爲幽明之限,生死之數,然皆轉徙流浪不自覺。聖人知常不二,與天地同神,生死如晝夜,晝夜如呼吸,相代乎前而不以滑其静虚之天。其體即神,其用即易也。

　　知无爲,天道也。仁力行,地道也。乾知坤作,知及仁守。天統地,知統仁,故陰陽合德,而仁知一體也。知周萬物,知也。道濟天下,仁也。旁行不流,知之用也。樂天知命,知之體也。此自知周萬物推之也。安土敦仁,自道齊天下推之也。

　　此章之義,綰轂在"與天地相似故不違"一語。相似即是準,重在"與天地準"。能準,故能彌綸"仰觀""俯察","原始反終"。"精氣""游魂",皆易也。幽明、生死、鬼神,皆準天地也。而皆本于知,故曰"與天地相似不違"以結之。"知周萬〔一〕物"以下,詳贊其彌綸天地,故又曰"範圍""不過","曲成""不遺"再結之,而歸本于知與神,極贊其妙也。聖人全體神道,神不可見而摹爲易,易又不可見而聖人即易。聖人所以即易者,知也,知即神也。易,神而已,神知而已。在天地,神即是知;在聖人,知即是神。蠢動含靈莫不有知,但天地聖人之知无方體,而衆人之知有方體。衆人所以知者,亦本无方體。惟天地聖人无方體者,能通乎晝夜之道。而衆人之无方體者,通塞不時,昏明无常。所以聖人知準天地,而衆人不能。聖人"能彌綸天地之道",而衆人不能也。

　　幽明、生死、鬼神,三者極變,故以言易。幽明之故,不離陰陽;生死之説,不離始終;鬼神之情狀,不離變化。卦爻莫非陰陽也。其順逆循環,莫非始終也;其往來推遷,莫非變化也。易不離陰陽兩儀,其生死、鬼神,不出幽明兩

〔一〕萬,原爲"物",據經文改。

途。二儀分,天地位。乾坤交,六子生。八卦相錯,微顯闡幽。人物之生死,萬事之始終,精魂之聚散,鬼神之往來,无一不畢具。其故、其説、其情狀,皆可知也。然于幽明但知其故,則是幽明不必盡知也。于生死但知其説,則是生死不必盡知也。于鬼神但知其情狀,則是鬼神亦不必盡知也。然則何以謂之知? 聖人之知,乾知也。乾知者,大虚貞觀,无知无不知也。幽明、生死、鬼神,發揮于大虚。大虚无知,而人自以其記憶念想爲知,非大虚之知。惟聖人與大虚同體,視幽明通也,生死齊也,聚散等也,知无知一也。恒人以明爲知,則幽爲不知;以生爲知,則死爲不知;以人爲知,則鬼神爲不知。故二氏得爲因果輪迴之説,以惑世誣民,自謂知幽、知死、知鬼神,矯飾附合,而不知大虚本明,與生死夢覺,自不相緣染。死不知,生亦本无知;夢不覺,覺亦本非覺。无生死,无夢覺,无幽明,无人鬼,无晝夜,无知不知。自生自死,自夢自覺,自幽自明,自晝自夜,自知自无知,是謂乾知。子云“吾有知乎哉,无知”,以此。是故通乎晝夜之道而知。

聖人通晝夜之道而知,何也? 人性虚靈本體,即是大虚。大虚生死人物,而大虚之靈,不與人物俱生死。人物生死于大虚之中,而虚靈之性,不同生死起滅。此不同生死起滅者,即乾知也。乾知非念想記憶。念想記憶,皆生死邊事,形骸内景。乾知何思何慮,寂然不動。在人爲喜怒哀樂未發之中,不覩不聞之獨。此中此獨,不因生存,不隨死滅，自然明覺，與大虛共不毀。釋氏謂見性成佛，襲此義也。生從大虛來，死還大虛去。如漚在海，如冰在水，出沒聚散，而海水未異，其爲漚爲冰，海水未嘗追論思議之也。人生死形骸，念想記憶，大虛亦未嘗追論思議之也。聖人不廢念想記憶，而不昧乾知。衆人未嘗无乾知，而迷入念想記憶。此聖人所以通晝夜之道而知，衆人昏然日用不知也。

第五章

一陰一陽之謂道，繼之者善也，成之者性也。仁者見之謂之仁，知者見之謂之知，百姓日用而不知，故君子之道鮮矣。顯諸仁，藏諸用，鼓萬物而不與聖人同憂，盛德大業至矣哉！富有之謂大業，日新之謂盛德。生生之謂易，成象之謂乾，效法之謂坤，極數知來之謂占，通變之謂事，陰陽不測之謂神。

夫易道在天地間，逝者如斯，未有停機，可不謂至變至動者與？變動不可但謂一，不二又不可直謂兩。夫道者，“其一陰一陽之謂”乎？“一陰一陽”者，陰亦一陰一陽，陽亦一陰一陽也。蓋體用內外，動靜相乘，往來相因，消息盈虛，若影之隨形，呼之承吸，兩在不測。萬物所生，萬事所成，未有不由此者，是謂“一陰一陽”，是謂“道”。此變化之樞，錯綜之林，非聖人聰明達天德，未能開示此祕也。陰陽无形,化爲有形。有无相繼之間,元氣初兆,醇粹以精,可不謂之善乎？既繼之後,形體斯分,稟受含靈,各成其己,斯謂之性矣。善也,性也,皆一陰一陽也,而陰陽无迹可擬,仁者見之,則謂之仁而已,道不盡于仁也。知者見之,則謂之知而已,道不盡于知也。百姓日用不知,而道亦不遺于不知也。君子所謂一陰一陽繼成之道,非仁而仁,非知而知,非不知而无知,其孰能此者乎？天下鮮矣。蓋仁不在内,用以顯諸其仁;用不在外,仁以藏諸其用。外而非外,即外即内;内而非内,即内即外。大化流行,羣生樂育。以聖人較之,未免有憂。造物无心,不必憂勤如聖人,而天工時序,其爲盛德大業至矣哉！品類富有,是謂大業。悠久日新,是謂盛德。此一陰一陽之道,易所由出也。易非他,即富有日新者。生生不已,變化无方之謂也。其生生者,資始成象,則謂之乾。效乾作法,以終乾之能,則謂之坤。極其數之所至,知其將來必然,則謂之占。因其占之所得,轉移趨避,以通其變,則謂之事,莫非一陰一陽之道。鼓舞變通,不可測度,謂之神而已矣。

　　陰陽者,兩在之通稱。无物无兩,无兩非陰陽。故天地兩而成造化,人物兩而成生育,動静兩而成萬事。細微推詳,毫釐塵沙,莫不有兩,如内外本末,是非好醜之類。即物兼兩,一陰一陽所以相倚而爲道,亦猶之參天兩地而倚數也。"陰陽"兩字,發義聖以來未剖之秘,宇宙千變萬化由此出,所謂不測之神。乾坤,易之門户者也。故不但曰"陰陽"，而曰"一陰一陽"。陰陽不離一，一者大極兩儀所生也。卦畫奇偶，參天兩地，皆本于一。一生兩分，三才立，八卦成。一未分，但可謂之陰。而陽自陰中動，一自兩中分，故先言陰而後言陽也。兩儀立而後變化行，乃有繼成賢愚德業。故聖人作易，窮神知化，不外陰陽。宇宙萬化盡之易，易盡之一陰一陽。卦爻三百八十四，剛柔相推，以至象辭所言吉凶悔吝，通乎萬事萬物，莫非一陰一陽往來詘伸，以行其變化也。釋氏不知陰陽，于事物之理无所解釋，乃爲五陰、六入、十八界、因緣、和合等説，譸張枝梧，豈如聖人之言，精切而簡當也？

繼，謂道與人相繼。陰陽化生之始，人物稟受之初，固謂繼。陰陽自相迭運，始終之間，亦謂繼。蓋二氣渾合不偏之中也。人孩提以前，亦是繼而未成。小至念慮呼吸，其間莫不有繼，其終莫不有成。人心之幾，卦爻之介，動静之端，亦是繼。人惟无時不與虛合，人心无念不與天通，不但始生謂之繼也。繼无心，故曰善。成有形，故曰性。善，生理也。"天地之大德曰生。"《文言》曰："元者，善之長。"孟子云："可欲之謂善。"欲者，生意也。天人相繼，生意純粹，无少造作，即天命之體，性之本原。以其方屬人，故不稱命。此際不著一毫情識，不思不勉，不學不慮，即知无知，即仁无仁，故稱善。繼善則性亦善矣。道體无爲，有意即差。見，謂意見揣合也。仁知即道，秖多一見。百姓日用亦即道，秖少一知。見而无見，不知而知，何思何慮，神明默識，乃爲君子之道。道體即乾知。陰陽无心而人有意，聖人无意而不无憂。无意所以與陰陽合德，不无憂所以觀變于陰陽而作易也。仁、知、百姓三項，包括一世之人。賢愚善惡，同出大虛，皆形生以後事，不可謂非一陰一陽之道，但視繼成之初有異矣，是以鮮君子。君子者，有生以後，不異未生以前。一陰一陽，以天而言。繼善成性，以天人之際言。仁、知、百姓，以人而言。惟聖人能以人合天。佛氏言二乘理障，即仁知也。聖人嘿識无知，即佛氏所謂"平等正覺"，"妙真如性"者也。佛書多襲易理，皆中國學人假譯字以緣飾其旨。久假不歸，而後儒遂盡割以予之，不得不辯。

　　生理含藏曰仁，生氣發育曰用。顯諸仁者，用即以顯其仁也。藏諸用者，仁即以藏其用也。已發之和，不離未發之中，顯仁也。寂然不動，感而遂通，藏用也。體用一原，顯微无間，天地聖人之能事也。合一不測，正所謂一陰一陽。如果穀草木之實皆稱仁，冬而保合貞固，藏諸用也；春而生氣發育，顯諸仁也。仁以陰顯，故夏至陰生而萬物盛；用以陽藏，故冬至陽生而萬物斂。一陰一陽，互爲其根，乃所以兩在不測而爲神也。鼓萬物，謂二氣振動萬物也。如春生秋殺，栽培傾覆之類。天地何心？惟聖人憂患前民。憂者，乾惕之心，千聖學脉也。聖人所以繼天立極，本諸此。陰陽化育，生生无窮，謂之德業。即此生生不窮謂之易，聖人所以準天地作易也。易統于乾坤，乾坤即陰陽。乾坤生六子，六子生六十四，即一陰一陽變化之道。元氣初兆謂之象，具體成形謂之法。效法，效乾象而爲法也。象即一陰一陽之象，法即一陰一陽之法。極乾坤之數而知來者之无窮，謂之蓍策之占。數有終窮，來有必至。通其數之窮，變其來之占，則存乎人事，皆不外一陰一陽而已。陰陽兩在，神妙不測。有乾所不能象，坤所不能效，數所不能占，變所不能盡者，聖人未免于憂，此也。苟徒知占而不知事，委于一定之數，而昧轉移之方，則文王死于羑里，周公老于居東，孔子殍于陳蔡矣，奚爲貴易乎？惟聖人有憂，與陰陽不測之神相妙合，所以精義入神，通三極之變也。京房、郭璞，數與占非不精矣，知占而不知事，故皆不得其死。此神所以不測，而世儒守筮策，譚陰陽，亦知占而不知神矣。

一陰一陽謂道，言道體發揮于大虛也。繼善成性，言人性全體乎大虛也。仁知百姓，言人自迷其本性也。君子之道，即一陰一陽之道。知仁合德，體用一原，普物无心，德業所由出，易之大端也。釋氏不知陰陽，故以爲根塵虛妄，謂皆如來藏真性，則與成繼之旨不殊。其言“二乘凡夫”，與“仁”知“百姓”亦不殊。至于顯仁藏用以下，則一切疎漏矣，所以流入空虛，遺棄世教民物，无聖人之憂，終不可用爲德業也。古聖作易，精密尤其縟；後聖説易，毫髮无遺憾。

一陰一陽之道，通三極而言也。卦畫奇爲乾，奇動爲陽，不動亦陰，是乾亦一陰一陽也。偶爲坤，偶動爲陽，不動爲陰，是坤亦一陰一陽也。筮法所謂動静者，以爻遇重交單拆爲老少耳。卦畫无重交單拆之分，但陰陽剛柔有當位不當位，是陰亦有陽，陽亦有陰。乾坤皆有陰陽，所以象變動不測之神。易者，變動而已。聖人要言不煩，《説卦》云：“參天兩地而倚數。”易數之變，一言盡矣。此云“一陰一陽之謂道。”易道之變，亦一言盡矣。學者于此兩言，深究其旨，易无餘藴矣。

　　三極之道獨舉陰陽者，天爲三才之統，剛柔仁義，皆不越乎陰陽。而朱子云：陰陽，氣也。其理謂之道。然則孔子誤耶？夫理、氣非二也。離氣无理，故曰“道不遠人”。仁者，人也。合而言之，道也。君臣、父子之人，即是仁敬孝慈之道。離却君臣、父子，别无仁敬孝慈。他可類推。故一陰一陽之道，聖人兼三才、大小上下、精粗本末，一貫而言。纔一陰即一陽，纔一陽即一陰，其間難容分疏，即所謂“兩端用中”，“玄牝之門”，但可言兩，未可分二。故《説卦》曰：“兼三才而兩之。”兼者，合而言之也。豈謂氣自氣，理自理耶？即此是道，即此是神。善性、仁知、德業，總不越此，所以爲易。子云：“我則異于是。”无可无不可，即君子之道，陰陽不測之神也。儻謂陰陽氣耳，豈陰陽外又别有神乎？

第六章

夫易，廣矣大矣。以言乎遠則不禦，以言乎邇則静而正，以言乎天地之間則備矣。夫乾，其静也專，其動也直，是以大生焉。夫坤，其静也翕，其動也闢，是以廣生焉。廣大配天地，變通配四時，陰陽之義配日月，易簡之善配至德。

　　夫易之爲道，其量廣无不容，其體大无不包。以言乎遠，則充周无外而不可禦；以言乎近，則自然无爲而各具其理；以言乎天地之間，則易无所不該備矣。易有乾坤，象天地也。生生之謂易，乾坤生生廣大，所謂遠不禦也。而其本皆静正，乾健而實，其静也純一不雜，其動也直遂不詘，是以其氣貫徹无外而大生焉，大以專直也。坤柔而虛，其静也收斂不洩，其動也開發无留，是以其體含弘光大而廣生焉，廣以翕闢也。易不可見，見諸乾坤。乾坤无象，象諸天地。是故易廣大，配天地之廣大；易變通，配四時之變通。易者，陰陽之義，配日月之陰陽。乾以易知，坤以簡能，配聖人至德之易簡。夫其配天地四時日月，可謂遠不禦。而其廣大生生，由于專直翕闢，此之謂"邇則静而正"也，可不謂"易簡"乎？由易簡爲廣大，本静正爲不禦，道在邇而非遠，在易而非難，學者可以知易矣。

　　此章言易道廣大，本乎易簡。獨舉乾坤者，易象盡于奇偶，奇偶盡于乾坤，六子皆乾坤之生生，故但舉乾坤以象天地。天地廣生大生，遠不可禦，而其本不外專直翕闢，所謂"静正"也。无爲曰静，當理曰正。静而專直，固静正也；動而翕闢，亦静正也，即所謂"易簡"也。求易者不求之易簡，而求諸廣大，失其要矣。周茂叔云"聖學主静以立人極”,本此。

不禦,猶言无限。静正,即《大學》云“止于至善”,朱子謂“即物而理存”,禪語云“是法住法位”,“道體自然”,即所謂專一翕聚也。静于動時亦静,專翕于直闢處亦專翕,静正于不可禦處見静正。程伯子謂“静亦定,動亦定”是也。邇即自遠,易簡即自廣大,所以爲易。在聖人即是寂然不動,感而遂通天下之故。邵堯夫謂“天根月窟閒來往”,即静專動直、静翕動闢之意。乾以知言,坤以行言。静專者,寂而不滅也。動直者,惺而不亂也。静翕者,非禮不動也。動闢者,物來順應也。

夫子《繫辭》贊易,皆本聖德而貫通造化,非徒指卦畫文字也。其論卦畫文字,必云易之爲書,或云聖人作易,語意自別,蓋慮學者見卦畫文字不見道。聖人體易,故言之亹亹。《六經》莫匪古訓,惟易作于无文之先,上接元始,直陳法象,于道體无言之秘最親切,故贊易獨詳。後世以爲卜筮之書,而聖意孤矣。

陽動而乾不離静,陰静而坤未離動,所謂一陰一陽,即此可推。道器非二也。易,書也,非道而即道;乾坤,卦也,非天地而即天地。故聖人即易言道,即乾坤言天地。乾坤之生生,六子是也;天地之生生,萬物是也。六子即萬物之象,乾坤即天地之象,易書即易道之象。聖言渾淪一貫,使學者即易見道耳。

第七章

子曰："易其至矣乎！夫易，聖人所以崇德而廣業
也。知崇禮卑，崇效天，卑法地。天地設位，而易行
乎其中矣。成性存存，道義之門。"

易道變通，生于易簡。易簡理得，變化自神。德欲其
崇，業欲其廣。德欲如天，業欲如地。德崇不以抗，業廣不
以侈。志氣清明，與天同健。踐履謙順，與地同卑。如此，
則神明主照，五官各正，天地設位，清靜寧一，而生生之易，
自行乎其中矣。"天地設位"者，成性存存不失吾常。"易
行乎其中"者，道義之門，易自此出也。

知于五行屬水，爲坎，位正北。禮屬火，爲離，位正南。
天體北高，地勢南下，崇卑之象也。禮者，履也。行曰履。
知主乎中，行見乎外。天地化育，始于北，盛于南，德業之
象也。人生神氣象天，踐履象地，不獨聖人爲然。惟聖人
生知爲乾，安行爲坤。生知故德崇，安行故業廣。崇卑，因
天地而推言也。天地定位，卑高陳而變化行乎其中。聖人
知如天，行如地，而德業行乎其中。人能虛靈常主于中，禮
貌檢攝乎外，自然天理常存，而无往非道義，亦與天地相
似矣。

此章之言，蓋申明首章易簡之義。"成性存存，道義之
門"，約其本而言也。天地崇卑，知禮德業，不外成之者性。
人心靜正，不失成性本體，即是"天地設位"，道義自出。恒

人放其心而不知求，所以與天地不相似，而道義之門塞矣。"成性存存"，即喜怒哀樂未發之中。所謂易簡理得，邇則静而正也。道家云"玄牝之門""眾妙之門"，皆襲此旨。

第八章

聖人有以見天下之賾_宅，而擬諸其形容，象其物宜，是故謂之象。聖人有以見天下之動，而觀其會通，以行其典禮，繫辭焉以斷其吉凶，是故謂之爻。言天下之至賾，而不可惡也。言天下之至動，而不可亂也。擬之而後言，議之而後動，擬議以成其變化。"鳴鶴在陰，其子和之。我有好爵，吾與爾靡之。"子曰："君子居其室，出其言善，則千里之外應之，況其邇者乎？居其室，出其言不善，則千里之外違之，況其邇者乎？言出乎身，加乎民。行發乎邇，見乎遠。言行，君子之樞機。樞機之發，榮辱之主也。言行，君子之所以動天地也，可不慎乎？""同人先號咷而後笑。"子曰："君子之道，或出或處，或默或語。二人同心，其利斷金。同心之言，其臭如蘭。""初六，藉用白茅，无咎。"子曰："苟錯諸地而可矣。藉之用茅，何咎之有？慎之至也。夫茅之爲物薄，而用可重也。慎斯術也以往，其无所失矣。""勞謙,君子有終,吉。"子曰:"勞而不伐,有功而不德,厚之至也。語以其功下人者也。德言盛,禮言恭,謙也者。致恭以存其位者也。""亢龍有悔。"子曰:"貴而无位,高而无民。賢人在下位而无輔,是以動而有悔也。""不出戶庭,无咎。"子曰:"亂之所生也,則言語以爲階。君不密則失臣,臣不密則失身,幾事不密則害成,是以君子慎密而不出也。"子曰:"作易者,其知盜乎?易曰:'負且乘,致寇至。'負也者,小人之事也。乘也者,君子之器也。小人而乘君子之器,盜思奪之矣。上慢下暴,盜思伐之矣。慢藏誨盜,冶容誨淫。易曰:'負且乘,致寇至',盜之招也。"

易也者,擬議之道也。昔者聖人聰明聖智,有以見天下事物之囂雜而不可勝辯,乃畫奇偶爲卦,以擬諸其形容。取象物宜,以爲象爻。易之爲書也,像而已,故謂之象。聖人又有見于天下之變動不拘,觀其盤錯之會,脉理相通,可以爲常履者,繫之辭焉,教人趨避,以斷其吉凶。奇偶相交,是故謂之爻。自易有象而至賾者辨,雖雜不厭也;自爻有辭而至變者通,雖動不亂也,皆擬議之謂也。學易者擬之而後言,則言皆成象矣;議之而後動,則動皆成爻矣。擬議以成其變化,則无往非易矣。人道變化,莫大于言行。出身加民,發邇見遠,以至干招榮辱,動天地,若何不擬議之？在中孚九二爻象之辭，是言動擬議之謂也。擬議不在雷同，而在心相應。心同即形迹可略，同人之九五所以貴同心也。其要在慎，大過之初六，所以慎重也。在謙，謙之九三，所以致恭也。戒于亢，乾之上九，所以有悔也。戒于不密，節之初九，所以免害也。戒貪慢，解之六三，所以誨盜也。凡此數者，可知聖人憂患作易之意。君子擬議以成變化，皆可觸類而通矣。

　　“有以”者，獨得之意。賾、嘖通，囂雜也。賾，故擬而言；動，故議而行。“會”者，衆理湊合，如都會之會。自彼來者，四面皆可至也。“通”者，脉絡貫穿，如通衢之通。自此往者，諸方皆可達也。“典禮”，猶言常履，庸行也。五典五禮，即是會通之要。聖教約之以禮，易有萬變而觀其會通，惟行其典禮。二氏以玄虛爲會通，所以毀常敗倫，流蕩不法，如人開筵集賓，酒殽具而不獻酬，何爲會通乎？此正易所爲易簡，與二氏異者也。爻，古肴字。行禮必以肴，割肉分薦曰肴。字從乂，象牲體交加。後世增肉，以別于卦爻也。見賾擬象，所擬之象，皆易之言；見動議爻，所議之爻，皆易之行。爻象所以立，蓋取諸言動。言无形而動成器，故言爲象而動爲爻也。學者擬其所立之象以出言，則淺深詳略，无不當理；議其所合之爻以制動，則仕止久速，无不應時。易之變化，成于身矣。“其”字指易。惡，猶厭也，憚煩之意。聖人擬議以作易，故君子擬議以學易。引爻辭，皆擬議之法也。子曰，記者之辭。樞，户樞也。機，弩牙也。語默出處，道之異也。斷金蘭臭，心之同也。金性堅，斷金，利之至也。臭如蘭，辭氣合而相爲芳香也。茅薄柔，故可藉重，壯則糜碎矣。慎者，用柔之道也。有功而伐，其器淺而德薄，故謙者厚之至也。害成，害其垂成之事也。節下卦兌，爲口，有言語慎密之象。負，謂以身負物。物貴而身賤，故曰“小人之事”。乘車，身尊而物卑，故曰君子之事。“知盜”者，知幾也，惟知盜者能弭盜。凡盜，觀隙而動也。

　　凡《繫辭》記夫子所贊卦爻，皆學易之例。玩鳴鶴子和，而得言行感應之機。觀同人先號後笑，而見道異心同之旨。學者觀象玩占，皆宜若斯矣。此七爻，君子擬議變化，出身加民之事。下篇十一爻，君子精義致用，安身崇德之事。引而伸之，凡六十四卦三百八十四爻，皆可知也。大道不離涉世，聖人无行不與。易之爲道不可遠，其要使人窮理精義，利有攸往而已。雖錯綜變化，周流屢遷，而皆本一定不逃之數，當然不易之理，與自然適中之時。聖人觀變立卦，發揮生爻，以象告。而理之邪正，數之得失，時之可否，了然于象辭占變之中，如指諸掌。人各以身自占，日用行住語嘿，何往非易？以顯道神德行，元亨利貞，而无入不得矣。此聖人作易之義，學者學易之本，卜筮云乎哉！

　　首章言易簡爲易道之本。恐人不知易簡，故第六章示人以“成性存存，道義之門”，爲易簡之要。二章言觀象玩辭，觀變玩占，爲學易之功。恐人不知觀玩，故此章教人擬議于言動以合爻象，爲觀玩之法。不知易簡，則其所觀玩者泛濫而支離。不知擬議于言動，則其所謂易簡者空虛而荒蕩。聖言内外本末兼舉矣。易道精微，亦不越禮。易者，三才之道。禮者，聖人所以致中和，位天地，育萬物也。《繫辭》言易不過仁義禮知，而易可知也。言天下至賾而不可惡，言天下至動而不可亂，擬之後言，議之後動，此易所以窮理盡性，與二氏異也。聖人何思何慮而不廢思慮。其无思慮者，一致同歸也。其不廢思慮者，百慮殊途也。是以聖人精義入神，窮神知化。佛氏常樂我净，謂擬議即乖，動念即差，自謂于事理无礙，不斷思想。顧其教惟主空寂，于天下動賾漫无綜理，一切斥爲虛妄，視世界爲濁塵煩惱，苦其亂而不勝其惡矣。聖人惟不惡不亂，擬議變化，世教所以就其範圍曲成也。

第九章

　　按，程朱本移第十一章"天一"至"地十"二十字置此章首，而以"天數五"至"行鬼神也"八句接之，居"大衍"前。今按舊本解釋无錯，仍從舊。

大衍之數五十，其用四十有九。分而爲二以象兩，掛一以象三，揲_舌之以四以象四時。歸奇_雞於扐_勒以象閏。五歲再閏，故再扐而後掛。天數五，地數五，五位相得而各有合。天數二十有五，地數三十，凡天地之數，五十有五，此所以成變化而行鬼神也。乾之策二百一十有六，坤之策百四十有四，凡三百有六十，當_{去聲}期_基之日。二篇之策，萬有一千五百二十，當萬物之數也。是故四營而成易，十有八變而成卦，八卦而小成。引而伸之，觸類而長之，天下之能事畢矣。顯道神德行，是故可與酬酢，可與祐神矣。

數生于奇偶，詳于《圖》《書》。《河圖》之數，聖人則之以生著，非則之以畫卦也。易既成而六十四卦具，吉凶斷矣。天贊聖人，應以《圖》《書》，聖人衍其數作著策，即所謂幽贊于神明而生著也。以中五、十爲體數，以内週一、二、三、四爲生數。用四營十八變之法，以合外方六、七、八、九爲成數。古筮法必有成説，故夫子不詳述，而但稱大衍之數贊之。大衍者，衍《河圖》之數，即《説卦》所謂“參天兩地而倚數”也。一、三、五、七、九爲天，二、四、六、八、十爲地。伏羲既衍天數二十五、地數三十爲《圖》，復取《圖》數相倚而大衍之。一倚二爲三，二倚三爲五，三倚四爲七，四倚五爲九，五倚六爲十一，六倚七爲十三，七倚八爲十五，八倚九爲十七，九倚十爲十九。左右各三、五、七、九，而十一居中，共爲九位，左五位包五十在内，通計九十有九。除十爲陰偶不用，惟用九位之奇，共四十有九。五十缺一，自然虛一之象。《圖》詳于後。此大衍之數，著策所以生也。

揲筮者,取四十九策,信手左右中分爲二,象兩儀也。取右一策,懸掛于前,與左右別爲三處,象三才也。取左右策揲之,每揲用四,象四時也。左右所揲餘策,歸而扐諸左手三、四指〔一〕間,象積餘之閏月也。天時五歲再閏,則四序正。蓍策再扐一掛,則四象分,所以再扐而後掛也。此豈人爲之乎?易數本于《河圖》,一、三、五、七、九,奇爲陽,是天數五也。二、四、六、八、十,偶爲陰,是地數五也。五者,天地之合,參兩之倚,數之樞也。太虛生一分二,二、一即三,三、二即五,故參天兩地爲五居中。而周邊爲四,邊不離中,四不離五。陽爻用九,而五爲中;陰爻用六,而五爲主。故五爲筮體,而四爲揲用。按《圖》之位,天地之數,分方而成五。據《圖》中之五,外週四位,皆合五而後得。合,猶倚也。易數相倚則生,下一合五而得六,上二合五而得七,左三合五而得八,右四合五而得九,中五合五而得十。所以陰陽相配,奇偶相錯,各安其處者,皆五之調其適也,故曰"五位相得而各有合",信乎五之爲數宗矣。分計《圖》內,天數奇,凡二十有五,是五五也;地數偶,凡三十,是六五也;合計天地之數五十有五,是十一其五也。故五者,天地相倚,兩儀以立,四象以運,八卦以生,萬事以成。故天有五氣,地有五方,人有五常,身有五官,心有五德,聲有五音,食有五味,色有五采。造化人事,所以往來而成變化,

────────────

〔一〕 左手三四指,旱印本作"左右手中指"。

屈伸而行鬼神也。此《圖》所以歸極于五，大衍之數所以五十。蓋一五居中不用，天地之氣亭于五也；十五周流爲用，天地之運行于四也。故數五爲宗，所以象天地；策四爲營，所以象四時。四營三變皆奇，而爻遇乾，則揲過之策，除掛扐歸奇十三策外，實得策三十有六，是九其四也。一爻三十六，通計乾卦六爻，共策二百一十有六，是五十四其四也。四營三變皆偶，而爻遇坤，則揲過之策，除掛扐歸奇二十五策外，實得策二十有四，是六其四也。一爻二十四，通計坤六爻，共策百四十有四，是三十六其四也。合乾坤二卦之策，凡三百有六十，以當天地期年之日，是九十其四也。易上下二篇六十四卦，陽爻百九十二，皆乾也。策皆三十六，則共策六千九百一十二。陰爻百九十二，皆坤也，策皆二十四，則共策四千六百有八。陰陽共爻三百八十有四，共策萬有一千五百二十，以當萬物之數，是二千八百八十其四也。易者，變也。變通莫如四時。卦由四象生，故揲策以四。六十四卦皆四營，故曰"四營而成易"。營，猶造也，營營然往來經畫之義。易主乾坤，筮法四時，皆法天地也。以此四營之法，三變成一爻，十有八變成一卦，卦成則内外合而大成矣。然必先九變小成，爲三畫之八卦，乃引而伸之爲六畫，以成全卦。又觸其數類而長之，以爲六十四卦，推詳事物之理，究極造化之藴，所謂"成變化而行鬼神"者，无餘術矣。能事不既畢乎？道本至神，即數以顯。德行雖顯，觀變以神。是故知大衍之說者，可與應務酬酢,可與贊祐鬼神矣。

　　聖人既作卦已,復衍《圖》《書》作蓍策以占卦,參伍錯綜,摹擬陰陽之變。所謂極天下之賾而不可惡,極天下之動而不可亂者,于蓍策亦足以觀矣。策營而數生,數變而爻成,萬有一千五百二十策之所經營,三百八十四爻象之所發揮,皆變化之道,鬼神之德也。變化即往來。卦有大小,爻有老少進退。往者爲化,來者爲變,皆由此以成也。鬼神即詘伸。往者爲詘,來者爲伸;詘者爲鬼,伸者爲神,皆由此以行也。成變化,非蓍策即變化也;行鬼神,非蓍策即鬼神也;顯道神德行,非蓍策即道德也;可與祐神,非蓍策即神也。卦,象也。蓍,數也。道降而後有象,象降而後有數。聖人本易作卦,本卦作蓍,由蓍得卦,由卦得易。蓍雖非易,而聖人即蓍策以贊易,非專贊蓍策也。今之言易者,蓍策而已矣。

　　筮法,用蓍草四十九莖爲策。蓍,蒿也。策,籌也。信手左右中分爲二半,所謂象兩也。右手取右半一〔一〕策掛之。掛者,懸而不用之名,非掛于指間也。空一策于前,與左右分爲三處,所謂象三也。次以左手先取左半策,以右手四揲之。揲者,疊數之也。每四策一數,故曰揲。揲盡餘策爲奇,或餘四,或不滿四,以扐于左手中指間,所謂歸奇象閏也。扐與勒同。歸,納也。奇,零也,謂四揲之零策

〔一〕　一,早印本無。

也。其揲過之策，仍置左方，復以右手握右半策，左手四揲之，其餘或四，或不滿四，以扐于左無名[一]指間，所謂再扐，象再閏也。其揲過之策，仍置右方，視其左三、四[二]指間扐策，非四則八。蓋初變餘策，左一右必三，左二右亦二，左三右必一，左四右亦四，併掛一非五則九，共置一處，以俟再揲，此初變也。再取左右揲過之策，或四十，或四十四，仍前法分二，掛一，揲左一扐，揲右再扐，如初。視左手[三]扐策，非三則七。蓋二變餘策，左一右必二，左二右必一，左三右必四，左四右必三，併掛一非四則八，又置一處，以俟三揲，此二變也。復取左右揲過之策合之，或四十，或三十六，或三十二，仍分二，掛一，揲左一扐，揲右再扐，如前。其左手[四]扐掛之數，例與二變同。又置一處，此三變也。三變畢，乃計所得掛扐三等之數，定奇偶，分陰陽老少。五四爲奇，九八爲偶，三奇爲老陽，三偶爲老陰，二偶一奇爲少陽，二奇一偶爲少陰。老陽之畫爲囗，筮家謂重。老陰之畫爲乂，筮家謂交。少陽之畫爲▅，筮家謂單。少陰之畫爲▅▅，筮家謂拆。老少重交拆單，非羲畫之舊，由後世起，此所謂三變成爻也。如是十有八變，乃成一卦。卦成，視其老以爲變，老陽變少陰，老陰變少陽。有老

〔一〕左無名，早印本作“右手中”。

〔二〕三四，早印本作“右中”。

〔三〕手，早印本作“右”。

〔四〕手，早印本作“右”。

則變,无老則本卦。此亦筮家之法也。

　　舊解掛一,謂掛一策于小指間。若是,則與扐何殊?既有中指兩扐,又加小指,是三扐。而五歲有三閏也,于義未通。扐在指,掛在案。掛者,空一策于案前,併左右爲三處,故曰象三。所以掛者,待兩手四揲之餘,併爲一也。初左揲所零之策,即扐于左手中指間,以象三歲一閏。次右揲所零之策,即扐于左第四〔一〕指間,以象五歲再閏也。閏者,月之餘日,積分而成月者也。曆法每三歲一閏,五歲再閏。筮法每一變有五節,掛一爲一節,揲左爲二節,扐爲三節,揲右爲四節,再扐爲五節。每一節象一歲。三節之扐,象三歲一閏。五節之扐,象五歲再閏也。再扐而後掛者,每變必一掛。五節以掛爲始,再扐則一變畢復始,言此以明五節始于掛也。掛一象人一〔二〕居兩中,象三。易始于一,神于人也。

　　筮所主以成爻者,在第三變揲過之策,而以掛扐歸奇之策迎合之。蓋執簡御煩,藏往知來,亦即所謂逆數者也。故夫子數乾坤之策,以歸奇爲閏餘,則是揲過之策爲正歲也。過九揲而得者爲九,過八揲而得者爲八,過七揲而得者爲七,過六揲而得者爲六。先儒以掛扐爲原,以過揲爲委,非也。然必用掛扐歸奇者,何也? 所謂參伍以變,錯綜

〔一〕 左第四,早印本作“右手中”。

〔二〕 掛一象人　·,早印本作“一象人”。

其數。不參伍，則六、七、八、九之數不可得。然必四揲之者，何也？兩儀生四象，四象生八卦。故曰："法象莫大乎天地，變通莫大乎四時。"易，聖人所以法天地；蓍策，聖人所以象四時也。故四營成易，四揲成卦。萬有一千五百二十之策，蓋二千八百八十其四也。期三百六十日，蓋九十其四也。故曰四營成易。或者以分二掛、一揲、四歸奇爲四營，非也。

《河圖》，蓍策所由生。中五，爲衍除之數。一、二、三、四，爲歸奇之數。六、七、八、九，爲成爻之數。內四位爲體，外四位爲用。故揲策以四，所謂"四營而成易"，象四時也。歸扐之策，除掛一外，得四則爲奇，得八則爲偶，偶兩其奇也。奇偶皆以四數之。每三變除掛一歸扐者皆四，是乾象也，是爲老陽。所以爲老陽者，以其得九也。所謂得九者，九揲而得也，以揲過之策四數之爲四者凡九也。三變歸扐皆八，是坤象也，是爲老陰。所以爲老陰者，以其得六也。所謂得六者，六揲而得也，以揲過之策四數之爲四者凡六也。三變歸扐，爲八者二，爲四者一，是震坎艮之象也，是爲少陽。所以爲少陽者，以其得七也。所謂得七者，七揲而得也，以揲過之策四數之爲四者凡七也。三變歸扐，爲四者二，爲八者一，是巽離兌之象也，是爲少陰。所以爲少陰者，以其得八也。所謂得八者，八揲而得也。以揲過之策四數之爲四者凡八也。卦之始畫不以蓍，有數而无策，有陰陽之象而无老少之名。自《圖》《書》出，聖人倚數作蓍以合之,因六、七、八、九,以爲陰陽進退之節。後世遂分爲老少。蓋九既爲乾,則七自不得不爲乾之男。六既爲坤,則八自不得不爲坤之女。故老陽乾象,少陽震坎艮之象。老陰坤象,少陰巽離兌之象。蓋因《說卦》父母男女,立老少之名。但《說卦》所謂男女者,以卦畫奇偶乾坤相交而言。筮法所謂老少者,以蓍策過揲之數而言,非羲聖畫卦本法也。羲聖畫卦,奇偶相推,乾坤交錯,即謂之變。筮法則此爻變彼爻,此卦變彼卦,老變少不變。故卦止用九、六,筮則兼七、八,以爲九、六之升降。非七、八,則二老无頓變之理;无老少,則變與不變无由分。故以九、六象父母稱老,以七、八象六子稱少。三百八十四爻,凡陽皆乾,凡陰皆坤。故夫子但數乾坤之策,不及六子,數老不及少。周公作爻辭用九、六,亦以此也。然九、六所以稱老,何也?氣一而已。陽生主進,陰消主退。一爲陽,一含三,三三生九,陽之極也。二爲陰,三二爲六,陰之極也。陽數自九以上,无復可進,故退即爲陰。九退反八,爲少陰。少陰者,差減于老陽而未衰也。退至七,猶不失爲少陽。又退而下至六,則陽衰矣,故爲老陰。六以下爲五,五中不可損,故退極于六而已。退極必進,進不能頓還。六進則七,是爲少陽。少陽者,差增于老陰而未壯也。進至八,猶未離少陰。又進至九,則陽始盛,故稱老九。以上爲十,十者九一,終則有始,所以間九,非以補九也。陽動而生,奇圓而神。十則窮,而天地无窮也。十則盈,而天地无盈也。

故大衍百不滿一。蓍用半,百而少一。卦爻用九,陰以大終。《圖》《書》无全十,五居中。自參自伍爲三五,皆以此也。然地數十,又何也?乃所謂天五地五者耳。天地之氣,陽而已。四方中五相倚,數止九爲乾極。凡數无復有盛于九者,故《書》盡于九。陽居四正,陰退四隅,尊陽抑陰,與《圖》相輔。聖人并則之,亦以此也。

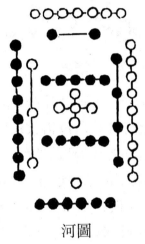

河圖

上《河圖》。伏羲作易。河中地産龍馬。馬八尺以上曰龍,毛色有點,似卦畫奇偶。伏羲摹以爲圖,因大衍其數作蓍策。聖人神明之至,亦以神其道而設教也。

上《洛書》。洛水有神龜負此數。蓋龜甲上拆紋之數耳。非真有此書也。今龜皆有紋而數不足。

先儒謂羲聖則《圖》畫卦,大禹則《書》序《疇》。今詳卦與《圖》无涉也,而《疇》與《書》尤无涉。蓋羲聖先覺,窮極變化。神禹繼作,无以復加。其序《疇》但借九宮爲目,

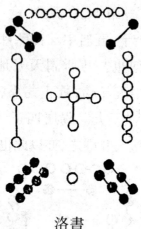

洛書

无復參伍錯綜，而夫子云"河出《圖》，洛出《書》"，皆于易
言之。是《圖》《書》皆羲聖所以衍數作蓍策者也。羲聖始
觀象得一而奇偶具，八卦成，易道備矣。天應以龍馬神龜，
所呈數不過毛甲彷彿，聖人神明，衍爲《圖》、爲《書》，又大
衍爲策。蓋有《圖》而徵易爲自然，有《書》而信《圖》非偶
合，所以兼則之。若謂《圖》未出无易，是大謬也。故蓍生
于《圖》，聖人并《書》言之，以《圖》《書》皆易也。卦生于
蓍，聖人并龜言之，以蓍龜皆卦也。通于道者，无往非易，
无物非數。卦可不必蓍龜，數可不必《圖》《書》。雖以伐方
百家，結茅折筵，毀瓦灼雞，雜取用之，莫不有天地之靈，其
誰非《圖》《書》乎？

《河圖》之數五十有五。一、三、五、七、九者，陽之奇
也。二、四、六、八、十者，陰之偶也。一、二、三、四、五、六、
七、八、九、十者，一陰一陽倡隨之義也。奇偶配合，各居其

所，爲中央四方五位。一合六居北，二合七居南，三合八居東，四合九居西，五合十居中，中五爲宗。一得五則生六，二得五則生七，三得五則生八，四得五則生九，五得五則生十。五中主而一、二、三、四資之以外，成六、七、八、九，爲陰陽老少，此《河圖》之大略也。《洛書》之數，四十有五，皆以奇統偶，偶附奇。奇居四正，偶皆傍之。一居北而六傍之，九居南而四傍之，三居東而八傍之，七居西而二傍之，五獨居中而无十。四正四隅，合中爲九宫。方隅相對聯中，皆成十五。除中五皆成十。每方聯二隅，亦皆十五。總之《書》數、《圖》數，皆不越五與十；皆一居下，數之始也；皆五居中，數之宗也；三皆居東，生數也；皆極于九，陽之全也；奇偶皆相錯，陰陽合也。一、二、三、四、五、六、七、八、九同也；六從一，二從七，八從三，四從九，奇偶相得同也。《書》數較《圖》雖少十，然《圖》亦无完十，但取中心上下二五合十，其實與《書》皆終于九也。若論合十，則《書》方隅相對亦各十，與《圖》同也。故《圖》《書》无彼此之别。但《圖》四、九居西，《書》居南；《圖》體方，《書》體圜；《圖》中五有十，《書》中五无十。《圖》數陰陽同位，《書》數陽居四正，陰居四隅，用九不用十，有尊陽之義焉。馬陽物，故《圖》數盈而多十；龜陰物，故《書》數縮而少十。《圖》方而具十，陽兼陰也；《書》圜而位九，陰含陽也。此其小異耳。

　　《圖》有一、六、二、七、三、八、四、九、五、十之數，无水、火、木、金、土之名。蓋數者，造化之節也。造物變化，莫不各有自然之節。故數之行即氣，氣之序即數。氣有二而行有五，二非五不能變化，故天有一、三、五、七、九，地有二、四、六、八、十。五非二不能自行，故一、三、五、七、九爲天，二、四、六、八、十爲地。一、三、五、七、九者，天之五氣也。二、四、六、八、十者，地之五材也。故先儒之説曰：天一生水，地六成之。地二生火，天七成之。天三生木，地八成之。地四生金，天九成之。天五生土，地十成之。夫五行者，造化之生氣，八卦成而五氣備矣，非待數然後生氣也。今以《圖》數配五氣則可，謂五氣待數生則不可。五爲天地中氣，中氣動爲一，合五成六。一奇屬天，六偶屬地，故曰"天一生水，地六成之"。蓋氣始化濕，如人慾動于中，液洩于下，此生物之始也。其卦爲坎得乾中之一爲天一，水性就下而寒涼，故居北也。濕氣生煖，炁而爲火，數居二，合中五爲七，二偶七奇，故曰"地二生火，天七成之"。其卦爲離得坤中之-–爲地二，火炎上，故居南也。天地中交，水火相濟，品物資生，其氣爲木，數居三，合中五爲八，三奇八偶，故曰"天三生木，地八成之"。初陽東出，其卦爲震，故居左也。木東生西成，成則收斂爲金，其數四，合中五爲九，四偶九奇，故曰"地四生金，天九成之"。其卦爲兑，故居右也。水、火、木、金之氣，皆生于土而成于土。六、七、八、九之數，由五生，亦由五成。東、西、南、北之位稟于中，即合爲中。故土无偏主，即中是位，即五是數。自生自成，五五合而成十，天地合而成土，四方合而成中，故曰"天五生土，地十成之"。數无完十，上下各五。五生五成，天兼地終，地受天成。成于西，斂于金，數極于九而已矣。坤之用〔一〕六曰"用六永貞，以大終也"，言陰小无終理，天地之分也。故《洛書》位九，而陽居四正，中五无十，其理尤明。是以中无象，土无時，四方即中，水、木、火、金皆土也。要而論之，五行之氣生于天，五材之質成于地。如人一身而五行備，精爲水，氣爲火，聲爲金，貌爲木，身爲土。又目爲火，耳爲水，肺爲金，肝爲木，脾爲土，腎亦爲水。生則俱生，成則俱成。非天一生水，直至地六，越二、三、四、五而後水成也。況自水至土，五位相隔，豈水成久而土尚未生乎？餘可推矣。大抵《圖》《書》之旨，不越夫子所謂一陰一陽之道。一陰一陽盡易矣，一奇一偶盡數矣。《圖》《書》奇偶相配，與易道合，所以爲天則，聖人則之耳。

　　《圖》《書》之數皆宗五，何也？所謂參天兩地也。一中分兩，偶兩奇參天，无地不成，故奇參偶中。地无天不生，故偶兩奇半。參兩相倚，是曰五。五，互也。互者，二、三往來之交。一生二，二、一相對中間成三，三、二往來成五。如人有父則有子，父子相對中間成三，父慈子孝，往來成五。君臣、夫婦亦然，萬事萬物莫不皆然。故五爲變化之林，數之大宗。天地之全體，《圖》《書》以爲中極，四氣資以生成。乘陽生陰，乘陰生陽，卦爻以爲尊位，成變化而行鬼

〔一〕用，原爲"上"，據經文改。

神,此也。然中五而又十,何也?是乃所謂一陰一陽之道也。陰亦一陰一陽,陽亦一陰一陽。凡一皆二,二五故十。天地各五,故五居中。上下又各五,三其五,五其三,十其五,五其十,故曰"成變化而行鬼神",聖人五十以學易也。然《圖》數本五十有五,而衍數止五十,何也?五十有五者,十一其五也。十個五爲五之終,《圖》周迴五十是也。一個五,爲五之宗,中心五是也。中爲體而外爲用,中一爲虛位,而外四爲撲實也。五者,參天兩地相倚而成。十者,天地各五,相倚而成也。十不違五,故大衍之策用五十,而餘五函其中矣。

一與二倚爲三
二與三倚爲五
三與四倚爲七
四與五倚爲九
五與六倚爲十一
六與七倚爲十三
七與八倚爲十五
八與九倚爲十七
九與十倚爲十九

一居中者,掛一之象。左右各三、五、七、九者,分而爲二之象。各四位者,撲之以四之象。除中一,左右分合各二十有四,併左右合中,一共四十有九。

大衍數

上法授自宋末丁易東氏,是程朱諸子所不及見也。《河圖》之數五十有五,中五居无事外,自天一至地十,實得五十。合而大衍之,得九位,共數九十有九。而一居中,左右皆三、五、七、九爲奇,内含五十爲偶。今除五十還《河圖》本數。蓋十，陰數也。陰體静而氣濁，静則不可以爲用，濁則不可以通神，故五十不用。而所用四十九者，皆純奇之合。陽清而无雜，奇圓而能動。是故生生成變化行鬼神也。今觀一居中，則五退位，宗大極也。掛一分二揲四，皆自然妙合。以百計之，自然虛一，非置一策不用。如今之筮法也，在四十九中，則又含一，蓋十二個四餘一也，莫測其所以然而然。

《河圖》天數二十五，地數三十，天地之數五十有五，皆所謂衍也。其作著策，又取前數合之，共得九十有九，此所謂大衍也。大衍必取奇偶合者，所謂參天兩地而倚數也。凡數，皆一陰一陽。天地相依，奇偶相待而生，故曰倚。倚乃所以衍。蓋天一地二，天三地四，天五地六，天七地八，天九地十者，兩儀相摩，一倡一隨，自然之序。然惟兩其五而止，其目不過十。惟衍，則數至五十有五。易道生生，故數尚衍。不衍則其目虛。止于十，而包四十五于目內；衍則成五十五，多四十五于目外。此數由衍生，而《書》數、《圖》數相出入也。大衍之得數尤多。蓋分天分地，則一加二爲三，加三爲六，加四爲十，加五爲十五，加六爲二十一，加七爲二十八，加八爲三十六，加九爲四十五，加十爲五十五。此各因天地本數，相倚而小衍之也。合天地，則一與二爲三，二與三爲五，三與四爲七，四與五爲九，五與六爲十一，六與七爲十三，七與八爲十五，八與九爲十七，九與十爲十九，共得數九十有九。此又合天地之數，相倚而大衍之也。是天地五十之外，衍出四十九。除五十，還天地本數。而用四十九者，因其用以爲用也。《圖》數五十五，是十一个五。衍數九十有九，是十一个九。以十一个五衍成十一个九，是陽數之極盛也。但增一，便是十个坤。今少一，便是十一个乾。此一所以爲主宰，而妙運于乾坤之間也。爲九者十有一，爲五者亦十有一。各多一在外，此衍數所以與《圖》數冥合也。蓋一者，天地之元神，數之至尊，大衍得百而僅缺一，亦造化不用一，自然之法象，非人力也。故凡卦初爻不稱一者，一无定位也。上爻不稱六者，六窮于三也。何謂六窮于三？卦數皆自天一元陽而生。地非天對，陰非陽敵。地承天，陰隨陽。故天一生乾之初九，則地二應之，以生坤初六。天三生乾九二，則地四應之，以生坤六二。天五生乾九三，則地六應之，以生坤六三。至六三，三偶成六，而坤體備，陰數終，承陽之事畢，而陽生未已也。天七生乾之九四，地亦應之爲八，以生坤六四，天九生乾九五，地亦應之爲十，以生坤六五。乾坤至五，天地之數終。故五上无六，而六皆稱上；爻位无九，而五即含九，所謂天則也。

衍數共九位，一居中，而五退居後。蓋數宗五，五祖一。一則參兩相倚爲五，周旋四營而生老少，至九而陽數極。故《圖》《書》有全九，无全十。五自參自伍，爲三五居中。一爲祖宛而三爲圓神，五爲全體而九爲大用，所以一中主而五退聽也。九位并列无十，所以蓍策五十少一也。

第十章

子曰:"知變化之道者,其知神之所爲乎? 易有聖人之道四焉:以言者尚其辭,以動者尚其變,以制器者尚其象,以卜筮者尚其占。"是以君子將有爲也,將有行也,問焉而以言。其受命也如嚮享,无有遠近幽深,遂知來物。非天下之至精,其孰能與於此?參伍以變,錯綜其數。通其變,遂成天地之文。極其數,遂定天下之象。非天下之至變,其孰能與於此? 易无思也,无爲也,寂然不動,感而遂通天下之故。非天下之至神,其孰能與於此? 夫易,聖人所以極深而研幾也。唯深也,故能通天下之志。唯幾也,故能成天下之務。唯神也,故不疾而速,不行而至。子曰"易有聖人之道四焉"者,此之謂也。

世之言易者,蓍策而已矣。夫蓍策,易之器,神之物耳。易者,神也,變化之道也。聖人以道不可見,神不可測,欲使人知變化則知神,然而變化之道不可見,故設卦觀象,繫辭而作易。易又不可見,乃衍《圖》《書》,作蓍策,教人占,而人始知易道變化,與鬼神通。故夫子于大衍之數,贊曰:"知變化之道者,其知神之所爲乎?"神之所爲者,易也。易者,聖人之道也。易有辭有變,有象有占。辨吉凶者存乎辭。易之辭,曲而中,以言者宗尚之。化而裁之謂

變。易之變，屢遷不居，以動者宗尚之。見乃謂之象。易
之象，擬諸其形容，制器者宗尚之。極數知來之謂占。易
之占，鉤深致遠，卜筮者宗尚之。是以君子將有所爲，有所
往，抱策而問，尚其占也。問焉而以言，蓍策受命，以辭變
象告人。如響答桴，无有遠近幽深，遂知將來禍福之物。
此豈徒蓍策精？其必有極天下之至精者，而後能與于斯
也。其揲策以求卦也，每爻必三揲而參之，象五歲而伍之，
以盡其變。既別其歸奇而錯之，又合其正策而綜之，以求
其數。通十有八變，遂成天地剛柔之文，所謂“尚其變”也。
極老少之數，遂定内外兩卦之象，所謂“尚其象”也。此豈
徒蓍策變？其必有極天下之至變者，而後能與于斯也。四
者皆變化之道，易何以能然？夫易无心，非有思也；易无
形，非有爲也。易簡之善，即物而具，不以堯有，不以桀亡。
成性存存，逈静而正，寂然不動，隨其所感，響應變化，遂通
天下自然之故，而體物不遺。此非極天下之至神，而能與
于斯乎？易所以至精至變，聖人所以極探其幽深，研磨其
幾微者，此也。深故能精，是非可否，開天下之蒙而通其
志。幾故能變，疑似恍惚，斷天下之疑而成其務，此之謂至
神。神故不測，不見其疾而自速，不見其行而自至，是以能
成變化之道也。夫子所謂“易有聖人之道四”，以此。而或
者謂夫子之言，蓍策而已。夫士君子有爲有行，不能取裁
于素履，自決于心，而每事必咨蓍龜，則天下義理，聖賢學
問，皆可不用，但四十九蒿而能事畢，有是理乎？聖人作

筮,教人使之占,告之凶咎使知懼,告之吉祥使樂從,徵之鬼神使尊信,以遷善悔過。易惡至中,苟從違不爽,則嚮應自神。豈其行不加脩,而專倚蓍策,遂能至精至變至神,成天下之務,通天下之志云乎?今易卦蓍策具在,而易不可見,務不可成,志不可通,聖人之道不可得,然則夫子所謂至精至變至神者,諒有在,而非徒蓍策明矣。或曰:古聖王皆用蓍龜,儻所謂至精至變至神者非與?夫大人者,與天地合德,與鬼神合吉凶,故曰“丘之禱久矣”。其從違可否,聖人不違易,而吉凶禍福,易豈違聖人?衆人既自獲戾于鬼神,而欲强蓍龜從己,及蓍以象告,而巧飾附會,背經信緯,徼福求應,必不得矣。是故三代以前之蓍龜如響,三代以後之蓍龜,焦甲腐草耳,有時乎不靈者也。易者,亘天地古今,寂然不動,感而遂通,无賢知愚不肖,皆至精至變至神者也。聖人不以亘天地古今不易者,開物成務,而以有時不靈者教天下後世乎?是可以知易矣。愚嘗譬之以天地造化視四十九策,如以兵家成敗視三十二棋子。蓍策揲卦有吉凶,與陰陽變化一也。棋子著局有輸贏,與兵家勝負一也。聖人借蓍策以贊造化,如人借棋子以論兵法。上下二篇之文,譬則棋譜耳。譜不可爲兵法,子其可爲兵乎?

　　易道雖大,其說不過辭、變、象、占四者。包羅三極,卜筮,其小者也,不可謂非易,而不足以盡易。聖人以卜筮言占,就恒情易信者開示耳。辭、變、象皆占也。“君子將有爲”以下,至“天下至變”兩段,言卜筮,而辭、變、象在其中。

占不止卜筮，而卜筮亦占之一術。辭、變、象不獨爲卜筮之占用，而卜筮之占亦自不離辭、變、象。精，以贊辭與占也。變，以贊變占象也。精曰天下至精，變曰天下至變。贊其所以爲精爲變者，神也。四者皆變化之道，神之所爲，故“易无思”以下，贊神也。篇内屢言此，皆指易，易即神。朱子解易，專主卜筮，引《春秋左傳》諸繇辭爲據。夫《左傳》脩辭尚鬼，未足證道。聖人本易生蓍，故蓍與天地日月四時準。後世蓍自蓍，易自易。易所言者，從違之正理。而人所問者，利害之私情。凡占无咎者未必從，而悔吝者未必改。舍經信緯，矯飾誣民。如後世之卜筮，皆非易之本義矣。

　　尚，猶宗也。辭[一]、變、象、占四者，皆聖人精義入神，窮理盡性至命之極无以復加，故皆曰尚。言，謂立言尚辭，如下篇末所云六辭，是立言之宗也。動，謂動作，如參天兩地，六虛周流，上下无常，不可爲典要，是動變之宗也。制器尚象者，見乃謂之象，形乃謂之器。凡器未有形，先有象，故曰“象事知器”。欲制其器，必先見其器之象。未有不先得其象，而能成其器之形者。象莫精于易，如下篇庖犧諸聖人所取十三卦，皆尚象之義。卜筮尚占，凡辭、變、象，莫非占也。故曰：“君子居則觀其象而玩其辭，動則觀其變而玩其占。”人而无恒，子云不占而已，非獨龜策。而吉凶悔吝莫著于易，故凡卜筮者尚之。下文專以占言，而

〔一〕辭，早印本作“易”。

辭、變、象皆在其中矣。爲，謀爲也，問其可否。行〔一〕，向往也，問其趨避。以言，謂主人命蓍策，言其所欲爲欲行也。受命，蓍策受主人之命也。嚮、響同，言其答之敏而中也。精，謂所告吉凶之辭切當也。三之曰參，五之曰伍，謂筮法每一爻必三揲，是爲三變；每一揲有五節，是爲五變。又如一變歸奇之策四、八，而併掛一則成五、九。二變歸奇之策三、七，而併掛一則成四、八。及以正得餘，以閏合歲，皆所謂參伍也。相磨曰錯，雜而分之也。合縷曰綜，總而齊之也。如四營十八變，掛扐歸奇正餘之策，多寡不齊，皆所謂錯而分之也。合計左右揲過正策以爲六、七、八、九，合掛扐歸奇餘策，即知陰陽老少，皆所謂總而齊之也。天地之文，謂爻位初、二、三、四、五、上。剛柔相雜之文，十有八變，而六爻遂成矣。天下之象，謂天、地、水、火、風、雷、山、澤，父母長中少之象。策數七、九、六、八分，而内外二卦之象遂定矣。參伍、錯綜者，論一爻之法。通變、極數者，論成卦之法也。"寂然"以下十二〔二〕字爲句，體用一原，顯微无間，非寂、感爲二也。寂然時无思无爲，感通時亦无思无爲。如明鑑照形，空谷答響，所以爲不行而至，不疾而速，能通天下之志，能成天下之務，是以神也。寂然，即喜怒哀樂未發之中。感通，即已發之和。極深者，天下

〔一〕行，早印本作"往"。
〔二〕二，早印本作"一"。

幽深難測之理，窮極无遺也。幾，微也。吉凶悔吝，方在隱微茫昧間能研磨出也。

事物變化，莫不各有參伍。蓋一中分兩，奇偶相倚。自然之變態，一分二爲參，三、二互爲伍。參伍者，交互之名。易數三五爲十五。十五者，《河圖》之中，陰陽二老之合，故凡數相倚曰參伍，亦曰參兩。《論語》云：“參前倚衡。”《説卦》曰：“參天兩地倚數。”一與二倚曰參兩，三與二倚曰參伍，皆用中之法也。三以一爲中，五以三爲中，九以五爲中，陽數極于九，故參伍爲中。一、三、五則中見，二、四、六則中分，陽見陰隱也。易數用陽，然无陰不成，故凡數，天地相倚也。

第十一章

天一至地十，先儒以爲錯簡，移置“大衍”章首。今依韓康伯本，解釋无錯。

天一地二，天三地四，天五地六，天七地八，天九地十。子曰：“夫易，何爲者也？夫易，開物成務，冒天下之道，如斯而已者也。”是故聖人以通天下之志，以定天下之業，以斷天下之疑。是故蓍尸之德圓而神，卦之德方以知，六爻之義易以貢。聖人以此洗心，退藏于密，吉凶與民同患。神以知來，知以藏往。其孰能與于此哉？古之聰明叡知，神武而不殺者夫。是以明于天之道，而察于民之故，是興神物以前民用。聖人以此齋戒，以神明其德夫？是故闔户謂之坤，闢户謂之乾。一闔一闢謂之變，往來不窮謂之通。見^現乃謂之象，形乃謂之器，制〔一〕而用之謂之法。利用出入、民咸用之謂之神。

前章言易道變化不測，此章言易道易簡自然。惟其自然，所以不測，承上文寂然不動而言神之妙也。“天一”至“地十”，即所謂參天兩地倚數也。造化因應自然，一倡一隨，陰陽順布，皆神之无思无爲也。一者，物生之始。十者，物成之終。天生而地成，陽倡而陰和。陽倡生奇，陰和生偶。地承天施，偶逐奇成。故天一，則地倚成二。二者，偶數也。一奇一偶成三。天兼地是生三，而地應以四。四，二偶也。天兼四則生五，地應以六。六，三偶也。天兼六則生七，地應以八。八，四偶也。天兼地則生九，地應以十，五偶爲十。數終于十，爻極于五，此天地无心之節，不動之感，寂然之故。兩儀相摩，五氣布而四時序，萬物以生，萬事以出。莊生謂：孰轉移是，孰推行是，孰居无事而主宰是。皆變化之道，神之爲也。故夫子曰：“易何爲者也？”天下之物，无兩不化。一陰一陽，所以開物。天下之事，无變不成。一翕一闢，所以成務。道雖萬變，而乾坤易簡，冒天下之道，如其所謂天一至地十者而已矣。是故聖

〔一〕制，早印本作“成”。

人以此易簡之道，通天下之志。无心，故能通也，定天下之業。无爲，故能定也，斷天下之疑。无私，故能斷也。是故蓍得此道，錯綜隨時，圓而能神。卦得此道，靜正待感，方以能知。六爻之義，隨取順應，變易以貢。此皆所謂无思无爲，寂然不動，感而遂通之道也。聖人得此，故清净寧一，與世无染，而洗心以退藏于密，吉凶禍福，樂天知命，與民同患而无私謀。不逆其來而神自照，不逐其往而知自藏。其孰能與于此哉？惟古之聰明睿知者，能知能神，能定業，能斷疑，不疾不行，自速自至，所謂神武不殺者，然後能與于此。是以能明天道之盈虛，察民情之休咎，是能畫卦衍策，興神物以預民，使民率而由之，以承天道，以成順治。而聖人亦以此齋居儆戒，與天地鬼神對越，中心无爲，而神明其德也。此道易簡，人日用不知耳。是故易莫大于乾坤。而乾坤非遠，闔戶而閉即謂之坤，闢戶而開即謂之乾。能闔又能闢，即謂之變。往來不窮，即謂之通。自人視此戶，即謂之象。自戶成此形，即謂之器。制此戶而用之，即謂之法。出入利用，天下古今同由而不可離，則謂之神。易道自然，至德易簡蓋如此。使其稍假人爲穿鑿，私知傅會，其能開物成務，冒天下之道也乎？

易者，數也。八卦由數生。數者，造物變化之節。變化无方，莫非自然之數，故聖人即數明理。一、二、三、四、五、六、七、八、九、十者，陰陽五行順布，自然相倚之節，即是易簡之道。與章末引戶喻乾坤，旨正同。物理未著而開發之曰"開物"，人事未就而成全之曰"成務"。著无定體，故曰"圓而神"，言无主而虛也。卦有成畫，故曰"方以知"，言素定而明也。六爻之義，隨其時位變易，以吉凶告人，故曰"易以貢"，言无心而順應也。退藏于密，猶莊生云"未始出吾宗"，所謂无思无爲，寂然不動，感而遂通也。聰明，故能通志。睿知，故能定業。神武，故能斷疑。先占而後事，故曰"前民用"。聖人設卦觀象繫辭，吉凶善惡臚列，君子居則觀象玩辭，動則觀變玩占，使未言未動而知方，此前民賢智者之用也。其作爲著策，使揲策求卦而決疑定謀，此前民愚不肖者之用也。卦爻、《圖》《書》、著策，皆謂之神物。无思曰齋，有思則與物雜矣。无爲曰戒，有爲則與物敵矣。能齋戒則清净虛明，與鬼神合其吉凶矣。以户喻乾坤，明易道邇而非遠也。先坤而後乾，由静而之動也。見，猶顯也。見而无形曰象。凡器先有象而後成形，故曰"制器者尚其象"。説見上章。

　變化莫如易，純常亦莫如易。天地聖人以常爲變，故變而不失其常。一、二、三、四、五、六、七、八、九、十者，《圖》《書》所呈，天地生成，五位相得，自然之數，成變化而行鬼神者也。聖人法天地，无思无爲，寂而通，静而正，大公順應，行所无事，亦如其所謂一、二、三、四、五、六、七、八、九、十者，天地不能違也。子云："不怨天，不尤人，下學而上達，知我者其天乎！"又曰："君子之于天下，无適无莫，義之與比。"又曰："用則行，舍則藏，无可无不可。"孟子云：

"孔子聖之時,可以仕則仕,可以止則止,可以久則久,可以速則速。"又曰:"天下之言性,故而已矣。故者以利爲本,所惡于知者爲其鑿也。""如知者行其所无事,則无惡于知。天之高也,星辰之遠也,苟求其故,千歲之日至,可坐而致。"通乎此説者,即知天一地二、天三地四、天五地六、天七地八、天九地十之義矣。

　　道體自然,物物有前定,事事有故常。聖人順帝之則,言成象,動成爻,如籌量數記,所以神妙變通,易簡而理得。恒人逆理違數,機智巧僞,紛紜百出而數終于无所逃。莊生云:藏舟于壑,有力者負之而走,藏天下于天下而不得所遁。冒天下之道之謂也。佛氏不起一念,而不斷百思想,襲用此旨。凡天地之間,理數有當然,達人惟允蹈之而已。知此始可與學易。

第十二章

是故易有大極,是生兩儀。兩儀生四象,四象生八卦。八卦定吉凶,吉凶生大業。是故法象莫大乎天地,變通莫大乎四時,縣象著明莫大乎日月,崇高莫大乎富貴。備物致用,立成器以爲天下利,莫大乎聖人。探賾索隱,鉤深致遠,以定天下之吉凶,成天下之亹亹者〔一〕,莫大乎蓍龜。是故天生神物,聖

〔一〕者,早印木無。

人則之。天地變化，聖人效之。天垂象，見吉凶，聖人象之。河出《圖》，洛出《書》，聖人則之。易有四象，所以示也。繫辭焉，所以告也。定之以吉凶，所以斷也。易曰："自天祐之，吉无不利。"子曰："祐者，助也。天之所助者，順也。人之所助者，信也。履信思乎順，又以尚賢也，是以自天祐之，吉无不利也。"

此章言聖人畫爻爲卦，衍數爲蓍，皆本乎道之自然，所以法天地而定帝王之業也。承上文乾坤闔闢而言。易始乾坤。一闔一闢之謂兩儀。兩儀至大，未大于易。易有大之極者，大虛是也。大虛本一，一分則兩，是生兩儀。凡物皆有兩儀，天地其大也，此畫所以有奇偶，爻所以有初、上，蓍策所以分而爲二以象之者也。有兩儀，遂生四象。如有天地，遂分四時。有上下，遂定四方。其象可見，是謂四象。《河圖》所以有六、七、八、九，卦爻所以有二、四、三、五，蓍策所以揲之以四，四營而成易者也。有四象，遂生八卦。蓋四時行而五氣運，天、地、水、火、風、雷、山、澤，所以生八卦也。八卦之氣紛相交錯，別而爲八，八所以定吉凶也。凡事善惡相形，成毀相因，所以生大業也。要之，兩儀之間備矣。是故法度形象，莫大乎天地，儀之所以兩也。變通不滯，莫大乎四時，象之所以四也。懸象著明，莫大乎日月，四時所以成也。崇高莫大乎富貴，大業所以興也。

備物以致用,立成器以利天下,莫大乎聖人,吉凶所以定也。探賾索隱以通鬼神,鉤深致遠以決嫌疑,定天下之吉凶使知所從,成天下之亹亹使之不倦,莫大乎蓍龜,八卦所以生也。然則易非聖人孰能作之?是故天生蓍龜,孰知其爲神物?惟聖人能則以爲卜筮。天地定位,變化行,惟聖人能效以爲兩儀。四時日月,氣運有淑忒,天象有吉凶,惟聖人能象以爲四象。河出《圖》,洛出《書》,天所以示數,惟聖人能則以衍蓍策。聖人作易,承天啟人,其功遠矣。易有四象,非爲象耳,所以示吉凶也。繫象以辭,非爲辭耳,以其吉凶告也。既示且告,吉凶定矣。所以斷其疑而振其惰,成天下之亹亹,生天下之大業,无忝崇高,以配天地也,是聖人所由作易致用利天下之道。然而吉凶之本,不在蓍龜。大有之上九曰:"自天祐之,吉无不利。"夫處崇高,定大業,能得天祐,吉无不利,乃聖人所以作易也。而何以得此乎?"子曰:祐者,助也。"天所助惟順,人所助惟信,身所行者信,心所思者順,則天人之助,非徒以探賾索隱,鉤深致遠,又以其能脩德尚賢,是以自天祐之,吉无不利也。蓋易者,天命人心而已矣。

　　聖人窮理盡性命。至于易,極精微矣。而變易以貢,至于蓍龜,極卑近矣。道惟上不可語,故大極儀象不可示人,而衍易爲蓍策,變易以爲吉凶,使愚者可知,不肖者可能,疑者決,怠者振。由器知道,由下達上,由人合天。此聖人聰明睿智繼天地,作君師,因神物,立成器以利用,是以作易。豈苟焉而已乎？此章之義，蓋如此。

大極者，大之極，即大虛也。大虛无象，發揮萬象。大虛无體，人心即體。天地至神，待人而存。人心死，則儀象没。人心寂然之中，即大虛即易。故曰："易不可見，則乾坤或幾乎息。""乾坤毀，无以見易"，此之謂也。儀，匹也。物兩則匹，故曰兩儀。无形而見曰象。四象以時言，則春、夏、秋、冬；以氣言，則水、木、火、金；以方言，則東、南、西、北；以數言，則六、七、八、九；以象言，則天、地、日、月。蓋八卦之象，風雷屬天，山澤屬地，坎離屬日月。日月效乾坤之用，爲四時之本，所以居六十四卦之中終也。象屬天，法屬地，故曰"仰觀象于天，俯觀法于地"。易數奇偶相倚，故凡象皆兼兩。兩其儀爲四象，兩其四象爲八卦，兩其八卦爲六十四，故曰"兼三才而兩之"。物必有兩，兩即是儀，不但天地，而天地爲大。物皆具陰陽老少變動，不但四時日月，而四時日月爲大。卦象由此以生，則八卦之爲大，亦可知已。細民商賈營業，莫不用筮，惟聖人所定崇高富貴之業爲大。蓋卦象所言，皆經世之事也。折竹結草，毀瓦灼雞，莫非占。惟聖人所立蓍龜，利用爲大。備物致用，立成器以利天下，如下篇包犧數聖人，作網罟耒耜等器皆是，而蓍龜其一耳。易卦六十四，但言八者，六十四皆八之錯也。筮不用龜，兼言龜者，大衍之數五十，合《圖》《書》而損益之，兼龜也。或者疑《河圖》《洛書》，皆緯家妄傳，然則夫子所謂五位相得而各有合，天數二十有五，地數三十者，何所據與？所謂參天兩地而倚數，天一地二，天三地四，天五地六，天七地八，天九地十者，何自起與？子云"河不出《圖》"，是明以龍馬配鳳鳥爲瑞，而洛龜可知。此豈緯家言與？但如朱元晦云易卦自《圖》《書》出，則不必然耳。按宋邵雍氏引兩儀四象八卦，緣飾爲圖，云伏羲畫卦自兩分，初畫一奇一偶居下，當一陰一陽以爲兩儀。兩儀之上各加一奇一偶，當陰陽老少，爲四象。四象之上又各加一奇一偶爲八卦。八卦之上又各加一奇一偶爲十六。又加爲三十二，又加爲六十四，謂如根之有榦，榦之有枝。朱元晦極其尊信，以爲伏羲原本先天之易。而愚以此爲後世緯稗之小説耳。夫子謂"大極生兩儀，兩儀生四象"者，論易道之大原，非論畫也；謂易本大虛，法天地象四時而生八卦，非以兩爲一畫、四爲二畫、八爲三畫也。如以爲畫，則兩儀四象可畫矣，大極又不可畫乎？既云如根有榦，榦有枝，今其畫有兩儀而无大極，是舍根而畫榦也。不畫大極則遺根，畫大極則多一畫而八卦居四，是未能自遂其説也。又以二畫爲四象。四象者，老陽、少陰、少陽、老陰也。陰陽之稱老少，非古也。《繫辭》言象多矣，未嘗言老少。蓋後世筮家，準《河圖》六、七、八、九消長，因後篇父母男女，撰此名耳。今以六、七、八、九當四象，未爲不可。而以四象定歸二畫，則謬矣。何者？老少由升降生，非可比肩同位也。初畫既生陰陽，則即初爲少，至二畫皆老矣。今以方生之二少，與久生之二老同居，于義不倫。且云兩生四，則又似生者爲老,而所生者爲少,稱名不雜越乎? 乾坤二卦居邊,六爻皆老无少。今獨以二稱老,則乾坤初、三、四、五、六,將何以稱? 其餘諸卦爻變動不齊,莫不各有老少。今獨以老居二,以少居初,豈初、二有老少,餘皆无有乎? 卦雖六十四,其實八而已。天、地、水、火、風、雷、山、澤,八者相摩,成六十四名,无六十四體,故易卦惟稱八。《周官·太卜》有經卦八,別卦六十四,蓋每一經各別爲八也。故夫子第曰"四象生八卦",非有未盡之數,如十六、三十二、六十四者,以待後人之幫補也。下卦三畫,層累而上,猶有漸次。至上卦三畫,惟舉已成者錯之。今謂八分爲十六,又分爲三十二,又分爲六十四,則贅累无稽之甚矣。又謂六十四上可再分爲六十四,以至于无窮。夫易道所以无窮,惟其不盈耳,故卦畫成于三,爻位止于六。陽過五則悔,陰至六則戰。若六十四上可更加,則是乾不亢而坤不疑,有盈无虛,豈造化之理乎? 或云:生者,如筮法十八變而成卦耳。夫筮以占卦,非始作卦也。後人占卦,則必逐爻生。聖人始作卦,得一而能事畢矣,焉用筮? 筮法四營成易,揲之以四,以象四時。十八變皆用之,故爻皆從四象生。今定以四象屬二畫,謂獨生三畫之八卦,亦豈通論乎? 卦,象也。聖人象其物宜,擬其形容,必具體成器,然後可以爲法。今據橫圖,一奇居右,上載三十二畫,一偶居左,亦上載三十二畫,長短觚邪,首尾牽掣,下不成兩,中不成八,上不成六十四,名爲自然,其實牽强。如乾本純奇,初畫與兌、離、震共,二畫與兑共,三畫始自完一奇,至四畫又與夬、大有、大壯共,五畫又與夬共,至上自完一奇,亦陽儀三十二分之一耳。六爻陰陽混雜,中邊攙越,即一乾而他卦可推,豈成法象? 朱子顧亟稱,以爲不假安排,自然流出。夫陽左陰右,本屬自然。今《圖》右陽而左陰,惟遷就乾一兑二、離三震四、巽五坎六、艮七坤八之序,以附合圓圖往順來逆之説。若左陽右陰,則一切不合矣。夫《説卦》所謂往順者,豈自震至乾? 而所謂來逆者,豈自巽至坤之謂與? 穿鑿强解,何謂自然? 又嘗推以六十四卦名義,乾畫一奇,連而爲八,與夬、大有、大壯、小畜、需、大畜、泰同體。坤畫一偶,亦分而爲八,與否、萃、晉、豫、觀、比、剥同體。凡此類,何所取義? 苟无取義,皆屬强合。則爲之解曰:伏羲作三畫耳,文王始重之。伏羲有畫无文字,文王始名之。夫《圖》既自謂如根有榦、榦有枝,而伏羲止三畫,是空榦也。文王重之,是空枝也。其説亦自背矣。古易自夏以艮爲《連山》,商以坤爲《歸藏》,此非六畫卦名文字乎? 非自文王始也。若使伏羲原无文字,秖傳空畫,文王雖聖,焉知三奇本乾,三偶本坤,一奇二偶爲震、坎、艮,二奇一偶爲巽、離、兑乎? 夫既謂幽贊于神明而生蓍、大衍、揲策,六爻備矣。蓍既作于羲聖,安得謂重卦不自羲聖始? 若羲聖止作三畫,未卒之業,夫子安得言庖羲氏王天下始作八卦乎? 故夫三畫者,羲聖畫之。六畫者,羲聖重之。乾、坤、屯、蒙等名,羲聖名之,文王因而演象。周公因而繫爻,孔子因而作傳。文王、周公、孔子之文字，皆羲聖之文字也。文王、周公、孔子之易，即羲聖之易也。今欲避卦名不合《圖序》之難，詭謂伏羲无文字，襲先天、後天之語，而以羲爲先天、文爲後天。天豈有二？其名既舛，謂三聖不同易，則離經畔道尤甚矣。據其說，以"天地定位"二章爲先天，以"帝出乎震"一章爲後天。未有聖訓，何據差別？夫謂伏羲止作三畫，文王重之，則所謂後天者，宜別有六十四說卦，奈何即伏羲之八卦，以爲文王之八卦也？其所圖先天，宜獨用三畫八卦，奈何又以文王六十四卦，規爲伏羲之先天也？是亦自亂其說矣。跡其圖无補于易，而糅綴纖巧，開雜家附會之端。不知朱子何所據，而以爲羲聖本義乎？羲聖作易，初无圖說。參天兩地，倚數得一，而八卦生矣。其奇偶往來，詳見《說卦》第九章。父母三索，以乾坤初、中、終爲序。六章至十章，歷歷可據，此外別无異說。邵氏之學，出自陳摶。陳摶者，華山羽流，學主養生，借八卦五行升降配四時節候，以調息馭氣。其于聖人開物成務，士君子進德脩業，道不同，不相爲謀。四時自行，五氣自運，天自清，地自寧，何煩聖人作易？聖人所以作易，其故可知。範圍天地，而非憂天地也；同運四時，而非爲四時也；出入鬼神，而非爲鬼神也；道合陰陽，而非爲陰陽也。然則聖人作易之故可知也。今以爲養生占測卜筮之用，跡其圖與四時五行消息配合，无足爲奇。蓋卦畫三百八十四，奇偶均停，隨意縱橫方圓，无所不可。如《參同》《悟真》《堪輿》《星卜》等書，天地日月水火心腎龍虎、九宫方位等圖，假託附會，不可勝計。大都與邵氏説相彷彿，皆小道可觀，致遠恐泥者也。烏足綱紀《大易》，而謬詡爲羲聖本義耶？夫易究《十翼》，即羲文无餘旨。《十翼》未通曉，而旁求異説，妄謂三聖不同易，其亦侮聖人之言也夫。

第十三章

子曰："書不盡言，言不盡意。"然則聖人之意，其不可見乎？子曰："聖人立象以盡意，設卦以盡情僞，繫辭焉以盡其言，變而通之以盡利，鼓之舞之以盡神。乾坤其易之緼耶？乾坤成列，而易立乎其中矣。乾坤毁，則无以見易。易不可見，則乾坤或幾乎息矣。是故形而上者謂之道，形而下者謂之器。化而裁之謂之變，推而行之謂之通，舉而錯之天下之民謂之事業。是故夫象，聖人有以見天下之賾，而擬諸其形容，象其物宜，是故謂之象。聖人有以見天下之動，而觀其會通，以行其典禮，繫辭焉以斷其吉凶，是故謂之爻。極天下之賾者存乎卦，鼓天下之動者存乎辭，化而裁之存乎變，推而行之存乎通，神而明之存乎其人。默而成之，不言而信，存乎德行。"

　　此章言學易者因文見道，實體諸身，則神明變化，无往非易矣。夫子曰言發諸口者无窮，文字不可以盡言；意存諸心者至深，言語不足以盡意。今以象辭觀易書而已，言而已，此其可見者。聖人之意，其可見乎？近意莫如象，故聖人立象以盡意，設卦爲象以盡事物之情僞，又繫之辭以盡其所欲言，非但言之而已。易者，變也，執一則窒。又變而通之，隨宜以盡其利。易者，神也，發揮則暢。又鼓之舞之，闡揚以盡其神。蓋雖不越卦象言辭，而變通鼓舞之意，凡可以象立，可以卦設，可以辭繫者，亦无所不盡矣。聖人之意，其可見耶？其未之見耶？論象卦辭，莫要于乾坤。其變與神，皆本自乾坤出。今以象觀乾坤，則一奇一偶，不過書言之粗跡。惟以意觀乾坤，則一陰一陽，實爲易道之底緼。天高地下，兩儀成列，易立乎其中矣。乾坤者，易之體。易者，乾坤之用。无乾坤則无易，无易則亦无乾坤，故觀乾坤而易可知也。蓋以形器觀，則天地爲法象，奇偶爲文字，乾坤器而已。以神化觀，則陰陽盡道，奇偶盡易，易豈外乾坤乎？是故凡象皆器，凡器皆形。達與未達，在上下之間耳。苟能悟于形器之表，則得聖人之意而謂之道。若局于形器之內，則狗象泥辭，誦言守書，謂之器而已。化而裁之，不拘于器，則謂之變。推而行之，无所不達，則謂之通。舉而錯之治國平天下，則謂之事業。孰非易也？誠不在爻象之末。而聖人之意，亦即存于爻象之中矣。故夫象者，聖人有以見天下之賾，欲擬其形容，象其物宜之謂象。聖人有以見天下之動，觀其會通以爲常履，繫辭焉以斷吉凶，使人知所履之謂爻。夫以天下至賾至動，非象與爻，意將何寄？故極天下之賾在卦，鼓天下之動在辭，聖人所以寓形上於形下也。然易道變化，竟非象辭所能盡。化裁之謂變，存乎能變而已。推行之謂通，存乎能通而已。變通以神，會神以明，存乎其人而已。易不在言，默而自成。聖人之意，不言而信，存乎躬行心得而已。所謂書言不盡者，其在斯乎！

　　易者，道之象。道生象，象生形，形生器。凡形之類屬器，凡器皆本于象。象者，无形而有可見。唯器有形，唯道无形。聖人作易畫卦，因器之形，以爲道之象。故象者，道器有无之間也。故曰“見乃謂之象，形乃謂之器”，象事知器。又曰：“形下爲器，形上爲道。”擬議于上下之間者，象也。易不越象。學易者因象見意，因器見道，因形下見形上，所謂下學而上達也。道器非兩，上下以精粗言，輕清屬上，重濁屬下。義理輕清，形器重濁，非截然爲二。故上亦曰形，所爭達與未達而已。卦、爻、象辭，即神化性命所以載。如樂非鐘鼓，不離鐘鼓；禮非玉帛，不離玉帛。世儒生破裂之見，而王弼氏遂謂得意忘象，至廢象而不講，非知易者也。此章之旨，正以明易本爲象，在人神明默成耳。聖人作易之意，散見于六十四卦之爻象，而其聚在乾坤之二卦。用易之道，散見于天下之事業，而其聚在一身之德行。故關朗曰：“易極乎神，而所神在人。易行乎天地之中者，人也。"張彝曰:"天地至神,必待人而存。"故愚曰:易有大極,人心之謂也。按筮法,掛一以象三,三謂三才,一謂人。一參兩中即太極在兩儀中,人即是一。道之一以貫者,人也。故道書云"天心,人也",亦以此。

周易正解卷十九

繫辭下

第一章

八卦成列，象在其中矣。因而重之，爻在其中矣。剛柔相推，變在其中矣。繫辭焉而命之，動在其中矣。吉凶悔吝者，生乎動者也。剛柔者，立本者也。變通者，趣時者也。吉凶者，貞勝者也。天地之道，貞觀者也。日月之道，貞明者也。天下之動，貞夫一者也。夫乾，確然示人易矣。夫坤，隤_頽然示人簡矣。爻也者，效此者也。象也者，像此者也。爻象動乎內，吉凶見乎外，功業見乎變，聖人之情見乎辭。

此章即易贊天地聖人之德業。德本乎易簡，業生于變動。易也者，變動之謂也。易有象有爻有辭。八卦成而奇偶列，則陰陽、四時、五氣之象，在八卦中矣。因八卦而每卦加八，重之爲奇偶者，凡三百八十有四。剛柔相交，而爲爻者在其中矣。爻者，畫耳。易，至變也，其變安在？即此卦爻剛柔往來相推不窮，而變在其中矣。變，至動也，其動安在？即此卦爻繫辭以告，而動之周流屢遷在其中矣。四〔一〕言在中者，皆易簡之義。夫辭非動也，辭所言之吉凶悔吝，即以生動。一卦而倏吉倏凶，六爻而或悔或吝，動而无定，皆以辭顯，是動之所生也。故乾剛坤柔，畫象既定，所以立本；往來變通，推移无常，所以趣時。趣，猶從也。辭有吉凶，動而不亂，所以貞勝。何謂貞勝？凡吉凶由勝生，由貞定。天時有定理，人事有定分。天定勝人，人定勝天。志一動氣，氣一動志。吉凶无常，惟貞乃勝。故小人偏固而招凶，君子執中而元吉。理有固然，貞勝同也。故觀瞻莫大乎天地，陰陽有乖戾，天地唯貞其所爲觀者而已；著明莫大乎日月，往來有晦暝，日月唯貞其所爲明者而已。貞于觀，故觀常一而不毀；貞于明，故明常一而久照。天下之動，雖吉凶悔吝萬端，而所謂寂然不動者，貞夫一而已矣。天地得一，故其德易簡。乾健以直，故確然示人易；坤順以承，故隤然示人簡。易簡即一也，天地所以動而不窮也。爻也者，效此一也；象也者，像此一也。爻象有剛柔，其得失動于身。則施爲有順逆，其吉凶見乎事；舉而措之天下國家，其功業見乎變。此其義皆已具于列卦重爻之中。聖人欲言之情，已見乎所繫之辭矣。神明德行，存乎人耳。

〔一〕四，早印本作“三”。

　　夫子繫辭贊易，皆洞指易道大原，借卦、爻、象辭形容，語上兼下，所謂兩端之言也。後儒執卜著作解，至以筮法老少爲變，點畫重交爲動。夫陰陽之有老少，不見于經。爻畫之有重交，不見于卦。皆後世卜祝巫史之説，而以解經，陋也。夫易者，變動而已。二篇之序，一正一倒，反覆周流。一卦之體，初變而二，二變而三，三變而八，八變而六十四，何者非變？夫豈待老？三百八十四爻，六位屢遷，吉凶悔吝隨時。初不住而之二，二不住而之三，以至于上，莫非動也。陰不住而之陽，内不住而之外，此不住而之彼，莫非動也。奈何獨取卜史重交當之？子云："六爻之動，三極之道也。"必重交而後爲三極，无重交而三極泯矣。又云"化而裁之謂之變"，則變豈老變少之謂與？夫子之言易也，惟恐人執爻象辭以局于著數之中，故約其旨而使平，廣其説而使大。後儒之解易也，惟恐不合爻象辭，以出于著策之外，必欲牽之使合，强之使就，則固而已矣。

　　易變而動，天下无往非動也。聖人有以見天下之動作易，而以吉凶悔吝繫之辭。動不可見而辭可見，故曰"繫辭焉而命之，動在其中矣"。又釋之曰：吉凶悔吝生乎動，解者謂：吉凶悔吝生于動，非其旨矣。夫謂"生乎動"者，以明辭之所以爲動也。今謂動生于吉凶悔吝猶可，若謂不動則无吉凶悔吝，易可以不動乎？易者，效天下之動也。天地不動，不成造化；聖人不動，不成功業。无動則乾坤毁而易不可見，故吉凶悔吝四者，无一息不變動于天地之間，所以爲易,故曰"逝者如斯"。世儒欲滅動,并滅吉凶悔吝,是二氏之意,非易本義也。

人生而静,本覺虚明,與大虚同神,隨感順應。已發之和,不離未發之中。顯仁藏用,事理一如。非緣感生,不隨應滅。故曰"天下之動貞夫一"。此《大易》本原,即所謂大極也。无思无爲不測之謂神。天地、日月、兩儀、四象,自此生。伏羲仰觀俯察得一,所以參天兩地而倚數。一陰一陽而爲道也,卦、爻、象辭變動吉凶悔吝,皆向此中發揮,故曰在中。曰此曰者,皆指一言也。釋氏以見性成佛爲不二法,蹈襲聖人貞一之旨。

第二章

天地之大德曰生,聖人之大寶曰位。何以守位曰仁,何以聚人曰財。理財正辭、禁民爲非曰義。古者包犧氏之王天下也,仰則觀象于天,俯則觀法于地。觀鳥獸之文,與地之宜,近取諸身,遠取諸物,於是始作八卦,以通神明之德,以類萬物之情。作結繩而爲網罟,以佃以漁,蓋取諸離。包犧氏没,神農氏作,斲_卓木爲耒,揉木爲耒_類,耒耨_怒之利,以教天下,蓋取諸益。日中爲市,致天下之民,聚天下之貨,交易而退,各得其所,蓋取諸噬嗑。神農氏没,黄帝、堯、舜氏作,通其變,使民不倦,神而化之,使

民宜之。易，窮則變，變則通，通則久。是以自天祐
之，吉无不利。黃帝、堯、舜垂衣裳而天下治，蓋取
諸乾坤。刳木爲舟，剡_{炎，上聲}木爲楫。舟楫之利，以
濟不通，致遠以利天下，蓋取諸渙。服牛乘馬，引重
致遠，以利天下，蓋取諸隨。重門擊柝_託，以待暴
客，蓋取諸豫。斷木爲杵，掘地爲臼，臼杵之利，萬
民以濟，蓋取諸小過。弦木爲弧，剡木爲矢，弧矢之
利，以威天下，蓋取諸睽。上古穴居而野處，後世聖
人易之以宮室，上棟下宇，以待風雨，蓋取諸大壯。
古之葬者厚衣之〔一〕以薪，葬之中野，不封不樹，喪
期无數，後世聖人易之以棺槨，蓋取諸大過。上古
結繩而治，後世聖人易之以書契，百官以治，萬民以
察，蓋取諸夬。是故易者，象也。象也者，像也。彖
者，材也。爻也者，效天下之動者也。是故吉凶生
而悔吝著也。

　　此承上章爻象動〔二〕乎內，功業見乎變而言。以推廣
天地古今之運，帝王創制立法，因時宜民，莫非象，莫非易
也。易者，生生之謂。天地之德至大，以其能生萬物也。
聖人之位爲大寶，以其能生萬民也。好生謂之仁，所以守

〔一〕衣之，早印本脱“之”字。
〔二〕動，早印本作“見”。

位也。養民謂之財，所以聚人也。理財以厚民生，正辭以防民邪，所以謂之義也。仁義立而帝王盛德大業備，易道舉矣。而要皆已具于爻象之中，是故宇宙一易也，帝王一象也，創制立法、興利除害一卦也。易作自包犧氏，而包犧氏之王天下，亦一卦也，其作易亦一卦也。方其作易也，仰觀天象，俯觀地法，如陰陽剛柔之類是也；觀鳥獸之文，龍馬、洛龜之類是也；觀地之宜，水火、山澤之類是也。近取諸身，乾首坤腹之類是也；遠取諸物，飛走動植之類皆是也。觀其象以會其通，于是始畫一，參天兩地倚數而作八卦。以乾、坤、震、坎、艮、巽、離、兌，通神明之德，以天、地、風、雷、水、火、山、澤，類萬物之情。于是結繩而作網罟，教民佃于陸，漁于水，取犧牲以供庖厨，故爲包犧氏。凡若此，蓋取諸離。離，文也，八卦皆文也。離，麗也，網罟所以麗也。豈獨火云乎哉？包犧氏没，神農氏作。以民未知農，乃斲木使鋭，爲耜以承鐵，揉木使曲，爲耒以鉤耜，教民耒以耕之，耨以耘之，稼穡之利。其益无方，蓋取諸益，豈獨風雷云乎哉？又以日之中，相期爲市，致天下之民，聚天下之貨，交易而退，有无相貿，各得所欲，蓋取諸噬嗑。噬嗑者，市合也。離日在上，震足在下，明而動，豈獨刑獄云乎哉？神農既没，黄帝、堯、舜作。斯時也，洪水既平，蒸民乃粒，思覿文明之化，三聖人因時變通，使民不倦，神明化裁，使民相安。夫易，時而已。窮則必變，變則能通，通則能久，久則不窮。奉天時者，自天祐之，吉无不利。故黄帝、堯、舜之治，千古獨隆。恭己无爲，垂衣裳而天下治，蓋取諸乾坤。易簡之善，即至德也，豈獨天地云乎哉？上古民未知利涉，聖人教民刳木而空以爲舟，削木而銳以爲楫，舟楫之利，濟水致遠，以利天下，是即風行水上，取諸渙也。民苦于擔負，疲于道路，古之聖人教以服牛引重，乘馬致遠，以利天下，隨其所欲往，蓋取諸隨，非必澤雷也。民苦于強暴，聖人設爲重門，擊柝示警，暴客未至，先事豫備，蓋取諸豫，非必雷地也。民雖粒食，未知脫粟，聖人教以斷木爲杵，掘地爲臼，木動于上，土止于下，用小而利徧，蓋取諸小過，亦即雷山〔一〕也。民未知威，施弦于木以爲弧，削木成銳以爲矢，親附者德懷，而睽乖者矢加，蓋取諸睽，亦即火澤也。上古穴地爲居，野棲露處，聖人易以宮室，上爲棟梁，下爲檐宇，雖有疾風苦雨，棟宇牢固，足以骿幪无恐，蓋取諸大壯，亦即雷天也。古之葬者，厚衣以薪，委于中野，不封土，不樹表，喪期无數，哀除則止，聖人易以棺槨。夫送死大事，大過者，陽之殂也，葬埋蓋取諸此，亦即澤滅木也。上古結繩記事，聖人始作文字，刻木合契爲信，百官之事以治，萬民之僞以察，職司不亂，詐僞不售，明決之至，蓋取諸夬，非獨澤天也。此十二〔二〕事者，卦各有象，象各有器。執象求象，不過天、地、風、雷、山、澤、水、火之交。而

〔一〕雷山，早印本作"山雷"。
〔二〕二，早印本作"三"。

象事知器，則自帝王因時立極，所以開物成務者，孰非无象之象，无畫之卦？皆可觸類而通矣。是故易者，道之象也。象者，器之像也。聖人畫卦設象以像易，尚象制器以像象。由像可知象，由象可知易，故彖、爻莫非象也。彖者，卦之材，剛柔善惡全體具，而其材可見矣。爻者，奇偶相推，周流不居，以效天地人事之動者也。故曰“六爻之動，三極之道”，而皆有象可見。動有得失而吉凶生，吉凶將至而悔吝先著，故曰“吉凶悔吝生乎動”，而其著者皆象也。善觀易者，即象以求八卦之理。天地帝王德業，不外彖爻而自得矣。

十二〔一〕卦，略舉先聖開物成務之事，見天下古今无往非易，示學易之準，明設象之義，以通象外之旨。屢言“蓋取”者，擬象之辭，故承之曰“易者，象也”。世儒因耒耜、宮室、杵臼之類，遂作“制器尚象”解。夫所謂“制器尚象”者，謂凡器皆有象，非謂易象爲制器設也。故曰“形乃謂之器”，“見乃謂之象”。卦亦象耳、器耳。又欲尚八卦以制器，亦迂矣。夫易者，天也。天者，時也。夫子于上、下《傳》，皆引“自天祐之，吉无不利”，以贊聖人奉天時行，得天之祐，堯、舜列聖皆是也。與天同運，所以爲易。豈徒“制器尚象”云乎？

易不外象，道不外器，故引古聖人之制器者以明象。

〔一〕二，早印本作“三”。

然易本以卦象器,而此云器取諸卦者,器資于道,事造于理也。古之聖人,非按卦制器,亦非按器設象。有此易道,即有此法象,自成此器用。聖人觀象立器,即器見道。道體无形,形乃謂器。道无可見,見乃謂象。觀象而道顯,因器而象形,故曰"象事知器",所以形上形下,道器一貫也。宇宙何器非道?何形非象?器皆可以見道,形皆可以示象,變通不窮,故謂之易。

第三章

陽卦多陰,陰卦多陽,其故何也?陽卦奇_雞,陰卦偶,其德行何也?陽一君而二民,君子之道也。陰二君而一民,小人之道也。易曰:"憧_充憧往來,朋從爾思。"子曰:"天下何思何慮?天下同歸而殊塗,一致而百慮。天下何思何慮?日往則月來,月往則日來,日月相推而明生焉。寒往則暑來,暑往則寒來,寒暑相推而歲成焉。往者屈也,來者信_申也,屈信相感而利生焉。尺蠖_忽之屈,以求信也。龍蛇之蟄,以存身也。精義入神,以致用也。利用安身,以崇德也。過此以往,未之或知也。窮神知化,德之盛也。"易曰:"困于石,據于蒺藜,入于其宮,不見其妻,凶。"子曰:"非所困而困焉,名必辱。非所據而據焉,身必危。既辱且危,死期將至,妻其可得見邪？”易曰：“公用射隼^箅于高墉之上，獲之，无不利。”子曰：“隼者，禽也。弓矢者，器也。射之者，人也。君子藏器于身，待時而動，何不利之有？動而不括，是以出而有獲。語成器而動者也。”子曰：“小人不恥不仁，不畏不義，不見利不勸，不威不懲，小懲而大誡，此小人之福也。易曰：‘屨校滅趾，无咎’，此之謂也。善不積不足以成名，惡不積不足以滅身。小人以小善爲无益而弗爲也，以小惡爲无傷而弗去也。故惡積而不可掩，罪大而不可解。”易曰：“何^{上聲}校滅耳，凶。”子曰：“危者，安其位者也。亡者，保其存者也。亂者，有其治者也。是故君子安而不忘危，存而不忘亡，治而不忘亂，是以身安而國家可保也。”易曰：“其亡其亡，繫于苞桑。”子曰：“德薄而位尊，知小而謀大，力小而任重，鮮不及矣。”易曰：“鼎折足，覆公餗^速，其形渥，凶。”言不勝其任也。子曰：“知幾，其神乎？君子上交不諂，下交不瀆，其知幾乎？幾者，動之微，吉之先見者也。君子見幾而作，不俟終日。易曰：‘介于石，不終日，貞吉。’介如石焉，寧用終日，斷可識矣。君子知微知彰，知柔知剛，萬夫之望。”子曰：“顏氏之子，其殆庶幾乎？有不善未嘗不知，知之未嘗復行也。”易曰：“不遠復，无祗悔，元吉。”天地絪因緼温，萬物化醇，男女構精，萬物化生。易曰：“三人行，則損一人。一人行，則得其友。”言致一也。子曰：“君子安其身而後動，易其心而後語，定其交而後求。”君子脩此三者，故全也。危以動，則民不與也。懼以語，則民不應也。无交而求，則民不與也。莫之與，則傷之者至矣。易曰：“莫益之，或擊之，立心无恒，凶。”

　　此章廣言易道變通，皆理數自然。人能静虚守正，循理而動，則无入不得，所謂窮神知化，致一之道也。以數觀，凡陽卦多陰，震、坎、艮皆一奇二偶；陰卦多陽，巽、離、兌皆一偶二奇。其故何也？陽卦二偶一奇，相倚爲五，五者陽之奇也；陰卦二奇一偶，相倚爲四，四者陰之偶也。此陰陽之數所以各殊也。若論其德行，衆不能治衆，治衆者至寡者也。故奇爲君，偶爲民。陽卦一奇二偶，是一君而二民，君子大公之道也。陰卦一偶二奇，是二君而一民，小人私利之道也。君子之道，常主一以貞動。小人之道，常二三以朋從。此陰陽殊德也。推此學易，易其可知矣。在咸卦之九四曰“憧憧往來，朋從爾思”，是二君也。夫大道无私，何容思慮？天下理同而其塗殊，塗殊而歸不能不同。天下心一而其慮百，慮百而致不能不一。得一，則无營何思，无爲何慮；失一，則多思多危，多慮多敗。然則何容思慮乎？天運有往來，人事有屈伸，皆理數自然。往則有來，來則有往。日月何思慮？而往來自生明。寒暑何思慮？而往來自成歲。往者先屈，然後來者得伸，若尺蠖之屈是也；來者欲啟，則往者必伏，若龍蛇之蟄是也。往來相推，屈伸相感，造化人事，同歸一致，雖殊塗百慮，不能違也。此時宜之義，不測之神。君子審時知幾，精義之微，入于不可知之神，所以推而致用，无不利也。外利于用，行无拂逆，以安其身，所以衛養其德而使之尊也。學至于此，順理從容，不思不勉，乃所謂同歸一致。過此以往，更何容吾知？蓋窮理而神，與虛同體，知融而化，與道合真，德斯盛矣。以利用安身，焉往而不得。若夫憧憧往來，祇自困耳。困之六三曰：“困于石，據于蒺藜，入于其宮，不見其妻，凶。”夫困者，屈伸之常，君子不免，而于名无損也。今非所困而困，則名辱，困則失據；非所據而據，則身危，身名兩敗，死亡立至，是以君子貴于利用安身也。在解之上六曰：“公用射隼于高墉之上，獲之，无不利。”解至上六，蹇難已平，乘高發矢，射无不中。此能藏器待時，故无憧憧之擾，利用之道也。若彼小人，日思朋從，不仁不義，知利不知害。其始也，小懲之不止；其究也，惡積滅身，是噬嗑始“滅趾”而終“滅耳”者也。故君子知危則安，知亡則存，知亂則治。否之九五，所以念其亡而固于苞桑也。苟貪尊位而不稱其德，好大而不量其知，任重而不揣其力，如鼎九四折足，不能勝任，其能利用安身也與哉？故凡天下吉凶禍福，莫不有幾。知幾則神。君子精義入神，往來屈伸，任運无心，不以徼福諂上，不以矜驕慢下。如此，則心安氣定，貞一不二，可與知幾矣。蓋幾者，動之先見，可以爲吉，而不至凶者也。君子見幾，起而斷之，不待日終，如豫六二"介于石"，則貞吉矣。不動如石，即一也，幾也，神也。有感遂通，寧用終日，斷可識微矣。君子知微知彰，而先事早辨，知柔知剛，而屈伸隨時，爲萬夫之望者，惟以其存神致一，能知幾耳。顏氏子屢空如愚，若无若虛，故介能如石。有不善萌即知，知即弗行，其近于幾者乎？復之初九"不遠復，无悔元吉"，斯其人矣。雖造化所以絪縕生物，男女所以構精生人者，亦以其能一耳。蓋人物生生有萬，而始化之幾惟一。一者兩之合，未有不致一而能生生變化者也。在損之六三，三則損，一則得，此即二民一君之道，言致一也。致一則知幾入神，利用安身矣。故君子安其身而後動，平其心而後語，固其交而後求。脩此三者，則可无憧憧之失。不然，輕動妄語貪求，其誰應而誰與？无與，則傷至矣。益之上九"莫益之，或擊之，立心无恒，凶"，此之謂也。无恒即憧憧也。

　　易道莫大于往來，神化變動，匪由人力，其象著于乾坤三索，其旨詳于數往知來，莫非一陰一陽之道，參天兩地之數，此所謂百慮一致，殊塗同歸也。小人不知天命，機械變詐，憧憧无恒，所謂二君一民之道也。君子洗心退藏，寂然不動，奉義而行，志常一，心常恒，所謂一君二民之道也。

天理陽明，私欲陰暗，虛靈常主，則一爲君，而衆邪退聽。情識牽累，則天君爲役，羣小得志，而政出多門矣。王輔嗣云：衆不能治衆。治衆者，至寡者也。動不能制動。制動者，貞夫一者也。君子小人所以分也。因引咸卦九四爻辭，以明一之義。上《繫》引七爻，發明擬議變化，而中孚居先，存誠以應用也。下《繫》引十一爻，發明同歸一致，而咸居先，裕感以養內也。蓋誠以立本，則外无妄動之失；感以无心，則內无二三之擾。“何思何慮”者，千思萬慮，猶未嘗思、未嘗慮也。日月寒暑往來，猶未嘗往來也。塗殊于其所由，不殊于其所歸，所歸同一家也。慮百于其所思，不百于其所无思，无思同一體也。得其歸則殊塗皆同，得其致則百慮皆一。此安身立命之地，即寂然不動之神。如尺蠖之屈，如龍蛇之蟄，伸與存即在于此。此非粗淺可到，須精義之極，乃能入。蓋義有方而神不測，入神，則義之盡矣。无適莫信果，從心所欲，周旋中道，乃能屈以爲伸，蟄以爲存，斯致用无不利，而身安德可崇。士苟致用齟齬，則其德亦卑。身安无累，則其道亦尊，此神之利用也。但此境地，一落見解，猶可以知知，雖神未神。精義至于入神以往，體无歸虛，與道合真，義至入神而窮矣，知至何思慮而化矣。神以无神，是曰窮神。知无所知，是曰知化。故曰“過此以往，未之或知”。豈但崇德？可謂盛德也已。蠖，曲蟲也。《漢志》云：“尺者，蒦也。”蠖之義蓋取諸尺，蚓之義蓋取諸引。引者，伸也。蠖于尺，伸于引。今人布指求尺，一縮一伸，如蠖之步，即尺蠖之義。“成器而動”者，既有成器，又待時而動也。君子不患无獲，患无時；不患无時，患无器；不患无器，患无含蓄，致一利用之道也。不恥不仁之小人，與積惡滅身之小人較異。不恥不仁，言必愧恥而後求仁也；不畏不義，言必畏懼而後思義也。懲惡在初，改惡在小，故引噬嗑初九爻辭明之。“屨校滅趾”，猶是中人可教者，與怙終滅身、何校滅耳之小人異也。“鮮不及”，謂及禍也。事理由〔一〕微而彰，至于彰，人皆知之，君子即微知其彰。物形由柔而剛，至于剛，人皆知之，君子即柔知其剛。故萬夫望之，以爲進退之法也。損卦自泰來，以未成卦觀之，乾下坤上，天交于地，絪縕之象也；以既成卦觀之，坤變艮男，乾變兌女，男上于女，構精之象也。“絪縕”，二氣濃密之狀。“醇”，和也。“構”，交也。“生”，育也。在人爲男女，在物爲牝牡。萬物莫不以兩致一，乃成變化。絪縕、構精，皆致一也。“致”，極至也。極其兩之所至，渾合爲一，此生生之幾，所謂“介如石”者也。介生于兩，如果穀之實，其萌牙出于兩甲之中。造化生幾，无不合兩爲一也。

　　上篇舉七爻，言擬議變化，所以齊天下之賾而慎其動也。此章舉十一〔二〕爻，言利用安身，所以一天下之慮而同其歸也。故易也者，和順于道德而理于義，窮理盡性以至

〔一〕由，早印本作“猶”。

〔二〕一，早印本作“三”。

于命者也。蓋宇宙變化，莫非一陰一陽往來屈伸，而大極本體，邇静而正，其來不拒，其往不迫，當然者不可易，而自然者不容已。惟聖人從容中道，寂然不動，感而遂通天下之故，能爲尺蠖以求伸，爲龍蛇以存身，與四時日月同運，與陰陽同其不測，百不礙一，歸不異塗。雖往來不息，而何思何慮，所以精義窮神知化，爲易道之至也。佛氏言妙真如性不動周圓，與此不殊。而陰陽剛柔之理，推勘不透，勉强差排，謂往來爲虚妄，屈伸爲幻影。雖言見性，而不勝煩惱魔障之苦；雖言平等，而鹵莽鶻突，銷殺不下。至毁形滅倫以求解脱，而縛乃愈甚。其于困以下十一〔一〕事，皆未能脱然也。聖道易簡精微，不越中庸，斯爲平等之至。

易六十四卦，極整齊中變化，極變化中整齊。“百慮一致”“殊塗同歸”兩語，括盡易象至理，易不過因此作。

第四章

子曰：“乾坤其易之門邪？乾，陽物也。坤，陰物也。陰陽合德而剛柔有體，以體天地之撰選，以通神明之德。其稱名也，雜而不越。於稽其類，其衰世之意邪？夫易，彰往而察來，而微顯闡幽。開而當名，辨物正言，斷辭則備矣。其稱名也小，其取類也大。其旨遠，其辭文。其言曲而中，其事肆而隱。

〔一〕 一，早印本作“三”。

因貳以濟民行，以明失得[一]之報。"

此言聖人作易，明造化之理，示人事之得失而已。易始乾坤。乾坤二卦，易書所從出也，故曰易之門。蓋一陰一陽之謂道，陰陽不可見，聖人畫奇爲乾，以象陽之健，是乾乃陽之物也；畫偶爲坤，以象陰之順，是坤乃陰之物也。乾坤者，陰陽之德性；剛柔者，陰陽之體質。乾坤列，是陰陽德合，而剛柔體立。剛柔立，則造物顯于有形，而天地之事以體。陰陽合，則玄化宰于虛无，而神明之德以通。此乾坤爲易之門也，而八卦由此出。雷、風、水、火、山、澤，成六子之名。屯、蒙、需、訟、師、比之類，成重爻之名。其稱名不謂不雜矣，而皆乾坤之一闔一闢，往來其中，未嘗越也。自太始以來，惟有陰陽，惟有天地，而窮究理數之類，至錯雜不可勝紀。則易雖作于隆古，已盡叔季之變；義聖之世，已括商周之事。是以文王、周公之辭，詳哉其言之，皆衰世之意。乾坤自然之運，聖人不能違也。夫造化往來相倚，幽顯相乘。易于其往者，能彰而不迷；其來者，能察而不遺。事之顯者，能見其微；情之幽者，能闡其隱。所以稱名雖雜而能開，各當其名而不越。有名必有物，以辨其陰陽剛柔；有名必有言，以正其善惡邪正。物辨之，言正之，而吉凶悔吝以著，則斷辭備矣。至于爻辭之繁瑣，有初、二、三、四、五、上、用九、用六，稱名雖小，其取類則皆天

〔一〕失得，早印本乙作"得失"。

地、帝王、君臣、父子、夫婦之大名；其旨皆盛德大業，三才之遠略；其辭皆經緯天地萬物，而煥乎其文。其言委曲而中情理，其事宏肆无所不該，又深奧而隱。蓋太始之初，道一而已。至于衰世，民行以貳。聖人以一退藏，而因二以濟民。蓋既始有一之後，陰陽判而剛柔異，好惡起而得失分。三才既立，象數斯備，此易所以剖抉元始，詳吉凶悔吝之數以濟民，以明得失之先兆，爲衰世之意也。

撰，造也。乾坤二卦，已包三百八十四爻。天地二儀，已含古今治亂。包犧之世，即見商周之際。所以先聖後聖，其辭同也。儒者妄謂四聖異易，抑獨何與？往來者，順逆之別。往即迎來，來即遇往。由此之彼謂之往，自彼就此謂之來。无往則不成來。幾，相乘也。如暑往寒來，暑漸去即寒漸來；如人赴長安，家鄉漸遠即是往，長安漸近即是來。彰往即察來，非有二也。稱名雜，謂六十四卦之名。斷辭，即爻辭。稱名小，謂三百八十四爻之名。貳，即二君一民之二，謂駁雜也。民行既二，則趨避失宜，故教之善惡以濟之。民行二則失得必迷，故示之吉凶以報之。貳者，兩象也。一分兩則萬事生，得失形，故聖人作易以明之。

第五章

易之興也，其於中古乎？作易者，其有憂患乎？是故履，德之基也。謙，德之柄也。復，德之本也。恒，德之固也。損，德之脩也。益，德之裕也。困，德之辨也。井，德之地也。巽，德之制也。履，和而至。謙，尊而光。復，小而辨于物。恒，雜而不厭。損，先難而後易。益，長裕而不設。困，窮而通。井，居其所而遷。巽，稱而隱。履以和行，謙以制禮，復以自知，恒以一德，損以遠害，益以興利，困以寡怨，井以辨義，巽以行權。

　　道自渾沌初開，世運未變，易未興也。逮包犧氏，世變始繁，于是始作八卦。吉凶以生，大業以定，故曰易興于中古。自包犧以降，代有作者，皆本義易敷演。故夏有《連山》，商有《歸藏》。至周而文王遭紂之難，更演其序而作彖辭。周公遇流言之禍，師文王而作爻辭。皆本造化，以明人事善惡邪正之理、吉凶悔吝之數。在上古有道德而无爻象，中古有爻象而无禍福，至衰世禍福如林矣，故曰"作易者其有憂患乎"？有憂患，故其辭詳也。銷憂弭患，莫先于德。是故"履"者，上天下澤以爲禮，非禮不履，則操持定而見外輕，故曰"德之基"。"謙"者，有功德而能不伐，則高而能持。不喪其有，所以爲柄。"復"者，一陽初還，在人心爲善念方新，改塗易轍，百行自此始，德之本也。復而不恒，雖復旋失。"恒"者，常久不變，德所以固也。不損則多累。"損"者，寡其所營，裁其所過，易惡去非，德之脩也。惡損則善益。"益"者，從容順適，天機長養，德之裕也。裕則忘困矣。"困"者，鬱閉不得通，知慧生于疢疾，德所以辨也。

辨而通爲井。“井”，通也。源泉時出，居安資深，德之地也。井深入，故能巽。“巽”，入也。一陰深潛于二陽之下，以柔馴剛，德之制也。此九德者，何以稱善？蓋履悅以承尊，素履和順，无陵暴之失，而從容自至也。謙本居尊，能卑則益尊，而其德愈光也。“復”者，善端方微，不越幾希，而禍福之物，先幾能辨也。“恒”，常也。事變紛紜，其心常一，中无厭惡也。“損”者，欲動而强自裁省，其初甚難，後洒然易矣。“益”者，進德之機，從容暇裕，而不强設以助長也。“困”者，窮極思通，有欲達之機也。井居其所，而淵泉活潑，利澤周徧也。“巽”者，因時順理，稱物之情，潛入不覺也。此九德之善也。舉而用之，履以和其行，周折中度，无乖戾矣。謙以制其禮，撙節退讓，无放逸矣。復以自知，天光內照，善惡難欺矣。恒以一德，常久不變，德无二三矣。損以遠害，嗜慾陷阱，慾寡則害遠矣。益以興利，積善餘慶，德崇而用利矣。困以寡怨，求通于己，自无怨于人矣。德如井，則靜深安定，慮无不精，可以辨義矣。德能巽，則深入稱情，可與行權矣。九德咸事，何憂患之有？九者，功本一貫，禮以爲基，謙以守禮，禮復則己克，而善念方新，常自保守，使私欲日損，天理日益，雖處危困之地，適足以自試其堅白，而辨其誠僞，淘汰簡鍊，以造于資深之源，退藏之密，順應行權，如御風而行，无入不得矣。憂患何能傷之？

　　上《繫》“聖人有以見天下之賾”一章，取七爻，論言動擬議;"天地之大德"一章,取十二〔一〕卦,論帝王致治;"陽卦多陰"一章,取十一爻,論涉世安危。此章又取九卦,論士君子處憂患,引而伸之,易可知矣。卜筮云乎哉?

第六章

易之爲書也不可遠,爲道也屢遷。變動不居,周流六虛。上下无常,剛柔相易。不可爲典要,唯變所適。其出入以度,外內使知懼。又明于憂患與故,无有師保,如臨父母。初率其辭,而揆跪其方,既有典常。苟非其人,道不虛行。

　　易之爲書也,其道不外尋常日用,不可遠求。其所以爲道者,神也,屢遷不測,其變无常,其動无定,不居其所。爻有六位,而位无常主,虛以待變,周流遷徙。如乾初九忽往坤上,則變爲剝。如坤上六忽來乾下,則變爲姤。以至諸卦,上下反覆,是无常也。又如乾以一陽易坤一陰則生震,坤以一陰易乾一陽則生巽。以至八卦,剛柔交錯,是相易也。何可拘以典常,繩以要約乎?學易者,唯其身之所處,變而不齊,以合于卦之所適,反而自占,出也慎其所往,入也謹其所歸,而動協于度,外不愧稠伍,內不侮暗室,而奉易使知懼。又明于凶咎而知憂患,察于幾介而知所以致憂患之故。身不在師保之側,常如父母之臨,兢業不息。

〔一〕二,早印木作"三"。

以此學易，雖其道屢遷，于其初也，率循其辭而勿敢違，揆度其方而惟恐失。其既也，率之久，揆之熟，无常者亦既有典常矣。誠有如是之人，而易道有不行乎？夫何遠之有？故曰："苟非其人，道不虛行。"

　易書者，神之象也。神不可測，象不可泥。得意以融象，得象以會神。故曰"虛"，曰"无常"，曰"不可爲典要"，兼神與象言也。于无方而揆其方，于无典要而有典要，則存乎其人。憂患者，乾惕之心，聖學之脉也。乾九三云"君子終日乾乾，夕惕若"，立人之道也。聖人本憂患作易，故諸卦首乾。學者亦當體乾學易。故曰："明于憂患與故，无有師保，如臨父母。"此學易之要也。

第七章

易之爲書也，原始要終，以爲質也。六爻相雜，唯其時物也。其初難知，其上易知，本末也。初辭擬之，卒成之終。若夫雜物撰德，辨是與非，則非其中爻不備。噫！亦要存亡吉凶，則居可知矣。知者觀其象辭，則思過半矣。二與四同功而異位，其善不同。二多譽，四多懼，近也。柔之爲道，不利遠者。其要无咎，其用柔中也。三與五同功而異位，三多凶，五多功，貴賤之等也。其柔危，其剛勝邪。

　易之爲書也，聖人有見于三才之理，惟是屈伸往來之變。其來爲始，其往爲終，往來不測，故畫卦設象，示人以質。質，正也。如六十四卦反覆相受之序，與逐卦六位往來吉凶之占，无非推明造化人事，原其始以要其終，使人以爲正據焉耳。然非私知强設。始終變化者，時爲之也。六爻剛柔相雜，亦惟時剛而剛，陽之物也；時柔而柔，陰之物也，莫非時也。原，推也。要，會也。終由始造，即始見終。卦初爲始，上爲終，聖人繫辭以定吉凶，惟初難知。蓋大極初生，奇偶初判，朕兆茫昧，欲定其從違得失之理，如乾之潛龍勿用，坤之履霜堅冰，非聖人不能知。知初者，知幾也。知幾則知來，知其初則其終可引伸而得，故卦至上而終，則易知矣。初與上，猶本與末，得其本則末自舉。故凡初爻之辭，必擬之而後言，卒至于上，成初之終而已。其在于人，志學之初，即定終身之準。一念之萌，即決素履之端。此初、上所以爲原始要終之地也。若夫初以後，終以前，其中履歷多端，二、三、四、五，所謂中爻也。錯雜剛柔之物，撰造陰陽之德，辨別人事之是非，而進退以致其變，交互以極其數，惟中四爻最詳。蓋初、上如天地，中四如四時。天地之變，非四時不備。初、上如老少，中四如壯强，生人之事，非壯强不備，此中爻所以當詳也。雖然，善知易者，烏用此數數爲哉？噫，一卦之中，亦要其存亡吉凶，居然可知矣。知者觀卦下象辭，思慮已得大半矣。況又初、上之質，中爻之備乎？中爻所以備，何也？二與四皆陰，互爲下體，其功同也。而内外之位各異，陰无專成，不敢論功。論其善，二善多安，四善多懼。二多安，以二近在下也。何也？惟剛能上，健行而致遠，柔之爲道，不利遠者。上行至四極矣，所以多懼也。其要之終得无咎者，惟其用柔得中，乃可以免，二所以多譽。不然，凡陰好上，未有能免者，如臣子之類是也。三與五皆陽，互爲上體，其功亦同，而内外之位亦各異。在三多凶，五多功，何也？五爲中極，居上爲君，三下爲臣，貴賤之等也。然其位皆陽，以陰柔居之，爲不當位，危而不安，其剛乃克勝邪？雖時不盡然，大較如此。“雜物撰德”，所以中爻爲備也。

　　易道惟往來屈伸之數，始終盡之矣。始終，時盡之矣。卦有定體曰質，爻无定用曰時，上下有等曰物。時不同，而物因時異。如龍爲乾物，潛、見、躍、飛不同者，時也。如鴻爲漸物，干、磐、陸、陵不同者，時也。“雜物撰德”，謂中四爻交互成卦。錯雜剛柔之物，撰造乾坤之德。錯雜雷、風、水、火等物，撰造震、巽、坎、離等德。蓋内外二卦，各有正德，又錯雜撰造，以別爲卦德也。不雜物則撰德不成，不撰德則象辭不備。卦有初、上，以象天地兩儀；中四爻，以象四時四方。天地定位不易，而四時氣候不齊，四方趣舍異俗，故互換以觀造化之變。先儒解易不及互，故象義闕如也。二與四互，三與五互，故曰“同功異位”。正卦六位，初至三爲下，陽包陰也；四至六爲上，陰含陽也。二、四互爲下，亦陰含陽也；三、五互爲上，亦陽包陰也。在正卦，三、四爲上下之際；在互卦，三、四爲往來之樞，故多凶懼。惟

二、五逸而有成，是以君子審所處也。譽、豫通，安也。四多懼而能懼，亦四之善也。二柔中，四不中而能懼，亦善用柔而无咎矣。

三才之道，責成在人。三、四正當人位，責任重大，世路艱險，故多凶懼。三與五同功，而位不得中，如否之爲小人，坎之爲坎窞，艮之爲列夤，此類皆三當之，故多凶。四與二同功而近，五乘下，凡休咎先五受之，如隨四“明功”，兌四“介疾”之類，皆四當之，故多懼。凡卦正倒往來，初、上相遠，休咎不相及；二、五皆不失中，下互二則五免，上互五則二免。惟三、四居上下之際，當往來之衝，皆不得免，吉凶悔吝交加，故多凶懼也。

第八章

易之爲書也，廣大悉備。有天道焉，有人道焉，有地道焉，兼三才而兩之，故六。六者非他也，三才之道也。道有變動，故曰爻。爻有等，故曰物。物相雜，故曰文。文不當，故吉凶生焉。易之興也，其當殷之末世，周之盛德邪？當文王與紂之事邪？是故其辭危。危者使平，易者使傾。其道甚大，百物不廢。懼以終始，其要无咎。此之謂易之道也。

易之爲書，包羅廣大，條件悉備，道通三才。故八卦三畫，上爲天，中爲人，下爲地。取八卦重之，兼三才爲兩，故成六道。不兩則不化，得兩而後變化行。所以天道曰陰陽，人道曰仁義，地道曰剛柔。初、三、五爲陽，爲仁，爲剛；二、四、六爲陰，爲義，爲柔，故畫必以六。六者非他，三才之道也。或以五、上爲天，三、四爲人，初、二爲地，又或以初、上爲天地，中四爲人。六也，三也，一也。故六畫而成卦，陰或居上，陽或居下，天與地一也。五爲君，二爲臣，人與天地一也。此所謂易三才之道也。道有變動，六虛周流，剛柔相推，陰陽相交，故曰爻。爻有上下貴賤等級，故曰物。物錯雜而彬彬，故曰文。錯雜而不相得，此順彼逆，故吉凶生焉。天高地下，萬物散殊。天曰天文，地曰地理，人曰人文。三才之道莫非文，文不當而吉凶生，天地聖人不能違，而脩吉悖凶存乎人耳。故“易之興也，其當殷之末造，周之盛德邪”？其“文王與紂之事邪”？故象、爻之辭多危懼。危則小心積德，而可使平矣；忘其危，則放易无備，而可使傾矣。安危存亡，變動不居，所謂吉凶生大業。故其道甚大，雖小而百物消長成敗，未有廢此者。但能如聖人敬止純一，知其危懼，永念厥終，无間于始，則同歸于无咎。此謂易兼三才之道，其要在人心而已。是聖人作易本義也。

　　文王演易首乾。乾者，自強惕厲之心。夫子《繫辭》終之曰“懼以終始，其要无咎”。至哉聖訓，可謂深切著明。先聖後聖，其揆一也。或者謂象辭未危，危辭多在爻，亦文王作，非也。周公承旨于家庭，目擊商周間事，晚遭三監之禍,故繫爻象多用文考事。孔子厄于春秋,作《十翼》。三聖遇同心同,故辭同。周公、孔子之辭,孰非文王之辭?何必危辭定自文王出也。

第九章

夫乾,天下之至健也,德行恒易以知險。夫坤,天下之至順也,德行恒簡以知阻。能説諸心,能研諸侯之慮,定天下之吉凶,成天下之亹亹者。是故變化云爲,吉事有祥。象事知器,占事知來。天地設位,聖人成能。人謀鬼謀,百姓與能。八卦以象告,爻象以情言。剛柔雜居,而吉凶可見矣。變動以利言,吉凶以情遷。是故愛惡相攻而吉凶生,遠近相取而悔吝生,情僞相感而利害生。凡易之情,近而不相得則凶。或害之,悔且吝。將叛者其辭慙,中心疑者其辭枝。吉人之辭寡,躁人之辭多。誣善之人其辭游,失其守者其辭屈。

　易統于乾坤。乾坤者,諸卦爻所由出也。在卦爻則爲奇偶之數,而皆原于一。在人心則爲易簡之理,而皆具于知。默而成之,存乎德行。乾非爲天,是至健之德也。行乾之健,則專一直遂,易而不難。中心易直者,能照危險之情,所謂能通天下之志也。坤非爲地,是至順之德也。行坤之順,則安貞得常,簡而不煩。行事簡静者,能徹煩擾之蔽,所謂能成天下之務也。蓋人心一動一静,具有乾坤。良知何思何慮,自然易簡。无知而无不知,无爲而无不爲,所謂寂然不動,洗心退藏之密。故從容和易而能悦,極深研幾而能慮。從違必審,而能定天下之吉凶;幾務必決,而能成天下之亹亹者,皆易簡之知也。故以之應務,則變化云爲,有感遂通,吉事將至,必有休祥。未覩其器,而觀象知其器;未見其事,而占數知其來。此孰非乾坤自然之德,易簡之知乎? 天地設位而易道行,聖人作易以成天地之能。人謀知其是非,鬼謀知其吉凶。人神非邈,百姓雖愚,亦可與能,此莫非易簡也。易簡而天下之險阻何能蔽之?八卦成列,告以吉凶之象;爻象繫辭,語以吉凶之情。卦畫有剛柔,其往來雜居,吉凶之象易見,而吉凶之情言于爻象之辭者,紛然難齊也。由象辭觀之,凡言利者,以卦體變動而言也;由爻辭觀之,有吉有凶,與象相違者,又因各爻之情而遷也。此莫非乾坤,而爲險爲阻,惟易簡者能知之。蓋吉凶也者,由愛惡相反而相攻,勝者吉而敗者凶也。悔吝也者,由遠近相違而相取,失則悔而不得則吝也。利害也者,由情僞相感而不相通,通則相利,而不通則相害也。斯三者,皆易之情。然相攻、相取、相感之三情,總生于相近之一情。爻有承乘比應,近而不相得,則或相攻而爲凶,或相感而爲害,或相取而悔且吝。然則人情難處,莫如相近。天下險阻,莫不生于相近。同此乾坤,非斯人之徒而誰與? 聖人德行易簡,悦心研慮,是以設象繫辭,而人情之險阻不能違矣。蓋辭也者，情之所生，象之所形也。是故叛去正理者，其辭必慙；中心懷疑者，其辭必枝。有養之吉人，其辭安靜而寡；輕率之躁人，其辭誕妄而多誣。善爲不善者，其辭浮游不定；自喪其操守者，其辭理屈不伸。情之險阻，過于丘山；辭之徵心，信于符節。故曰："鼓天下之動者，存乎辭。"聖人作易，詳于辭，有以也。孟子知言之學，蓋本諸此。六十四卦，莫非乾坤。而剛柔變化，吉凶悔吝利害，莫不由乾坤易簡出，所謂善惡同出于大虛也。聖人作易，設象繫辭以示天下。故辭者，聖人之情，亦即天下險阻之情。此章本乾坤易簡，推極于六辭，總括易書之終始也。險與阻異，險者中陷，阻者外塞。乾動于陰中則成坎，易以知險也；坤動于陽中則成離，簡以知阻也。水不可入，故陷于中而不得出；火不可近，故阻于外而不得入。乾自上臨下，所見爲險；坤自下升上，所向爲阻。來則墜險，往則被阻也。"能研諸侯之慮"，"侯之"二字衍文。亹亹，勉強成事之貌。云，旋也，與營通，往來營謀也。八卦該言六十四卦也。爻象以情言，謂爻辭、象辭以吉凶語人也。剛柔雜居而吉凶可見，此申言卦畫象之易見也。變動以利言，吉凶以情遷，此申明象爻辭之難知也。蓋辭即言乎其象者也。卦體以變動而成，故象辭多言變通之利。如柔來而文剛、分剛上而文柔之類是也。雖不美之卦，象多利辭，緣其初本因窮而變，變而成卦，卦成復變，變則通，所謂變而通之以盡利，故曰"變動以利言"也。若逐爻細觀，則吉凶之辭又異于象，故曰“吉凶以情遷”也。“愛惡”以下，皆吉凶情遷之事。“將叛者”以下，皆言因情所遷之辭與因辭可見之情，而象在其中。蓋命辭之法，各象其爻之情；而觀象之法，各據其爻之辭。于四情而見聖人之知險知阻，于六辭而見聖人之悅心研慮，所以定天下之吉凶，成天下之亹亹者，莫非乾坤易簡之知能也。

本論卦爻之辭，并及六辭者，皆辭之象也。凡人之辭，是非可否，皆以情遷。卦爻之辭，吉凶悔吝，亦以情遷。此亦象事知器，占事知來之意也。聖人易簡之知，不逆不億，自然先覺者，得之辭而已。故曰：“辨吉凶者存乎辭”，“鼓天下之動者存乎辭”，“以言者尚其辭”。辭也者，各指其所之。聖人繫辭焉以盡其言，此也。率辭能揆其方，乃可言易。不知言，无以知人也。讀易而不玩辭，與聞人之辭而不得人情，是皆未爲知易也。

周易正解卷二十

説　卦

此篇亦夫子所作《十翼》之一,詳說諸卦象數之義也。

第一章

昔者聖人之作易也,幽贊於神明而生蓍,參天兩地而倚數,觀變於陰陽而立卦,發揮於剛柔而生爻,和順於道德而理於義,窮理盡性以至於命。

幽贊,猶言默相。神明,猶言神靈。生蓍,猶言作蓍。生者,自然之意,非人力也,猶大極生兩儀之生。蓍,蒿草,以蒿爲筮策也。古聖人作易而《圖》《書》出,蓋神明默相之。聖人因以作蓍策,大衍之數所以生也。參天兩地,指伏羲始畫一也。一生爲奇,即分二爲偶。中立曰參,附合曰兩。奇陽爲天,偶陰爲地。凡數皆奇偶相倚而生。倚,猶因也。奇參偶中,偶兩奇畔。交相因依曰倚。參兩倚爲五。五者,《圖》《書》之中,六、七、八、九以生,八卦以成。三百八十四爻,萬有一千五百二十之策,皆由此出,故數倚參兩也。然言參兩不言一，何也？數莫非一也。一非常住，一者，元始也。元始虛无，无象无數。聖人欲設象作易，而虛无不可象，于是始畫一。一與虛无已隔，不可以一即虛无，故以大極名虛，而以奇名一象陽。要之一雖非虛，而象虛者莫如一。方其虛也，一亦无有，纔有一，即破爲二，二一即三，三二即五。故一无獨成，奇生偶隨，相參相兩生五。五者，數之大宗。參兩者，一之圓神。畫不外乾坤，數不越參兩。是故《圖》《書》之數，五位相得，奇偶相依。天一地二，天三地四，天五地六，天七地八，天九地十，皆天地相倚而生，所謂參兩也。大衍之數，一與二倚，二與三倚，三與四倚，四與五倚，五與六倚，以至于七、八、九、十，皆參兩也。卦三奇爲乾，三偶爲坤。乾坤往來生六子，六子往來生六十四。陰來陽中爲偶，陽往陰中爲奇，皆參兩也。三畫爲下卦，兩其三畫爲重卦，錯八爲六十四，亦參兩也。筮策三三爲老陽，兩三爲老陰，二兩一三爲少陽，二三一兩爲少陰，亦參兩也。三畫之卦，初爲地，二爲人，三爲天。兩其三畫之卦，天地人三才各兼兩，莫非參兩也。故數不越參天兩地相倚。或者以奇圓圍三，陽用其全，謂之參天；偶方圍四，陰用其半，謂之兩地。夫圍三圍四，乃一、三、五之所生，非以生一、三、五也。奇圓內徑一，外圍三，是一生三，陽實外生之象也。今獨用外圍之三，而棄內之一，是陽亦未用其全也。偶方內徑一，外圍四,是四〔一〕抱一,陰虚內含之象也。今僅用外圍之半,而併棄中之一,又何取爲兩地乎?且謂之兩者,非地自兩也。參者,非天自參也。天地交,奇偶合,乃有參兩之名。蓋指《圖》《書》中五,包天地而言易數之本也。觀變于陰陽而生卦者,謂三奇純陽爲乾,三偶純陰爲坤。乾一變而成震,再變三變而成坎艮;坤一變而成巽,再變三變而成離兌之類。諸卦皆自乾坤變,故曰"觀變于陰陽",以卦之全體言也。"發揮"者,發越揮散,謂卦爻剛柔,上下往來而成六位,以逐爻之細數言也。陰陽,氣也,氣不可見。剛柔,質也,質則有形。陽氣不可見,畫爲剛爻以發之;陰氣不可見,畫爲柔爻以發之。氣生質,陰陽生剛柔,卦生爻。蓋兩儀分而陰陽立,陰陽變化而剛柔生。聖人觀其變化以立八卦之體,發揮于剛柔以生卦中之爻。爻不越剛柔,卦不越陰陽,數不越天地,易不越乾坤,乾坤不越易簡。故凡蓍數卦爻,非强造也,非粗迹也。鬼神、天地、陰陽、剛柔,皆道德義理性命,而蓍數卦爻由此生。與一陰一陽之道,至易至簡之德,相爲調和順適,非人爲之私也。條理于義,而得化裁之宜。窮乎萬事當然之理,盡乎人物自然之性,以極至乎天道本然之命。蓋命者性之原,性者理之原。恒人愛惡相攻,情僞相感,吉凶善惡,紛然淆亂,所謂百慮殊途,輾轉迷惑,遂失本初。聖人觀變發揮,使學者擬議變化,以平其暴

〔一〕 四,早印本作"五"。

戾，覺其迷亂，理得則性復，而人與天合，天人合而易无餘蘊矣。此聖人作易本義，故《説卦》首推原道德性命仁義，以見易非象數著策之迹而已也。前言大極生兩儀，兩儀生四象，四象生八卦，自无而向于有也。此言窮理盡性以至命，自有而還諸无也。

一陰一陽者，易之道。陰陽之間曰繼。參天兩地者，易之數。參兩之合曰倚。生生之謂易，未有陰陽不相倚而能生者。卦畫之始，得一而已。畫起一奇，即分爲偶。奇偶相倚，即成參兩。凡陰陽之數，一立則二分而在外，兩合則一函而居中。陽倚陰，陰倚陽也。如人手指五，中空四，虛實相倚，居然成九，即《圖》《書》中五與爻位九五之象也。指實象，陽爲奇，空間象陰爲偶。指爲參，空爲兩。兩者，空間也。參者，中立也。此亦足以明參天兩地之義矣。而説者謂三奇爲乾，謂之參天，三偶爲坤，謂之兩地，似也。然此自成卦以後論乾坤，非自乾坤以前觀參兩，是分二三以釋參兩，非合二三以成參兩也。三之爲參，非謂三即是參；二之爲兩，非謂二即是兩。一生即成參兩，參兩即成五，故曰得一萬畢，成卦成爻，舉在其中。故夫一者，靜虛之體也。在人爲性，在天爲命，在事物爲理。事物變化萬有不齊，莫不各有當然之理，各具于人物本來之性，同出于大虛自然之天，所以爲百慮一致，殊途同歸也。凡民情欲攻取，營營亂性，世道所以交喪。聖人立卦生爻，教人窮究事物之理，以融其觚棱乖刺之迹，理順則性定，虛以應實，靜以化動,會萬爲一,是謂盡性。然性猶屬人耳,我與人與物各一性,以性接物,未能忘性,則猶未離人,未達天。窮理盡性,以至于虛極靜篤,无聲无臭,與天載同神,則性與天合,乃至于命。聖人作易,立卦生爻,始畫一,命象也;參兩,性象也;倚數,理象也,皆所謂設象以盡意也。

　　和順道德理于義,窮理盡性至于命,此聖教所以與二氏異也。二氏言性命而不窮理,不知道德仁義,但空一切,以爲知常復命,明心見性,自謂于事理无礙,其實勉强差排,如告子不得勿求,莊生以不齊齊物,鹵莽滅裂,无精義之功,復命而不本諸性,見性而不根諸理,强事以從心,拂人以貪天,卒至毀常滅倫而不可用也。故聖學在致知格物,物格而後知至,則心意與天下國家通,而天人性命一貫。故易者,格物致知之學也。

　　此章之言,由粗入精,由蓍策而卦爻,而道德義理性命。借蓍策以推性命,因[一]蓍策以學易,非本蓍策生易也。朱子遂謂易卦皆生于蓍,引《龜策傳》云:天下和平則蓍草生。然則伏羲未作卦以前,地不産蒿邪? 迂且舛矣。

第二章

昔者聖人之作易也,將以順性命之理。是以立天之道曰陰與陽,立地之道曰柔與剛,立人之道曰仁與

〔一〕借蓍策以推性命因,早印本作"始性命而終蓍策由"。

義。兼三才而兩之，故易六畫而成卦。分陰分陽，选用柔剛，故易六位而成章。

昔者聖人作易，非强造也，將以順人性天命自然之理也。性命之理，著于三才。三才之道，非兩不立。道必有與而後成兩。天有二氣，曰成物之陰與施生之陽，是以兩立天道也；地有二形，曰順承之柔與持載之剛，是以兩立地道也；人有二性，曰愛惠之仁與斷制之義，是以兩立人道也。三才之道，性命之理也。道兼兩，則變化行。三才皆兼，其道皆兩。所謂一陰一陽者，非天獨陽、地獨陰也，三才皆一陰一陽。故聖人作易，兩其三爲六畫而成一卦。初、二爲地，三、四爲人，五、上爲天，所以兼三才也。天有陰陽，地有柔剛，人有仁義，所以兩之也。分二、四、六爲陰，初、三、五爲陽。或剛往柔來，或柔往剛來。选相爲用，錯雜而成文章，以盡陰陽之情，成一卦之用，亦猶地承天施，發生斂藏，惟其時耳。聖人本此作易，順性命之理，所以仁義选用，經緯人道，而參天兩地在其中矣。故易者，三才之道，非蓍數卦爻之跡而已。

天一氣耳。陰陽二氣，盈虛消息之類是也。地聚爲形，剛柔成形，高下平陂之類是也。人生有性，仁義成性，好惡刑賞之類是也。所謂幽明之故，生死之説，鬼神之情狀，皆不外此。大抵三才統于天，道統于陰陽。剛柔者，陰陽聚而爲形。仁義者，陰陽繼而成性也。天道本陽，而陰爲之始；地道本柔，而剛爲之質。人道務義，而仁爲之心。

參之爲三,兩之爲六,合之惟一。兼三才而兩之者,謂非分析而兩也。世儒分析爲兩,而弊且支離矣。

《繫辭》論易,歸重于守位正民曰仁義,《説卦》歸重人道亦曰仁義,可知聖人作易本意。而豈卜筮云乎?程正叔謂知易莫如孟子,亦以其言仁義也。

第三章

天地定位,山澤通氣,雷風相薄_博,水火不相射_石,八卦相錯。數往者順,知來者逆,是故易逆數也。

此章序八卦之象,以明重卦之義。卦凡八而已。六十四者,八之別也。每八加八,是爲八八,无所謂六十四也。説見《繫辭》上篇“大極”章。蓋易者,陰陽之氣,摩盪而生變化,故曰“天地設位”,而易行乎其中。聖人作卦以象之,三奇而乾爲天,三偶而坤爲地。天高地下,乾坤定位,此易之門也。地有山澤,乾九三與坤六三往來,其氣相通,所以象之而爲艮兑也。天有風雷,乾初九與坤初六往來相薄,所以象之而爲巽震也。天地之中氣爲水火,乾九二與坤六二往來不相射,所以象之而爲坎離也。天地之間,六氣同運,使乾坤位而陰陽不交,六子分而剛柔不和,則變化不行,易不可見。是以聖人于八卦之上,各以八卦挨次錯磨,往來周流,而三才之變形矣。然伏羲之錯八卦也,爻位皆自下而上。文王之序六十四卦也,各卦又自上而反下,何也?天地之間,往來而已。八卦相通、相薄、不相射、相錯,往來之象也。往來相倚，順逆相因。自上下來曰順，自下上往曰逆。陽自下起，《圖》《書》履一，人上達天，故易數皆由下生也。自下往上本逆，而由初適二，由二適三，其數則順也。自上來下本順，而三先二來，二先初來，其知則逆也。蓋内外體用遠近之數自此往，而吉凶悔吝得失之兆自彼來。雖往與來有二象，而順與逆非二機。往之所至即來，來之所過即往。往以致其來，數以探其知，逆以迎其順。未有往而不來，來而不往者。是故乾坤生六子，皆自下而上，造化以往屈而致來伸也。卦爻六位，皆自下而上，易以彰往而爲察來也。事未來而吉凶悔吝先知，則不迷于所往。此聖人畫卦作易之本義也。

天地山澤，解見後八卦之象。乾坤純體，奇偶无交，故曰“定位”。艮與兑交，故云“通氣”。震與巽交，故云“相薄”。坎與離交，故曰“不相射”。通之言貫也。山與澤，一高一下，水脉灌注，其氣相貫通也。薄之言迫也，雷與風一動一入，氣合而勢相迫也。射之言蝕也，侵害之意，水與火一寒一熱，似相侵，而下燃上沸，以成既濟，不相射也。相薄不相射，語意互見。雷風似相薄而相合，水火似相違而不相射。坎離得天地之中，急人生之用，故易序二卦居中，以既、未濟終焉。此章亦首乾坤，終坎離也。

觀此章之言，重卦自羲聖愈明矣。天、地、山、澤、風、雷、水、火者，三畫之象也。“八卦相錯”者，錯爲六畫也。諸卦皆天、地、山、澤、風、雷、水、火八者之交錯，故卦惟有八耳。如一乾爲體，而坤、艮、兌、震、巽、坎、離錯其上，皆乾也。一坤爲體，而乾、艮、兌、震、巽、坎、離錯其上，皆坤也。餘六皆然，故曰"八卦相錯"。或謂專指三畫，非也。磨石曰錯，相錯猶相磨也。圖詳于後。

化機无停，不越往來。天地古往今來，日月晝往夜來，四時暑往寒來，人物生往死來。萬事萬物，新新非故。恒久不已者，惟其往來耳，所以變動不居而爲易，故曰"一陰一陽之謂道"。聖人設爲卦爻以象之。乾坤者，陰陽之象也。六子相通、相薄、相射。八卦相錯者，往來之象也。"順逆"者，此往彼來，相迎之機也。"數"者，往之所歷也。"知"者，來之所報也。不言易順理，而言易逆數者，聖人憂患貴知來也，能知來則能利往。是故知往而不知來，能順而不能逆者，凡民也。故凡卦爻所言吉凶休咎，善惡邪正，未見其形，先知其理，故曰逆。逆者，順之所合也。首章言順道德，次章言順性命，易簡自然，物皆同也。惟其習而不察，則知往而不知來，故聖人教以逆數，使之知來。如坤初六履霜，馴致其道，龍馬疑，天地戰，臣弑君，子弑父，皆以其順而不知逆，往而不知來也。故《文言》曰"非一朝一夕之故"，蓋言順也。聖人作易以前民，憂患以知來，觀變立卦，發揮生爻，參伍錯綜，鉤深致遠。爻以正而求變，卦以順而反倒，莫非逆數，教人順道德性命之自然也。其理本順，其數則逆。非能拒其來，而能不迷其往。故君子行所无事，樂天循理，順也；其操心慮患，朝乾夕惕，逆也。故夫昏迷放佚者，順之失；反身克己者，逆之功。蓋自大極分爲儀象，吉凶善惡，日遠于初。聖人原始要終，窮理盡性以至命，精義入神以知化，未覩其器，先見其象，因器會道，因象會意，百慮反于一致，殊途要于同歸，皆所謂逆也。是以聖人知幽明之故，知生死之説，通乎晝夜之道，而知元亨利貞，利有攸往，而和順于道德性命之自然也。

錯乾 {
乾乾☰乾
坤乾☷泰
震乾☳大壯
坎乾☵需
艮乾☶大畜
巽乾☴小畜
離乾☲大有
兌乾☱夬
}

錯坤 {
乾坤☰否
坤坤☷坤
震坤☳豫
坎坤☵比
艮坤☶剝
巽坤☴觀
離坤☲晉
兌坤☱萃
}

錯震 {
乾震☰无妄
坤震☷復
震震☳震
坎震☵屯
艮震☶頤
巽震☴益
離震☲噬嗑
兌震☱隨
}

錯坎 {
乾坎☰訟
坤坎☷師
震坎☳解
坎坎☵坎
艮坎☶蒙
巽坎☴渙
離坎☲未濟
兌坎☱困
}

錯艮
| 乾艮☶☶遯 |
| 坤艮☷☶謙 |
| 震艮☳☶小過 |
| 坎艮☵☶蹇 |
| 艮艮☶☶艮 |
| 巽艮☴☶漸 |
| 離艮☲☶旅 |
| 兌艮☱☶咸 |

錯巽
| 乾巽☰☴姤 |
| 坤巽☷☴升 |
| 震巽☳☴恒 |
| 坎巽☵☴井 |
| 艮巽☶☴蠱 |
| 巽巽☴☴巽 |
| 離巽☲☴鼎 |
| 兌巽☱☴大過 |

錯離
| 乾離☰☲同人 |
| 坤離☷☲明夷 |
| 震離☳☲豐 |
| 坎離☵☲既濟 |
| 艮離☶☲賁 |
| 巽離☴☲家人 |
| 離離☲☲離 |
| 兌離☱☲革 |

錯兌
| 乾兌☰☱履 |
| 坤兌☷☱臨 |
| 震兌☳☱歸妹 |
| 坎兌☵☱節 |
| 艮兌☶☱損 |
| 巽兌☴☱中孚 |
| 離兌☲☱睽 |
| 兌兌☱☱兌 |

八卦相錯之圖

上八卦相錯，其名六十四，其實八耳。故聖人但言八卦，未嘗言六十四卦。六[一]十四者，亟數其物耳。況謂六十四上，復加爲六十四，此莊周所謂孟浪之言矣。

易卦乾坤而已。乾坤立而天地位，交相往來，是生六

〔一〕“六”字前，底本有一墨釘。

八卦往來之圖

子。雷風者,天之氣。山澤者,地之形。水火者,天地形氣
之中。故六子皆乾坤化生也。獨陽不生,獨陰不生,乾坤
交而後六子生。獨往不交,獨來不交,往來相迎,而後其交
成。合二卦觀之,乾往坤初,坤來乾初,是爲震巽。乾往坤
中,坤來乾中,是爲坎離。乾往坤終,坤來乾終,是爲艮兌。
分二卦觀之,乾往坤初則爲震,乾又進往坤中,則坤來乾初
爲坎。乾又進往坤終,則坤來乾中爲艮,坤往乾初則爲巽。
坤又進往乾中,則乾來坤初爲離,坤又進往乾終,則乾來坤

中爲兌。此往則彼來，彼來則此往。自此往彼，自初往終，謂之順。自彼來此，自終來初，謂之逆。暑往寒來，寒往暑來，日往月來，月往日來，人物所以生成，世變所以廢興，皆由此。未有獨往不來，獨來不往者。不往无以致來，不來无以成往，不往不來无以成造化，故曰“往者詘，來者伸”。尺蠖之詘以求伸，尺蠖不詘不得伸。造化不往不得來，往來相迎，故曰逆。逆者，迎也。往來者，相迎之象也。文王演卦，一正一倒。前卦順而下來，後卦逆而上往，皆所以極往來之數，窮順逆之變，故曰“數往者順，知來者逆”，易“逆數”也。聖人作易，彰往察來，其象如此。

　　泰、否、咸、恒、損、益、既濟、未濟，此八卦者，乾坤六子之正交也，爲上下二篇序卦之要領。上經首乾坤，天地定位，歷十卦奇偶各三十畫，而遇泰否。泰否者，天地之大運也。下經首咸恒，山澤通氣，風雷相薄，亦歷十卦奇偶各三十畫而遇損益。損益者，人事之大分也。上經首乾坤，終坎離，坎離成乾坤之能。乾坤定位，故坎離不交。下經首男女，終既濟、未濟，水火極生人之用，男女交，故水火亦交，既濟復變爲益，未濟復變爲損也。大抵德莫大于天地，功莫大于水火。故上經三十卦，言天地陰陽，而水火居多。下經三十四卦，言六子五行，而山、澤、風、雷居多，夫子此章之言，提挈其旨，明易道大綱，學者習而不察耳。

　　宋邵雍氏援夫子此章之言，撰圖名“先天卦位”，伏羲之易，對待之體也。又援後章“帝出乎震”，撰圖名“後天卦位”，文王之易，流行之用也。夫對待流行有兩名，非兩時兩事也。況可分爲兩易乎？有體即有用，不用則體爲頑質。有對待即有流行，不流行則對待爲偏枯。易道圓融，此際豈容分先後？今據夫子之言，第云“天地定位”，未嘗言乾居南、坤居北也。第云“山澤通氣”，未嘗言山居西北、澤居東南也。第云“雷風相薄”，未嘗言雷居東北、風居西南也。第云“水火不相射”，未嘗言離居東、坎居西也。所謂“通”與“薄”與“射”，謂二氣變化相資，非謂其位相對，而後見其相通、相薄、不相射也。子云“乾，西北之卦”者，以天位乎上，天體西北高也。坤不言位，四方无非地也。火金之間土氣多，故言坤。今圖以乾居北，坤居南，是天地平立，上下无等也。既以乾坤居南北，則自不得不移離東，移坎西。夫北方寒涼，南方炎熱，風氣可憑；向南明爽，向北幽暗，形象可徵。故子云：離者明也，南方之卦；坎者水也，北方之卦。今移離火歸東，坎水歸西，果何據乎？子云：艮東北之卦，兑正秋也。今移艮居西北，兑居東南，豈以西北多山，東南多水與？然所謂山澤通者氣耳，非相對爲通也。如雷與風薄，以震巽氣接耳，未有遠相對而可以相薄者。惟其以兑居東南，則不得不移巽居西南，移震居東北。然聖人既言震東方，巽東南，萬物出震齊巽甚明也。今謂風起西南，又何據乎？雷起東北，是寅方也。寅爲正月，豈雷發聲之時？其説既无一可通。乃又據此撰爲橫圖，以乾一兑二、離三震四、巽五坎六、艮七坤八爲序，其謬已詳上篇。又取橫圖圓之，橫則始乾終坤，圓則純奇純偶，自相抵捂。无何，乃自震巽中斷，顚倒湊合。自知无稽，引"數往者順，知來者逆"强解，云一陽起震，歷離兌至乾，六陽爲順往；一陰起巽，歷坎艮至坤，六陰爲逆來。謬也。按子云"雷風相薄"，未言卦自雷起，是猶可曰"帝出乎震"也。以震歷離兌乾爲順，而以巽歷坎艮坤爲逆，聖人有此明訓乎？畫卦既始乾終坤，畫圖又逆坤順乾，其杜撰甚矣。果若巽至坤四卦知來，震至乾四卦數往，則是八卦數往者不能知來，知來者不能數往，易不得爲逆數，其必爲一順一逆之數然後可。而朱子曲爲之解曰：易之生卦，以乾兌離震巽坎艮坤爲次，皆逆數也。若是，則夫子所云易"逆數"之"逆"，以橫圖生序言，知來者逆之逆，又以圓圖巽至坤言，其杜撰愈甚矣。總之羲聖成卦之法，詳于乾坤三索；八卦方位，詳于"帝出乎震"一章。而此章則明八八相錯，六爻自下而上，序卦自上而下，往來順逆之象而已矣。夫子讀易三絕韋編；作《十翼》，明先聖之義，以開來學。學者但守《十翼》，自无餘說。今《十翼》未通曉，而旁鑽曲竇，心勞日拙矣。先天後天，本夫子《乾卦·文言》中語，謂聖人奉若天道云爾。今取爲二天名二圖，分贈二聖。果若其說，是伏羲于天，但能先而不能後；文王于天，但能後而不能先。其義既偏僻可哂，及檢其圖，无關經義。圓圖惟遷就奇偶升降，以合四時八節，然亦不盡合也。謂乾盡于午中，坤盡于子中，離盡于卯中，坎盡于酉中；陽生于子，極于午；陰生于午,極于子,以爲自然,苟非斷震巽倒凑,則一切不合。論其序,既謂震居四;論其數,又自震起,將誰適從? 如以震爲一陽,冬至十一月當復,六十四卦分直周歲,則每月五卦有奇乃均。今自冬至復一陽起,歷震過離至臨,凡十七卦,乃遇二陽爲十二月,而春分又當臨,則是十二月春分也。自臨至泰九卦,遇三陽爲正月,而立夏當泰,則是正月立夏也。自泰至大壯五卦,遇四陽爲二月,而芒種當大壯,則是二月芒種也。自大壯至夬僅三卦,遇五陽爲三月,而芒種仍在夬。自夬至乾僅一卦,即遇純陽,爲四月夏至矣。自乾至姤亦僅一卦,即遇一陰生爲五月,而夏至仍在夬。自姤歷巽過坎至遯,凡十七卦,乃遇二陰爲六月,而秋分當遯,則是六月秋分也。自遯至否九卦,遇三陰爲七月,而立冬當否,則是七月立冬也。自否至觀五卦,遇四陰爲八月,而大雪當觀,則是八月大雪也。自觀至剥僅三卦,遇五陰爲九月,而大雪仍在剥。自剥至坤僅一卦,即純陰是爲十月,而已冬至矣。夫陰陽之初生,其來何緩? 其卦何太疎? 及陰陽將極,其去何速? 其卦何太密? 諸節氣與《月令》大相舛忤,何得謂之自然? 就使一一脗合,聖人作易,豈專爲配時令,探節候? 而況未必合也。又以各卦名義推之,頤、屯、益,何取于小寒? 噬嗑、隨,何取于大寒? 无妄、明夷,何取于立春? 既濟、家人何取于雨水? 豐、離、革,何取于驚蟄? 同人、臨,何取于春分? 由此推至二十四氣,與卦名義皆无涉,又何其支離也。據經傳所論八卦次第,未有以

坤終者。蓋乾坤父母,一陰一陽,理无離析。而首乾終坤,
則自邵氏圖始。若謂卦爻有消息,但依第九章三索,始乾
至震而四變成坤,由坤至巽而四變復乾,往來循環,乃見自
然。故各章取象,皆以陰陽三畫純卦初、中、終爲序,甚明。
今以順逆之説,牽合圓圖,另以坤終,豈勝謬乎?至于方
圖,尤爲伎倆。云:"天地定位,否泰及[一]類,山澤通氣,咸
損見意,雷風相薄,恒益起意,水火相射,既濟未濟。四象
相交,成十六事;八卦相盪,爲六十四。"其法從四角遥對,
交股至中央,西北角乾,東南角坤,爲定位。對東北角泰,
西南角否,爲及類。兌次乾,艮次坤,爲通氣;對次否之咸,
次泰之損,爲見意。離次兌,坎次艮,對次損之既濟,次咸
之未濟;震次離,巽次坎,對次既濟之益,與次未濟之恒,共
爲十六事。如人以三十二棋子,排八陣圖爲嬉局,何當于
用?又以《方圖》寫入《圓圖》内,謂爲天圓地方,天包地外,
尤疎淺可笑。"天地定位"一章,謂本《圓圖》;"雷以動之"
一章,謂本《方圖》。若是,則經當云乾以君之,兌以悦之,
日以晅之,雷以動之,風以散之,雨以潤之,艮以止之,坤以
藏之,其序始合。即合,又何所據而知其本爲《圖》也?皆
安排造作,无補經義。而朱元晦極相推服,以爲易開卷第
一義。姑贅愚見于此,俟後之讀者參焉。

[一] 及,《伊川擊壤集》卷十七《大易吟》作"反"。

第四章

雷以動之,風以散之,雨以潤之,日以晅〔暄,上聲〕之,艮
以止之,兑以説〔悦〕之,乾以君之,坤以藏之。

上章言八卦之象,聖人所以重卦之義。此章即象言八
卦之用,與下二章皆以造化明易也。天地之間,游氣紛擾,
孰非動也?動莫如雷,陽氣一奮,則蟄起萌達。鼓天下之
動者,震之用也。羣分布列,孰非散也?散莫如風,巽命一
申,則聲聞四達。宣天下之滯者,巽之用也。有形之類,資
濕而化,雨所以爲濕,滋潤羣生,坎之用也。含氣之類,得
暖而生,日所以爲暖,晅煥羣生,離之用也。凡此動散燥濕
之氣,不止則不成,艮所以止之,使性命各正也。不悦則不
和,兑所以悦之,使美利順成也。六者无以君之則亂,乾爲
天,所以統元氣,主施而君之也;无以藏之則洩,坤爲地,所
以載萬類,主受而藏之也。是故八卦之用,與造化同流。
自動至晅,物之出機;自止至藏,物之入機。動與散,盡天
地〔一〕之變;潤與晅,盡生物之功。故四卦以造化言而稱
象。止以厚終,兑以要成。天以資始,地以資生。故四卦
以人事言而稱德。雷動風散,乾坤初交,爲震巽也;雨潤日
晅,乾坤中交,爲坎離也;止之説之,乾坤終交,爲艮兑也。
乾坤父母,故終之。邵氏撰爲《方圖》,謂雷風從中起,一往

〔一〕地,早印本作"下"。

西北，一往東南，于義奚取？

震本乾陽，乾戰于西北，歷坎至艮，收斂密藏，然後一陽奮于重陰之下，動不可禦，故象雷。巽以二陽在上，微陰浸入于下，陽順而不覺，其來甚微，其末漸大，柔而有力，故象風。坎以陰受陽氣化濕，中滿外弱，其質爲水，故象雨。離以陽含陰精，内虚外朗，其質爲火，故象日。艮居冬春之間，將動未動，如人閉息凝神，堅忍握固，蓄極未通，故其德爲止，象山。兑以一陰上出，據二陽之頂，如人容貌夭好，露于頭面。蓋陰性柔媚，五臟之精華，血脉之浮榮，上達于面孔，故其德爲悦，象澤。乾陽資始，主宰萬化，故曰君。坤陰順承，持載萬有，故曰藏。藏者，歸根復命之義，故夏易以坤爲《歸藏》。

第五章

帝句，出乎震，齊乎巽，相見乎離，致役乎坤，説言乎兑，戰乎乾，勞乎坎，成言乎艮。萬物出乎震，震，東方也。齊乎巽，巽，東南也。齊也者，言萬物之潔齊也。離也者，明也。萬物皆相見，南方之卦也。聖人南面而聽天下，嚮明而治，蓋取諸此也。坤也者，地也，萬物皆致養焉，故曰"致役乎坤"。兑，正秋也，萬物之所説也，故曰"説言乎兑"。戰乎乾，乾，西北之卦也，言陰陽相薄也。坎者，水也，正北方之卦也，勞卦也，萬物之所歸也，故曰“勞乎坎”。艮，東北之卦也，萬物之所成終而所成始也，故曰“成言乎艮”。

此章言八卦之氣周流于天地之間。四時八方，无往非卦，所謂兩儀四象生八卦之道也。以兩儀論，則乾坤爲天地；以八卦論，則乾坤與六子，皆各一其用。帝者，陰陽不測之神，造化之主宰也。帝始出爲震，既出而齊爲巽，出齊相見爲離，相見必有所需而致役焉爲坤。役成則説，説以言其爲兑也。説極則懼而戰，戰則爲乾。戰而息則勞，勞則爲坎，勞乃有成，成以名其爲艮也。何謂“帝出乎震”？帝者，萬物之命，八卦之神。四時五氣，莫非帝德。而震，東方也。斗柄東指，陽和初動，于時爲春，于氣爲木。一陽奮于二陰之下，羣生振作，帝德初布，故曰“出乎震”也。巽次震，位東南，萬物出震，至巽始齊。莫春初夏之交，物美少鮮潔整齊，故曰“齊乎巽”。離次巽，南方之卦，于時爲夏，午火文明，嘉會亨通，物齊出者至此相見。聖人所以必南面聽治，背暗向明，蓋取諸此，故曰“相見乎離”。坤，地也，次離，于時爲季夏，中氣土盛，離火將退，物相見畢，華落漸實，長養成就，正惟夏秋之間，各資于土，營營役役然，故曰“致役乎坤”。兑次坤，西方之卦，于時正秋，火土氣盛，鎔結生金，金氣快利響亮而光澤，萬寶秋成，美利順遂，物所悦也，故曰“説言乎兑”。乾次兑，西北之卦，物自東來，木火土諸陽氣盡矣。十月之交，地氣下降，天氣上升，西北天高氣肅,金水之間,寒涼凜烈,百蟲蟄,草木攓,生死交,萬物復命,陽陰相迫,是以戰也,故曰"戰乎乾"。坎次乾,于時爲冬,物自震出,一歲之中,六位屢遷,養育勤劬,至此保合安貞,歸于其宅。《禮》,歲終蜡,以息老物,休田夫,國養老,皆所以勞之也,故曰"勞乎坎"。艮次坎,居東北,冬春之交,水生木,而艮居中爲土。以一歲論,夏秋之間,火金遇克,无土則火烈而金不斂。以再歲論,冬春之間,水木相生,无土則水淫而木不生。西南坤土,制火生金。東北艮土,制水生木。其德爲止,水遇土止也。朔氣嚴寒,得土沖和含育,以達于震,而復東出,所謂成始成終,艮之功也,故曰"成言乎艮"。凡此八卦,夫地四時之氣周流不息。聖人作卦,以德行氣運配合,未嘗以畫數爲增減,甚明也。羲、文、周、孔之意正同,不知邵氏何據,獨以此爲文王之易,而强名"後天"也?

八卦方位

　　伏羲畫卦,未言方位。文王演易,發方位之說,坤云"西南得朋",蹇云"不利東北"是也。文王即演羲聖之旨,夫子即據文王之意。卦位惟此爲定論,別无先天、乾南坤北之説。

八卦木金土各二者，以位偏勝也。水火各一者，以氣正中也。中則一，偏則兩。坤陰土，故居陰方。艮陽土，故居陽方。震陽木，故正東。巽陰木，故近南而接陰。兌陰金，故正西。乾陽金，故近北而接陽。春爲木，夏爲火，夏而秋，則火克金，遇坤土，則是火生土，土生金。克者又順以相生，秋爲金，冬爲水，冬而春，則水生木，遇艮土，則是木克土，土克水。生者又逆以相克，土金順而相生，所以爲秋之克也。木土逆而相克，所以爲春之生也。生生克克，造物人事，成毀相因，理无不然。八卦或言象，或言時，互見也。

天爲生物之祖，故帝自東出。而居本西北，天體西北最高，陽氣輕清，當金水之間，金革舊水化新，故天一生坎水。而艮土止之，以東出于震。巽，順也，東南卑下，受西北之委，震木生巽風，南遇離火，順之極也，故風火爲家人，順也。火盛于夏，萬物盛大，積爲崇壤，土得母助，煆煉生金。至兌，萬寶西成，富而悦，利而和，功成復命，居天地之間，故悦也。《周禮》六官，“辨方正位”，取諸此。

土所以旺于四季者，土本中和氣也。四季交合之間，東南木火，西南火金，西北金水，東北水木，其間生中氣，其交生和氣，中和生土氣，非塊然之謂土也。惟西南坤方，離火兌金交，金氣收斂；東北艮方，坎水震木交，木氣發生，二時土氣最盛，故坤與艮皆土。而坤土又當四時正中，其氣尤甚。坤土得母，故斂含而成金；艮土得妻，故發生而爲木。

以人身論，震一陽初生，如胎孕方動。《詩》云“載震載夙”，震者，娠也。巽如嬰兒既生，幼而狗齊也。離如十五志學，聰明開朗也。致役坤，如載贄出疆，經營四方也。説乎兑，如獲上治民，得時行道也。戰乎乾，如老成諳練，保全末路也。勞乎坎，則懸車告老矣。成乎艮，則百年期盡，有子傳家矣。

人世營營，不離地上。資生利養，无過于土，故役乎坤。兑秋爲金，金性銛利痛快。凡人含殺氣則多笑，笑哭皆金象，故秋氣肅而主悦。乾德剛，物老則剛，人老則憂，位高則危，故戰乎乾。勞之言安也。坎水外暗中明，如日之夜，陽閉于陰内，如人晝疲夜寢，退藏休歇，勞者勞之，故曰“勞乎坎”。艮，止也。欲動不動曰止。舊者已終，新者將始，如五穀果實，含氣堅栗，故曰艮。如人屏息堅忍，懑極而生震也。

前此論卦，皆主乾坤。今以乾坤并六子言，何也？蓋論八卦之象，乾爲天，坤爲地，天地爲六子所宗。論八卦之用，坤養爲德，乾戰爲威，威德亦八卦之一事。易道變通，如後章廣八卦之象，雖一馬一牛，皆乾坤也。學者不達，而邵氏因爲長男長女用事、父母退居之説，亦鑿也。

乾坤有至大之德，故无專用之位。二卦純體无交，則不成變化。坎離爲天地交之中，據正位，分司南北，故天地之真炁莫如水火，功用最大。純坤可以和火金之亢屬，純乾可以化金水之清嚴，故秋夏之間土氣盛，而秋冬之交天氣蕭，自然之運也。又天體西北最高，故爲乾戰之鄉。地勢東南最下，水就木旺。過此以往，西南地勢廣平，火資土，故坤居焉。人形體手足用事居左右，乾坤二隅之象也。人事物理，善用者必藏，成功者不居，易道固爾。禮家鄉飲位皆四隅，祭祀室事東向，陰厭西南，陽厭西北，皆法乾坤也。

坤以藏之，又致役致養焉，何也？養所以藏也，役所以養也。萬物以養爲歸，以役爲養。物自春夏以來，動順向明，氣機飛揚，至是帖然平夷，各思安身立命之地，委體服役，成就于坤，物至秋而收，其象如此。坤道順承，亦役養義。古者卒謂之養，厮謂之役。百昌卑服于地，役役然自養，所以藏也，故曰“龍蛇之蟄”，以安身。商易以坤爲歸藏，此也。人能常養沖和之氣，體坤之德，不出吾宗，致役在此，致養在此，歸藏在此。坤《文言》〔一〕云“黃中通理，正位居體”。美在中而暢于四肢，發于事業，此之謂也。

第六章

神也者，妙萬物而爲言者也。動萬物者，莫疾乎雷。撓^鬧萬物者，莫疾乎風。燥萬物者，莫熯^罕乎火。說^悅萬物者，莫說乎澤。潤萬物者，莫潤乎水。終萬

〔一〕文言，原爲“九五”，據經文改。

物始萬物者，莫盛乎艮。故水火相逮，雷風不相悖，山澤通氣，然後能變化，既成萬物也。

上章八卦以氣言，則乾坤亦各司一氣耳。此章以道言，則乾坤即是陰陽不測之神。故天地定位而易行乎其中，神之爲也。神不可見，而萬物之可見者莫非神，不物而能物物，故曰“妙萬物而爲言也”。“動萬物者莫速乎雷”，雷亦不知其所以爲動。“撓萬物者莫急乎風”，風亦不知其所以爲撓。“燥萬物者莫熯乎火”，火亦不知其所以爲燥。“說萬物者莫說乎澤”，澤亦不知其所以爲說。“潤萬物者莫潤乎水”，水亦不知其所以爲潤。“終始萬物者莫盛乎艮”，艮亦不知其所以爲終始。皆陰陽不測之神，乾坤交而生變化也。是故中交而水火相逮，然後能潤燥。初交而風雷不相悖，然後能動撓。三交而山澤通氣，然後能說成。所以能變化而既成萬物，故曰“神也者，妙萬物而爲言者也”。

神，即前章所謂帝也。帝以有主言，神以不測言。雷風火澤水艮，即氣以言神也。莫疾、莫熯、莫說、莫潤、莫盛，相逮、不相悖、相通，言神之不測也。艮獨不言山者，成物之始終，非山所能盡也。前章言“雷風相薄，水火不相射”，此章言“水火相逮，雷風不相悖”，意互見也。雷風相薄而不相悖，水火不相射而相逮也。夫子于八卦方位後，復舉神妙萬物言者，恐人溺于象數方位，而示以易簡之要也。世儒守蓍策卦畫，與聖意相左矣。按“水火相逮，雷風不相悖”，“山澤通氣”，此邵、朱所謂伏羲先天對待之體。

動、撓、潤、燥等，所謂文王後天流行之用。今觀夫子此章，通融一貫，何嘗有體用、先後之別？

第七章

乾，健也。坤，順也。震，動也。巽，入也。坎，陷也。離，麗也。艮，止也。兌，説也。乾爲馬，坤爲牛，震爲龍，巽爲雞，坎爲豕，離爲雉，艮爲狗，兌爲羊。乾爲首，坤爲腹，震爲足，巽爲股，坎爲耳，離爲目，艮爲手，兌爲口。

此言八卦性情而擬其象，亦以釋二篇内爻象之例也。後傲此。乾純奇，奇者一也，一則直而不屈。乾三畫皆一，以至重六，亦一不屈之至也，故爲健。偶者--也，--則分而不專。坤三畫皆分，以至重六亦分，不專之至也，故爲順。震者，一奇在二偶之下，陽剛好進，奮作而上起，故爲動。巽者，一偶在二奇之下，陰柔始生，潛長而浸透，故爲入。坎者，一剛居二柔之中，爲陰所没，故陷。離者，一柔居二剛之中，順而附麗，故離。艮以剛拒二柔之外，无所復往，故止。兌以柔乘二剛之上，順而外見，故悦。此八卦之性情也。識其性情以擬其象，无往非卦矣。遠取諸物，健行莫如馬，乾象也。順服莫如牛，坤象也。變動莫如龍，震象也。棲伏莫如雞，巽象也。負塗莫如豕，坎象也。華麗莫如雉，離象也。防禦莫如狗，艮象也。和説莫如羊，兌象也。近取諸身,首昂居上,乾之健也。腹虛含納,坤之順也。足在下以身行,震之動也。股下有隱穴,巽之入也。耳虛內通,坎之陷也。目睛外朗,離之麗也。手能握固,艮之止也。口能言笑,兌之説也。觸類而長,則一卦不必當一物,一物不必主一卦。道不離陰陽,器不離剛柔。象事知器,其變无定,其通不窮,其神不測,安往非八物之流露,可以知易矣。其序皆始乾坤,次長男長女,次中男中女,次少男少女,由純歷初、中、終,次第井然,烏有所謂先後天也?

　　動、陷、止,皆陽之剛也。入、麗、説,皆陰之柔也。剛則能動,柔則能入。剛遇柔則陷,柔遇剛則麗。剛者始動而終于止,柔者始入而終于悦。陽動在得所止,陰入在得所悦。馬陽物,故蹄圓。牛陰物,故蹄拆。陽病則陰勝,故馬疾則卧。陰病則陽勝,故牛疾則立。馬起先前足,卧先後足。牛起先後足,卧先前足,亦健順之象也。龍,東方之宿,震東方也,故象龍。豕性喜水,《詩》云“有豕白蹢,蒸涉波矣”,故澤謂之豬,如《書·禹貢》“彭蠡既豬”。豕亦曰豬,小者曰豚。中孚之澤,取象豚魚,江豬也。人家畜豕,亦喜泥濘,氣相類也。羊多聲,故有説象。人首會諸陽爲乾,腹藏衆陰爲坤,足主下六經爲震,手主上六經爲艮,斂足正股,雷風不相悖也。收視返聽,水火相逮也。屏息握固,山澤通氣也。

第八章

乾，天也，故稱乎父。坤，地也，故稱乎母。震一索
而得男，故謂之長男。巽一索而得女，故謂之長女。
坎再索而得男，故謂之中男。離再索而得女，故謂
之中女。艮三索而得男，故謂之少男。兌三索而得
女，故謂之少女。

　此即男女化生，以象八卦往來之序，亦以釋二篇中稱
男女之義也。即羲聖成卦本法，非如邵氏根榦枝葉層累之
説也。一二三索，皆自下而上，所謂易逆數，知來數往，即
此可推。六子稱男女，陰陽之分也。乾三奇純陽，天道也。
萬物資始，故稱父。坤三偶純陰，地道也。萬物資生，故稱
母。父母合，陰陽交，奇偶相求，六子自此生。震坎艮三爲
少陽，父之男也，而皆資形于母。巽離兌三爲少陰，坤之女
也，而皆資氣于父。震者，乾初以一奇索于坤而得，故謂長
男。巽者，坤初以一偶索于乾而得，故謂長女。坎者，乾再
以中一奇索于坤而得，故謂中男。離者，坤再以中一偶索
于乾而得，故謂中女。艮者，乾以終一奇三索于坤而得，故
謂少男。兌者，坤以終一偶三索于乾而得，故謂少女。卦
稱男女，明由乾坤生也。在人爲男女，在物爲牝牡，莫不有
父母，莫不有少中長之分。變化所以成，而往來屈伸，寒暑
晝夜相推之道，皆觀象可知。易道所以變動周流，屢遷不

定,不可爲典要也。如邵氏橫圖,則諸卦木强而不可動,牽掣而不可移,烏覩此圓融活潑不滯之妙理乎? 朱子顧以彼爲本義,以此爲揲蓍求爻,則謬矣。夫揲蓍求爻,安得有此往來次序,不待知者而知也?

	乾一索☳震長男	
乾父☰	乾再索☵坎中男	
	乾三索☶艮少男	
	坤一索☴巽長女	
坤母☷	坤再索☲離中女	
	坤三索☱兌少女	

八卦相生之序

伏羲始畫―爲奇以象乾,即畫――爲偶以象坤。分奇爲偶者,兩不離一,陰不離陽。一奇成,即一偶隨。一奇一偶成三爲乾,三奇則三偶隨爲坤。乾坤交,皆以一陰一陽,自下而上。三男本皆坤,乾以一陽往而致其來。三女本皆乾,坤以一陰往而致其來。蓋乾坤畫雖各三,而厥初惟一。得一而參兩倚,三才立,八卦成,故其往來惟一。是故乾三者,奇偶之合也。坤三者,承陽之數也。父純奇爲三,男各一奇二偶爲五,三五皆陽也。母純偶爲六,女各一偶二奇爲四,四六皆陰也。三男畫共九,三女畫亦九。男九畫,偶又藏六,共成十五,陽也。女九畫,偶又藏三,共成十二,陰也。父母奇三偶三,偶又含三,亦九也。三男畫共九,三女畫亦共九,男女共十八,二九也。偶又藏九,三九也。故

三、五、九者，皆陽兼陰，所以妙易之用也。偶含二，女含四，母含六，卦含八，此二、四、六、八者，皆陰隨陽，所以藏易之體也。皆所謂參天兩地相倚，一陰一陽之道。凡《圖》《書》之數，皆已預備于八卦之中。此義聖始畫之明法，夫子開示之要旨。後世造爲《先天》等圖，稂莠亂真，不可不辨也。參天兩地倚數，觀此章尤明。參爲乾，兩爲坤。乾往索坤，是謂天參地；坤往索乾，是謂地兩天。六子所以生，八卦所以成，萬象所以出也。

第九章

乾爲天，爲圜圓，爲君，爲父，爲玉，爲金，爲寒，爲冰，爲大赤，爲良馬，爲老馬，爲瘠馬，爲駁博馬，爲木果。

　　此以下，推廣八卦之象，以見易道至變，无往非卦，事事物物，皆可以占，亦即二篇内爻象之例也。乾以象天，匪獨天也。天體圜，陽動而旋，凡圜皆乾也。君尊如天，君即乾也。父生資始，父即乾也。物至剛而精純者莫如金玉，金玉亦乾也。戰乎西北，天高氣肅，寒亦乾，冰堅亦乾也。凡色之類，大赤爲陽光，如日火之色者，亦乾也。在物爲馬，乾馬健，故良馬亦乾也。爲老馬，象老陽也。爲瘠馬，肉少而骨立，象剛也。駁馬，毛蒼色，斑駁如錢，圜象星文，亦乾也。木果圜而含生氣，大始之象，亦乾也。由此以推，何物无乾？寧獨天邪！或者疑八卦之象，于經不盡合。正不必盡合，推而廣之，使學者通其意，而象不可勝窮矣。

　　駁馬，即世所謂連錢驄，色青白，有斑點如鱗，一名騜陀。《詩》云"皇駁其馬"，舊解騂白曰駁，非也。駁文如癬，樹皮有癬文者亦稱駁，《詩》云"隰有六駁"是也。駁雜反純，乾之變象。或云：駁，猛獸，鋸牙食虎。謬也。六經鳥獸草木，皆取目前至近，貴人易知耳。

坤爲地，爲母，爲布，爲釜，爲吝嗇，爲均，爲子母牛，爲大輿，爲文，爲衆，爲柄。其於地也，爲黑。

　　坤順故象地，資生故象母。推而廣之，布陰功，其幅隕寬平，亦坤也。釜虛，而熟物致養，亦坤也。凡吝嗇不能施，静翕之象，亦坤也。凡物普均，動闢之象，亦坤也。犢牛隨母，順象，亦坤也。大車之箱，方而載重，亦坤也。六偶彬彬文，亦坤[一]也。分爲十二衆，亦坤也。凡形器之物，有柄可執，不能自運轉者，皆坤也。地有五方，其色各異。坤陰幽暗，于地爲黑。由此推之，无物不可象坤，何獨地邪！

震爲雷，爲龍，爲玄黃，爲旉_夫，爲大塗，爲長子，爲決躁，爲蒼筤_{郎竹}，爲萑_完葦。其於馬也，爲善鳴，爲馵_注足，爲作足，爲的顙。其於稼也，爲反生。其究爲健，爲蕃鮮。

　　震象爲雷爲龍，不獨雷與龍也。坤之上六"龍戰于野，

〔一〕坤，早印本作"乾"。

其血玄黄”，天玄而地黄，震者天地初交，故玄黄亦震也。草木之華有蕤，上承衆蘂，如陽承陰，亦震也。大塗通而无壅，亦震也。父有長子，亦震也。凡決裂躁急，皆震也。春草易生，蒼筤然，如竹與葦，下盤結而上虚脆，亦震也。蒼筤，猶言蒼涼。蒼，青色。筤，竹蔭蕭疎之狀。象二陰在上而虚也。其於馬也，發聲善鳴者，亦震也。後視其左足白者，一陽在東之象，亦震也。凡馬後右足白曰驤，左足白曰馵。其足作起者，下健之象，亦震也。前視其額中白，如射侯之的者，微陽之象，亦震也。其于稼也，苗既稿而根復生，陽在下之象，亦震也。一陽初動，其究爲乾行而健。方春百物蕃育鮮明，皆震也。何物无震？豈獨雷與龍邪！

巽爲木，爲風，爲長女，爲繩直，爲工，爲白，爲長，爲高，爲進退，爲不果，爲臭。其於人也，爲宣[一]髮，爲廣顙，爲多白眼，爲近利市三倍，其究爲躁卦。

巽爲木，其位繼震，春夏木氣方盛，其德爲入，木根著土，入之象也。爲風，以其柔順也。爲長女，以坤一索得也。不獨此耳，木從繩則直，巽柔而順，故繩直亦巽也。治木以工，工亦巽也。陰始生柔弱而色白，亦巽也。木根入土，日升長而不覺長與高，亦巽也。巽懦者多疑，進退不果，亦巽也。臭，氣也，木氣芳香，入而无形，亦巽也。髮稀曰宣。

〔一〕宣，早印本作“寡”。《周易注疏》作“寡”，孔穎達疏：“寡，少也。風落樹之華葉，則在樹者稀疏，如人之少髮，亦類於此，故爲寡髮也。”陸德明《釋文》謂：“寡髮，如字。本又作宣。黑白雜爲宣髮。”

《周禮》："半矩謂宣。"韓非云："髮不待年而宣。"人陰盛髮多，額狹眼黑，陽盛反是。巽體陽多陰少，故宣髮、廣顙、多白眼，皆巽也。陰隱而貪，侵牟二陽，富以其鄰近，利市三倍，亦巽也。陰性靜而善動，上遇二陽，以柔權剛，德之制也。故其究爲躁卦，非終于柔順也。萬物至巽而甲盡脱，故爲潔齊。繩直，齊象也。白，潔象也。近，猶漸也。市，交易也。利之爲物，使人近而不覺。交易爲市者，利不覺而浸多。入市中行者，亦不覺而漸遠。三倍，三畫之象。浸積至于三倍，皆巽象也。三變成震，故爲躁卦。躁者，巽之變象。順變爲躁，如乾馬之純變爲駁也。凡物有初、中、終，震得初陽，巽得初陰，故其卦皆有究象。

坎爲水，爲溝瀆，爲隱伏，爲矯輮柔，上聲**，爲弓輪。其於人也，爲加憂，爲心病，爲耳痛，爲血卦，爲赤。其於馬也，爲美脊，爲亟心，爲下首，爲薄蹄，爲曳。其於輿也，爲多眚，爲通，爲月，爲盜。其於木也，爲堅多心。**

　　坎外弱而中滿，其象爲水，故凡溝瀆皆坎也。陷而能潛，凡隱伏皆坎也。險違自然，故爲勞卦。凡矯之使直，輮之使曲，皆勞象，亦坎也。矯爲弓，輮爲輪，亦坎也。其於人也，往來坎坎，爲加憂。坎中滿，心病之象也。坎爲耳，而中實，耳痛之象也。在造化爲水，在人身爲血。血色赤，亦坎也。于馬爲美脊，爲亟心，以剛在中也。爲俛而下首，爲蹄薄而怯,以陰柔在上下也。爲曳,牽之使進也。其于車輿也,爲多眚壞,行險而勞也。習險而亨,盈科而進通,亦坎也。月,水精,外暗内明,亦坎也。盗潛行,外貪中很,亦坎也。其于木,堅而多心者,亦坎也。豈必爲水爲坎邪?

　　災在内曰眚,亦隱伏之象,故目病亦曰眚,物微罅亦曰眚。《素問》云:金在志爲憂,水在志爲恐。恐甚于憂,故爲加憂。加憂即心病也。艮三爻屬薰心,以互坎也。水藏在腎,開竅于耳,水恐傷腎,故爲耳痛。氣陽浮動而顯,血陰流注而幽。血在人身,如水在天地間,故坎爲血卦。赤本陽光,南方火色,一陽生于子,當坎位而極于巳,故坎爲赤,而乾爲大赤也。

離爲火,爲日,爲電,爲中女,爲甲胄,爲戈兵。其於人也,爲大腹。爲乾干卦**,爲鱉,爲蟹**骸**,爲蠃**羸**,爲蚌**棒**,爲龜。其於木也,爲科上槁。**

　　離中虚而外陽,故爲火。日陽精,故爲日。陰麗于陽而生明,故爲電。坤再索于乾而得,故爲中女。不但此耳,剛在外而虚,甲胄亦離也。火炎如鋒,戈兵亦離也。其於人也,爲大腹,坤在中也。爲乾卦,日能晅也。爲鱉,爲蟹,爲蠃,爲蚌,爲龜,外剛内柔也。其於木也,爲科上槁,失潤而中空也。由此推之,何物无離邪?

　　坎爲血卦,水之潤也;離爲乾卦,火之熯也。火、日、電、乾、槁,皆象其性之燥也。甲胄、大腹、鱉、蟹、蠃、蚌、龜,皆象其形之外剛中柔也。鱉、蟹中黄,内坤也。蠃、蚌殼能開閉，外乾也。蠃形銳，蚌形剡，又善附麗，火象也。龜負卦，文象也。管子曰：龜生于水，發于火，以其灼之則靈也。張子厚曰陰在中虛，科上槁，木中虛也。虛其形，槁其性也。”愚按，離本乾卦，互巽木。科上槁者，鳥鵲之巢，槁枝爲之。離麗爲宗，鳥窠之象，旅之離上九，爲鳥焚其巢，取此。

艮爲山，爲徑路，爲小石，爲門闕，爲果蓏裸，爲閽寺，爲指，爲狗，爲鼠，爲黔虔喙會之屬。其於木也，爲堅多節。

　　艮一陽據二陰之上，起于地爲山。然非獨山也，山中有徑路達山頂者，陰虛上通之象，亦艮也。山上小石堅確，亦艮也。防禦如門闕，二陰在內，洞虛出入，亦艮也。一陽在上，象木實之[一]果。二陰在下，象草實之[二]蓏。實成則止，能始能終，亦艮也。閽以禁禦，閹寺无生意，亦艮也。指能握固，堅持多節，亦艮也。狗司守，鼠依穴，皆利嘴剛上，亦艮也。物堅忍，則箝其口，凡閉口无聲之屬，皆艮也。其於木堅而多節，節能止，亦艮也。由此推之，艮豈獨山邪？

　　黔、鈐通，鐵束物也。又箝通，艮止之象。止則箝口不發聲，所以憤懣而生震也。蟲有鳴不以口者，《考工記》云“以脰鳴者，以注鳴者，以旁鳴者，以翼鳴者，以股鳴者，以胸鳴者，謂之小蟲之屬”。鳴不以喙，故云箝喙。若今蟬、

〔一〕之，早印本作“爲”。

〔二〕之，早印本作“爲”。

蛙、蟋蟀之類是也。故謙之艮，六〔一〕二居中爲“鳴謙”，以
腹鳴之象也。次鼠後，其爲小蟲尤明。其大則虎狗剛喙之
類，亦黔喙也。又黔青黑，東北之色，凡象非一義耳。

**兑爲澤，爲少女，爲巫，爲口舌，爲毀折，爲附決。其
於地也，爲剛鹵**魯**，爲妾，爲羊。**

　兑以柔見于重剛之上，坎水上入而下不洩，故爲澤。
坤三索而得，故爲少女。女善媚悦者爲巫，巫亦兑也。巫
以口舌爲官，兑上缺，口舌之象。陰在下爲股，在中爲大
腹，在上爲口舌。兑金有聲，故口舌亦兑也。秋金氣革，稿
稈之屬，始可鑊刈，故毀折亦兑也。果蓏之屬，始可斷取，
故決附亦兑也。決，絶也。附，繫也。剛鹵，澤水鹹濕之
氣，凝結而堅剛者，水之死氣也。坎絶于下，澤見于上，其
地不能生物，但足以爲鹵耳。此嚴凝之氣，亦兑也。又剛
鹵，粗莽之狀，如履之兑，“象武人”是也。少女從嫡爲妾，
亦兑也。羊柔媚而多聲，亦兑也。

　八卦之象，雜取人物事理，至纖細淺近者，以見宇宙萬
事萬物，无往非卦，无往非爻。諺云：“信手拈來，頭頭是
道。”此易簡之旨，不測之神。解者穿鑿隱僻，失之愈遠。

　荀爽有集九家《易解》。乾有爲龍，爲直，爲衣，爲言。
坤有爲牝，爲迷，爲方，爲囊，爲裳，爲黄，爲帛，爲漿。震有
爲玉，爲鵠，爲鼓。巽有爲楊，爲鸛。坎有爲宫，爲律，爲

〔一〕六，原爲“九”，據經文改。

可，爲棟，爲叢棘，爲狐，爲蒺藜，爲桎梏。離有爲牝牛。艮有爲鼻，爲虎，爲狐。兑有爲常，爲輔頰。質諸爻象，往往有合者，并録于此。

序　卦

此亦夫子《十翼》之一。《序卦》者,序文王所演上下二篇諸卦次第之義也。

上　篇

有天地,然後萬物生焉。盈天地之間者唯萬物,故受之以屯。屯者,盈也。屯者,物之始生也。物生必蒙,故受之以蒙。蒙者,蒙也,物之穉也。物穉不可不養也,故受之以需。需者,飲食之道也。飲食必有訟,故受之以訟。訟必有衆起,故受之以師。師者,衆也。衆必有所比,故受之以比。比者,比也。比必有所畜,故受之以小畜。物畜然後有禮,故受之以履。履而泰然後安,故受之以泰。泰者,通也。物不可以終通,故受之以否。物不可以終否,故受之以同人。與人同者,物必歸焉,故受之以大有。有大者,不可以盈,故受之以謙。有大而能謙必豫,故受之以豫。豫必有隨,故受之以隨。以喜隨人者必有事,故受之以蠱。蠱者,事也。有事而後可大,故受之以臨。臨者,大也。物大然後可觀,故受之以觀。可觀而後有所合,故受之以噬嗑。

嗑者，合也。物不可以苟合而已，故受之以賁。賁者，飾也。致飾然後亨則盡矣，故受之以剝。剝者，剝也。物不可以終盡，剝窮上反下，故受之以復。復則不妄矣，故受之以无妄。有无妄然後可畜，故受之以大畜。物畜然後可養，故受之以頤。頤者，養也。不養則不可動，故受之以大過。物不可以終過，故受之以坎。坎者，陷也。陷必有所麗，故受之以離。離者，麗也。

　　二章之義，詳見各卦下。屢言不可終者，易无終，終則必變也。受，猶“歸斯受之”之“受”，受其卦之來也。彼卦下來，此卦上往。彼逆來歸，此順往受。受爲數往，逆爲知來。此六十四卦往來順逆之象，亦即所謂易逆數者也。卦之錯爲八八，羲聖之成法也。由周而前，編次或異。如夏易首艮，商易首坤。周至文王，更演其序，分上下二篇，上篇首乾坤至坎離，凡三十卦；下篇首咸恒至既濟、未濟，凡三十四卦。卦皆兩兩相對，一正一倒，一順一逆，如需訟、隨蠱、咸恒、家人睽、蹇解、困井之類，不但義理相因，象亦相承，皆以推明造化人事，往來消息，不窮之通，不測之神。夫子作傳，隨宜轉注，左右逢源，所謂言近指遠，不下帶而道存，故易非聖人不能作，亦非聖人不能序也。世儒妄謂《序卦》非易道精蘊，置而弗講，豈義理在人心有不同邪？不然，則罔而已矣。

《序卦》不列乾坤,不言相受者,一陰一陽之道,不測之神,妙萬物而爲言者也。諸卦无一非乾坤,凡陽皆乾,凡陰皆坤,无弗受也。變而言天地者,乾坤之象,爲諸卦父母也。屯有二義。盈者,屯聚之義,剛柔初交,天地絪緼,雷雨動蕩,充盈之象也;物之始生者,屈而未伸,草木句萌之象也。臨者,大也,言凡臨皆大者之事,以大臨小曰臨,物大可觀,如山惟五嶽可觀,水惟河海可觀,人惟聖賢可觀。臨反爲觀,陽大在上,爲四陰之觀也。在上无可觀,則在下者散而去,故曰:可觀而後合也。餘解見各卦下。

下　篇

有天地然後有萬物,有萬物然後有男女,有男女然後有夫婦,有夫婦然後有父子,有父子然後有君臣,有君臣然後有上下,有上下然後禮義有所錯。夫婦之道,不可以不久也,故受之以恒。恒者,久也。物不可以久居其所,故受之以遯。遯者,退也。物不可以終遯,故受之以大壯。物不可以終壯,故受之以晉。晉者,進也。進必有所傷,故受之以明夷。夷者,傷也。傷于外者必反其[一]家,故受之以家人。家道窮必乖,故受之以睽。睽者,乖也。乖必

〔一〕其,《周易正義》《宋本周易注疏》作“於”。

有難,故受之以蹇。蹇者,難也。物不可以終難,故受之以解。解者,緩也。緩必有所失,故受之以損。損而不已必益,故受之以益。益而不已必決,故受之以夬。夬者,決也。決必有所遇,故受之以姤。姤者,遇也。物相遇而後聚,故受之以萃。萃者,聚也。聚而上者謂之升,故受之以升。升而不已必困,故受之以困。困乎上者必反下,故受之以井。井道不可不革,故受之以革。革物者莫若鼎,故受之以鼎。主器者莫若長子,故受之以震。震者,動也。物不可以終動,止之,故受之以艮。艮者,止也。物不可以終止,故受之以漸。漸者,進也。進必有所歸,故受之以歸妹。得其所歸者必大,故受之以豐。豐者,大也。窮大者必失其居,故受之以旅。旅而无所容,故受之以巽。巽者,入也。入而後說之,故受之以兌。兌者,說也。說而後散之,故受之以渙。渙者,離也。物不可以終離,故受之以節。節而信之,故受之以中孚。有其信者必行之,故受之以小過。有過物者必濟,故受之以既濟。物不可窮也,故受之以未濟終焉。

　　恒爲夫婦,夫婦之終爲父母。父母老而退居,遯也。長子壯而用事,大壯也。震以長男承乾,所以爲大壯。物

壯乃能進。晉，進也。晉與漸皆進而有辨，漸之進先艮，故
進有所歸；晉之進先大壯，故進必有傷。進極復入于地，故
繼以明夷。日盈則昃也，禍患迫切，惟天屬者爲能相收，故
明夷之傷，受以家人。夬受益，滿則必潰也。陰來謂之遇，
陽來謂之復。復如遠人復還，病者復平，喜慶之辭。遇如
遇于巷，遇于塗，不期其然而然，遭際偶然之辭也。有其信
者必行之，謂人自恃其信于心，則其行必果而過乎中，故曰
小過。過者，經歷之名。大過則超越非常，故必至于陷。
小過猶或可濟，故受以既濟。餘解見各卦下。

雜　卦

　　此亦夫子《十翼》之一。《雜卦》者，雜取六十四卦，陳説其義，不拘二篇次第，所以明易道之變也。

乾剛坤柔，比樂師憂。臨觀之義，或與或求。屯見而不失其居，蒙雜而著。震，起也。艮，止也。損、益，盛衰之始也。大畜，時也。无妄，災也。萃聚，而升不來也。謙輕，而豫怠也。噬嗑，食也。賁，无色也。兑見，而巽伏也。隨，无故也。蠱，則飭也。剥，爛也。復，反也。晉，晝也。明夷，誅也。井通，而困相遇也。咸，速也。恒，久也。涣，離也。節，止也。解，緩也。蹇，難也。睽，外也。家人，内也。否、泰，反其類也。大壯則止，遯則退也。大有，衆也。同人，親也。革，去故也。鼎，取新也。小過，過也。中孚，信也。豐，多故也[一]。親寡，旅也。離上而坎下也。小畜，寡也。履，不處也。需，不進也。訟，不親也。大過，顛也。姤，遇也，柔遇剛也。漸，女歸待男行也。頤，養正也。既濟，定也。歸妹，女之終也。未濟，男之窮也。夬，決也，剛決柔也。君子道長，小人道憂也。

〔一〕也，底本無，據《周易注疏》補。

八卦之象,始于羲聖。夫子既説卦以述其象,猶恐學者泥于八物,故推而廣之,以明象之多變也。八卦之序,演自文王。夫子既序卦以明其義,猶恐學者泥于序,故錯而雜之,以明序之多變也。故曰:易者,變而已。所謂不窮之通,不測之神。乾者,陽之剛,凡卦爻剛皆乾也。坤者,陰之柔,凡卦爻柔皆坤也。比者,上下相親而樂也。師者,將卒同懼而憂也。臨者,陽下陰上,有親就相與之義。觀者,陽上陰下,有期望相求之義。屯者,物生初出,未離其居也。蒙者,昏雜未開,其明自著也。震,陽起于下也。艮,陽止于上也。損極必益,盛之始也。益極必損,衰之始也。大畜,養士待時也。无妄,非望之災也。萃,聚于下而不往也。升,進于上而不來也。謙者,自視輕也。豫者,人易怠也。噬嗑者,齧而食也。賁者,野素无色也。兑内剛而外柔,見其情以悦人也。巽外剛而内柔,隱其情以巽物也。隨者,順治无事。蠱者,有事整飭也。剥者,陽消將盡,如物去其皮而爛也。復者,既爛復生也。晉者,日升而爲晝。明夷者,日入而明傷。誅,猶傷也。井木出水而通,困圍于中而相遇也。咸,應之速也。恒,久于道也。涣,散之使離也。節,制之使止也。解,寬緩也。蹇,急難也。睽,疏而外也。家人,親而内也。否、泰,通塞相反也。大壯,陽進知止也。遯,陰盛知退也。大有,柔在上,人歸者衆也。同人,柔在下,與人相親也。革,變舊也。鼎,器新也。小過,小有所過也。中孚,信在中也。豐,隆茂而多事也。旅,孤栖而親寡也。離，陰麗于陽，火炎上也。坎，陽陷于陰，水潤下也。小畜，孤陰而寡也。履，不處而旋也。需，有待而不進也。訟，相違而不親也。大過者，偏重而顛仆也。姤者，剛忽遇柔也。漸者，女長可歸而男下之，男少女待也。頤者，觀所養而求正也。既濟者，事已濟，各得其所也。歸妹者，女以嫁爲歸，歸則女之事終矣。未濟者，中男不得與中女交，陰陽皆失位而窮也。夬，決也，一決而柔盡矣，變爲純乾，君子道長，小人之憂也。此六十四卦名者，雜取而觀，善惡休咎，各具一理。二篇次第，皆可參伍，非必拘于序也。自訟以上五十六卦，兩兩雜陳。自大過以下八卦，正倒分析。序之而有理，雜之而不亂。易道无方，變動不窮如此。或疑大過以下爲錯簡。今觀歸妹、未濟二卦，原不相對，而曰"女之終""男之窮"，終之以夬，復反于乾，歸于君子小人，聖人憂患天下，自有深意，非錯簡也。

　　屯見而不失其居，言欲出而不失其處也。蒙雜而著，言雖處而不免于出也。屯如漢高之保關中，蒙如孔明之處隴中。想望曰妄，非所望而至者，惟災爲然，故以災言无妄，因九三爻辭釋之，以戒人之妄想也。人情好上不知止，故升曰"不來"。賁以文入山，有從儉之義，故曰"无色"。往來于中而不得通謂之困。相遇，猶相抵也，不通之意。井之巽，上爻主塞坎之下流，而坎水乃上出，塞而後通也，故井謂之通。困之兌，下爻主塞坎之上源，而坎適在下遇塞，所以爲困也。渙、節皆水也，風以散之則離，澤以潴之則止。解、蹇皆險也，動而出乎險上則緩，止而處乎險下則難。豐多故，或作故舊解，言豐盛則多故舊，孤旅則寡親戚。雷電交作，則其氣盛。山上有火，則其明孤也。陽上陰下，定位也。離陰居上，坎陽居下者，陰陽變化，互藏其宅也。如人心之神，降而爲液，火中有水也。腎之精，升而爲氣，水中有火也。火以陰精，附于陽而炎上，水以陽神，附于陰而流下，故曰離上坎下。小畜與大有，皆一陰。而大有之一陰，君也，故有衆；小畜之一陰，臣也，故寡。履與需，皆乾也。履以行爲義，故不處；需以須爲義，故不進。

　　《雜卦》自乾坤至咸恒，亦三十卦，合上經之數。自咸恒至終，亦三十四卦，合下經之數，是又有不雜者存。上經三十卦雜下經十二卦于中，下經三十四卦雜上經十二卦于中，所以爲雜也。

易　領

舊刻經解緒言跋〔一〕

大泌山人李維楨撰

荀悦有言:"仲尼作經,本一而已,古今文不同,而皆自爲真本經;古今先師,義一而已,異家別説不同,而皆自爲真本説。仲尼邈而靡質,先師没而無聞,將誰使折之者?秦之滅學也,書藏於屋壁,義絶於朝野。逮至漢興,收摭散滯,固〔二〕無全學矣。文有磨滅,言有楚夏,出有先後。或學者先意有所措定,後世相倣,彌以滋蔓,故一源十流,天水違行,而訟者紛如也。勢不俱是,比而論之,必有可參者焉。"夫聖不易學,經不易作,然而此心此理,則古今聖凡所同。不求經於理,不求聖於心,安能辨其是非?悦爲〔三〕此論,欲以備博士官,使之講求,未有灼見也。門人郝仲輿,少有兼人之識,於書無所不窺。遭讒再黜,杜門著書,而先用力於經。病漢儒之解經,詳於博物而失之誣;宋儒之解經,詳於説意而失之鑿,而自爲解。易解曰正,《尚書》解曰

〔一〕李維楨《大泌山房集》卷二百二十七有此文,題《九部經解跋》。
〔二〕固,《九部經解跋》作"固已"。
〔三〕爲,《九部經解跋》作"第爲"。

辨〔一〕,《詩》解曰原,《春秋》解曰直,《禮記》解曰通〔二〕,《周禮》解曰完,《儀禮》解曰節,《論語》解曰詳,《孟子》解曰說〔三〕。質之理而未順,反之心而未安,即諸大儒訓詁,世所誦習尊信,必明晰其得失。要以不失聖人之心、不悖聖經之理而止。廣大精微,簡易明備。起漢宋諸君於九京而與之揚挖,必爲心服首肯矣。豈若劉綽輩,織綜經文,詭其新見,異彼前儒,非險而更爲險,無義而更生義者乎?其卷一百七十有五,其言一百五十萬有餘。力不任剖劂,先行《緒言》九卷,已見大意。葛稚川云:"經術深,則高才者洞逸,鹵鈍者惺悟。"又曰:"披九典,乃覺面墻之篤蔽;聞至道,乃知拘俗之多迷。"朱紫陽傳注諸經,獨《書》以屬門人蔡九峰,而多本其師說。余鹵鈍面墻,仲興從游久,於經無半字發明指授,不圖晚年得此,惺悟篤蔽,庶不虛度一生。爲識其後方,以志幸云。

〔一〕 辨,《九部經解跋》作"別"。
〔二〕 通,《九部經解跋》作"合"。
〔三〕 説,《九部經解跋》作"法"。

易領題辭^{〔一〕}

八卦以序相循環，君子所居而安者，易之序也。易之序者，造化變通往來，理數之自然。羲聖始作，文王演之，範圍曲成精意，全注於此。《連山》《歸藏》，亦各有序，而其義未備，故文王更演。匪序，則三易混同，先後雜越，多寡抽添，無不可矣，豈作者之意歟？特其象義圓妙，无所不貫。夫子作傳，循循易簡，提挈其大較，引伸而曲暢之，存乎其人。後儒反疑《序卦傳》爲淺率，朱子作《本義》遂略之，博士家因廢而不講。若是，則易道淩亂，無復條理矣。豈其然乎？余解易，於彖、爻前冠以《序卦傳》，略加敷衍，如著衣者，挈其領而前後襟如，命之曰《易領》。

天啓乙丑^{〔二〕}九月望日郝敬^{〔三〕}題。

〔一〕早印本於"易領題辭"行下有"内編"二字，修補本無。

〔二〕天啓乙丑，《湖北叢書》本作"大明天啟乙丑年"，《〔光緒〕續修京山縣志》本作"時大明天啟乙丑年"。

〔三〕"郝敬"前，《湖北叢書》本、《〔光緒〕續修京山縣志》本有"京山"二字。

易領卷之一

上　經

乾䷀乾下乾上

　　或問:六奇爲乾,何也? 曰:一者,象數之元。元始无象,象之以一。一无可字,字之爲奇。奇,單也。六奇純一,是名爲乾。乾无可象,象之以天。天者,乾之大物,非謂天即是乾。乾不可見。不可見者,大極也。大極者,可以默識而不可以象求。人能默而識之,聖人何必於象之?惟百姓日用不知,聖人欲發其秘以示人,而无象者不可示也,于是畫爲一,即一而大極形矣。人猶未知所謂一也,于是再一、三一,乾道備矣。而聖人猶謂未盡其所爲乾也,于是三一外,重加三一,乾道變化,已无不具。而聖人又謂未極盡乾之用、一之變也,于是破一爲兩,參兩爲八,錯八爲六十四,以闡揚惟一之理,推廣乾元之量。蓋六十四卦已盡于乾,乾之六爻已盡于一,神而明之,存乎其人,是故乾者大極也。或曰:"易有大極,是生兩儀。"乾坤爲兩儀,奇偶分陰陽。子以乾爲大極,奇爲一,何也?曰:天地之氣,陽而已矣。混元未分,是爲元陽。元陽无際,是名大極。大極非空虛閒曠之物。化化生生,氣之祖也。當其未動則爲陰,其萌動發生則爲陽,故曰“一陰一陽之謂道”。先陰後陽者,非道始於陰也,元陽由静之動也,其實一陽而已。闔户謂之坤,闢户謂之乾,其實一户而已。燈來生明,燈去生暗,其實一燈而已。陰非陽敵,偶隨奇生,故聖人以一象陽,以純一象乾。乾雖六位,而皆未始離一,故聖人于一之始,曰“潛龍勿用”。勿用者,非不用也,用而不見所用,莊生謂居無事而主宰者,一是也。六爻皆一,是終未嘗用也。《河圖》《洛書》,一皆居下,大衍虚一不用。數以一而起,偶以一而分,筮以一而神,道以一而貫,而乾道純一,故曰“剛健中正,純粹精也”。以天象之而非天,以陽象之而非陽,故曰:乾,大極也。然則,奇偶何由起乎?曰:造化之理,神妙變動。理不可見,惟象可以察理,惟數可以觀象。奇偶者,聖人觀象畫數以見易者也。故奇者,不偶也。偶者,兩奇也。无偶曰奇,奇分曰偶。太〔一〕初之先,兩儀未分,是謂〔二〕混沌。混沌无一,是謂无偶。一象中分,混沌斯破。中者爲一,分者成兩。奇乘偶間,偶承奇判。故奇者一其兩也,偶者兩其一也。一之乘兩,兩之承一,間不容髮。如

〔一〕太,《[光緒]續修京山縣志》本、《湖北叢書》本作“大”。

〔二〕謂,《[光緒]續修京山縣志》本、《湖北叢書》本作“爲”。

元陽初分,升而爲天,即有陰濁之氣,沈而爲地。如水有清即有溷,如息有呼即有噓,如陵谷有高即有下,如氣序有盈即有虛,如人事有成即有毀。莫不以一乘兩,以兩承一,故曰奇生偶應。偶者,兩一也。先聖作卦,既畫一爲奇,即破奇爲偶。既畫一奇以象大初之體,即畫一偶以象兩儀之變。後聖即奇名爲陽,即偶名爲陰。借奇偶名陰陽,非以奇偶盡陰陽也。奇偶所不能盡者,聖人亦不能畫,文字亦不能傳也。然以奇偶象陰陽者,何也?曰:陽先陰後也,陽倡陰隨也。陽實陰虛〔一〕,陽動陰靜〔二〕,陽明陰暗也。是故元始混淪,一畫乍落,破而爲兩,是奇倡而偶隨也。偶方未形,奇已先動;奇畫既立,偶象斯顯;奇見偶藏,奇實偶虛;奇動偶靜,奇明偶暗,故奇爲陽而偶爲陰也。曰:畫惟〔三〕奇偶,卦成于三,何也?曰:畫一得三,一分二,二與一即三。二者,一奇之判而爲兩;三者,奇與偶之累而上行也。混元如規,一橫中斷,則上下成兩,合中爲三;一直中界,則左右成兩,對中爲三。一乘兩間,即陽之乘陰;兩挾一畔,即陰之抱陽。然而三上行,何也?曰:此所謂乾也。乾健而上遂,陰〔四〕柔而旁委,故乾曰直,坤曰闢。直主進,闢主分。闢則奇偶分三,而肩隨以立;直則奇偶積三,而重

〔一〕 "虛"後,《[光緒]續修京山縣志》本、《湖北叢書》本有"也"字。
〔二〕 "靜"後,《[光緒]續修京山縣志》本、《湖北叢書》本有"也"字。
〔三〕 惟,《[光緒]續修京山縣志》本同,《湖北叢書》本作"爲"。
〔四〕 陰,《[光緒]續修京山縣志》本同,《湖北叢書》本作"坤"。

累以升。陽升陰隨，坤附乾立，八卦所以爲逆數而上行也。是故德莫大於乾，數莫神於一，莫變于奇偶，莫該于三。故含三爲一，圍三徑一之類是也；參一爲三，天、地、人三才之類是也；凡物三則定，鼎足之類是也；凡事三則備，冠三加、命三錫之類是也；時三則變，三年、三月之類是也；人三則衆，三黨、三軍之類是也；數三則完，兩邊中間之類是也；形三則具，首尾胸腹之類是也；禮三則終，祭三獻、樂三闋之類是也。三者，陽統陰之象。陽壯于三，陽性好生，三各生三，故陽用九。陽倡陰隨，陽三陰亦三，三偶爲六，故陰用六。聖人即三奇名爲乾，即三偶名爲坤，其實一乾而已矣，故曰：乾者，大極也。或曰：乾坤爲兩儀，今謂乾爲大極，則兩儀不成。曰：非也，"大極""兩儀"云者，非定二物也。无物无大極，无物无兩儀。以畫象論之，始畫奇者，即大極之象也。生偶者，即兩儀之象也。以卦論之，乾初九即大極之象也。初九生坤初六，即大極生兩儀之象也。九二生六二，九三生六三，即兩儀生四象之象也。動靜相生，至于无窮，皆以元陽之一爲祖。一生三、三生九者，陽生陽也；一生二、二生四者，陽生陰也，故曰萬物皆祖于一。八卦皆稟于乾，乾爲大極，此也。然何以謂之乾也？曰：乾者，健也。六爻純一，所以爲健。是故乾有統宗會元之象焉，有欣暢和動之象焉，有强直順遂之象焉，有完固堅實之象焉。文王以四字象之，曰"元亨利貞"。嗚呼，盡之矣。在道爲天道，在德爲聖德，在事爲大事，在人爲大人、爲君父、爲尊

貴、爲君子，在物爲龍、爲馬、爲諸陽壯物，在事爲動作、爲
諸善事，在心爲神明。一念之天理即乾，一念之人欲即虧
乾之體；一事之精明即乾，一事之昏惰即損乾之用。細微
推測，宇宙造化，莫非乾。天下事物，莫不有乾。神而明
之，六十四卦，惟乾足矣。曰：若是，則乾其至矣。反乾成
坤，然則坤不善乎？曰：否。坤非无乾也，乾非无坤也，故
曰“一陰一陽之謂道”。乾以九而位六，是以陽乘陰也。奇
以一而御九，是以静制動也。九用而純一，是動未始離静，
陽未始離陰也。故夫子曰：“乾元用九，乃見天則。”坤，效
乾者也。六爻純偶无雜，與乾合德，如月之於日，其魄爲
陰，其魂爲陽。故坤承乾，非反乾也，烏得以乾病坤耶〔一〕？
使坤反乾，則爲孤陰，而乾亦反陰爲彊陽。故曰：“立天之
道，曰陰與陽。立地之道，曰柔與剛。”一也者，含兩爲一
也。此易所以爲變〔二〕，而神所以无方也。

坤☷坤上坤上

　　坤之--〔三〕，乾之—，中分而爲兩也。故坤非乾敵，是
效乾之能者也。元炁之始，陽而已。陽動陰應，如形之徵
影，影之逐形。一陽動，即一陰應。奇生即偶成，六奇即六

〔一〕耶，《［光緒］續修京山縣志》本同，《湖北叢書》本作“邪”。
〔二〕爲變，《［光緒］續修京山縣志》本同，《湖北叢書》本“變”前無“爲”字。
〔三〕--，《［光緒］續修京山縣志》本同，《湖北叢書》本作“二”。

偶，象數之自然也。陽惟一故曰健，陰兩之故曰順。一者主始故曰知，兩者承行故曰能。一故〔一〕曰易，順故曰簡。有陽即有陰，故易首乾坤也。或曰：静則一，動則兩。陽體動而反爲奇，陰體静而反爲偶，何也？曰：虚故能静，實故能動。兩者虚之象，一者實之象。實故剛，虚故柔。剛常一，柔常兩。陰非自爲陰也，陽消而爲陰也，故其體虚而不足，其性不能自動而常躁，隨陽而動，待施而受。其象中開，虚而不滿，即陽氣之闕陷者耳。以象地，何也？曰：虚受陽施，凝結而成塊也。元氣真清，爲陽爲天；其渣滓，即爲陰爲地。故陰虚而受實，静而含動，柔而承剛，陽之變也。陽實而主施，動而居静，剛而乘柔也。地非自爲地，陰非自爲静虚，順陽而已，故曰“坤者，順也”。聖人所以取象，發順承之義也。其卦六畫皆偶，有順象。内外重偶，有厚象。内虚，有中象，有含象，有通象。兩兩相比，有行象，有朋象。彬彬適均，有文象，有美象。六偶十二，有方象，有大象。秩秩不亂，有理象。左右分布，有體象，有業象。爻辭、《文言》，因象繫辭也。以地類推之，在人則爲母、爲臣、爲妻、爲卑屬，於物爲雌，於事爲静，於學爲能，於時爲夜、爲秋冬，於類爲小人，皆坤象也。然易象變動，未可執一。非謂君父槩不得占坤，臣妾槩不得占乾也；非謂乾但可知不可行，坤但可能不可知也；非謂乾六爻无小人，坤六

〔一〕一故，《［光緒］續修京山縣志》本同，《湖北叢書》本作“健故”。

爻无君子也。六二之不習，亦是生知安行之聖，何必坤定主賢？六五之黃中，亦是謙恭溫文之主，何必臣定爲坤？聖人隨宜設象，非拘拘然也。弑逆之凶發于初，而龍戰之禍形于上，何嘗一一皆聖賢事？然則以象地配乾，首諸卦而稱至德，何也？蓋陰雖反陽，而坤陰非駁雜之陰。天下之惡，始于不純。坤體乾之純，得元陽初分之炁，未遠于大始，故稱簡能。體乾生物，象地〔一〕而爲至德也。初六地下，六二地上，六三地生物，六四長物，六五成物，上六藏物。以人論，初爲幼，二爲處，三爲將出，四爲出，五爲臣，六爲老休。若夫變而通之，无人无坤，无事无坤，无物无坤。爻可爲人，爻可爲事，爻可爲物，因乎時與位與人而已。程正叔以坤六五爲尊位，不可以人臣當之。夫五之爲尊位也，象耳，非五本名君也。坤之爲人臣亦象耳，非坤本名臣也。夫子《文言》以坤爲臣道、妻道，謂臣與妻當效坤之柔順，非謂臣與妻定居某一爻也。君有五，臣亦有五；夫有五，妻亦有五。无人无五，无物无五，无事无五，未可拘拘論也。有乾自有坤，所謂"一陰一陽之謂道"，故首易而同體也。乾初九陽始生，坤初六陰始生。九二乾德之盛，六二坤德之盛。九三將出而憂惕，六三將出而含章。九四初出，遇重剛而或疑；六四初出，遇重陰而括囊。九五居尊而利見，六五正位而元吉。上九陽亢而悔，上六陰極而戰。

〔一〕地，《［光緒］續修京山縣志》、《湖北叢書》本本作"坤"。

乾中四爻皆有動象,坤中四爻皆有静象。此乾坤合德,坤所以承乾也。故天地非兩體,乾坤非二物,陰陽非二道。坤如形體,乾如心志。坤之效乾,如形體之效心志,志帥氣充,不知其然而然,故謂之順也。乾知坤能,乾易坤簡,乾始坤終。坤之元亨利貞,即乾之元亨利貞。坤有過差,以其喪乾也。初之積狨,是坤之始侵乾也。上之疑戰,是坤之終背乾也。故坤不可不順,惟其不得不順也,不順即无坤。坤者,聖人所以法天也。乾以賢言,是顏、孟也。坤以聖言,是湯、武也。乾以臣言,是商之伊尹,漢之霍光。坤以君言,是周之成、康,漢之文、景也。故乾坤非二也。或云:乾不言文章,坤言文章、言光、言美,何也?曰:陰麗于陽而生文也。大虛无形,凝爲人物,則言語、知覺、運動,陽麗乎陰也。形,陰也。虛靈,陽也。地,形也。生物,虛靈之用也。陽有美而无形,不得地則无所施,故坤順之。兩物順則成文,亂則不文。一物獨,亦不成文。故乾純一不言美,坤順陽乃言章美。人道篤實則光,闇然則章,儒弱則文,皆順之生美也。大抵天道一氣玄[一]同,地乃有山川草木,界障區別。凡言文章光美者,地也,莫非天也,故乾坤一體也。

屯䷂震下坎上

《序卦傳》曰:“有天地,然後萬物生焉。盈天地間者,

─────────

〔一〕 玄,《[光緒]續修京山縣志》本同,《湖北叢書》本作“元”。

惟萬物,故受之以屯。屯者,盈也。屯者,萬物之始生也。"
此夫子釋屯卦所以次乾坤之義。屯首諸卦,繼乾坤。首諸
卦,如四時之有春也。春之言屯也,古春作旾。春首四時,
故彖稱"元亨利貞"。元氣初開,屯聚未伸,故字象中穿地
出,有句曲拂鬱之象,故曰屯難也。大抵事物之初,未有不
難者。爲學先難,創業艱難。嬰孩之孕育,胎卵之孚化,皆
困而後成。草木由萌芽以至密葉繁柯,幾經摧折而後得生
全。況君子經綸宇宙,何容易乎?爲卦震下坎上。震爲
雷、爲動,一陽動于二陰之下,其畫一奇二偶。乾初交于
坤,生男,天之長子,所謂"帝出乎震"者也。初九承天立
極,崛起地下,爲屯之主。坎爲水、爲險,其畫二偶間一奇,
陽陷陰內,故五居尊爲險主。二與五,陰陽正應。二下比
于初,三欲進而遇險,上無正應。四與初正應,而四上比于
五。六爻惟初與五爲陽,初以陽出震,五以陽居險。論位
則五尊,而以德以時,初天之所植,五天之所廢也。初如漢
高,五如項藉[一],二如項伯,三如范增,四如張良,六如
陔[二]下烏江之事。若以一人占,則初爲身,二爲間,三爲
叛,四爲救,五爲險,六爲險終。細占,則一事未成,一念未
遂,皆屯也。凡事未有不始于屯而得底于成者。匡世定
難,其大者耳。孟子曰:"舜發于畎畝之中,傅說舉于版築

〔一〕藉,《[光緒]續修京山縣志》本、《湖北叢書》本作"籍"。
〔二〕陔,《[光緒]續修京山縣志》本同,《湖北叢書》本作"垓"。

之間……天將降大任于是人，必先苦其心志。"象謂"元亨利貞"，此也。然六爻竟以屯終，何也？存乎其人耳。人能元亨利貞，則元亨利貞矣；人不能元亨利貞，則憂辱死亡矣。故四德備而後四慶積，易所以存乎占也。初之志行正也，大得民也。二之審時不輕字也，四之求而往明也，皆元亨利貞之道。三不知幾而好進，五屯施未光，上泣血，此皆不能元亨利貞，而憂辱死亡者也。元亨利貞者无他，仁義禮智而已。元亨利貞而易无餘道，仁義禮智而君子无餘德矣。或謂孔子與文王異旨，非也。乾坤既定，繼之以屯，君也；繼之以蒙，教也；繼之以需，養也；繼之以訟，理也；繼之以師，衛也。教之而禮義明，導之而生養遂，理之而訟獄平，衛之而軍旅設。由是比順相畜，履禮泰平，《序卦》之義也。屯、蒙二卦，體互震、坎、艮，三男備，故繼乾坤也。震初交，故先屯。坎次之，艮又次之，故蒙繼屯。需訟亦乾坎也，多北方之卦。北方陽氣伏藏，萬物歸根，天一始化，資生之源，故卦氣先北。師比以前六卦，不離坎也。

蒙䷃坎下艮上

《序卦傳》曰："屯者，物之始生也。物生必蒙，故受之以蒙。蒙者，蒙也，物之稺也。"物始生，蒙蒙然不明也。爲卦艮上坎下，乾再交于坤生坎，象水，所謂中男也；三交生艮，象山，所謂少男也。坎，險也。艮，止也。以坎遇艮，險而止。水在內欲流，而山止於外，爲不達之象，故曰蒙。凡人不學而愚者，蒙也；童幼无知，亦蒙也，皆世所謂不美之名，而聖人未嘗槩以爲不美也。愚蒙者，聖人所欲發；而童蒙者，聖人所欲養也。養之者，非人人能使之不蒙，正欲人人使之不失其所爲蒙也。大道自然，人能不喪其赤子之良，則親親長長而天下平。世教衰微，邪説誣民，機智多而人心壞，風俗灕而大亂起，師道不立，蒙失養正也。善治民者，惟使之不離其顓蒙之常；善教人者，惟使之不失其赤子之心。知戒于大察，文惡于大著，禮嫌于大奢，法忌于大詳。人情事理，大抵皆然。故夫蒙者，初也，慎勿忘其初耳。發蒙，非聖人之得已也，故蒙繼之以需。需者，養也。以卦體占，坎爲蒙，艮爲養蒙。泉水在下，涓涓不息，山鎮之以静，水欲奔潰不可得，所以爲蒙。然欲滔滔行地，順流放海，亦不可得，所以止於蒙也。顧水不憂其不能放海，而憂其奔潰，是以聖人貴養之，其次包之。至于奔潰不止，則擊之，勿使失其所爲蒙而已。大之則爲古今升降之運，小之則爲教學智愚之關，故蒙不可不慎也。洪荒初闢，民逸居无教，是童蒙求我時也。叔季以還，百家簧鼓，知巧横生，人情風波，險于江海，是再三之爲害也。聖人所以取象於山水，而其卦與屯對，并繫於乾坤之後。蓋屯作君，而蒙作師。天下之功業莫不造於屯，而天下之道德莫不始于蒙也。以爻占，初蒙之愚者，二養蒙者，三蒙之昏邪者，四蒙之不學者，五蒙之好學者，上止蒙者。蓋初以陰暗居下，二以陽剛爲乾男得中。三柔不中，既上應六，又下比二，故行不順。四重陰，上下无陽，故安于蒙。五陰柔得中，故爲童蒙。上雖過高不中，以陽爲艮主，是乾之少男，故其占亦利。或曰：若然，以上九爲童蒙，不亦可乎？曰：陽明不可以爲蒙。又不中正，五陰柔得中，故童蒙屬五。二以陽居中，故亦不蒙而爲包蒙。《彖傳》之言“剛中”也，爻象之言“童蒙”也，皆因象繫辭。其實彖云“童蒙求我，匪我求童蒙”者，設象以明蒙之不可輕發，非定指五爲童蒙、二爲我也。如以一卦言，即以坎爲童蒙、艮爲我亦可。以爻言，則五爲童蒙、二爲我，亦自然之象也。今之言易者，多執爻解象，似先有爻而後有象者，拘泥之弊也。或者又以“童蒙求我”爲“禮聞來學，不聞往教”，愈失之矣。諸陰皆蒙，惟二、上兩陽爲不蒙。二處蒙中，故包容以養蒙之善。九居蒙上，故擊斷以懲蒙之惡。乾坤生三子，長震，爲屯之君；次坎，爲蒙之師；少艮，有童蒙之象。故屯蒙繼乾坤，先諸卦也。山上有水，蹇。見險而止，知也。山下有水，遇止而失險，蒙也。蒙者，蹇之反。天運自北而東，而南，而西。坎下艮上，是自北而東也。艮者，萬物所以成始，故曰蒙。艮下坎上，由東而北逆行，所以爲蹇也。

需☰☵乾下坎上

《序卦傳》曰：“蒙者，蒙也，物之稺也。物稺不可不養也，故受之以需。需者，飲食之道也。”需，待也。而言飲食，何也？人自童蒙以來，待養而成。无飲食，則不可待。故需者，飲食之道也。以之設卦，何也？造化自然之密候也。天地以需而運，古非頓今也；人物以需而壯，幼非頓長也；道德以需而成，始非頓終也。冬以微陽需暑，夏以微陰需寒；水以一滴需江河，土以一塵需泰山。參天之材，句萌需之也；陵[一]雲之羽，黃口需之也。故浮躁之氣，不可以致遠；鷙悍之性，不可以令終。聖人所以貴需也。卦取乾下坎上，何也？天下至健者莫如乾，至從容者亦莫如乾。元陽一氣，獨往獨來。陰雖乘其虛陷之，而乾行有常。方其陷也，閉藏不出；及其升也，日浸月積，羣陰自消。故其卦坎乘乾。乾陽進，坎險平，所以運變化之權，而銷磨羣陰之道也。然則何事於需？曰：一陽方陷于陰內，三陽欲進，且未得合。彼一陽需三陽之至，此三陽非能即撲二陰滅之，需之而已矣。如君子受制于小人，眾君子急之必災。需之，將羣小自解。然而坎險遇他卦則不需，何也？夫氣，陽而已。坎雖爲險，无陽不成。苟不遇陽，而陰挾陽自主，復何需？惟與乾遇，喜其同德。而乾與坎，聯位西北，金水同根，志本相須。非乾則內外不孚，進而行險，所以必遇乾乃需也。或曰：乾健好進，焉能需？曰：健而好進者，人心之彊陽也。乾陽真氣，未有進而不需者。一陽生于冬，至

〔一〕陵，《〔光緒〕續修京山縣志》本、《湖北叢書》本作“凌”。

春始動，至夏方盛。天下能需者莫如乾，故振古如兹，陰隨其斟酌，而不能與争。人之精神，有常不暴，從容悠久，何功不建，何德不成？需所以繼屯蒙後也。然則乾不遇險，不需乎？曰：乾之需，非以險也。乾行自需，初九所謂"利用恒"，遇險而需者。聖人憂患天下，爲之象，以戒夫欲速者耳。陰陽之相乘也，進則必退，成則必虧，日必有夜，君子必有小人，夷必有險，不能相無。天地之間，何處无險？恒人欲急遽行之，豈知造化之理者歟？或曰：需者事之害，此言何謂也？曰：彼爲陰虚退縮者言，此爲乾健用剛者言也。退縮之需不可有，乾健之需不可无也。其以飲食宴樂爲象，何也？曰：乾陽既升，坎險既平，用九功成，陽德方亨，萬物各得所需，如《詩序》"《既醉》，太平"之謂。語云："天下本無事，庸人自擾之。"君子能從容素位，行所无事，待天下之感，則其象爲飲食宴樂。若急遽躁擾，則一饋十起，食不暇咽矣。坎畫中滿，醉飽之象。《詩》曰"坎坎鼓我"，言宴樂也。飲食男女，人之大欲。屯蒙言男女，需言飲食男女之禍。屯聚不明，飲食之禍，需求无厭，象无所不寓也。卦位乾居西北，坎居正北，天運由西北東出。乾進適坎，自然之序。上六所謂不速之客，故上下卦體相須，所以爲需。反而爲訟，則坎乾分背，故相違也。

訟䷅坎下乾上

《序卦傳》曰："飲食必有訟，故受之以訟。"何謂其受之以訟也？方其在需也，一陽陷于險，三陽升而坎險平，此九五之願。四與上，二陰爲險者，不願也。故四出而需血，上入而致敬，皆非得已。及乾既上，坎水反下，則其變而爲訟，自然之象也。其由飲食，何也？需本飲食，在需之九五曰"酒食貞吉"，五爲坎主，居中盈滿，與乾不速之客三人，飲食宴樂。而四、上不與，四出穴行，上入穴避。及需終坎歸而有言，謂訟不由飲食始乎？醉飽生端，人事之常，君子所以作事謀始也。然則在需之時，不可爲訟乎？曰：需，水在天上，則失險。陽在下，實而不能陷。陽升，坎水下流，適其傾險之性。一陽孤閉于內，雖有孚如故，而鬱鬱窒惕，爲陰所搆，故訟。但二剛中有孚，五以剛中在上，无情者不得盡其辭，所以爻象九二歸逋，諸陰皆泯于无言。故訟之爲卦，无訟也，非聽訟也。凡訟者之人，健而險。造始必由于險，怙終每成于健。始相違，而能孚之以誠信，持之以訒默，待之以貞靜，雖訟中止。若其好剛不已，雖勝亦小人之黠猾者，君子恥焉。凡訟，小爲言語，甚則爲生產，又甚則爲功名。三者之象，皆在下，以訟本在下之事也。下訟上則悖，九二所以有孚窒惕而无眚。上訟下則陵，上九所以得人服從，亦不足敬也。訟必有小人爲之佐使，故初爲險。二不從險，則訟端息。三柔順謹守，四安重自養，九五明主當陽,皆无訟之道。上九下陵六三,則健訟之徒矣。凡訟生于交搆,陰本不敢訟陽,下本不敢訟上。惟陽不安靖,與陰有言,上不恭儉,奪下之有,訟所由來也。如九四安貞,則初亦无言;九五剛中敵應,則二自畏服。上九下搆六三,雖有得帶之榮,豈勝褫服之恥? 故訟由于讒言嗾使,而成于强梁好勝,不可不以初、上爲戒,息于下之能忍,而泯于上之能容,不可不以三、四爲法。至于九二之忠信,下所以无訟民也。如九五之中正,上所以无訟獄也。訟之占盡此矣。

師䷆坎下坤上

《序卦傳》曰:"訟必有衆起,故受之以師。師者,衆也。"凡訟必有黨,以黨起者非一人,以黨應者亦非一人,故爲"有衆起","受之以師"。其卦下坎上坤,坎爲險,坤爲衆,以衆履險,兵凶之象。上下五陰一陽,陽爲主,陰隨之,有行師之象,故曰師。然則何以異于比乎? 曰:比一陽在上,是人君居高陵[一]下以治也。此一陽在下,是臣子爲將,率衆以征也。將統衆,前進而往,故陽在下;君臨民,南向而來,故陽在上。陰偶曰比,坤衆曰師。然則何以不曰戰陳征伐而曰師? 師者,衆民也。國以民爲本,生以人爲貴。天心至愛,莫如人。人主至重,莫如民。天道好生不

───────────

〔一〕陵,《周易正解》作"臨"。

殺,聖人容保如傷。欲惡形而相忮,五兵作而相戕,天地之
閏數,聖人之不得已,是以衛靈公問陳,孔子不對。蓋戰陳
征伐者,聖人所不欲訓也。不得已而用之,在得賢將,和人
心。勿以必進爲勇,勿以多殺爲功,中四爻之象具矣。九
二剛中,爲賢將;六三貪功取敗;六四无功守常;六五任將
不專,撓權僨事,軍旅之情形備矣。大抵三軍和,主帥賢,
偏裨奉令,委任專一,班師行賞,崇德報功,是帝王之舉也。
人和爲神武之本,故初言律。小人爲強戰之媒,故終示戒,
其要歸于容民蓄衆而已。六爻不取全勝,其義可知。或
曰:"師,貞,丈人吉",九二是已。四、五有輿尸之凶,何也?
蓋以一卦占,則九二爲帥,五陰皆從。以各爻占,則一爲師
衆,二爲主帥,三、四爲偏裨,五爲臨敵,六爲賞功。以上下
卦占,則九二爲將,六五爲君。師中既有主帥,又有君在,
爲撓權之象。易者,變也。象不可執一論。自屯以來,六
卦皆兼坎,何也? 水爲滋生之源,乾坤始造,即有險難。自
屯至師,皆聖王濟險之業,天下事未有不先難者。

比☷☵坤下坎上

《序卦傳》曰:"衆必有所比,故受之以比。比者,比
也。"卦自師而來,一陽往居五,而羣陰從之,有天下附一人
之象,故曰比。夫"君子周而不比",以之命卦,何也? 曰:
乃所以爲不比也。人情稠伍相與,則情暱而易親。上下相

懸，則勢隔而易渙。四海之大，億兆之眾，欲聯爲一體，合爲一家，若之何而可？聖王孚之以體元永貞之德，均之以建國親侯之制。天子親諸侯，諸侯親萬國，如身使臂，臂使指，是以德博[一]化廣，四方攸同，常如一人之身，非小惠驩虞，與民煦煦之謂，故曰顯比。然則卦何以反師？蓋天運循環，一治一亂。轉移斡旋，惟陽爲主。聖主當陽，爲能還定安集。蓋眾不能无爭，爭則亂，亂則用武。武輯亂寧，孚之以德，而建之以長。廬里井甸，所以安其眾也；列地分封，所以置其牧也。有事則聚以爲師，无事則散以爲比。明主體元，羣陰拱向。師則爲將，比則爲君。在師師從，在國國從，所以謂之比，所以師繼之比也。其卦下地而上水，水在下則陷爲險，在上則降爲澤。上坎，爲設險立國之象；下坤，爲遠邇順治之象。又一陽居五，爲明主當陽之象；五陰共附，爲萬國朝宗之象。以爻論，初爲遠人，二爲賢士，三爲士之干進者，四爲在位之臣，五爲君。上爲化外，莫非王民，而不能无休咎者。物情自爲不齊，總之大順而已。先儒未解原筮之義，不究《序卦》之旨，區區論比人、比于人，以求通。夫王民嘷嘷，何心求比？王者无私，何心比人？是小人之比，非王者之比也。卦爻剛柔以一爲主，二則分，故曰：陽卦多陰，陰卦多陽。一陽則眾陰比，一陰則眾陽畜。易一陽之卦凡六，復、師、謙、豫、比、剝，惟比最當位而吉。

〔一〕博，《［光緒］續修京山縣志》本、《湖北叢書》本作"溥"。

小畜☲乾下巽上

《序卦傳》曰："比必有所畜,故受之以小畜。"按,比,附也;畜,收也。物多而不收[一],則散。比,五陰附一陽,陽闢,故諸陰開而成比;小畜,一陰束五陽,陰合,故諸陽斂而成小畜。畜者,束也,故曰有禮而後可畜。凡物,我能畜之者,我得而束。不能畜,則不能束。君子容民畜衆,乃可以係屬天下之心,小畜所以次比也。爲卦下乾上巽,六四一陰爲巽之主,據五陽之中,五陽翕然輻輳。蓋陰陽之相求也甚切,而定于一。五陽共遇一陰,其應不分。在下者進而往,在上者退而來。雖以乾之健,與四遇,則不復能上,如約束然,故曰小畜。蓋陽氣之斂也,陽不能斂,陰則斂之。陰之繫陽也,大不能繫,小則繫之。其在人心,一私之緣染,壯志盡灰;一事之牽累,大業總廢。三寸之鍵,可以閉百尺之關;一絲之綸,可以掣吞舟之鯉。故羣陽坐束于微陰也。易謂陰爲小,謂陽爲大。造化之理,大不能束大,小則入于无形,而納之不苦,受者甘而其畜固,故曰"善結者不解"。"天下之至柔馳騁天下之至剛",利用小也。畜之而善,則彊陽不驕,而暴戾化爲綽約,《大象》所謂美懿之文德是也。畜之不善,則狐疑喪心,而大謀敗于不忍,坤初六所謂履霜之堅冰是也。以卦論之,是巽畜乾

〔一〕收,《[光緒]續修京山縣志》本同,《湖北叢書》本作"取"。

也。以爻論之,是六四一陰畜五陽也。故初以正應往,二不失亦往,三勇往,五、上則同體矣,故曰小畜。然則四之罪,不已甚乎? 而爻辭"无咎",何也? 曰:所謂補過也。巽非不正之陰,處二陽之下,其德本順,而居四,是當位也。上與五同體,承乘相得,下與三陽无苟合。三求之而反目,非有求于諸陽也。惟其象爲風,鼓動萬物,諸陽受其吹累〔一〕,不能自持而嚮應。造化之氣相感召,非形制勢誘束縛也,故曰无咎。然則四其賢婦矣,與五孿如,而上又載之,何也? 曰:四與五、上同巽,非亂偶也。五孿如而上載婦者,陽德陰極,所謂德積載,非四從五,又從上也。陰畜陽極,故曰"君子征凶",戒六四也。小畜之象,義非一端。孟子曰:"畜君者好君。"六四上近九五,是爲元老忠良,如伊尹訓太甲,周公輔成王,以柔承剛,政不足諫〔二〕,人不足責〔三〕,從容論道,而君心自正,是小畜之亨,君子之懿文德也。至如夏桀以妹喜亡,商紂以妲己誅,幽王以褒姒滅,一婦爲累,禍延宗社。陰之累陽,夫豈在多? 萬事皆然,存乎人自占耳。若乃孔子見南子,以至漢周勃、陳平事呂雉,唐狄仁傑事武曌,大小分量不同,其爲小畜之象,皆可通也。先正有言:文王之道,在小畜。當紂之時,天下已

〔一〕 吹累,《〔光緒〕續修京山縣志》本同,《湖北叢書》本作"疾撓"。

〔二〕 諫,《〔光緒〕續修京山縣志》本同,《湖北叢書》本作"間"。

〔三〕 責,《〔光緒〕續修京山縣志》本作"貴",《湖北叢書》本作"適"。

歸周，文王獨以小心懿恭，周旋維持于亟[一]重難挽之日，
有一陰畜衆陽之象。論文王之心，商、周興亡，機在呼吸，
少不自持，則臣節難終，所謂"密雲不雨"，君子征凶時也。
論周家之勢，履盈持滿，畜極將通，所謂柔得中而上下應，
志行乃亨，尚往之時也。皆小畜之占也。凡男女之卦，陽
之能實陰者莫如坎，陰之能制陽者莫如巽，故屯至比，六卦
皆坎，即承之以巽。

履䷉兌下乾上

《序卦傳》曰："物畜然後有禮，故受之以履。"何謂"其
物畜然後有禮"也？物必束之，而後能循禮。禮以行成。
履者，行也。君子跬步不違禮。履者，禮也。取象于乾，何
也？行莫如乾，強莫如乾。君子莊敬日強，所以行禮也。
取于兌，何也？兌以一陰見于二陽之上，其德爲悦。悦，和
也。禮以和行，不和則禮強世不可行，不悦則乾元厲不可
行禮，故曰"履，和而至"也。乾上兌下，何也？兌爲澤。卑
莫下于澤，尊莫上于天。其于人也，莫尊于冠，莫卑于履，
故履至下賤也。天之高也，人安于不可尚，悦以下之，而信
天之果尊；澤之下也，人不覺也，以天視之，而信澤之果卑。
尊卑之分明，則上下之志定，故天澤曰履。然《大象》不曰

〔一〕亟，《〔光緒〕續修京山縣志》本、《湖北叢書》本作"極"。

天上澤下，而曰“上天下澤”者，何也？言澤上于天，天下于澤也。高下相懸，則履不成。如足不及地，則不成行。故下卦有上行之象，上卦有下旋之象。禮以退爲讓，履以下爲基，故曰“履者，德之基”。天不下于澤，則江河无潤。澤不上于天，則雨露无滋。天高而能下，故水土草木之氣，蒸爲雲雨，而天益高。君尊而能卑，故億兆臣民之分，辨爲禮讓，而君益尊。然卦、爻、象辭皆不及禮，何也？所以象也。言禮則限于文，言履則无行非履。易，象而已。剛柔交而情文備，文剛而情柔。三千三百，文也；温恭辭讓，情也。卦體剛上柔下，履貴柔也。剛履柔則吉，柔履剛則凶，剛履剛則厲。蓋剛履柔者，能行不妄行，如二之幽貞，四之愬愬，情文兼至也。柔履剛者，不能行强行，如三之跛履，不遜之凶也。剛履剛者，當行決行，如五之夬履，嚴厲之過也。惟初素履，爲无文之真，而上視履，爲從心之矩，故履貴柔。柔者，禮之情。所以主者，嚴敬之心。柔者，兑之悦；嚴敬者，乾之健。乾知以剛，坤行以柔，是故剛不可過也。以一陰收之，則爲小畜，君子所以懿文德也。以一陰悦之，則爲履，君子所以行禮也。行不柔，則舉足即謬，履所以繼小畜也。小畜之勢，亟〔一〕重難反。反而爲履，高而能下，履盈之道也。天至高也，澤至卑也。天雖高而包乎地之外，澤雖卑而猶在地之内，是天轉而愈出其下。八卦，

〔一〕亟，《［光緒］續修京山縣志》本、《湖北叢書》本作“極”。

兌次乾,列宿爲虎。乾行東轉,兌隨乾後,有噬乾之象,故爻位兌主居三爲口,初下爲尾。口向乾,而乾行甚健,非兌所及。周旋不已,乾反出其後,兌欲噬不可得,其象如此。蓋凡凶人之齮齕人,觸其人之好前也,故莊周曰:料虎頭,幾不免虎口。善履者,動不居先,高能履下。虎雖暴,不能以尾咥人,明矣。故爻在下者吉,尾也。三凶,當虎口也。四應初,所以爲履,故吉。五與三同功,故厲。至上則履道大成,天高下旋,所謂"履不處",出于尾而虎不能咥者,此也,故元吉。嗟夫,世路嶮巇,安往无危機?猛虎咥人,不在山林。聖人操何術,而履虎之尾,使不咥人乎?觀其象,玩其占,亦惟曰"履虎尾"而已矣。夫履虎尾之心,何心?恭敬之心,辭讓之心,人皆有之。能以不敢先之心,後天下之人;以不敢犯之心,臨天下之事;以不敢輕進之心,處天下之憂患。文王小心翼翼,克濟大難,不外此。君子用禮,天下无畏途,故曰"履者,禮也",所以終而愈吉也。小畜以一陰收五陽,有斂束固結之象。履以一陰逐五陽,有周旋不住之象,故曰"履,不處"也。上九云其旋,以此。讀者不察,觀象所以難。履,上天下澤,而爻象天下于澤,有旋轉之象,所以天地將交,而繼之以泰也。

泰䷊乾下坤上

《序卦傳》曰:"履而泰,然後安,故受之以泰。"即履上九考祥之元吉也。蓋君子和以行禮，則泰而不驕，剛躁之氣，降爲柔順。天交於澤，即乾下於坤，所謂脩己以敬，以安人、安百姓，篤恭而天下平，故履繼之以泰也。然天地定位，而曰乾下坤上，何也？ 天地之位不交，天地之氣交也。天氣下降，故地氣上接乎天。天地非有二氣，氣陽而已。陽氣之虛者即陰，陰无氣可升也。地下地上，莫非陽，莫非天。陽長則天氣透徹地底，受施充滿，地氣發越于上，天氣復，則地氣降，間不容髮。蓋陽本上也，泰下三陽，陽來歷陰耳。陰本下也，泰上三陰，陰往歷陽耳。非其位，不可久居，固將即復也。陽歷陰位，故其爻辭初曰“茅”，地物也；二曰“荒”、曰“河”，地象也；三曰“陂”，地形也。地本主而乾爲客，陰歷陽位，故其爻辭四曰“富”、曰“實”，五曰“帝乙”，上曰“城”，皆陽象也。陽本主而坤爲客，客遷而主常住，故泰日少而否日多也。或曰：陽陰相循，奇偶相配，泰日何獨少？ 既曰泰少否多，又曰陽有餘陰不足，何也？ 曰：此乃所謂天地之氣一陽而已者也。陽能生故有餘，陰多于陽，非陰多也，陽長難也。陽長則泰，陽未來則皆否。冬而陽生，歷春至夏，而後品物豐滿，泰道乃成。莫盛于五月，自六月往，浸以消矣。計一歲中，陽來爲泰者，十之一耳。聖人作卦以象之，繫辭以明之，見往來之幾[一]，至微至危，欲人占象而艱貞，非可執象陰陽半，遂謂之泰也。邵堯夫

[一] 幾，《[光緒]續修京山縣志》本同，《湖北叢書》本作“機”。

《先天圖》以泰三陽爲正月之卦。夫正月凝寒未解,草木未生,於泰殊不似。如不以泰爲正月,則奇偶增減與節候不合,故强配之,非聖人作卦本意也。泰有安舒意,有充滿意。一物不得所不爲泰,一物未通足不爲泰,九二爻象盡之矣。初九天氣下極于地而將上,故有"拔茅"之象。九二泰中,九三泰終,乾去地欲上,故其辭危。上三爻,皆坤之承天生物在外者,非謂小人也。陽將往則陰復來,故六四有"翩翩不富"之象。六五來下從二,故有"歸妹"之象。上六否將還,故有"城復于隍"之象。大抵上三爻雖往,皆有來象;下三爻雖來,皆有往象,否泰所以如環不息也。蓋陽健本欲上,上有陰召之,則往愈疾;陰順本欲下,下有陽召之,則來愈疾。泰所以難得易失,而聖人設象,亦曲盡矣。其序卦也,始自乾坤,自乾〔一〕以來凡十一卦而後泰。君之以屯,教之以蒙,養之以需,理之以訟,正之以師,和之以比,約之以小畜,禮之以履,而後泰。故自乾以下十卦,凡爲奇三十而後乾下交。自坤以下九卦,凡爲偶亦三十而後坤上交,開泰之難如此。故曰:易者,聖人憂患而作也。

否☷☰坤下乾上

《序卦傳》曰:"泰者,通也。物不可以終通,故受之以

〔一〕乾,《〔光緒〕續修京山縣志》本同,《湖北叢書》本作"乾坤"。

否。"何謂其物不可以終通也？安樂則生驕惰，驕惰則生凶咎。使安樂不驕惰，何凶咎之有？雖意外不測，君子不免。而无以取之，則積毒不厚；有以待之，則雖凶无傷。天地嘗否，何嘗不泰？故泰而否、否而泰者，聖賢也；泰而否、否而不復泰者，庸衆也。聖人憂患作易，故泰之後繼以否。其卦坤下乾上，天地之定位，而謂之否，何也？反泰也。泰，天交于地，地交于天。今天氣歸天，地氣歸地，故隔塞爲否。否者，虛竭之象。二氣不交，兩間空虛，故曰否。泰者，天運也，六爻往來之象，其去如駛，在天者易失。否者，人事也。六爻救〔一〕否之道，包休〔二〕從容，在人者難回。易失者不可恃，難回者不可委。故泰之《大象》曰"財成""輔相"，不敢貪天功也。否則曰"君子以儉德〔三〕辟難，不可榮以禄"，則責成於人矣。故孟子曰："命也，有性焉，君子不謂命。……性也，有命焉，君子不謂性。"天下之事，未有盡人不可合天者，此聖人作易本意。然何以謂之否也？曰："否之匪人，不利君子"，所以爲否。但君子不任否，而以否付小人，是爲小人之泰也，則將誰謂之否乎？聖人作卦，非以否付小人，以否託君子也，故象曰"不利君子之貞"。貞，固也。固非君子所用于否，否而固，是立敗之道。敗，則君子不失爲貞，而天下國家受禍不可勝言，如漢陳

〔一〕救，《［光緒］續修京山縣志》本同，《叢書集成初編》本作"休"。
〔二〕休，《［光緒］續修京山縣志》本同，《叢書集成初編》本作"羞"。
〔三〕"使安樂不驕惰"至"君子以儉德"，《湖北叢書》本缺。

蕃、李膺、何進、竇武輩。聖人千百年之上，前知如神。今千百年之後，猶不悟也。故夫初六之"拔茅"，君子爲救世出也。六二當否之中，君子與小人雜處，君子行權，相時而動，羣而不黨，故有"包承"之象，艱貞之道也。六三小人感君子之包，故知羞。九四君子得君，有可爲之機，故"志行"。九五明主在上，從容休否，中興之君也。上九否運傾銷，乃漸反於泰。夫泰之將去也，迅馳難挽，天道之无常如彼，而否之將去也，從容不迫，人事之艱難如此。後世君子，避世者託名爲貞，囂然長往；任事者貞固不通，疾惡已甚，施无次第，發不調停，機事一失，潰決四起。國家之事，小人壞之不足，君子與小人共壞之，有餘矣。由漢、唐、宋而來，靡不蹈此覆轍。豈聖人之訓不明？學易者失其解耳。故泰九二"包荒"，聖人器使之意甚明。而必以用"馮河"爲果斷，"朋亡"爲絶黨，是教人主純用剛，治道尚察也，易然乎哉！初九"拔茅"，其爲君子甚明。否初六亦云"拔茅"，否象因于泰也。泰"拔茅"爲君子，以陽在內；否內陰而爻亦君子者，聖人以否託之君子也。否不可无陽，猶泰不能无陰，故泰九二"包荒"，否六二"包承"。泰以陽包陰，陰不滅而後生否；否以陰包陽，陽不息而後還泰。使泰時陰滅則无否，否時陽息則无泰，非易之理矣。故二卦皆言"包"，而朱元晦以爲不解，非不解也。先儒學主於貞，寧以易從己，不肯舍己從易。以爲包則誤己，而不知不包則誤國家。以否三陰皆小人，而聖人未嘗盡以爲小人也。六三雖小人，而初與二斷不可以爲小人。如否三陰皆小人，則泰三陰安得獨爲君子？若謂泰无小人，則否亦不宜有君子。泰三陰皆君子，則否三陽亦皆小人。其説不可通矣。聖人以世道責成君子，教君子善御小人，爲天下國家萬全之計。不有君子，何能傾否？必以三陰爲小人，謂君子无包承之事，是易與造化争也。文王彖辭既云"不利君子之貞"，世儒必以爲貞未有不利者，故訓貞爲正。君子之貞，誠无不正，然謂否必利于貞，必不利于包，與聖人之旨戾矣。自知難通，故不得不指"包承"爲小人，此也。抑不思君子包小人既不可，小人包君子，又豈可乎？是知二、五而不知十也。大抵造化之理，陽不能无陰，以漸推陰，承陽而助之發生。君子不能絶小人，以包容小人，從君子而助之化理。聖人于其道言消長，于其用言内外，竟不言有无可知也。世儒謂去惡必盡，事有或然，造化之理，未可執此論也。況造化之所不然者，亦人事之所忌，故孟子謂"仲尼不爲已甚"。仲尼五十學易，處春秋小人之羣，蒙難愈亨，檢舉生平，惟不爲已甚。孟子當戰國邪世，世儒以爲泰山壁立，觀其待王驩與稷下諸人者，世以爲貞，而愚以爲包之至也。齊、滕往返，不言行事，而朝暮相見，使驩无怨言。公行之家，一疑其簡，而從容解釋，嫌疑冰銷。"七篇"之言，日與楊、墨辯，而竟不斥稷下諸人，庸非六二之"包承"者歟？後儒以名節自任，以成敗利鈍付之國家。以此學易，豈不誤萬世之爲君子者无窮哉？然則夫子曰"天下有道則仕,无道則隱",何也? 曰:此言士自立也。可與立,未可與權。權[一]者,時中也。易者,權也。孔孟之世,非有道也,而仕如彼其急,故曰"吾非斯人之徒而誰與"? 世之否也,必有一人焉,出而維之者,君子也。君子皆曰无道則隱,否將終焉而已乎? 夫治與亂非易世,君子與小人非易人,否與泰非易天。陽去則否,陽來則泰;无君子則亂,有君子則治;君子而不善則小人,小人而善則君子。是故易者變也,否泰二卦盡之矣。泰之"包荒",否之"包承",易之義廣矣大矣。否傾之後,繼以同人,"包荒""包承"之效也。嗚呼! 非夫子《序卦》,而易其不可知也已。學者并疑《序卦》非聖人之言,且奈何哉!

〔一〕 權權,《[光緒]續修京山縣志》本同,《湖北叢書》本只有一"權"字。

易領卷之二

同人 ䷌ 離下乾上

《序卦傳》曰："物不可以終否,故受之以同人。"夫否之不通,人與人相隔也。君子以包承休息之道傾否,否傾則泰,泰則通,通則人己大同,故繼之以同人。爲卦離下乾上,離本乾也,坤交于中則生離,其象爲火。上之以乾,則爲同人。蓋乾本元陽,火陽真炁麗於虛空,與乾同體,故離爲乾卦。乾者,乾也。離者,乾之精。人者,乾之神。乾精爲火,乾神爲心。故人心屬火,虛靈洞徹,萬象普照,如一室千燈,同明交映。火麗空生光,神麗形生明,一也。凡光明皆乾,乾離同體,故曰同。然何以謂之同人?道莫大于明,乾知即明也,明德即知也,知明即離也。其象爲日、爲火,其全體爲天,其凝聚爲人。天以精氣生火,千萬炬,其光同也。天以神理生人,千萬心,其明同也。耳同聽,目同視,口同味,心同覺。一人之是,同以爲是;一人之非,同以爲非。親同愛,長同敬。人雖至愚,此心此知,无弗同焉。故孟子曰:"聖人先得我心之所同然。"天之所以與我者,弗

異也。惟情欲相感，利害相攻，狗私適己，則世路荊棘，人
我冰炭。聖人欲併萬類爲一類，勢所不能。惟各反其光明
不昧者，雖支離乖僻，此熒熒一星，卒不可昧，是天之所以
與我者也。不可昧者，離也。不可異者，乾也。乾无不冒
而非混同，明无不照而非差別，皆體備於人。故人秉離明，
行乾健，則能同人矣。其卦與履、小畜，皆五陽函一陰，以
柔爲主。人情相睽，起于好剛。六二一陰，五陽争赴之，同
情也。二從五，同以正也。三、四争之，强同也。二、五終
合，同不可異也。初以无心同，故无咎。上以无心不同，故
无悔。涉世者，若三、四之貪狠，世路所以多歧也。若初、
上之隨寓，則咎悔亦不及矣。若二、五之中正，雖間關百
折，何異之有？柔得剛而文明中正，斯无往不得同矣。故
夫子曰："鳥獸不可與同羣，吾非斯人之徒與而誰與？"楚王
失弓，夫子曰：人失之，人得之，何必楚？莊周謂："藏天下
於天下，而不得所遁。"同人之謂也。或問曰：卦本同人，爻
无同象，何也？有意求同，則乖戾不同。善同者，不求同而
大同。故君子類族辨物，乃能通天下之志。卦本純乾，乾
道无私，惟六二以一陰爲離。在人爲心，人各有心，是世路
通塞，物我同異之端。其正，則爲君子之貞，如二之同五是
也；其不正，則爲小人之争，如三、四之求同于二是也。二、
五雖中，上下係應。處大同之時，二未免于吝，五有待于
克，同人之道，均未廣也。蓋論爻位，二以卦主在下，不如
小畜、大有之居上。六二以柔主剛，不如師九二之爲陽。

故卦爻有伏師之象，无大同之德。玩彖辭，似欲變而之乾，二一陰化陽，則人盡合天，始爲大同，故乾九二有離象，天火本同也。二化純乾，乃爲于野之亨。水化火，乃爲利涉大川。在本卦，初爻始同，其端尚未岐。二有係累，三乖僻，四思戀，五克治，上无私而未忘，故于郊。郊外爲野，郊野爲天。百尺竿頭更進，則无人无我，无朝市逼〔一〕側之見，人道始抵于大同矣。故六爻初爲出門，二爲宗，三、四爲國中，上爲郊。爻內无野象，彖義在爻外。讀易所以貴于知象也。

大有☲乾下離上

《序卦傳》曰：“與人同者，物必歸焉，故受之以大有。”《禮》曰：有人此有土有財。大有所以繼同人也。卦反同人，亦五陽函一陰。此則一陰當五位，諸陽共宗，爲天子富有四海之象。陽大，故曰大有。或曰：比以一陽統五陰，爻象不如大有吉，何也？比坎在外，險象，爲水，无文明之德；坤居內，衆象，爲地，乏天行之健。比受師，繼亂宜用剛。大有受同人，繼治宜用柔。大有之主，柔順中正，故君德无如大有吉也。蓋凡剛不可過用，聖人于乾坤後，繫以比、小畜、履、同人、大有，五卦皆柔，得諸陽之助，其義可知。季

〔一〕逼，《［光緒］續修京山縣志》本同，《湖北叢書》本作“偪”。

康子欲殺无道,夫子教之曰:"子爲政,焉用殺?子欲善而
民善,君子之德風也。"柔曰善,巽曰風。子路好剛,子曰:
"切切偲偲怡怡如。"今儒者言君德,則曰剛,以君爲乾。夫
乾健,知始也;其成而行,則坤也。天不能以乾徑施於物,
而況於人乎?子曰"吾未見剛者",傷世人多慾耳。好剛不
學,其蔽爲狂。世儒動以爲黃老言,何歟?夫惟天子承乾,
惟首治之天子用乾。繼體之天子用乾,過也。況諸侯、大
夫、士、庶人乎?聖人于乾,象以元亨利貞,明乾非純剛也。
乾之用九,去其首而用六,非全用九也。大有之後,即繼以
謙,聖人之意愈明。然卦取離上乾下,何也?火本明而在天
上,則四方萬國,遠近大小,无不歷見其所有。《詩》云"土宇
昄章""奄有四方,斤斤其明",此之謂也。又火爲陽精,與天
同體。天本高而火炎上,高明无極。上九自天佑[一]之,吉
无不利,則君同天之象也。故六爻皆以貢上爲義。初爲
民,二爲臣,三爲諸侯,四爲主計大臣,五爲天子,六爲天。
人君富有天下,莫非天也。天下百物之利,九壤之富,皆天
之所生。王者,天之所子。以天之物,養天之子,造化定
理,誰得而干之?故九五爻辭曰:"威如之吉,易而不備。"
善乎宋祖云"有天命者自爲之,不汝禁也",自天祐之之謂
也。世主无德承休,而聚斂徵求,致億兆解體。嗚呼,富而
可求也,執鞭之士,吾亦爲之。求之有道,得之有命,士君

―――――――――

〔一〕佑,《[光緒]續修京山縣志》本同,《湖北叢書》本作"祐"。

子涉世,飲啄皆天,況其大焉者乎! 此大有之占也。

謙䷎艮下坤上

《序卦傳》曰:"有大者不可盈,故受之以謙。"謙者,兼也。卑而能尊,故曰兼。爲卦艮下坤上,艮止坤順,止而不上,所以爲謙。止而愈順,所以卑而能尊,持盈而受大有也。造化之理,不足者常益,有餘者常損。君子以不足留有餘,以有餘待不足,故餘者終不至過盈,不足者終不至太損。此兼兩之道、稱平之權也。蓋艮者,萬物所以成始成終。一陽爲艮于下之上,止而不過,高下盈虛,以之爲則。故諸卦三爲凶地,在謙則止;五爲尊地,在謙則侵。蓋以謙爲主,則卑者尊;以亢爲盈,則高者危;以平爲福,則盈者菑。此哀多益寡之數也。故爻象,初爲謙地;二爲鳴,以其得牧也;三爲勞,始願不及此,不勝持盈之固也;四過謙則,故撝而退;五高,故伐不平;上盈,故思反牧而鳴,非行師弗克也。初爲本志,三爲法則。由初至三,有自卑而進之象。進至三而止,由上反下,有自高而退之象。退亦至三而止。蓋上卦處其多,多則哀;下卦處其寡,寡則益。所謂天地人神不能違,君子之終也。然而聖人設象,尤有深意。蓋謙非不足而謙,有餘而謙也。止者可以進而不進,順者不得不行而行。可進而不進者,謙之德;不得不行而行者,謙之功。方其用謙,功高若拙,才高若愚,不可謂不止。謙成之後,不矜而人讓功,不伐而人讓賢,不可謂不順。止則其退不可挽,順則其進不可當。故君子之謙,非委靡也,器大而識遠,基厚而養定,震世事功,如浮雲過影。及其當大任、決大疑、戡大亂、剪大憝,世所退託,不敢任者,君子未嘗不兼之。有可爲之才而不爲,象山之止;不得不爲而後爲,象地之順,斯之謂有終。今人无材无勇,焉能與世争?徒委靡巽懦,以其退讓,飾其昏愚。是故謙有自然之則,過則曰勞。九三既勞于謙,過此更謙,是不可已而已。卦自比以來用柔,故聖人于此示之則,以勵廉恥,振頹懦。而象取于地中有山,蓋地至卑也,百步而登丘陵,人以爲高矣,此咫尺之見耳。四隅相距萬里,高山峻阪不知其幾,泰、華、恒、霍,高皆千仞,自百里外視之,已没爲平地。豈其山不高?地能謙也。然自東南仰視西北,地勢稱天柱,其上行无疆,亦未有如地者。此五、上利征伐,卑而能尊,謙所以有終也。當謙而語征伐,沈潛剛克,猶同人九五之"大師克",乃爲中則。古之人有行之者,周公以王室尊親,吐握下士,作周恭先,可謂勞謙已。而其相武王,誅紂黜殷,東征滅國五十,天下大定,謙而能伐,止而能行也。後世如張留侯、李鄴侯亦近之。此謙之大占也。

豫 ䷏ 坤下震上

《序卦傳》曰:"有大而能謙,必豫,故受之以豫。"豫,悦也。謙則人心服，故能悦。又豫，備也。謙則退處有餘，故能備。豫者，從容愉悦之名。凡憂虞則不從容，急迫則不愉悦。愉悦自從容，從容自愉悦。造化人事，未有能違者，在因時知幾而已。故春夏而陽氣盛，萬物遂長，天地之豫也。然自冬而微陽漸達，至春夏而後和悦。和悦而來歲之春夏，又豫于今歲之秋冬矣。天地以此順動，故動不失常。有來必先，无往不悦。今人以適己爲豫，縱侈亟欲，无從容順時之意，焉有欣暢和豫之情？其爲豫也，乃其所爲憂也。故豫備、豫悦非二理。卦以豫名，欲人處豫悦，得其所爲豫備者而已。故《彖傳》曰："順以動豫，豫順以動。"孟子曰"國家閒暇"，豫悦也；"及是時，明其政刑，大國必畏"，豫備也。暇豫而能使大國畏，大國畏而益暇豫矣。所謂順而動，動而无不悦之道也，故其卦爲雷出地奮。地，順也。雷，動也。陽氣潛藏于地底，春而奮爲雷，萬物發生，天地交暢，悦之至也。所謂"順以動"，豫也。凡順之至者，不動則不悦，動則順應，故悦。不順而動，是强動也，故又曰"豫順以動"。未順不先，既順不後，因氣機自然，時中而已。未豫而先者，爲鳴；豫而不動，爲介；豫至而望者，爲盱；當豫而順者，爲由；過豫而不忘者，爲疾；極豫而忘反者，爲冥。鳴、盱、疾、冥，四者處豫之咎，失其所謂豫者也。故順莫善于貞，動莫善于由。貞以待順，由以行動。如是，則未豫其豫必至，既豫其豫不憂。天地聖人，悦豫无疆，惟其善處豫而已。故凡豫者，不先動之謂也。不先者，順之謂也。

以衣順寒，不先寒；以食順饑，不先饑。農桑而衣食順矣，不饑寒而豫得矣。天下之事，我但不先而順，則豫樂无窮，故曰"後順得常"，豫之謂也。不知豫備之義者，不可言豫悦；不知豫悦之道者，不可與豫備，非有二也。豫悦、豫備，總之乎時，故曰"豫之時義大矣哉"。易道時而已，不獨豫也。或曰：順不自豫，必待動，何也？地者，静也，純陰主閉，閉極則鬱結不暢，一陽動而後萬物出機，故悦也。九四一陽當坤之交，静極初動，閉極始宣，不先不後，應時順動，故曰豫。在人則智者樂，亦以動也。

隨䷐震下兑上

《序卦傳》曰："豫必有隨，故受之以隨。"言人能謙以致豫，則能悦以隨時。不謙安能豫？不豫安能隨？三者道同，而幾相因。幾在時，天下時而已，適時莫如隨。夫子仕止久速，上律下襲，无可无不可，隨也。下從上，賤從貴，人從天，欲從理，邪從正，隨之善也。反是謂之詭隨，小人而无忌憚也。君子之隨，時中也。道有萬殊，事有萬端，物有萬形，古今之往來，習俗之升降，人情之反覆，其理无定，其變无常，遠无可據之典，近无可依之則，而能從容委蛇，隨時中節，非天下之至神，其孰能與于斯？故曰"隨時之義大矣哉"。爲卦本乾上坤下，順以隨健，而乾以一陽來坤爲震，坤以一陰往乾爲兑。以陽下陰，是以己隨物也；陽動陰悦，是物來隨我也。以我隨物，而後物隨我。君子未有不舍己而能從時者。舍己從時，時爲我用，隨之義也。卦爻三陽三陰，陰隨陽，陽隨陰。初九以陽與六二遇，陽隨陰也。六二下係初九，陰隨陽也。六三上係九四，亦陰隨陽也。九五孚上六，亦陽隨陰也。初无心而得隨，二、三上下係念。四以陽居陰，在上之下，與初合德，衆皆隨之。而上承九五，雖以陽遇陰，然四權重而不違於五。五位尊而不失于上，動而能悦，各盡相隨之道。情有公私得失，而皆无爭競之患。君子觀爻象而知從時之義矣。夫始惟其豫也，喜以隨時，无拂逆之情。終惟其隨也，怠以養安，成不飭之禍，乃所以啟蠱也。隨以長男隨少女，中互爲漸，故雖隨而動能自主。蠱以長女蠱少男，中互歸妹，故陰爲制而陽不能止。是故隨者，文王之所以事殷；蠱者，武王之所以造周。此二卦之占也。

蠱䷑巽下艮上

《序卦傳》曰："以喜隨人者，必有事，故受之以蠱。蠱者，事也。"凡以喜豫隨人者，其人安樂无事，我亦以安樂隨之，兩无所事，則因循苟且，糜爛潰腐，時所必至。如木朽蛀生，外視无事，而中實有事，蠱之象也。蠱者，隨所養成，非一日之積。爻象皆父母之蠱，而子幹之也。昔文王遭紂演易，周公承厥考繫爻，故易象往往自寓。隨、蠱二卦，商周之事。隨之上六，文王所以事紂也。蠱之六五，武王、周公所以承先也。其上九，殷士之不臣周者也。方文王之服事殷也，以陽下陰，以剛隨柔，自盡其隨而已。紂惡不悛，陽日巽于下，陰日驕于上，是以敗壞而爲蠱。武王以子幹父，固非文王之心，而亦豈武王之得已乎？天運時行，故曰"終則有始"，商終而周始也。"先甲後甲"，取象甲子昧爽之事也。卦本乾坤，而蠱反隨。隨本天地否，乾上一陽來居坤，是爲君之純臣，故有官渝之功，有在道之孚，進爲孚嘉之主，而不改用享之節，臣道也。蠱本地天泰，坤上一陰來居乾下，是爲人之肖子，故有承考之孝，幹蠱之功，獲承先之譽，而不奪義士之守，子道也。使居文之時，爲武之事，是以幹爲隨也。居武之時，爲文之事，是以隨治蠱也。商能識時，可不至于蠱。周不乘時，不將終于蠱乎？此《序卦》之義也。六爻初爲卦主，乾之嗣，幹蠱之子也。二、三爲父母，三后之令緒，岐豐之舊業也。六四進而且止，天時未至，盟津之事也。五功成名顯，幹蠱事畢也。上九〔一〕則首陽之二子，與東郊之多士。周公繫爻，以勿忘文考西山之志，皆象數自然，非強設也。大抵易无方而象无常。以卦上下體占，則艮爲商，巽爲周。山止而巽順也，艮山巽木，山以成其木也。巽木艮土，木以勝其土也。艮上六在幹蠱之後，爲採薇之義士，當蠱之時，即衡行之獨夫。象不

〔一〕上九，原爲"上六"，據《周易正解》改。

可執一論也。或曰：戡亂以武，蠱之主以巽，何也？夫陰之有制而能權者，莫如巽。以臣正君，以子幹父，事可有爲，而分不可不辨。君父陽剛，臣子陰柔，桀紂可誅，而君臣之名，不以湯、武改，是以巽也。或曰：蠱者，自治其蠱也。此言非也。夫聖人何蠱之有？人蠱而聖人爲治之耳。故《序卦》曰“隨人者必有所事”，人即蠱之人也。聖人視人之蠱，即己之蠱。紂之蠱，即文、武、周公之蠱也。易者，天道，紂亡周興，天也，非人所能爲也。巽爲風，爲木，爲入。風從虫，物之善入者莫如蟲，蟲入木則壞而爲蠱。凡蠱，風化也。

臨䷒兌下坤上

《序卦傳》曰：“有事而後可大，故受之以臨。臨者，大也。”易謂陽爲大，蠱方亨而陽長，故大。臨者，相親向之名。《雜卦傳》曰：“臨觀之義，或與或求。”下悅而求，上順而與，故曰臨。明主在上，天下大悅，非幹蠱之後，曷克有此？而或者謂君德莫如剛。夫自屯、蒙以來，十七卦矣，柔者多吉。蓋乾健在下，則有上進之勢，居上則過剛；坤順居上，則有謙沖之度，在下則過柔。故人主柔順中正，未有不吉者。而其命卦則以陽爲主，陽進臨陰，則名爲臨。陰上觀陽，則名爲觀。然説卦之象，山澤通氣，可謂臨矣。必取諸地澤，何也？惟相親然後可以相臨。羣山之下有大澤，而高卑勢殊，澤不能以水浸山，山不能以高順澤，是相背，非相臨也，故澤遇山則損。惟地勢卑而下以順澤，澤水浸而上以悅地，水土衍而相親，猶人主平易近民，民歡[一]樂附上，所以臨也。爻象初、二爲"咸臨"，澤水自山下也。初象澤底漏，則水不積，故爲"貞吉"。二澤水逆升，故爲"未順命"。三水及岸，故爲"甘"爲"憂"。四地與水接，故爲"至"。五地澤正應，有觀水之象，故爲"知"。上地愈厚而澤愈深，故爲"敦"。初、二乾體，水爲乾精，故陽長，象澤水生。陽悅而長，陰順而消，所以爲臨也。五行之氣，相親莫如水土，故水地爲比，先王以之親萬國。地澤爲臨，君子以之臨萬民。後世人主，上驕下慢，雖曰臨之，上不順而下不悅，實相背耳。

觀☰☷ 坤下巽上

《序卦傳》曰："臨者，大也。物大然後可觀，故受之以觀。"觀者，臨之反，相臨而後相觀。四陰下來，二陽上往，臨所謂"八月凶"者，此也。聖人以二陽在上，有大觀之象，故名觀，以尊陽也。羣陰在下，其情隱；二陽在上，其光遠。无所不見，而非察察之明，是故大君"有孚顒若"，而羣情自順。蓋目擊之謂觀。目者，神明之户牖。觀者，神明與物

接。毛嬙、西施,耳食猶豫,接于目則胡然天,胡然帝。劉、項之爲匹夫也,觀秦皇而攘臂。見可欲則心動,觀色思淫,觀味思嗜,觀君子思善,觀小人思惡。五百歲一聖人出,聞而知之,亦一人耳。目觀洙泗,薰良者且三千七十,故曰"聖人作而萬物覩",莫知其所以然而然。物有雌雄相視,而孚化者矣。老以内觀致長生,釋以妙觀成圓通,皆觀之用,神之所爲也。知神之道,操神之契,黯于无色,潛于无象。尸居而龍見,不顯而神交。四海之廣,千歲之後,宛如覿面,而況親炙之者乎?聖人在上,所以知微之顯,不大聲色,而風行雷動,如衆星拱北辰者,神之爲也。豈見顏色之謂觀乎?見顏色而後謂觀,聖人觀民,與民觀聖人,亦寡矣。神者,陽也。觀莫大于陽。天地之氣陽而已,陽可觀,陰不足觀,故卦與比相似。比一陽而觀二陽,比九五與觀九五,同爲大君,而觀上九則大君之儀衛,崇高富貴,所以爲大,而人争觀之者也。《序卦》云"物大而後可觀",此也。然陽既衰矣,猶謂之觀,何也?蓋陰陽之消長雖天行,而觀變知幾存乎人。臨、觀二卦,或與或求。臨者,陽悦陰順,陽求陰與,泰之幾也;觀者,陰順陽入,陰求陽與,剥之幾也。天尊地卑,陽上陰下,定分也。定而不交則否,交而中和則泰。往來有偏駁,則理有得失,事有休咎。陽自上來臨,則將泰,泰至,則情親;陰自下往觀,則將剥,剥至,則災近。故臨自近往遠,觀自遠來近。否雖二氣不交,而陰隔在下。觀則陽既不下,而陰益上窺。故六四之《象》曰"觀國之光”者，自遠來也。幸陽猶當五位，故四見光。至剝，則五位有宮人，而四爲近災，此其際也，烏可以不觀乎？故九五之《象》曰“觀我生”，君子无咎。惟君子能以中正觀天下，則下觀而化，故无咎。苟非君子，能免于咎耶？人主反觀其身爲君子，則左右前後莫〔一〕非正人。左右之志輯，則天下之望歸。苟其身无足觀，豈惟遠者失望？羣小窺伺于肘腋，而其志叵測。故觀不惟遠惟近，不在人在己。不觀民而反觀。明有見秋毫而或蔽于眉睫，觀有眩目前而或失于背後。故上九之爻《象》曰“觀其生，志未平也”。夫使近者志未平，欲遠者順而悦，難矣。臨、觀二卦，巽與悦殊，其順則同。天下之利成于順，天下之害亦生于順。陽來陰順則爲臨，此順之利也，所謂“牝馬之貞”也。陽往陰順則爲觀，此順之害也，所謂弑君之漸也。故《文言》曰“辨之不早辨”，觀之謂也。是以聖人觀象知吉凶，數往知來，因順知逆，觀之義也。

噬嗑☲☲震下離上

《序卦傳》曰：“可觀而後有所合，故受之以噬嗑。”夫觀之爲卦也，陰長陽消。聖人尊陽，取象于觀。然于五、上已致憂危之辭，曰“君子无咎”，曰“志未平”。小人道長，而志

〔一〕莫，《〔光緒〕續修京山縣志》本同，《湖北叢書》本作“罔”。

未平,則吞噬之患起,而刑獄作矣,噬嗑所以繼觀也,故曰"可觀而後有所合"。若曰"不可觀",而何"合"之有?不合所以相噬也。物情怒而[一]相傷,則噬。嗑者,噬之而合其口也。噬人者必强梁。古聖王惡强梁之害,制爲刑獄。刑獄又所以噬其强梁者也。故猛獸食人謂之噬,而人殺猛獸食之亦謂之噬。卦取初、上兩奇象噬,中三偶象被噬者[二]。九四一奇中哽,噬不得嗑。蓋初、上所噬,以有四在中。四所以在中,亦惟橫制初、上,使不得嗑耳。不得嗑,則不得噬。然欲使初、上无噬,并无四乃可。有四在中,欲初、上无噬,不可得已。蓋刑獄可以鋤强,不可以化强。聖人不貴折獄,而貴无獄,所謂"噬嗑而亨"者,此也。天下无强噬弱,則亦无刑罰以噬强。如是,則噬者皆嗑。而勝殘去殺,天下順治矣。其取諸離震,何也?離爲電,明而決,震爲雷,動而威,折獄之道盡此矣。謂頤中有物,何也?凡剛之噬柔也,苟非更有剛者制之,則弱肉餘幾。故有五刑之典,有司寇之官,有大君主之於上,使强梁者噬之不得嗑,亦猶師行險而順以毒天下,非得已也。故卦中互坎互艮。艮爲止,坎爲律。艮執之,坎陷之,所謂頤中[三]物也。上互坎,則火蝕其明,而不傷于苛;下互艮,則雷損其威而不傷于猛。刑獄之善物也,然《傳》曰"噬嗑而

〔一〕而,《[光緒]續修京山縣志》本同,《湖北叢書》本作"而後"。

〔二〕噬者,《[光緒]續修京山縣志》本同,《湖北叢書》本作"噬"。

〔三〕中,《[光緒]續修京山縣志》本同,《湖北叢書》本作"中有"。

亨”,則噬未可合〔一〕乎？曰:未可也。噬人而可合〔二〕,則人无噍類矣。噬噬人者而合〔三〕,國无典刑矣。舜爲天子,皋陶爲士,瞽瞍殺人,遂棄天下,況其下乎？夫子曰:“善人爲邦百年,亦可以勝殘去殺矣。”夫安得百年之善人與之爲邦乎？是絕望之辭也。然爻取象於肉,何也？噬象也。古刑罪人,用墨、劓、宫、刖、大辟五者,肉刑也。然卦爲刑獄,而《大傳》取象市合,何也？古者日中爲市。離日〔四〕明于上,震足動于下,故爲市合。戮人亦于市,故又爲刑獄。離爲庖厨,漁佃取禽獸之肉供庖厨,而殺凶人于市,猶之磔禽獸也。互艮爲狗,互坎爲豕,所謂行同狗彘者。殺而尸諸市三日,故爲膚、腊、乾胏之象。初、上皆剛,閉羣陰于内,爲圜土之象。一陽互艮坎居中,爲執法之象。艮爲虎、爲狗,坎爲盜,有噬人之象。初、上承乘皆偶,有張吻露齦之象。離爲兵戈,互坎爲血,互艮爲手,有殺象。震木,有桎梏之象。古殺凶人而焚之,有火象。震陽動自地底,有冤滯欲伸之象。震木氣東出,有求生之象。上互艮止,有求生不得之象。離在上,象頭目。震在下,象頷頰。凡噬合〔五〕以頷頰上合。爲獄辭,自下達上之象。哆口嚼舌,有

〔一〕合,《〔光緒〕續修京山縣志》本同,《湖北叢書》本作“嗑”。
〔二〕合,《〔光緒〕續修京山縣志》本同,《湖北叢書》本作“嗑”。
〔三〕合,《〔光緒〕續修京山縣志》本同,《湖北叢書》本作“嗑”。
〔四〕日,《〔光緒〕續修京山縣志》本同,《湖北叢書》本作“目”。
〔五〕合,《〔光緒〕續修京山縣志》本同,《湖北叢書》本作“嗑”。

對辭質辯之象。故爻初爲罪人，二、三、四爲訊者，以達于五，而後殺之於上。古者前朝後市，上在五後，爲肆于市之象。震下爲足，中互坎爲心，互艮爲手，離在上爲目，離體本乾爲首，罪人肆尸之象。初奇爲桎其足，中奇爲拲其手，上奇爲梏其項，罪人被三木之象，所以爲刑獄之卦也。

賁䷕離下艮上

《序卦傳》曰："嗑者，合也。物不可以苟合而已，故受之以賁。賁者，飾也。"天地之運，斂而後彰。王者明罰勅法，强食之患消，天下始循理守文，如湯、武誅獨夫而致太平，周公殄殷頑而制禮樂，故噬嗑繼之以賁。賁，文也。惟刑獄不可文，故賁反噬嗑也。世運由簡而趨繁，由儉而趨侈。五方異俗，百歲異時，人力无如何。至節其繁而歸之簡，約其靡而還之儉，則存乎人。存乎人者，順乎天者也，所以爲賁。卦取離艮，本諸乾坤。乾易坤簡，自然之文。文者，飾而加之。文加于質，質加于文。乾健，質也；坤順，文也。自噬嗑合，而地天泰矣。取坤上六之"玄黄"，來乾中以爲離；分乾九二之"文明"，往坤上以爲艮。離爲火明，艮爲山止。明者，爲文；止者，爲質。明則質有文，止則文有其質，彬彬之象也。學文以篤實爲本，故賁文也。止而明，君子之章，大畜學也。止而健，君子之德，《大學》明明莫要于止。是故質者，質其文；文者，文其質也。夫坤豈不能爲質，乾豈不能爲文？蓋健者直而无爲，順者柔而通理。陽主發生，坤一交，則其神宣朗而爲火，爲車馬、文章。陰氣消縮，乾一加，則其精凝結而爲山，爲丘園、儉素。故忠信象天，文彩象地。君臣、父子、夫婦、兄弟、朋友，親、義、序、別、信，天之質也；三千三百，禮儀威儀，地之文也。故曰："爲人君止於仁，爲人臣止於敬，爲人父止於慈，爲人子止於孝。"文不可以不止也。然謂之賁，何也？繼噬嗑之象也。噬嗑有猛獸噬人之象，反爲賁，有賁士山下搏虎之象。艮爲虎，離爲賁。賁之言奔也，勇而疾走曰賁。《周禮》有虎賁氏，掌先後王而趨，適四方使則從，若道路不通，有徵事，則奉書以使于四方。有旅賁氏，掌執戈盾，夾王車而趨，左八人，右八人，車止則持輪，吉事則朝服而趨。蓋王者爪牙熊虎之臣，故自噬嗑來也。然冠裳楚楚，步趨蹌蹌，侍從禮法之士，故又以象文。勇壯者，乾之健，艮之虎；冠裳者，坤之順，離之明。在噬嗑爲刑獄以除惡，在賁爲安車以徵賢。在噬嗑互坎爲桎梏，在賁互坎爲弓輪。在噬嗑互艮爲執法，在賁互震爲筐筐。初自噬嗑上九來，故爲虎賁奉書出使之象。上遇互坎，爲道路不通之象，故"舍車而徒"，有奉徵書往之象。二至四，互坎爲弓輪。二爲旂，三爲車，四爲馬。《詩》云"孑孑干旄……良馬四之"是也。五爲幣帛，賢者之居。上爲賢人，貞白之德也。二、四以偶附三，有賁士夾車趨之象。艮在外，有車入山之象。車馬幣帛入山，有文還質之象，故曰賁也。《禮》云："尊賢之

等,禮所生。"禮由天秩,思知人不可不知天,是《彖》所謂
"天文"也;明主弓旌求賢,化成天下,是《彖》所謂"人文"
也。《詩》云"皎皎白駒,賁然來思",此之謂也。柔來而
文剛,分剛上而文柔,利有攸往,賁弈之象也,卦所以爲
賁也。

剥☷☶坤下艮上

《序卦傳》曰:"賁者,飾也。致飾然後亨則盡矣,故受
之以剥。"夫造化之理,文勝則必敝。朝華之草,夕而零落,
天[一]之道也。賁者,飾而增之。剥者,襯而去之。无新不
故,无芳不萎,故賁受之以剥也。剥者,殺牲而體解之名。
《詩》云"或剥或烹",故爻象爲牀。牀,几案也。於是有膚
魚果核陳設之象。自噬嗑以來,卦皆有殺象。賁雖文而虎
賁用事,艮主白賁在山,王侯不能下,其時事可知,是以生
剥。爲卦下坤上艮,一陽孤集于上,五陰并進,陽道將終,
如獸解其皮毛,而人襯其章服者然,故曰剥。聖人之愛陽
甚矣,當其漸去,不覺也。及五陰皆來,而驚其頓改,乃命
曰剥。在事爲禍亂已成,死亡將近[二];在心爲梏之反
復[三],違禽獸不遠。天時、人事、物理皆然,而於人心理欲

〔一〕天,《[光緒]續修京山縣志》本同,《湖北叢書》本作"天地"。
〔二〕近,《[光緒]續修京山縣志》本同,《湖北叢書》本作"進"。
〔三〕復,《[光緒]續修京山縣志》本同,《湖北叢書》本作"覆"。

消長獨切。剝以欲滅理，復以理還心，所以无妄而大畜其德也。卦體内順外止，内有不善之心，則外有不善之事。不善之心，順之則長；不善之事，止之則消。故初爲私意始萌，二爲物欲迷心，三悔悟自失，四加諸行事，五力制其危，上保全幾希。故爻辭初、二、四凶，三、五、上不言凶。蓋禍起于微，悔生于終。始迷不悟，致終之災。終能自新，復保其始。以人事治道占，初爲始禍，二无應援，故凶。三有應不得位，四得位而禍成矣，亦凶。至五大君造命，柔順得中，調劑羣情，招懷以恩，女子小人得所，則人情感悦，而大亂可挽回，雖處剝亦无不利。上九象天運循環，陽无盡剝之理，亦不言凶。凡天下事，善變者禍轉爲福，不善變者吉化爲凶。是以剝始凶而終不凶，復始吉而終大凶。蓋剝往以漸，從容可圖其終；復來貴頓，遷延必迷其始。此二卦往來順逆之占也。

復☷☳震下坤上

《序卦傳》曰："物不可以終盡，剝窮上反下，故受之以復。"按，易卦皆反覆[一]對待，象造化人事往來，而否、泰、剝、復尤明切。宇宙萬事萬物，无往不復，不但四時寒暑節候爲然。四時寒暑，可无俟聖人之占也。聖人畫卦，開物

〔一〕覆，《[光緒]續修京山縣志》本同，《湖北叢書》本作"復"。

成務,立人道也。而或者以剝五陰爲九月,復一陽爲冬至。卦不爲[一]冬至一陽作也。《大象》"至日閉關"云者,象耳。《月令》二至之日陰陽爭,君子以齋戒慎起居,故象取"閉關""不行""不省方"。非但冬至,雖夏至陰生亦然。而謂之復者,陽窮于上,復于下,循環之義也。大端有三,邪正也,治亂也,理欲也。邪、正莫如君子、小人,泰、否是也;治亂莫如天下、國家,隨、蠱是也;理欲莫如人心,剝、復是也。子云:"克己復禮爲仁。"爲仁由己,不克則剝而爲己,克則復而爲仁。故卦言仁,言心,言脩身,遂受之以无妄可知也。子云"仁遠乎哉,我欲仁,斯仁至","不遠復"之謂也。孟子云:"學問之道无他,求其放心而已矣。"蓋恒人之心,坐馳千里。梏之反覆,幾同禽獸,剝也;平旦幾希,乍見惻隱,一真初回,復也。雖匪彝不肖皆有之,存乎擴充,勿迷其初耳。然卦取上坤下震,何也?坤,順也;震,動也。心之不善生於動,不動未有不善者。不善生於妄動,動而順,未有不善者。動而順,則无思无爲,寂然不動,感而遂通天下之故,率性之謂道矣,故動以靜爲本。復者,順動也。復則无動不順,此心性自然,天之所以與我者,故《傳》曰"天地之心也",萬事萬物皆然。孟子云:"天下之言性,故而已。""故"者,以利爲本,順動之謂也。又云:"禹之治水,水之道也。""千歲之日至,可坐而定。"然則天下之道,孰有外于順動者

〔一〕不爲,《[光緒]續修京山縣志》本同,《湖北叢書》本作"不可爲"。

乎？此復爲本，而易所以萬變不窮也。豈謂冬至一陽生，聖人作此以象之耶？造化之理，循環不息，故曰"一陰一陽之謂道"。孤陽不生，孤陰不成。剝上一陽即反爲復，夬上一陰即反爲姤。剝盡則爲坤，夬盡則爲乾。乾坤，易之門户。凡卦，皆乾坤，所謂一陰一陽也。稱父母而首易，同體而无偏用也。

无妄☳☰ 震下乾上

《序卦傳》曰："復則不妄矣，故受之以无妄。"凡人之心，昏迷放逸，如《大學》所云"心不在焉，視而不見，聽而不聞，食而不知其味"。雖有知覺，无異醉狂，其病爲妄。既復之後，狂蘇醉醒，妄病乃瘳，故繼之以无妄。然何以不曰誠而曰无妄？大道渾淪，物物皆真。妄名既立，真對妄顯。善會通者，孰不爲真？惟其无妄而已。无妄即真，无妄之外別求真，真亦妄也。人之有心，神明先覺，不學而能，但无爲守正，則入涅不緇，試磨不磷。視聽飲食，即性命也。洒掃應對，皆神化也。聖人豈教人塗耳目，絶食色，以爲妙道乎？飲酒者，醉而醒，醒而復醉，醉醒雖異，其人本一。但不醉即是醒，未有離不醉別求醒術者，无妄之謂也。卦取天雷，何也？萬理原于天，天命始于一。一者，生氣之元。震體一陽，乾之初也。乾一索生震，爰始降衷，人但能不失，即是共由之路。无勞分外增加，奚有旁歧可走？故初九无妄之主，適得本體。六二素位无妄，不失真常。六三无妄生〔一〕妄，轉入妄境。九四固執无妄，匪正不往。九五妄化无妄，即妄成真。上九无妄之外求增，所謂"无妄之往""天命不祐"者也。然天雷无妄，而地雷爲復，何也？凡妄生于動。陽動陰静，雷至動也，地静則蟄，天動則啓，蟄則爲復，動則无妄。无妄者，天也。天生人，地承天。人能體乾之動，何事于復？妄而求復，以坤法乾，妄乃可无，此天人之分也。大抵至道中庸，率之即是。无心自得，有意則私。但能去惡，別无有善。苟能无妄，即同至〔二〕誠。妄與无妄，毫忽之間，千里之差，顏子所以瞻前忽後，卓爾未從，有无倏忽之間而已。雖无病而不能舍藥，雖不覓牛而尚問耕畬，无妄所以爲易道之至妙也。然又有正不正之分，何也？聖人不思勉而能中道，從心所欲而不踰矩，无可无不可，而庸德庸言，惟行惟謹，无妄之正也。後世以任放爲自然，以禮法爲牽繆，率意曠宕，自謂天真，似无妄而非也。老、莊、瞿曇之流，非羲、文、周、孔之教，聖人不得已而更言誠，亦末〔三〕如之何矣。然爻象轉入无望，何也？望者，將迎意必，道之賊也。无望者，无所爲而爲，順應也。乍見孺子，怵惕惻隱。无妄之心，本无所望，即"无望〔四〕"

〔一〕生，《［光緒］續修京山縣志》本同，《湖北叢書》本作"主"。
〔二〕至，《［光緒］續修京山縣志》本同，《湖北叢書》本作"志"。
〔三〕末，《［光緒］續修京山縣志》本同，《湖北叢書》本作"莫"。
〔四〕望，《［光緒］續修京山縣志》本同，《湖北叢書》本作"妄"。

而得“无妄〔一〕”之解矣。

大畜☶乾下艮上

《序卦傳》曰：“有无妄然後可畜，故受之以大畜。”夫人所以爲人者，无妄也。人妄則行尸走肉，烏可畜？子云：人而无信，如車无軏輗。不可畜之謂也。大爲陽。畜，畜陽也。以陰畜陽謂之小，以陽畜陽謂之大。小畜以巽，大畜以艮。巽柔而入，陽喜其入亦入。艮剛而止，陽畏其止亦止。巽之畜陽，有係累牽絆之情；艮之畜陽，有裁成駕馭之義。大小辨矣。卦取乾下艮上，何也？乾在无妄爲天德，在大畜爲賢才。有天德然後可爲賢才，士惟體乾而後才德備。體乾，則其進銳。進銳者，不可致遠。不歷艱貞，其識不深；不受詘抑，其氣不定。古之畜士，四十始仕。大學之道，知止而後定静安慮，可與脩身，可與治平。故止者，士制行之本。孟子云：天降大任于是人，必先苦其心志，動心忍性。大畜之謂也。英主豪傑，相資以成。有乾健之剛，而後試艮止之畜；有山嶽之止，而益遂天行之健。士大畜〔二〕而後能大用，人主大畜士而後得大賢，所以爲大畜也。然畜者，養也。其以養爲止，何也？物可養而後可止。

〔一〕 妄，《［光緒］續修京山縣志》本同，《湖北叢書》本作“望”。
〔二〕 畜，《［光緒］續修京山縣志》本同，《湖北叢書》本作“畜德”。

虎豹不可止，爲其不可養耳。騏驥伏櫪，然後責千里。苟不食芻豆，安得良馬用之？爵禄，人主之芻豆也。因材而教之，程器而用之，簡其大小而任使之，課其功罪而黜陟之，士所以砥行立德而應其求，俛首而就其驅策，大畜之謂也。

頤䷚震下艮上

《序卦傳》曰："物畜然後可養，故受之以頤。"畜物而无以養之，其畜必散。人一日失養，則饑。天下莫不養也，莫不養而人始溺于養矣，以其口腹，喪〔一〕其心志。故聖人教人觀頤，觀頤則思所養，思所養則知節，嗜慾可省，廉恥可立，心志可寧，養生養德在其中矣。卦取山雷，何也？雷，動也；山，止也。貪饕之念，動而无厭。寡慾之道，莫善于止。《禮》曰"口容止"，以養廉也。艮以光明止于上，下視其動之逐逐，所謂靈龜觀朵頤。羞惡之心，人所自有。孟子云"考其善不善"，"於己取之"。"心之官"，"思則得之矣"。觀頤而无羞惡之心者，豈人也哉？卦體上下二陽，象上下唇吻。内四陰，象虚而求食。頤張而不合，求食之狀，故可以觀。震陽下動，食象也。艮主上止，觀象也。如人正首垂目，自視其頤，頭目不動，而頷頰自開合。動象口

〔一〕喪，《〔光緒〕續修京山縣志》本、《湖北叢書》本作"傷"。

腹，止象神明。静以制動，止以忍貪，觀頤之義也。凡卦爻內外相應，自下而上爲順。惟頤象上下分張，兩陽各主。二、三屬初，四、五屬上。爻辭云“顛頤”“拂經”，《傳》云“失類”“悖道”。小人貪饕，不顧逆理，其象如此。大抵養道主静。天地萬物，皆上動下止。物之下動上止者，唯頤爲然。動而不知止，則動者昏，故上止以觀。静而不能動，則静者死，故下動以養。然震非自動也，繫於艮以動。艮不上止，震雖欲動不能，則其所以爲頤主者，艮也。動以止爲主，養以静爲正，是故頤中有物曰噬嗑，无物曰頤。頤，養也。善養者以不養養，故曰：口者，禍之出，菑之入。唯虛可以養生。老氏謂“谷神不死”。谷者，虛也。頤虛故養，大過實故死。

大過☰☱巽下兑上

《序卦傳》曰：“頤者，養也。不養則不可動，故受之以大過。”大過者，陽大實，不能運動之象。人得養而生則動，失養而不能動則死。大過者，時過養終，往而不反之名，猶所謂大行大歸，送死之卦也。方其養也，悦以入而不已，陽氣盈滿，如人肢體肥重，不能轉運，盈極則消，故繼以大過。養生送死，人道之序也。夫道，中而已。陽欲其盛，不欲其過。大剛必折，大實必裂。今四陽中滿，二陰屏居无位之地，陽雖盛而下无基，上无繫，反借資于二陰。二陰微弱，正欲少假其助不可得，陽亦何樂至此乎？故曰大過也。所幸上悦下巽，以順承悦，有動而行之象，故曰過。過者，往而不住也。本方壯之陽，行巽悦之德，雖上下无附，終不至委蘼无用。如湯、武不遇主，周公遭流言，孔子上下无交，危而克濟。大過之事，有大過之才，自利攸往，終非聖人本願，與時中之正道也。造化无孤陽獨行之理，天下无有有君子无小人之世。治道去其泰，疾不仁而甚，亂也。泰以"包荒"，否以"包承"，易道于此不一而足。孔子聖之時，不爲已甚，故曰"五十學易，可以无大過矣"。或曰：君子盛而小人衰，于何不善？夫聖人非不欲小人之衰也，亦不欲君子過盛也。二陰退聽，四陽居中，下无根柢，生氣已斷，上无附屬，枝葉已彫，本末俱解，循續无因，故爻辭有枯楊之象。曾不若剝姤，猶可來復也。然象謂"利攸往"，何也？盈則必變，毀則求更。如負重者畏難不進，至日夕氣餒，无歸息之所矣。是以巽而悦行則亨，處大過之道宜爾。然異于小過，何也？陽大陰小，大過以長女遇少女，卦本陰而陽過盛。小過以少男遇長男，卦本陽而陰過盛。陽過則趨陰爲方死，陰過則趨陽爲方生。大過自頤來，如人期頤衰老，故爻象枯楊、老夫、老婦，《序卦》謂"不養不可動"，皆老死之象也。小過自中孚來，如鳥孚初成，象飛鳥在穴，又以少男象祖父妣，《序卦》謂有信必行，皆初生之象也。小過以艮遇震，止而動，其動未危，陰雖盛而下有基，止則吉也。大過以巽遇兑，入而悦，悦極不出，陽雖盛而下无根，入則顛也。小過木動土上，生氣也，故爲杵臼之利以養生。大過木滅澤中，死氣也，故爲棺槨之利以送死。大抵事物之理，不及猶可待。小過未即殃，至于大過，未有不亡者。食本養生，過飽則災，故窮餓致死者常少，而醉飽傷生者常多。人心亦然，雖有至愚，心虛猶可教，而志滿則難移。涉世亦然，柔弱者常自保，而彊梁者必遇敵。所以易雖尊陽而貴无首。老氏曰："谷神不死。"谷，虛也。大過，實也。實則其神死。學易者所當知也。大過繼頤者，頤求口實，有餓莩之象；大過澤中棺槨，有死溝壑之象。爻取老夫得女妻，老婦得士夫，遇諸木下水濱，亂世鰥寡失所，男女不得以正相從，如《詩》之"有狐在梁""出其東門"之類。邂逅相遇，同死溝中，世道至此，亂亡極已。故《序卦》置諸上易之終，天地再交而成坎離也。

坎☵坎上坎下

《序卦傳》曰："物不可以終過，故受之以坎。坎者，陷也。"何謂物不可以終過也？物終過則死，大過終則滅頂，遇坎陷也，故繼之以坎。蓋頤與大過，人世生死之象；坎與離，天地晝夜之象。晝夜之道、生死之説，同也，故頤似離。而離中互有大過，大過似坎，而坎中互有頤，自然之象。卦畫一奇二偶爲坎，何也？奇，一也。坎，水也。造化之秘生于一。一者，元陽初判，兩儀分立，元氣介于陰中，陰含㤅化濕而生水，造命之始也。謂之坎，何也？坎者，坑谷也。陽實謂之坑谷，何也？造物之理，虛以孕實，實生于虛，因虛化實，還以實虛[一]。如人心本虛，神動則液出。坎中之陽，陰液充滿也；坎外之陰，陽神烝洩也。水從中生，停蓄于中，故中象源泉。陰氣所深入，陷而成坎也。然坎謂之陰，何也？剛乘柔而生險也。陰不得陽，不能爲水；陽化陰爲水，則浸淫不得出。蓋陰失陽則枯，陰既爲水，則自不得舍陽。如人津液聚而成形，神烝凝而成知。液形爲陰，知烝爲陽。知能宰形，而形能累知。知欲離形，脫然昇舉且未[二]能，故曰坎陷也。人以身載液，如天地以江海盛水。其象取水，言其至險也。凡險之道，不平不信。方其爲險，天下至洶湧不測莫如水，以其能爲坎也。然其行險也，天下之至平不失信，亦莫如水，以其能習坎也。高下曲折，宛轉便利，深淺方圓，各肖其形。先後不爭，得平則止。天下習坎忘險，孰有如水者乎？人之涉世，如水行坎，物我相形，欲惡相感，利害相攻，何事无陷阱？何地无坑谷？庸衆處之，逐步成荊棘；聖賢處之，羊腸皆康衢。何者？聖賢習熟，衆人生疎也，故曰習坎。坎中一陽，即乾知本體。乾易知，而知險莫如乾。水至險，而至平莫如水。人能體乾易[三]之心，何險不平？故曰"惟心亨"。聖人遇險思懼，憂

────────────

〔一〕還以實虛，《［光緒］續修京山縣志》本同，《湖北叢書》本作"以實還虛"。
〔二〕且未，《［光緒］續修京山縣志》本同，《湖北叢書》本作"未"。
〔三〕乾易，《［光緒］續修京山縣志》本同，《湖北叢書》本作"易未"。

患作易。坎之言"習"，即學之言"時習"也。初爲始入，二
爲求通，三爲下愚，四爲出險，五爲險平，上爲懲險。天下
萬事萬物，莫不有險，而防心爲要，以心爲萬事萬物之本
也。故八卦之用，莫要于坎離。文王序卦，始乾坤，中坎
離，以二卦天地之中氣也。乾陽施于坤中爲水，在人爲精，
形骸所以生也。坤陰麗于陽中爲火，在人爲神，靈明所以
宅也。坎爲月、爲夜、爲寒，離爲日、爲晝、爲暑。其託于天
地之中，坎居正北，火居正南。陰生于日中，陽生于夜半。
卦畫所以奇偶互藏，獨得其中，爲人物之司命，居六十四卦
之中者，自然之法象也。爻象坎下多凶，水流下也。流下
則平，故九五"不盈"。離上多凶，火炎上也，炎上則憂，故
六五"嗟若"。坎初、上皆凶，水外暗也。離初、上皆吉，火
外明也。坎之與離，猶乾之與坤，卦雖二而體本一。坤承
乾，乾知坤行也；離配坎，離外坎內也。陽精內斂，則成坎
中之陽；陽神外朗，則成離中之陰。陽斂則陰在外，陽開則
陰在內，一翕一闢之象也。

離☲離下離上

　　《序卦傳》曰："坎者，陷也。陷必有所麗，故受之以離。
離者，麗也。"陰體柔暗，陷于內則麗于中。然以受坎，何
也？坎離同體，一炁初分，元陽中亘而成坎；陽氣發越，陰
虛內合而變離。坎中之奇，即天一之真陽；離中之偶，即陽

洩之虛陰。陽施則陰闢,陽見則陰藏,內外賓主之道,故畜
離必以坎,習坎必以離。然謂之離,何也? 離者,偶象也。
奇實陰中,則積而爲坎。偶分陽中,則兩而爲離。忝始化
濕,濕烝成煖。水資始,火資生,水化氣,火化形,故地二生
火。火者,兩化也,其象爲偶。奇離成偶,偶兩成離,是故
善離莫如火。生滅不常,體无〔一〕自性。空中有火,虛乃生
明。如人形骸外實,靈局中空,老氏謂“谷神不死”,當其无
以爲用者,離虛也。故火一星,離爲千炬,遇物而皆焚;人
一心,離爲萬應,隨感而皆通,虛則能離也。然又謂之麗,
何也? 離者,兩之分;麗者,兩之合。火性虛,附物斯顯。
其質柔,麗剛而形。故火息于空,光麗于薪;神潛于寂,知
寓于物。離薪爲火者,妖火也,不可以焚。離物爲明者,邪
慧也,不可以知。故曰“致知在格物,物格而後知至”,“寂
然不動,感而遂通”。此爲離而能麗,明物察倫,聖人所以
先覺也;離而不能麗,飛揚燥擾,恒人所以昏迷也。故卦以
中虛爲象,占以中正爲亨。象曰“利貞”。“貞”者,靜也。
靜則虛,物來叩虛,陽神外朗,離所以效坎也;神收陰散,陽
精內實,坎所以藏離也。離魂坎魄,離開坎閉,離南坎北,
二卦一體,互藏其宅。乾坤之中氣,三才之妙用也。坎爲
晦息,離爲晝作。故坎六爻有幽潛隱伏之象,離六爻有精
明奮作之象。坎水下陷,故下卦多凶;離火上炎,故上卦多

―――――――――

〔一〕无,《[光緒]續修京山縣志》本同,《湖北叢書》本作“元”。

凶。是以坎之剛中，二不如五；離之柔中，五不及二。水本柔，故習坎利用剛；火本剛，故繼照利用柔。習坎在二水合流之衝，故坎六三最險，水下流也；繼照在二火相傳之際，故離九四最凶，火上炎也。小人陰險，故坎之上六用獄；亂賊剛暴，故離之上九用征。坎六四之禮樂，剛而能柔也；離上九之征伐，柔而能剛也。治亂之略，文武之道，生死之故，二卦備矣。然離取象于繼體之君，獨與坎殊，何也？蓋君道尚明，水明外暗，不若火之旁燭。水流不息，火明无常。一燈不久照，膏盡則燄滅。人命相續，如薪傳火，故曰"大人以繼明照四方"。繼照之際，生死之交，火熄加薪，未有不艱者矣。昔武王崩，成王立，遭家不造，周公輔相勤勞，禮樂征伐，皆身親歷，其繫〔一〕易象親切如此，所以憂患後世，"開物成務"之道也。至于五行之象，二卦略備。坎中陽光，六四之"自牖"也。離中陰水，六五之"涕沱"也。坎之枕篸，水生木也。離之黃離，火生土也。刑獄征伐，金火相克也。故離坎當六十四卦之中，縮轂三才之運。而爻象終兵獄，極乾坤之變，以啓咸、恒之亨也。

〔一〕其繫，《[光緒]續修京山縣志》本同，《湖北叢書》本作"繫"。

易領卷之三

下　經

咸☱☶艮下兌上

《序卦傳》曰："有天地然後有萬物,有萬物然後有男女,有男女然後有夫婦,有夫婦然後有父子,有父子然後有君臣,有君臣然後有上下,有上下然後禮義有所錯。"蓋天地者,人物之本,上經所以首乾坤;夫婦者,人倫之始,下經所以首咸恒。然乾坤陰陽分,而咸恒陰陽合,何也?天地不分,不成兩儀;男女不合,不成生育。故乾坤二老對,而咸二少交。乾坤天地定位,咸山澤通氣,位分而後三才定,氣通而後變化行,變化亦乾坤也。乾三索于坤,得艮爲少男。坤三索于乾,得兌爲少女。男女相感,自其性情。而二少相得,男下女,尤感之正也。恒男女而皆長,損雖少而女下,益亦二長,既濟、未濟二中,漸、歸妹少遇長,皆男女合,而未若咸之亨而正也。有心爲感,无心爲咸。咸,皆也。爲卦六爻皆應,咸和通暢,物我偕臧,自然而然,元氣昕合,无物不有,故以首下篇。

然爻象取諸人身,何也?仁以天地萬物爲一體,咸即仁也。仁者,人也。人身四肢九竅,毛髮筋骨,支節腠理,分爲千百。然一處疴癢,千百處皆應,咸也。故曰"施于四體,不言而喻","生則惡可已","不知手之舞之,足之蹈之"。无感而无不感,无應而无不應。止而悦,神之爲也。神體物不遺,兩在不測。天地之間,往來變通,莫非神也。故庶女叫天,則霆擊霜飛。況男女正應,一身之内,親切至近者乎?爻取象拇、腓,至輔、頰、舌,一體之象也。君子觀象于一體,而天地人物感應之妙,皆可識矣。然其體合兑艮爲一,何也?象男女之交也。艮爲男,股、腓、拇,有仆象;兑爲女,輔、頰、脢、心,有仰象;股心相接,有合象,所以交而爲咸。其取于艮止,何也?卦以感爲義,爻以静爲善。不止則其應不專,其悦必淫。造化悦而不止,則六氣淫而災沴生。是故女悦以感,男止以應;男止以感,女悦以應。如是,則恩義以篤,倡隨以辨,節宣以時,往來以中,雖感而无感,天地聖人所以錯行代明,過化存神,如斯而已矣。然止獨于男,何也?陽動遇陰則止,陰慘得陽則悦。止者,專直之象。悦者,翕受之象。健故能止,順故能悦。悦,悦陽也。止,陽止也。止則悦,不止則不悦。陰以陽止而悦,非以不止而悦也。陽不止,不可以感陰之悦。所以爻象艮之拇、腓、股,皆以形交无心,而巽〔一〕之憧憧口

〔一〕巽,《[光緒]續修京山縣志》本同,《湖北叢書》本作"兑"。

輔,則悦應之至矣。故造化之權宰于陽,感應之理成乎〔一〕
艮也。

恒䷟巽下震上

《序卦傳》曰:"夫婦之道,不可以不久也,故受之以
恒。"蓋咸者,男女二少,始爲夫婦,男下于女,交感之義,象
所謂"取女"也。既爲夫婦,少變爲長,男尊女卑,居室之
常,象所謂"利貞"也。咸以少爲情,恒以長爲禮。恒即恒
其所爲〔二〕咸也,而反咸成恒,則恒非不變之謂也。恒莫如
天地,天地恒久,以无常爲常,小變而大常也。聖人恒久,
非必信必果也,純一不已。而時止則止,爲君止仁,爲臣止
敬,爲子止孝,爲父止慈,无所不止,而後能不已。千變不
窮,而後聖人之恒可見。是故呼吸互換,而後恒于息。寒
暑互換,而後恒于歲。造化人事物理,詘伸往來,而後能
久。故恒非固執不變也。所以反咸,天生人物,各有恒性,
生理在人,本自无息。生與天地同體,死與天地同虚。但
天地无心,而人有我。天地所以不變其常,而人所以不常
其變,敝起于應感有心,悦而不知止,動而不知入,澤山通
而感應忒,斯雷風薄而常變失度矣。故咸以无感爲感,則

〔一〕 乎,《[光緒]續修京山縣志》本、《湖北叢書》本作"于"。
〔二〕 爲,《[光緒]續修京山縣志》本、《湖北叢書》本作"謂"。

其感速;恒以无常爲常,則其常久。雷風之變无心,人能无
心以通變,則自與天地相似,而順應不窮。是以咸、恒反
復,而其道同也,故爻象亦相因。初自咸上來爲巧令,所以
爲"浚恒"。二自咸五來"无悔",故"悔亡",《傳》曰能"久
中",言往來皆中也。三自咸四來"憧憧",所以"承羞"。
四自咸三來,咸主艮而止爲股,恒主震而動爲禽,故《傳》曰
"非其位"也。五自咸二來,在咸不能爲感,故在恒亦不能
爲通矣。得其所爲咸感,而恒久在其中。君子能以虛受
人,立不易方,則天地感而化生者,即其恒久不已者也。聖
人感人心和平者,即其久道化成者也,故皆曰"天地萬物之
情可見矣"。天地之道,莫盛于乾坤;聖人之道,莫盛于咸
恒。咸則合萬物爲一體,恒則會萬世爲一心。咸爲可大之
業,恒爲可久之德。可久配天,可大配地。天地至誠无息,
咸即至誠,而恒即无息也。王者必世後仁,恒則世,而咸則
仁也。二〔一〕卦所以爲至德要道,首下經而配乾坤,《象傳》
以天地聖人同贊之,此也。上經多言天地水火,故首乾坤;
下經多言風雷山澤,故首咸恒。水火即天地之中,風雷即
山澤之氣。坤即乾之闔,恒即咸之久。咸主于感,天地人
物之始。恒主于久,天地人物之終。故《象傳》曰"終則有
始也"。咸之婚媾,即恒之夫婦。在咸初,爲"拇,志在外",
是男之急欲者,反居恒上,"振恒""无功",即夫之輕躁者

〔一〕二,《[光緒]續修京山縣志》本、《湖北叢書》本作"一"。

也。咸二爲"腓"，是男之无爲者，反居恒五，"夫子凶"，即夫之從婦者也。咸三爲"股""不處"，是男之好動者，反居恒四，无禽易位，即夫之游蕩者也。咸四爲"憧憧往來"，是女之不貞者，反居恒三，不恒承羞，即婦之淫悍者也。咸五爲"脢，志末"，是女之有心計者，反居恒二，久中无悔，即婦之善居室者也。咸上"輔頰舌""騰口説"，是女之巧佞者，反居恒初，爲"浚恒"，即婦之險刻者也。故二卦同體，亦猶乾坤合德，所以首下經也。

遯☰艮下乾上

《序卦傳》曰："恒者，久也。物不可以久居其所，故受之以遯。遯者，退也。"蓋恒者，往來不窮之通。物未有久居其所而不變者，是故風雷交而必散，夫婦聚而必老。士君子壯而欲行，則少而必處，善其所以處者，善其所以出也。故咸、恒者，天地聖人之至德；進退者，士君子之大閑，遯所以繼咸、恒而先大壯也。爲卦上乾下艮，四陽在上，二陰方進，剛柔同體未分，將有否隔之勢。不去而待其至，則爲否、爲觀、爲剥。未至而先去，則爲遯。遯者，猶可以住而不住之名。字從豚從走，豕見人則逸去，羊見人則觸來，故遯取豚以象退，大壯取羊以象進也。爻皆外往。初爲亂世，君子所欲遯之地也。二爲同事，君子所欲遯之人也。三可遯不去，四欲遯未決，五遯去，六遯極。下卦艮止，有執留之象。上卦乾行，有引決之象。處遯之時利于往，故下卦不如上卦吉。遯不厭遠，愈上愈吉。然易非可執一論也。行藏无大小，去就惟識時。事有隱而未見，害有至而當先，平地有陷阱，不必處亂世而後謂之遯。君子小人，象其大者而已。遯者，君子見幾之智也。咸、恒繼坎、離而首下篇，爲道德之極至，故遯、大壯繼之，猶屯、蒙之繼乾、坤也。屯、蒙，人物之始造。遯、大壯，君子之始脩。君子之道，莫大于進退。退以義，進以禮，斯君子矣。

大壯䷡乾下震上

《序卦傳》曰："遯者，退也。物不可以終遯，故受之以大壯。"遯者，陽之退。大壯者，陽之進。无往不復，大壯所以繼遯也。二卦、爻象，往來相彷。此初爲"壯趾"，彼上爲"肥遯"。此二"貞吉"，彼五亦"貞吉"。此三爲"君子""小人"，彼四亦"君子""小人"。此四爲"貞吉"，彼三爲"厲吉"。此五"喪羊"，彼二"用黃牛"。象相似而義相反也。蓋往來之理，退宜勇決，進宜從容。方其遯也，二陰初來，其去已決。比其進也，雖復二陰，未可用壯。剛不可恃，進不可躁，故《雜卦傳》曰："大壯則止，遯則退也。"卦本乾健在下，加以震陽，乘健而動，進不可禦。本將夬之陰，當方壯之陽，振落之勢也。然陰方得位，未可遂夬。時未至而陵行，非天地正大之情，與君子有禮之勇也。故下卦三爻

皆隨四動,不宜自往。初"征凶",三"羸角",二"中",故
"貞吉"。四動主,下乘乾,所爲大壯者也,雖尚往而貞,乃
吉。五、上皆陰,五得中,故能受陽之壯,而悔亡。上柔用
壯,與陽爭,故无利。世未有違謙越禮,能全其壯者。處壯
之時不用壯,學易之要也。然陽至四而始稱壯,何也? 三
陽爲泰,與陰敵,不稱壯。凡卦初、二爲少,三、四爲壯,五、
上爲老。大壯則過,故大過四陽也。大過、大壯非易所貴,
卦辭不言"亨",言"利貞"可知。

晉☰☷坤下離上

《序卦傳》曰:"物不可以終壯,故受之以晉。晉者,進
也。"《禮》,三十稱壯,四十稱强。强而後仕,故大壯受之以
晉。壯則光明盛大,事業乃興。故其爲卦,上離下坤。離
爲日,坤爲地,有日出地上之象。上明下順,有人臣服事明
主之象。卦名義甚美,然以坤之順,初、二未免于"摧愁";
以離之明,九四能爲"鼫鼠",何也? 天下何治无亂,何盛世
无小人? 所以爲易。九四居不中正,上承柔主,下據羣陰,
互爲艮坎,爲權臣貪利,自然之象也。聖人微顯闡幽,憂患
作易,故于晉明之世,著鼫鼠之戒。然上有明主,羣情效
順,雖有權奸,袪除亦易。君道所以貴明作,而先王親諸
侯,蕃輔王室,有以也。

明夷䷣離下坤上

《序卦傳》曰："晉者,進也。進必有所傷,故受之以明夷。夷者,傷也。"天下莫危于仕進之路,進而不已必傷。時有泰否,道有顯晦。時與道違,雖聖賢不免焉。在晉之時,明主當陽,康侯得遂其寵。明夷之時,暗主臨御,衆正并受其傷。離來居下,地往居上,日入地中,明受其夷,道不可以直而望用,賢不可以正而見容,仁者懷其寶,知者藏其鑑,故《象傳》以商紂之時文王、箕子當之。六爻,初爲明夷之始,見幾早去,伯夷、太公是也。二文明中正,爲離之主,承坤之下,文王是也。三居明極,當暗之交,與上六敵應,武王是也。四居暗下,乘明之際,應初比三,歸周之微子是也。五居坤中,承暗主,艱難守正,箕子是也。上窮陰極晦,乃殞于地,商紂是也。故《雜卦傳》曰:"明夷,誅也。"內卦離明,以象周之興;外卦坤陰,以象商之滅。

家人䷤離下巽上

《序卦傳》曰:"夷者,傷也。傷于外者必反于家,故受之以家人。"朝市非久集之所,仕見傷而反家。"施於有政","是亦爲政"。昔者文王釋羑里之難,反爲西伯,敬止緝熙,刑于寡妻,至于兄弟,化暨江漢、汝墳,二《南》作而周道興。其于卦位,正東南,巽離之方也;其事,正家人女貞之事也,故卦以繼明夷。孔子謂伯魚曰:"人而不爲《周南》《召南》,猶正牆面而立。"萬物齊乎巽,相見乎離;人道齊乎家,相見乎國與天下。巽木爲風,離火爲明。火得木而生,得風而熾。位本相值,而性情復相得,故其象爲家人。撓物莫大乎風,是君子之德也,始于身,行于家,達于朝廷邦國,是風之自也。閨門幽隱,情勝愛溺,中冓之事,闇汋失道,則不可以風。故風以明爲本。風自火出,君子所以致微于言行也。卦取二女,何也? 男女,人道之先;夫婦,閑家之本。朝廷邦國,非婦人之事,居室則不能廢婦人。人唯女子難養,唯女子之賢難得。其質柔,故多偏昵;其性陰,故多暗昧。不學問,故不知禮義;无觀瞻,故不知廉隅。天下之猜狠兇淫者,多由婦人,故家人取象"女貞"也。離女得中而明,巽女陰在下而順。明而順,賢女也。明則无瀆倫亂禮之愆,順則无驕亢侈泰之失。无瀆亂則知守禮,无驕亢則不起爭,保家莫善于此。而其本在男子,《傳》曰:"男正位乎外,女正位乎內。"父父、子子、兄兄、弟弟、夫夫、婦婦,而家道正。"正家而天下定"者,男子之事也。君子言有物,行有常,暗室屋漏,如對三光,其爲父子兄弟足法,是離之明也。以此出而臨民,可以樹表極而无慝德,可以胥教誨而无愧辭,是巽之順也。故其卦爻,長女居上,六四爲巽主以從五。中女居下,六二爲離主以從三。以陰居陰,各當其位。長上中下,各循其序。從三從五,各得其耦。陽外陰內,各司其事。此四爻者,家之人也。初、上象父母,母閑于初,父威于上。二爻皆剛,所謂嚴君也。有天地而後覆載成,有君相而後邦國建,有父母而後家道立,家立而後家衆集,父母嚴而後家人齊也。古稱治國易,正家難。蓋國人可以義裁,家人主恩,恩勝義掩,莫甚于閨門。惟淑女與君子同心,夫制而婦從,愛憎公,威惠行,而後家可齊。未有道不行于妻孥,而能正家者,父母之責也。下卦爲齊家之事:初曰"閑",二曰"順",三曰"節"。自天子至庶人,凡有家皆用此道。上卦爲家齊之事:四爲富,世禄之家也;五爲王,天子之家也;上爲身,齊家之本也。家人之事盡矣。大抵家以和集爲慶,故卦體用柔。其妒忌多生于婦人,故女取離、巽而不用兑。兑以陰據陽上,爲悦,女之邪媚者,其象爲毀折。居下則反家人而爲睽,居上則志不同而爲革。革與睽,家人之災也。凡家道索于牝雞,故"家人利女貞"也。

睽〔一〕䷥兑下離上

《序卦傳》曰:"家道窮必乖,故受之以睽。睽者,乖也。"人本各異,而合〔二〕爲一家,外父内母,男女上下,各得其所,故爲家人。若父反居内,母反居外,男卑女尊,則乖

〔一〕睽,《[光緒]續修京山縣志》本同,《湖北叢書》本作"睽"。

〔二〕異而合,《[光緒]續修京山縣志》本、《湖北叢書》本作"脩其身"。

戾而爲睽。初自家人上來,在家人"終吉",在睽"悔亡",父象也。上自家人初往,在家[一]志未變,在睽爲猜疑,母象也。九來居二,即家人九五"交相愛"者也,今"遇于巷"。六來[二]居三,即家人六四"順在位"者也,今"見輿曳"倒行。九來[三]居四,即家人九三"嗃嗃"者也,今爲"睽孤"。六來[四]居五,即家人"中饋"者也,今爲"噬膚"。所以反家人成睽也。目視不明曰睽。卦體離火在上,澤水下應,其性相反。上互重離,多視傷明。又互坎損離,坎爲心病,人各有心,孚則合,疑則睽。莫親于家人婦子,而睽則視以爲惡人、爲鬼、爲寇,或剿之,或射之。苟下能悅以從上,上能明以視下,則疑釋而爲夫、爲宗、爲婚媾矣。人情相疑,若此其深,而相合亦若此其易,是以内卦皆睽而有待,上卦皆反而得應。初"喪馬",至四"遇元夫"而合。二巷遇,至五"噬膚"而合。三"輿曳",至上"遇雨"而合。合則惡人化爲同室,睽則家人疑爲寇讎。恩怨反覆,變態何常?君子所以无心應物,悅以忘世,不黨同,亦不伐異。天下无久合之同,亦无終異之睽。初九見惡人,避咎悔亡,獨得處睽之道也。卦體本柔,内以悅而寬其憂,外以明而破其疑。所以始睽者,二女同居也;所以終合者,明而相悅也。卦睽

〔一〕家,《[光緒]續修京山縣志》本、《湖北叢書》本作"家人"。
〔二〕來,原爲"往",據《周易正解》改。
〔三〕來,原爲"往",據《周易正解》改。
〔四〕來,原爲"往",據《周易正解》改。

而象皆合,易所以變而不窮也。

蹇䷦艮下坎上

《序卦傳》曰:"睽者,乖也。乖必有難,故受之以蹇。蹇者,難也。"睽與蹇雖不相對,而亦相似。睽上本離,二、四互離[一]亂明,目不能見,故爲睽;蹇上本坎,二、四互坎重險,足不能行,故爲蹇,蹇所以繼睽也。睽、蹇皆世所忌,聖人憂患作易,皆以名卦,而贊其時之大,辭危而意遠矣。卦取諸坎艮,何也? 造化之氣,陽爲本。蹇,陽蹇也。坎,陽陷也。艮,陽止也。坎位北,艮位東北。天氣由北而東而南而西。日月東生西没,天之行也。今内艮外坎,自東而北,背西南而逆天行,所以爲蹇。故聖人教人出蹇之鄉,先坎後艮,行向西南。水遇高則險,就下則平。山水則蒙,水山則蹇,雷水則解。天下之事,順天循理,雖羊腸九折,皆爲康莊;逆天悖理,東西南北,无非險道。故曰:"君子居易以俟命,小人行險以徼倖。""居易"者,利西南之謂;"徼倖"者,不利東北之謂也。西南謂之易,何也? 西爲兑,西南爲坤,南爲離,卦皆陰柔。陽道亢戾,陰道卑平。天尊而地親,天不可階升,而行地則无疆。西南含弘光大,故解、蹇利也。坎、艮二體皆坤,九三以一陽來爲艮,九五以一陽

〔一〕離,《[光緒]續修京山縣志》本、《湖北叢書》本作"爲"。

來爲坎,故六爻之象皆未脫蹇。九以陽居五,四與上共陷之。四既陷五,將下連二、三爲重坎。三艮止不上,二中正,與三同體而應五,互[一]爲離火。四重坎不成,爲五、三兩陽所制。二乃得以其明,與初、上諸陰赴之。坤氣始勝,而西南至矣。故蹇、解二卦,爲梗莫如六四。非九五剛中之主,九三陽剛之助,與六二、初、上諸君子朋來之力,烏能遽濟乎?夫以一小人作難,羣賢協力,尚未底平,直至解終,射于高墉。小人之禍,易蔓而難圖如此。文王以崇虎之譖,因于羑里,四友諸臣,同心以免于難,返爲西伯,乃滅崇。周居西南,紂居東北,其象如此。坎,坑也;艮,狠也,故東北爲蹇。坤,順也;離,麗也,故西南爲晉。不晉,所以爲蹇。坑而狠,獨夫之惡也;麗而順,君子之善也。文王豈弟君子,所以爲西南之主;紂之不善,所以爲陷狠之夫。造化人事物理,惟平易爲可近耳。

解 ䷧ 坎下震上

《序卦傳》曰:“蹇者,難也。物不可以終難,故受之以解。”解者,從容舒緩之意。蹇難急迫,反蹇則舒緩而成解。蹇以艮錯坎,自東之北,所謂山上有水,不利東北也。解以

〔一〕互,《[光緒]續修京山縣志》本、《湖北叢書》本作“五”。

坎錯震，自北轉東，所謂雷雨作，利西南也。反東北而東[一]南，倒坎艮而震坎，蹇所以得解，解所以反蹇也。六爻之象，亦自坎歷震至坤。患難初定，撫綏休養，西南平易，可以久安。然九二“田獲狐”，上九“射隼”，何也？奸邪不戢，善類不伸，則蹇難終不銷。雖行西南坤順之鄉，不廢東北震坎之令；雖赦過宥罪，而田中之狐，墉上之隼必獲，所以畢解之功也。在蹇之日，狐隼負乘，依東北作梗。在解，天時向旦，王路平康，妖邪計沮，故取无不獲。蓋凡國家之難，其作也，靡不由小人；而其解也，靡不由君子。人主欲避東北、趨西南，親君子、去小人而已矣。

損☲☶兌下艮上

《序卦傳》曰：“解者，緩也。緩必有所失，故受之以損。”人情蹇難急迫，惟恐失之，故常无失。從容解緩，則驕惰生，而損失因之。失復求得，損、益所以繼蹇、解也。損之義有二：一以減少爲義，斷緣省事，寡欲清心之謂也。一以虧敗爲義，傷財病民，毀廉喪節之謂也。能寡欲清心，自不至毀廉喪節。故或以損而損，或以損而得益，或以益而益，或以益而反損。是以聖人設卦，以損下益上爲損，以損上益下爲益。物以下爲基，道以卑爲本。惟下不可損，泰

〔一〕東，《［光緒］續修京山縣志》本同，《湖北叢書》本作“西”。

則不得不損，而益在上則稱損；惟下爲當益，否尤不可不益，而損在上則稱益。人皆知損而不知損益，人皆知益而不知益損，故《序卦》先損後益也。事先簡而後繁，禮先儉而後奢，物先不足而後有餘，是故君子先損。損兌益艮，所以爲損。兌悦艮止，所以終不欲損下也。損不損下，是以不損爲損。以不損爲損，是爲廉貞。廉貞是爲損益，寡欲清心之道也。初九重剛可損，六四弗受，二中弗損，五中自益。三損九以成悦，故上弗再損。蓋下損一則悦，上益一則止。下悦而上益，上止而不損，象所謂“有孚元吉”，此也。下不得不損者，造化哀益之理。卦已損而爻不復損者，已取諸天，而不復求多於人也。人生五官四體，取諸造物多矣。于其中又取盈焉，莊生所謂：不受天損易，不受人益難。夫已簡之而不得所簡者，此也。故二卦爲人事哀益之要。上經三十卦，首天地，自乾、坤而下，奇偶各三十，而當否、泰。下經三十四卦，首男女，自咸、恒而下，奇偶亦各三十，而當損、益。否、泰者，天地之小闔闢，泰交而否不交也；損、益者，男女之否泰，損不交而益交也。方其咸也，二少交感，損則女悦而男止之，懲窒之義也；方其恒也，二長正位，益則男服事而女助之，遷改之義也。損男莫如女，而男止則損，損之權在男也；益女莫如男，而男動則益，益之權亦在男也。造化之機宰于陽，而損之益之存乎人。昔人云：“貴不如賤，富不如貧，益不如損。”君子思遷善改過，不如“懲忿窒欲”。思爲聖賢，不如勿爲不肖；思養生，不如勿傷生。天運无日不來，即无日不往，來所以致其往；人生无日不長，即无日不消，長所以致其消。是故損益相乘也，損不善，則至于善矣。損之又損，益之道也。

益☷震下巽上

《序卦傳》曰：“損而不已必益，故受之以益。”天下事未有能自貶損无益者，益所以繼損也。卦本乾坤否，損乾爲巽，益坤爲震，故爲益。益，益下；損，損下，卦以下爲體也。益，益陰也；損，損陽也。陽實而乾純陽，實之至也，故可損；陰虛而坤純陰，虛之至也，故可益。乾在下，邦國富庶之象也，故損下；乾在上，朝廷豐盈之象也，故損上。損上不謂損，而謂益，厚其本也；益上不謂益，而謂損，剥其基也，聖人所以示厚下也。以爲學占之，損、益雖兩名，其幾惟一，能損則益，己克而禮復也。夫子絕四，顏子四勿，損之至，而益何加焉？由損入益，守約而施博，道濟天下，知周萬物。如人主本惠心，行惠政，省方觀民，百度具舉，歸于有孚，則其益无方矣。卦體二以上，互爲觀，風行地上，先王所以省方觀民設教也。初九帝出乎震，仲春雷發聲，時維二月。《虞書》“歲二月，東巡守”，由震適巽，東南行。六二有離象，爲五月南巡守。六三有兑象，秋省斂賑凶，爲八月西巡守。六四遷國，營室方中，爲十月朔巡守。九五益事大成，爲惠心。五以“惠心”來，而初以“大作”往。天子行曰"大作"，巡守、祭告、賑貸、遷國，皆大作益民之事也。本惠心以訖四國，風行雷動，靡事不爲，周旋鼓舞，而不倦于勤，所以爲益。然視之清静无爲，則有間矣。故益者多識之用，而損者貞一之本。損爲要道，而益爲功勞。有節用愛民之心，而後有省方觀民之事。不然，則五霸之盟會，秦皇之巡行耳。以是求益，計功利而助長，不求懲忿窒欲，而言遷善改過，是登枝而捐[一]本也。故損不厭上，益不厭下。故曰：盈日鋤日不除，謙日養日不長。損所以終得臣，而益所以終被擊也。損元吉无咎，可貞利往；而益止於利攸往，涉大川而已。

夬☰ 乾下兌上

《序卦傳》曰："益而不已必決，故受之以夬。夬者，決也。"夫物未有增益盈滿不潰決者，夬所以繼益也。易道消息盈虚，時中而已。盈滿壯盛，易之所戒。盈則必虚，壯則必衰。銷患有素，而彌縫非一旦，不在倉卒成敗之際，取勝一決而已。卦體一陰將盡未決，兌上畫缺，有澤決就下之象，故名夬。天下无成不毀，聖人因時調劑，非乘小人孤立，衆君子併力一決之謂也。君子于小人，既不能杜于未萌，又不能禁于將盛，徒欲倚衆强之勢，造次求決，此私智

―――――――――

〔一〕捐，《〔光緒〕續修京山縣志》本、《湖北叢書》本作"損"。

權力,非觀變時中之道。後世漢唐諸臣,屢用此敗。學易者,豈可枉聖人之旨,誤後世无窮乎?今玩卦體,乾下兌上,雖五陽方盛,孤陰垂盡,然健而能悦,剛而能和,无陵厲直往之氣。澤在天上,有決而欲下之機。天澤交而將復,陰自无違,何事于陽之力決也。與大壯相似,大壯戒用壯,夬戒用決也。初九"壯于前趾",戒其往。九二"惕號",稱其中。九三"壯于頄",則凶矣。九四"次且"不前,許其悔亡。九五"莧陸"不迫,稱其中行。蓋時有必至,一陰无號,終將自凶。爲五陽者,慎以防之,從容以俟之耳。故曰"健而悦,決而和"。"不利即戎",脩文告邑,自利攸往,其旨曉然。以此防小人,不致挑禍誤國;以此當機務,不致躁妄僨事。豈甘心一擊之爲決乎?若夫崇陽遏陰,進君子而退小人,義非一端,不待此而後見也。天理難持,人心易危;君子易消,小人難退,由來已久。五陰剥一陽,其進甚勇;五陽夬一陰,其退甚難。君子恬淡,不可則止;小人綢繆,麾之不去。故陽長,杯水不能救車薪;陰退,爝火猶可燔林木。盛衰之際,聖人防乎其防,而奈何輕言決也。

姤☰ 巽下乾上

《序卦傳》曰:"夬者,決也。決必有所遇,故受之以姤。姤者,遇也。"一陰分決于上,忽復遇于下,姤所以反夬也。

造化之理，一與二、奇與偶，如形與影，故曰"一陰一陽之謂道"。自天地、男女、事物，細至呼吸，莫不皆然。故夬則必姤者，天也。聖人不能絕陰，而不能不愛陽。愛陽而喜其來，不能不惡陰而幸其去。幸其去則曰夬，而驚其來則曰姤。姤者，不欲遇而不可避之名。爲卦乾上巽下，以二體觀，乾剛巽柔，柔與剛遇，其遇甚合。以一體觀，五陽上極，一陰下來，其來甚順。陰陽之情，不爲不相得，而姤之一陰，即坤之履霜。未幾而遯，未幾而否，觀、剝且至，故陰之害陽，陽不覺也。聖人作易，以著消長之幾。盛衰盈虛，非能與造物爭，而因時保護，則存乎其人。故爻辭于否泰之際曰"包荒""包承"，于姤曰"包魚""包瓜"，以見天不可違，而調燮貴適時。今之言易者，夬則欲其決去，姤則禁其相逢，必欲使天下有陽无陰。夫苟有陽无陰，聖人可无憂，而易可不必作矣。不能體陽陰之德以通其變，徒欲絕陰存陽，聖人豈爲此偏曲之論？且如姤之爲卦，何嘗不善？乾道上運，巽風下行，帝出乎震，物齊乎巽，相見乎離，遇之象也。九五陽剛居尊，初以一陰方來，有臣明遇主之象。九二剛中下應，爲大臣宣化之象。是九五所用以招攜懷遠，風行下國者也。文王象辭以爲男女之交，夫子發天地萬物皆遇之義，聖人何嘗以姤爲不善？引而伸之，六十四卦皆可知已。

萃☷☱坤下兌上

《序卦傳》曰："姤者,遇也。物相遇而後聚,故受之以萃。萃者,聚也。"爲卦下順上悦,順而悦,故羣處和集而不忤。禮讓以相與,仁孝以相親而後不偷,各從其類而後无爭,戒備不虞而後不亂,君臣相悦而後可治,咨嗟憂懼而後可保。故《彖》言"孝享",所以教也;《象》言"戒器",所以備也。六爻皆有補過之辭,而初之"號",三之"嗟",上之"涕洟",所以懼也。其道皆本于順而悦。有家者知此,則家用輯;有國者知此,則國用康。萃之義也,其卦與比相似。比地上有水,而萃地上有澤。澤,水所聚也,故爲萃。比廣而萃差狹[一],比一陽而萃二陽也。一則兼統,二則權分,比所以顯,而萃所以未光也。

升☷☴巽下坤上

《序卦傳》曰："萃者,聚也。聚而上者謂之升,故受之以升。"天生衆民,稠伍之中,必有英傑起而長之。孟子曰"拔乎其萃",升之謂也。升以漸進,古者鄉國拔士俊秀者,升之大學;大樂正升之王,王論定而後官。自韋布以躋崇顯,歷級而進,故其卦取諸巽、坤。坤,順也。巽,入也。巽

〔一〕差狹,《[光緒]續修京山縣志》本同,《湖北叢書》本作"狹"。

由下而入，前臨坤而順。木出地中，與土相生，入之深而達之順，發榮滋長，參天之材所由起，故謂之升。然反萃而得，何也？萃坤居下，爲羣衆之象。拔自羣醜而登之民上，故倒萃爲升也。當其爲萃，陽居四、五，有臨下之象。四當五前未光，倒下則居二、三，有上升之象，所以反萃也。大抵爲臣以柔順爲本，獲上治民必以巽。夫子論在下位，推本于信、友、順、親，即此意。焉有陵暴好上，而能升者乎？

困 坎下兑上

《序卦傳》曰：“升而不已必困，故受之以困。”夫升而能已者，天下鮮矣。涉歷久則其力憊，登陟崇則其勢危，困道也。由升得困，故爻以往爲凶，來爲吉。二征凶，三入宫凶。四來則有終，五下應則有悦。所以然者，何也？困自坎適兑，猶塞自艮適坎，逆天之行，故自兑適坎爲節，自坎適兑爲困。卦體本乾坤否，坤以二往乾成兑，乾以上來坤成坎。是爲澤中无水，内互巽木，澤竭則木槁，故困。困者，囚禁之義，《象傳》所謂“揜”也，如敵困圍中。六爻往來，皆于内，互爲家人，互巽木，又互離火。坤爲土，乾兑爲金，坎爲水，五氣雜而生克相持。坎險在下，三陰爲困。自下往上，三陽受困。自上來下，來者齟齬不得遇，往者中外遮塞，株木内障，蒺藜中拒，葛藟上蒙。九二在險，九五同德，爲拯困之主，而隔于四。四與初應，而隔于二，必待四來初，而後五得與二遇。苟三不去其蒺藜，則四未得行。而上不去其葛藟，則五未得通。故爲困之害者，莫如三、上。三、上去，而可无憂于初矣。《雜卦傳》曰：“困，相遇也。”遇者，姤也。三、上變則成姤，五以二爲杞，以初爲瓜。命通于初，而五爲含章，自天之主矣，《大傳》云“困窮而通”，此也。大抵困，交困也。陽困，則陰亦困。陽困爲酒食、金車、朱紱，悦而在内，困亨之象。陰困爲木石、蒺藜、葛藟，險而在外，困人之象。困之爲字，木在口内。木者，陽之生氣也。卦互巽木在中，木歷坎地則彫，逢兑金則刑。反而東行，木道乃亨。是以爻象皆言來，亦猶蹇“利西南、不利東北”也。嗟乎，古聖明賢哲，鮮有不困者。惟處險而悦，則險不能陷。有坎之信，可以習坎。有兑之悦，可以亨困。彼木石、蒺藜、劓刖、葛藟，天所以玉成君子也。酒食、朱紱、金車，即存于飢渴勞苦之中，困何負于人哉！

井 ䷯ 巽下坎上

《序卦傳》曰：“困乎上者必反下，故受之以井。”《雜卦傳》曰：“井通而困相遇也。”困六爻皆自上來下，有爲井之象。至井而後上行。水出于坎，井雖反困，然井初猶困也。遇于下而後反于上，卦象往來順逆，莫備于困、井。蓋文王序卦，數法大衍，至四十九而卦當革，困、井與革遇，五氣萃而爻象隱。五氣生于天一，爲坎水，萬物之命也。得水氣之先,莫如木。鑽木生火,火焚化土,土和生金,金凝生水。生于春,藏于冬。發于東,歸于北。齊于巽,勞于坎。四時以此順序,萬物以此生成。故天地之化,盛于西南。自巽而南而西北至坎,順行爲通。自坎而西而南反巽,逆行則困也。困自否來,下坤變坎,上乾變兌,由坎適兌爲逆。以本體正互數之,下爲坎,次上體本乾,次上爲兌,次下體本坤,次下互離,次上互巽。六卦皆逆,故曰“困,遇也”。逆行而往,與諸卦遇也。反爲井,井自泰來,下乾變巽,上坤變坎。以本體正互數之,下爲巽,次上互離,次上體本坤,次下互兌,次下體本乾,次上爲坎。六卦皆順,故曰“井,通也”。順行而來,與諸卦相通也。《序卦傳》曰:“聚而上者謂之升……升而不已必困,故受之以困。困乎上者必反下,故受之以井。”此造化往來,通塞循環之象。而謂之井,何也? 木出水也,水爲資生之始。得水之精、盡水之情者,莫如木。百尺之木,生于高陸,折其枝,則津液出。根入于黄泉,而潤[一]升于數仞之巔,所謂巽乎水而上水,天一升降之妙用也。方春震木出至巽,坎氣寄于木,含水相見于離,致養于坤,西入兌金,則水得滋,而還歸于其宅。又至春木[二]再動,循環无窮。此坎水通利,在天之象也。在地水之通者,莫如井。古者穴地出水,交木爲韓,層累而上,

〔一〕潤,《[光緒]續修京山縣志》本同,《湖北叢書》本作“闌”。

〔二〕木,《[光緒]續修京山縣志》本、《湖北叢書》本作“水”。

砌以瓴甋，故爻至四，始甃井。後世以瓴甋易木，故卦象上下二井。蓋卦遇將革，井革鼎新，故鼎亦象上下二鼎，與井同。革九三云“三就”，鼎九三云“鼎耳革”，其象甚明。說者以今世井上桔橰象巽木，誤也。巽，入也。坎，信也。井，靜也。入故通，而資之不竭；信故深，而改之不遷；靜故安，而應之不勞，盛德之至也。君子具井之德，以脩己治人，宅心應事，通之至也。然象有吉凶，何也？君子善脩，而不能必諸遇。井能養，而用不用在人。故井以反困爲通，觀三爻之辭可知也。上通則吉，下入則凶。初“井泥”，二“射鮒”，則泉幾廢矣。三“渫”四“甃”，井乃可食。五“泉食”，上“勿幕”，而井始通。其于人也，初、二沈淪如巢、許，三、四清脩如孔、孟，五、六通利如堯、舜、伊、周矣。卦主坎，陽剛清盈，爲井中之泉。陰虛，爲出汲之口。初陰井底爲泥，四在泉上爲口。二承陽无坎，故下漏。三泉泄出，故四脩砌。五陽剛中正，故泉美人食。上井通，而困始化。由巽入坎，歷離、坤、兌、乾。而巽初當春夏之交，水潦溷濁，故初爲“井泥”。二當離爲夏，故水多蟲魚。三、四秋至而泉始清。三爲坤，泉洩地上；四爲兌，脩其毀折。五、六冬矣。五值乾，故井寒冽；六終坎，故井收〔一〕功成。大抵下卦坎水流行東南，失時不遇之象，故不吉。上卦水歸西

〔一〕收，《周易正解》、《湖北叢書》本作“收”，《易領》、《〔光緒〕續修京山縣志》本作“牧”。

北,得其鄉,故多吉也。

革☲☱離下兌上

《序卦傳》曰:"井道不可不革,故受之以革。"何謂"井道不可不革"? 革者,變其故也。邑可改而井不可改,則物之故者莫如井矣。《序卦》法大衍,至革當四十九而遇井。井之爲文四十,其區有九。古文井中有點,象瓶,爲大衍虛一之象。天地之數五十。革故鼎新,以物理推之,取水于井,革之以火。水出于上,火革于下,則烹飪致養。君子有清通之德,變易從時,則可以濟世安民,故革繼井也。卦取離下兌上,何也? 革物莫如火,物遇火,未有不革者。火革他物,利用因。革水,利用革。水火相親,則革道不成。革者,皮隔物也。隔水火,惟土與金。水在釜隔火,則成味。兌者,金水之會,而爲土于澤者也。火在澤下,不得上炎,則水息其濕。水在澤上,不得下流,則火息其燥。息者,止而生也。相制則止,相成則生。在人爲呼吸,在天爲寒暑。萬物相見,離火方盛,季夏土王,兌金將生。卦遇坤,以革夏爲秋,革火爲金,不藉坤土,則金火不相得,故澤爲水土之合。而土者,五行沖和之氣,能燥濕潤枯,含藏金氣,快利清響而爲悅,故金水從革,土之力也。卦以兌互乾,皆金也。兌伏艮,乾伏坤,皆土也。水得金助,而火不能焦。離互巽木,火得木助,而水不能濕,革道所以成也。然象謂

"己日孚"，何也？日者，離象。天干，己爲土，位居中。革當井、鼎新故之間，亦中象。季夏土盛，物各成己。己爲心，心爲離，故道家以己土爲意，其中有信，五常信爲土，即己也。土氣比合，下順則比，上應則合。惟土能合水火之交，惟信能成上下之孚。火之革水，得土而內外相息；聖主革代，得信而上下相安，所謂"己日乃孚"也。下卦三爻，離火用革，初日未至己，二中己日正革，三革事成就，皆火之功也。上卦三爻，革而成悦。四受天命，五正天位，六天下化成，皆所爲悦也。革而悦，乃孚悔亡，己日之功也。大抵革者，非常之事。卦自萃以來，天下望明主之升久矣。天生明主，置之困窮，以成井養之德。有德然後可以革故鼎新。出震而爲主，故革居井、鼎之間。如革物者，取水于井，熟之以火，而後升于鼎。革命者，有大德而後能舉大事也。卦自五以下，互爲同人，君子所以通天下之志也。二以上互爲大過，君子所以獨立不懼也。中互爲姤，王者所以施命誥四方也。離明在下，人心協應之象也。兑悦在上，天心豫順之象也。互乾居中，上帝臨汝之象也。如是，乃可以行湯、武之事。易者，變也。革亦變也，故易數成于革。數莫備于五十，大衍五十虛一，其用四十有九。革卦正當四十有九，大衍一週，離卦云"革去故，鼎取新"，其占爲元亨利貞元吉，其象爲治曆明時，正位凝命。過此又十五卦，易數終矣。五十、十五，人生百年期盡，而開物成務事畢。故四十九革故，五十鼎新。

《大象》以曆數繫之革者，鼎新于來年，曆終于今年；來年之曆，頒于今年，其象如此。後世用四十九起數，作大衍曆，用象義也。

鼎☴☲巽下離上

《序卦傳》曰：“革物者莫若鼎，故受之以鼎。”鼎者，新命之象。昔禹平水土，九州攸同，鑄九鼎以象九州，歷代寶之。夏桀亡，鼎遷于商。紂亡，武王遷之于周，成王定之郟鄏，故三代革命定鼎，此其大者也。卦自革來，兌互乾金居上，火互巽木居下，有鑄鼎之象。本卦火上木下，中互澤水，有烹鼎之象。下巽，象鼎足高長也。上離，象烹飪炎熱也。蓋水火民用最急，故井、鼎爻象相似。井合水木，上下似二井；鼎合火木，上下似二鼎。井九三水漠，似下井之口；六四脩甃，似上井之底。鼎九三耳革，似下鼎之耳；九四折足，似上鼎之足。合爲一，彷彿似二。蓋井以水爲主，下象井而上象水。鼎以火爲用，下象鼎而上象烹。井汲在上，故坎居上，而上卦多吉。鼎烹亦在上，故離居上，而上卦亦多吉。二卦先後遇革，“革言三就”，故井三脩甃，舊井變爲新井。鼎三“耳革”，舊鼎變爲新鼎。革，革命也；鼎，命器也，人君撫有大寶之象。故二卦皆取象乾金，皆互乾在中。乾爲天、爲君，在身爲元氣，命所以凝也。革三、四、五皆有孚，鼎二、三、四皆象實，其所重可知矣。大抵困、井、革、鼎四卦,極五氣升降之變。坎水離火,兑金巽木,四象往來,土寄四象之中,坎在澤下,困而成井。井成,則坎水上出而井通。火在澤下,革而成鼎。鼎成,則離火上出而鼎新。萬事萬物,各有困革。士君子養身養德,濟人利物,皆有井鼎。必困遇而後井通,必故革而後鼎新也。往來屈伸,易道〔一〕自然。聖人畫卦設象,通其故而已矣。

〔一〕易道,《［光緒］續修京山縣志》本作“道”,《湖北叢書》本作“道之”。

易領卷之四

震䷲震下震上

《序卦傳》曰："主器者莫若長子，故受之以震。"器，鼎也。王者革命定鼎，必建長子爲貳，以繼體承乾。乾爲天、爲君、爲父，一索生震，爲長子，長子繼父，故曰"主器莫若長子，震所以受鼎也"。震體本坤，靜極生動，乾以一陽來初，其象爲雷。動莫如雷，陽氣之奮迅也。奮迅者，氣之動，而震之德不徒以奮迅耳。其奮迅不可遏者，乃其和悦不容己者也。乾元資始，一陽東昇爲震旦，於時爲春，其德爲木，是天地之生氣也。而其卦爲震動恐懼，何也？乾一而已。資始咸亨者，其生氣之和；惕厲不息者，其天行之健也。故聖人以兢業爲无爲，以好生爲神武。虩虩啞啞，一原之理。陽氣停毓于西北，凝固于坎艮〔一〕，不怒則不發。萬物以生爲命，生氣得震以宣。威惠相成，德刑相資。生于春，斂于秋。至秋冬之交，雷收聲，萬物乃藏，故曰"帝出乎震"。震者，乾之長子，代君父巡行，布澤四方者也。天

〔一〕坎艮，《〔光緒〕續修京山縣志》本同，《湖北叢書》本作"艮坎"。

道功用,皆在西南。踰兌至乾,長子歸命于父,索索矍矍,收斂退息于坎艮,藏而不出也。蓋東北者,休息之鄉。萬物以西南爲府,出乎震,悅言乎兌。二卦東西對待,中分南北。南司爲陽,北司爲陰。南則巽、離、坤,所以動ષ而悅。北則乾、坎、艮,所以戰而止。故木氣之行成于兌,金氣之凝止于艮。"笑言啞啞",震道乃成。"笑言"者,兌象也。"震驚百里"者,運行西南之遠也。"不喪匕鬯"者,歸于和悅之至也。其來以時,其行以漸,故發其藏而不恐,振其怠〔一〕而不倦,驅之出而物喜。若夫迅霆霹靂,震之偏沴氣也。是以君子戒慎不覩,恐懼不聞,乾乾夕惕,而中和出焉。正其衣冠,尊其瞻視,而威不猛焉,所謂"虩虩""啞啞"也。小人平居放佚,无虩虩震驚之意。遇拂逆,則炰怵覼覯,不能自持,忿懥凝結,天君躁擾,元氣銷鑠。如轟雷摯電,晦冥不已,暘谷无燠氣,雖有天下易生之物,萌蘗槁矣,是所謂"震來""喪貝","睋"而"泥"者也。故震者動而不動,艮者止而无止,所以爲易。初九一陽震主,帝所自出。六二至巽,則春夏之交,震怒之時也。三至離,四至坤,五至兌,上至乾,木氣藏而震道終矣。七反下復初爲坎,八復至二爲艮,故爻辭曰"七日"復,曰"九陵"。二至四爲九,互艮〔二〕之象。大抵八卦盡周天之運,至兌則震功畢,至乾則

〔一〕怠,《[光緒]續修京山縣志》本、《湖北叢書》本作"息"。
〔二〕艮,《[光緒]續修京山縣志》本、《湖北叢書》本作"更"。

長子遇父。至于坎艮，還而歸北，天運自然也。震[一]之爲卦，介于鼎、艮之間。鼎以“正位凝命”，定而静也。艮以“思不出位”，安而慮也。由鼎出震，静而之動。由震反艮，動而復静。程伯淳[二]曰：“静亦定，動亦定。”斯知震矣。易道戒于過剛。强梁暴戾，德所不載。是以皋陶九德首寬，堯、舜、仲尼不越温恭。《詩》云：“温温恭人，惟德之基。”況于人主，其尊如天，其威如雷霆，能肅肅離離，不失奉邕執匕之意，則雖威福由己，生殺獨運，終不傷天地之和。士君子危言危行，有莊涖之容，而不失温恭之節，則盛德之至，與天地相似矣。此六五以柔爲震主，往來危行，而“大无喪也”。後世士以嚴厲爲方正，然則子路行行，不遺夫子之憂矣。經術不明，士習敝，而世道因之，可不辨哉！

艮☶ 艮下艮上

《序卦傳》曰：“震者，動也。物不可以終動，止之，故受之以艮。艮者，止也。”蓋震至于索索矍矍而動極矣，動極復静，氣機自然，故繼之以艮。爲卦一陽止于二陰之上，外實内虚，如人屏息堅忍，故其象爲鈐[三]喙。當震之來，蓄不固則發不勇，故艮以止之。而其卦反震，震一陽内起，艮

〔一〕震，《［光緒］續修京山縣志》本、《湖北叢書》本作“故震”。

〔二〕淳，《［光緒］續修京山縣志》本同，《湖北叢書》本作“純”。

〔三〕鈐，《［光緒］續修京山縣志》本、《湖北叢書》本作“黔”。

一陽外塞。起于内則動，塞于外則止，故卦位艮震相因。震因艮止，艮因震達。止極而動，動極復止。天下无動不止，无止不動。動而止，故"震來""笑言"。"不喪匕鬯"，震无動也。止而動，故動靜惟時。其道光明，艮无止也。蓋造化往來，惟元陽一氣。逝者如斯，无間可息。人身胚胎，生氣已動，至于少壯老死而後已，豈槁木死灰乃爲止？豈飄風驚電斯爲動乎？未死之息，孰能滅動？有生之後，誰能知止？善動者寂然无爲，善止者適得其所。天地聖人，動而悦，止而明，此也。常人之心，馳騁无寧。告子、莊生、禪定之學，强制爲主，有裂肺薰心之苦，是以陰滅陽耳。艮之爲止，陽止也。震陽動于下，艮陽止于上。在下者靜極而動，陽動也；在上者動極而止，陽止也。陽止者，靜而无靜，動而无動。如厭動求靜，以靜制動，是以陰止陽也。以陰止陽，是謂无陽。枯槁斷滅，非易所謂止。故彖象近取諸身。人身爲陽氣之會，有手足，自不能无行持；有耳目，自不能无視聽；有心知，自不能无思慮。凡人所與世營營者，惟以有身。身有常度，行持有規矩，視聽有法則，心知无妄念，何動非止？故聖人教人"艮其背"。"背"者，耳目所不載也。五官内向，心不逐境，視以不覩，聽以不聞。人能不覩不聞，天下何思何慮，是謂"艮其背"。先儒有憂其絶物者，失象外之旨矣。人心恄之反覆，幾同禽獸。《大學》明德，必始定靜。孟子教人求放心，以日夜之所息，即艮背也。若告子之失在襲取，而不在不動心。學者心如火牛,而先憂枯寂,亦早計矣。故六爻之象,皆取諸背。初爲趾,二爲腓。腓,足肚,在後也。三夤,脊膂也。四身,不言心,心在前也;不言背,夤即背也。五輔不見面,見其旁輔也。兩山連峙,其氣不通。陰虛居內,陽實外撐。如人北面背立,還視內聽,故曰"其道光明"。"光明"者,陽也。下二陰者,陽无物而虛也。虛受陽明,非陰能明也。然六爻內不如外吉,何也?止道貴時。九三在內,時未可止。互爲震動,初與二有動象,而九三强止,違時行之道,如震動在內,九四外互爲艮,則失其動矣,故震內吉。艮止在外,九三內互爲震,則失其止矣,故艮外吉。天下事終而能止,未有不善者,故諸卦上爻鮮吉。惟錯艮者八卦,蒙、賁、剥、大畜、蠱、頤、損、艮,上九皆吉。人能知止,終无不善矣。初六步趨曲[一]謹之士,六二求止未定,九三暴氣强制,所以未善,六四飭躬慎動,六五正容謹言,皆君子也。上九"敦艮",不言所止,則不獲其身,不見其人,止于其所,斯盡止之道矣。

漸䷴艮下巽上

《序卦傳》曰:"艮者,止也。物不可以終止,故受之以漸。漸者,進也。"物知止則進,循序有節,所以止也。從容

[一] 曲,《[光緒]續修京山縣志》本同,《湖北叢書》本作"由"。

積累，所以進也。故足以趾名，所以能行也。進止與動靜殊，動極而靜〔一〕，故反震成艮。止而能進，故以漸受艮也。爲卦山上有木，木高因山，以止爲體，以順爲用，故《彖》曰：“止而巽，動不窮。”六爻皆善，唯九三過剛，而亦有“禦寇”之利。士君子進德脩業，處功名之會，涉世路之艱，能漸則凶咎寡矣。卦本乾坤，三、四往來，陰進而止乎四。九居五而得中，下應六二。二、四皆陰，三、五皆陽。九以陽居上，六以陰居下。剛上柔下，各得其所。爻與家人同，而所異者初爻、九六之別耳。故漸在家人則內外順，在國則上下安。彖取象“女歸”，爻取象“鴻”。蓋卦本男女配合，而婚禮用鴈。鴈飛識時，女歸待聘，漸之義也。物之能遠舉者，莫如鴻。然其飛有序，知長幼之禮；其羣有偶，厚夫婦之別；其來有候，適寒暑之期。則物之進而能漸者，亦莫如鴻也。六爻之象，其始栖息甚近，其終飛翔甚遠。初于水干，二于磐石，三進于陸，四升于木，五集于陵，上乃飛翔。初有來象，上有往象。來者就陽而南，往者隨陽而北。陽生于坎而日南至，故艮而南來。陰生于離而日北至，故巽而北征。卦畫皆以奇先偶，象鴻飛有序。下卦以一奇率二偶，上卦以一偶隨二奇，蓋鴻飛大者先而小者隨。陽大陰小，長幼之節，倡隨之禮，夫婦之道也。據艮以爲山，乘巽以爲風，可以遠舉矣。而離離肅肅，有秩有序，雖有干霄之

〔一〕靜，《［光緒］續修京山縣志》本同，《湖北叢書》本作“進”。

羽,而无陵亂之愆,所以爲漸。故同一巽也。中孚之上九,
"翰音登于天"則凶,以其知上不知下,巽而悦也。漸之上
九,"鴻漸于逵"則吉,以其自卑而高,巽而能止也。君子以
鴻鴈之知,循序順禮〔一〕,從容審時,何往不亨?故夫蹢等
欲速者,士林之祥桑也;剽悍急疾者,人類之鷹隼也。溝澮
乍盈,涸可立待。君子進脩,有能知序不亂,如鴻漸者乎?

歸妹䷵兑下震上

《序卦傳》曰:"漸者,進也。進必有所歸,故受之以歸
妹。"漸道莫如女歸。女嫁以時,往以禮,故漸之女爲巽。
巽,長女也。長及笄而字爲漸,反漸則歸不待時,悦以動,
是爲歸妹。妹,少女也。女少未可歸,悦長男而從之。與
漸反,漸以男下女,昏姻之正也。六爻剛上柔下,内外之序
也。歸妹剛柔易位,内外倒置,故反漸。如姊未歸,而先歸
其妹云爾。男長而欲動,女少而先悦。天下之事,悦而動,
未有正者。二、四以陽居陰,男以不正從女之象。三、五以
陰居陽,女以不正從男之象。上卦六五乘九四,下卦六三
乘九二,夫屈于婦,婦制其夫之象。陰反居上,陽降居初,
皆失其漸。故漸六爻多吉,至上愈吉。歸妹初爻猶吉,至
上无攸利矣。初、二猶未甚踰越,進至三,則退反下。五雖

〔一〕 禮,《[光緒]續修京山縣志》本、《湖北叢書》本作"理"。

中,亦動于少女。至上,終不成爲夫婦,越禮无漸,所以凶也。故漸之爻象,進而欲上;歸妹之爻象,退而反下。循序則進,欲速則不達也。是故咸、恒之男女,少長自爲配,夫婦之正也。蠱、隨、歸妹,男女少長非其偶,夫婦之不正也。咸與歸妹,皆男女之悦。止而悦則爲咸,動以悦則爲歸妹。情同而動止異,是以咸則取女吉,而歸妹則征凶也。妹者,昧也。女少无知,故稱妹。情欲相感,見可欲而昏,動不以禮,是爲歸妹。周公作《酒誥》,謂紂邦爲“妹邦”,以此。女而歸妹,幼无知也。士而歸妹,將若何? 是以君子貴艮漸,而戒于輕悦也。

豐䷶離下震上

《序卦傳》曰:“得其所歸者必大,故受之以豐。”凡物无歸則失所而小,歸則安居而大,故女歸必豐。歸妹反漸,不漸則其長驟,豐所以繼歸妹也。卦以離遇震,震爲長君,君作于上,明燭于下,微曖必照,故成崇隆豐大之業。然造物之理,儉則清寧,豐則躁擾,是以宫音數多,而其聲濁。豐于財者多事,豐于謀者多昏。明以運動,動不已則損明,明由静生也。雷霆喧闐于上,離火燔爍于下,萬物奮興,分疏不已,神勞精竭,委頓而成壅蔽。如夏日方中,雷雲暴作,陽光晝晦,是以可憂。蓋卦體日在下,雷在上,二至四互巽木爲蔀,三至五互兑澤爲水,雷施雨,木含日,故二至四有晦昧之象。聖人處此，虛以養其明，悅以霽其威，斷以決其壅，使上下之情通。若六五動而得中，明良際會，則皎日澄空，氛翳全銷，純熙之運至矣。風雨晦冥，其何傷于日乎？初日始升，二日中。三承震主，其明揜。四成震，所以蔀日。五與二相待，所以資明。上則豐極而凶矣。然爻象六二以日中受蔀，象謂"宜日中"，何也？二尚于五也。二、五皆中，二爲離女，五爲震男，木火相資，電雷配合，故明動交孚。二日方中，蔽于兩剛。五日正中，則雷霆之高不及日，揜其下而不能蒙其上，《象傳》謂"照天下"，九五"來章""慶譽"，六二"有孚發若"，此也，故卦體離日，有上行之象。至五日中，所以爲豐也。

旅 ䷷ 艮下離上

《序卦傳》曰："豐，大也。窮大者必失其居，故受之以旅。旅，衆也。"衆在外謂之旅。男子有事四方，王者有事四裔，皆旅，而窮大則如遊子喪家。秦皇、漢武，暴師露衆，所謂失其居者也。蓋聚則成豐，散則成旅。在豐之上，翔于天際。反于旅下，則瑣瑣耳。消息自然，所以繼豐。爲卦內艮外離，山止不遷，火无常體，有常者居內，无常者麗于外，旅人之象也。居莫如止，故以艮爲體。往莫如明，故以離爲用。離者，麗也，別也。別其家麗于外，故曰旅。下卦爲行旅在途之象，外卦爲所至旅邸之象。中互大過，爲行邁跋涉之象。四爲旅館，五爲旅人所求。以仕占，四猶國都，五猶君也。旅莫善于柔。爻柔者吉，剛者凶。柔而明，旅之善物。旅必有求，故爻有得喪。柔則得，剛則喪。初以柔居下，旅之微賤者。二柔中，故兼得。三過剛，故喪。四剛居柔，雖得不快。五柔中，小費大得。上剛過高，大喪而凶矣。自天子至庶人，莫不有旅。天子有行在，諸侯有朝聘會同，大夫士出疆，庶人商賈營牟，皆旅也。語曰：“天下攘攘，皆爲利往。天下熙熙，皆爲利來。”此言雖俚，亦可知四民之无不旅矣。嗟夫，仲尼之老于行也夫！非以旅之故與？《彖傳》曰“旅之時義大矣哉”，聖人象之卦，其開物成務遠矣。

巽䷸巽下巽上

《序卦傳》曰：“旅而无所容，故受之以巽。巽者，入也。”《雜卦傳》曰：“親寡，旅也。”能巽，則无入不親；强梁傲僻，則一物无所與，故旅受之以巽也。爲卦一陰伏于二陽之下，陽之于陰，情本相得。而陰又能下，其入于陽也，陽俛然聽之。一陰爲主，二陽俯從，故巽之陰能權能制，非怯懦之陰也。其取象于風，何也？物虛而善入者莫如風。卦畫一偶象虛，居初象入。風之乘虛甚微，而人不覺。陰之巽陽亦甚微，而陽不覺也。其取象于君命，何也？命有聲无形，風亦有聲无形，然而撓萬物者莫疾乎風。風行而萬物鼓舞，令出而萬民率從者，惟其順也。虞舜好問好察，邇言不違，用中于民，而後四方風動。故善令民者，卑虛以察閭閻之情，然後從容曉諭。命既申，然後畫一遵守，以考厥成。所謂"剛巽乎中正而志行"，六四所以有獲，九五所以"无不利"也。故易戒于用剛，而用剛莫善于巽。六爻多吉，惟上九凶者，失其所以爲巽也。其所以爲巽者，謀也。初之進退，二之紛若，其謀審，故其命順。謀不審，是非不明，可否不衷，徒以甘言爲驩娛，誰其順之？不巽之咎，起于自用。故下卦謀順出命，上卦行命爲事。初志疑不斷；二詳審折衷；三不中正，不能謀，又不能斷；四以斷有功；五制命中正而志行。上巽懦无能甚于三，其究爲躁，故凶。巽者，選也，與算通，算故能權。權者，謀也。巽稱而隱，非唯諾諂奉之謂也。天下之至柔，馳騁天下之至剛，爻辭曰"武人"、曰"田獲"、曰"資斧"，其象爲高、爲長，其究爲躁，故巽非徒柔也。陰陽剛柔，非截然二也。氣陽而已。陰者，陽之靜機。柔者，剛之順機。以陽乘陽，則陽无所施。以剛用剛，則剛无所入。陰虛以乘陽，柔順以用剛，故心之精神爲陽。心有所謀，則斂而內入。此陽欲思慮，假陰爲收斂耳，思非自陰出也。心有所悦，則出而外見。此陽欲發舒，假陰爲和柔耳，悦亦非自陰出也。故兑上一陰爲陽之悦，巽下一陰爲陽之謀，非剛柔分也。然陽道上行，悦出則易，而陽氣剛勁，順入則難，故用剛莫如巽，此象所以謂之"小亨"也。然則九五之《象》云"先庚""後庚"，何也？

巽與兌，相往來之象也。巽位東南，天干甲木；兌位正西，天干庚金。木柔而能剛，故從直；金剛而能柔，故從革。木性上遂，歸根于土，故順下；金性下沈，利于致用，故悅上。順，故從繩而理解；悅，故從革而響利。巽時爲春，兌時爲秋，萬物齊乎巽悅乎兌。一出一入，一始一終，而天地西南之用畢，二卦相資也。金反爲木，則爲後甲，故隨〔一〕之兌反爲蠱之巽。而兌爲先甲，自秋歸春，有事之象也。木反而爲金，則爲後庚，故巽之上反爲兌之下。而巽爲先庚，自春之秋，悅利之象也。巽入而隱伏則不悅，故反兌。兌出而毀折則不順，故反巽。然未有不順能悅者，金未有不資木能利者。故巽以陽順陰而來下，兌以陽悅陰而往上。往來屈伸，自然之法象也。然〔二〕巽在他卦多矣，獨此九五言“先庚”“後庚”，何也？重巽者，巽之經。九五者，巽之申命主也。巽之不爲蠱者，徒以九五一爻耳。聖人戒人主制命于未亂，因以蠱之象辭爲巽之爻辭。在蠱，振飭更新，治亂相循，故“先甲”“後甲”，終則有始。在巽，勿勞更始，惟申命行事，“先庚”“後庚”，无初自有終矣。蓋甲有初，庚无可爲初。庚後三日，以癸終耳。《詩》云：“不愆不忘，率由舊章。”先庚後庚，“无初有終”之謂也。苟顛覆自用以爲命，與委靡阿順以爲巽，皆非申命之治。而蠱且至矣，爻所以

〔一〕隨，《［光緒］續修京山縣志》本同，《湖北叢書》本作“蠱”。
〔二〕然，《［光緒］續修京山縣志》本、《湖北叢書》本作“故”。

戒九五也。

兌☱兌下兌上

《序卦傳》曰：“巽者，入也。入而後能説[一]之，故受之以兌。兌者，説[二]也。”兌反巽，巽二陽在上，一陰下入，故陽順而下來。兌二陽在下，一陰上出，故陽悦而上往，所以反巽。其象爲澤，何也？坎以陽實陰中，故象水之行地。兌以陽承坎下，故象澤之瀦水。其德爲悦，何也？兌西成，利美而和。其氣爲金，從革而新。其決斷快利，其音響鏗鏘。澤含水則草土生潤，納衆流則浄垢兼容，皆悦之象也。又其體本乾，而陰氣三索之餘，剛强銷爲綽約。陰出于頂，斌媚之態見而爲少女。女少夭冶，亦悦之象也。巽木春也，離火夏也，兌金秋也。天以三時生物，齊乎巽，悦乎兌。木氣發生，金氣收斂，故巽兌相反而相成，中皆互離，三時相因，生克自然之象也。大抵悦之爲道，與聖人憂患之志違，故悦不以道不悦。以上悦下，賢君所以宜民。以下悦上，小人所以蠱君。賢君宜民，悦以剛。小民蠱君，悦以柔。卦内四剛皆君子，二柔皆小人。初九，民悦君，終事者也。九二，賢人以道悦君者也。六三，小人非道求悦者也。

〔一〕説，《［光緒］續修京山縣志》本、《湖北叢書》本作“悦”。
〔二〕説，《［光緒］續修京山縣志》本、《湖北叢書》本作“悦”。

九四,大臣爲君遠小人者也。九五,衆所悦而求附者也。上九,君側爲容悦者也。三、上兩陰成悦,三介于四而不得進,上爲之引,欲以悦五,而五陽剛中正,與四同心,知上之奸,而剥膚憂之,所以上窮于悦,終不能剥也。自非九四介疾于下,九五孚剥于上,小人内外比周,伺隙而動,鮮不受害矣。是以聖人思剛,而惡夫有慾者,君子難悦,有終身之憂,此也。

渙☷☴坎下巽上

《序卦傳》曰:"兑者,説也。説而後散之,故受之以渙。"人情有鬱結,能悦則散。《詩》云:"泮渙〔一〕爾遊矣,優游爾休矣。"天下之害,莫甚于鬱結。凡人身血氣不調則疾作,憤懣不舒則争成。渙者,所以調其適而洩其憤也。人心不渙則有固我,國家不渙則有梗化,朝廷不渙則有朋黨,天地不渙則有否隔,王者不渙則有偏頗。故君子周而不比,和而不同,羣而不黨,渙之謂也。渙于心則忘物,渙于事則順理,渙于治則泰平,渙于王者則至公无私。故銷天下之亂,而解萬事之盤錯,莫如渙。造物有自然,非人力可强。强天下之合而與之争,縮天下之畔而使之合,猶抱薪救火,治絲以棼也。故小罅可塞,大惑難解。聖人以不

〔一〕泮渙,《[光緒]續修京山縣志》本、《湖北叢書》本作"伴奂"。

解解之，行所无事，則紾結自開。故曰："君子之於天下，无適也，无莫也。"莊周謂"藏天下于天下，而不得所遁"，渙之謂也，故渙无爲也。象云"王假有廟"，无爲之象也。或者謂渙爲分崩，故聖人設卦以濟渙。夫風以散之，造化所以成功也。謂渙不美而求所以濟，則風其天地之惡德與？卦取巽爲風、爲木，坎爲水，所謂險難風波也。然風之行水，飄然而往，水怒而風无心。水之善没也，物不敢加。惟風過而不留，惟木浮而不溺。風行水則清漣成文，木得水則枝葉生潤。故水遇風木，則失其險，君子所以渙爲貴也。卦本乾坤否，坤往居四，乾來居二，則否通。風戾濕乾，水滋木長，則險化。蓋坎水居北，爲生物之祖[一]。停毓至于東南，木氣發生，散爲品物。自二至四，體互爲震。震出巽齊，木道大行。坎水疏瀹，達于離火。再過坤土，濕逢其燥，皆所爲渙也。渙與萃，名相反而實相須。人精神收斂，自然蕭散。思慮放逸，則生凝滯。守中抱一，則霧消冰釋，天地清寧，萬物得所，故象曰"王假有廟"。恭己无爲，則化馳若神矣。是以初六遇險而順，二以陽來險而脱，三臨險而忘身，四成渙而忘人，五居尊忘天下，上超然遐舉，遠害之至也。遠害莫如渙。《書》曰：爾惟不矜，天下莫與爾争。渙以柔爲道，三陰最吉，三陽次之。説者謂易用剛，一曲之見也。

―――――――――

〔一〕祖，《[光緒]續修京山縣志》本同，《湖北叢書》本作"阻"。

節䷻ 兌下坎上

《序卦傳》曰："渙者，離也。物不可以終離，故受之以節。"節者，節其散也。人情有鬱結，不可不散，既散，不可不節。渙自否來，渙則否消。節自泰來，節則泰定。爲卦澤下水上。物行有節莫如水，盈則進，坎則止。能節水者莫如澤，平則受，滿則溢，故曰節。節之取象，義非一端。卦位由坎之兌逆行，互巽居中，木在口則爲困。今由兌適坎順行，互艮居中，艮止故爲節。澤之水止，坎之水行。二與四互震，震亦行。五與三互艮，艮亦止，是爲行止有節。又兌爲悅，坎爲險，人情悅則過度，險則思節。又坎爲酒食，兌爲口，中互爲頤，君子以節飲食，養生莫如節。又兌金生水，坎水資金，金生于西，水歸于北，生之有常，用之有節。又乾坤至此卦凡六十。六十者，天地之大數，亦節也。水性流，強止則拂。澤受衆流，歸而不拒，滿而不積，其道常悅。既爲金以生之，又爲土以制之，金悅土和，甘而不苦，故中節莫如澤。子思曰："喜怒哀樂未發謂之中，發而皆中節謂之和。"有子曰：和爲貴，不以禮節之，不可行。故節以致和，和以中節。不中不和，不可爲節。節字從竹，竹有節以止其通。通極而塞，塞極而通，通塞適均，乃謂之節。在心爲中，在事爲幾。中不容一毫少偏，幾不容一息少待。中偏則害德，幾失則敗事。事物各有節，故曰"有物有則"。則者，節也。聖人從心不踰矩。矩者，節也。仕止久速，无可无不可；仁敬孝慈，於止知所止，聖人之節也。日月往來，寒暑代謝，四時以序，歲功以成，天地之節也。其有常有漸，流行坎止，易見者莫如水與澤，故聖人下襲水土，而卦取象于坎兌也。爻剛柔各半，當位則吉。陽實陰虛，實塞虛通，以象竹。通者爲空，塞者爲節。初宜塞，二宜通，三宜塞，四宜通，五宜塞，六宜通。初宜塞，陽當位，故吉。二宜通，陽失位，故凶。三宜塞，陰居陽，故嗟无咎。四宜通，陰得位，故安亨。五宜塞，陽得位，故吉。六宜通，而處節之極，陰虛上无所蓋藏，節而无節，是謂"苦節"，非中和之道，亦凶。大抵易道戒盈，節以防盈。防之過而遲疑以敗事，纖嗇以廢禮，違天時，拂人情，較之縱欲敗度者雖有間，以易道時中律之，均爲凶咎耳。孟子所以推時中爲大成，隘伯夷，惡陳仲子、巢許之事，六經不載，有以也。

中孚䷼兌下巽上

《序卦傳》曰："節而信之，故受之以中孚。"凡事有節，則有常可守而信；无節，則汎濫无據而不信。故喜怒哀樂中節，則一人之情，即天下人之情，謂之達道。達道者，信也。古人以符節爲信。以竹爲節，竹中膜爲孚，故卦象以中孚繼節。中者，孚之舍。孚者，中之郭。郭實而舍虛，故城外之郭曰郭。五穀果實甲內之膜亦曰孚。郭以衛人，孚以藏仁。故郭內必虛，往來所以通也；孚內亦虛，生氣所以運也。中虛无物，孚信有靈。中發爲孚，孚存爲中。實生于虛，虛以孕實。實不生于虛，則其實皆僞也。故虛无者，萬事萬物之祖。《詩》云：“上天之載，无聲无臭。”《中庸》言誠，又言明，誠實明虛也。故曰：“誠則明，明則誠。”老子云：无之以爲用，恍惚窈冥，其中有信。即中孚之義。卦內三、四兩偶爲虛，二、五兩奇爲實，初、上兩奇外包，如鳥卵。鳥乳卵曰孚。字從爪、從子。鳥孚以爪抱卵，悦以巽，應期而化，子從中出，故曰“中孚”。初、上象卵甲，二、五象中白，三、四象中黄。卵中有虛竅，是爲祖氛。魂抱魄而成變化，虛在中，陽靈所棲也。實在外，九〔一〕竅外向也。中黄化五臟，外白化羽毛。至期，甲拆子飛，故初象伏雛，上象鳥成也。在人，初、上實爲軀，三、四虛爲心，二、五實爲情。然三、四同虛，有善不善，何也？善惡同出于虛，正則善，不正則惡。爻得位則正，失位則不正。初九得位爲存誠，二、五得中相應爲孚，三不當位，四當位，上九陽亢外馳，故初、二、四、五孚之善也，三、上孚之不善也。蓋中虛則發中節而成孚，五資四，四與初同孚于五，二應之，故五爲中孚主，善也。中不虛則發不中節，如三、上躁擾驕亢，孚之不善也。卦取兑巽，何也？兑西司秋，巽東南司春。春至秋，東至西，天地生物之功畢。兑往入于乾，歸于西北，化機斂藏，貞固而成孚甲。遇巽，復還東南，春夏之交，鳥雀新成，

〔一〕九，《［光緒］續修京山縣志》本同，《湖北叢書》本作“八”。

黄口習飛,所以兑巽合而成中孚也。又五氣兑爲金,巽爲木,金爲木刑。造物之理,生殺相因,成毀相資,卵不裂不可爲鳥,木不剋不可爲舟。巽木之利涉,兑金之功也。故兑者,毀折而後能悦,巽雞入伏,甲拆而後毛羽見。故中孚取象于孚卵,小過取象于飛鳥,法象自然,非强作也。

小過䷽艮下震上

《序卦傳》曰:"有其信者必行之,故受之以小過。"信者,物之性情,乾所謂利貞,即中孚也。信在中,則行于外。過者,行歷之迹,稟于中也。小者,初成之形,出于孚也。陰爲小,内外二卦皆陽,而爻多陰,是謂小者過之。中孚象鳥孚子,小過象孚成子飛,是爲飛鳥之象。始乾坤而終飛鳥,易所以爲變動之至也。中孚本離,小過本坎。離陽外朗,而伏則成中孚,是離來歸坎也。坎陽内伏,而飛則成小過,是坎往化離也。惟聖人信成于中,存則爲神,行應乎外,過則爲化,從心所欲,无少過差。衆人忠信不足,行乃多咎。然皆依真起妄,亦不可謂非由中孚出也。如鳥有鸞梟,而爲孚則同。謂之小過者,因大過殊名耳。大過自頤來,口腹過度,則有死喪。小過自中孚來,性情失常,則有災眚。故小過内互爲大過,不中不信,動而不止,同抵滅亡,非謂過不可大而但可小也。象謂之亨者,謂人宜收斂改悔,則自然亨通。使亦如大過之不懼无悶,其咎反甚于大過,何者?大過有陽剛之才,而小過陰柔,飛揚躁擾,尤所深忌,故卦以鳥飛象過,以中孚翰音象飛鳥。按《説卦》,震艮无鳥象。惟以由中孚巽來爲雞,上九翰音登天,雞之登天,必有挾之以飛者。蓋卦體震爲決躁,艮爲指、爲鈴〔一〕喙,急疾利觜長距者,其象爲鷹隼。内互巽雞,即中孚翰音,爲鷹隼所搏,故彖象"飛鳥遺之音"。下近地猶或可救,上高飛則无及矣。故解之上六"射隼",亦震也。震本爲龍,艮本爲虎,今矜爪觜之利,以搏雞雛,无復吟嘯風雲之志。故六〔二〕五云"公弋""在穴",所以謂"不可大事"也。中二奇象鳥身,上下四偶象鳥翼。艮欲止而震欲動,四陰用事,兩陽迫處凶懼之地,惟陰所往,不能自主。如鳥有身,而翼挾以飛。身雖動止,而動止非身。肢過于腹,末過于本,猶衰世君弱臣强,主威不振,徒倚仗股肱之力,善則爲伊、周之芘主,不善則爲曹、董之脅君。天行之數,世所常有,而順逆之理,存乎其人。《象》所以謂順則吉、逆則凶也。夫鳥即地而後得棲,近人而後得食。雖有陵風之翻,穿霄非棲息之所。故鳥飛衹以遠害,非鳥之得常也。翼衹以衛身,非以身從翼也。今身不能止,惟翼是聽。翼以遠舉爲能,身欲棲息不可得。翼飛愈遠,身愈不安。身所欲遇而求安者,翼所謂斂而无用者也,故翼利上,身利

〔一〕鈐,《[光緒]續修京山縣志》本同,《湖北叢書》本作"黔"。
〔二〕六,原爲"九"。

下。若伊尹、周公輔幼主,造王家,可謂垂雲之羽,然治定功成,辭寵利,遜碩膚而不居,所以卒能與君同休也。曹操、董卓之徒,挾尾大之勢,播遷其主,以行胸臆,至于流離落魄,身亡而毛羽亦摧,何利之有?故小過之時,下止則吉,上動則凶。取象于飛鳥之過,有所迫而往,故其過也,哀鳴急疾。天下之過,未有不成于急疾者。士君子以恬愉爲安,以沈嘿爲養,以謙下爲度,苟飄忽如鷹隼,叫號如鴟鴞,飛揚跋扈,動不知止,上不知下,非嘉祥之器也。《詩》云:"有鳥高飛,亦傅于天。彼人之心,于何其臻。"此幽王所以亡也。故初、上爲翼之翰,皆凶。二、五爲翼。二无咎,下也。五雖中无功,上也。三、四爲身。三艮主,不能止而上應,故凶。四震主,雖動而下應,故无咎。象所以謂"不宜上宜下"也。

既濟 ䷾ 離下坎上

《序卦傳》曰:"有過物者必濟,故受之以既濟。"過渡曰濟。坎險不得過,必有涉險之具,然後可濟。如有過人之才德,然後可濟世。所以繼小過也,既濟、未濟者,六十四卦之終,故取諸坎離。蓋天地之用,莫大于水火。其升降往來之數,于坎離最著。一陽交于陰中,生水成坎,乾之中正也,九得五在上,而水流下。一陰交于陽中,生火成離,坤之正中也,六得二在下,而火炎上。水者,陰中之陽精。

火者,陽中之陰神。神爲陽而在陰則化精,精爲陰而在陽則化神。神,故火麗于空;精,故水行于地。坎離者,天地之大造;水火者,生人之大用;精神者,人物之大命。相勝而相資,水得火不寒,而資生之利溥;火得水不燥,而烹飪之功成。然造化水常資火,人精不能存神,何也? 天地坎離交,而人精神不交也。卦本地天泰,泰交故水火濟。水在地中,未升于器;火在木中,尚離〔一〕于空。今取潤下者加諸火上,取炎上者厝諸水下,是謂既濟。濟,水也。天一之氣洩于水,元氣始化濕,是人物受形之本。形含虛生明,神明內映,則形精外朗,坎水上溢,生色而潤身。神一息不守,則精散形痿而不仁。收放心以守其宅,塞視聽以蓄其明,則精神合。而身口〔二〕之坎離交,與天地相似,是以火濟水也。蓋坎以陽陷陰中,內塞而外暗,反爲離,則中虛而外朗。神明者,形氣之宰,故濟坎莫如離。離在內,坎在外,明以消險,濟世成功之象也。故六十四卦首乾坤,上經三十終坎離,以其爲天地之終也;下經三十四終中孚、小過、既、未濟,以其爲坎離之交也。天下之事,未濟憂其不濟,既濟則事畢矣。而无終不初,无往不來。一治一亂者,天也;一陰一陽者,道也。天无无陰之陽,世无不亂之治。今以爻觀,六位得所,未有如既濟者。奇偶各三,其數均

〔一〕離,《[光緒]續修京山縣志》本、《湖北叢書》本作“麗”。
〔二〕身口,《[光緒]續修京山縣志》本、《湖北叢書》本作“身中”。

也;以陰居陰,以陽居陽,其位當也;六爻上下,剛柔相配,其應正也。自乾坤來,三百八十有四爻,交錯徧而後得既濟。然陰陽當位,則陰乘陽矣。柔上剛下,陰外陽內,則倒置矣。下離而又互坎,上坎而又互離,則雜越矣。六爻一陽一陰,而以陰止;一治一亂,而以亂止,故《象》曰"終止則亂"。可知造化之數,必无整齊完美者,非人力强排,可以終濟也。又以《圖》數推之,初剛二柔,三剛四柔,五剛六柔,所謂天一地二、天三地四、天五地六正合。然至六而止,是亦天地无完數也,所以未濟方來,皆自然之法象。故衆人以既濟爲喜,聖人以既濟爲憂。

未濟䷿坎下離上

《序卦傳》曰:"物不可窮也,故受之以未濟終焉。"何謂其物不可窮也?造化之理,无往不復。治亂相循,終則有始。既濟則功已畢,未濟則事復始,有生生之義。生生之謂易,所以終未濟也。既濟水在上,勢欲下,火在下,勢欲上,二氣參和,故曰既濟;未濟則炎上者升上,流下者反下,分背不交,故曰未濟。既濟交致其用,未濟各安其宅。致用者用有時輟,安宅者待用无方,所以爲生生不息也。故初六"濡其尾",欲濟不果,回首而濡其尾也。六三"未濟","利涉大川",是猶未嘗涉也。然水火不交,而爻象視既濟吉,何也?既濟之水火,在鼎鑊者也;未濟之水火,奠位上下者也。在鼎鑊者，質交而氣雜；奠位者，體靜而純常，故爻象多貞吉。九四頌其功，六五美其德。未濟六五爲諸卦五位之終，乾九五爲諸卦五位之始。乾九五爲大人之見，未濟六五爲君子之光。離明即乾知，在人爲明德，三才之本，《大易》之元，所以示人極于爻位之終也。上九"飲酒"，則人心之陷溺而不能濟者，所以于爻終示戒也。大抵坎離皆天地之中，而離爲日，離明坎暗，離虛坎實，德莫妙于明，道莫神于虛，故坎降而離升也。坎爲精而離爲神也，坎爲形而離爲心也。坎隱在内，離明在外。日麗天，水行地，乾坤正位，法象之自然。《雜卦傳》曰"男之窮"者，坎歸下也。男下女，化生之本，其窮也，所以无窮也。故乾坤交而成坎離，坎離交而成既、未濟。坎離變化，成中孚、小過。中孚體中有離，小過體中有坎。既濟上坎互離，下離互坎，中互未濟。未濟上離互坎，下坎互離，中互既濟。既濟水火交，未濟不交，而男下女，亦交也。陰陽兩在无方，水火互藏其宅。故上經首乾坤者，陰陽之正也，以水火之正終焉；下經首男女者，陰陽之交也，以水火之交終焉。首乾坤者，兩儀所以立；終中孚、小過、既、未濟者，變化所以行也。

九部經解叙〔一〕

三代而下，取士明經。經之不明，由取士始。士業一經，守師説，浮湛主司。得當，則入官領簿書，學法律，經猶敝箒矣。宦成，則優游林丘，嘯咏餘日，思入學鼓篋，如亡子過傳舍，假寓耳。安望知類通達，強立不返，以化民成俗，副國家取士之意乎？予蚤歲受《詩》成進士。三試爲宰，再補諫官。而十年之内，兩黜考功。子云："誦《詩》三百，授之以政，不達。"予心〔二〕恧焉。甲辰歲，遂棄官隱。一畝之宫，僻在荒郊。衡門長掩，永日無事，乃取經籍課誦。久之，於〔三〕訓詁外微有新知。苦性鹵，隨筆備忘。前後涉獵〔四〕九經，爲九《解》，分〔五〕九部，乃銓九叙。叙曰：

庖羲作易，文王演序〔六〕，周公繫爻，孔子贊翼。四聖相授，道本一致。百家之説，紛然煩碎。執義者遺象，狥象

〔一〕九部經解叙，早印本作"叙九部經解"。
〔二〕心，早印本作"甚"。
〔三〕於，早印本無。
〔四〕獵，早印本無。
〔五〕分，早印本作"集"。
〔六〕序，早印本作"次"。

者失意。邵雍[一]圖先天，分易爲二。考亭[二]守蓍策，義主卜筮。小道可觀，致遠恐[三]泥。緯稗亂正，易[四]道旁騖矣。作《周易正解》部第一。

四代之《書》，邈兹逖矣。漢之伏生，九十記憶。太常晁錯，踵門肄習。凡[五]得二十有八篇，真四代之弘璧已。晚出古文，託名孔壁，良苦真贋，復[六]不相襲。而二千年來，砥砆溷其良玉，不可以弗別也。作《尚書辨解》部第二。

《詩》三百五篇，授自毛公。古序精研，六義明通。考亭氏盡改其舊，斥爲鑿空，遂使《雅》《頌》失所，《國》多淫風。先進後進，吾誰適從？其毛公乎！作《毛詩原解》部第三。

孟子云：王者迹熄，而作《春秋》。五霸得罪三王，《春秋》爲五霸而脩[七]也。世儒誣仲尼獎五霸，貶天子，退諸侯。吾聞諸夫子：直道而行，與民共由。豈其讔張名字，深文隱語，如世所求乎？作《春秋直解》部第四。

禮家之言，雜而多端。迂者或戾於俗，而亡者未覿其

〔一〕“邵雍”後，早印本有“氏”字。
〔二〕“考亭”後，早印本有“氏”字。
〔三〕恐，早印本作“則”。
〔四〕“易”前，早印本有“而”字。
〔五〕凡，早印本無。
〔六〕復，早印本作“迵”。
〔七〕脩，早印本作“修”。

全。蓋記〔一〕非一世一人之手，而禮〔二〕有所損所益之權。訓詁之士，鑿以附會；理學之家，割以別傳。辭有醇駁，義無中邊。舉一隅則矛盾，觀會通則渾圓〔三〕。作《禮記通解》部第五。

《儀禮》十七篇，禮之節文耳。先儒欲引以爲經。夫儀烏可以爲經也？儀者損益可知，而經者百世相因。其辭繁而事瑣，或强世而違情。昔之讀者，苦於艱深。支分節解，盤錯可尋也。作《儀禮節解》部第六。

《周禮》五官，終始五行。司空考工，水藏其精。緯象之言，縱橫之心。說者謂是書，周公所以致太平。六官錯簡，河間補經。世儒因加考訂，而不知本非闕文也。作《周禮完解》部第七。

天縱上聖，爲斯文主。弟子問道，而作《論語》。廣大精微，包羅萬有。無行不與，誰不由户。四時行生，日月開牖。大道忘言，默識善誘。小子何述，詳說以補。作《論語詳解》部第八。

戰國塵飛，處士橫議。周道榛蕪，文武墜地。鄒魯相近，澤未五世。孟子願學，曰私淑艾。七篇之言，居仁由義。稱堯述舜，入孝出弟。守仲尼之道，以待後之學士。反約則同，詳說豈異？作《孟子說解》部第九。

〔一〕記，早印本作“書”。
〔二〕禮，早印本作“道”。
〔三〕圓，早印本作“全”。

或問曰：首易，何也？八卦，文始也。次《書》，何也？二《典》，帝始也。次《詩》，何也？二《南》，王始也。次《春秋》，何也？王降也。次《禮》，何也？記也，非經也。次《儀禮》，何也？儀也，非禮云也。次《周禮》，何也？非周公也。非周公而經，何也？昔人經之，因也。次《論語》，何也？集大成也。終《孟子》，何也？五經之都護也。經五而九，何也？三《禮》皆禮也，《論》《孟》皆傳也，猶之[一]五也。五用九，天則也。

書成，通爲卷一百六十五，爲解一百六十七萬言。起草於乙巳之冬，卒業於甲寅之春。越六年己未，殺青斯竟。

竭駑駘之才，費桑榆之陰[二]。惟以償所夙負，無媿明經而已。然而狂瞽師心，唐突昔人之罪，擢髮難數。顧自念空空鄙夫，力小而任重。當仁不讓，非其罪也。後之君子，庶[三]其貸予乎！雖然[四]，不變惟道，不毀惟經。千聖過影，百歲[五]駛馳。幺麼小子，老作蠹魚。十年不窺户，而新故半改。一編粗就，二毛種種矣。世路茫洋，抱此何適？妄思附於青雲，而材質儉鄙，無足辱名山、藏不朽。聊以授兒曹於家塾，使能讀其父書，吾不與草木同腐朽耳。時大明萬曆四十七年歲次己未孟夏郝敬自叙。

[一] 之，早印本無。
[二] 陰，早印本作“蔭”。
[三] 庶，早印本無。
[四] 雖然，早印本作“嗟乎”。
[五] 歲，早印本作“年”。

山草堂集總叙

余四十離經,問於吾師李本寧先生曰:"先生文章濟世,如齊紈魯縞,冠帶衣履天下,干謁走門,求取無虛日,無乃甚屑越乎? 弱冠登朝,讀中秘書,典國史,敭歷中外,五十餘年。目擊五朝人物,臧否時政得失,華夷興廢多矣。何不慮以爲史,藏諸名山,傳諸其人,使弟子供席研,竊附青雲幸甚。我里在昔,先民有作。高氏有《鴻猷録》。今將百年已,取而續之,亦鄉國之榮觀也。何爲以高世之才,耗斁於聲悅? 如建安七子,開元四傑,豈曰不文? 而欲以垂典則,昭來許,則日及之華矣。文章可久,惟經與史。史自宋以還無足觀,經至宋稱明,于今稱盛。雖盛而實衰也。守師承,束功令,郢書燕説,終無敢質言鹿之非馬。今盍恢大方之觀,作斯文盟主? 小子狂簡,願負鞙先驅。"先生曰:"諾。吾將圖之。"居無何,起家蜀藩,轉入粵,又入晉。前後十五載,先生老矣。尼父未言删定,而陋巷生已白頭。下帷注九經粗就,手一編晉謁。先生莞爾喜曰:"牛刀屠牛,饒笑割雞矣。"既而憮然曰:"家人失火,延燒藏書,所撰先朝事録,一舉煨燼。"余聞而扼腕。昔郭景純門人,竊其師青囊書，未及讀，遭焚。孔履漢劍，藏之武庫，祝融見妒。如弟子社櫟不翦，井泥不食，玉碎瓦全，豈非天哉？是故易有天文，有人文。才與時，天也。作述，人也。有其才，隨時居業。才短時違，姑舍所不能，而遷就所能。余少賤學《詩》，先生曰：“是物善窮人，且循功令。身名俱泰，然後議此。”余退而學舉子業。三年多至五千首，博一卑第。更期三年不仕，學爲千秋業。行次邯鄲，遭先生北轅，邀余曰：“返耳。親老家貧不仕，而迂語千秋，見卵而求時夜，太早計。”遂返，解巾爲令，遷諫官，課浮躁外謫。先生亦久滯外藩，而余官落拓，漸與鈴下伍，遂拂衣歸。歸而往塞途窮。章甫適越，越人不冠。素衣入齊，齊人貴紫。規爲騷乎？鄉三閭先矣，宋賈再矣。繼此而再，亦兮亦些。陳紅貫杇，濫耳。規爲賦乎？長卿先矣，子雲乞舊火也。益以孟堅、平子、太沖，猶四餕也，而又益余乎？嘗謂今日辭賦，如荒雞亂鳴，送逋客出關，而誤聽者夜半起舞。如羣蛙閣閣，熏以牡鞠，而窮愁者諢爲鼓吹。乃至贈送遊覽之詠，題跋記讚之章，祝生誄死之文，稱功揚勱之作。或借問奇以乞墦，徒餔餟而染指；或遊大人以倖名，託逢迎而説項。遂使戔戔狡豎，矜爲我輩；斷斷成人，目爲夫已。乃有龍門高標，挾資斧，樹聲價，自驕牛耳。而逐臭之夫，與賣朴之賈相遭，揖我謂臧，巧佞夸毗，而辭林爲鮑肆矣。昔相如長門善賈，市利三倍，倣顰者益醜。作傳而索米，數字而輸縑。辜較多寡，䫀金二價。估客死而蔡中郎爲之墓誌，墨吏遷而李江夏爲之去思。斯文掃地，奎璧無光。譬之提千金之璧而投鼠，援明月之珠而彈雀，學豢龍之術而屠狗，捨金僕之矢而射雞。彼江夏爲此，由其父子受業蕭統，負販鉛槧，唐史傳其實，杜甫歌其穢。所稱龍宮塔廟，俎豆碑板之作，今已無一字堪傳。然則聖人所謂脩辭立誠，太上死而不朽者，諒自有在矣。余少馳思掞藻，而材謝卿雲。晚程六籍，知非自訟，掃軌杜門，今二十有二年矣。大道無聞，來日苦短，思與子墨客卿，一觴一詠，鬪彫蟲之巧，望筆耕之歲，請俟河之清矣。年來含經味道，管見塗説，抄略舊聞，都爲二十有八種。雖云荒薉，然皆經史之餘瀋也。十年猶臭，吾何欲速朽。時先生在太常，朝議將以國史取裁，是使大匠斲也。然而丘明、子長，謀野乃獲。世非董狐，而以金注殣。鳳凰將九子，何由翔千仞？假使孔子當仕，亦未必能成《春秋》。以是爲先生躊躕，因以自哂。司馬遷云：顏淵雖賢，得孔子而名益彰。左思賦三都，必藉重於玄晏。未能免俗，聊復爾耳。吾師之弟子，何必減玄晏？直引繩批根，自述其源流如此。皇明天啓四年甲子二月清明郝敬自叙。

參考書目

［周］左丘明傳，［晉］杜預注，［唐］孔穎達正義：《春秋左傳正義》，十三經注疏整理委員會：《十三經注疏》，北京：北京大學出版社，二〇〇〇年。

［漢］孔安國傳，［唐］孔穎達等正義：《尚書正義》，北京大學《儒藏》編纂與研究中心：《儒藏精華編一二》，北京：北京大學出版社，二〇一四年。

［漢］司馬遷撰，［南朝宋］裴駰集解，［唐］司馬貞索隱，［唐］張守節正義：《史記》，北京：中華書局，二〇一四年。

［漢］趙岐注，［宋］孫奭疏：《孟子注疏》，十三經注疏整理委員會：《十三經注疏》，北京：北京大學出版社，二〇〇〇年。

［漢］鄭玄注，［唐］孔穎達疏：《禮記注疏》，十三經注疏整理委員會：《十三經注疏》，北京：北京大學出版社，二〇〇〇年。

［漢］鄭玄箋，［唐］賈公彥疏：《周禮注疏》，十三經注疏整理委員會：《十三經注疏》，北京：北京大學出版社，二〇〇〇年。

［漢］鄭玄：《周易鄭注》，北京大學《儒藏》編纂與研究中

心:《儒藏精華編一》,北京:北京大學出版社,二〇〇九年。

［魏］何晏注,［宋］邢昺疏:《論語注疏》,十三經注疏整理委員會:《十三經注疏》,北京:北京大學出版社,二〇〇〇年。

［魏］王弼注,樓宇烈校釋:《老子道德經注》,北京:中華書局,二〇〇八年。

［魏］王弼,［晉］韓康伯:《周易注》,北京大學《儒藏》編纂與研究中心:《儒藏精華編一》,北京:北京大學出版社,二〇〇九年。

［魏］王弼、［晉］韓康伯注,［唐］孔穎達疏,于天寶點校:《宋本周易注疏》,北京:中華書局,二〇一八年。

［晉］郭璞注,［宋］邢昺疏:《爾雅注疏》,十三經注疏整理委員會:《十三經注疏》,北京:北京大學出版社,二〇〇〇年。

［唐］孔穎達:《周易正義》,北京大學《儒藏》編纂與研究中心:《儒藏精華編二》,北京:北京大學出版社,二〇〇九年。

［唐］李鼎祚撰,王豐先點校:《周易集解》,北京:中華書局,二〇一六年。

［宋］程頤撰,王孝漁點校:《周易程氏傳》,北京:中華書局,二〇一一年。

［宋］洪興祖撰,白化文等點校:《楚辭補注》,北京:中華書局,二〇一五年。

［宋］蘇軾:《蘇氏易傳》,曾棗莊、舒大剛主編:《三蘇全

書》,北京:語文出版社,二〇〇一年。

[宋]楊簡:《楊氏易傳》,北京大學《儒藏》編纂與研究中心:《儒藏精華編四》,北京:北京大學出版社,二〇〇九年。

[宋]朱熹:《楚辭集注》,長沙:嶽麓書社,二〇一三年。

[宋]朱熹集撰,趙長征點校:《詩集傳》,北京:中華書局,二〇一七年。

[宋]朱熹撰,廖名春點校:《周易本義》,北京:中華書局,二〇〇九年。

[明]郝敬撰,向輝點校:《毛詩原解　毛詩序説》,北京:中華書局,二〇二一年。

[明]郝敬:《談經》,《續修四庫全書》(第一七一冊),上海:上海古籍出版社,二〇〇二年。

[明]郝敬:《小山草》,《四庫全書存目叢書補編》(第五三冊),濟南:齊魯書社,二〇〇一年。

[明]郝敬:《易領》,《叢書集成初編》,上海:商務印書館,一九三六年。

[明]郝敬:《藝圃傖談》,周維德集校:《全明詩話》,濟南:齊魯書社,二〇〇五年。

[明]郝敬:《周易正解》,《四庫全書存目叢書》(第一五冊),濟南:齊魯書社,二〇〇一年。

[清]陳士珂輯,崔濤點校:《孔子家語疏證》,南京:鳳凰出版社,二〇一七年。

［清］李光地纂，劉大鈞整理：《康熙御纂周易折中》，成都：巴蜀書社，二〇一三年。

［清］阮元：《十三經注疏校勘記》，劉玉才主編，北京：北京大學出版社，二〇一五年。

［清］沈星標：《［光緒］續修京山縣志》，清光緒八年（一八八二）刻本。

［清］王先謙：《尚書孔傳參正》，北京大學《儒藏》編纂與研究中心：《儒藏精華編二〇》，北京：北京大學出版社，二〇〇九年。

黄壽祺、張善文著：《周易譯注》，北京：中華書局，二〇一八年。

王叔岷撰：《莊子校詮》，北京：中華書局，二〇〇七年。

徐元誥撰，王樹民、沈長雲點校：《國語集解》，北京：中華書局，二〇〇二年。

楊伯峻編著：《春秋左傳注》，北京：中華書局，二〇〇九年。

楊伯峻譯注：《孟子譯注》，北京：中華書局，二〇一〇年。

張雙棣撰：《淮南子校釋》，北京：北京大學出版社，一九九七年。